中国应急管理

（2012）

ZHONGGUO YINGJI
GUANLI 2012

夏保成　姚军玲 主编

当代中国出版社
Contemporary China Publishing House

图书在版编目(CIP)数据

中国应急管理（2012）/夏保成，姚军玲主编. —北京：当代中国出版社，2015. 1
ISBN 978-7-5154-0518-6

Ⅰ. ①中… Ⅱ. ①夏… ②姚… Ⅲ. ①突发事件—公共管理—中国—2012 Ⅳ. ①D63

中国版本图书馆 CIP 数据核字(2014)第 217831 号

出 版 人	周五一
责任编辑	柯琳芳　袁又文
责任校对	康　莹
装帧设计	古涧文化
出版发行	当代中国出版社
地　　址	北京市地安门西大街旌勇里 8 号
网　　址	http://www.ddzg.net　邮箱：ddzgcbs@sina.com
邮政编码	100009
编 辑 部	(010)66572264　66572132　66572154　66572434　66572180
市 场 部	(010)66572281 或 66572155/56/57/58/59 转
印　　刷	北京润田金辉印刷有限公司
开　　本	787×1092 毫米　1/16
印　　张	20 印张　518 千字
版　　次	2015 年 1 月第 1 版
印　　次	2015 年 1 月第 1 次印刷
定　　价	79.00 元

中国应急管理（2012）

主　　编：夏保成　姚军玲

参编人员：杜笑宇　程书波　刘　丽　王超兴
冯　洁　和　杰　任　晴　王　碧
郭　莉　吴　倩　梁恒谦　夏　越
刘亚妮

目录

第一编 法律法规

第二编 机构设置

第三编 重大活动

第四编 突发事件

第五编 文 献

第一编　法律法规

中华人民共和国国务院令（第 617 号）

《校车安全管理条例》已经 2012 年 3 月 28 日国务院第 197 次常务会议通过，现予公布，自公布之日起施行。

总　理　温家宝

二○一二年四月五日

校车安全管理条例

第一章　总　则

第一条　为了加强校车安全管理，保障乘坐校车学生的人身安全，制定本条例。

第二条　本条例所称校车，是指依照本条例取得使用许可，用于接送接受义务教育的学生上下学的 7 座以上的载客汽车。

接送小学生的校车应当是按照专用校车国家标准设计和制造的小学生专用校车。

第三条　县级以上地方人民政府应当根据本行政区域的学生数量和分布状况等因素，依法制定、调整学校设置规划，保障学生就近入学或者在寄宿制学校入学，减少学生上下学的交通风险。实施义务教育的学校及其教学点的设置、调整，应当充分听取学生家长等有关方面的意见。

县级以上地方人民政府应当采取措施，发展城市和农村的公共交通，合理规划、设置公共交通线路和站点，为需要乘车上下学的学生提供方便。

对确实难以保障就近入学，并且公共交通不能满足学生上下学需要的农村地区，县级以上地方人民政府应当采取措施，保障接受义务教育的学生获得校车服务。

国家建立多渠道筹措校车经费的机制，并通过财政资助、税收优惠、鼓励社会捐赠等多种方式，按照规定支持使用校车接送学生的服务。支持校车服务所需的财政资金由中央财政和地方财政分担，具体办法由国务院财政部门制定。支持校车服务的税收优惠办法，依照法律、行政法规规定的税收管理权限制定。

第四条　国务院教育、公安、交通运输以及工业和信息化、质量监督检验检疫、安全生产监督管理等部门依照法律、行政法规和国务院的规定，负责校车安全管理的有关工作。国务院教育、公安部门会同国务院有关部门建立校车安全管理工作协调机制，统筹协调校车安全管理工作中的重大事项，共同做好校车安全管理工作。

第五条　县级以上地方人民政府对本行政区域的校车安全管理工作负总责，组织有关部门制定并实施与当地经济发展水平和校车服务需求相适应的校车服务方案，统一领导、组织、协调有关部门履行校车安全管理职责。

县级以上地方人民政府教育、公安、交通运输、安全生产监督管理等有关部门依照本条例以及本级人民政府的规定，履行校车安全管理的相关职责。有关部门应当建立健全校车安全管理信息共享机制。

第六条　国务院标准化主管部门会同国务院工业和信息化、公安、交通运输等部门，按照保障安全、经济适用的要求，制定并及时修订校车安全国家标准。

生产校车的企业应当建立健全产品质量保证体系，保证所生产（包括改装，下同）的校车符合校车安全国家标准；不符合标准的，不得出厂、销售。

第七条　保障学生上下学交通安全是政府、学校、社会和家庭的共同责任。社会各方面应当为校车通行提供便利，协助保障校车通行安全。

第八条　县级和设区的市级人民政府教育、公安、交通运输、安全生产监督管理部门应当设立并公布举报电话、举报网络平台，方便群众举报违反校车安全管理规定的行为。

接到举报的部门应当及时依法处理；对不属于本部门管理职责的举报，应当及时移送有关部门处理。

第二章 学校和校车服务提供者

第九条 学校可以配备校车。依法设立的道路旅客运输经营企业、城市公共交通企业，以及根据县级以上地方人民政府规定设立的校车运营单位，可以提供校车服务。

县级以上地方人民政府根据本地区实际情况，可以制定管理办法，组织依法取得道路旅客运输经营许可的个体经营者提供校车服务。

第十条 配备校车的学校和校车服务提供者应当建立健全校车安全管理制度，配备安全管理人员，加强校车的安全维护，定期对校车驾驶人进行安全教育，组织校车驾驶人学习道路交通安全法律法规以及安全防范、应急处置和应急救援知识，保障学生乘坐校车安全。

第十一条 由校车服务提供者提供校车服务的，学校应当与校车服务提供者签订校车安全管理责任书，明确各自的安全管理责任，落实校车运行安全管理措施。

学校应当将校车安全管理责任书报县级或者设区的市级人民政府教育行政部门备案。

第十二条 学校应当对教师、学生及其监护人进行交通安全教育，向学生讲解校车安全乘坐知识和校车安全事故应急处理技能，并定期组织校车安全事故应急处理演练。

学生的监护人应当履行监护义务，配合学校或者校车服务提供者的校车安全管理工作。学生的监护人应当拒绝使用不符合安全要求的车辆接送学生上下学。

第十三条 县级以上地方人民政府教育行政部门应当指导、监督学校建立健全校车安全管理制度，落实校车安全管理责任，组织学校开展交通安全教育。公安机关交通管理部门应当配合教育行政部门组织学校开展交通安全教育。

第三章 校车使用许可

第十四条 使用校车应当依照本条例的规定取得许可。

取得校车使用许可应当符合下列条件：

（一）车辆符合校车安全国家标准，取得机动车检验合格证明，并已经在公安机关交通管理部门办理注册登记；

（二）有取得校车驾驶资格的驾驶人；

（三）有包括行驶线路、开行时间和停靠站点的合理可行的校车运行方案；

（四）有健全的安全管理制度；

（五）已经投保机动车承运人责任保险。

第十五条 学校或者校车服务提供者申请取得校车使用许可，应当向县级或者设区的市级人民政府教育行政部门提交书面申请和证明其符合本条例第十四条规定条件的材料。教育行政部门应当自收到申请材料之日起3个工作日内，分别送同级公安机关交通管理部门、交通运输部门征求意见，公安机关交通管理部门和交通运输部门应当在3个工作日内回复意见。教育行政部门应当自收到回复意见之日起5个工作日内提出审查意见，报本级人民政府。本级人民政府决定批准的，由公安机关交通管理部门发给校车标牌，并在机动车行驶证上签注校车类型和核载人数；不予批准的，书面说明理由。

第十六条 校车标牌应当载明本车的号牌号码、车辆的所有人、驾驶人、行驶线路、开行时间、停靠站点以及校车标牌发牌单位、有效期等事项。

第十七条 取得校车标牌的车辆应当配备统一的校车标志灯和停车指示标志。

校车未运载学生上道路行驶的，不得使用校车标牌、校车标志灯和停车指示标志。

第十八条 禁止使用未取得校车标牌的车辆提供校车服务。

第十九条 取得校车标牌的车辆达到报废标准或者不再作为校车使用的，学校或者校车服务提供者应当将校车标牌交回公安机关交通管理部门。

第二十条 校车应当每半年进行一次机动车安全技术检验。

第二十一条 校车应当配备逃生锤、干粉灭火器、急救箱等安全设备。安全设备应当放置在便于取用的位置，并确保性能良好、有效适用。

校车应当按照规定配备具有行驶记录功能的卫星定位装置。

第二十二条 配备校车的学校和校车服务提供者应当按照国家规定做好校车的安全维护，建立安全维护档案，保证校车处于良好技术状态。不符合安全技术条件的校车，应当停运维修，消除安全隐患。

校车应当由依法取得相应资质的维修企业维修。承接校车维修业务的企业应当按照规定的维修技术规范维修校车，并按照国务院交通运输主管部门的规定对所维修的校车实行质量保证期制度，在质量保证期内对校车的维修质量负责。

第四章 校车驾驶人

第二十三条 校车驾驶人应当依照本条例的规定取得校车驾驶资格。

取得校车驾驶资格应当符合下列条件：

（一）取得相应准驾车型驾驶证并具有3年以上驾驶经历，年龄在25周岁以上、不超过60周岁；

（二）最近连续3个记分周期内没有被记满分记录；

（三）无致人死亡或者重伤的交通事故责任记录；

（四）无饮酒后驾驶或者醉酒驾驶机动车记录，最近1年内无驾驶客运车辆超员、超速等严重交通违法行为记录；

（五）无犯罪记录；

（六）身心健康，无传染性疾病，无癫痫、精神病等可能危及行车安全的疾病病史，无酗酒、吸毒行为记录。

第二十四条 机动车驾驶人申请取得校车驾驶资格，应当向县级或者设区的市级人民政府公安机关交通管理部门提交书面申请和证明其符合本条例第二十三条规定条件的材料。公安机关交通管理部门应当自收到申请材料之日起5个工作日内审查完毕，对符合条件的，在机动车驾驶证上签注准许驾驶校车；不符合条件的，书面说明理由。

第二十五条 机动车驾驶人未取得校车驾驶资格，不得驾驶校车。禁止聘用未取得校车驾驶资格的机动车驾驶人驾驶校车。

第二十六条 校车驾驶人应当每年接受公安机关交通管理部门的审验。

第二十七条 校车驾驶人应当遵守道路交通安全法律法规，严格按照机动车道路通行规则和驾驶操作规范安全驾驶、文明驾驶。

第五章 校车通行安全

第二十八条 校车行驶线路应当尽量避开急弯、陡坡、临崖、临水的危险路段；确实无法避开的，道路或者交通设施的管理、养护单位应当按照标准对上述危险路段设置安全防护设施、限速标志、警告标牌。

第二十九条 校车经过的道路出现不符合安全通行条件的状况或者存在交通安全隐患的，当地人民政府应当组织有关部门及时改善道路安全通行条件、消除安全隐患。

第三十条 校车运载学生，应当按照国务院公安部门规定的位置放置校车标牌，开启校车标志灯。

校车运载学生，应当按照经审核确定的线路行驶，遇有交通管制、道路施工以及自然灾害、恶劣气象条件或者重大交通事故等影响道路通行情形的除外。

第三十一条 公安机关交通管理部门应当加强对校车行驶线路的道路交通秩序管理。遇交通拥堵的，交通警察应当指挥疏导运载学生的校车优先通行。

校车运载学生，可以在公共交通专用车道以及其他禁止社会车辆通行但允许公共交通车辆通行的路段行驶。

第三十二条 校车上下学生，应当在校车停靠站点停靠；未设校车停靠站点的路段可以在公共交通站台停靠。

道路或者交通设施的管理、养护单位应当按照标准设置校车停靠站点预告标识和校车停靠站点标牌，施划校车停靠站点标线。

第三十三条 校车在道路上停车上下学生，应当靠道路右侧停靠，开启危险报警闪光灯，打开停车指示标志。校车在同方向只有一条机动车道的道路上停靠时，后方车辆应当停车等待，不得超越。校车在同方向有两条以上机动车道的道路上停靠时，校车停靠车道后方和相邻机动车道上的机动车应当停车等待，其他机动车道上的机动车应当减速通过。校车后方停车等待的机动车不得鸣喇叭或者使用灯光催促校车。

第三十四条 校车载人不得超过核定的人数，不得以任何理由超员。

学校和校车服务提供者不得要求校车驾驶人超员、超速驾驶校车。

第三十五条 载有学生的校车在高速公路上行驶的最高时速不得超过80公里，在其他道路上行驶的最高时速不得超过60公里。

道路交通安全法律法规规定或者道路上限速标志、标线标明的最高时速低于前款规定的，从其规定。

载有学生的校车在急弯、陡坡、窄路、窄桥以及冰雪、泥泞的道路上行驶，或者遇有雾、雨、雪、沙尘、冰雹等低能见度气象条件时，最高时速不得超过20公里。

第三十六条 交通警察对违反道路交通安全法律法规的校车，可以在消除违法行为的前提下先予放行，待校车完成接送学生任务后再对校车驾驶人进行处罚。

第三十七条 公安机关交通管理部门应当加

强对校车运行情况的监督检查，依法查处校车道路交通安全违法行为，定期将校车驾驶人的道路交通安全违法行为和交通事故信息抄送其所属单位和教育行政部门。

第六章　校车乘车安全

第三十八条　配备校车的学校、校车服务提供者应当指派照管人员随校车全程照管乘车学生。校车服务提供者为学校提供校车服务的，双方可以约定由学校指派随车照管人员。

学校和校车服务提供者应当定期对随车照管人员进行安全教育，组织随车照管人员学习道路交通安全法律法规、应急处置和应急救援知识。

第三十九条　随车照管人员应当履行下列职责：

（一）学生上下车时，在车下引导、指挥，维护上下车秩序；

（二）发现驾驶人无校车驾驶资格，饮酒、醉酒后驾驶，或者身体严重不适以及校车超员等明显妨碍行车安全情形的，制止校车开行；

（三）清点乘车学生人数，帮助、指导学生安全落座、系好安全带，确认车门关闭后示意驾驶人启动校车；

（四）制止学生在校车行驶过程中离开座位等危险行为；

（五）核实学生下车人数，确认乘车学生已经全部离车后本人方可离车。

第四十条　校车的副驾驶座位不得安排学生乘坐。

校车运载学生过程中，禁止除驾驶人、随车照管人员以外的人员乘坐。

第四十一条　校车驾驶人驾驶校车上道路行驶前，应当对校车的制动、转向、外部照明、轮胎、安全门、座椅、安全带等车况是否符合安全技术要求进行检查，不得驾驶存在安全隐患的校车上道路行驶。

校车驾驶人不得在校车载有学生时给车辆加油，不得在校车发动机引擎熄灭前离开驾驶座位。

第四十二条　校车发生交通事故，驾驶人、随车照管人员应当立即报警，设置警示标志。乘车学生继续留在校车内有危险的，随车照管人员应当将学生撤离到安全区域，并及时与学校、校车服务提供者、学生的监护人联系处理后续事宜。

第七章　法律责任

第四十三条　生产、销售不符合校车安全国家标准的校车的，依照道路交通安全、产品质量管理的法律、行政法规的规定处罚。

第四十四条　使用拼装或者达到报废标准的机动车接送学生的，由公安机关交通管理部门收缴并强制报废机动车；对驾驶人处2000元以上5000元以下的罚款，吊销其机动车驾驶证；对车辆所有人处8万元以上10万元以下的罚款，有违法所得的予以没收。

第四十五条　使用未取得校车标牌的车辆提供校车服务，或者使用未取得校车驾驶资格的人员驾驶校车的，由公安机关交通管理部门扣留该机动车，处1万元以上2万元以下的罚款，有违法所得的予以没收。

取得道路运输经营许可的企业或者个体经营者有前款规定的违法行为，除依照前款规定处罚外，情节严重的，由交通运输主管部门吊销其经营许可证件。

伪造、变造或者使用伪造、变造的校车标牌的，由公安机关交通管理部门收缴伪造、变造的校车标牌，扣留该机动车，处2000元以上5000元以下的罚款。

第四十六条　不按照规定为校车配备安全设备，或者不按照规定对校车进行安全维护的，由公安机关交通管理部门责令改正，处1000元以上3000元以下的罚款。

第四十七条　机动车驾驶人未取得校车驾驶资格驾驶校车的，由公安机关交通管理部门处1000元以上3000元以下的罚款，情节严重的，可以并处吊销机动车驾驶证。

第四十八条　校车驾驶人有下列情形之一的，由公安机关交通管理部门责令改正，可以处200元罚款：

（一）驾驶校车运载学生，不按照规定放置校车标牌、开启校车标志灯，或者不按照经审核确定的线路行驶；

（二）校车上下学生，不按照规定在校车停靠站点停靠；

（三）校车未运载学生上道路行驶，使用校车标牌、校车标志灯和停车指示标志；

（四）驾驶校车上道路行驶前，未对校车车况是否符合安全技术要求进行检查，或者驾驶存在安全隐患的校车上道路行驶；

（五）在校车载有学生时给车辆加油，或者在校车发动机引擎熄灭前离开驾驶座位。

校车驾驶人违反道路交通安全法律法规关于道路通行规定的，由公安机关交通管理部门依法从重处罚。

第四十九条　校车驾驶人违反道路交通安全

法律法规被依法处罚或者发生道路交通事故，不再符合本条例规定的校车驾驶人条件的，由公安机关交通管理部门取消校车驾驶资格，并在机动车驾驶证上签注。

第五十条 校车载人超过核定人数的，由公安机关交通管理部门扣留车辆至违法状态消除，并依照道路交通安全法律法规的规定从重处罚。

第五十一条 公安机关交通管理部门查处校车道路交通安全违法行为，依法扣留车辆的，应当通知相关学校或者校车服务提供者转运学生，并在违法状态消除后立即发还被扣留车辆。

第五十二条 机动车驾驶人违反本条例规定，不避让校车的，由公安机关交通管理部门处200元罚款。

第五十三条 未依照本条例规定指派照管人员随校车全程照管乘车学生的，由公安机关责令改正，可以处500元罚款。

随车照管人员未履行本条例规定的职责的，由学校或者校车服务提供者责令改正；拒不改正的，给予处分或者予以解聘。

第五十四条 取得校车使用许可的学校、校车服务提供者违反本条例规定，情节严重的，原作出许可决定的地方人民政府可以吊销其校车使用许可，由公安机关交通管理部门收回校车标牌。

第五十五条 学校违反本条例规定的，除依照本条例有关规定予以处罚外，由教育行政部门给予通报批评；导致发生学生伤亡事故的，对政府举办的学校的负有责任的领导人员和直接责任人员依法给予处分；对民办学校由审批机关责令暂停招生，情节严重的，吊销其办学许可证，并由教育行政部门责令负有责任的领导人员和直接责任人员5年内不得从事学校管理事务。

第五十六条 县级以上地方人民政府不依法履行校车安全管理职责，致使本行政区域发生校车安全重大事故的，对负有责任的领导人员和直接责任人员依法给予处分。

第五十七条 教育、公安、交通运输、工业和信息化、质量监督检验检疫、安全生产监督管理等有关部门及其工作人员不依法履行校车安全管理职责的，对负有责任的领导人员和直接责任人员依法给予处分。

第五十八条 违反本条例的规定，构成违反治安管理行为的，由公安机关依法给予治安管理处罚；构成犯罪的，依法追究刑事责任。

第五十九条 发生校车安全事故，造成人身伤亡或者财产损失的，依法承担赔偿责任。

第八章　附　则

第六十条 县级以上地方人民政府应当合理规划幼儿园布局，方便幼儿就近入园。

入园幼儿应当由监护人或者其委托的成年人接送。对确因特殊情况不能由监护人或者其委托的成年人接送，需要使用车辆集中接送的，应当使用按照专用校车国家标准设计和制造的幼儿专用校车，遵守本条例校车安全管理的规定。

第六十一条 省、自治区、直辖市人民政府应当结合本地区实际情况，制定本条例的实施办法。

第六十二条 本条例自公布之日起施行。

本条例施行前已经配备校车的学校和校车服务提供者及其聘用的校车驾驶人应当自本条例施行之日起90日内，依照本条例的规定申请取得校车使用许可、校车驾驶资格。

本条例施行后，用于接送小学生、幼儿的专用校车不能满足需求的，在省、自治区、直辖市人民政府规定的过渡期限内可以使用取得校车标牌的其他载客汽车。

烟花爆竹生产企业安全生产许可证实施办法

（2012年7月1日国家安全生产监督管理总局令第54号公布　自2012年8月1日起施行）

第一章　总　则

第一条 为了严格烟花爆竹生产企业安全生产准入条件，规范烟花爆竹安全生产许可证的颁发和管理工作，根据《安全生产许可证条例》、《烟花爆竹安全管理条例》等法律、行政法规，制定本办法。

第二条 本办法所称烟花爆竹生产企业（以下简称企业），是指依法设立并取得工商营业执照或者企业名称工商预先核准文件，从事烟花爆竹生产的企业。

第三条 企业应当依照本办法的规定取得烟花爆竹安全生产许可证（以下简称安全生产许可证）。

未取得安全生产许可证的，不得从事烟花爆竹生产活动。

第四条 安全生产许可证的颁发和管理工作实行企业申请、一级发证、属地监管的原则。

第五条 国家安全生产监督管理总局负责指导、监督全国安全生产许可证的颁发和管理工作，并对安全生产许可证进行统一编号。

省、自治区、直辖市人民政府安全生产监督管理部门按照全国统一配号，负责本行政区域内安全生产许可证的颁发和管理工作。

第二章 申请安全生产许可证的条件

第六条 企业的设立应当符合国家产业政策和当地产业结构规划，企业的选址应当符合当地城乡规划。

企业与周边建筑、设施的安全距离必须符合国家标准、行业标准的规定。

第七条 企业的基本建设项目应当依照有关规定经县级以上人民政府或者有关部门批准，并符合下列条件：

（一）建设项目的设计由具有乙级以上军工行业的弹箭、火炸药、民爆器材工程设计类别工程设计资质或者化工石化医药行业的有机化工、石油冶炼、石油产品深加工工程设计类型工程设计资质的单位承担；

（二）建设项目的设计符合《烟花爆竹工程设计安全规范》（GB50161）的要求，并依法进行安全设施设计审查和竣工验收。

第八条 企业的厂房和仓库等基础设施、生产设备、生产工艺以及防火、防爆、防雷、防静电等安全设备设施必须符合《烟花爆竹工程设计安全规范》（GB50161）、《烟花爆竹作业安全技术规程》（GB11652）等国家标准、行业标准的规定。

从事礼花弹生产的企业除符合前款规定外，还应当符合礼花弹生产安全条件的规定。

第九条 企业的药物和成品总仓库、药物和半成品中转库、机械混药和装药工房、晾晒场、烘干房等重点部位应当根据《烟花爆竹企业安全监控系统通用技术条件》（AQ4101）的规定安装视频监控和异常情况报警装置，并设置明显的安全警示标志。

第十条 企业的生产厂房数量和储存仓库面积应当与其生产品种及规模相适应。

第十一条 企业生产的产品品种、类别、级别、规格、质量、包装、标志应当符合《烟花爆竹安全与质量》（GB10631）等国家标准、行业标准的规定。

第十二条 企业应当设置安全生产管理机构，配备专职安全生产管理人员，并符合下列要求：

（一）确定安全生产主管人员；

（二）配备占本企业从业人员总数1%以上且至少有2名专职安全生产管理人员；

（三）配备占本企业从业人员总数5%以上的兼职安全员。

第十三条 企业应当建立健全主要负责人、分管负责人、安全生产管理人员、职能部门、岗位的安全生产责任制，制定下列安全生产规章制度和操作规程：

（一）符合《烟花爆竹作业安全技术规程》（GB11652）等国家标准、行业标准规定的岗位安全操作规程；

（二）药物存储管理、领取管理和余（废）药处理制度；

（三）企业负责人及涉裸药生产线负责人值（带）班制度；

（四）特种作业人员管理制度；

（五）从业人员安全教育培训制度；

（六）安全检查和隐患排查治理制度；

（七）产品购销合同和销售流向登记管理制度；

（八）新产品、新药物研发管理制度；

（九）安全设施设备维护管理制度；

（十）原材料购买、检验、储存及使用管理制度；

（十一）职工出入厂（库）区登记制度；

（十二）厂（库）区门卫值班（守卫）制度；

（十三）重大危险源（重点危险部位）监控管理制度；

（十四）安全生产费用提取和使用制度；

（十五）劳动防护用品配备、使用和管理制度；

（十六）工作场所职业病危害防治制度。

第十四条 企业主要负责人、分管安全生产负责人和专职安全生产管理人员应当经专门的安全生产培训和安全生产监督管理部门考核合格，取得安全资格证。

从事药物混合、造粒、筛选、装药、筑药、

压药、切引、搬运等危险工序和烟花爆竹仓库保管、守护的特种作业人员，应当接受专业知识培训，并经考核合格取得特种作业操作证。

其他岗位从业人员应当依照有关规定经本岗位安全生产知识教育和培训合格。

第十五条 企业应当依法参加工伤保险，为从业人员缴纳保险费。

第十六条 企业应当依照国家有关规定提取和使用安全生产费用，不得挪作他用。

第十七条 企业必须为从业人员配备符合国家标准或者行业标准的劳动防护用品，并依照有关规定对从业人员进行职业健康检查。

第十八条 企业应当建立生产安全事故应急救援组织，制定事故应急预案，并配备应急救援人员和必要的应急救援器材、设备。

第十九条 企业应当根据《烟花爆竹流向登记通用规范》（AQ4102）和国家有关烟花爆竹流向信息化管理的规定，建立并应用烟花爆竹流向管理信息系统。

第二十条 企业应当依法进行安全评价。安全评价报告应当包括本办法第六条、第七条、第八条、第九条、第十条、第十七条、第十八条规定条件的符合性评价内容。

第三章 安全生产许可证的申请和颁发

第二十一条 企业申请安全生产许可证，应当向所在地设区的市级人民政府安全生产监督管理部门（以下统称初审机关）提出安全审查申请，提交下列文件、资料，并对其真实性负责：

（一）安全生产许可证申请书（一式三份）；

（二）工商营业执照或者企业名称工商预先核准文件（复制件）；

（三）建设项目安全设施设计审查和竣工验收的证明材料；

（四）安全生产管理机构及安全生产管理人员配备情况的书面文件；

（五）各种安全生产责任制文件（复制件）；

（六）安全生产规章制度和岗位安全操作规程目录清单；

（七）企业主要负责人、分管安全生产负责人、专职安全生产管理人员名单和安全资格证（复制件）；

（八）特种作业人员的特种作业操作证（复制件）和其他从业人员安全生产教育培训合格的证明材料；

（九）为从业人员缴纳工伤保险费的证明材料；

（十）安全生产费用提取和使用情况的证明材料；

（十一）具备资质的中介机构出具的安全评价报告。

第二十二条 新建企业申请安全生产许可证，应当在建设项目竣工验收通过之日起20个工作日内向所在地初审机关提出安全审查申请。

第二十三条 初审机关收到企业提交的安全审查申请后，应当对企业的设立是否符合国家产业政策和当地产业结构规划、企业的选址是否符合城乡规划以及有关申请文件、资料是否符合要求进行初步审查，并自收到申请之日起20个工作日内提出初步审查意见（以下简称初审意见），连同申请文件、资料一并报省、自治区、直辖市人民政府安全生产监督管理部门（以下简称发证机关）。

初审机关在审查过程中，可以就企业的有关情况征求企业所在地县级人民政府的意见。

第二十四条 发证机关收到初审机关报送的申请文件、资料和初审意见后，应当按照下列情况分别作出处理：

（一）申请文件、资料不齐全或者不符合要求的，当场告知或者在5个工作日内出具补正通知书，一次告知企业需要补正的全部内容；逾期不告知的，自收到申请材料之日起即为受理；

（二）申请文件、资料齐全，符合要求或者按照发证机关要求提交全部补正材料的，自收到申请文件、资料或者全部补正材料之日起即为受理。

发证机关应当将受理或者不予受理决定书面告知申请企业和初审机关。

第二十五条 发证机关受理申请后，应当结合初审意见，组织有关人员对申请文件、资料进行审查。需要到现场核查的，应当指派2名以上工作人员进行现场核查；对从事黑火药、引火线、礼花弹生产的企业，应当指派2名以上工作人员进行现场核查。

发证机关应当自受理之日起45个工作日内作出颁发或者不予颁发安全生产许可证的决定。

对决定颁发的，发证机关应当自决定之日起10个工作日内送达或者通知企业领取安全生产许可证；对不予颁发的，应当在10个工作日内书面通知企业并说明理由。

现场核查所需时间不计算在本条规定的期限内。

第二十六条 安全生产许可证分为正副本，

正本为悬挂式，副本为折页式。正本、副本具有同等法律效力。

第四章 安全生产许可证的变更和延期

第二十七条 企业在安全生产许可证有效期内有下列情形之一的，应当按照本办法第二十八条的规定申请变更安全生产许可证：

（一）改建、扩建烟花爆竹生产（含储存）设施的；

（二）变更产品类别、级别范围的；

（三）变更企业主要负责人的；

（四）变更企业名称的。

第二十八条 企业有本办法第二十七条第一项情形申请变更的，应当自建设项目通过竣工验收之日起20个工作日内向所在地初审机关提出安全审查申请，并提交安全生产许可证变更申请书（一式三份）和建设项目安全设施设计审查和竣工验收的证明材料。

企业有本办法第二十七条第二项情形申请变更的，应当向所在地初审机关提出安全审查申请，并提交安全生产许可证变更申请书（一式三份）和专项安全评价报告（减少生产产品品种的除外）。

企业有本办法第二十七条第三项情形申请变更的，应当向所在地发证机关提交安全生产许可证变更申请书（一式三份）和主要负责人安全资格证（复制件）。

企业有本办法第二十七条第四项情形申请变更的，应当自取得变更后的工商营业执照或者企业名称工商预先核准文件之日起10个工作日内，向所在地发证机关提交安全生产许可证变更申请书（一式三份）和工商营业执照或者企业名称工商预先核准文件（复制件）。

第二十九条 对本办法第二十七条第一项、第二项情形的安全生产许可证变更申请，初审机关、发证机关应当按照本办法第二十三条、第二十四条、第二十五条的规定进行审查，并办理变更手续。

对本办法第二十七条第三项、第四项情形的安全生产许可证变更申请，发证机关应当自收到变更申请材料之日起5个工作日内完成审查，并办理变更手续。

第三十条 安全生产许可证有效期为3年。安全生产许可证有效期满需要延期的，企业应当于有效期届满前3个月向原发证机关申请办理延期手续。

第三十一条 企业提出延期申请的，应当向发证机关提交下列文件、资料：

（一）安全生产许可证延期申请书（一式三份）；

（二）本办法第二十一条第四项至第十一项规定的文件、资料；

（三）达到安全生产标准化三级的证明材料。

发证机关收到延期申请后，应当按照本办法第二十四条、第二十五条的规定办理延期手续。

第三十二条 企业在安全生产许可证有效期内符合下列条件，在许可证有效期届满时，经原发证机关同意，不再审查，直接办理延期手续：

（一）严格遵守有关安全生产法律、法规和本办法；

（二）取得安全生产许可证后，加强日常安全生产管理，不断提升安全生产条件，达到安全生产标准化二级以上；

（三）接受发证机关及所在地人民政府安全生产监督管理部门的监督检查；

（四）未发生生产安全死亡事故。

第三十三条 对决定批准延期、变更安全生产许可证的，发证机关应当收回原证，换发新证。

第五章 监督管理

第三十四条 安全生产许可证发证机关和初审机关应当坚持公开、公平、公正的原则，严格依照有关行政许可的法律法规和本办法，审查、颁发安全生产许可证。

发证机关和初审机关工作人员在安全生产许可证审查、颁发、管理工作中，不得索取或者接受企业的财物，不得谋取其他不正当利益。

第三十五条 发证机关及所在地人民政府安全生产监督管理部门应当加强对烟花爆竹生产企业的监督检查，督促其依照法律、法规、规章和国家标准、行业标准的规定进行生产。

第三十六条 发证机关发现企业以欺骗、贿赂等不正当手段取得安全生产许可证的，应当撤销已颁发的安全生产许可证。

第三十七条 取得安全生产许可证的企业有下列情形之一的，发证机关应当注销其安全生产许可证：

（一）安全生产许可证有效期满未被批准延期的；

（二）终止烟花爆竹生产活动的；

（三）安全生产许可证被依法撤销的；

（四）安全生产许可证被依法吊销的。

发证机关注销安全生产许可证后，应当在当

地主要媒体或者本机关政府网站上及时公告被注销安全生产许可证的企业名单，并通报同级人民政府有关部门和企业所在地县级人民政府。

第三十八条 发证机关应当建立健全安全生产许可证档案管理制度，并应用信息化手段管理安全生产许可证档案。

第三十九条 发证机关应当每6个月向社会公布一次取得安全生产许可证的企业情况，并于每年1月15日前将本行政区域内上一年度安全生产许可证的颁发和管理情况报国家安全生产监督管理总局。

第四十条 企业取得安全生产许可证后，不得出租、转让安全生产许可证，不得将企业、生产线或者工（库）房转包、分包给不具备安全生产条件或者相应资质的其他任何单位或者个人，不得多股东各自独立进行烟花爆竹生产活动。

企业不得从其他企业购买烟花爆竹半成品加工后销售或者购买其他企业烟花爆竹成品加贴本企业标签后销售，不得向其他企业销售烟花爆竹半成品。从事礼花弹生产的企业不得将礼花弹销售给未经公安机关批准的燃放活动。

第四十一条 任何单位或者个人对违反《安全生产许可证条例》、《烟花爆竹安全管理条例》和本办法规定的行为，有权向安全生产监督管理部门或者监察机关等有关部门举报。

第六章 法律责任

第四十二条 发证机关、初审机关及其工作人员有下列行为之一的，给予降级或者撤职的行政处分；构成犯罪的，依法追究刑事责任：

（一）向不符合本办法规定的安全生产条件的企业颁发安全生产许可证的；

（二）发现企业未依法取得安全生产许可证擅自从事烟花爆竹生产活动，不依法处理的；

（三）发现取得安全生产许可证的企业不再具备本办法规定的安全生产条件，不依法处理的；

（四）接到违反本办法规定行为的举报后，不及时处理的；

（五）在安全生产许可证颁发、管理和监督检查工作中，索取或者接受企业财物、帮助企业弄虚作假或者谋取其他不正当利益的。

第四十三条 企业有下列行为之一的，责令停止违法活动或者限期改正，并处1万元以上3万元以下的罚款：

（一）变更企业主要负责人或者名称，未办理安全生产许可证变更手续的；

（二）从其他企业购买烟花爆竹半成品加工后销售，或者购买其他企业烟花爆竹成品加贴本企业标签后销售，或者向其他企业销售烟花爆竹半成品的。

第四十四条 企业有下列行为之一的，依法暂扣其安全生产许可证：

（一）多股东各自独立进行烟花爆竹生产活动的；

（二）从事礼花弹生产的企业将礼花弹销售给未经公安机关批准的燃放活动的；

（三）改建、扩建烟花爆竹生产（含储存）设施未办理安全生产许可证变更手续的；

（四）发生较大以上生产安全责任事故的；

（五）不再具备本办法规定的安全生产条件的。

企业有前款第一项、第二项、第三项行为之一的，并处1万元以上3万元以下的罚款。

第四十五条 企业有下列行为之一的，依法吊销其安全生产许可证：

（一）出租、转让安全生产许可证的；

（二）被暂扣安全生产许可证，经停产整顿后仍不具备本办法规定的安全生产条件的。

企业有前款第一项行为的，没收违法所得，并处10万元以上50万元以下的罚款。

第四十六条 企业有下列行为之一的，责令停止生产，没收违法所得，并处10万元以上50万元以下的罚款：

（一）未取得安全生产许可证擅自进行烟花爆竹生产的；

（二）变更产品类别或者级别范围未办理安全生产许可证变更手续的。

第四十七条 企业取得安全生产许可证后，将企业、生产线或者工（库）房转包、分包给不具备安全生产条件或者相应资质的其他单位或者个人，依照《中华人民共和国安全生产法》的有关规定给予处罚。

第四十八条 本办法规定的行政处罚，由安全生产监督管理部门决定，暂扣、吊销安全生产许可证的行政处罚由发证机关决定。

第七章 附 则

第四十九条 安全生产许可证由国家安全生产监督管理总局统一印制。

第五十条 本办法自2012年8月1日起施行。原国家安全生产监督管理局、国家煤矿安全监察局2004年5月17日公布的《烟花爆竹生产企业安全生产许可证实施办法》同时废止。

铁路交通事故应急救援和调查处理条例（2012年修正本）

（2007年6月27日国务院第182次常务会议通过　2007年7月11日中华人民共和国国务院令第501号公布　根据2012年11月9日中华人民共和国国务院令第628号公布　自2013年1月1日起施行的《国务院关于修改和废止部分行政法规的决定》修正）

第一章　总　则

第一条　为了加强铁路交通事故的应急救援工作，规范铁路交通事故调查处理，减少人员伤亡和财产损失，保障铁路运输安全和畅通，根据《中华人民共和国铁路法》和其他有关法律的规定，制定本条例。

第二条　铁路机车车辆在运行过程中与行人、机动车、非机动车、牲畜及其他障碍物相撞，或者铁路机车车辆发生冲突、脱轨、火灾、爆炸等影响铁路正常行车的铁路交通事故（以下简称事故）的应急救援和调查处理，适用本条例。

第三条　国务院铁路主管部门应当加强铁路运输安全监督管理，建立健全事故应急救援和调查处理的各项制度，按照国家规定的权限和程序，负责组织、指挥、协调事故的应急救援和调查处理工作。

第四条　铁路管理机构应当加强日常的铁路运输安全监督检查，指导、督促铁路运输企业落实事故应急救援的各项规定，按照规定的权限和程序，组织、参与、协调本辖区内事故的应急救援和调查处理工作。

第五条　国务院其他有关部门和有关地方人民政府应当按照各自的职责和分工，组织、参与事故的应急救援和调查处理工作。

第六条　铁路运输企业和其他有关单位、个人应当遵守铁路运输安全管理的各项规定，防止和避免事故的发生。

事故发生后，铁路运输企业和其他有关单位应当及时、准确地报告事故情况，积极开展应急救援工作，减少人员伤亡和财产损失，尽快恢复铁路正常行车。

第七条　任何单位和个人不得干扰、阻碍事故应急救援、铁路线路开通、列车运行和事故调查处理。

第二章　事故等级

第八条　根据事故造成的人员伤亡、直接经济损失、列车脱轨辆数、中断铁路行车时间等情形，事故等级分为特别重大事故、重大事故、较大事故和一般事故。

第九条　有下列情形之一的，为特别重大事故：

（一）造成30人以上死亡，或者100人以上重伤（包括急性工业中毒，下同），或者1亿元以上直接经济损失的；

（二）繁忙干线客运列车脱轨18辆以上并中断铁路行车48小时以上的；

（三）繁忙干线货运列车脱轨60辆以上并中断铁路行车48小时以上的。

第十条　有下列情形之一的，为重大事故：

（一）造成10人以上30人以下死亡，或者50人以上100人以下重伤，或者5000万元以上1亿元以下直接经济损失的；

（二）客运列车脱轨18辆以上的；

（三）货运列车脱轨60辆以上的；

（四）客运列车脱轨2辆以上18辆以下，并中断繁忙干线铁路行车24小时以上或者中断其他线路铁路行车48小时以上的；

（五）货运列车脱轨6辆以上60辆以下，并中断繁忙干线铁路行车24小时以上或者中断其他线路铁路行车48小时以上的。

第十一条　有下列情形之一的，为较大事故：

（一）造成3人以上10人以下死亡，或者10人以上50人以下重伤，或者1000万元以上5000万元以下直接经济损失的；

（二）客运列车脱轨2辆以上18辆以下的；

（三）货运列车脱轨6辆以上60辆以下的；

（四）中断繁忙干线铁路行车6小时以上的；

（五）中断其他线路铁路行车10小时以上的。

第十二条　造成3人以下死亡，或者10人以下重伤，或者1000万元以下直接经济损失的，为一般事故。

除前款规定外，国务院铁路主管部门可以对一般事故的其他情形作出补充规定。

第十三条 本章所称的“以上”包括本数，所称的“以下”不包括本数。

第三章 事故报告

第十四条 事故发生后，事故现场的铁路运输企业工作人员或者其他人员应当立即报告邻近铁路车站、列车调度员或者公安机关。有关单位和人员接到报告后，应当立即将事故情况报告事故发生地铁路管理机构。

第十五条 铁路管理机构接到事故报告，应当尽快核实有关情况，并立即报告国务院铁路主管部门；对特别重大事故、重大事故，国务院铁路主管部门应当立即报告国务院并通报国家安全生产监督管理等有关部门。

发生特别重大事故、重大事故、较大事故或者有人员伤亡的一般事故，铁路管理机构还应当通报事故发生地县级以上地方人民政府及其安全生产监督管理部门。

第十六条 事故报告应当包括下列内容：

（一）事故发生的时间、地点、区间（线名、公里、米）、事故相关单位和人员；

（二）发生事故的列车种类、车次、部位、计长、机车型号、牵引辆数、吨数；

（三）承运旅客人数或者货物品名、装载情况；

（四）人员伤亡情况，机车车辆、线路设施、道路车辆的损坏情况，对铁路行车的影响情况；

（五）事故原因的初步判断；

（六）事故发生后采取的措施及事故控制情况；

（七）具体救援请求。

事故报告后出现新情况的，应当及时补报。

第十七条 国务院铁路主管部门、铁路管理机构和铁路运输企业应当向社会公布事故报告值班电话，受理事故报告和举报。

第四章 事故应急救援

第十八条 事故发生后，列车司机或者运转车长应当立即停车，采取紧急处置措施；对无法处置的，应当立即报告邻近铁路车站、列车调度员进行处置。

为保障铁路旅客安全或者因特殊运输需要不宜停车的，可以不停车；但是，列车司机或者运转车长应当立即将事故情况报告邻近铁路车站、列车调度员，接到报告的邻近铁路车站、列车调度员应当立即进行处置。

第十九条 事故造成中断铁路行车的，铁路运输企业应当立即组织抢修，尽快恢复铁路正常行车；必要时，铁路运输调度指挥部门应当调整运输径路，减少事故影响。

第二十条 事故发生后，国务院铁路主管部门、铁路管理机构、事故发生地县级以上地方人民政府或者铁路运输企业应当根据事故等级启动相应的应急预案；必要时，成立现场应急救援机构。

第二十一条 现场应急救援机构根据事故应急救援工作的实际需要，可以借用有关单位和个人的设施、设备和其他物资。借用单位使用完毕应当及时归还，并支付适当费用；造成损失的，应当赔偿。

有关单位和个人应当积极支持、配合救援工作。

第二十二条 事故造成重大人员伤亡或者需要紧急转移、安置铁路旅客和沿线居民的，事故发生地县级以上地方人民政府应当及时组织开展救治和转移、安置工作。

第二十三条 国务院铁路主管部门、铁路管理机构或者事故发生地县级以上地方人民政府根据事故救援的实际需要，可以请求当地驻军、武装警察部队参与事故救援。

第二十四条 有关单位和个人应当妥善保护事故现场以及相关证据，并在事故调查组成立后将相关证据移交事故调查组。因事故救援、尽快恢复铁路正常行车需要改变事故现场的，应当做出标记、绘制现场示意图、制作现场视听资料，并做出书面记录。

任何单位和个人不得破坏事故现场，不得伪造、隐匿或者毁灭相关证据。

第二十五条 事故中死亡人员的尸体经法定机构鉴定后，应当及时通知死者家属认领；无法查找死者家属的，按照国家有关规定处理。

第五章 事故调查处理

第二十六条 特别重大事故由国务院或者国务院授权的部门组织事故调查组进行调查。

重大事故由国务院铁路主管部门组织事故调查组进行调查。

较大事故和一般事故由事故发生地铁路管理机构组织事故调查组进行调查；国务院铁路主管部门认为必要时，可以组织事故调查组对较大事故和一般事故进行调查。

根据事故的具体情况，事故调查组由有关人民政府、公安机关、安全生产监督管理部门、监察机关等单位派人组成，并应当邀请人民检察院派人参加。事故调查组认为必要时，可以聘请有关专家参与事故调查。

第二十七条 事故调查组应当按照国家有关规定开展事故调查，并在下列调查期限内向组织事故调查组的机关或者铁路管理机构提交事故调查报告：

（一）特别重大事故的调查期限为60日；

（二）重大事故的调查期限为30日；

（三）较大事故的调查期限为20日；

（四）一般事故的调查期限为10日。

事故调查期限自事故发生之日起计算。

第二十八条 事故调查处理，需要委托有关机构进行技术鉴定或者对铁路设备、设施及其他财产损失状况以及中断铁路行车造成的直接经济损失进行评估的，事故调查组应当委托具有国家规定资质的机构进行技术鉴定或者评估。技术鉴定或者评估所需时间不计入事故调查期限。

第二十九条 事故调查报告形成后，报经组织事故调查组的机关或者铁路管理机构同意，事故调查组工作即告结束。组织事故调查组的机关或者铁路管理机构应当自事故调查组工作结束之日起15日内，根据事故调查报告，制作事故认定书。

事故认定书是事故赔偿、事故处理以及事故责任追究的依据。

第三十条 事故责任单位和有关人员应当认真吸取事故教训，落实防范和整改措施，防止事故再次发生。

国务院铁路主管部门、铁路管理机构以及其他有关行政机关应当对事故责任单位和有关人员落实防范和整改措施的情况进行监督检查。

第三十一条 事故的处理情况，除依法应当保密的外，应当由组织事故调查组的机关或者铁路管理机构向社会公布。

第六章 事故赔偿

第三十二条 事故造成人身伤亡的，铁路运输企业应当承担赔偿责任；但是人身伤亡是不可抗力或者受害人自身原因造成的，铁路运输企业不承担赔偿责任。

第三十三条 违章通过平交道口或者人行过道，或者在铁路线路上行走、坐卧造成的人身伤亡，属于受害人自身的原因造成的人身伤亡。

第三十四条 事故造成铁路运输企业承运的货物、包裹、行李损失的，铁路运输企业应当依照《中华人民共和国铁路法》的规定承担赔偿责任。

第三十五条 除本条例第三十三条、第三十四条的规定外，事故造成其他人身伤亡或者财产损失的，依照国家有关法律、行政法规的规定赔偿。

第三十六条 事故当事人对事故损害赔偿有争议的，可以通过协商解决，或者请求组织事故调查组的机关或者铁路管理机构组织调解，也可以直接向人民法院提起民事诉讼。

第七章 法律责任

第三十七条 铁路运输企业及其职工违反法律、行政法规的规定，造成事故的，由国务院铁路主管部门或者铁路管理机构依法追究行政责任。

第三十八条 违反本条例的规定，铁路运输企业及其职工不立即组织救援，或者迟报、漏报、瞒报、谎报事故的，对单位，由国务院铁路主管部门或者铁路管理机构处10万元以上50万元以下的罚款；对个人，由国务院铁路主管部门或者铁路管理机构处4000元以上2万元以下的罚款；属于国家工作人员的，依法给予处分；构成犯罪的，依法追究刑事责任。

第三十九条 违反本条例的规定，国务院铁路主管部门、铁路管理机构以及其他行政机关未立即启动应急预案，或者迟报、漏报、瞒报、谎报事故的，对直接负责的主管人员和其他直接责任人员依法给予处分；构成犯罪的，依法追究刑事责任。

第四十条 违反本条例的规定，干扰、阻碍事故救援、铁路线路开通、列车运行和事故调查处理的，对单位，由国务院铁路主管部门或者铁路管理机构处4万元以上20万元以下的罚款；对个人，由国务院铁路主管部门或者铁路管理机构处2000元以上1万元以下的罚款；情节严重的，对单位，由国务院铁路主管部门或者铁路管理机构处20万元以上100万元以下的罚款；对个人，由国务院铁路主管部门或者铁路管理机构处1万元以上5万元以下的罚款；属于国家工作人员的，依法给予处分；构成违反治安管理行为的，由公安机关依法给予治安管理处罚；构成犯罪的，依法追究刑事责任。

第八章 附 则

第四十一条 本条例于2007年9月1日起施行。1979年7月16日国务院批准发布的《火车与其他车辆碰撞和铁路路外人员伤亡事故处理暂行规定》和1994年8月13日国务院批准发布的《铁路旅客运输损害赔偿规定》同时废止。

火灾事故调查规定（2012 年修正本）

（2009 年 4 月 30 日中华人民共和国公安部令第 108 号发布　根据 2012 年 7 月 17 日公安部令第 121 号公布　自 2012 年 11 月 1 日起施行的《公安部关于修改〈火灾事故调查规定〉的决定》修正）

第一章　总　则

第一条　为了规范火灾事故调查，保障公安机关消防机构依法履行职责，保护火灾当事人的合法权益，根据《中华人民共和国消防法》，制定本规定。

第二条　公安机关消防机构调查火灾事故，适用本规定。

第三条　火灾事故调查的任务是调查火灾原因，统计火灾损失，依法对火灾事故作出处理，总结火灾教训。

第四条　火灾事故调查应当坚持及时、客观、公正、合法的原则。

任何单位和个人不得妨碍和非法干预火灾事故调查。

第二章　管　辖

第五条　火灾事故调查由县级以上人民政府公安机关主管，并由本级公安机关消防机构实施；尚未设立公安机关消防机构的，由县级人民政府公安机关实施。

公安派出所应当协助公安机关火灾事故调查部门维护火灾现场秩序，保护现场，控制火灾肇事嫌疑人。

铁路、港航、民航公安机关和国有林区的森林公安机关消防机构负责调查其消防监督范围内发生的火灾。

第六条　火灾事故调查由火灾发生地公安机关消防机构按照下列分工进行：

（一）一次火灾死亡十人以上的，重伤二十人以上或者死亡、重伤二十人以上的，受灾五十户以上的，由省、自治区人民政府公安机关消防机构负责组织调查；

（二）一次火灾死亡一人以上的，重伤十人以上的，受灾三十户以上的，由设区的市或者相当于同级的人民政府公安机关消防机构负责组织调查；

（三）一次火灾重伤十人以下或者受灾三十户以下的，由县级人民政府公安机关消防机构负责调查。

直辖市人民政府公安机关消防机构负责组织调查一次火灾死亡三人以上的，重伤二十人以上或者死亡、重伤二十人以上的，受灾五十户以上的火灾事故，直辖市的区、县级人民政府公安机关消防机构负责调查其他火灾事故。

仅有财产损失的火灾事故调查，由省级人民政府公安机关结合本地实际作出管辖规定，报公安部备案。

第七条　跨行政区域的火灾，由最先起火地的公安机关消防机构按照本规定第六条的分工负责调查，相关行政区域的公安机关消防机构予以协助。

对管辖权发生争议的，报请共同的上一级公安机关消防机构指定管辖。县级人民政府公安机关负责实施的火灾事故调查管辖权发生争议的，由共同的上一级主管公安机关指定。

第八条　上级公安机关消防机构应当对下级公安机关消防机构火灾事故调查工作进行监督和指导。

上级公安机关消防机构认为必要时，可以调查下级公安机关消防机构管辖的火灾。

第九条　公安机关消防机构接到火灾报警，应当及时派员赶赴现场，并指派火灾事故调查人员开展火灾事故调查工作。

第十条　具有下列情形之一的，公安机关消防机构应当立即报告主管公安机关通知具有管辖权的公安机关刑侦部门，公安机关刑侦部门接到通知后应当立即派员赶赴现场参加调查；涉嫌放火罪的，公安机关刑侦部门应当依法立案侦查，公安机关消防机构予以协助：

（一）有人员死亡的火灾；

（二）国家机关、广播电台、电视台、学校、医院、养老院、托儿所、幼儿园、文物保护单位、邮政和通信、交通枢纽等部门和单位发生的社会影响大的火灾；

（三）具有放火嫌疑的火灾。

第十一条　军事设施发生火灾需要公安机关消防机构协助调查的，由省级人民政府公安机关消防机构或者公安部消防局调派火灾事故调查专家协助。

第三章　简易程序

第十二条　同时具有下列情形的火灾，可以适用简易调查程序：

（一）没有人员伤亡的；

（二）直接财产损失轻微的；

（三）当事人对火灾事故事实没有异议的；

（四）没有放火嫌疑的。

前款第二项的具体标准由省级人民政府公安机关确定，报公安部备案。

第十三条　适用简易调查程序的，可以由一名火灾事故调查人员调查，并按照下列程序实施：

（一）表明执法身份，说明调查依据；

（二）调查走访当事人、证人，了解火灾发生过程、火灾烧损的主要物品及建筑物受损等与火灾有关的情况；

（三）查看火灾现场并进行照相或者录像；

（四）告知当事人调查的火灾事故事实，听取当事人的意见，当事人提出的事实、理由或者证据成立的，应当采纳；

（五）当场制作火灾事故简易调查认定书，由火灾事故调查人员、当事人签字或者捺指印后交付当事人。

火灾事故调查人员应当在二日内将火灾事故简易调查认定书报所属公安机关消防机构备案。

第四章　一般程序

第一节　一般规定

第十四条　除依照本规定适用简易调查程序的外，公安机关消防机构对火灾进行调查时，火灾事故调查人员不得少于两人。必要时，可以聘请专家或者专业人员协助调查。

第十五条　公安部和省级人民政府公安机关应当成立火灾事故调查专家组，协助调查复杂、疑难的火灾。专家组的专家协助调查火灾的，应当出具专家意见。

第十六条　火灾发生地的县级公安机关消防机构应当根据火灾现场情况，排除现场险情，保障现场调查人员的安全，并初步划定现场封闭范围，设置警戒标志，禁止无关人员进入现场，控制火灾肇事嫌疑人。

公安机关消防机构应当根据火灾事故调查需要，及时调整现场封闭范围，并在现场勘验结束后及时解除现场封闭。

第十七条　封闭火灾现场的，公安机关消防机构应当在火灾现场对封闭的范围、时间和要求等予以公告。

第十八条　公安机关消防机构应当自接到火灾报警之日起三十日内作出火灾事故认定；情况复杂、疑难的，经上一级公安机关消防机构批准，可以延长三十日。

火灾事故调查中需要进行检验、鉴定的，检验、鉴定时间不计入调查期限。

第二节　现场调查

第十九条　火灾事故调查人员应当根据调查需要，对发现、扑救火灾人员，熟悉起火场所、部位和生产工艺人员，火灾肇事嫌疑人和被侵害人等知情人员进行询问。对火灾肇事嫌疑人可以依法传唤。必要时，可以要求被询问人到火灾现场进行指认。

询问应当制作笔录，由火灾事故调查人员和被询问人签名或者捺指印。被询问人拒绝签名和捺指印的，应当在笔录中注明。

第二十条　勘验火灾现场应当遵循火灾现场勘验规则，采取现场照相或者录像、录音，制作现场勘验笔录和绘制现场图等方法记录现场情况。

对有人员死亡的火灾现场进行勘验的，火灾事故调查人员应当对尸体表面进行观察并记录，对尸体在火灾现场的位置进行调查。

现场勘验笔录应当由火灾事故调查人员、证人或者当事人签名。证人、当事人拒绝签名或者无法签名的，应当在现场勘验笔录上注明。现场图应当由制图人、审核人签字。

第二十一条　现场提取痕迹、物品，应当按照下列程序实施：

（一）量取痕迹、物品的位置、尺寸，并进行照相或者录像；

（二）填写火灾痕迹、物品提取清单，由提取人、证人或者当事人签名；证人、当事人拒绝签名或者无法签名的，应当在清单上注明；

（三）封装痕迹、物品，粘贴标签，标明火灾名称和封装痕迹、物品的名称、编号及其提取时间，由封装人、证人或者当事人签名；证人、当事人拒绝签名或者无法签名的，应当在标签上注明。

提取的痕迹、物品，应当妥善保管。

第二十二条　根据调查需要，经负责火灾事故调查的公安机关消防机构负责人批准，可以进行现场实验。现场实验应当照相或者录像，制作现场实验报告，并由实验人员签字。现场实验报告应当载明下列事项：

（一）实验的目的；

（二）实验时间、环境和地点；

（三）实验使用的仪器或者物品；

（四）实验过程；

（五）实验结果；

（六）其他与现场实验有关的事项。

第三节　检验、鉴定

第二十三条　现场提取的痕迹、物品需要进行专门性技术鉴定的，公安机关消防机构应当委托依法设立的鉴定机构进行，并与鉴定机构约定鉴定期限和鉴定检材的保管期限。

公安机关消防机构可以根据需要委托依法设立的价格鉴证机构对火灾直接财产损失进行鉴定。

第二十四条　有人员死亡的火灾，为了确定死因，公安机关消防机构应当立即通知本级公安机关刑事科学技术部门进行尸体检验。公安机关刑事科学技术部门应当出具尸体检验鉴定文书，确定死亡原因。

第二十五条　卫生行政主管部门许可的医疗机构具有执业资格的医生出具的诊断证明，可以作为公安机关消防机构认定人身伤害程度的依据。但是，具有下列情形之一的，应当由法医进行伤情鉴定：

（一）受伤程度较重，可能构成重伤的；

（二）火灾受伤人员要求作鉴定的；

（三）当事人对伤害程度有争议的；

（四）其他应当进行鉴定的情形。

第二十六条　对受损单位和个人提供的由价格鉴证机构出具的鉴定意见，公安机关消防机构应当审查下列事项：

（一）鉴证机构、鉴证人是否具有资质、资格；

（二）鉴证机构、鉴证人是否盖章签名；

（三）鉴定意见依据是否充分；

（四）鉴定是否存在其他影响鉴定意见正确性的情形。

对符合规定的，可以作为证据使用；对不符合规定的，不予采信。

第四节　火灾损失统计

第二十七条　受损单位和个人应当于火灾扑灭之日起七日内向火灾发生地的县级公安机关消防机构如实申报火灾直接财产损失，并附有效证明材料。

第二十八条　公安机关消防机构应当根据受损单位和个人的申报、依法设立的价格鉴证机构出具的火灾直接财产损失鉴定意见以及调查核实情况，按照有关规定，对火灾直接经济损失和人员伤亡进行如实统计。

第五节　火灾事故认定

第二十九条　公安机关消防机构应当根据现场勘验、调查询问和有关检验、鉴定意见等调查情况，及时作出起火原因的认定。

第三十条　对起火原因已经查清的，应当认定起火时间、起火部位、起火点和起火原因；对起火原因无法查清的，应当认定起火时间、起火点或者起火部位以及有证据能够排除和不能排除的起火原因。

第三十一条　公安机关消防机构在作出火灾事故认定前，应当召集当事人到场，说明拟认定的起火原因，听取当事人意见；当事人不到场的，应当记录在案。

第三十二条　公安机关消防机构应当制作火灾事故认定书，自作出之日起七日内送达当事人，并告知当事人申请复核的权利。无法送达的，可以在作出火灾事故认定之日起七日内公告送达。公告期为二十日，公告期满即视为送达。

第三十三条　对较大以上的火灾事故或者特殊的火灾事故，公安机关消防机构应当开展消防技术调查，形成消防技术调查报告，逐级上报至省级人民政府公安机关消防机构，重大以上的火灾事故调查报告报公安部消防局备案。调查报告应当包括下列内容：

（一）起火场所概况；

（二）起火经过和火灾扑救情况；

（三）火灾造成的人员伤亡、直接经济损失统计情况；

（四）起火原因和灾害成因分析；

（五）防范措施。

火灾事故等级的确定标准按照公安部的有关规定执行。

第三十四条　公安机关消防机构作出火灾事故认定后，当事人可以申请查阅、复制、摘录火灾事故认定书、现场勘验笔录和检验、鉴定意见，公安机关消防机构应当自接到申请之日起七日内提供，但涉及国家秘密、商业秘密、个人隐私或者移交公安机关其他部门处理的依法不予提供，并说明理由。

第六节　复　核

第三十五条　当事人对火灾事故认定有异议的，可以自火灾事故认定书送达之日起十五日内，向上一级公安机关消防机构提出书面复核申请；对省级人民政府公安机关消防机构作出的火灾事故认定有异议的，向省级人民政府公安机关提出书面复核申请。

复核申请应当载明申请人的基本情况，被申请人的名称，复核请求，申请复核的主要事实、理由和证据，申请人的签名或者盖章，申请复核的日期。

第三十六条 复核机构应当自收到复核申请之日起七日内作出是否受理的决定并书面通知申请人。有下列情形之一的，不予受理：

（一）非火灾当事人提出复核申请的；

（二）超过复核申请期限的；

（三）复核机构维持原火灾事故认定或者直接作出火灾事故复核认定的；

（四）适用简易调查程序作出火灾事故认定的。

公安机关消防机构受理复核申请的，应当书面通知其他当事人，同时通知原认定机构。

第三十七条 原认定机构应当自接到通知之日起十日内，向复核机构作出书面说明，并提交火灾事故调查案卷。

第三十八条 复核机构应当对复核申请和原火灾事故认定进行书面审查，必要时，可以向有关人员进行调查；火灾现场尚存且未被破坏的，可以进行复核勘验。

复核审查期间，复核申请人撤回复核申请的，公安机关消防机构应当终止复核。

第三十九条 复核机构应当自受理复核申请之日起三十日内，作出复核决定，并按照本规定第三十二条规定的时限送达申请人、其他当事人和原认定机构。对需要向有关人员进行调查或者火灾现场复核勘验的，经复核机构负责人批准，复核期限可以延长三十日。

原火灾事故认定主要事实清楚、证据确实充分、程序合法，起火原因认定正确的，复核机构应当维持原火灾事故认定。

原火灾事故认定具有下列情形之一的，复核机构应当直接作出火灾事故复核认定或者责令原认定机构重新作出火灾事故认定，并撤销原认定机构作出的火灾事故认定：

（一）主要事实不清，或者证据不确实充分的；

（二）违反法定程序，影响结果公正的；

（三）认定行为存在明显不当，或者起火原因认定错误的；

（四）超越或者滥用职权的。

第四十条 原认定机构接到重新作出火灾事故认定的复核决定后，应当重新调查，在十五日内重新作出火灾事故认定。

复核机构直接作出火灾事故认定和原认定机构重新作出火灾事故认定前，应当向申请人、其他当事人说明重新认定情况；原认定机构重新作出的火灾事故认定书，应当按照本规定第三十二条规定的时限送达当事人，并报复核机构备案。

复核以一次为限。当事人对原认定机构重新作出的火灾事故认定，可以按照本规定第三十五条的规定申请复核。

第五章　火灾事故调查的处理

第四十一条 公安机关消防机构在火灾事故调查过程中，应当根据下列情况分别作出处理：

（一）涉嫌失火罪、消防责任事故罪的，按照《公安机关办理刑事案件程序规定》立案侦查；涉嫌其他犯罪的，及时移送有关主管部门办理；

（二）涉嫌消防安全违法行为的，按照《公安机关办理行政案件程序规定》调查处理；涉嫌其他违法行为的，及时移送有关主管部门调查处理；

（三）依照有关规定应当给予处分的，移交有关主管部门处理。

对经过调查不属于火灾事故的，公安机关消防机构应当告知当事人处理途径并记录在案。

第四十二条 公安机关消防机构向有关主管部门移送案件的，应当在本级公安机关消防机构负责人批准后的二十四小时内移送，并根据案件需要附下列材料：

（一）案件移送通知书；

（二）案件调查情况；

（三）涉案物品清单；

（四）询问笔录，现场勘验笔录，检验、鉴定意见以及照相、录像、录音等资料；

（五）其他相关材料。

构成放火罪需要移送公安机关刑侦部门处理的，火灾现场应当一并移交。

第四十三条 公安机关其他部门应当自接受公安机关消防机构移送的涉嫌犯罪案件之日起十日内，进行审查并作出决定。依法决定立案的，应当书面通知移送案件的公安机关消防机构；依法不予立案的，应当说明理由，并书面通知移送案件的公安机关消防机构，退回案卷材料。

第四十四条 公安机关消防机构及其工作人员有下列行为之一的，依照有关规定给予责任人员处分；构成犯罪的，依法追究刑事责任：

（一）指使他人错误认定或者故意错误认定起火原因的；

（二）瞒报火灾、火灾直接经济损失、人员

伤亡情况的；

（三）利用职务上的便利，索取或者非法收受他人财物的；

（四）其他滥用职权、玩忽职守、徇私舞弊的行为。

第六章　附　则

第四十五条　本规定中下列用语的含义：

（一）“当事人”，是指与火灾发生、蔓延和损失有直接利害关系的单位和个人。

（二）“户”，用于统计居民、村民住宅火灾，按照公安机关登记的家庭户统计。

（三）本规定中十五日以内（含本数）期限的规定是指工作日，不含法定节假日。

（四）本规定所称的“以上”含本数、本级，“以下”不含本数。

第四十六条　火灾事故调查中有关回避、证据、调查取证、鉴定等要求，本规定没有规定的，按照《公安机关办理行政案件程序规定》执行。

第四十七条　执行本规定所需要的法律文书式样，由公安部制定。

第四十八条　本规定自2009年5月1日起施行。1999年3月15日发布施行的《火灾事故调查规定》（公安部令第37号）和2008年3月18日发布施行的《火灾事故调查规定修正案》（公安部令第100号）同时废止。

监察机关参加生产安全事故调查处理的规定

（2012年11月15日监察部令第28号公布　自2013年1月1日起施行）

第一章　总　则

第一条　为了规范监察机关参加生产安全事故调查处理工作，落实生产安全事故责任追究制度，防止和减少生产安全事故，根据《中华人民共和国行政监察法》、《中华人民共和国安全生产法》、《生产安全事故报告和调查处理条例》及其他有关法律、行政法规，制定本规定。

第二条　监察机关参加本级人民政府统一组织或者本级人民政府授权有关部门组织，上级监察机关委托、指定，以及本级监察机关领导人员批准的生产安全事故调查处理工作，适用本规定。

第三条　监察机关参加生产安全事故调查处理，应当坚持科学严谨、依法依规、实事求是、注重实效的原则。

对生产安全事故违法违纪行为的调查处理，应当做到事实清楚、证据确凿、定性准确、处理恰当、程序合法、手续完备。

第四条　根据生产安全事故造成的人员伤亡或者直接经济损失情况，监察机关按照下列规定实行分级调查；必要时，上级监察机关可以直接办理所辖各级监察机关管辖范围内的生产安全事故的调查处理：

（一）造成30人以上死亡，或者100人以上重伤（包括急性工业中毒，下同），或者1亿元以上直接经济损失的特别重大事故，由国务院监察机关参加调查；

（二）造成10人以上30人以下死亡，或者50人以上100人以下重伤，或者5000万元以上1亿元以下直接经济损失的重大事故，由省级人民政府监察机关参加调查；

（三）造成3人以上10人以下死亡，或者10人以上50人以下重伤，或者1000万元以上5000万元以下直接经济损失的较大事故，由设区的市级人民政府监察机关参加调查；

（四）造成3人以下死亡，或者10人以下重伤，或者1000万元以下直接经济损失的一般事故，由县级人民政府监察机关参加调查。

没有造成人员伤亡或者直接经济损失，但是社会影响恶劣的事故，国务院或者有关地方人民政府认为需要调查处理的，监察机关依照本规定执行。

第五条　重大及以下等级事故，事故发生地与事故发生单位不在同一个县级以上行政区域的，原则上由事故发生地的县级以上监察机关为主参加调查；必要时，由对事故发生单位有管辖权的监察机关为主参加调查，有关监察机关协助调查。发生争议的，由其共同的上级监察机关决定。

调查结束后，有关监察机关按照管理权限分别处理各自管辖范围内的事项。在作出处理决定之前，应当通报、协商各自的处理意见。协商不一致的，由其共同的上级监察机关决定。

第六条　监察机关参加生产安全事故调查处理，依法履行下列职责：

（一）参与事故的原因、性质等方面的调查认定；

（二）组织开展对事故涉及的监察对象违法违纪行为的调查，依法作出监察决定或者提出监察建议；

（三）受理对事故涉及的监察对象违法违纪行为的控告、检举；

（四）对监察对象在事故调查处理工作中履行职责、遵纪守法情况进行监督；

（五）向有关监察对象提出监察建议，督促总结事故教训，健全生产安全规章制度。

第二章　立案与调查

第七条　监察机关参加生产安全事故调查，以本级人民政府、上级监察机关或者本级监察机关批准参加调查的决定、批复作为立案依据，不再另行履行立案报批手续。立案时间为作出决定、批复之日。

经认定属于自然灾害或者刑事案件的，按照有关规定处理。

第八条　监察机关参加生产安全事故调查，应当制定调查方案，经监察机关参加调查组的负责人批准后执行。

调查方案包括应当查明的问题和线索；调查人员的组成和分工；调查步骤、方法等内容。

第九条　监察机关应当依法、全面、客观地收集相关证据。调查取证时，调查人员不得少于二人。

第十条　监察机关可以进行现场勘查、检查，并应当制作笔录或者勘查、检查报告，由参加勘查、检查的人员和见证人签名或者盖章；必要时可以拍照、录像。

第十一条　监察机关进行调查询问应当个别进行，并现场制作谈话笔录。

第十二条　监察机关根据调查工作需要，可以提请有关行政部门、机构予以协助；对涉及的专门性问题，可以提请有关专门机构或者人员作出鉴定结论。

第十三条　监察机关应当将调查认定的违法违纪事实形成书面材料，与被调查人见面，并听取其陈述和申辩。

监察机关应当要求被调查人在调查事实见面材料上签署意见并签名。被调查人提出异议的，监察机关应当作出书面说明。

第十四条　事故调查结束后，监察机关参加事故调查的部门应当制作调查报告。调查报告的主要内容包括：立案依据；事故的基本事实；事故的原因及性质，有关单位和人员的责任及处理建议等。

第十五条　监察机关参加生产安全事故调查的时限，按照《生产安全事故报告和调查处理条例》的有关规定执行。

第十六条　监察机关参加生产安全事故调查的人员有下列情形之一，应当自行回避；被调查人、控告人、检举人以及与事故发生单位有利害关系的公民、法人或者其他组织有权申请其回避：

（一）是被调查人或者控告人、检举人的近亲属的；

（二）本人或者近亲属与事故发生单位有利害关系的；

（三）与被调查人或者控告人、检举人有其他关系，可能影响事故公正调查处理的。

监察机关负责人的回避，由上一级监察机关负责人决定；其他调查人员的回避，由所在监察机关负责人决定。监察机关发现参加调查的人员有应当回避的情形，可以直接决定该人员回避。

第十七条　监察机关参加生产安全事故调查的人员应当遵守事故调查组的纪律，保守秘密，不得擅自发布与事故有关的信息。

第十八条　监察机关在参加生产安全事故调查处理中，对监察对象涉嫌贪污、受贿等违反行政纪律的问题，可以根据实际情况并案或者另行立案调查处理。另行立案调查的，按照监察机关有关规定办理。

第十九条　发现调查组成员涉嫌违法违纪的，监察机关参加事故调查的部门应当报告本监察机关，经本监察机关负责人批准，由有关部门按照管理权限调查处理。

第三章　事故处理

第二十条　监察机关对事故责任人员处理意见的审核，按照以下规定办理：

（一）由国务院统一组织或者国务院授权有关部门组织，国务院监察机关参加调查的特别重大事故，国务院监察机关参加调查的部门应当将案件移送审理部门进行审理；审理部门进行审理后，提交国务院监察机关研究决定或者提出意见；

（二）由地方人民政府组织或者授权、委托有关部门组织调查的生产安全事故，监察机关参加调查的部门应当将案件移送审理部门进行审理；由本监察机关提出对责任人员的处理意见，经地方人民政府同意后，报上一级监察机关备案；

（三）根据上级监察机关的相关决定或者批复参加调查的，监察机关参加调查的部门应当将案件移送审理部门进行审理；由本监察机关提出对责任人员的处理意见，并报作出相关决定或者批复的上级监察机关审定。

由上级监察机关参加调查的事故处理意见，已经上级监察机关审理的，下级监察机关在落实处理意见过程中可以不再审理。

第二十一条 移送审理的事故类案件，应当具备以下材料：

（一）立案依据；

（二）调查报告；

（三）参加调查部门的意见及其主管领导的批示；

（四）全部证据材料；

（五）被调查人事实见面材料和本人的意见及参加调查部门对其意见的说明；

（六）事故技术鉴定报告；

（七）其他应当移送审理的材料。

第二十二条 对重大复杂、社会关注度高、定性处理难度大的案件，监察机关参加事故调查的部门在基本事实查清、基本责任明确后，经本监察机关领导批准，审理部门可以提前介入审理。

第二十三条 监察机关依法提出的处理意见，应当提请事故调查组纳入事故调查报告。

第二十四条 监察机关在接到本级人民政府对事故调查组调查报告的批复后，应当依照法律、法规规定的权限和程序，对负有责任的监察对象直接作出处分决定或者逐级通知下级监察机关作出处分决定。下级监察机关落实处理意见的情况，应当在作出处分决定六十日内逐级报上级监察机关备案。

第二十五条 监察机关对监察对象作出处分决定后，应当抄送本级人民政府人事部门或者有关部门执行。

第二十六条 监察机关在事故调查处理中应当加强与司法机关的协作配合。被调查人涉嫌犯罪的，应当移送司法机关依法处理。

第二十七条 事故责任人中的监察对象受到刑事追究的，监察机关应当根据司法机关的生效判决、裁定和决定及其认定的事实、性质和情节，按照管理权限依法给予处分或者作出其他处理。

第二十八条 监察机关应当会同有关部门对落实处理意见和执行处分决定的情况进行监督检查。

拒不执行或者故意违反规定不正确执行、故意拖延或者擅自变更处理意见、处分决定的，对负有责任的领导人员和直接责任人员依法给予处分。

第二十九条 受到处分的监察对象对处分决定不服的，可以依照《中华人民共和国行政监察法》、《中华人民共和国公务员法》和《行政机关公务员处分条例》的有关规定提出申诉。

第四章　附　则

第三十条 监察机关参加本级人民政府统一组织或者本级人民政府授权有关部门组织，上级监察机关委托、指定，以及本级监察机关领导批准的生产安全事故以外的其他事故灾难和公共卫生事件、社会安全事件的调查处理，原则上参照本规定进行。国家法律法规另有规定的，从其规定。

第三十一条 本规定由监察部负责解释。

第三十二条 本规定自2013年1月1日起施行。《监察机关参加特别重大事故调查处理的暂行规定》（监发［1991］3号）和《监察部关于对特大、重大责任事故责任人员行政处分分级审批的通知》（监发［1997］3号）同时废止。

危险化学品安全使用许可证实施办法

（2012年11月16日国家安全生产监督管理总局令第57号公布　自2013年5月1日起施行）

第一章　总　则

第一条 为了严格使用危险化学品从事生产的化工企业安全生产条件，规范危险化学品安全使用许可证的颁发和管理工作，根据《危险化学品安全管理条例》和有关法律、行政法规，制定本办法。

第二条 本办法适用于列入危险化学品安全使用许可适用行业目录、使用危险化学品从事生产并且达到危险化学品使用量的数量标准的化工企业（危险化学品生产企业除外，以下简称企业）。

使用危险化学品作为燃料的企业不适用本办法。

第三条 企业应当依照本办法的规定取得危

险化学品安全使用许可证（以下简称安全使用许可证）。

第四条 安全使用许可证的颁发管理工作实行企业申请、市级发证、属地监管的原则。

第五条 国家安全生产监督管理总局负责指导、监督全国安全使用许可证的颁发管理工作。

省、自治区、直辖市人民政府安全生产监督管理部门（以下简称省级安全生产监督管理部门）负责指导、监督本行政区域内安全使用许可证的颁发管理工作。

设区的市级人民政府安全生产监督管理部门（以下简称发证机关）负责本行政区域内安全使用许可证的审批、颁发和管理，不得再委托其他单位、组织或者个人实施。

第二章 申请安全使用许可证的条件

第六条 企业与重要场所、设施、区域的距离和总体布局应当符合下列要求，并确保安全：

（一）储存危险化学品数量构成重大危险源的储存设施，与《危险化学品安全管理条例》第十九条第一款规定的八类场所、设施、区域的距离符合国家有关法律、法规、规章和国家标准或者行业标准的规定；

（二）总体布局符合《工业企业总平面设计规范》(GB50187)、《化工企业总图运输设计规范》(GB50489)、《建筑设计防火规范》(GB50016) 等相关标准的要求；石油化工企业还应当符合《石油化工企业设计防火规范》(GB50160) 的要求；

（三）新建企业符合国家产业政策、当地县级以上（含县级）人民政府的规划和布局。

第七条 企业的厂房、作业场所、储存设施和安全设施、设备、工艺应当符合下列要求：

（一）新建、改建、扩建使用危险化学品的化工建设项目（以下统称建设项目）由具备国家规定资质的设计单位设计和施工单位建设；其中，涉及国家安全生产监督管理总局公布的重点监管危险化工工艺、重点监管危险化学品的装置，由具备石油化工医药行业相应资质的设计单位设计；

（二）不得采用国家明令淘汰、禁止使用和危及安全生产的工艺、设备；新开发的使用危险化学品从事化工生产的工艺（以下简称化工工艺），在小试、中试、工业化试验的基础上逐步放大到工业化生产；国内首次使用的化工工艺，经过省级人民政府有关部门组织的安全可靠性论证；

（三）涉及国家安全生产监督管理总局公布的重点监管危险化工工艺、重点监管危险化学品的装置装设自动化控制系统；涉及国家安全生产监督管理总局公布的重点监管危险化工工艺的大型化工装置装设紧急停车系统；涉及易燃易爆、有毒有害气体化学品的作业场所装设易燃易爆、有毒有害介质泄漏报警等安全设施；

（四）新建企业的生产区与非生产区分开设置，并符合国家标准或者行业标准规定的距离；

（五）新建企业的生产装置和储存设施之间及其建（构）筑物之间的距离符合国家标准或者行业标准的规定。

同一厂区内（生产或者储存区域）的设备、设施及建（构）筑物的布置应当适用同一标准的规定。

第八条 企业应当依法设置安全生产管理机构，按照国家规定配备专职安全生产管理人员。配备的专职安全生产管理人员必须能够满足安全生产的需要。

第九条 企业主要负责人、分管安全负责人和安全生产管理人员必须具备与其从事生产经营活动相适应的安全知识和管理能力，参加安全资格培训，并经考核合格，取得安全资格证书。

特种作业人员应当依照《特种作业人员安全技术培训考核管理规定》，经专门的安全技术培训并考核合格，取得特种作业操作证书。

本条第一款、第二款规定以外的其他从业人员应当按照国家有关规定，经安全教育培训合格。

第十条 企业应当建立全员安全生产责任制，保证每位从业人员的安全生产责任与职务、岗位相匹配。

第十一条 企业根据化工工艺、装置、设施等实际情况，至少应当制定、完善下列主要安全生产规章制度：

（一）安全生产例会等安全生产会议制度；

（二）安全投入保障制度；

（三）安全生产奖惩制度；

（四）安全培训教育制度；

（五）领导干部轮流现场带班制度；

（六）特种作业人员管理制度；

（七）安全检查和隐患排查治理制度；

（八）重大危险源的评估和安全管理制度；

（九）变更管理制度；

（十）应急管理制度；

（十一）生产安全事故或者重大事件管理制度；

（十二）防火、防爆、防中毒、防泄漏管理制度；

（十三）工艺、设备、电气仪表、公用工程安全管理制度；

（十四）动火、进入受限空间、吊装、高处、盲板抽堵、临时用电、动土、断路、设备检维修等作业安全管理制度；

（十五）危险化学品安全管理制度；

（十六）职业健康相关管理制度；

（十七）劳动防护用品使用维护管理制度；

（十八）承包商管理制度；

（十九）安全管理制度及操作规程定期修订制度。

第十二条 企业应当根据工艺、技术、设备特点和原辅料的危险性等情况编制岗位安全操作规程。

第十三条 企业应当依法委托具备国家规定资质条件的安全评价机构进行安全评价，并按照安全评价报告的意见对存在的安全生产问题进行整改。

第十四条 企业应当有相应的职业病危害防护设施，并为从业人员配备符合国家标准或者行业标准的劳动防护用品。

第十五条 企业应当依据《危险化学品重大危险源辨识》（GB18218），对本企业的生产、储存和使用装置、设施或者场所进行重大危险源辨识。

对于已经确定为重大危险源的，应当按照《危险化学品重大危险源监督管理暂行规定》进行安全管理。

第十六条 企业应当符合下列应急管理要求：

（一）按照国家有关规定编制危险化学品事故应急预案，并报送有关部门备案；

（二）建立应急救援组织，明确应急救援人员，配备必要的应急救援器材、设备设施，并按照规定定期进行应急预案演练。

储存和使用氯气、氨气等对皮肤有强烈刺激的吸入性有毒有害气体的企业，除符合本条第一款的规定外，还应当配备至少两套以上全封闭防化服；构成重大危险源的，还应当设立气体防护站（组）。

第十七条 企业除符合本章规定的安全使用条件外，还应当符合有关法律、行政法规和国家标准或者行业标准规定的其他安全使用条件。

第三章 安全使用许可证的申请

第十八条 企业向发证机关申请安全使用许可证时，应当提交下列文件、资料，并对其内容的真实性负责：

（一）申请安全使用许可证的文件及申请书；

（二）新建企业的选址布局符合国家产业政策、当地县级以上人民政府的规划和布局的证明材料复制件；

（三）安全生产责任制文件，安全生产规章制度、岗位安全操作规程清单；

（四）设置安全生产管理机构，配备专职安全生产管理人员的文件复制件；

（五）主要负责人、分管安全负责人、安全生产管理人员安全资格证和特种作业人员操作证复制件；

（六）危险化学品事故应急救援预案的备案证明文件；

（七）由供货单位提供的所使用危险化学品的安全技术说明书和安全标签；

（八）工商营业执照副本或者工商核准文件复制件；

（九）安全评价报告及其整改结果的报告；

（十）新建企业的建设项目安全设施竣工验收意见书或备案证明复制件；

（十一）应急救援组织、应急救援人员，以及应急救援器材、设备设施清单。

有危险化学品重大危险源的企业，除应当提交本条第一款规定的文件、资料外，还应当提交重大危险源的备案证明文件。

第十九条 新建企业安全使用许可证的申请，应当在建设项目安全设施竣工验收通过之日起10个工作日内提出。

第四章 安全使用许可证的颁发

第二十条 发证机关收到企业申请文件、资料后，应当按照下列情况分别作出处理：

（一）申请事项依法不需要取得安全使用许可证的，当场告知企业不予受理；

（二）申请材料存在可以当场更正的错误的，允许企业当场更正；

（三）申请材料不齐全或者不符合法定形式的，当场或者在5个工作日内一次告知企业需要补正的全部内容，并出具补正告知书；逾期不告知的，自收到申请材料之日起即为受理；

（四）企业申请材料齐全、符合法定形式，或者按照发证机关要求提交全部补正申请材料的，立即受理其申请。

发证机关受理或者不予受理行政许可申请，应当出具加盖本机关专用印章和注明日期的书面凭证。

第二十一条 安全使用许可证申请受理后，

发证机关应当组织人员对企业提交的申请文件、资料进行审查。对企业提交的文件、资料内容存在疑问，需要到现场核查的，应当指派工作人员对有关内容进行现场核查。工作人员应当如实提出书面核查意见。

第二十二条 发证机关应当在受理之日起45日内作出是否准予许可的决定。发证机关现场核查和企业整改有关问题所需时间不计算在本条规定的期限内。

第二十三条 发证机关作出准予许可的决定的，应当自决定之日起10个工作日内颁发安全使用许可证。

发证机关作出不予许可的决定的，应当在10个工作日内书面告知企业并说明理由。

第二十四条 企业在安全使用许可证有效期内变更主要负责人、企业名称或者注册地址的，应当自工商营业执照变更之日起10个工作日内提出变更申请，并提交下列文件、资料：

（一）变更申请书；

（二）变更后的工商营业执照副本复制件；

（三）变更主要负责人的，还应当提供主要负责人经安全生产监督管理部门考核合格后颁发的安全资格证复制件；

（四）变更注册地址的，还应当提供相关证明材料。

对已经受理的变更申请，发证机关对企业提交的文件、资料审查无误后，方可办理安全使用许可证变更手续。

企业在安全使用许可证有效期内变更隶属关系的，应当在隶属关系变更之日起10日内向发证机关提交证明材料。

第二十五条 企业在安全使用许可证有效期内，有下列情形之一的，发证机关按照本办法第二十条、第二十一条、第二十二条、第二十三条的规定办理变更手续：

（一）增加使用的危险化学品品种，且达到危险化学品使用量的数量标准规定的；

（二）涉及危险化学品安全使用许可范围的新建、改建、扩建建设项目的；

（三）改变工艺技术对企业的安全生产条件产生重大影响的。

有本条第一款第一项规定情形的企业，应当在增加前提出变更申请。

有本条第一款第二项规定情形的企业，应当在建设项目安全设施竣工验收合格之日起10个工作日内向原发证机关提出变更申请，并提交建设项目安全设施竣工验收意见书或备案证明等相关文件、资料。

有本条第一款第一项、第三项规定情形的企业，应当进行专项安全验收评价，并对安全评价报告中提出的问题进行整改；在整改完成后，向原发证机关提出变更申请并提交安全验收评价报告。

第二十六条 安全使用许可证有效期为3年。企业安全使用许可证有效期届满后需要继续使用危险化学品从事生产且达到危险化学品使用量的数量标准规定的，应当在安全使用许可证有效期届满前3个月提出延期申请，并提交本办法第十八条规定的文件、资料。

发证机关按照本办法第二十条、第二十一条、第二十二条、第二十三条的规定进行审查，并作出是否准予延期的决定。

第二十七条 企业取得安全使用许可证后，符合下列条件的，其安全使用许可证届满办理延期手续时，经原发证机关同意，可以不提交第十八条第一款第二项、第五项、第九项和第十八条第二款规定的文件、资料，直接办理延期手续：

（一）严格遵守有关法律、法规和本办法的；

（二）取得安全使用许可证后，加强日常安全管理，未降低安全使用条件，并达到安全生产标准化等级二级以上的；

（三）未发生造成人员死亡的生产安全责任事故的。

企业符合本条第一款第二项、第三项规定条件的，应当在延期申请书中予以说明，并出具二级以上安全生产标准化证书复印件。

第二十八条 安全使用许可证分为正本、副本，正本为悬挂式，副本为折页式，正、副本具有同等法律效力。

发证机关应当分别在安全使用许可证正、副本上注明编号、企业名称、主要负责人、注册地址、经济类型、许可范围、有效期、发证机关、发证日期等内容。其中，“许可范围”正本上注明“危险化学品使用”，副本上注明使用危险化学品从事生产的地址和对应的具体品种、年使用量。

第二十九条 企业不得伪造、变造安全使用许可证，或者出租、出借、转让其取得的安全使用许可证，或者使用伪造、变造的安全使用许可证。

第五章　监督管理

第三十条 发证机关应当坚持公开、公平、公正的原则，依照本办法和有关行政许可的法律法规规定，颁发安全使用许可证。

发证机关工作人员在安全使用许可证颁发及其监督管理工作中，不得索取或者接受企业的财物，不得谋取其他非法利益。

第三十一条 发证机关应当加强对安全使用许可证的监督管理，建立、健全安全使用许可证档案管理制度。

第三十二条 有下列情形之一的，发证机关应当撤销已经颁发的安全使用许可证：

（一）滥用职权、玩忽职守颁发安全使用许可证的；

（二）超越职权颁发安全使用许可证的；

（三）违反本办法规定的程序颁发安全使用许可证的；

（四）对不具备申请资格或者不符合法定条件的企业颁发安全使用许可证的；

（五）以欺骗、贿赂等不正当手段取得安全使用许可证的。

第三十三条 企业取得安全使用许可证后有下列情形之一的，发证机关应当注销其安全使用许可证：

（一）安全使用许可证有效期届满未被批准延期的；

（二）终止使用危险化学品从事生产的；

（三）继续使用危险化学品从事生产，但使用量降低后未达到危险化学品使用量的数量标准规定的；

（四）安全使用许可证被依法撤销的；

（五）安全使用许可证被依法吊销的。

安全使用许可证注销后，发证机关应当在当地主要新闻媒体或者本机关网站上予以公告，并向省级和企业所在地县级安全生产监督管理部门通报。

第三十四条 发证机关应当将其颁发安全使用许可证的情况及时向同级环境保护主管部门和公安机关通报。

第三十五条 发证机关应当于每年1月10日前，将本行政区域内上年度安全使用许可证的颁发和管理情况报省级安全生产监督管理部门，并定期向社会公布企业取得安全使用许可证的情况，接受社会监督。

省级安全生产监督管理部门应当于每年1月15日前，将本行政区域内上年度安全使用许可证的颁发和管理情况报国家安全生产监督管理总局。

第六章 法律责任

第三十六条 发证机关工作人员在对危险化学品使用许可证的颁发管理工作中滥用职权、玩忽职守、徇私舞弊，构成犯罪的，依法追究刑事责任；尚不构成犯罪的，依法给予处分。

第三十七条 企业未取得安全使用许可证，擅自使用危险化学品从事生产，且达到危险化学品使用量的数量标准规定的，责令立即停止违法行为并限期改正，处10万元以上20万元以下的罚款；逾期不改正的，责令停产整顿。

企业在安全使用许可证有效期届满后未办理延期手续，仍然使用危险化学品从事生产，且达到危险化学品使用量的数量标准规定的，依照前款规定给予处罚。

第三十八条 企业伪造、变造或者出租、出借、转让安全使用许可证，或者使用伪造、变造的安全使用许可证的，处10万元以上20万元以下的罚款，有违法所得的，没收违法所得；构成违反治安管理行为的，依法给予治安管理处罚；构成犯罪的，依法追究刑事责任。

第三十九条 企业在安全使用许可证有效期内主要负责人、企业名称、注册地址、隶属关系发生变更，未按照本办法第二十四条规定的时限提出安全使用许可证变更申请或者将隶属关系变更证明材料报发证机关的，责令限期办理变更手续，处1万元以上3万元以下的罚款。

第四十条 企业在安全使用许可证有效期内有下列情形之一，未按照本办法第二十五条的规定提出变更申请，继续从事生产的，责令限期改正，处1万元以上3万元以下的罚款：

（一）增加使用的危险化学品品种，且达到危险化学品使用量的数量标准规定的；

（二）涉及危险化学品安全使用许可范围的新建、改建、扩建建设项目，其安全设施已经竣工验收合格的；

（三）改变工艺技术对企业的安全生产条件产生重大影响的。

第四十一条 发现企业隐瞒有关情况或者提供虚假文件、资料申请安全使用许可证的，发证机关不予受理或者不予颁发安全使用许可证，并给予警告，该企业在1年内不得再次申请安全使用许可证。

企业以欺骗、贿赂等不正当手段取得安全使用许可证的，自发证机关撤销其安全使用许可证之日起3年内，该企业不得再次申请安全使用许可证。

第四十二条 安全评价机构有下列情形之一的，给予警告，并处1万元以下的罚款；情节严重的，暂停资质6个月，并处1万元以上3万元以下的罚款；对相关责任人依法给予处理：

（一）从业人员不到现场开展安全评价活动的；

（二）安全评价报告与实际情况不符，或者安全评价报告存在重大疏漏，但尚未造成重大损失的；

（三）未按照有关法律、法规、规章和国家标准或者行业标准的规定从事安全评价活动的。

第四十三条 承担安全评价的机构出具虚假报告和证明，构成犯罪的，依照刑法有关规定追究刑事责任；尚不够刑事处罚的，没收违法所得，违法所得在5千元以上的，并处违法所得2倍以上5倍以下的罚款，没有违法所得或者违法所得不足5千元的，单处或者并处5千元以上2万元以下的罚款，对其直接负责的主管人员和其他直接责任人员处5千元以上5万元以下的罚款；给他人造成损害的，与企业承担连带赔偿责任。

对有本条第一款违法行为的机构，依法吊销其相应资质；该机构取得的资质由其他部门颁发的，移送相关部门处理。

第四十四条 本办法规定的行政处罚，由安全生产监督管理部门决定；但本办法第三十八条规定的行政处罚，由发证机关决定；第四十二条、第四十三条规定的行政处罚，依照《安全评价机构管理规定》执行。

第七章　附　则

第四十五条 本办法下列用语的含义：

（一）危险化学品安全使用许可适用行业目录，是指国家安全生产监督管理总局根据《危险化学品安全管理条例》和有关国家标准、行业标准公布的需要取得危险化学品安全使用许可的化工企业类别；

（二）危险化学品使用量的数量标准，由国家安全生产监督管理总局会同国务院公安部门、农业主管部门根据《危险化学品安全管理条例》公布；

（三）本办法所称使用量，是指企业使用危险化学品的年设计使用量和实际使用量的较大值；

（四）本办法所称大型化工装置，是指按照原建设部《工程设计资质标准》（建市［2007］86号）中的《化工石化医药行业建设项目设计规模划分表》确定的大型项目的化工生产装置。

第四十六条 危险化学品安全使用许可的文书、危险化学品安全使用许可证的样式、内容和编号办法，由国家安全生产监督管理总局另行规定。

第四十七条 省级安全生产监督管理部门可以根据当地实际情况制定安全使用许可证管理的细则，并报国家安全生产监督管理总局备案。

第四十八条 本办法施行前已经进行生产的企业，应当自本办法施行之日起18个月内，依照本办法的规定向发证机关申请办理安全使用许可证；逾期不申请办理安全使用许可证，或者经审查不符合本办法规定的安全使用条件，未取得安全使用许可证，继续进行生产的，依照本办法第三十七条的规定处罚。

第四十九条 本办法自2013年5月1日起施行。

第二编　机构设置

第一章　政府机构以及职责

第一节　国家应急管理机构设置

一、领导机构

国务院是突发公共事件应急管理工作的最高行政领导机构。在国务院总理领导下，由国务院常务会议和国家相关突发公共事件应急指挥机构（以下简称“相关应急指挥机构”）负责突发公共事件的应急管理工作；必要时，派出国务院工作组指导有关工作。

二、办事机构

国务院办公厅设国务院应急管理办公室，承担国务院应急管理的日常工作和国务院总值班工作，履行值守应急、信息汇总和综合协调职责，发挥运转枢纽作用。

（一）主要职责

1. 承担国务院总值班工作，及时掌握和报告国内外相关重大情况和动态，办理向国务院报送的紧急重要事项，保证国务院与各省（区、市）人民政府、国务院各部门联络畅通，指导全国政府系统值班工作。

2. 办理国务院有关决定事项，督促落实国务院领导批示、指示，承办国务院应急管理的专题会议、活动和文电等工作。

3. 负责协调和督促检查各省（区、市）人民政府、国务院各部门应急管理工作，协调、组织有关方面研究提出国家应急管理的政策、法规和规划建议。

4. 负责组织编制国家突发公共事件总体应急预案和审核专项应急预案，协调指导应急预案体系和应急体制、机制、法制建设，指导各省（区、市）人民政府、国务院有关部门应急体系、应急信息平台建设等工作。

5. 协助国务院领导处置特别重大突发公共事件，协调指导特别重大和重大突发公共事件的预防预警、应急演练、应急处置、调查评估、信息发布、应急保障和国际救援等工作。

6. 组织开展信息调研和宣传培训工作，协调应急管理方面的国际交流与合作。

7. 承办国务院领导交办的其他事项。

（二）主要业务

主要办理各地区、各部门报送国务院涉及下列业务的文电和有关会务、督查工作等：

1. 涉及防汛抗旱、减灾救济、抗震救灾，以及重大地质灾害、重大森林草原火灾及病虫害、沙尘暴及重大生态灾害事件的处置及相关防范业务，重要天气形势和灾害性天气的预警预报等业务。

2. 涉及安全生产、交通安全、环境安全、消防安全及人员密集场所事故处置和预防等业务。

3. 涉及重大突发疫情、病情处置，重大动物疫情处置，重大食品药品安全事故处置及相关防范等业务。

4. 涉及社会治安、反恐怖、群体性事件等重大突发公共事件应急处置和防范业务，涉外重大突发事件的处置等业务。

三、工作机构

国务院有关部门依据有关法律、行政法规和各自的职责，负责相关类别突发公共事件的应急管理工作。具体负责相关类别的突发公共事件专项和部门应急预案的起草与实施，贯彻落实国务院有关决定事项。

（一）自然灾害应急管理机构

国家减灾委员会负责组织、领导全国的自然灾害救助工作，协调开展重大自然灾害救助活动。国务院民政部门负责全国的自然灾害救助工作，承担国家减灾委员会的具体工作。国务院有关部门按照各自职责做好全国的自然灾害救助相关工作。

县级以上地方人民政府或者人民政府的自然灾害救助应急综合协调机构，组织、协调本行政区域的自然灾害救助工作。县级以上地方人民政府民政部门负责本行政区域的自然灾害救助工作。县级以上地方人民政府有关部门按照各自职责做好本行政区域的自然灾害救助相关工作。

（二）事故灾难应急管理机构

全国安全生产事故灾难应急救援组织体系由国务院安委会、国务院有关部门、地方各级人民政府安全生产事故灾难应急领导机构、综合协调指挥机构、专业协调指挥机构、应急支持保障部门、应急救援队伍和生产经营单位组成。

国家安全生产事故灾难应急领导机构为国务院安委会，综合协调指挥机构为国务院安委会办公室，国家安全生产应急救援指挥中心具体承担安全生产事故灾难应急管理工作，专业协调指挥机构为国务院有关部门管理的专业领域应急救援指挥机构。

地方各级人民政府的安全生产事故灾难应急机构由地方政府确定。

应急救援队伍主要包括消防部队、专业应急救援队伍、生产经营单位的应急救援队伍、社会力量、志愿者队伍及有关国际救援力量等。

国务院安委会各成员单位按照职责履行本部门的安全生产事故灾难应急救援和保障方面的职责，负责制订、管理并实施有关应急预案。

现场应急救援指挥以属地为主，事发地省（区、市）人民政府成立现场应急救援指挥部。现场应急救援指挥部负责指挥所有参与应急救援的队伍和人员，及时向国务院报告事故灾难事态发展及救援情况，同时抄送国务院安委会办公室。

涉及多个领域、跨省级行政区或影响特别重大的事故灾难，根据需要由国务院安委会或者国务院有关部门组织成立现场应急救援指挥部，负责应急救援协调指挥工作。

（三）公共卫生事件应急管理机构

1. 日常管理机构

国务院卫生行政部门设立卫生应急办公室（突发公共卫生事件应急指挥中心），负责全国突发公共卫生事件应急处理的日常管理工作。

各省、自治区、直辖市人民政府卫生行政部门及军队、武警系统要参照国务院卫生行政部门突发公共卫生事件日常管理机构的设置及职责，结合各自实际情况，指定突发公共卫生事件的日常管理机构，负责本行政区域或本系统内突发公共卫生事件应急的协调、管理工作。

各市（地）级、县级卫生行政部门要指定机构负责本行政区域内突发公共卫生事件应急的日常管理工作。

2. 专家咨询委员会

国务院卫生行政部门和省级卫生行政部门负责组建突发公共卫生事件专家咨询委员会。

市（地）级和县级卫生行政部门可根据本行政区域内突发公共卫生事件应急工作需要，组建突发公共卫生事件应急处理专家咨询委员会。

3. 应急处理专业技术机构

医疗机构、疾病预防控制机构、卫生监督机构、出入境检验检疫机构是突发公共卫生事件应急处理的专业技术机构。应急处理专业技术机构要结合本单位职责开展专业技术人员处理突发公共卫生事件能力培训，提高快速应对能力和技术水平，在发生突发公共卫生事件时，要服从卫生行政部门的统一指挥和安排，开展应急处理工作。

4. 应急指挥机构

卫生部依照职责和预案的规定，在国务院统一领导下，负责组织、协调全国突发公共卫生事件应急处理工作，并根据突发公共卫生事件应急处理工作的实际需要，提出成立全国突发公共卫生事件应急指挥部。

地方各级人民政府卫生行政部门依照职责和预案的规定，在本级人民政府统一领导下，负责组织、协调本行政区域内突发公共卫生事件应急处理工作，并根据突发公共卫生事件应急处理工作的实际需要，向本级人民政府提出成立地方突发公共卫生事件应急指挥部的建议。

各级人民政府根据本级人民政府卫生行政部门的建议和实际工作需要，决定是否成立国家和地方应急指挥部。

地方各级人民政府及有关部门和单位要按照属地管理的原则，切实做好本行政区域内突发公共卫生事件应急处理工作。

5. 全国突发公共卫生事件应急指挥部的组成和职责

全国突发公共卫生事件应急指挥部负责对特别重大突发公共卫生事件的统一领导、统一指挥，作出处理突发公共卫生事件的重大决策。指挥部成员单位根据突发公共卫生事件的性质和应急处理的需要确定。

6. 省级突发公共卫生事件应急指挥部的组成和职责

省级突发公共卫生事件应急指挥部由省级人民政府有关部门组成，实行属地管理的原则，负责对本行政区域内突发公共卫生事件应急处理的协调和指挥，作出处理本行政区域内突发公共卫生事件的决策，决定要采取的措施。

四、地方机构

地方各级人民政府是本行政区域突发公共事件应急管理工作的行政领导机构，负责本行政区域各类突发公共事件的应对工作。

五、专家组

国务院和各应急管理机构建立各类专业人才库，可以根据实际需要聘请有关专家组成专家组，为应急管理提供决策建议，必要时参加突发公共事件的应急处置工作。

根据《应急管理专家组工作规则》，2011 年，应急管理专家组要认真贯彻落实党中央、国务院关于应急管理的决策部署，紧紧围绕应急管理各项重点工作，充分发挥专家的决策咨询和技术服务作用，进一步加强应急管理重点问题的研究和攻关，切实履行好应急管理专家组职责。

1. 参与重特大突发事件的防范和应急处置工作，为应急指挥决策提供政策建议、专业咨询、理论指导和技术支持。

2. 参与做好修订、完善《突发事件应对法》等相关调研和专家咨询工作。

3. 协助做好“十一五”应急体系建设规划项目验收和“十二五”应急体系建设规划编制相关工作。

4. 参与修订、完善《国家突发公共事件总体应急预案》，协助各省（区、市）和有关部门开展预案修订和演练工作。

5. 围绕国务院领导同志关心的应急管理工作重点和热点问题，针对应急管理制度设计、标准化建设、完善联动机制、应急产业发展、应急管理学科建设和人才培养等方面开展专题调查研究，组织召开相关研讨会，有针对性地提出相关工作建议或政策建议。

6. 组织专家协助有关省（区、市）和相关部门应急管理机构及专家咨询机构，做好公共安全形势分析、突发事件预警防范、应急处置评估等工作。

7. 针对国内外一些重特大突发事件及应急处置典型案例，组织专家分析其发生、发展的规律和特点，评估应对处置过程和措施，总结处置工作的经验和教训，编纂《重特大突发事件案例评析》。

8. 组织专家积极参与国家行政学院及有关地方和部门举办的应急管理培训工作，会同有关方面做好应急管理培训教材的编写和修订工作。

9. 配合有关部门和单位做好应急管理类科普读物、专业书籍的翻译、编著和科普宣教工作。跟踪掌握、吸收引进国际上成熟的应急管理经验和先进技术及装备，进一步加强与境外相关学术机构及专家学者之间的交流与合作。

10. 组织召开省（区、市）应急管理专家组工作情况交流片会。

11. 会同各地区、各有关部门开展专家信息收集、分类、建档工作，逐步建立和完善全国应急管理专家库，完善专家信息共享机制，逐步形成分级分类、覆盖全面的应急专家资源信息网络。

12. 研究提出应急管理专家组换届工作意见和建议，按程序报批。专家组成员要密切跟踪掌握所在行业领域应急管理工作动态，围绕突发事件防范应对过程中面临的突出问题，加强与行业主管部门等有关各方的沟通，主动开展工作，积极建言献策，切实履行职责，为推动本领域及全国的应急管理工作提供智力支持。

参考资料

1. 国家突发公共事件总体应急预案，见 http：//www. gov. cn/yjgl/2005 －08/07/content_21048. htm。

2. 关于印发《应急管理专家组 2011 年工作要点》的通知，见 http：//sps. saic. gov. cn/zcfg/201106/t20110614_106858. html。

3. 国务院办公厅关于设置国务院应急管理办公室（国务院总值班室）的通知，见 http：//www. gov. cn/gongbao/content/2006/content_320626. htm。

4. 国家安全生产事故灾难应急预案，见 http：//www. gov. cn/yjgl/2006 －01/23/content_21262. htm。

5. 国家突发公共卫生事件应急预案，见 http：//www. gov. cn/yjgl/2006 －02/26/content_211654. htm。

第二节　省级应急管理机构设置

北京市应急机构设置

一、领导机构及职责

（一）北京市应急委员会主要职责

1. 研究制定全市应对突发事件重大决策和指导意见；

2. 审定市突发事件总体应急预案；

3. 组织指挥处置特别重大、重大突发事件；

4. 应对突发事件工作中协调与中央和国家各部委、驻京部队及其他有关部门和单位的关系；

5. 领导区县突发事件应急委员会开展特别重大、重大突发事件的相关应对工作；

6. 分析总结全市年度应对突发事件工作。

（二）北京市应急委员会人员组成

主　任：王安顺（市委副书记、市长）

副主任：李士祥（市委常委、常务副市长）
赵凤桐（市委常委、市委秘书长、市委政法委书记）

委　员：李　伟（市委常委、市委宣传部部长）
郑传福（市委常委、北京卫戍区司令员）
傅政华（市委常委、市公安局局长）
陈　刚（市委常委、副市长）

程　红（副市长）
张　工（副市长）
戴均良（副市长）
林克庆（副市长）
张延昆（副市长）
杨晓超（副市长）
王炳深（武警北京市总队司令员）
李　伟（市政府秘书长、市政府办公厅主任）

秘书长：李　伟（兼）（市政府秘书长、市政府办公厅主任）

二、办事机构及职责

北京市突发事件应急委员会办公室为北京市突发事件应急委员会（简称“市应急委”）的常设办事机构，挂北京市人民政府总值班室和北京市应急指挥中心的牌子，下设应急指挥处、预案管理处、综合信息处、宣教动员处、技术通信处。

主要职责为负责协助市政府领导同志处理需由市政府直接处理的突发事件和重大事故，承担市应急委的具体工作，负责规划、组织、协调、指导、检查本市突发事件应对工作及应急管理的预案、体制、机制和法制建设。

三、工作机构

1. 市电力事故应急指挥部；2. 市通信保障和信息安全应急指挥部；3. 市反恐和刑事案件应急指挥部；4. 市建筑工程事故应急指挥部；5. 市城市公共设施事故应急指挥部；6. 市交通安全应急指挥部；7. 市防汛抗旱应急指挥部；8. 市突发公共卫生事件应急指挥部；9. 市生产安全事故应急指挥部；10. 市森林防火应急指挥部；11. 市人防工程事故应急指挥部；12. 市重大动植物疫情应急指挥部；13. 市消防安全应急指挥部；14. 市地震应急指挥部；15. 市突发事件应急救助指挥部。

四、地方机构（区县应急委）及主要职责

（一）区县应急委

1. 东城区突发事件应急委员会；2. 西城区突发事件应急委员会；3. 朝阳区突发事件应急委员会；4. 海淀区突发事件应急委员会；5. 丰台区突发事件应急委员会；6. 石景区突发事件应急委员会；7. 门头沟区突发事件应急委员会；8. 房山区突发事件应急委员会；9. 通州区突发事件应急委员会；10. 顺义区突发事件应急委员会；11. 昌平区突发事件应急委员会；12. 大兴区突发事件应急委员会；13. 平谷区突发事件应急委员会；14. 怀柔区突发事件应急委员会；15. 密云县突发事件应急委员会；16. 延庆县突发事件应急委员会。

（二）区县应急委主要职责

1. 研究制定全区（县）处置突发事件重大决策和指导意见；

2. 审定区（县）突发事件应急预案、工作规则、工作方案；

3. 负责本区（县）内发生较大以上突发事件先期处置和善后工作；负责本区内发生的一般突发事件指挥处置工作；

4. 在处置突发事件工作中，负责协调联系驻区（县）中央国家机关、市级机关、驻区（县）部队等有关部门；

5. 当突发事件超出本区处置能力时，依程序报请北京市政府应急办支援；

6. 定期召开应急委全会和季度形势分析会；

7. 分析总结全区（县）年度突发事件处置工作。

（三）办事机构主要职责

1. 执行区（县）应急委的决定，负责统一组织、协调、指导、检查本区（县）突发事件的预防和处置工作；

2. 负责收集、分析相关突发事件的情况和信息，及时向区（县）应急委和市应急办报告，提出预警建议，经市应急办批准后，发布有关预警信息；

3. 定期完善修订本区突发事件应急预案，审核区（县）专项指挥部、分指挥部预案，指导辖区各相关单位的应急预案制定；

4. 负责建立和完善突发事件信息通信系统，维护突发事件应急指挥平台；

5. 负责协调本行政区域内一般突发事件处置工作；协助配合市应急办和市专项指挥部处置本行政区域内特别重大、重大、较大突发事件；

6. 组织、检查和落实专业部门、相关单位、社区和市民进行预案演习，开展有关处置突发事件的宣传教育工作；

7. 承担区（县）应急委交办的其他工作。

参考资料

1. 北京市突发事件应急委员会，见 http：//www. bjyj. gov. cn/yjjg/syjw/。

2. 北京市突发事件工作机构，见 http：//www. bjyj. gov. cn/yjjg/。

3. 地方机构（区县应急委）及主要职责，见 http：//www. bjyj. gov. cn/qxyjw/。

上海市应急管理机构设置

一、领导机构

上海市突发公共事件应急管理委员会（简称“市应急委”）决定和部署本市突发公共事件应急

管理工作。

二、办事机构

上海市应急管理委员会办公室（简称“市应急办”）是市应急委的日常办事机构，设在市政府办公厅，具体承担值守应急、信息汇总、办理和督促落实市应急委的决定事项；组织编制、修订市总体应急预案，组织审核专项和部门应急预案；综合协调全市应急管理体系建设及应急演练、保障和宣传培训等工作。

三、工作机构

本市具有处置突发公共事件职责的市级协调机构、相关职能部门和单位，作为应急管理的工作机构，承担相关类别的应急管理工作。

四、区县应急机构

区县名称	领导机构	办事机构
浦东新区	浦东新区应急委	浦东新区应急办
徐汇区	徐汇区应急委	徐汇区应急办
长宁区	长宁区应急委	长宁区应急办
普陀区	普陀区应急委	普陀区应急办
闸北区	闸北区应急委	闸北区应急办
虹口区	虹口区应急委	虹口区应急办
杨浦区	杨浦区应急委	杨浦区应急办
黄浦区	黄浦区应急委	黄浦区应急办
卢湾区	卢湾区应急委	卢湾区应急办
静安区	静安区应急委	静安区应急办
宝山区	宝山区应急委	宝山区应急办
闵行区	闵行区应急委	闵行区应急办
嘉定区	嘉定区应急委	嘉定区应急办
金山区	金山区应急委	金山区应急办
松江区	松江区应急领导小组	松江区应急办
南汇区	南汇区应急委	南汇区应急办
奉贤区	奉贤区应急委	奉贤区应急办
青浦区	青浦区应急委	青浦区应急办
崇明县	崇明县应急委	崇明县应急办

五、专家机构

市应急委和各应急管理工作机构根据实际需要建立各类专业人才库，组织聘请有关专家组成专家组，为应急管理提供决策建议，必要时参加突发公共事件的应急处置工作。

参考资料

1. 上海应急管理机构设置，见 http://shszx.eastday.com/node2/node4810/zwh/node4916/node4918/u1a25584.html。

天津市应急机构设置

一、领导机构

天津市突发公共事件应急委员会（以下简称“市应急委员会”）作为本市突发公共事件应急管理的最高领导机构，负责领导全市突发公共事件的应急工作，研究制定全市应对突发公共事件重大决策和指导意见；审定市突发公共事件总体应急预案；组织指挥处置特别重大、重大突发公共事件；应对突发公共事件工作中协调与中央和国家机关各部委、天津警备区、武警天津总队及其他有关部门和单位的关系；领导区县突发公共事件应急委员会开展特别重大、重大突发公共事件的相关应对工作；分析总结全市年度应对突发公共事件工作。

市应急委员会主任由市长担任，为了有效应对突发事件的发生，根据工作需要，委员会由有关市领导、天津市警备区、武警天津总队及相关委办局负责同志组成。

市政府秘书长作为总协调人，市委、市政府主管副秘书长配合，市委、市政府办公厅主管副主任协助，协调突发公共事件应急工作。

二、 办事机构

天津市突发公共事件应急委员会下设办公室，作为常设办事机构。办公室设在市政府办公厅，与市政府总值班室合署办公，加挂天津市应急指挥中心牌子（以下简称“市应急指挥中心”）。履行值守应急、信息汇总和综合协调职责，发挥运转枢纽作用，负责接收和办理向市突发公共事件应急委员会报送的紧急重要事项；指导全市突发公共事件应急体系、应急指挥信息平台建设；组织编制、修订《天津市突发公共事件总体应急预案》，组织审核专项应急预案，指导应急预案体系建设；收集突发公共事件信息，组织专业部门和专家对突发公共事件进行评估，报告评估结果和预案启动建议；按照市应急委的决定，组织、协调突发公共事件的处置和善后工作；对突发公共事件进行事件调查，并进行事后评估；向社会发布信息。

三、工作机构

各专项指挥部、有关部门和驻津部队依据有关法律、行政法规和职责，负责相关类别突发公共事件的应急管理工作。明确本部门处置突发公共事件的组织体系和责任；制定和实施相关类别的突发公共事件专项和部门应急预案；组建突发公共事件防控、抢险队伍；收集突发公共事件信息，预测、预报突发公共事件，及时向市应急委员会报告重要情况和建议；贯彻落实市应急委员会有关决定事项，承担相关应急指挥机构办公室的工作；建立应急信息系统，与市应急指挥中心、下级相关部门连通；指导和协助区县人民政府做好突发公共事件的预防、应急准备、应急处置和恢复重建等工作。

各区（县）人民政府（含：滨海新区、经济技术开发区、天津港保税区和新技术产业园区管委会，下同）是本行政区域突发公共事件应急管理工作的行政领导机构，负责本行政区域各类突发公共事件应急处置工作。

四、区（县）机构

各区（县）人民政府是本行政区域突发公共事件应急管理工作的行政领导机构，设立区（县）应急委员会及常设工作机构，负责本行政区域突发公共事件管理工作。

五、专家组

天津市政府和各应急管理机构根据实际需要聘请有关专家分别组成技术专家组和法律专家组，为应急管理提供决策建议，参加突发公共事件的应急处置工作。

参考资料

1. 天津市应急管理机构设置，见 http：//www. yj. tj. gov. cn/101679/。

2. 天津市人民政府突发公共事件总体应急预案，见 http：//www. gov. cn/yjgl/2006 - 03/22/content_233422. htm。

重庆市应急机构设置

一、领导机构

重庆市委、市政府是全市应急管理工作的领导机构。设立重庆市人民政府突发公共事件应急委员会（以下简称“市政府应急委”），在市委、市政府的统一领导下组织指挥全市突发公共事件应急管理工作。

市政府应急委的职责是：贯彻落实国务院应急管理工作的方针、政策；向国务院报告本市应急管理工作情况；决定本市重大、特别重大级突发公共事件应急预案的启动，集中领导和统一指挥应急处置工作；协调重庆警备区、驻渝部队、中央在渝单位共同处置重大、特别重大级突发公共事件；审定重大、特别重大级突发公共事件的专项资金和物资分配计划；部署全市应急管理工作和总结经验教训；决定对涉及应急管理和处置工作的有关部门及单位、人员的奖惩。

重庆市政府应急委主任由市政府市长担任，常务副主任由市政府常务副市长担任，副主任由市政府相关副市长、秘书长和重庆警备区负责人担任，成员由市政府有关部门和相关单位负责人担任。

二、办事机构

重庆市政府应急委下设重庆市人民政府应急管理办公室（以下简称“市政府应急办”），为市政府应急管理的常设机构。

市政府应急办承担市政府应急委的日常工作，其具体职责是：在市委、市政府的领导下，贯彻执行市政府应急委的工作指令；在市政府应急委的领导下，组织指挥、统筹协调重庆市自然灾害应急指挥部办公室（设在市政府救灾办）、重庆市事故灾难应急指挥部办公室（设在市安监局）、重庆市公共卫生事件应急指挥部办公室（设在市卫生局）、重庆市社会安全事件应急指挥部办公室（设在市公安局）（以下简称“四个市应急指挥部办公室”）和按照国务院要求设立的市专项指挥部办公室对重大、特别重大级突发公共事件的应急处置工作；经市政府应急委批准，向国务院应急管理办公室报告重大、特别重大预警和灾害信息，并根据市政府应急委的决定发布预警信息；提出应急资金和物资分配建议；统筹协调全市应急管理工作；办理市政府、市政府应急委应急管理方面的文、会、事；组织开展应急管理工作调研，并提出工作建议；定期组织修订预案，审定各专项应急预案、综合应急预案、部门应急预案及保障预案；负责组织筹建市政府突发公共事件应急处置综合指挥平台、市接警中心和应急管理信息数据库；组织和协调突发公共事件的宣传教育和演习、演练；承担市委、市政府领导交办的其他事项。

市政府应急办设主任、副主任，负责应急管理的日常工作。

四个市应急指挥部办公室和八个市专项指挥部办公室在市政府应急办的统筹协调下负责重大、特别重大级突发公共事件的应急处置工作。

三、工作机构

重庆市政府各部门是应急处置重大、特别重大级突发公共事件的责任主体，负责相关类别突发公共事件的应急管理工作。从源头上强化安全生产和灾害预防，特别要加强对水陆交通、煤矿化工、烟花爆竹等高危行业和公共密集场所的监督和管理；加强对危险源和灾害灾难隐患点的监控，明确相关处室的应急管理职责。市政府各部门的具体职责按各部门应急预案确定。

重庆市专项指挥部和市政府各部门编制的部门应急预案，涉及中央在渝单位的由市政府应急办协调，按其确定的职责，共同或分别编制应急预案并确定其职责。

市应急指挥部的职责是：重庆市突发自然灾

害、重庆市突发事故灾难、重庆市突发公共卫生事件、重庆市突发社会安全事件四个市应急指挥部（以下简称“四个市应急指挥部”）分别由市政府分管副市长任指挥长，交叉分管的并列担任指挥长。成员分别由牵头编制4个专项应急预案及编制部门应急预案的市政府各部门和单位负责人组成，市应急指挥部职责按照相关专项应急预案确定。四个市应急指挥部在市政府应急委的领导下，加强与市政府各部门和单位的密切协作，共同做好以预防为主的预测预警、预警化解、应急处置和灾后评估、恢复重建等工作。

市专项指挥部的职责是：国务院或国家有关部门成立有专项指挥部并在我市建立了相应指挥机构的予以保留。目前有重庆市防汛抗旱指挥部、重庆市地质灾害抢险救援指挥部、重庆市抗震救灾指挥部、重庆市森林防火指挥部、重庆市防治动物重大疫病指挥部、重庆市处理信访突出问题及群体性事件联席会议、重庆市处置劫机事件工作领导小组、重庆市反恐协调小组共八个市专项指挥部（以下简称“八个市专项指挥部”）。市专项指挥部的职责是在发生相应类别的突发公共事件时，在市政府应急委的领导下，会同相关的市应急指挥部，快速有效地对突发公共事件进行应急处置。市专项指挥部按照国务院或国务院有关部门的要求，做好信息传递和共享、应急联动处置等各项基础工作。市专项指挥部办公室的应急管理工作由市政府应急办统筹协调。

四、区县（自治县）政府和开发区管委会

各区县（自治县）政府和开发区管委会既是重大、特别重大级突发公共事件先期应急处置的主体，又是一般、较大级突发公共事件应急处置的责任主体，必须依法建立相关预测预警系统、应急处置队伍、日常监督管理机制、应急处置体制、灾后评估和恢复重建体系。具体职责由相关综合应急预案确定。

五、应急保障部门

负责应急处置保障工作的市政府各部门和单位，在突发公共事件发生时要迅速调集保障资源，确保应急处置的需要。具体职责由相关保障预案确定。

参考资料

1. 重庆市突发公共事件总体应急预案，见 http：//www.tengzhou.gov.cn/yjgl/yjya/200809/t20080927_439525.htm。

广东省应急管理机构设置

一、领导机构

广东省突发事件应急委员会：

主　任：朱小丹（省委副书记、省长）

副主任：朱明国（省委副书记、省委政法委书记）

梁伟发（省政府党组副书记、省公安厅厅长）

刘　昆（副省长）

二、办事机构

（一）广东省人民政府应急管理办公室内设机构

专家组秘书处、综合管理处、应急指挥协调处（加挂省政府总值班室牌子）、平台技术处。

（二）广东省人民政府应急管理办公室职责

1. 承担广东省政府总值班室工作，及时掌握和报告国内外、省内外相关重大情况和动态，办理向国务院上报、省政府报送的紧急重要事项。

2. 办理省政府、省突发公共事件应急委员会有关应急工作的决定事项，督促落实省政府领导有关批示、指示，承办省政府应急管理的专题会议、活动和文电等工作。

3. 协调、组织有关方面研究提出省应急管理的政策、法规和规划建议。

4. 协助省政府领导处置特别重大和重大突发公共事件，协调指导特别重大和重大突发公共事件相关工作。

5. 负责指导各地级以上市政府、省政府各部门应急体系、应急信息平台建设，协调和督促检查相关应急管理工作。

6. 承办省政府、省突发公共事件应急委员会交办的其他事项。

三、工作机构

1. 省安全生产委员会及其办公室；2. 省民用核设施核事故预防和应急管理委员会及其办公室；3. 省防震抗震救灾工作领导小组及其办公室；4. 省委维稳办；5. 省粮食应急指挥部及其办公室；6. 省委教育工委、省教育厅突发公共事件应急处置工作领导小组；7. 省民族宗教委应急工作领导小组；8. 省公安厅自然灾害应急领导小组及其办公室；9. 省公安厅安全生产领导小组及其办公室；10. 省公安厅突发公共卫生事件应急领导小组及其办公室；11. 省公安厅社会安全事件应急领导小组及其办公室；12. 省公安厅民用核设施核事故预防和应急救援领导小组及其办公室；13. 省公安厅防震抗震救灾工作领导小组及其办公室；14. 省减灾委员会及其办公室；15. 省民政厅救灾应急指挥部及其办公室；16. 省司法厅处置监狱劳教所突发事件应急总指挥部及其办公室；17. 省财政厅防汛救灾应急工作领导小组及其办公室；18. 省人事厅处理公共突发事件工作领导小组；19. 省劳动保障厅维护稳定工作领导小组及其办公室；20. 省地质灾害防治工作领导小组；21. 省城市地铁事故灾难应急联席会议及办公室；22. 省交通厅应急工作领导小组；23. 省应对公共突发事件无线电业务保障应急小组；24. 省防汛防旱防风指挥部及办公室；25. 省防治高致病性禽流感指挥部及办公室；26. 省防制重大动物疫病指挥部及办公室；27. 省农业厅农产品质量安全事件应急工作组；28. 省外经贸厅应急管理工作领导小组及办公室；29. 省文化厅公共文化场所和文化活动突发事件应急指挥部及办公室；30. 省卫生厅应急指挥中心领导小组及办公室；31. 省人口计生委机关公共突发事件应急预案指挥领导小组；32. 省国有企业改制关闭破产信访问题专项治理工作领导小组及办公室；33. 省地方税务局应急管理领导小组及办公室；34. 省突发环境事件应急联席会议；35. 省广播电视系统安全播出领导小组及办公室；36. 省价格异动事件应急工作领导小组及办公室；37. 省工商局市场防控高致病性禽流感应急指挥部及办公室；38. 省森林防火指挥部及办公室；39. 省海洋渔业局防台领导小组及办公室；40. 省质监局食品安全突发事件应急领导小组及办公室；41. 省质监局特种设备事故应急救援协调指挥领导小组及办公室；42. 省食品安全委员会及重大食品安全事故应急指挥部办公室；43. 省食品药品监管局应急工作领导小组及办公室；44. 省旅游局旅游应急救援协调委员会及其办公室；45. 省在境外人员和机构安全保护工作联席会议；46. 省领馆安全保卫应急小组；47. 省港澳办专项应急管理工作小组；48. 省侨办重大涉侨突发事件应急领导小组及其办公室；49. 省监狱局应急指挥领导小组及其办公室；50. 省劳教局专项应急管理指挥部及其办公室；51. 省打私办突发事件应急指挥部及其办公室；52. 省台办突发事件应急处理协调小组；53. 省考试保密应急处置领导小组；54. 中国南方航空集团公司应急管理领导小组及其办公室；55. 广东电网公司安全生产事故应急处理领导小组及其办公室；56. 省通信保障应急领导小组及其办公室；57. 广铁集团公司突发公共事件应急处置工作管理委员会及其办公室；58. 民航中南管理局突发公共事件应急管理委员会及其办公室；59. 广东银监局突发事件应急处置领导小组及其办公室；60. 省电网大面积停电事件应急领导小组及其办公室；61. 南方电监局处置突发性事件应急领导小组及其办公室；62. 海关总署广东分署综合治理领导小组；63. 广东出入境检验检疫局专项应急管理工作领导小组及其办公室；64. 省气象局应急工作领导小组及其办公室；65. 广东储备物资管理局应急管理领导小组及其办公室；66. 广东海事局水上交通应急反应领导小组及其办公室；67. 广东海事局防热带气旋工作领导小组及其办公室；68. 广东海事局防洪应急反应领导小组及其办公室；69. 广东海事局船舶污染事故应急反应领导小组及其办公室；70. 珠江水利委员会应对突发性水污染事件工作领导小组及其办公室；71. 省军区应急工作领导小组及其办公室；72. 省武警总队处置突发事件应急领导小组；73. 省红十字会应急工作领导小组；74. 省红十字会应急救援领导小组；75. 省红十字会应急救援队。

四、专家组

广东省突发公共事件应急管理专家组成立于2007年8月10日。2010年8月份，我省启动省突发事件应急管理专家组专家换届工作，对聘任期满的应急管理专家组专家进行了调整。调整后第二届专家组专家47名，涉及5大类45个领域，包括自然灾害类10名，事故灾难类10名，公共卫生事件类10名，社会安全事件类8名，综合管理类9名。广州医学院广州呼吸疾病研究所所长、中国工程院院士钟南山继续担任专家组组长；原副省长钟启权、游宁丰同志继续担任专家组顾问。

专家组成员由省政府颁发聘书，聘期3年。专家组主要工作职责：为全省应急管理工作出谋献策，提供决策建议、咨询指导和技术支持。

五、地方机构

1. 广州市突发事件应急委员会；2. 深圳市突发事件应急委员会；3. 珠海市突发事件应急委员会；4. 汕头市突发事件应急委员会；5. 佛山市突发事件应急委员会；6. 韶关市突发事件应急委员会；7. 河源市突发事件应急委员会；8. 梅州市突发事件应急委员会；9. 惠州市突发事件应急委员会；10. 汕尾市突发事件应急委员会；11. 东莞市突发事件应急委员会；12. 中山市突发事件应急委员会；13. 江门市突发事件应急委员会；14. 阳江市突发事件应急委员会；15. 湛江市突发事件应急委员会；16. 茂名市突发事件应急委员会；17. 肇庆市突发事件应急委员会；18. 潮州市突发事件应急委员会；19. 揭阳市突发事件应急委员会；20. 云浮市突发事件应急委员会；21. 清远市突发事件应急委员会。

参考资料

1. 广东省突发事件应急委员会，见 http://www.gdemo.gov.cn/zwxx/jgjs/200712/t20071202_

36200. htm。

2. 广东省人民政府应急管理办公室，见 http：//www. gdemo. gov. cn/zwxx/jgjs/200712/t20071202_36203. htm。

3. 广东省应急管理机构，见 http：//www. gdemo. gov. cn/zwxx/jgjs/syjglgzjg/index_2. htm。

4. 地级以上市领导机构，见 http：//www. gdemo. gov. cn/zwxx/jgjs/diyssldjg/index. htm。

贵州省应急机构设置

一、领导机构

贵州省突发公共事件应急委员会（以下简称“省应急委”）是全省应对突发公共事件的领导机构，主任由省长担任，副主任由省军区司令员、分管副省长、省武警总队总队长、省人民政府秘书长担任，成员由相关单位主要负责人担任。负责领导指挥和组织协调全省特别重大突发公共事件综合预防管理和应急处置工作。按照职责，由省人民政府有关职能部门牵头分别组成专门指挥机构，负责重大突发公共事件的管理和处置工作。按照属地管理、分级响应的原则，县级以上突发公共事件应急委员会及其专门指挥机构，负责本行政区域内的突发公共事件处置工作。

二、办事机构

贵州省人民政府办公厅设置省政府应急管理办公室（省政府总值班室），主任由省人民政府秘书长兼任，并配备一名专职副主任。承担省人民政府应急管理的日常工作和省人民政府总值班工作，履行值守应急、信息汇总和综合协调职能，发挥运转枢纽作用。

（一）省人民政府应急管理办公室（省人民政府总值班室）的主要职责：

1. 承担省人民政府值班工作，及时掌握和报告省内相关重大情况和动态，办理向省人民政府报送的紧急重要事项，保证省人民政府与国务院，各省、自治区、直辖市人民政府，各自治州、市人民政府，各地区行署，省人民政府各部门联络畅通，指导全省政府系统值班工作。

2. 办理省人民政府有关决定事项，督促落实省人民政府领导有关批示、指示，承办省人民政府应急管理的专题会议、活动和文电等工作。

3. 负责协调和督促检查各自治州、市人民政府，各地区行署，省人民政府各部门应急管理工作，协调、组织有关方面研究提出全省应急管理的措施、办法和规划建议。

4. 负责组织编制贵州省突发公共事件总体应急预案和审核专项应急预案，协调指导应急预案体系和应急体制、机制、法制建设，指导各自治州、市人民政府，各地区行署，省人民政府有关部门应急体系、应急信息平台建设等工作。

5. 负责向国务院办公厅、国务院应急管理办公室报告我省突发公共事件的信息；向省委办公厅等有关部门通报重要信息。

6. 协助省人民政府领导处置特别重大和重大突发公共事件，协调指导特别重大和重大突发公共事件的预防预警、应急演练、应急处置、调查评估、信息发布、应急保障和救助救援等工作。

7. 组织开展信息调研和宣传培训工作，协调应急管理方面的交流与合作。

8. 承办省人民政府领导和上级有关部门交办的其他事项。

（二）省人民政府应急管理办公室（省人民政府总值班室）办理的主要业务主要办理各地区、各部门报送省人民政府涉及下列业务的文电和有关会务、督查工作等：

1. 涉及防汛抗旱、减灾救济、抗震救灾，以及重大地质灾害、重大森林火灾及病虫害、重大生态灾害事件的处置及相关防范业务，重要天气形势和灾害性天气的预警预报等业务。

2. 涉及安全生产、交通安全、环境安全、消防安全及人员密集场所事故处置和预防等业务。

3. 涉及重大突发疫情、病情处置，重大动物疫情处置，重大食品药品安全事故处置及相关防范等业务。

4. 涉及社会治安、反恐怖、群体性事件等重大突发公共事件应急处置和防范业务，涉及重大突发事件的处置等业务。

三、专家组

省应急委聘请有关专家组成省突发公共事件专家咨询委员会，为省应急委提供决策咨询和工作建议；必要时，参与现场应急处置工作。

参考资料

1. 贵州省突发公共事件总体应急预案，见 http：//code. fabao365. com/law_69640_1. html。

2. 贵州省人民政府办公厅关于设置省人民政府应急管理办公室（省人民政府总值班室）的通知，见 http：//www. 34law. com/lawfg/law/1797/2653/law_893824250917. shtml。

吉林省应急管理机构设置

一、领导机构

吉林省政府是全省突发公共事件应急管理工作的最高行政领导机构。在省长的领导下，通过省政府常务会议和省政府相关突发公共事件应急指挥机构（以下简称“相关应急指挥机构”）负责相关类别突发公共事件的应急管理工作；必要时，派出省政府工作组指导有关工作。

二、办事机构

吉林省政府应急管理办公室是突发公共事件应急管理的办事机构，设在省政府办公厅，履行值守应急、信息汇总和综合协调职责，发挥运转枢纽作用。

三、工作机构

吉林省政府有关部门依据有关法律、行政法规和各自的职责，负责相关类别突发公共事件的应急管理工作。具体负责相关类别的突发公共事件专项和部门应急预案的起草与实施，贯彻落实省政府有关决定事项。

四、地方机构

市（州）人民政府是本行政区域突发公共事件应急管理工作的行政领导机构，负责本行政区域各类突发公共事件的应对工作。

五、专家组

吉林省政府和各应急管理机构建立各类专业人才库，可以根据实际需要聘请有关专家组成专家组，为应急管理提供决策建议，必要时参加突发公共事件的应急处置工作。

参考资料

1. 吉林省突发公共事件总体应急预案，见 http：//www. gov. cn/yjgl/2006 -01/18/content_162169. htm。

江西省应急管理机构设置

一、领导机构

江西省人民政府突发公共事件应急委员会（以下简称“省应急委员会”），作为全省突发公共事件应急管理工作的领导机构，领导全省突发公共事件应急管理工作。

江西省应急委员会下设若干应急指挥部（以下简称“省应急指挥部”），作为负责全省相应类型特别重大、重大突发公共事件应急工作的指挥机构。

特别重大、重大突发公共事件发生后，负责应急指挥工作的省应急指挥部可以根据需要，在事发地设立现场指挥部。

二、办事机构

江西省应急委员会下设办公室（以下简称“省应急管理办公室”，设在省政府办公厅），作为其办事机构。在省政府办公厅设立江西省突发公共事件应急联动中心（以下简称“省应急联动中心”），履行值守应急、信息汇总和综合协调职责，发挥运转枢纽作用。

三、工作机构

江西省政府有关部门依据有关法律、法规、规章和各自的职责，负责相关类别突发公共事件的应急管理工作。具体负责相关类别的突发公共事件专项和部门应急预案的起草与实施，贯彻落实省应急委员会有关决定事项。

四、设区市、县级机构

设区市、县级人民政府相应成立应急委员会，作为本行政区域突发公共事件应急管理工作的领导机构，负责本行政区域各类突发公共事件的应对工作。

五、专家组

江西省应急委员会和各应急管理机构建立各类专业人才库，可以根据实际需要聘请有关专家组成专家组，为应急管理提供决策建议，必要时参加突发公共事件的应急处置工作。

参考资料

1. 江西省应急管理机构设置，见 http：//www. jiangxi. gov. cn/zfgz/yjgl/jgsz/。

2. 江西省突发公共事件总体应急预案，见 http：//www. jiangxi. gov. cn/zfgz/yjgl/yjya/200601/t20060113_24718. htm。

内蒙古自治区应急管理机构设置

一、领导机构

内蒙古自治区人民政府为自治区行政区域内各种应急管理工作的行政管理机构，在自治区主席的领导下，通过自治区人民政府常务会议研究、决定、部署重大和特大突发公共事件应急管理工作。自治区副主席按照业务分工和在自治区相关突发公共事件应急指挥机构（以下简称“相关应急指挥机构”）中兼任的职务，负责相关类别突发公共事件的应急管理工作。

内蒙古自治区人民政府秘书长协助自治区主席负责整体协调工作。

内蒙古自治区人民政府副秘书长协助自治区人民政府领导处理有关工作。

二、工作机构

内蒙古自治区人民政府办公厅牵头，自治区人民防空办公室参加，组成自治区应急管理办公室。履行值守应急、信息汇总和综合协调职责，发挥运转枢纽作用。

内蒙古自治区有关部门要成立相应的应急管理办公室（以下简称“应急办”）。依据有关法律、行政法规和各自职责，具体负责相关类别的突发公共事件专项和部门应急预案的起草与实施，贯彻落实自治区人民政府有关决定事项；承担相关应急指挥机构办公室的工作；及时向自治区人民政府报告重要情况和建议，指导和协助盟行政公署、市人民政府做好突发公共事件的预防、应急准备、应急处置和恢复重建等工作。

各应急办主任由所在部门、单位的一把手兼任。

1. 在自治区农牧业厅设立草原火灾、农牧业自然灾害和重大动植物疫情、重大生物灾害应急办。

2. 在自治区林业厅设立森林草原火灾和林业生物灾害应急办。

3. 在自治区水利厅设立城乡旱涝灾害应急办。

4. 在自治区国土资源厅设立山体崩塌、滑坡、泥石流等地质灾害应急办。

5. 在自治区环境保护局设立环境和生态安全应急办。

6. 在自治区安全生产监督管理局设立工矿企业、公共场所及机关企事业单位重大安全事故应急办。

7. 在自治区建设厅设立建设工程、供水、供热、供气等城市基础设施安全应急办。

8. 在内蒙古通信管理局设立通信安全应急办。

9. 在自治区广播电影电视局设立广播电视安全应急办。

10. 在自治区信息化工作领导小组办公室设立信息网络安全应急办。

11. 在自治区交通厅设立公路和水路运输安全应急办。

12. 在呼和浩特铁路局设立铁路运输安全应急办。

13. 在内蒙古民航安全监督管理办公室设立航空运输安全应急办。

14. 在自治区人民政府金融工作办公室设立金融安全应急办。

15. 在自治区粮食局设立粮食供应安全应急办。

16. 在自治区卫生厅设立重大传染病疫情、群体性不明原因疾病、重大食物中毒和职业中毒，以及其他严重影响公众健康的突发公共卫生事件应急办。

17. 在自治区公安厅设立重大刑事案件、恐怖袭击事件、涉外突发事件、规模较大的群体性事件、爆炸物品、危险化学品和城市火灾等突发社会安全事件应急办。

18. 在内蒙古地震局设立地震灾害应急办。

三、盟市、旗县（市、区）工作机构

各盟行政公署、市人民政府、各旗县（市、区）人民政府是本行政区域突发公共事件应急管理工作的行政领导机构，负责本行政区域各类突发公共事件的应对工作，其办事机构、工作机构及其职责可参照预案，结合本地实际情况予以确定。

四、安全信息监测和专家咨询体系及职责

各应急办内设安全信息监测中心和专家咨询组，平时作为应急办的日常工作机构，负责本行业各种安全信息的搜集、汇总、分析、预测、预警、接警等工作。突发事件发生后，负责拟定应急救援技术方案并接受技术咨询。

在内蒙古气象局设立自治区气象灾害信息监测中心和专家咨询组。负责气象灾害的预警和咨询。

五、应急救援队伍体系及职责

军民结合，自救和互救结合，是组建自治区应急救援队伍体系的基本原则。

驻区部队和各种警察部队是应急救援的骨干和突击力量，按照有关规定参加应急处置工作。事发单位和地区的民众自救、互救组织是开展各种防灾减灾应急救援的基础力量。

针对各种紧急事件的性质特点，为便于紧急事件发生后迅速而有组织地开展自救和互救，以各行业大中型企事业单位技术骨干和青壮年职工、青壮年农牧民为主，组建多种行业急救队，力求一专多能，承担本地区、本单位突发公共事件的自救和毗邻地区、单位的援救任务。

危险化学品、爆炸品、核与辐射事故等特殊领域的应急救援任务，按照国家规定，由消防警察等拥有特殊防护设备的人员承担。

六、联系方式

自治区应急办公室（0471）4826031、4824240

呼和浩特市人民政府	（0471）4608654
包头市人民政府	（0472）5148212
呼伦贝尔市人民政府	（0470）8217525
兴安盟行政公署	（0482）3985638
通辽市人民政府	（0475）8212221
赤峰市人民政府	（0476）8334134
锡林郭勒盟行政公署	（0479）8271811
乌兰察布市人民政府	（0474）8320174
鄂尔多斯市人民政府	（0477）8589921
巴彦淖尔市人民政府	（0478）8655588
乌海市人民政府	（0473）2999712
阿拉善盟行政公署	（0483）8350699

满洲里市人民政府　　（0470）6266271

二连浩特市人民政府　（0479）7521474

参考资料

1. 内蒙古自治区应急机构，见http：//www. nmg. gov. cn/main/nmg/zfxxgk/yjgl/jgsz/2008－11－13/2_39299/default. shtml。

陕西省应急机构设置

一、领导机构

在陕西省委领导下，省人民政府是全省突发公共事件应急管理工作的行政领导机构。成立省应急委员会，对外以省政府名义行使职能，在省长的领导下，通过省人民政府常务会议研究、决定和部署特别重大、重大突发公共事件应急管理工作，省人民政府副省长按照业务分工和在陕西省相关突发公共事件应急指挥机构（以下简称“相关应急指挥机构”）中兼任的职务，负责相关类别突发公共事件的应急管理工作；必要时，派出省人民政府工作组指导有关工作。

二、办事机构

陕西省人民政府办公厅设省应急管理办公室，为省应急委员会的办事机构，履行值守应急、信息汇总和综合协调职责，发挥运转枢纽作用。

三、工作机构

陕西省人民政府有关部门依据有关法律、行政法规和各自的职责，负责相关类别突发公共事件的应急管理工作。具体负责相关类别的突发公共事件专项和部门应急预案的起草与实施，贯彻落实省人民政府有关决定事项。

四、地方机构

地方各级人民政府是本行政区域突发公共事件应急管理工作的行政领导机构，负责本行政区域各类突发公共事件的应对工作。

五、专家组

陕西省人民政府和各应急管理机构建立各类专业人才库，可以根据实际需要聘请有关专家组成专家组，必要时聘请国务院或国务院有关部门专家，为应急管理提供决策建议，或参加突发公共事件的应急处置工作。

参考资料

1. 陕西省应急机构设置，见http：//www. shaanxi. gov. cn/IssuedContentAction. do？dispatch＝vContentSelfByContid&scope＝jgsz&contentid＝45018。

四川省应急管理机构设置

一、领导机构

四川省政府是全省突发公共事件应急管理工作的行政领导机构。在省长的领导下，研究决定、部署和推动全省特别重大、重大突发公共事件应急管理工作。

二、办事机构

四川省政府办公厅是突发公共事件应急管理的办事机构，设省政府应急管理办公室。四川省人民政府应急管理办公室为省政府办公厅内设行政机构，下设综合处、应急管理一处、应急管理二处3个职能处，核定行政编制19名（所需人员和编制由原省政府救灾办、原省政府应急管理办公室和省政府办公厅划转），其中主任1名（按副厅级领导职务配备），副主任2名（正处级），处级领导职数6名（3正3副）。

其主要职责是：履行应急值守、信息汇总和综合协调职责，发挥运转枢纽作用；负责接收和办理向省政府报送的紧急重要事项；承办省政府应急管理的专题会议，督促落实省政府有关决定事项和省政府领导批示、指示精神；指导全省突发公共事件应急体系、应急信息平台建设；组织编制、修订《四川省人民政府突发公共事件总体应急预案》；检查指导市（州）、省级有关部门应急预案的编制、修订和实施，组织审核专项应急预案；督促、检查各级政府及部门应急机构和队伍建设；负责全省各类重大、特别重大突发公共事件预警信息披露、新闻发布以及与市（州）政府、省级部门的联系沟通；协调重大突发公共事件的预防预警、应急演练、应急处置、调查评估、应急保障和宣传培训工作；负责与专家咨询机构的协调联系并提供相应服务；负责国际间应急管理的合作交流；负责与驻川解放军、武警部队在应急管理工作方面的联系。负责贯彻执行抗灾救灾的方针、政策；处理抗灾救灾事宜，指导全省抗灾救灾工作；对省上安排的抗灾救灾资金、物资提出分配意见，并监督检查执行使用情况。

三、工作机构

四川省政府有关部门为突发公共事件应急处置的工作部门。根据突发公共事件的类型以及部门职责确定一个应急主管部门和若干参与部门，其构成在相应应急指挥机构或省专项预案中明确。

四、市、县机构

市、县级政府是本行政区域突发公共事件应急管理工作的行政领导机构，负责本行政区域各类突发公共事件的应对工作，做好本行政区域各类较大、一般突发公共事件应急处置的组织领导工作。

五、专家组

四川省政府和各类应急指挥机构及有关部门

可根据实际需要聘请有关专家组成专家组，为应急管理提供决策咨询和工作建议，必要时参与现场应急处置工作。

参考资料

1. 四川省突发公共事件总体应急预案，见 http：//www. gov. cn/yjgl/2006 –03/22/content_233837. htm。

2. 四川省人民政府应急管理办公室机构设置和职能职责，见 http：//www. sc. gov. cn/zwgk/yjgl/jgszyjgl/200712/t20071203_230945. shtml。

安徽省应急机构设置

一、领导机构

安徽省政府是全省突发公共事件应急管理工作的最高行政领导机构。在省长领导下，由省政府常务会议和省相关突发公共事件应急指挥机构，负责相关类别突发公共事件的应急管理工作；必要时，派出省政府工作组指导有关工作。

二、办事机构

安徽省政府办公厅是全省突发公共事件应急管理的办事机构，设省政府应急管理办公室，履行值守应急、信息汇总和综合协调职责，发挥运转枢纽作用。

三、工作机构

安徽省政府有关部门依据各自的职责，负责相关类别突发公共事件应急处置工作。

四、市、县机构

各市、县级人民政府是本行政区域突发公共事件应急管理工作的行政领导机构，负责本行政区域各类突发公共事件的应对工作。

五、专家组

安徽省政府及各专项应急机构建立各类专业人才库，根据实际需要聘请有关专家组成专家组，为应急管理工作提供决策建议，必要时参加突发公共事件应急处置工作。

参考资料

1. 安徽省人民政府突发公共事件总体应急预案，见 http：//www. ahzwgk. gov. cn/XxgkWeb/showGKcontent. aspx？ xxnr_ id =4223。

甘肃省应急机构设置

一、领导机构

甘肃省突发公共事件应急委员会（以下简称“应急委员会”），省长任主任，副省长和省军区、省武警总队主要负责人任副主任，省长助理、省政府秘书长、副秘书长以及省发展和改革委员会、省经济委员会、省教育厅、省公安厅、省民政厅、省财政厅、省国土资源厅、省建设厅、省交通厅、省水利厅、省农牧厅、省林业厅、省卫生厅、省质量技术监督局、省环保局、省广播电影电视局、省外事办公室、省食品药品监督管理局、省安全生产监督管理局、省通信管理局、省地震局、省气象局、甘肃储备物资管理局、甘肃煤矿安全监察局、兰州海关、甘肃出入境检验检疫局、兰州铁路局、人行兰州中心支行、甘肃机场集团有限公司的主要负责人为成员。

应急委员会是全省突发公共事件应急工作的最高领导、议事和协调机构，其主要职责是：1. 研究部署全省突发公共事件应急工作，指导各地、各部门制定和组织实施各级、各类突发公共事件应急预案；2. 制定和修订《甘肃省人民政府突发公共事件总体应急预案》；3. 在我省行政区域内有重大和特大突发公共事件发生时，领导、组织和协调应急工作，决定启动和组织实施本预案；4. 根据需要商兰州军区、省军区和省武警总队组成救灾抢险队伍，参与应急工作；5. 向国务院报告突发公共事件和应急工作有关情况。

二、办事机构

应急委员会下设办公室。办公室设在省政府办公厅，省政府秘书长任办公室主任，各副秘书长任副主任。

应急委员会办公室主要职责：1. 汇总、核查突发公共事件和应急工作有关情况，提出建议意见，及时报告应急委员会，为应急委员会决策提供依据；2. 在应急委员会决定启动本预案后，通知并协调组织各有关部门和市（州）政府具体实施；3. 督促检查各地、各部门应急预案的制定和具体实施工作；4. 组织开展应急工作的信息报送和新闻报道工作；5. 承办应急委员会日常工作。

三、工作机构

甘肃省政府分别设立各专项突发公共事件应急指挥部，确定应急工作牵头部门和单位以及参加部门和单位，具体负责指挥各类单一重大和特大突发公共事件应急工作。主管副省长任总指挥，主管副秘书长、牵头部门主要负责人任副总指挥，各有关部门为成员单位。各专项应急指挥部办公室分别设在相应牵头部门和单位，指挥场所在牵头部门和单位开设，如果条件不具备，则由专项应急指挥部决定，在省人防指挥所或其他适当地方开设，充分利用现有指挥系统硬件设施，指挥突发公共事件应急工作。

1. 设立省抗震救灾应急指挥部，指挥重大和特大地震灾害应急工作。省地震局牵头制定和组织实施应急预案，省发展和改革委员会、省教育厅、省科技厅、省公安厅、省民政厅、省财政厅、省建设厅、省交通厅、省水利厅、省卫生厅、省广播电影电视局、省粮食局、省通信管理局、省安全生产监督管理局、省气象局、甘肃储备物资管理局等有关部门和单位参加。

2. 设立省地质灾害应急指挥部，指挥重大和特大山体崩塌、滑坡、泥石流等地质灾害应急工作。省国土资源厅牵头制定和组织实施应急预案，省公安厅、省民政厅、省财政厅、省建设厅、省交通厅、省水利厅、省卫生厅、省旅游局、省地震局、省气象局等有关部门和单位参加。

3. 设立省水旱灾害应急指挥部（与现有省抗旱防汛指挥部合署），指挥重大和特大旱灾、暴雨洪水灾害和大中型及重点小型水库、五座重点防洪城市、三大流域干流及重要支流超标准洪水、特大局地暴雨洪水和大范围人饮缺水应急工作。省水利厅牵头制定和组织实施应急预案，省军区、省发展和改革委员会、省经济委员会、省公安厅、省民政厅、省财政厅、省国土资源厅、省建设厅、省交通厅、省农牧厅、省商务厅、省卫生厅、省广播电影电视局、省扶贫开发办公室、省供销社、省地震局、省气象局、省通信管理局、省电力公司、兰州铁路局、大唐甘肃发电有限公司等有关部门和单位参加。

4. 设立省农业灾害应急指挥部，指挥全省因重大和特大病虫害、冻害等引发的农业灾害应急工作。省农牧厅牵头制定和组织实施应急预案，省民政厅、省财政厅、省交通厅、省水利厅、省林业厅、省气象局等有关部门和单位参加。

5. 设立省气象灾害应急指挥部，指挥暴雨、冰雹、暴雪、沙尘暴、寒潮、霜冻等气象灾害应急工作。省气象局牵头制定和组织实施应急预案，省民政厅、省财政厅、省建设厅、省交通厅、省水利厅、省农牧厅、省卫生厅、省环保局、省通信管理局等有关部门和单位参加。

6. 设立省森林火灾应急指挥部，指挥重大和特大森林火灾应急工作。省林业厅牵头制定和组织实施应急预案，省发展和改革委员会、省经济委员会、省公安厅、省民政厅、省财政厅、省交通厅、省水利厅、省农牧厅、省卫生厅、省农业办公室、省通信管理局、省气象局、兰州铁路局、甘肃机场集团有限公司等有关部门和单位参加。

7. 设立省草原火灾应急指挥部，指挥重大和特大草原火灾应急工作。省农牧厅牵头制定和组织实施应急预案，省公安厅、省民政厅、省财政厅、省交通厅、省水利厅、省林业厅、省卫生厅、省通信管理局、省气象局等有关部门和单位参加。

8. 设立省火灾事故应急指挥部，指挥重大和特大火灾事故应急工作。省公安厅牵头制定和组织实施应急预案，省民政厅、省建设厅、省交通厅、省水利厅、省卫生厅、省旅游局、省安全生产监督管理局、省气象局、兰州铁路局、甘肃机场集团有限公司等有关部门和单位参加。

9. 设立省公路交通事故应急指挥部，指挥重大和特大公路交通事故应急工作。省公安厅牵头制定和组织实施应急预案，省民政厅、省建设厅、省交通厅、省水利厅、省农牧厅、省卫生厅、省旅游局、省安全生产监督管理局、省气象局、甘肃机场集团有限公司等有关部门和单位参加。

10. 设立省铁路交通事故应急指挥部，指挥重大和特大铁路交通事故应急工作。兰州铁路局牵头制定和组织实施应急预案，省公安厅、省民政厅、省建设厅、省交通厅、省水利厅、省卫生厅、省旅游局、省安全生产监督管理局、省气象局、甘肃机场集团有限公司等有关部门和单位参加。

11. 设立省民航航空事故应急指挥部，指挥重大和特大民航航空事故应急工作。甘肃机场集团有限公司牵头制定和组织实施应急预案，省公安厅、省民政厅、省卫生厅、省旅游局、省安全生产监督管理局、省气象局、民航甘肃安全监督管理办公室、东方航空公司甘肃分公司、民航兰州空管中心、中国航空油料总公司甘肃分公司等有关部门和单位参加。

12. 设立省安全生产事故应急指挥部，指挥重大和特大矿山（不含煤矿）及工业、商贸企业安全生产事故、危险化学品事故以及烟花爆竹生产事故应急工作。省安全生产监督管理局牵头制定和组织实施应急预案，省经济委员会、省公安厅、省财政厅、省国土资源厅、省交通厅、省农牧厅、省商务厅、省卫生厅、省政府国有资产监督管理委员会、省质量技术监督局、省环保局、省气象局等有关部门和单位参加。

13. 设立省煤矿安全生产事故应急指挥部，指挥重大和特大煤矿安全生产事故应急工作。甘肃煤矿安全监察局牵头制定和组织实施应急预案，省经济委员会、省公安厅、省卫生厅等有关部门和单位参加。

14. 设立省建设安全事故应急指挥部，指挥重大和特大建筑、市政基础设施、城市公用行业等安全事故应急工作。省建设厅牵头制定和组织实施应急预案，省公安厅、省财政厅、省交通厅、省卫生厅、省质量技术监督局、省安全生产监督管理局等有关部门和单位参加。

15. 设立省爆炸事故应急指挥部，指挥重大和特大爆炸事故应急工作。省公安厅牵头制定和组织实施应急预案，省财政厅、省建设厅、省交通厅、省卫生厅、省环保局、省国防科学技术工业办公室、省安全生产监督管理局等有关部门和单位参加。

16. 设立省核事故与辐射事故应急指挥部，指挥重大和特大核事故与辐射事故应急工作。省环保局牵头制定和组织实施应急预案，省公安厅、省财政厅、省国土资源厅、省建设厅、省交通厅、省卫生厅、省国防科学技术工业办公室、省气象局等有关部门和单位参加。

17. 设立省环境污染事故应急指挥部，指挥重大和特大环境污染事故应急工作。省环保局牵头制定和组织实施应急预案，省公安厅、省财政厅、省建设厅、省交通厅、省水利厅、省农牧厅、省林业厅、省卫生厅、省气象局等有关部门和单位参加。

18. 设立省特种设备事故应急指挥部，指挥重大和特大锅炉、压力容器、压力管道和特种设备事故应急工作。省质量技术监督局牵头制定和组织实施应急预案，省公安厅、省财政厅、省建设厅、省交通厅、省卫生厅、兰州铁路局等有关部门和单位参加。

19. 设立省生态破坏事故应急指挥部，指挥重大和特大生态破坏事故应急工作。省农牧厅会同省林业厅牵头制定和组织实施应急预案，省公安厅、省建设厅、省财政厅、省水利厅、省工商局、省环保局、省气象局等有关部门和单位参加。

20. 设立省林业有害生物灾害应急指挥部，指挥林业重大和特大有害生物灾害应急工作。省林业厅负责制定和组织实施应急预案，省公安厅、省财政厅、省交通厅、省农牧厅、省卫生厅、省工商局、省邮政局、省气象局、兰州铁路局、甘肃机场集团有限公司等有关部门和单位参加。

21. 设立省草原有害生物灾害应急指挥部，指挥草原重大和特大有害生物灾害应急工作。省农牧厅负责制定和组织实施应急预案，省公安厅、省财政厅、省交通厅、省林业厅、省卫生厅、省工商局、省邮政局、省气象局、兰州铁路局、甘肃机场集团有限公司等有关部门和单位参加。

22. 设立省公共场所安全事故应急指挥部，指挥公共场所（机关、企事业单位不对社会开放的场所除外）发生的各类重大和特大安全事故应急工作。省公安厅牵头制定和组织实施应急预案，省军区、省民政厅、省建设厅、省交通厅、省卫生厅、省安全生产监督管理局、省信访局等有关部门和单位参加。

23. 设立省通信网络安全事故应急指挥部，指挥重大和特大通讯、信息、广播电视网络等安全事故应急工作。省通信管理局牵头制定和组织实施应急预案，省发展和改革委员会、省经济委员会、省教育厅、省公安厅、省建设厅、省交通厅、省农牧厅、省广播电影电视局等有关部门和各电信运营企业参加。

24. 设立省突发公共卫生事件应急指挥部，指挥重大和特大传染病疫情、群体性不明原因疾病、职业中毒，以及相关严重影响公众健康等事件的应急工作，省卫生厅牵头制定和组织实施应急预案，省经济委员会、省教育厅、省公安厅、省财政厅、省建设厅、省交通厅、省农牧厅、省商务厅、省工商局、省食品药品监督管理局、省旅游局、兰州铁路局、甘肃出入境检验检疫局、甘肃机场集团有限公司等有关部门和单位参加。

25. 设立省重大动物疫情应急指挥部，指挥重大和特大动物疫情应急工作。省农牧厅牵头制定和组织实施应急预案，省经济委员会、省公安厅、省财政厅、省建设厅、省交通厅、省卫生厅、省商务厅、省工商局、省旅游局、兰州铁路局、甘肃出入境检验检疫局、甘肃机场集团有限公司等有关部门和单位参加。

26. 设立省重大刑事案件和恐怖袭击事件应急指挥部，指挥重大和特大刑事案件及较大规模恐怖袭击事件的应急工作。省公安厅牵头制定和组织实施应急预案，省教育厅、省安全厅、省财政厅、省建设厅、省交通厅、兰州海关、兰州铁路局、甘肃机场集团有限公司等有关部门和单位参加。

27. 设立省重大涉外事件应急指挥部，指挥重大和特大涉外事件的应急工作。省外事办公室牵头制定和组织实施应急预案，省高级人民法院、省人民检察院、省公安厅、省安全厅、省商务厅、省司法厅、省旅游局、兰州海关、兰州铁路局、甘肃机场集团有限公司等有关部门和单位参加。

28. 设立省重大粮食安全事件应急指挥部，指挥重大和特大粮食安全事件的应急工作。省发展和改革委员会牵头制定和组织实施应急预案，省财政厅、省民政厅、省交通厅、省农牧厅、省工商局、省物价局、省食品药品监督管理局、省粮食局、农发行甘肃省分行、兰州铁路局等有关部门和单位参加。

29. 设立省重大食品安全事件应急指挥部，指挥食品（食物）在生产、加工、包装、仓储、运输、经营、消费等环节中发生的重大安全事件的应急工作。省食品药品监督管理局牵头制定和组织实施应急预案，省教育厅、省公安厅、省民政厅、省交通厅、省农牧厅、省商务厅、省卫生厅、省工商局、省质量技术监督局、省粮食局、省出入境检疫检验局等有关部门和单位参加。

30. 设立省重大考试安全事件应急指挥部，指挥各类重大和特大国家教育考试安全事件的应急工作。省教育厅牵头制定和组织实施应急预案，省委宣传部、省公安厅、省监察厅、省国家保密局、省通信管理局等有关部门和单位参加。

31. 设立省突发金融事件应急指挥部，指挥重大和特大突发金融事件的应急工作。人行兰州中心支行牵头制定和组织实施应急预案，省财政厅、中国银监会甘肃监管局、中国证监会甘肃监管局、中国保监会甘肃监管局等有关部门和单位参加。

四、专家组

突发公共事件应急专家组，由各专项突发公共事件应急工作牵头部门和单位以及参加部门和单位的高级专业技术人员、高级管理人员组成，主要职责是为应急委员会研究部署应急工作提供决策咨询、工作建议和参与应急指挥。

五、地方机构

各市（州）政府、各县（市、区）政府要依照省政府突发公共事件应急预案和工作机制制定应急预案和建立相应工作机制。

参考资料

1. 甘肃省应急机构设置，见 http：//www. gansu. gov. cn/col/col115/index. html。

2. 甘肃省人民政府突发公共事件总体应急预案，见 http：//www. gov. cn/yjgl/2006 -03/22/content_233735. htm。

河北省应急机构设置

一、领导机构

河北省政府是本省突发公共事件应急管理工作的最高行政领导机构，在省政府主要负责人的领导下，通过省政府常务会议研究、决定和部署特别重大、重大突发公共事件应急管理工作。省政府有关主管负责人按照业务分工和在相关突发公共事件应急指挥机构中兼任的职务，负责相关类别突发公共事件的应急管理工作。必要时，省政府派出工作组指导有关工作。

河北省政府秘书长和有关副秘书长协助省政府主要负责人或主管负责人处理有关工作。

二、办事机构

河北省政府办公厅设省政府应急管理办公室。其主要职责是：履行值守应急职责，及时掌握和报告省内外相关重大情况和动态，办理向省政府报送的紧急重要事项和国务院总值班室交办事项；办理省政府有关决定事项，督促落实省政府领导有关批示、指示，承办省政府应急管理的专题会议、活动和文电等工作；负责协调和督促检查设区的市人民政府、省政府各部门的应急管理工作，协调、组织有关方面研究提出省政府应急管理的政策、法规和规划建议；负责组织编制省政府突发公共事件总体应急预案，组织审核专项预案，协调指导应急预案体系和应急体制、机制、法制建设，指导设区的市人民政府、省政府有关部门的应急体系、应急信息平台建设等工作；协助省政府处置特别重大突发公共事件，协调指导特别重大和重大突发公共事件的预防预警、应急演练、应急处置、调查评估、信息发布、应急保障等工作；组织开展应急管理方面的信息调研和宣传培训工作；承办省政府领导交办的其他事项。

三、应急指挥机构

河北省政府按照突发公共事件的种类和专项应急预案的规定，设立省本级的突发公共事件专业应急指挥机构，具体指挥突发公共事件的应急工作。

四、工作机构

河北省政府各类突发公共事件应急工作的主管部门，按照规定的职责，负责相关类别突发公共事件的应急管理工作。具体负责相关类别突发公共事件专项应急预案和部门应急预案的起草与实施；贯彻落实国务院和省政府有关决定事项。

五、设区市和县（市、区）应急领导机构

设区的市、县（市、区）人民政府是本行政区域突发公共事件应急管理的行政领导机构，负责本行政区域各类突发公共事件的应急管理工作。

六、专家组

河北省政府和省突发公共事件主管部门建立应急工作的各类专业人才库，并可根据需要聘请有关专家组成专家组。专业人才库和专家组的成员由有关部门和单位熟悉突发公共事件的预防、预警、应急处置、应急保障、恢复重建及相关法律知识的高级专业技术人员和管理人员组成。其主要职责是：研究分析本省突发公共事件的现状和发展趋势，为应急管理提供咨询意见和决策建议，并在必要时参加突发公共事件的应急处置工作。

参考资料

1. 河北省人民政府突发公共事件总体应急预案，见 http：//info. hebei. gov. cn/hbszfxxgk/32997

5/330015/331705/3860774/index. html。

湖北省应急机构设置

一、领导机构

湖北省政府是负责全省突发公共事件应急管理工作的行政领导机关，设湖北省突发公共事件应急委员会（以下简称“省应急委”）。

经湖北省政府同意设立的省级各类突发公共事件专项应急指挥部（含省安全生产委员会等），是省应急委处置专项突发公共事件的专门应急指挥机构或综合组织、协调机构。

属国家有关部门垂直管辖的应急事项，省政府设相应的突发公共事件应急领导小组，负责有关突发公共事件的应急协调工作，领导小组下设指挥部，负责相关应急处置的专业指挥。

二、办事机构

湖北省应急委下设应急管理办公室（以下简称“省政府应急办”），设在省政府办公厅。省政府应急办履行值守应急、信息汇总和综合协调职责，发挥应急信息运转枢纽作用；指导、协调突发公共事件的预防预警、应急演练、应急处置、调查评估、信息发布、应急保障和宣传培训等工作。

三、工作机构

湖北省政府有关部门依据有关法律、法规、规章和其他规范性文件，负责相关突发公共事件的应急管理工作。具体负责相关类别的突发公共事件专项和部门应急预案的起草与实施，贯彻落实省委、省政府和上级主管部门有关决定事项；指导和协助市（州）政府及其有关主管部门做好突发公共事件的预防、应急准备、应急处置和恢复重建等工作。

四、市县机构

湖北省以下各级政府是各自行政区域突发公共事件应急管理工作的行政领导机构，负责各行政区域突发公共事件的应对工作。

五、专家组

湖北省政府应急办和各地、各相关部门负责建立应急专业人才库，根据实际需要聘请有关专家组成专家组。专家组的主要职责是为应急管理、指挥提供决策咨询和建议，必要时参与突发公共事件的现场应急处置工作。

参考资料

1. 湖北省人民政府突发公共事件总体应急预案，见 http：//www. gov. cn/yjgl/2006 -05/31/content_296612. htm。

江苏省应急机构设置

一、领导机构

江苏省政府是在江苏省委领导下，负责本省范围内突发公共事件应急管理工作的最高行政领导机构。江苏省政府成立省突发公共事件应急处置指挥中心（以下简称“省应急指挥中心”），作为本省突发公共事件应急处置工作的领导指挥机构，统一领导全省突发公共事件应急处置工作。处置特别重大突发公共事件，省应急指挥中心总指挥一般由省长担任，分管副省长担任副总指挥，进行全权处置，或通过省政府常务会议研究、决定和部署特别重大突发公共事件的应急管理工作；处置重大突发公共事件，省应急指挥中心总指挥一般由分管副省长担任，进行全权处置。省政府秘书长、副秘书长协助省政府领导处理有关工作。省应急指挥中心的成员由相关部门的负责同志组成。

江苏省目前已有的专项应急处置机构，作为省应急指挥体系的组成部分，机构名称不变、职能不变、办公地点不变，组成人员相应调整充实，继续承担相关专项突发公共事件的应急处置工作。今后根据需要，再逐步建立其他突发公共事件专项应急处置指挥机构。

二、办事机构

江苏省政府办公厅是省应急委的办事机构，设省应急管理办公室，承担省应急委的日常工作，办公室的主要职责是：履行值守应急、信息汇总和综合协调职责，发挥运转枢纽作用；负责与国务院应急管理办公室的工作联系，办理报送省政府、省应急委涉及突发事件应对工作的文电和督查调研工作；协助做好特别重大、重大突发事件应急处置工作；指导全省应急管理体系和应急平台建设；组织评估、修订《江苏省突发事件总体应急预案》，组织审核省级专项应急预案；建立与省内驻军、武警的应急联动机制；承办省应急委领导交办的其他事项。

三、工作机构

江苏省政府有关部门依据有关法律、行政法规和各自的职责，负责相关类别突发公共事件的应急管理工作。具体负责相关类别的突发公共事件专项预案和部门应急预案的起草与实施，贯彻落实省政府有关决定事项；承担相关应急指挥机构办公室的工作；及时向省政府报告重要情况和建议，指导和协助市级人民政府做好突发公共事件的预防、应急准备、应急处置和恢复重建等工作。

四、专家组

江苏省应急指挥中心聘请有关专家，组成省突发公共事件应急处置专家库，其成员主要是综合减灾和宏观管理领域的专家，以及各种灾种管理专家组负责人，为应急管理提供决策建议，必要时参加突发公共事件的应急处置工作。

五、地方机构

地方各级人民政府是在各级党委领导下，本行政区域突发公共事件应急管理工作的行政领导机构。各市、县（市、区）建立突发公共事件应急处置指挥体系，成立相应的突发公共事件应急指挥中心，制定和完善本行政区域内突发公共事件应急预案，负责本行政区域内突发公共事件的处置工作。

参考资料

1. 江苏省人民政府突发公共事件总体应急预案，见 http：//www. gov. cn/yjgl/2006 －03/22/content_233536. htm。

2. 江苏省应急管理机构设置，见 http：//www. jiangsu. gov. cn/tmzf/zfgb/2010/5/szfbgtwj/201003/t20100329_437450. html。

浙江省应急机构设置

一、领导机构

浙江省政府是全省突发公共事件应急管理工作行政领导机构，在省长领导下，研究决定、部署和推动特别重大、重大突发公共事件应急管理工作。副省长按照业务分工和在省相关应对突发公共事件各类非常设的领导小组、委员会等机构兼任的职务，负责相应类别突发公共事件的应急管理工作。省政府秘书长、副秘书长和省政府办公厅主任、副主任协助省长、副省长处理有关工作。

浙江省办公厅设省政府应急管理办公室，履行值守应急、信息汇总和综合协调职能，发挥运转枢纽作用，负责接受和办理向省政府报送的紧急事项；承办省政府应急管理的专题会议，督促落实有关决定事项；负责信息综合和指导全省突发公共事件的应急预案体系、应急信息平台建设；协调特别重大和重大突发公共事件的预防预警、应急处置、事件调查、事后评估和信息发布等工作。

二、指挥机构

浙江省应对突发公共事件的各类非常设的领导小组、委员会等机构为省相关突发公共事件应急处置的指挥机构（以下简称“相关应急指挥机构”），在省委、省政府领导下负责相应突发公共事件应急管理。总指挥一般由该机构的负责人担任，有关成员及其办公室人员为指挥机构成员和工作人员。

目前相关应急指挥机构尚未涵盖的突发公共事件发生时，由省政府主要领导或省政府常务会议根据事件性质和工作需要，指定应急指挥机构负责人和相应指挥机构组成，或派出工作组指导有关应急处置工作。

三、工作机构

浙江省政府有关部门为突发公共事件应急处置的工作机构。根据突发公共事件的类型，以及各部门法定职责，分为应急管理部门和应急保障部门。应急管理部门是指负责某类突发公共事件预防、处置工作的部门，应急保障部门是指为应急处置工作提供通信、公共设施、交通运输、基本生活、医疗卫生、物资能源、治安维护、技术、人员防护和资金等保障的有关部门。

应急主管部门是对某类突发公共事件的预防、处置工作负有主要责任、承担主要任务的工作部门。其主要职责是，承担相关应急指挥机构办公室的工作；负责相关类别的突发公共事件专项应急预案和部门应急预案的制订、修订和实施，贯彻落实省政府的决定事项；做好对本领域突发公共事件的信息监测、预测和预防工作，及时向省政府报告重要情况和建议；建立相关专业应急队伍，组织相关应急预案演练、人员培训和相关应急知识普及工作；指导和协助市、县（市）人民政府做好突发公共事件的预防、应急准备、应急处置和恢复重建工作。

应急协管部门是按照部门职责和工作需要协助应急主管部门对某类突发公共事件进行预防、处置的工作部门。其主要职责是，制定符合省总体应急预案和相关专项预案要求的部门预案，协助和配合应急主管部门做好本领域突发公共事件应对处置工作，做好应急主管部门要求完成的其他工作。

应急保障牵头部门的主要职责是，牵头制定所负责领域与省总体应急预案配套的应急保障行动方案；建立应急保障所需的相关资源的动态数据库，建立应急状态下的征集调用工作机制，做好应急处置所必需的物资、技术、装备准备；建立与履行应急保障职责相应的应急救援专业队伍，组织相关应急保障行动方案的演练；协调有关应急保障协助部门，指导市、县（市）相应职能部门的工作。

应急保障协助部门的主要职责是，制订符合省总体应急预案和应急保障行动方案要求的部门预案；服从应急保障牵头部门的任务分配，按照应急保障牵头部门提出的要求，利用各方面资源履行应急保障职责；为应急保障牵头部门提供突发公共事件和资源的有关信息。

四、市、县（市）应急组织机构

各市、县（市）人民政府是本行政区域突发公共事件应急管理工作的行政领导机构，市级人民政府要做好本行政区域各类突发公共事件处置的领导工作。大中城市要充分发挥在应急救援工作中的骨干作用，并协助周边地区开展应急救援工作。

五、专家组

浙江省政府和各类应急指挥机构及有关部门聘请有关专家组成相应专家组，为应急管理提供决策建议，必要时参加突发公共事件应急处置工作。

浙江省应急组织机构及其负责人、工作人员和有关专家联络手册另行编制并动态更新。

参考资料

1. 浙江省突发公共事件总体应急预案，见 http：//www. gov. cn/yjgl/2006 －03/22/content_233591. htm。

新疆维吾尔自治区应急机构设置

一、领导机构

新疆维吾尔自治区人民政府是自治区突发公共事件应急管理工作的最高行政领导机构。在自治区主席的领导下，由自治区人民政府常务会议和自治区相关突发公共事件应急指挥机构（以下简称“相关应急指挥机构”），负责突发公共事件的应急管理工作；必要时，派出自治区工作组指导有关工作。

二、办事机构

新疆维吾尔自治区人民政府办公厅设自治区应急管理办公室，履行值守应急、信息汇总和综合协调职责，发挥运转枢纽作用。

三、工作机构

新疆维吾尔自治区有关部门依据有关法律、行政法规和各自的职责，负责相关类别突发公共事件的应急管理工作。具体负责相关类别的突发公共事件专项和部门应急预案的起草与实施，贯彻落实自治区人民政府有关决定事项。

四、地方机构

新疆维吾尔自治区地方各级人民政府是本行政区域突发公共事件应急管理工作的行政领导机构，负责本行政区域各类突发公共事件的应对工作。

五、专家组

新疆维吾尔自治区和各应急管理机构建立各类专业人才库，可以根据实际需要聘请有关专家组成专家组，为应急管理提供决策建议，必要时参加突发公共事件的应急处置工作。

生产建设兵团负责处置本系统内部的突发公共事件，同时协助和支持相关地方做好突发公共事件的处置工作。

参考资料

1. 新疆维吾尔自治区人民政府突发公共事件总体应急预案，见 http：//www. xjhc. gov. cn/zwgk/ShowArticle. asp？ArticleID＝61868。

山东省应急机构设置

一、领导机构

山东省突发事件应急领导小组是负责全省范围内突发事件应急管理工作的最高领导机构。组长由省长担任，常务副组长由省委副书记和常务副省长担任，副组长由省委秘书长、政法委书记和副省长担任，成员由相关部门负责人组成。

二、办事机构

山东省政府应急管理办公室（省政府总值班室，下同），是省突发事件应急领导小组的办事机构，承担省政府及省政府办公厅的日常值班工作，指导全省应急体系和应急平台建设，协调特别重大、重大突发事件的预防预警、应急演练、应急处置等工作。

三、工作机构

山东省政府有关部门依据《突发事件应对法》、行政法规和各自的职责，负责相关类别突发事件的应急管理工作。具体负责相关类别的突发事件专项和部门应急预案的起草与实施，贯彻落实省政府有关决定事项；承担相关应急指挥机构办公室的工作；及时向省政府报告重要情况和建议，指导和协助各市人民政府及其相关部门做好突发事件的预防、应急准备、应急处置和恢复重建等工作。

四、地方机构

地方各级人民政府是本行政区域突发事件应急管理工作的行政领导机构。各市、县（市、区）建立突发事件应急处置指挥体系，明确承担预防和处置突发事件任务的应急管理指挥机构、办事机构（工作机构）及其职责。

五、专家组

山东省政府应急管理办公室根据实际需要聘请有关专家组成专家组，建立省突发事件应急处置专家库，为应急管理提供决策建议，必要时参加突发事件的应急处置工作。

参考资料

1. 山东省人民政府突发公共事件总体应急预案，见 http：//www. dezhou. gov. cn/n1403/n6824/n6975/c6017188/content. html。

西藏自治区应急管理机构

一、领导机构

西藏自治区人民政府是我区突发公共事件应急管理工作的最高行政领导机构。在自治区主席的领导下，通过政府常务会议研究、决定和部署特别重大、重大和跨地（市）较大突发公共事件应急管理工作，政府副主席按照工作分工，负责相关类别突发公共事件的应急管理工作。

二、办事机构

政府办公厅是突发公共事件应急管理的办事机构，下设自治区突发公共事件应急管理办公室（以下简称“应急管理办公室”），负责日常应急管理工作，办公室主任由政府秘书长兼任。

应急管理办公室职责：履行值守应急和突发公共事件的信息收集、汇总；负责向自治区政府领导和国务院报送重要紧急事项；承办应急管理的专题会议，督促落实上级决定事项和领导批示、指示精神；组织修订、完善本预案，审核专项应急预案，指导全区应急体系建设；协调组织特别重大、重大和跨地（市）较大突发公共事件的预测、预警、预报、预防、应急演练、应急处理、调查评估、信息发布、应急保障和宣传培训等工作；总结全区突发公共事件应对工作。

三、工作机构

西藏自治区有关部门及各地（市）依据有关法律、行政法规和本预案，履行工作职责。

西藏自治区有关部门职责：负责相关类别突发公共事件专项应急预案和部门应急预案的起草与实施；落实自治区人民政府的有关决定事项；做好突发公共事件的预测、预警、预报和预防工作；及时向自治区人民政府报告重要情况、提出建议；指导协助各地（市）做好突发公共事件的预防、应急准备、应急处置和恢复重建等工作。

四、地方机构

制定实施各地（市）的突发公共事件总体应急预案和专项应急预案；做好突发公共事件的预测、预警、预报和预防工作；及时向自治区人民政府报告重要情况、提出建议；在国务院、自治区人民政府的领导下，做好本区域内特别重大、重大和跨地（市）较大突发公共事件的应急处理工作；负责组织、协调、指挥本区域内较大突发公共事件的应急处理工作；指导县（市、区）做好一般突发公共事件的应急处理工作。

五、专家组

各级政府、地区行政公署和自治区有关部门要建立完善专业人才和专家信息库，充分发挥各类专业人才和专家在预防和处置突发公共事件中的重要作用，为应急管理提供决策建议，必要时组成专家组，参加应急处置工作。

参考资料

1. 西藏自治区人民政府突发公共事件总体应急预案，见 http：//www. foodmate. net/law/xizang/163889. html。

福建省突发公共事件应急委员会职责

一、领导机构

根据《福建省人民政府关于印发福建省人民政府突发公共事件总体应急预案的通知》（闽政［2004］20 号），省人民政府设立省突发公共事件应急委员会（议事、协调机构），作为省政府处理突发公共事件应对工作的领导机构。该委员会由省政府主要负责人或者负责常务工作的负责人、相关部门负责人、驻闽解放军和武警部队有关负责人组成，承担和履行政府的突发公共事件预防、应急准备、应急处置和事后恢复与重建职责，以及法律、法规或规章规定的其他职责；统一领导和协调应急处置工作，决定突发公共事件应对工作中的重大事项；组织制定省人民政府突发公共事件总体应急预案。

二、办事机构

（一）福建省应急办主要职责

1. 应急与值守，及时掌握和报告省内相关重大情况和动态，办理向省政府、国务院报送紧急重要事项，保证省政府与国务院、各省（市、区）人民政府、省直各部门、各市、县（区）联络畅通，指导全省政府系统值班工作。

2. 办理省应急委决定的有关应急工作方面的事项；督促落实党中央、国务院领导和省委、省政府领导对突发事件的批示、指示；承办省政府应急管理的专题会议、活动和文电等工作。

3. 负责协调和督促检查各设区市人民政府、省直各部门应急管理工作；协调、组织有关方面研究提出省应急管理的政策法规和规划建议。

4. 负责组织编制、修订《福建省突发公共事件总体应急预案》和审核省专项应急预案；协调指导应急预案体系和应急体制、机制、法制建设；指导各设区市人民政府、省直有关部门应急体系、应急信息平台建设等工作。

5. 协助省政府领导处置特别重大突发公共事件；协调指导特别重大和重大突发公共事件的预防预警、应急演练、应急处置、调查评估、信息发布、应急保障和国际救援等工作。

6. 组织开展信息调研和宣传培训工作；协调应急管理方面的省内交流与合作。

7. 承办省政府领导交办的其他事项。

（二）福建省应急办主要业务

1. 涉及防汛抗旱、减灾救灾、抗震救灾，以及重大地质灾害、重大森林火灾及病虫害、重大生态灾害事件的处置及相关防范业务，重要天气形势和灾害性天气的预警预报业务。

2. 涉及安全生产、交通安全、环境安全、消防安全及人员密集场所事故处置和预防等业务。

3. 涉及重大突发疫情、病情处置、重大动物疫情处置，重大食品药品安全事故处置及相关防范等业务。

4. 涉及社会治安、反恐怖、群体性事件等重大突发公共事件应急处置和防范业务，涉外重大突发事件的处置等业务。

5. 涉及省总体应急预案和专项应急预案的制订与修订，以及设区市总体应急预案、省直部门应急预案的报备等业务。

上述具体业务工作，由本厅各业务处（室）按各自职责负责办理。

6. 涉及国务院应急办下发的文电，由各业务处（室）根据领导批示进行办理。

7. 涉及省应急管理的会务、督查等工作，由各业务处（室）根据领导批示和职责进行办理。

8. 涉及从值班系统上报国务院应急办的文件或材料，由各有关处（室）按领导批示办理完毕后送总值班室，由总值班室负责上报。

三、工作机构

1. 核电厂核事故应急委员会；2. 福建省人民政府抗震救灾指挥部；3. 省政府煤电油运和抢险抗灾应急指挥中心；4. 省突发公共卫生事件应急指挥部；5. 省政府防汛抗旱指挥部；6. 省政府涉外突发事件应急领导小组；7. 省森林防火指挥部；8. 福建省危险化学品特大事故应急救援领导小组；9. 省国家教育考试安全类突发事件应急处置工作领导小组；10. 省能源及运输紧急调度指挥小组；11. 福建省人民政府粮食安全应急指挥部。

四、专家组

为加强应对和处置各类突发公共事件的技术研究和应急管理理论研究，为应急管理工作提供决策咨询和技术支撑，大力推进公共安全学科建设，加快应急管理人才培养，根据《福建省突发公共事件总体应急预案》的要求，经省政府批准，成立应急管理专家组。根据《省应急管理专家组工作规则》相关规定，第一届省应急管理专家组成员任期已满。为科学应对和处置各类突发事件，有效解决应急管理中面临的突出问题，充分发挥专家在本领域的决策咨询和技术支持作用，全面提升政府应急管理工作能力和水平，经省政府批准，成立第二届省应急管理专家组。第二届专家组成员 37 名，任期 5 年。（闽政办［2012］120 号）

专家组的工作内容是，为全省应急管理工作提供决策建议、专业咨询、理论指导和技术支持。主要包括：

1. 根据有关工作安排和课题研究计划，开展或参与调查研究。

2. 受委托，对特别重大或重大突发公共事件进行分析、研判，必要时参加应急处置工作，提供决策建议。

3. 为应急管理各类数据库建设提供指导。

4. 参与应急管理教育培训工作及相关学术交流与合作。

5. 办理省政府领导或省应急办委托的其他工作。

参考资料

1. 福建省突发公共事件应急委员会职责，见 http：//www. fujian. gov. cn/ztzl/yjgl/yjjg/syjw/201010/t20101021_309815. htm。

2. 福建省人民政府办公厅关于省应急办主要职责与业务的通知，见 http：//218. 85. 73. 164：8081/gazette/detail_gazette. jsp？searchword = doctitle%3D%D3%A6%BC%B1&channelid = 75140&primarykeyvalue = ARTICLEID%3D12000&primaryrecord = 1。

3. 福建省应急专项指挥机构，见 http：//www. fujian. gov. cn/ztzl/yjgl/yjjg/zjzhjg/。

4. 福建省人民政府办公厅关于成立应急管理专家组的通知，见 http：//www. 34law. com/lawfg/law/1797/2160/law_173424093816. shtml。

5. 福建省人民政府办公厅关于成立第二届省应急管理专家组的通知，见 http：//218. 85. 73. 164：8081/gazette/detail_gazette. jsp？channelid = 75140&primarykeyvalue = ARTICLEID%3D0500E029C. 00001AE4. 4873&primaryrecord = 1。

黑龙江省应急机构设置

一、领导机构

为加强对黑龙江省突发事件应对工作的组织

领导，省政府决定成立黑龙江省人民政府突发事件应急委员会，主要职责是统一领导全省突发事件的应急救援工作。

二、办事机构

为进一步加强全省应急管理工作，黑龙江省政府办公厅设置省政府应急管理办公室（省政府总值班室），承担省政府应急管理的日常工作和省政府总值班工作，履行值守应急、信息汇总、综合协调职能和发挥运转枢纽作用。其工作职责是：

1. 贯彻执行省政府突发公共事件应急委员会的决定，负责全省突发公共事件应急救援的指导协调、监督检查、信息汇总工作，对突发公共事件所涉及的全省性重大工作事项提出建议。

2. 负责全省重大应急救援问题的调查研究；负责承办会议、起草地方性应急法规和规章草案、重要文件；依据《黑龙江省人民政府突发公共事件总体应急预案》制定全省应急救援系统建设的措施和规划。

3. 负责《黑龙江省人民政府突发公共事件总体应急预案》的修订工作；指导和检查省直有关部门做好各类专项应急预案及各市、地政府（行署）做好突发公共事件总体应急预案的修订和评估工作。

4. 负责全省应急管理工作人员的培训和专业应急救援队伍、志愿者队伍等社会可动员力量的培训指导工作；督促落实和检查指导中、省直单位和各市、地政府（行署）组织实施的预案演练工作。

5. 负责突发公共事件紧急预警发布和相关新闻报道的审核，以及省外新闻媒体的协调、接待等相关事宜；负责全省紧急救援、避险、避灾、自救、互救等应急常识与相关法律法规的宣传教育工作。

6. 负责指导和检查全省应急救援物资基地建设及物资储备工作；督办和协调应急救援中所需资金、储备、物资的调拨、运输工作。

7. 负责协调有关部门建立应急信息系统和指挥平台，以及建立全省基础地理信息公共平台，收集国内外和省内的应急信息，并对重要信息提出处置建议报省政府突发公共事件应急委员会。

8. 负责与省政府突发公共事件应急委员会专家组成员的联络；组织、协调、指导省内相关行业和科研单位及大、中专院校的应急科学研究工作。

9. 负责与国家有关部门的业务联系和国际交流工作；负责与毗邻省（自治区）在信息沟通、应急支援等方面的联络和协调工作。

10. 承办省政府突发公共事件应急委员会交办的其他工作。

三、工作机构

将黑龙江省政府安全生产委员会、防汛抗旱指挥部、森林防火指挥部、省人防办等工作机构，纳入到省政府应急委员会的统一领导范畴之内。根据突发公共事件的不同类型，结合现行应急工作体制，依据相关法律、行政法规和职责，在省政府应急委员会下设18个专项指挥部，作为专项应急工作的指挥机构，负责牵头组织支持部门共同做好相关类别突发公共事件的应急管理工作。

四、地方机构

各市政府（行署）、县（市、区）政府是本行政区域突发公共事件应急管理工作的行政领导机构。按照省级模式建立突发公共事件应急体系和机制，做好各类突发公共事件的组织领导工作，明确各应急部门职责分工，加强机构建设和区域应急基础建设，提高区域综合应急能力。

五、生产经营单位机构

生产经营单位负责建立本企业应急组织机构，制订应急计划，检查应急设施，储备必需的应急物资，组织本单位应急演练，以及突发公共事件发生时的预警、报警工作。业务上接受省政府应急委员会或所在市（行署）、县（市、区）政府应急委员会的领导。

六、专家组

各级政府应急委员会建立各类专业人才库，可以根据实际需要聘请专家、学者组成专家组，为制定中长期公共安全规划、信息系统建设与强化危机管理提供决策性意见和建议；参与突发公共事件的灾害评估、灾情分析和应急科学研究等工作；必要时，参加突发公共事件的应急处置工作。

参考资料

1. 黑龙江省人民政府关于成立黑龙江省人民政府突发事件应急委员会的通知，见 http：//www.hlj.gov.cn/gkml/system/2009/06/19/000220365.shtml。

2. 黑龙江省应急机构设置，见 http：//www.hlj.gov.cn/yjgl/jgsz/。

3. 黑龙江省发布突发公共事件总体应急预案，见 http：//www.gov.cn/gzdt/2008－08/22/content_1077160.htm。

辽宁省应急管理机构设置

一、领导机构

辽宁省政府是全省突发公共事件应急管理工

作的最高行政领导机构。在省长的领导下，通过省政府常务会议研究、决定和部署特别重大突发公共事件应急管理工作；必要时，派出省政府专门工作组指导有关工作。

二、办事机构

辽宁省政府应急管理办公室是全省突发公共事件应急管理的办事机构，设在省政府办公厅，履行应急值守、信息汇总、综合协调和督促检查职责。

三、工作机构

辽宁省政府有关部门依据有关法律、行政法规和各自的职责，负责相关类别突发公共事件的应急管理工作。负责相关类别的突发公共事件专项和部门应急预案的起草与实施，贯彻落实省政府有关决定事项，承担相关应急指挥机构办公室的工作，及时向省政府报告重要情况和建议，指导和协助市级人民政府做好突发公共事件的预防、应急准备、应急处置和恢复重建等工作。

四、市、县（市、区）机构

市级人民政府是本行政区域内突发公共事件应急管理工作的行政领导机构，负责本行政区域内各类突发公共事件的应对工作。各县（市、区）也要成立相应的应急管理机构。

五、专家组

辽宁省政府和各应急管理机构要建立各类专业人才库，可以根据实际需要聘请有关专家组成专家组，为应急管理提供决策建议，必要时参加突发公共事件的应急处置工作。

参考资料

1. 辽宁省人民政府发布突发公共事件总体应急预案，见 http：//www.gov.cn/gzdt/2007 －08/27/content_728168.htm。

山西省应急机构设置

一、领导机构

山西省人民政府是全省突发公共事件应急管理工作的行政领导机构。在省长领导下，通过省人民政府常务会议研究、决定和部署全省突发公共事件应急管理工作，对突发公共事件的处置工作实行统一领导、统一指挥、统一协调。

二、办事机构

山西省人民政府办公厅是全省突发公共事件应急管理工作的办事机构，常设省人民政府应急管理办公室（以下简称“省应急办”），负责省人民政府值守应急、信息汇总和综合协调职责，发挥运转枢纽作用。

三、工作机构

山西省人民政府有关部门依据法律、法规规定和应急处置工作需要，经省人民政府同意设立的省突发公共事件各相关应急指挥部、领导小组、委员会是省人民政府处置相关类别突发公共事件的具体工作机构，对相关突发公共事件应急处置工作实行统一指挥协调。

四、地方机构

市、县（市、区）人民政府是本行政区域突发公共事件应急管理工作的行政领导机构，负责本行政区域各类突发公共事件的应对工作。

五、专家组

山西省人民政府和各应急管理机构建立各类专业人才库，可根据实际需要聘请有关专家组成专家组，为应急管理提供决策建议，必要时参加突发公共事件的应急处置工作。

参考资料

1. 山西应急管理，见 http：//www.shanxigov.cn/n16/n8319541/n8319612/n8322023/。

海南省应急机构设置

一、领导机构

海南省人民政府设立省突发公共事件应急委员会由省长、副省长、省军区司令员、武警海南总队总队长、省人民政府秘书长组成，主任由省长担任，副主任由常务副省长担任，是省政府应对突发公共事件的议事、决策、协调机构。

主要职责是：1. 定期召开会议，听取政府有关部门和下级人民政府有关突发公共事件预防、应急准备、应急处置和事后恢复与重建工作的汇报，分析有关突发公共事件的重要信息、发展趋势；2. 审议、决定突发公共事件应对工作中的重大事项，统一领导和协调全省各类突发公共事件应急处置机构；3. 决定启动预警和省专项突发公共事件应急预案；4. 组织力量处置相当严重、特别严重的突发公共事件；5. 检查、督促各级各有关部门贯彻执行国家有关维护社会稳定、保障人身及社会财产安全的法律和政策，及时协调应急工作中出现的重大问题。

二、办事机构

海南省突发公共事件应急委员会办公室为应急事件信息处理中心，负责应急信息收集、上传、协同和传播，对应急信息进行综合、调查、分析、评估与判定。利用政府政务网，建立应急信息共享网络，配置无线、有线通讯和卫星通信网络等相应的技术装备，统一接受信息，传达命令，保证指挥的权威性。

主要职责是：1. 督促落实省突发公共事件应急委员会作出的决定和指示；2. 拟订或者组织和实施拟订政府应对突发公共事件的工作规划和应急预案；3. 督促检查政府有关部门和下一级人民政府应急预案的制订、修订和执行情况，并给予指导；4. 督促检查政府有关部门、下级人民政府和有关专业机构的突发公共事件监测、预警工作情况，并给予指导；5. 汇总有关突发公共事件的各种重要信息，进行综合分析，并提出建议；6. 承担本级政府突发公共事件统一信息系统、应急指挥系统的日常管理工作；7. 监督检查、协调指导政府有关部门和下级人民政府的突发公共事件预防、应急准备、应急处置和事后恢复与重建工作；8. 组织制订安全常识、应急知识的宣传培训计划和应急救援队伍的业务培训、演练计划，报省政府批准后督促落实；9. 根据应急预案的规定，明确指挥部人员和相关部门在处置突发公共事件工作中的职责；10. 省突发公共事件应急委员会交办的其他工作。

三、工作机构

海南省突发公共事件应急委员会设立省突发公共事件应急联动指挥中心（与省突发公共事件应急委员会办公室合署办公），是省人民政府处置突发公共事件的指挥机构。其主要职责是：突发公共事件发生时，按照突发公共事件应急委员会的指令，对全省应急处置工作进行组织整合、资源整合、行动整合、技术整合，统一指挥全省Ⅰ、Ⅱ级突发公共事件的应急处置工作。

海南省突发公共事件应急联动指挥中心，根据不同突发公共事件的性质和社会危害程度，由省长或者分管副省长担任总指挥长。发生相当严重（Ⅱ级）突发公共事件时，一般由分管副省长担任总指挥长；发生特别严重（Ⅰ级）突发公共事件时，由省长担任总指挥长。

海南省突发公共事件应急联动指挥中心成员由省长或者分管副省长、省军区司令员或者副司令员、武警海南总队总队长或者副总队长、省人民政府秘书长和分管副秘书长、省公安厅厅长以及主管部门负责人等组成。当发生耦合事件，同时启动两个以上专项预案时，应当对省突发公共事件应急联动指挥中心成员进行整合。

四、地方机构

各市、县人民政府设立突发公共事件应急委员会及相关机构，在省突发公共事件应急委员会和地方政府的领导下，具体负责本行政区域内突发公共事件的应急处置工作。

五、专家委员会

海南省突发公共事件应急委员会设专家委员会，专家委员会由社会管理、综合减灾、社会安全、公共卫生等相关领域的技术和管理专家组成，其主要职责是：1. 为突发公共事件处置提出决策咨询和工作建议；2. 对突发公共事件处置进行技术指导；3. 参与专项突发公共事件应急指挥的相关工作；4. 参与分析本省突发公共事件的现状及趋势；5. 参与拟定、修订突发公共事件应急预案工作；6. 为公众提供突发公共事件有关防护措施的技术咨询。

参考资料

1. 海南应急网，见 http：//yjb. hainan. gov. cn/。

2. 海南省应急组织机构与职责，见 http：//yjb. hainan. gov. cn/xxgk/yjjg/200710/t20071013_593569. html。

广西壮族自治区应急机构设置

一、领导机构

广西壮族自治区人民政府是本自治区行政区域突发公共事件应急管理工作的最高行政领导机构。在自治区主席的领导下，通过自治区人民政府常务会议研究、决定和部署特别重大、重大突发公共事件应急管理工作，自治区副主席按照业务分工和在自治区相关突发公共事件应急指挥机构（以下简称“相关应急指挥机构”）中兼任的职务，负责相关类别突发公共事件的应急管理工作；必要时，派出自治区人民政府工作组指导有关应急处置工作。

二、办事机构

自治区人民政府办公厅设应急管理办公室，履行值守应急、信息汇总和综合协调职责，发挥运转枢纽作用。

三、工作机构

自治区有关部门依据有关法律、法规、规章和各自的职责，负责相关类别突发公共事件的应急管理工作。具体负责相关类别的突发公共事件专项应急预案和部门应急预案的起草、修订与实施，贯彻落实自治区人民政府有关决定事项。

四、地方机构

市、县（市、区）、乡（镇）人民政府是本行政区域突发公共事件应急管理工作的行政领导机构，负责本行政区域各类突发公共事件的应对工作。

五、专家组

自治区人民政府和各应急管理机构建立各类专业人才库，可以根据实际需要聘请有关专家组成专家组，为应急管理提供决策建议，必要时参加突发公共事件的应急处置工作。

参考资料

1. 广西壮族自治区突发公共事件总体应急预案（简本），见 http：//www. gov. cn/yjgl/2006 - 06/13/content_308799. htm。

河南省应急机构设置

一、领导机构

河南省人民政府设立突发公共事件应急委员会（以下简称“省应急委”），省人民政府常务副省长任主任，郑州市人民政府市长任副主任，负责统一指挥、协调省会重大、特别重大突发公共事件应急处置工作。中央驻郑有关单位、省直有关部门和市直有关单位为省会应急委成员，郑州市人民政府办公室承担省会应急委日常工作。省应急委成员单位主要有省军区、省委宣传部、省发展改革委、教育厅、科技厅、国防科工委、民委（宗教局）、公安厅、国家安全厅、民政厅、财政厅、国土资源厅、建设厅、交通厅、水利厅、农业厅、林业厅、卫生厅、外侨办、信访局、环保局、食品药品监管局、安全生产监管局（河南煤矿安全监察局）、煤炭工业局、畜牧局、人防办、郑州铁路局、河南黄河河务局、省通信管理局、地震局、气象局、河南银监局、武警河南总队、省公安消防总队、郑州新郑国际机场管理有限公司、省电力公司等。

河南省应急委职责：1. 贯彻执行国家有关应急工作的法律、法规和政策。2. 决定启动和终止省人民政府突发公共事件总体应急预案。3. 领导、指挥、协调全省重大、特别重大突发公共事件应急处置工作。4. 领导省各专项应急指挥部、领导小组、委员会（以下简称“各专项应急指挥机构”）开展应急工作。5. 承担国务院和国家应急领导机构安排的其他应急工作。

二、指挥机构

依据法律、法规规定和应急处置工作需要，经省人民政府同意设立的省突发公共事件各专项应急指挥机构是省人民政府、省应急委处置突发公共事件的专门应急指挥机构，根据职责分工，对全省各项重大、特别重大突发公共事件应急处置工作实行统一指挥、协调。主要有：省防汛抗旱指挥部、省安全生产委员会、省防震抗震指挥部、省护林防火指挥部、省防火安全委员会、省食品药品安全委员会、省重大动物疫情控制委员会等。

河南省专项应急指挥机构日常工作由省人民政府相关职能部门承担。

三、日常工作机构

河南省应急委下设办公室（以下简称“省应急办”），设在省人民政府办公厅，省人民政府秘书长兼任办公室主任，负责省应急委日常工作，具体事务由省人民政府办公厅各有关处室承担。

各省辖市、县（市、区）人民政府明确本级人民政府处置突发公共事件的领导和工作机构，负责本辖区突发公共事件监测、预警、应急处置、善后和灾后重建、应急保障等工作。

省人民政府各职能部门作为全省重大、特别重大突发公共事件的监测、报警、接警、预警、应急处置、善后和灾后重建、应急保障的主管部门、协作部门和参与单位，根据各自职责分工分别承担相应任务。自然灾害由省民政厅、国土资源厅、水利厅、林业厅、地震局、河南黄河河务局等部门牵头处置；事故灾难由省安全生产监管局、环保局、交通厅、公安厅、建设厅、国防科工委、郑州铁路局等部门牵头处置；突发公共卫生事件由省卫生厅、食品药品监管局、畜牧局等部门负责牵头处置；社会安全事件由省公安厅、国家安全厅、外侨办、信访局、河南银监局等部门负责牵头处置。其他各有关部门按照省人民政府、省应急委的要求予以积极配合、支持。

四、专家组

河南省应急委设立专家组，由各领域的技术和管理专家组成。主要职责是：

1. 对全省重大、特别重大突发公共事件处置提出建议。2. 参与拟定、修订突发公共事件应急预案工作。3. 对全省重大、特别重大突发公共事件应急处置进行技术指导。4. 为公众提供突发公共事件有关防护措施的技术咨询。5. 承担省应急委交办的其他工作。

参考资料

1. 河南省突发公共事件总体应急预案，见 http：//www. foodmate. net/law/henan/163894. html。

湖南省应急机构设置

一、领导机构

（一）省突发公共事件应急委员会

1. 省人民政府设立省突发公共事件应急委员会（以下简称“省应急委”），为省人民政府处理突发公共事件应急工作的综合性议事、协调机构。主要职责是：研究决定全省各类突发公共事件应急工作的重大问题；部署和总结年度突发公共事件应急工作；发生特别重大突发公共事件时，决定启动省特别重大突发公共事件应急指挥部，统一领导和组织指挥特别重大突发公共事件的应急处置工作；指导监督省专项应急委和市州应急委的工作；法律、法规、规章规定的其他职责。

2. 省应急委，由省长任主任，常务副省长和分管专项突发公共事件应急工作（以下简称“专项应急工作”）的副省长和省军区首长、武警总队领导、省人民政府秘书长任副主任，有关副秘书长、专项应急工作牵头部门及主要参与部门、消防总队主要负责人为成员。

（二）省专项突发公共事件应急委员会

1. 按照突发公共事件应急工作的专业特点和实际需要，省可以设立若干专项突发公共事件应急委员会（以下统称“省专项应急委”），为省人民政府处理突发公共事件专项应急工作的议事、协调机构。主要职责是：研究决定全省相关专项应急工作的有关重大问题；部署和总结年度相关专项应急工作；发生重大突发公共事件时，决定启动省重大突发公共事件应急指挥部，统一领导和组织指挥重大突发公共事件的应急处置工作；指导监督市州专项应急委的工作；省应急委交办的事项和法律、法规、规章规定的其他职责。

2. 省专项应急委，由分管副省长（或省委副书记）任主任，相关副秘书长、专项应急工作牵头部门和主要参与部门主要负责人为副主任或者成员，省军区、武警总队、消防总队、湖南保监局有关负责人为有关专项应急委的副主任或者成员。

3. 省专项应急委的设置由省应急委研究确定。决定不设立专项应急委及其办事机构的，有关专项应急预案的管理和日常应急预防工作由该专项应急工作牵头部门承担，重大事项由分管副省长协调，并分别负责履行本预案中有关专项应急委办公室及专项应急委的职责。

二、办事机构

（一）省应急委办事机构

湖南省政府办公厅为省应急委的办公室，承担省应急委的日常工作，其主要职责是：1. 督促落实省应急委作出的决定和指示；2. 拟订或者组织拟订省人民政府应对突发公共事件的工作规划和应急预案，报省人民政府批准后组织实施；3. 督促检查省人民政府有关部门和下一级人民政府应急预案的制订、修订和执行情况，并给予指导；4. 督促检查省人民政府有关部门、下级人民政府和有关专业技术机构的突发公共事件监测、预警工作情况，并给予指导；5. 汇总有关突发公共事件的各种重要信息，进行综合分析，并提出建议；6. 承担省人民政府突发公共事件统一信息系统、应急指挥系统的日常管理工作；7. 监督检查、协调指导省人民政府有关部门和下级人民政府的突发公共事件预防、应急准备、应急处置和事后恢复与重建工作；8. 组织制订安全常识、应急知识的宣传培训计划和应急救援队伍的业务培训、演练计划，报省人民政府批准后督促落实；9. 省应急委交办的其他工作。

（二）省专项应急委办事机构

省专项应急委下设办公室，设在省专项应急工作牵头部门，由牵头部门的有关负责人任办公室主任，承担省专项应急委的日常工作。办公室的具体职责，由各专项应急预案规定。

三、工作机构

（一）省应急指挥机构与职责

1. 在发生特别重大突发公共事件时，省应急委成立特别重大突发公共事件应急指挥部，由省长任总指挥，有关副省长和省军区、武警总队等负责人任副总指挥，统一指挥特别重大突发公共事件的处置工作。

2. 在发生重大突发公共事件时，省专项应急委成立重大突发公共事件应急指挥部，没有设立省专项应急委的，在重大突发公共事件进入严重预警级别，决定启动专项应急预案时，由省人民政府成立重大突发公共事件应急指挥部。重大突发公共事件应急指挥部，由分管该专项应急工作的副省长（或省委副书记）任总指挥，有关副秘书长和省专项应急工作的牵头部门、省军区、武警总队等负责人任副总指挥，统一指挥重大突发公共事件的处置工作。

3. 特别重大、重大突发公共事件应急指挥部可以设立若干工作小组，并可视情况在事件现场设立现场指挥部，具体指挥现场处置工作。现场指挥部可以根据实际情况设立若干专门小组。

（二）省专项应急工作牵头部门和参与部门

在省应急委、专项应急委的领导下，实行应急工作分工负责制。省专项应急工作牵头部门是专项应急工作的主要责任单位，参与部门应当密切配合，积极主动履行相关职责，为应急工作提供支持与保障。专项应急工作的具体牵头部门和参与部门，由省专项应急预案规定。

四、地方机构

市州、县市区人民政府根据有关规定和应急工作需要，建立健全相应的应急组织机构，并履行相关职责。

乡镇人民政府、街道办事处应当协助上级人民政府做好突发公共事件应急工作，组织、协调各方面力量，实行群防群控、群防群治。

五、应急专家委员会

湖南省应急领导机构、应急指挥机构聘请有关专家组成省应急工作专家委员会。其职责是：平时为省应急委、专项应急委提供决策咨询和工作建议；在应对突发公共事件时，为省应急指挥部及现场指挥部提供指挥咨询服务。专家委员会成员名单分别由省应急委、专项应急委办公室另行确定。

参考资料

1. 湖南省人民政府突发公共事件总体应急预案，见 http：//www.gov.cn/yjgl/2006－03/22/content_233890.htm。

云南省应急机构设置

一、领导机构

云南省人民政府突发公共事件应急委员会（以下简称“省应急委”），作为我省常设的协调指挥机构，统一领导全省突发公共事件的应急处置工作。

省应急委主任由省长担任，副主任由副省长、省长助理和秘书长担任，委员由有关部门、驻滇解放军、武警部队负责同志担任。

主要职责是：贯彻执行国家有关应急工作的法律、法规和政策，研究制定全省预防和处置突发公共事件的重大措施和指导意见，统一领导各地、各部门的突发公共事件处理工作，督促检查各项工作措施的落实情况，宣布启动和停止实施突发公共事件总体应急预案，承担国家应急领导机构安排的其他应急工作。

二、指挥机构

云南省应急委领导省级各专项指挥部、领导小组和委员会开展应急指挥工作。经省人民政府批准设立的省防火安全委员会、省安全生产委员会、省防汛抗旱指挥部、省抗震救灾指挥部、省护林防火指挥部、省处置突发公共卫生事件领导小组等作为省应急委处置有关突发公共事件的专门应急指挥机构，对专项应急处置工作进行指挥和协调。其他突发公共事件的应急指挥和协调，由省应急委和相关部门负责。

各专门应急指挥机构的主要职责是：贯彻执行国家应急领导机构和省应急委的决定，负责全省专项突发公共事件的监测预警工作，负责启动和停止实施专项应急预案，负责组织指挥专项突发公共事件的应急处置工作，向省应急委报告专项突发公共事件的处置情况，承担处置专项突发公共事件的日常工作，承担省应急委交办的其他工作。

三、工作机构

云南省应急委办公室（以下简称“省应急办”）设在省政府办公厅，负责办理省应急委的日常事务，具体工作由总值班室承担。省应急办主任由省人民政府秘书长兼任，副主任由分管副秘书长兼任。

省应急办的主要职责是：组织编制、修订突发公共事件总体预案，指导有关部门编制、修订突发公共事件专项预案，协调全省重、特大突发公共事件的应急处置工作，建立完善突发公共事件信息报送和预测预警系统，发布预警信息和重要新闻，建立全省统一的信息技术平台，指导、协调各地、各部门开展应急处置工作，承担国家应急领导机构和省应急委交办的其他工作。

四、专家咨询机构

云南省应急委聘请有关专家组成专家组，主要职责是为省应急委提供决策咨询和工作建议，必要时参与省应急办或现场指挥部的相关工作。

五、地方机构

县以上人民政府要成立应急工作机构，包括领导机构、指挥机构和日常工作机构，负责本行政区域范围内突发公共事件的预防和处置工作。

各有关部门在本级人民政府及其应急工作机构的统一领导下，按照各自的职责，迅速反应，密切配合，及时、准确传递信息，快速有效地处理突发公共事件。

各级人民政府应当加强对突发公共事件预防和处置工作的领导，将其纳入国民经济和社会发展计划，制定应急预案，储备保障物资，建立健全调动社会人力、物力和财力应对突发公共事件的有效机制，定期进行检查和演练，在预案制定、信息报送、预警预防、应急处置等方面与上下级政府和有关部门做好衔接。

参考资料

1. 云南省突发公共事件总体应急预案，见 http：//www.foodmate.net/law/yunnan/163890.html。

青海省应急机构设置

一、领导机构

青海省政府是突发公共事件应急管理工作的行政领导机构。

在省长的领导下，通过省政府常务会议研究、决定和部署特别重大、重大突发公共事件的应急管理工作。必要时，派出省政府工作组指导有关工作。

省政府设立突发公共事件应急管理委员会，按照突发公共事件类别，下设自然灾害、事故灾难、公共卫生和社会安全四个突发公共事件应急管理指挥部。

二、办事机构

青海省政府办公厅是全省突发公共事件应急管理的办事机构，设省政府应急管理办公室（省政府总值班室），履行值守应急、信息汇总和综合协调职责，发挥运转枢纽作用。

三、工作机构

青海省政府各有关部门是各类突发公共事件归口管理的工作机构。依据有关法律、行政法规和各自的职责，负责相关类别突发公共事件的应急管理工作，并加强横向协作联动。

四、州（市、地）县（区）应急机构

州（市、地）县（区）级人民政府是本级行政区域突发公共事件应急管理工作的行政领导机构，负责本级行政区域各类突发公共事件的应对工作。

五、专家组

省、州（市、地）、县级人民政府应急管理的办事机构和工作机构，要建立各类人才库，根据应急实际需要聘请有关专家组成专家组，为应急管理提供决策建议，必要时参加应急处置工作。

参考资料

1. 青海省人民政府突发公共事件总体应急预案，见 http：//www. gov. cn/yjgl/2006 －03/22/content_233525. htm。

宁夏回族自治区应急机构设置

一、领导机构

宁夏回族自治区人民政府是全区突发公共事件应急管理工作的行政领导机构。成立自治区突发公共事件应急管理委员会，统一领导和研究部署全区特别重大、重大突发公共事件应急处置工作。

二、办事机构

在自治区人民政府办公厅设自治区突发公共事件应急管理委员会办公室（以下简称“自治区应急办”），履行值守应急、信息汇总和综合协调职责，发挥运转枢纽作用。

三、工作机构

自治区人民政府有关部门依据有关法律、行政法规、政府规章和各自的职责，负责相关类别突发公共事件的应急管理工作。具体负责相关类别的突发公共事件专项和部门应急预案起草与实施，贯彻落实自治区人民政府有关决定事项。

四、地方机构

各市、县（区）人民政府是本行政区域突发公共事件应急管理工作的行政领导机构，负责本行政区域内各类突发公共事件的应对工作。

五、专家组

自治区政府和各应急管理机构要根据实际需要，聘请有关专家组成专家组，为应急管理提供决策建议，必要时参加突发公共事件的应急处置工作。

参考资料

1. 宁夏回族自治区突发公共事件总体应急预案，见 http：//www. jdzj. com/hot/article/2009 －11 －20/23491 －1. htm。

第二章　教育机构
（高校硕士点、博士点和本科专业院系）

河南理工大学应急管理学院

一、历史沿革

应急管理学院成立于2010 年3 月，其前身是创建于2008 年的公共管理系。2002 年，成立公共事业管理本科专业，隶属人文社科学院；2004 年，成立公共安全管理本科专业，隶属安全学院。2008 年，两个专业共同组成公共管理系。

二、学院领导

国务院应急管理专家组组长、国务院参事闪淳昌教授任名誉院长，河南省应急管理专家组组长、省政府副秘书长介新博士任院长，中国地震局应急预案专家组副组长、中国“双法”学会应急管理专业委员会副主任委员夏保成教授任执行院长。杨艳玲任党委书记，宫福满教授任党委副书记，张永领副教授任副院长。

三、学科建设

学院拥有公共安全与应急管理博士、硕士授权点，公共管理一级硕士学位授权点和应急管理工程、灾害风险管理二级硕士授权点，公共事业管理（政府应急管理与安全社区建设方向）、公共事业管理（公共安全管理方向）2 个本科专业。公共事业管理（公共安全管理方向）是我国第一个应急管理类本科专业，在全国同行中有一定的先发优势；公共事业管理专业（政府应急管理与安全社区建设方向）以政府应急管理与安全社区建设方向为特色，具有强大的发展潜力。

河南省应急管理技术研究与培训基地、中国“双法”学会应急管理专业委员会的教育工作委员会、安全与应急管理河南省人文社科重点研究基地也设在学院。

四、师资队伍

学院拥有一支结构合理、学历层次较高的师资队伍。他们分别毕业于美国马里兰大学、德国柏林大学、日本新潟大学、清华大学、中国科学院等国内外著名高校和科研机构。专任教师27人中，教授、副教授17人，拥有博士学位教师17人，中国地震局应急预案专家组副组长1人，国家安监总局安全文化专家1人，河南省省管优秀专家1人，中国（双法）应急管理专业委员会副主任1人、副秘书长1人。

五、科研成果

自成立以来，学院教师共承担国家级、省部级以上科研课题40余项，科研经费近千万元。主持国家自然科学基金7项，教育部人文社科基金8项，中国博士后基金资助项目1项，省级科研项目30余项。教师发表论文400余篇，其中三大检索和核心期刊170余篇。学院（系）主编出版了公共安全管理专业教材13部。

六、学术交流

学院注重对外学术交流，多次承办全国性学术会议，聘请国内著名学者高小平、佘廉、陈安、郭大忠、池宏、李雪峰、赵阿兴、张平吾（台湾铭传大学）等教授以及国务院应急办刘维刚处长、广东省应急办主任纪家琪、陕西省应急办主任张小宁、河南地震局副局长刘尧兴、应急产业知名企业家陈琦等为兼职教授。

七、社会服务

学院注重学以致用，积极服务全国和地方政治、经济建设，承担了河南省政府“十一五”和“十二五”应急体系建设规划的起草工作，与河南省应急办、广东省应急办建立了广泛的合作关系，与71762部队、台湾铭传大学建立了密切的业务联系，与河南高远公路养护技术有限公司和郑州光大百纳科技股份有限公司建立产学研合作关系，并设立高远百万奖学金和光大百纳奖学金，学生奖、助学金获得覆盖面达60%—70%。

八、学生培养

学院培养的学生以政治素质高、业务能力强受到用人单位称赞。2012年就业率达到95%，多名同学考取选调生或公务员。我院学生在全国挑战杯创业计划大赛、全国节能减排科技作品竞赛、全国大学生数学建模大赛获奖12人次。参加河南省数学建模竞赛、大学生数学竞赛、河南省职业规划设计大赛获奖6人次；4人入选中国志愿者扶贫接力计划研究生支教团。

防灾科技学院公共事业管理（应急管理）专业

一、基本情况

（一）简介

防灾科技学院公共事业管理（应急管理）专业的前身是“城市应急救援辅助决策技术专业”。在中国地震局震灾应急救援司直接指导下，该专业紧密依托行业，结合社会对应急管理人才的需求，实现高起点办学。该专业具有鲜明的时代气息和行业特色，是我国应急管理人才培养的重要基地和应急管理咨询的重要智库。

（二）教学团队

公共事业管理（应急管理）专业师资力量雄厚，现有专业教师10名，其职称结构和学历结构如下：

职称结构：教授3名，副教授1名，讲师4名，助教2名，副高以上职称占专任教师的比例为40%。

学历结构：博士2名，硕士8名，硕士以上学历占专任教师的100%。

（三）培养目标

公共事业管理（应急管理）专业培养适应社会主义现代化建设需要，德、智、体、美等方面全面发展，系统掌握现代管理学基本理论和信息科学、灾害学基本知识，了解各种突发事件的产生机理及应急管理活动一般规律，具备突发事件应急处置和应急指挥辅助决策能力和一定的灾害风险管理、防灾规划组织能力，能够在政府机关、企事业单位、社区管理、教育培训等机构从事应急管理工作的应用型高级专门人才。

（四）主要课程

围绕专业定位和培养目标，在业内专家指导下，经过不断研究和实践，努力形成适应社会需要的人才培养方案，构建突出素质和能力培养的特色课程体系，争取成为全国应急管理方向示范性专业。专业课程包括：应急管理概论、灾害学原理、灾害经济学、灾害风险管理、应急预案编制与演练、应急指挥系统建设与应用、自然地理学、信息技术与应急管理、3S技术、应急管理法律法规、防灾规划、应急避难场所规划等课程。

二、课程体系

（一）理论课程体系

基于当前社会对应急管理人才的能力和素质要求，本专业提出以应急管理知识为核心，以灾害学和信息技术为两翼的知识结构。

提出了应急管理人才应该具备的知识、能力和素质包括：掌握灾害学、应急管理理论、信息技术等学科知识；具备防灾减灾规划能力、编制预案的能力、灾害应对能力、灾害损失评估能力、恢复重建决策能力；具备应急意识、责任意识、健康的体魄、良好心理素质。鉴于上述知识、能力与素质要求，结合近年的实践经验，在深入研究各项能力组成的基础上，确定了本专业的课程体系。课程体系图如图1所示。

（二）实践课程体系

公共事业管理（应急管理）专业能够紧密结合学院发展的实际和内外部环境的需求，不断探索和完善符合自身发展特色的实践教学体系，实现应急管理理论和应急管理技术的紧密结合，围绕三条主线（管理、信息技术和灾害）逐步展开，达到提高学生应急管理理论水平，提高学生地理信息系统应用水平、灾害风险管理和损失评估等实践能力的目的。目前，公共事业管理专业初步建立起比较完善的实践教学体系。实践教学体系如图2所示。

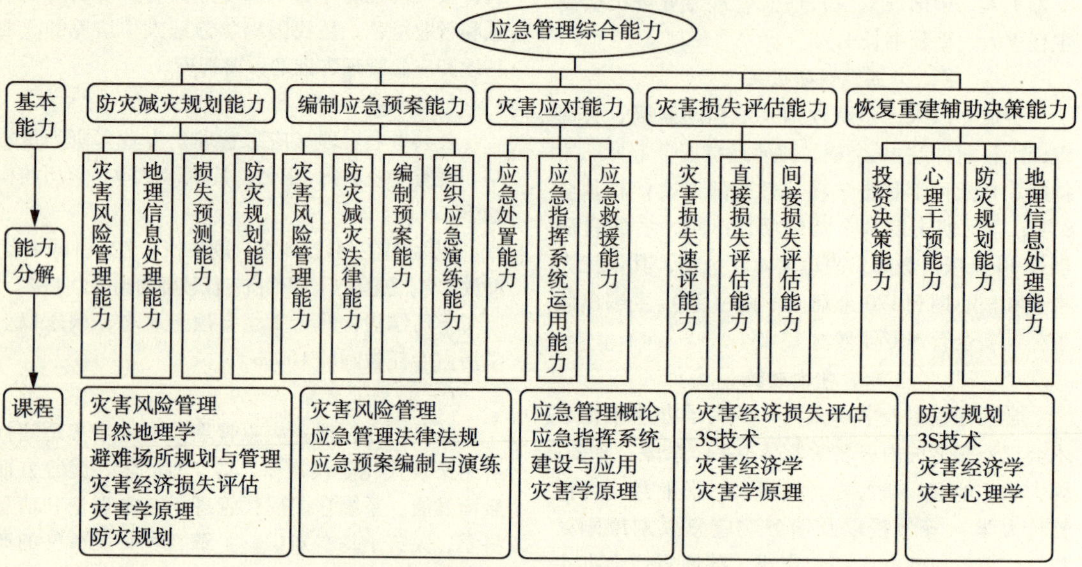

图1 应急管理人才能力分解与课程体系图

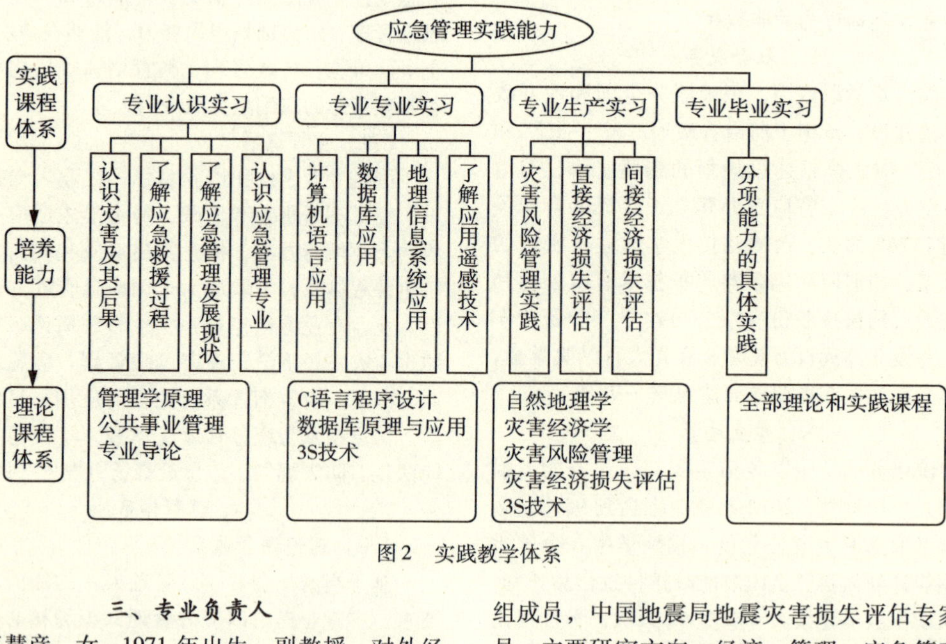

图2 实践教学体系

三、专业负责人

王慧彦，女，1971年出生，副教授，对外经贸大学国际贸易专业经济学硕士研究生，经济管理系副主任，中国地震局地震应急预案管理专家组成员，中国地震局地震灾害损失评估专家组成员。主要研究方向：经济、管理、应急管理、灾害损失评估、高等教育学。主持和参加国家和省部级科研项目多项，发表学术论文20余篇，编写和出版教材3部。

华南农业大学公共事业管理专业（公共应急管理方向）简介

2008年华南农业大学公共管理学院在公共事业管理专业下设置“公共应急管理方向”，并在当年秋天开始招收本科生。2011年华南农业大学公共管理学院在“公共管理”一级学科下设立“公共应急与电子政务”方向，开始招收研究生。

一、基本情况

华南农业大学是广东省和农业部“九五”、“十五”共建“211”工程全国重点大学，具有百余年的办学历史。学校学科门类齐全，有88个本科专业，12个博士学位授权一级学科，23个硕士学位授权一级学科，45个博士学位授权点，117个硕士学位授权点。学校师资力量雄厚。现有教职工2900多人，教授、副教授900多人。学校以应用型人才培养为主，致力于创新人才培养模式，着力培养高素质创新人才。学校设有23个学院（部），现有全日制在校生4万余人，其中本科生3.8万余人，研究生近4000人，来自18个国家的留学生69人。学校形成了以丁颖创新班为突破点，以红满堂计划、主辅修、双学位、国际联合办学为主线，以平台加模块为基础的点、线、面相结合，分层次、多样化的人才培养新模式。

华南农业大学公共管理学院是全校规模最大的三个学院之一，现有“公共管理”和“社会学”两个一级学科，设有6个系，开办了11个本科专业及方向，共有7个硕士学位授权点。公共管理学院不但是全省也是全国开设相关本科专业最齐全的公共管理类学院。自2005年成立以来，已有9年历史，在人才培养、师资队伍建设、教学改革、学科建设、科学研究、办学条件等方面都取得了丰硕成果。学院建设了一支业务能力强、专业结构合理、学历和职称高、以中青年教师为主体的师资队伍。现有在校本科生、研究生4000多人，教师100余人，其中教授16人，副教授30多人，博士和在职博士生50多人。教师中有10多人为国家教育部“新世纪优秀人才”、“广东省‘千百十’人才工程”培养对象、“南粤优秀教师”，有30多位博士和硕士研究生导师。学院科研工作成果丰硕。近5年来，学院教师已在南京大学出版社、中国农业出版社、中国大百科全书出版社、北京大学出版社、中国高等教育出版社、兰州大学出版社等出版了社会学和公共管理方面的系列教材20多部，每部教材均由我院教师担任主编和主要编写者。其中多部教材为省部级以上规划教材、重点教材。仅截止到2012年5月，学院教师就申请到了18个国家级科研课题，100多个省部级课题，80多个厅局级和横向课题，科研总经费达3500多万元；出版了30余部专著，主编了多套丛书；在《光明日报》《政治学研究》《中国行政管理》等重要报纸、杂志上发表了300多篇学术研究论文；多位教师的科研成果获得省部级奖励。

华南农业大学“公共应急管理方向”所在的公共事业管理系成立于2002年，至今已连续招收本科生11届，毕业学生七届，每届学生规模约200人。该系目前有教师14名，其中教授2名，副教授4名，博士4名，在读博士生2名，教师职称结构、学历结构、年龄结构以及学缘结构合理。全系教师公开发表学术论文百余篇，出版专著、教材30余本，主持国家级、省部级、厅局级和横向课题60余项，具有较好的社会影响力。

二、专业发展与特色

2008年春，公共事业管理系适应社会发展、满足社会需求，设立了“公共应急管理方向”，并于当年秋季开始招生，招生规模为每年一届约两个班共60人。

公共应急管理专业方向以就业导向的“应用型人才”为培养目标，打造了四大平台，极大地提高了学生综合能力，取得了较高的社会认可度，首届毕业生就业率超过95%。

1. 实践教学平台。重视学生实践平台的打造。在开设的《应急管理概论》《风险与预警管理》《应急预案及应急演练》《志愿者动员与管理》《灾害心理学》《企业公关危机与媒体应对》《政府危机管理案例分析》《危机和应急管理中的信息技术》等8门专业方向课程中，都设置了实践环节。每届学生都要前往广东省气象台、广东省疾控中心、广州市避难场所和广州市各区级政府应急部门开展教学实习与社会实践。实践教学讲究立体思维，严格过程管理，注重实效和系统性。

2. 实验教学平台。20%的课程设置了实验教学环节，开课率是100%。实验室工作面积230平方米，高性能计算机160多台，企业、政府、社会组织常用的管理、研究应用软件基本具备，仪器设备总值约200万元。通过实战模拟，学生掌握了ERP、OA、SPSS、Eviews和Stella等软件的使用，管理手段与信息技术大大增强，工作上手特别快，深得用人单位好评。

3. 体验教学平台。成立了自治性的学生组织公共事业管理协会，每年开展“公管月”系列专业活动，不仅其自2003年创立的传统品牌节目

"模拟听证会"已成为广州地区其他院校专业活动的榜样，多次被纳入广东省高校校园文化节活动，而且该协会自2008年以来开展了一系列应急管理方面的活动。其中最值得一提的是：（1）自2010年至2012年连续三年组织共计150名学生参与广东省"百人百场应急知识宣讲活动"；（2）自2010年与广东工业大学民间社团组织学生，多次深入广州市开展"应急知识进社区"活动；（3）2012年与华南农业大学图书馆联合开展了"应急知识图片展览"。

4. 创新学习平台。每年进行"科技创新"、"挑战杯"的辅导与选拔，鼓励学生做科研、写论文，学生每年每级均公开发表十来篇学术论文和调研成果。近三年的应急管理专业学生的主要成果有：（1）指导学生获得国家级奖项14项，其中2008级贝良颜同学主持的《广州市废弃"利乐包"回收绩效分析与高效及再利用的机制研究》项目在贾海薇副教授的指导下，获得2011年第十二届"挑战杯"全国大学生课外学术科技作品竞赛"西安世园会"专项竞赛特等奖；获得省级奖项6项，其中游艳玲副教授指导的2008级学生郑小芬同学获得第十一届"挑战杯"广东大学生课外学术科技作品竞赛一等奖；获得市级奖项1项。（2）指导学生公开发表的学术论文35篇，其中2008级学生夏青以第一作者的身份在一级刊物《南方人口》上发表论文《珠三角"代耕农"的区域性差异比较》，体现了学生较强的理论联系实践的能力与水平。（3）指导学生获得各级各类创业、创新研究项目，其中国家级5项，省级别10项，校级12项。如游艳玲副教授指导的2009级辛斯同学主持的"社会参与体制下公众应急行为研究——基于广东省21地级市的实证调查"项目，获2012年教育部国家级大学生创新创业训练计划项目立项。

三、专业优势与成果

遵循新学科、新专业的发展规律，公共应急管理专业方向以"内增凝聚力，外拓影响力"为基本思路，以就业为导向、培养应用型人才为主要目标，注重开门办学，始终坚持教学、科研、社会服务三位一体的原则，逐步形成了"官学产"人才培养模式，具备了较成熟与完备的教学基础，努力打造教学上有示范性、科研上有权威性、社会上有影响力的特色鲜明的公共应急管理专业方向。正是由于公共应急管理专业方向的社会影响的扩大，同时由于公共事业管理专业历年招生规模大、人才培养质量高、毕业生就业率高、社会声誉好，使得该专业在2009年被确定为"华南农业大学特色专业、重点发展专业"，2010年获评为"广东省高等学校本科特色专业建设点"。

围绕特色专业的建设，近年公共应急管理专业方向取得了如下成果，简单概括如下：

（一）教学成果

近三年该专业教师主持了"公共应急管理专业人才培养的教学探索与实践研究（JG12084）"、"公共应急管理实训教学研究"等校级教改课题5项，在《光明日报》等报刊发表题为《网络：可成为高校学术沙龙》《综合应急管理人才的培养与进一步思考》的教学研究论文5篇，在科学出版社、华南理工大学出版社出版了《公共管理心理学》《办公自动化应用实训》《电子政务实验教材》（农业部规划教材）等5部教材。

在2012年，张兴杰教授和区晶莹副教授主持的"公共管理服务技能实验教学中心平台建设"获得"2012年中央财政支持地方高校发展专项资金·教学实验平台建设项目"，300万建设经费全部到位，"应急演练与MPA案例分析综合实验室"列为五个子建设项目之首；邹静琴教授和区晶莹副研究员主持的"公共管理专业技能实验教学示范中心"获得广东省实验教学示范中心立项。除了这两个省部级成果，孔繁玲主持的《管理学》也被评为"校级精品课程"，游艳玲副教授主持的"共青团广州市天河区委员会教学实践基地"获得"校级优秀实践教学基地"称号，获得校教学质量工程"实践教学基地建设"项目立项。正是缘于上述的积累，2012年由邹静琴教授和游艳玲副教授等人共同申报的"综合应急管理本科人才'官产学'协同培养模式研究与实践"获得华南农业大学2012年教学成果二等奖。

（二）科研成果

近三年该专业主要从非政府组织管理与舆情管理两个角度来切入应急管理领域的科学研究，取得一系列成果。

承担科学研究项目19项，其中国家级项目4项，省部级课题7项，市级、厅局级课题3项，校级及横向课题5项。其中，包括贾海薇副教授主持的"促进城乡统筹发展的市县基层政府治理的体制创新研究——以珠三角地区为例"获得2010年国家自然科学基金项目立项、"城乡统筹发展进程中的基层治理重构与社会管理创新研究——基于广东省探索实验的分析"项目获得2012年国家自然科学基金项目立项，赵国宏副教授主持的"网络舆情与群体性事件预警机制"和史传林副教授主持的"社会组织参与社会管理的功能与模式研究"同时获得2010年国家社会科学课题立项。游艳玲副教授主持的“非政府组织在应急管理中的作用研究”“珠三角城乡社区应急管理综合能力建设研究”“农村社会组织有序参与公共应急管理的策略选择与优化流程设计”等三个项目分别获得广东省政府应急管理研究课题、广东省哲学社会科学规则项目、民政部社会组织理论部级课题立项，刘辉讲师主持的“广东省高校群体突发事件监测机制及应急教育研究”获得主持广东省教育科研“十一五”规划项目2010年度立项。

发表科研论文57篇，其中发表在《中国行政管理》《政治学研究》等核心期刊的文章36篇，发表在其他省级刊物的文章18篇，EI、ISTP收录文章3篇。游艳玲、刘志明、刘辉等多位老师在《电子科技大学学报》《管理工程学报》《系统工程》等刊物发表了题为《农村非政府组织参与应急管理的现状与影响因素分析——以广东省为例》《面向突发事件的民众负面情绪生命周期模型》《面向突发事件的群体情绪监控预警》《基于隐马尔科夫模型的突发事件新闻报道的爆发性分析》《微博网络舆情中的意见领袖识别及分析》《危机管理视角下的企业培训战略设计》《新媒体在农业应急管理中的作用分析及策略选择》等论文。

2011年11月4日到5日，该专业在广州市成功承办了第七届全国“应急管理——理论与实践”研讨会，来自高校、科研机构、政府机关和企业等35家单位的近百名专家学者、学生代表参加了本次会议。该次会议的主题是“应急管理中的组织、群体与个体”。

（三）社会认可

2010、2011与2012年我校联合暨南大学、广东工业大学相关专业，承办了由广东省政府应急办、广东省教育厅主办的第一届、第二届、第三届“广东省百人百场应急知识宣讲”活动，成功与政府、高校联合开展品牌公众服务活动获得广东省委、省政府的高度表扬。公共应急管理专业的60多名学生获得“最佳宣讲员”荣誉称号、“优秀宣讲队”荣誉称号，带队老师也获得通报表扬。三届应急知识宣讲活动都受到了公众热烈欢迎，新华网、人民网等主流网站、省内各主流媒体纷纷作了报道。

2011年，广东省教育厅成立第一届应急管理专家小组，我院廖杨教授受聘为社会安全类专家，聘期为2011年4月1日至2014年3月31日。

暨南大学应急管理学院简介

一、发展历程

暨南大学应急管理学院（以下简称“学院”）是中国第一所应急管理学院，成立于2009年4月23日。2008年7月在国内率先招收行政管理（应急管理方向）本科生，2009年7月招收国内首届应急管理专业本科生和行政管理（应急管理方向）硕士研究生，2011年招收管理科学与工程专业（应急管理方向）博士后，2013年开始招收应急管理专业硕士生和应急管理专业博士生。

二、学科建设

暨南大学应急管理学院现有二级学科博士点1个、一级学科硕士点1个、专业学位硕士点1个。学院下设5个研究机构，拥有广东省人文社科重点研究基地1个、广东省应急技术中心1个。学院所依托的公共管理一级学科为广东省重点学科。

一个广东省重点学科：公共管理一级学科

批准时间：2012年10月。

一个博士点：教育部自主设置二级学科博士点“应急系统工程与金融工程”。

五个硕士点：公共管理一级学科硕士授权点，下设5个二级学科硕士点：

行政管理、应急管理、教育经济管理、社会保障、土地资源管理。

五个本科专业：应急管理、行政管理、人力资源管理（成教）、社会工作（成教）、公共事业管理（自考）。

两个学系：行政管理系，系主任：胡辉华教授；应急管理系，系主任：卢文刚副教授。

两个省级研究中心与基地：（1）暨南大学应急管理研究中心（广东省人文社科重点研究基地），主任：林如鹏教授（暨南大学副校长兼研究生院院长）（2）广东省公共网络安全风险评价与预警应急技术研究中心，主任：庞素琳教授。

两个教育培训中心：一个公共管理硕士（MPA）教育中心，主任：颜昌武副教授；一个应急管理/公共管理培训中心，代理主任：洪凯副教授。

三个研究所：公共管理与公共经济研究所，所长：董建新教授；社会保障研究所，所长：林毓铭教授；教育经济管理研究所，所长：张旺副教授。

一个案例研究中心：公共管理与应急管理案例研究中心，主任：胡涤非副教授。

三、学院领导

刘昆，男，教授，博士生导师，广东省副省长兼省应急委主任，暨南大学应急管理学院名誉院长。

赵兰英，女，研究员，暨南大学应急管理学

院党委书记。

庞素琳，女，博士，教授，博士生导师。暨南大学公共管理学院/应急管理学院副院长（主持工作），分管学科建设、科研、实验室建设、人事、财务等。

李伟权，男，博士，副教授，硕士生导师，暨南大学公共管理学院/应急管理学院党委副书记、副院长，分管办公室、新校区建设、本科及研究生教学、学生工作。

洪凯，男，博士、副教授，硕士生导师，暨南大学公共管理学院/应急管理学院副院长兼培训中心代理主任，分管对外合作、国际交流、培训、成教、自考、校友工作。

四、师资队伍

暨南大学应急管理学院现有全职教职工24人，其中教授6人、副教授12人、讲师4人。广东省高校"千百十工程"国家级培养人才1人、教育部新世纪优秀人才支持计划1人。博士研究生导师2人、硕士研究生导师17人。全院有30%以上的教师具有1年以上的海外留学经历。另聘请校内外兼职教授10余人。

主要学科带头人如下：

庞素琳教授，女，博士生导师。暨南大学公共管理学院/应急管理学院副院长（主持工作）、广东省公共网络安全风险评价与预警应急技术研究中心主任，暨南大学管理学院金融工程研究所所长。IEEE高级会员。2010年入选广东省"千百十工程"第六批国家级培养对象。2010年评为广东省"千百十工程"第四批先进个人。2008年入选教育部新世纪优秀人才支持计划。

庞教授具有数学、计算机、金融风险管理、网络信息安全、应急管理与应急技术等多个交叉学科扎实的理论和应用研究基础。在国内外重要学术期刊IEEE Transactions on Automatic Control（SCI、EI）、Intelligent and Complex Systems（SCI）、Journal of Computational and Applied Mathematics（SCI、EI）、ActaMathematicaScientia（SCI、SSCI）、《管理科学学报》、《系统工程理论与实践》（EI）、《控制理论与应用》（EI）等和国际重要学术会议发表论文90多篇，被SCI、SSCI和EI收录60多篇。出版专著2部（科学出版社）。开发应用软件6项，获得计算机软件著作权5项，申请发明专利4项。研究成果《财务预警系统及神经网络技术》获得2008年度广东省科学技术奖二等奖。多篇学术论文获得国际、国内学术会议优秀论文奖及广东省金融学会优秀科研成果奖。主持国家、省（部）市级项目、政府和企业委托或招标项目等20多项。

研究领域包括：金融工程与风险管理、移动信息安全、应急管理与应急技术、管理信息系统开发与应用等。具体研究兴趣为：信贷风险决策模型与机制、信用风险分析模型与应用、信用评价与预警系统、移动网络故障识别与应用、大型活动场所风险应对方法与应急技术、计算机软件系统开发与应用等。

林如鹏教授，暨南大学副校长兼研究生院院长、暨南大学应急管理研究中心（广东省重点人文社科研究基地）主任、教授、博士生导师，十届全国青联常委、教育部新世纪人才、国家精品课程主持人、广东省教学一等奖获得者。广东省新闻工作者协会常务理事、广州市新闻工作者协会副主席、广州市新闻出版和广播电视局穗版报刊审读委员、广州市新闻阅评小组成员。

李从东教授，二级教授，博士生导师。山西大同人，暨南大学应急管理学院首任院长、暨南大学管理学院前院长。暨南大学企业发展研究所（广东省省级人文社科研究基地）所长，暨南大学产业技术经济与管理研究中心主任，暨南大学大学生创业实验园管委会主任，教育部应急管理专家组副组长、广东省应急管理学会副会长、广东省政府应急管理咨询专家。天津大学、郑州大学等6所大学兼职教授。主持包括6项国家高技术发展计划（863）资助课题在内的50多项国家级、省部级或横向委托科研课题，出版教材4部、译著2部，发表学术论文150余篇。获省部级科技进步奖3项。

林毓铭教授，暨南大学应急管理研究中心副主任、教授、博士生导师、著名社会保障专家、教育部公共管理教学指导委员会委员。先后在《统计研究》《金融研究》《财政研究》《社会学研究》《中国工业经济》《计算机世界》《政治学研究》等学术杂志公共发表学术论文约180篇，出版专著10余本，曾获得湖北省优秀博士毕业论文、广东省社科优秀成果二、三等奖等。

纪家琪教授，广东省政府应急管理办公室主任、泛珠江三角洲区域应急管理联盟秘书长、暨南大学兼职教授，暨南大学金融学博士毕业。历任华南农业大学讲师、广东省委讲师团成员，广东省政府办公室科员、副处长、秘书处处长，2007至今任省政府应急办主任（副厅）。曾在中共中央党校、国家行政学院等地为省部级、地厅级领导干部应急管理培训班授课，是应急管理广东模式的主要开拓者。

王声湧教授。著名流行病学家，首届国家教

学名师。曾任医学院副院长和流行病学教研室主任，现任暨南大学医学院伤害预防控制中心主任；中华预防医学会伤害预防与控制分会主任委员、中华预防医学会常务理事、广东省应急管理学会副会长、广东省预防医学会副会长、广州市预防医学会副会长；卫生部突发事件卫生应急专家咨询委员会成员、广东省应急管理专家组公共卫生组副组长、广东省突发公共卫生事件应急专家委员会顾问，英国皇家热带医学学会会员。

五、科学研究

近年来，学院发表高水平学术论文100多篇，被SCI、SSCI、EI收录近60篇，出版学术专著与教材50多部。科研成果获得省部级各类奖近10项，学术论文获得学术团体或学术会议奖近10项。开发应用软件6项，获得计算机软件著作权5项。获得技术发明专利4项。先后承担了多项国家自然科学基金、国家社会科学基金、广东省自然科学基金、广东省社会科学基金、广东省重大科技攻关项目、广东省软科学项目、广东省人文社会科学重点研究基地项目、广东省应急办专家启动项目、211工程学科建设项目，以及一批直接服务地方经济建设的应急管理科技招标项目，并已经在建筑结构工程安全、水环境安全与水源地富营养化应急管理、应急管理中的新闻传播、应急管理法律、电网应急管理、区域粮食安全预警等方面取得一批研究成果。

六、教育培训

学院现有各类全日制在校生约1500人。被誉为中国应急管理的“黄埔军校”。

作为服务广东、面向全国的应急管理教育培训机构，学院先后承办了广东省、云南省、四川省、泛珠内地9省区地市厅局级领导干部应急管理研修班10期，承接县处级领导干部培训30余期、应急师资培训班1期，培训各层次学员约2000人次，是国内应急管理培训的主要基地之一。

七、通讯联系

通信地址：广州市天河区黄埔大道西601号惠全楼，暨南大学应急管理学院

邮编：510632

联系电话：020—85226501（院办）、85226502（传真）、85221196（培训中心主任）、85226337（培训中心）、85222052在（行政管理系）、85221260（应急管理系）、85220637（MPA教育中心）

学院邮箱：oggyj@jnu.edu.cn

学院网址：http://www.jnuxg.com

中国劳动关系学院安全工程系

专业方向名称：安全工程专业（公共安全管理方向）。

举办时间：2007年。

学生规模：2007—2012年连续6年招生，每年40人左右，共计招生约240人。

教师人数：18。

主要研究方向：（1）大型活动公共安全研究；（2）公共安全预警研究；（3）中国工会与公共安全研究；（4）工会应急能力研究；（5）公共安全信息系统研究。

研究成果：

论文类

Hongchang An. Wangjialing mine accident and chinacoal work safety risk early warning information. *Advanced Materials Research*, v 460, pp. 385 - 388, 2012, *Advanced Materials and Its Application*, *AMA2012*.

Hongchang An. Comparison of earthquake cases and China Public Safety Early Warning Information. *Advanced Materials Research*, v 461, pp. 311 - 315, 2012, *Advanced Building Materials and Structural Engineering*.

Hongchang An. Wenzhou D-prefaced trains accident and china work safety early warning information system based on dynamics. *Advanced Materials Research*, v 460, pp. 135 - 139, 2012, *Advanced Materials and Its Application*, *AMA2012*.

Hongchang An. Outcome-based earthquake early warning. *Advanced Materials Research*, v 461, pp. 302 - 305, 2012, *Advanced Building Materials and Structural Engineering*.

Hongchang An. Mine accidents and China Colliery Safety Early Warning Information. *Advanced Materials Research*, v 461, pp. 329 - 332, 2012, *Advanced Building Materials and Structural Engineering*.

Qiquan Wang. Analysis and Application of Gahp in Aviation Industry Company Accidents. *Proceedings of the Tenth International Conference on Industrial Management*, pp. 413 - 419, 2010。

Wang, Qi-Quan, Gao, Le-Zheng. Xiang-Tong. The study of Analytic Hierarch Process (AHP) and Its Application in Aviation Industry. *Proceedings of 2009 International Conference of Management Science and Information System*, Vols 1 - 4, pp. 584 - 589, 2009。

Wang, Qi - quan, Sun, Gui - lei. Analysis of safety assessment model for the Aviation Enterprises. *Proceedings of 2009 International Conference of Management Engineering and Information Technology*, Vols 1 and 2, pp. 455 - 460, 2009。

Ren, G. Y. Causal analysis of environmental security issues from the angle of system theory. *2008 Proceedings of Information Technology and Environmental System Sciences*, pp. 614 - 620, 2008。

安红昌等：《论履行工会职能与维护公共安全》，《中国工运》2010 年 1 期。

安红昌等：《国际安全社区麦子店街道考察与启示》，《商场现代化》2008 年 19 期。

安红昌等：《中美公共安全管理比较》，《中国安全科学学报》2007 年 10 期。

王起全等：《大型活动拥挤踩踏事故 BP 神经网络安全评估方法应用分析》，《中国安全科学学报》2009 年 4 期。

王起全等：《大型活动拥挤踩踏事故人群疏散研究分析》，《三峡大学学报（人文社会科学版）》2008 年 S2 期。

王起全等：《大型活动拥挤踩踏事故灰色层次分析》，《辽宁工程技术大学学报（社会科学版）》2008 年 5 期。

王起全等：《大型活动拥挤踩踏事故模糊综合评估方法应用分析》，《中国安全科学学报》2007 年 9 期。

王起全等：《大型公共活动风险控制研究与分析》，《中国安全科学学报》2007 年 1 期。

孙殿阁等：《基于案例推理的城市典型灾害应急处置专家系统构建研究》，《中国安全生产科学技术》2012 年 2 期。

孙殿阁等：《基于 Bow-Tie 技术的民用机场安全风险分析应用研究》，《中国安全生产科学技术》2010 年 4 期。

任国友：《劳动者群体性事件的演化及其治理》，《中国农学通报》2011 年 8 期。

项目类

任国友：公共安全视角下的校园安全问题研究，教育部人文社会科学研究项目青年基金项目 07JC880013。

任国友：非常规突发事件社区常态化管理评估方法，2012 年度北京市自然科学基金项目预探索项目 8123044。

单位负责人：孟燕华。

中国刑事警察学院公共安全应急管理专业（方向）简介

中国刑事警察学院公共安全应急管理专业（方向）是综合运用公共管理学、法学、系统科学、信息科学等相关学科的理论与技术，主要研究社会安全事件、事故灾难应急处置的公安应用型学科专业。

中国刑事警察学院公共安全应急管理专业（方向）建设最早起源于 2006 年 11 月，治安学本科专业经国家教育部批准成为独立专业之后，同时又增设了公共安全应急管理专业方向。2011 年 9 月，中国刑事警察学院在全国公安院校率先招收了第一批公共安全应急管理专业方向本科生。2012 年 11 月，经公安部同意，公共安全应急管理作为公安学类新增设专业纳入教育部《普通高等学校本科专业目录》论证。2014 年 3 月，中国刑事警察学院在公共安全应急管理专业（方向）的基础上，作为牵头单位，与河南理工大学应急管理学院、国家行政学院、中国科学院科技政策与管理科学研究所共同成立了公共安全应急管理协同创新中心。中心下设七个二级研究中心：公共安全应急情报信息研究中心、公共安全立体化治安防控体系研究中心、公共安全应急模拟指挥与演练研究中心、公共安全应急法制研究中心、公共安全应急现场案件处置研究中心、公共安全警察应急技战术研究中心、公共安全恢复与重建研究中心。

中心现有专职研究人员 58 名，其中教授 32 名，副教授 16 名，讲师 10 名；具有博士学位人员 43 名，硕士学位教师 15 名；享受国务院津贴专家 2 人，公安部津贴专家 4 人，教育部千百人计划 4 人，首席教授 7 人，其他省部级科技奖获得者 10 人。

公共安全应急管理专业（方向）的人才培养目标是，培养具有坚定的政治方向、严格的组织纪律观念和良好的职业道德，具有较强的实践能力和创新能力，系统掌握公共安全应急管理的基本理论、基本知识和基本技能，有良好的警务实战技能，能够胜任公安机关和其他行政机关公共安全应急管理工作岗位需求的高级应用型专门人才。

公共安全应急管理专业（方向）开设的专业课程主要包括《公共安全应急管理概论》《应急预案管理》《应急保障》《应急现场处置》《应急信息技术应用》《公共安全风险管理》《治安学总论》《治安管理》《安全防范技术》《治安案件查处》《刑事案件侦查》《证据学》《警务技战术》《应急情报》等课程。

第三编　重大活动

第一章　专题会议及学术活动

第三届中国应急管理信息化高峰论坛

一、召开时间与地点

时间：2012 年 4 月 21 日；地点：中国·贵阳。

二、会议背景

“十二五”规划要求，坚持预防与应急并重、常态与非常态结合的原则，建立健全统一指挥、结构合理、反应灵敏、保障有力、运转高效的突发事件应急体系。广泛应用“物联网”、“云计算”等新一代信息技术监测预警山洪、地震等自然灾害，在公共卫生、安全生产、社会管理方面，深入推进信息化建设，全面提高应急管理信息化水平是必要的。

三、会议议题

1. 政府官员介绍当前应急管理以及信息化建设的思路和重点；

2. 权威专家做应急管理信息化专题报告，剖析在应急管理、应急救援等环节广泛应用信息技术的重要性；

3. 有关部委、地方政府、中央企业、科研院校以及媒体做典型发言，分享应急管理信息化先进经验和成果；

4. 知名信息技术厂商推介展示当前先进产品技术，优质服务和应急信息化建设成功案例；

5. 参观贵阳市突发事件应急处置中心等场所，现场交流与讨论应急体系与平台建设经验。

四、会议日程

2012 年 4 月 20 日，报到；2012 年 4 月 21 日，大会报告。

五、会议情况

2012 年 4 月 21 日，由中国信息协会主办、贵阳市人民政府突发事件应急管理办公室承办的第三届中国应急管理信息化高峰论坛在贵阳隆重召开。中国信息协会副会长李元香，国务院应急管理办公室主任陈建安，中共贵阳市委常委、贵阳市人民政府常务副市长马长青发表了热情洋溢的致辞。外交部领事保护中心总领事高守坚、工业和信息化部运行监测协调局副巡视员景晓波、国土资源部地质灾害应急管理办公室主任崔瑛、中国民用航空局综合司司长沙洪江、中国气象局公共气象服务中心主任孙健、陕西省应急管理办公室主任张小宁、贵阳市人民政府突发事件应急管理办公室副主任王家义作论坛主旨发言。

国务院应急管理办公室处长周伟，教育部、环境保护部、铁道部、文化部、卫生部、国家统计局有关负责同志出席论坛，云南省人民政府应急管理办公室主任陈建华、青海省人民政府应急管理办公室主任阎民、山西省人民政府应急管理办公室专职副主任孟希雄、安徽省人民政府应急管理办公室副主任郑训练、河南省人民政府应急管理办公室副主任朱旭、重庆市人民政府应急管理办公室副主任王波、贵州省人民政府应急管理办公室专职副主任王洪斌和上海市人民政府应急管理办公室、广东省人民政府应急管理办公室、四川省人民政府应急管理办公室等单位的领导在前排就座。全国 22 个省（市、区）、80 个城市近 350 人出席论坛。

会上，贵阳市政府应急办作了以“应对突发事件、服务百姓生活”为主题的交流发言，把贵阳人民与灾难的抗争与较量中，总结、反思、创造的“一网（贵阳市应急管理网）、一台（10639119 应急短信平台）、一系统（贵阳应急科普宣教和预警信息发布系统）”和与会代表共享，得到了与会代表和专家学者的一致好评。

中国联合网络通信集团有限公司、上海贝尔股份有限公司、中兴通讯股份有限公司等信息技术提供商分别介绍了 3G、云计算、物联网技术在应急管理和应急平台建设中所发挥的独特作用。通过主题发言、产品展示和经验交流，本次论坛达到了预期目的，对深入推进应急管理信息化建设，全方位加强政企间合作、鼓励信息技术创新起到了重要作用。

为推动应急管理信息化的发展，贯彻落实胡锦涛总书记在两院院士大会上指出的“要大力发展国家安全和公共安全科学技术，提高传统和非传统国家安全和公共安全的检测、预警、应对管理能力，加强安全技术研究和推广，构建先进的国家安全体系”的要求，国务院应急办主要领导要求与会代表要相互学习、相互借鉴，推动我国应急管理信息化水平再上新台阶。

参考资料

1. 第三届中国应急管理信息化高峰论坛，见 http：//www. 31huiyi. com/event/32037/。

2. 第三届中国应急管理信息化高峰论坛在贵阳举办，见 http：//gz. people. com. cn/n/2012/0421/c194827 - 16964827. html。

3. 《第三届中国应急管理信息化高峰论坛隆重召开》，《中国信息界》2012 年第 5 期。

第八届全国“应急管理——理论与实践”研讨会

一、召开时间与地点

时间：2012 年 4 月 22 日；地点：陕西省西安市陕西师范大学。

二、会议背景

在形势愈加复杂、影响不断扩大的今天，用现代的技术手段和管理策略分析事件机理，以实现多部门协调应对显得愈发重要。同时，加强与有关国家、地区和国际组织在突发事件应急管理和应急救援领域的交流与合作，学习、借鉴国内外各类突发事件的防范、处置和应急体系建设方面的经验做法，全面提升我国应急管理水平。为进一步加强应急管理工作，提高突发事件的应对能力，2012 年 4 月 22 日，第八届全国“应急管理——理论与实践”研讨会在陕西师范大学召开。会议的主题为：应急机制设计与体制建设。

三、会议日程

2012 年 4 月 22 日 9 时大会开幕式；2012 年 4 月 22 日 9∶10 - 12∶00 大会报告；13∶30 - 17∶40 大会报告；2012 年 4 月 22 日 17∶40 - 17∶45 大会闭幕式。

四、会议情况

2012 年 4 月 22 日，第八届全国“应急管理——理论与实践”研讨会在陕西师范大学召开。本次研讨会由中国科学院科技政策与管理科学研究所主办、陕西师范大学旅游与环境学院承办、河南大学应急管理研究所协办，来自中国科学院地理科学与资源研究所、中国科学院遥感应用研究所、中国科学院科技政策与管理科学研究所、西安交通大学、大连理工大学、哈尔滨工程大学、电子科技大学、华东政法大学、兰州大学、河南大学等科研院所和企业的 100 多位专家学者与会，共同围绕“应急机制设计与体制建设”等主题展开了讨论和交流。本届会议主要结合全国各领域的应急管理研究和实践经验，就现代应急管理及相关领域的理论、方法、技术、应用、实践展开深入研讨。

大会开幕式由中国科学院科技政策与管理科学研究所的迟菲博士主持，陕西师范大学旅游与环境学院薛东前院长和主办方代表中科院科技政策与管理科学研究所陈安研究员分别致词。

大会主题报告情况：1. 陕西师范大学延军平：《对称性与台湾地震风险趋势判断》。2. 中国科学院遥感应用研究所刘亚岚《交通行业 3S 应急流程及其规范研究报告》。3. 哈尔滨工程大学张秀华《我国海洋产业面临的风险分析与应对策略研究》。4. 电子科技大学中山学院蒋先进《论危机管理视野下的反腐败与廉政建设》。5. 中国科学院科技政策与管理科学研究所迟菲《现代应急评价策略》。6. 北京城市系统工程研究中心朱伟《城市社区突发事件应急机制研究与技术需求分析》。7. 江苏警官学院龚鹏飞《道路交通应急管理》。8. 辽宁师范大学海洋经济与可持续发展研究中心孙康《中国化工安全规制研究》。9. 中南财经政法大学唐伟勤《基于受灾点满意度的大规模突发事件快速消费品的应急调度研究》。10. 中国科学院科技政策与管理科学研究所张昊宇《基于博弈论的中央政府和地方政府多阶段博弈模型》。11. 中国科学院科技政策与管理科学研究所陈安《应急演练脚本设计与编写》。12. 华东政法大学公共管理学院汪伟全《突发事件区域应急联动机制研究：问题与对策》。13. 中国科学院科技政策与管理科学研究所王光辉《机制设计理论研究及应急机制设计》。14. 中国科学院科技政策与管理科学研究所刘霞《以“秩序”为目标的排队机制失效分析》。15. 兰州大学信息科学与工程学院詹建《社交网络下公共危机信息分析系统设计》。16. 河南大学应急管理研究所杜帅楠《基于“责权利情”的关系比较分析——以政府和企业为例》。17. 中国科学院科技政策与管理科学研究所李月华《渐发型灾害事件的社会成本与价值损耗模型研究》。

参考资料

1. 第八届全国“应急管理——理论与实践”研讨会日程，见 http：//xwpt. snnu. edu. cn/system/resource/contentpage. jsp？ newsid = 87872&newstype = 5。

2. 人文学院教师参加中韩及全国应急管理研讨会，见 http：//www. zsc. edu. cn/2012/0425/12334. html。

3. 第八届全国“应急管理——理论与实践”研讨会学术报告，见 http：//blog. sciencenet. cn/blog－53483－573593. html。

4. 第八届全国“应急管理——理论与实践”研讨会在我校召开，见 http：//www. xsc. snnu. edu. cn/College_style. asp？bh＝8318。

2012 应急管理（广东）高层论坛暨国际应急管理学会（TIEMS）中国委员会第三届年会

一、召开时间与地点

时间：2012 年 7 月 12—13 日；地点：中国·广州。

二、会议主题

本次会议的主题为“加强应急管理区域合作，健全应急管理联动机制”。

三、会议议题

会议就“中国自然灾害应急体系建设的经验与挑战”，“日本 3·11 地震应对与东京首都圈应急联动机制建设”，“地震应急救援的经验和教训”、“公众应急能力分析及其对整合社会资源应对突发事件的政策涵义”等方面的议题进行了交流。

四、会议日程

1. 2012 年 7 月 10—11 日，全体：会前培训；
2. 2012 年 7 月 12—13 日，大会报告。

五、会议情况

2012 应急管理（广东）高层论坛暨国际应急管理学会（TIEMS）中国委员会第三届年会 2012 年 7 月 12—13 日在广州市召开，国务院应急管理专家组组长、国家减灾委专家委副主任、国务院参事、TIEMS 中国委员会主席闪淳昌，国务院应急办，交通运输部相关负责人，澳门特区政府保安司有关负责人，部分省（区、市）应急办主任，国内外权威应急管理专家约 100 多人出席论坛。与会专家学者以“加强应急管理区域合作健全应急管理联动机制”为主题进行了深入探讨和交流。

会议由国际应急管理学会（TIEMS）副主席曲国胜主持，主要讨论在自然灾害频发、经济社会跨越式发展、救援模式转变等新形势下，应急管理工作面临的新要求、新挑战，以及各个省市自身应当采取的主要措施。

广东省省政府应急办主要负责同志在会上作了题为“广东省应急管理区域合作实践与探索”主题发言。

广州市政府副秘书长、市应急办主任李一康就广州市突发事件应急处置经验作了主题发言。

北京市科学技术研究院院长丁辉发表了题为“大型社会活动风险评估”的大会报告。报告中丁辉院长将大型社会活动与大型城市的管理进行了类比，创新性地提出大型城市风险可视为大型活动评估与管理的理念；通过“3·11”东日本大地震的处置教训与经验，指出现代城市风险的预防与处置应着重于事故灾难方面，同时提出了基于大数据时代“云计算”的人群安全管理解决方案；报告介绍了大型社会活动风险管理中的几个关键问题，尤其对于风险管理中的责任与问责进行了详细的阐释。

湖北华舟重工应急装备股份有限公司董事长兼总经理余皓作了名为“交通应急保障在灾害救援过程中的地位与作用”主题发言。余董事长结合公司现状发表了有据有理、紧扣主题的演讲，阐述了公司应急救援装备的先进性，并针对我国应急交通工程保障能力现状，提出了“建立具有中国特色的应急交通工程装备保障体系、瞄准国际先进水平，以‘自主创新’为核心，持续提升应急交通工程装备科技水平、尽快明确应急交通工程装备产业发展的法制基础、加快应急交通工程装备产业基地建设、加快推进应急交通保障装备储备体系建设”五条建议。

参考资料

1. 2012 应急管理（广东）高层论坛暨国际应急管理学会（TIEMS）中国委员会第三届年会在我省举办，见 http：//www. gdemo. gov. cn/gzyw/201207/t20120713_164102. htm。

2. 丁辉院长参加 2012 应急管理（广东）高层论坛暨国际应急管理学会（TIEMS）中国委员会第三届年会并作大会报告，见 http：//www. bjast. ac. cn/Html/Article/20120720/17656. html。

国际第 10 届现代救援医学论坛

一、会议时间与地点

时间：2012 年 8 月 17—20 日；地点：中国·北京。

二、会议简介

“2012 年中国·国际第 10 届现代救援医学论坛”由中国医学救援协会、中国灾害防御协会、中国武警卫生部、中国灾协救援医学会、中国急救复苏与灾害医学杂志社、国际 SOS 总部等联合举办，中国急救复苏与灾害医学杂志社、武警总医院及北京燕泰会议服务有限公司承办，国务院应急办公室、卫生部应急办公室、卫生部医政司、国家安全生产监督管理总局等单位予以指导，美国心脏协会（AHA）、世界灾害急救医学协会（WADEM）、美国匹兹堡大学、犹他大学、洛杉矶大区急救总部（EMS）等予以学术支持。

三、会议议题

1. 国家及卫生部应对突发事件的政策、措施、国家救援队、基地建设规范培训。请国务院应急办、应急专家组组长闪淳昌教授，国家卫生部领导、应急办主任梁万年教授，卫生部医政司副司长、协会赵明钢副会长，国家安监总局、总后卫生部、武警卫生部领导就应对突发事件的有关政策、法律法规、卫生应急措施等发表演讲；武警后勤学院院长李玉明教授、附属医院院长侯世科教授就自然灾害中的危重急症及国内外地震作专题报告；海军总医院院长钱阳明教授就我国海军“和平方舟”医疗舰远航医疗、救援作专题报告；四川华西医院石应康院长就地震群体伤员院内救治及挤压综合症特殊感染治疗作专题报告；武警总医院张利岩副院长作灾害护理学现状与发展的报告。

2. 心肺复苏与心血管危重急症医学的新进展。美国心脏协会（AHA）专家与我国急救专家李宗浩教授共同就“当代自动体外除颤器（AED）的最新研究成果与应用”专题演讲，中国医科院阜外医院高润霖院士、首都医大顾复生教授、解放军306医院钱方毅教授、解放军总医院姚咏明、黎檀实教授等专家演讲。

3. 城市急救体系建设运行以及在应对突发事件时的组织处置。请北京市卫生局应急办黄春主任以及我国香港急救总长、医疗辅助队总参事等急救专家发表演讲。

4. 论坛还特别邀请联合国计划开发署专家就全球减灾防灾现状、总趋势发表演讲，美国匹兹堡大学彼得·沙法国际心肺复苏、灾害医学研究中心专家演讲；请美国洛杉矶大区急救体系（EMS）主任富兰克林教授就美国急救体系的发展及洛城灾难预案制定、实践发表演讲，日本“3·11”地震灾区以及法国、德国、芬兰、国际SOS救援中心等专家作相应报告。

四、会议情况

2012年8月17—20日由中国医学救援协会、中国灾害防御协会、中国武警卫生部、中国灾协救援医学会、中国急救复苏与灾害医学杂志社、国际SOS总部等联合举办的“2012年中国·国际第10届现代救援医学论坛”在北京召开。国家卫生部原副部长、卫生部突发事件专家委员会主任委员王陇德、卫生部应急办主任梁万年、中国地震局副局长赵和平、中国军事医学科学院副院长徐卸古等国内外近千名代表参加了论坛交流出席了大会，40多位来自美国、日本等国和我国的救援医学专家作了主题报告。

本届的论坛主要较全面系统地总结、展现十年来在此领域的成果，介绍了近年来国家卫生部在筹组救援队和基地，编写医学救援规范培训教材，建立科学研究以及护理学界在开展医学救援的成就。

我国灾害救援医学的开拓者、中国武装警察部队总部后勤部副部长兼武警总医院院长郑静晨主持了大会开幕式，并作了《灾害救援医学现状与展望》的报告。报告中郑静晨院长向与会代表介绍了中国国际救援医疗队实战救援的情况、科研发展及前景展望。10多年来，武警总医院先后21次派出医疗队参与国内外重大灾害救援，在世界舞台上展示中国形象的同时，根据实战总结积累了丰富的研究成果，创立了第一个国家重点学科灾害救援医学系本科专业、第一个国家医学救援研究所、第一个国家一级协会中国医学救援协会、第一个国家级灾害救援医学杂志、国内第一部灾害救援医学专著，并研制开发了我国第一台车载式野战医院和第一个完整的重大自然灾害医疗救援体系信息库，填补国内救援医学史上的空白，为国内医学救援事业建设发展做出了重要的贡献。

卫生部应急办主任梁万年致辞并作了《国家卫生应急与医学救援》的报告，并表示：我国将加大紧急医学救援基地建设力度，以解决突发灾难发生后医院无法接收大量伤员的难题。

参考资料

1. 2012年中国·国际第10届现代救援医学论坛在京召开，见 http://www.jkb.com.cn/htmlpage/33/334056.htm? docid = 334056&cat = 097&sKeyWord = null。

2. 2012年中国（国际）第10届现代救援医学论坛在京召开，见 http://news.xinhuanet.com/mil/2012-08/29/c_123645551.htm。

3. 2012年中国·国际第10届现代救援医学论坛在京召开，见 http://wjhospital.blog.sohu.com/248966107.html。

应急管理与科技研讨会

一、召开时间与地点

时间：2012年9月20—21日；地点：中国·西安。

二、会议背景

当前，我国正处在大发展大变革大调整时期，既是一个发展的黄金期，又是矛盾的凸显期和突发事件的高发期。各种突发性公共危机事件、重大自然灾害、重大生态环境事故和公共卫生事件多发频发，社会安全和人民生活面临新的挑战。

三、会议主题

“提升科学应急能力、促进社会和谐发展”为此次应急管理与科技研讨会的主题。

四、会议情况

应急管理与科技研讨会于2012年9月20日在中国西安召开。此次会议由陕西省科学技术协会、陕西省人民政府应急管理办公室、陕西省人民代表大会常务委员会研究室、西北工业大学等单位主办，陕西省应急管理学会、西北工业大学应急管理研究所承办。陕西省省委常委、常务副省长娄勤俭，省人大常委会副主任罗振江出席开幕式并讲话，国务院参事、应急管理专家组组长闪淳昌等出席研讨会。会议的主题为：“提升科学应急能力、促进社会和谐发展”。

研讨会上，中国行政学会执行副会长兼秘书长、《中国应急管理》杂志主编高小平，中央联席会议办公室副主任、国务院参事王石奇，省人大常委会秘书长、省应急管理学会理事长、省政府应急管理专家组组长桂维民等国内应急管理领域知名专家学者，与来自各省、市党政部门、高等院校、研究机构和专业学会的代表进行了深入交流，并就北京“7·21”暴雨应急启示、陕西地质灾害应急管理对策、科技企业应急能力评价等具体题目作了热烈研讨。

国务院参事、应急管理专家组组长闪淳昌以“上海静安大火”、“08年南方雪灾”等事例，向与会代表介绍了我国在应急管理工作发展中经历过的重要节点。闪淳昌教授表示，应该学习一些基层的首创经验，通过不断总结经验教训，为政府提供一些参考。例如上海市就将2008年南方雪灾广州火车站旅客滞留的应急管理经验借鉴应用到上海世博会中。

《中国应急管理》杂志主编、国务院应急管理专家组成员高小平在会上作了题为“中国应急管理的10大转变”的报告。高小平谈到，应急管理不是一般的行政管理，我国的应急管理已实现从“重眼前轻长远”到“应对与规划并重”、从“零星研究”到“全方位研究”等多方面的转变，从治标为主，重事中应对、轻基础性工作向标本兼治、加强基础性工作转变，应急管理科技和理论研究也取得重大进展。

陕西省应急管理学会理事长、陕西省政府应急管理专家组组长、省人大常委会秘书长桂维民表示，应急能力的提升最重要的就是依靠科技，提供平台，扩大宣传。突发事件需要现代技术的支持，特别是利用信息技术建立监测预警体系是应急管理的一个重要手段和平台，将会极大提升应急监测和处置的能力。

参考资料

1. 陕西省应急管理与科技研讨会主题报告会召开，见 http：//sn. people. com. cn/n/2012/0920/c226647 - 17506516. html。

2. 应急管理与科技研讨会在西安召开，见 http：//www. sxrd. gov. cn/0/1/3/11/10660. htm。

第四届（上海）国际减灾与安全博览会

一、召开时间与地点

时间：2012年10月10—12日；地点：中国·上海。

二、会议主题

这次展会以“智慧减灾，平安城市”为主题，立志打造我国与世界各国减灾和安全行业交流与合作的大平台。

三、会议论坛

1. 上海·都江堰国际减灾与安全论坛；2. 第二届中国（上海）国际航空应急救援大会；3. 上海市水利学会防汛抗旱专业委员会会议；4. 上海市发展与灾害论坛；5. 军民融合—应急装备与产品研讨会；6. 日本“3·12”地震后地震监控技术交流会；7. 国际危机管理协会亚太区年会；8. 通讯在减灾领域的应用研讨；9. 在华外国商人防灾科普知识讲座；10. 上海市高校校园安全会议研讨会。

四、会议情况

2012第四届上海国际减灾与安全博览会暨2012第四届中国（上海）国际减灾与安全产业峰会于2012年10月10—12日在上海世博展览馆举行。此次博览会是由上海市商务委员会、四川省都江堰市人民政府主办，联合国人道主义事务协调办公室、国家商务部国际经贸关系司、中国地震局震灾应急救援司、国家气象局预报与网络司、成都市人民政府和四川、甘肃、青海、安徽、新疆、山西商务厅等支持，上海市相关委办局协办，上海国际广告展览有限公司承办的，这次展会以“智慧减灾，平安城市”为主题，立志打造我国与世界各国减灾和安全行业交流与合作的大平台。

展会展览面积达到12000平方米，室内外总展位数480个。

上海市副市长沈晓明、商务部部长助理俞建华、上海市商务委员会党组书记、副主任张新生、成都市市长助理兼中共都江堰市市委书记刘俊林、国家气象局预报与网络司副司长王玉彬、联合国儿童基金会驻华代表处大使级驻华代表麦吉莲、国际危机管理协会国际委员会年度主席哈立德、加拿大阿尔伯塔省应急管理署署长科林·罗伊德及商务部驻沪副特派员李习臻等出席此次博览会。同时还有来自四川、甘肃、青海、安徽、山西等13个省市相关部门的领导和本市有关部门、行协会等30多个单位共计400多人参加了博览会。

为提高全民防灾、减灾、救灾意识，提高市民应对灾害和突发事件的能力，对新的救灾科技有进一步了解，展会期间举办了多个现场演示活动。建筑“FPM（不燃液）”演示、空气切割演示、幸存者探查装置演示、高楼逃生宣教及互动体验、水陆两栖全地形车演示及试驾、市民自救互救技能操作演练等演示活动。

为了表达对四川受灾地区的关注，体现大爱无国界的精神，马来西亚橡胶出口促进委员会在展会现场向四川都江堰受灾地区捐赠救灾物资；上海企业向上海市闵行区老人院捐赠救灾物品；上海减灾知识万人大竞赛也与展会同期举行。

此外，在技术与装备展示的同时，博览会将同期举办由多个不同应急救援、灾害防御领域的学术研讨会议组成的第四届上海国际减灾与安全产业峰会。峰会由“上海·都江堰国际减灾与安全论坛”，“第二届中国（上海）国际航空应急救援大会”，“上海市水利学会防汛抗旱专业委员会会议”，“上海市发展与灾害论坛”，“军民融合—应急装备与产品研讨会”，“国际危机管理协会亚太区年会”，“通讯在减灾领域的应用研讨”，“在华外国商人防灾科普知识讲座”以及“上海市高校校园安全会议研讨会”等组成，努力将上海国际减灾展打造成国内应急救援、灾害防御领域的行业盛会。

参考资料

1. 2012第四届上海国际减灾与安全博览会今天召开，见http：//data. jfdaily. com/a/4258268. htm。

2. 2012第四届上海国际减灾与安全博览会暨2012第四届中国（上海）国际减灾与安全产业峰会在沪开幕，见http：//news. hexun. com/2012－10－11/146634934. html。

第四届上海·都江堰国际减灾与公共安全论坛

一、召开时间与地点

时间：2012年10月11—13日；地点：中国·都江堰。

二、会议主题

论坛以“防灾减灾，科学发展”为主题，通过主题演讲的形式，在政府应急管理经验、自然灾害的预测预报、全球减灾中最新技术的应用等方面进行充分的沟通与交流。

三、会议论坛

1. 以阿尔伯塔省为例对应急管理工作的浅谈和分析；2. 以地震为例论证灾害风险的减少；3. 计算机模拟技术在预测灾害中的重要作用；4. 如何运用计算机高科技手段监测灾害的预报；5. 航空遥感信息在应急救援中的作用；6. 四川在应急管理上的实践与经验；7. 山体滑坡、泥石流研究；8. 气象灾害早期预警系统；9. 大型滑坡应急处置；10. 中国铁路公路特大灾害风险分析与应对策略等。

四、会议情况

由上海市商务委与都江堰市人民政府联合主办的上海国际减灾与安全博览会2012第四届上海·都江堰国际减灾与公共安全论坛于2012年10月11日至13日在都江堰隆重举行。

本届减灾与公共安全论坛以“防灾减灾、科学发展”为主题，来自加拿大阿尔伯塔省减灾署、奥地利国家计算机模拟仿真研究中心、中科院对地观测与数字地球科学中心、南京信息工程大学世界气象组织、国际应急管理学会等国内外专业机构和四川理工大学环境与土木工程学院、西南土木工程学院、西南交通大学土木工程学院防灾减灾研究所等院校专家，以及四川省部分地市州和成都市部分区（市）县商务、应急、国土、气象、卫生、民政、防震减灾等部门和单位相关负责人共80余人参加。

在当天开幕的论坛上，国际及国内减灾专家及政府相关部门负责人围绕减灾与应急管理展开了演讲，四川省政府应急办有关负责人介绍了四川在应急管理上的实践与经验，而山地灾害、遥感、气象等方面的专家则以本专业为基础，探讨了滑坡研究、遥感技术以及气象早期预警在减灾上的应用，与会嘉宾在如何构建防灾减灾体系、如何进行风险分析及全民参与等方面展开了充分的交流和沟通。

加拿大阿尔伯塔省减灾署署长科林·劳埃德、中科院对地观测与数字地球科学中心下属国际项目灾害风险综合研究计划执行主任简·罗文斯、奥地利国家计算机模拟仿真研究中心首席执行官格奥尔格·斯通·斯基奥、奥地利国家计算机模拟仿真研究中心总工程师富尔曼安托、国际应急管理学会副主席曲国胜、省政府应急办主任严卫东、省气象局副局长马力、南京信息工程大学世界气象组织南京区域培训中心副主任雷兆崇、成都理工大学环境与土木工程学院院长许强、西南交通大学教授、博士生导师姚令侃、省民政厅救灾处处长王绪恩、成都市地质环境监测站副站长张志明共12名嘉宾受邀并在论坛上就“以阿尔伯塔省为例对应急管理工作的浅谈和分析”、“以地震为例论证灾害风险的减少”、“计算机模拟技术在预测灾害中的重要作用”、“如何运用计算机高科技手段监测灾害的预报”、“航空遥感信息在应急救援中的作用”、“四川在应急管理上的实践与经验”、“山体滑坡、泥石流研究”、“气象灾害早期预警系统”、“大型滑坡应急处置”、“中国铁路公路特大灾害风险分析与应对策略”、“构建防灾减灾体系护航经济社会发展”等十多个专题作主题演讲。

参考资料

1. 第四届上海·都江堰国际减灾与公共安全论坛召开，见 http://www.chinadaily.com.cn/dfpd/sc/bwzg/2012-10/12/content_15814554.htm。

2. 第四届上海·都江堰国际减灾与公共安全论坛在都江堰市隆重举行，见 http://www.leshan.gov.cn/Site/SiteYinJiBan/NewsView.asp?id=148385。

3. 第四届上海都江堰国际减灾与公共安全论坛在四川开幕，见 http://www.chengdu.gov.cn/dujiangyanshi/detail.jsp?id=885544。

4. 第四届上海都江堰国际减灾与公共安全论坛在四川开幕，见 http://www.sc.xinhuanet.com/content/2012-10/12/c_113352343.htm。

第七届国际应急管理论坛暨中国（双法）应急管理专业委员会第八届年会

一、召开时间与地点

时间：2012年11月16—19日；地点：四川省成都市电子科技大学。

二、会议宗旨

进入21世纪的第二个十年，地震、海啸、洪水、火山爆发、极端天气等各类自然灾害频繁爆发。如何做到未雨绸缪、正确有效地应对各种频发的自然灾害及各类紧急事件已成为各级政府、企事业单位等迫切需要解决的最主要问题之一。在多年成功举办应急管理国际研讨会的基础上，中国优选法统筹法与经济数学研究会应急管理专业委员会、电子科技大学、中国科学院研究生院、中国科学院科技政策与管理科学研究所、华中科技大学、University of North Carolina at Chapel Hill, USA、清华大学、中央财经大学、北京化工大学、四川大学、暨南大学、河南理工大学的相关研究机构于2012年11月联合组织举办第七届国际应急管理论坛暨中国（双法）应急管理专业委员会第八届年会。

会议邀请国内外知名专家学者就有关国家应急管理政策、应急管理的基础理论、应急管理模型与方法、应急管理相关技术与应用等进行广泛而深入的讨论。

三、会议主要议题

1. 应急管理理论体系：突发事件发生、发展、演变机理研究；应急管理机制研究；应急管理体系研究；应急管理专业培训；

2. 应急管理模型与方法：预警与示警；评估；预案管理；资源管理（布局、调度、运输）；应急决策模型与方法；

3. 应急管理相关技术与应用：数据整理；案例推演；计算实验；数据挖掘。

四、会议日程

2012年11月16日全天，电子科技大学宾馆报到；2012年11月17日9:00—12:30，大会开幕式、大会报告、教育工作委员会工作通报；14:00—18:00，大会分组报告；2012年11月18日9:00—12:30，领导讲话与合影、大会报告；14:00—17:00，2012突发事件应急管理论坛主题讨论、主题报告。

五、会议情况

2012年11月16日至18日，由电子科技大学、中国科学院大学、中国优选法统筹法与经济数学研究会应急管理专业委员会等单位主办，电子科技大学经济与管理学院、中国科学院大学应急管理研究中心、清华大学公共安全研究院等单位承办的“2012应急管理论坛暨中国（双法）应急管理专业委员会第八届年会”（International Symposium on Emergency Management 2012）在四川省成都市电子科技大学国际学术会议中心104厅隆重召开。来自全国30余所高校和科研机构的200余名专家学者齐聚一堂，共同探讨与突发事件应急管理相关的话题。

年会和论坛的开幕式和领导致辞分别由中国（双法）应急管理专业委员会秘书长、中国科学院大学电子与通信工程学院执行院长焦建彬教授和电子科技大学经济与管理学院院长曾勇教授主持。

此次会议分为特邀专家报告、到会专家报告与现场讨论三个部分。中国优选法统筹法与经济数学研究会秘书长，中国科学院科技政策与管理研究所池宏研究员，华中科技大学公共安全预警研究中心主任佘廉教授，中国科学院大学应急管理研究中心执行主任董传仪教授，四川省南充市安监局原局长王明章同志，中国安全生产研究院原院长刘铁民教授，中国科学院数学与系统科学研究院党委书记汪寿阳教授，国家自然科学基金委管理科学部三处处长杨列勋研究员，电子科技大学企业研究中心主任李仕明教授分别做了特邀大会报告。

在专家报告与现场讨论环节，东方电气股份有限公司常务副总裁张志英先生，北京化工大学安全管理研究所所长郑小平教授，哈尔滨工业大学管理学院李向阳教授，电子科技大学计算机科学与工程学院周涛教授，大连理工大学管理科学与工程学院王旭坪教授，电子科技大学经济与管理学院杜义飞副教授分别做了专家报告。

随后，与会的专家、学者就前期报告的相关内容以及国家应急管理政策、应急管理的基础理论、应急管理模型与方法、应急管理相关技术与应用等内容进行了广泛而深入的讨论。

参考资料

1. 第七届国际应急管理论坛暨中国（双法）应急管理专业委员会第八届年会会议通知，见 http：//www.meeting163.com/meeting/viewNotice.asp?id＝579&nid＝1477。

2. 第七届国际应急管理论坛暨中国（双法）应急管理专业委员会第八届年会会议，见 http：//m579.meeting163.com/。

3. 2012 应急管理论坛暨中国（双法）应急管理专业委员会第八届年会顺利召开，见 http：//www.mgmt.uestc.edu.cn/newweb1/asp/mgmt_news_detail.asp？NewsId＝8106。

2012 年应急管理国际研讨会

一、召开时间与地点

时间：2012 年 11 月 24—25 日；地点：中国·北京。

二、会议主题

此次研讨会的主题为："加强应急管理能力建设：挑战与合作"。

三、会议议题

本次会议议题为：应急管理协调联动、应急保障能力建设、风险评估与突发事件预警、应急预案演练与培训、企业应急管理、应急技术与应急产业。

四、会议情况

2012 年 11 月 24 日，由国家行政学院、公安部、民政部、卫生部、国务院国资委、国家安全监督总局共同主办的应急管理国际研讨会在京举办。国家行政学院副院长洪毅、公安部副部长黄明、民政部副部长姜力、卫生部副部长徐科、国务院国资委副主任黄淑和、中国煤矿安全监管局副局长王树鹤、欧盟委员会人道主义援助和公民保护总干事杜尚就应急管理相关方面工作分别做了主题演讲。

国家行政学院常务副院长李建华，公安部副部长黄明、民政部副部长姜力、卫生部副部长徐科、国务院国资委副主任黄淑和、国家煤矿安监局副局长兼总工程师王树鹤，国务院应急办主任陈建安，中国地震局副局长赵和平、中国气象局副局长许小峰，法国内政部副部长、公民保护和危机管理局局长、中欧应急管理合作项目联合体主席让·保罗·基洛，德国民事保护和危机管理总负责人、德国联邦内政部危机管理与公民保护司司长赛驰，欧盟人道主义援助和公民保护总干事杜尚，以及来自联合国、欧盟、国际红十字会、国际 SOS、亚洲备灾中心、亚洲基金会、无国界医生组织等国际组织，英国、德国、法国等欧盟成员国，美国、澳大利亚、阿根廷、韩国、印尼、泰国、越南、菲律宾等 20 个国家的政府官员、专家学者，广东省政府应急办等省（区、市）政府应急办主要负责人、各省（区、市）行政学院有关负责人和企业代表约 300 人应邀出席论坛。

国家行政学院常务副院长李建华表示，研讨会对于增强社会各界的应急意识，深化应急管理理论研究，提升应对突发事件的能力，促进应急管理领域的交流合作，将产生积极的影响。面对复杂多变的公共安全形势，为加强应急能力建设、有效应对突发事件挑战，李建华提出五点建议：一是做好应急能力建设的总体设计，二是重点强化基层应急能力建设，三是深入推动应急管理关键技术支撑能力建设，四是加快推进巨灾综合应急能力建设，五是大力加强应急能力建设方面的国际合作。

法国内政部副部长、中欧应急管理合作项目联合体主席让·保罗·基洛指出，我们有必要建立一个清晰而有效的战略和策略，来应对各种紧急事故、风险和威胁，来给我们的民众提供最有效的保护。他认为有效的策略应建立在有原则、共同应对、事先有所准备、统一的组织架构和整体的指挥系统这五个支柱之上。

国家减灾委副主任、民政部副部长姜力在“加强灾害应急救助能力建设，确保受灾群众基本生活”的大会发言中，从减灾救灾的综合协调机制、法律政策体系、灾情管理制度、物资储备能力建设、科技支撑能力和应急响应机制等六个方面介绍了中国加强应急能力建设的情况，并提出下一步要继续加强灾害信息管理、灾害应急救助、社会动员和基层民政部门工作等方面的能力建设。

据介绍，中国政府把能力建设确定为“十二五”期间国家应急管理工作的重点，确立了“十二五”期间应急能力建设的主要任务和总体目标，就是要以保障公众生命财产安全为根本，以强化应急管理基础基层和提高重特大突发事件处置能力为重点，着力加强薄弱环节和解决共性问题，明显增强重大基础设施抗灾、城乡防灾减灾等应急管理基础基层能力，显著提高突发事件预防与应急准备、监测与预警、应急处置与救援、事后恢复与重建以及应急保障等综合应急能力，加快构建统一指挥、结构合理、反应灵敏、保障有力、运转高效的突发事件应急体系和工作机制，大力提升社会各界的参与程度，全面提高应对复杂多变公共安全形势的能力。

研讨会探讨了当前应急管理领域的热点、难点问题，各国同行共同分享应急管理工作的好经验、好做法，加强了应急管理领域的国际交流与合作，为各国共同应对人类面临的各种危机和挑战搭建了良好的合作平台，必将推动各国应急能力和水平的共同提高。

参考资料

1. 2012年应急管理国际研讨会，见 http：//www.gdemo.gov.cn/gzyw/sn/201211/t20121125_171159.htm。

2. 2012年应急管理国际研讨会在京召开，见 http：//society.people.com.cn/n/2012/1124/c1008－19685815.html。

3. 2012年应急管理国际研讨会在京召开，见 http：//www.aqsc.cn/101813/101942/263380.html。

首届中国卫生应急学术论坛

一、召开时间与地点

时间：2012年11月28—29日；地点：中国·北京。

二、会议背景

为了加强卫生应急工作的理论研究和实践交流，推动卫生应急学科建设，提高卫生应急队伍的专业水平和能力，促进卫生应急工作科学发展，由中华预防医学会、中华医学会、中国医学救援协会共同主办的，中国疾病预防控制中心技术支持的“首届中国卫生应急学术论坛”于2012年11月28—29日在北京会议中心隆重举行。

三、会议主题

此次论坛围绕卫生应急体系建设和社会和谐发展进行交流研讨；同时以“卫生应急管理与卫生应急保障”、“传染病卫生应急”、“中毒事件与核和辐射事件卫生应急”和“突发事件医学救援”四个论坛展开交流。

四、会议情况

首届中国卫生应急学术论坛于2012年11月28—29日在北京会议中心隆重举行。卫生部副部长徐科、中华预防医学会会长王陇德等领导在论坛开幕式上作了重要讲话，WHO驻华代表处Dr. SirendaVong、美国CDC应急办主任Dr. Ali S. Khan、中国疾控中心传染病所徐建国院士、中国疾控中心卫生应急中心冯子健主任、军事医学科学院、世界卫生组织等专家作了大会主题报告。

国务院应急办、卫生部、国家相关部委、解放军武警部队、相关省（区、市）卫生厅领导、卫生部突发事件卫生应急咨询委员会以及各省（区、市）卫生应急专家和专业技术人员约800余人参加了论坛。

论坛围绕突发公共卫生事件防控、突发事件紧急医学救援及重大活动卫生保障等卫生应急工作的重点领域所取得的成就、经验和工作实践等内容进行交流；卫生部有关领导、中国工程院院士，以及中国疾病预防控制中心、军事医学科学院、世界卫生组织、美国疾病预防控制中心等国内外专家作了大会主题报告；同时论坛以“卫生应急管理与卫生应急保障”、“传染病卫生应急”、“中毒事件与核和辐射事件卫生应急”和“突发事件医学救援”为题组织了四个分论坛，相关领域的65位专家学者作了专题报告，并和与会者进行了学术交流。论坛共录用论文236篇。

中华预防医学会会长王陇德在致辞中说：这些年来，卫生应急工作为保障人民群众的身体健康和生命安全，国家的安定，社会的稳定和经济的持续发展做出了应有的贡献。希望通过本次论坛，我们能够研究、学习和借鉴国外卫生应急发展的理论与实践，结合我国的实际，总结近年来我们应对突发事件取得的成绩和不足，为卫生应急体系建设提出更多的科学合理建议，促进卫生应急科学的发展。

论坛期间同时举办了卫生应急装备展览，军医科院、武警后勤部、北京市疾控中心、北京市急救中心、应急装备相关企业，以及我中心展示了应急车辆、现场检测设备、通信设备等应急装备。

参考资料

1. “首届中国卫生应急学术论坛”举办，见 http：//district. ce. cn/zg/201211/29/t20121129_23893802. shtml。

2. 首届中国卫生应急学术论坛在京召开，见 http：//www. chinacdc. cn/zxdt/201212/t20121212_72957. htm。

3. 2012 年首届中国卫生应急学术论坛召开，见 http：//www. maigoo. com/news/303208. html。

4. “首届中国卫生应急学术论坛”在京隆重举行，见 http：//www. cpma. org. cn/Article_Show. asp? ArticleID = 3936。

2012 中国食品安全与公共卫生学术研讨会

一、召开时间与地点

时间：2010 年 12 月 28—30 日；地点：中国·武汉。

二、会议背景

随着经济的发展，人们生活水平不断提高，食品安全问题却层出不穷，各国政府和消费者对食品安全给予了前所未有的关注。食品安全问题成为了一个世界性的话题。随着食品安全问题的日趋严重，各国政府逐步加强对食品安全的监督，在整个食品产业链上，对食品生产过程严格控制也变得尤为重要。

本次会议将为卫生行业、食品行业及食品安全检测部门提供更加广泛的学习和交流机会，针对当前重要的食品安全与公共卫生热点难点问题展开深入探讨。

三、会议主题

食品安全热点问题；食品卫生、食品质量与食品安全；食品加工、包装与储藏过程控制；食源性疾病的预防与控制；食品安全的道德、法律控制与监督管理；国内外食品安全标准体系及其比较研究；食品中有害物质的分析、消解与去除；卫生检验技术的创新与发展；卫生检验的管理及其发展方向；公共卫生事件应对与决策；公共卫生事件的病因检测与鉴定；公共卫生领域中法律、道德问题的理论与实践；食品安全与公共卫生的技术应用及发展；食品安全与公共卫生知识的宣传与教育会议名称。

四、会议情况

2012 年 12 月 28 日—30 日，2012 中国食品安全与公共卫生学术研讨会在湖北省武汉市举行。本届食品安全与公共卫生学术研讨会由湖北中医药大学检验学院主办，湖北省医学检验学会、湖北省卫生检验学会、中国医学教育学会协办。

湖北中医药大学检验学院院长宁勇教授，党总支郭亮书记，副院长谢圣高教授，博士生导师、楚天特聘教授张国军教授，中南财经政法大学哲学系系主任、博士生导师龚天平教授，中国政法大学商学院齐勇教授，检验学院团总支书记朱必法老师等来自全国各地的 40 多名专家教授参加了本次研讨会。会议由华中科技大学肖方博士主持。

在宁勇教授热情洋溢的欢迎辞后，报告会正式开始。湖北中医药大学检验学院张国军教授应邀做了《纳米生物技术在食品安全与公共卫生中应用》的报告，介绍了硅纳米生物传感器作为一种高灵敏度、快速反应的诊断工具，在早期预防高血压和登革热病毒检测中的应用。硅纳米生物传感器是近年来随着纳米材料和纳米技术的发展起来的一种新型生物传感器，不仅体积小，而且速度快，精度高，可靠性好。由于其具有灵敏度高、不需要标记、可以批量制作的特点，是非常有发展前途的生物传感器。张教授的报告新颖独特，紧贴国际前沿，受到了与会专家学者的高度评价，引发了大家的热烈讨论。

中国政法大学齐勇教授从经济学的角度做了题为《70%粮食的自给率下的食品和粮食安全》的报告，从中国目前的粮食自给率是 99% 还是 70%，中国粮食自给率下降的影响，中国中长期的粮食供求前景，中国粮食安全战略应否坚持粮食自给自足的政策等方面作出了详细的论述，其中，他重点指出食品安全问题不仅仅是一个技术层面的问题，更是一个政治经济学的问题，这一观点得到了在场专家教授的一致认可。

中南财经政法大学哲学系系主任龚天平教授则从哲学的思想做了《食品的伦理属性与伦理规范》的报告，深刻地剖析了食品的自然属性和社会属性，指出了食品伦理应该遵守的道德规范，也要求社会对食品伦理进行深入思考，而就这一论题，专家们展开了广泛而深刻的讨论。

在下午举行的交流报告会中，来自天津科技大学的韩永生教授等继续围绕食品安全与公共卫生问题的其他方面进行了深入的交流和学习，交流会议在热烈的讨论中结束，至此经过检验学院半年筹备的 2012 中国食品安全与公共卫生学术研讨会圆满落幕。研讨会中被提出的各种食品安全出现的或者是潜在的问题，都引起了广大学者的高度关注。各位专家教授对检验学院这种主动承担社会责任、着眼于未来，关注人们生活食品与公共卫生安全问题的做法表示了高度赞扬。

参考资料

1. 2012 中国食品安全与公共卫生学术研讨会，见 http：//www. meeting. edu. cn/meeting/notice/meetingAction－30856！detail. action。

2. 2012 中国食品安全与公共卫生学术研讨会，见 http：//jyy. hbtcm. edu. cn/xinwen/xueyuanxinwen/2013－01－04/307. html。

第二章　演习演练

春运保障海上应急救助演练

一、演练名称

春运保障海上应急救助演练。

二、主办单位

国家交通运输部北海救助局。

三、时间、地点与目的

为加强春运期间对公众从海上出行安全的保障力度，2012 年 1 月 5 日 10 时，国家交通运输部北海救助局在烟台港外锚地，举行了“北部海域专业救助力量春运保障海上应急救助演练”。演练旨在落实交通运输部“稳中求进，科学发展，安全发展”的理念，检验海上救助能力，寻找不足，切实做好“春运”及“两会”期间我国北部海域海上人命及财产安全的应急保障工作。

四、演练内容

本次演练模拟遇险船“海顺”轮航行途中，机舱失火，全船停电，船舶失去动力，火势蔓延到生活区，船上 20 名船员遇险，其中 2 人落水，1 人受伤，急需救援。演练共出动了“北海救 111”轮、“北海救 112”轮和“北海救 198”轮 3 艘专业救助船舶和 1 架专业救助直升机“B-7312”，圆满完成了消防炮灭火、救助艇水面救人、吊篮转运伤员、拖带遇险船等演练科目，演习持续近一个小时。

北海救助局救助指挥值班室接到险情信息核实后，按照《国家专业救助打捞队伍应对水上突发事件应急预案》的要求，指派专业救助直升机“B-7312”前往现场搜寻，指示烟台值班待命船“北海救 111”轮出动救助，并担任现场指挥船；派北海 1 号位待命船“北海救 112”前往增援。

“北海救 111”轮首先抵达现场，开启消防炮对失火船进行外围降温灭火。与此同时，释放救助艇搜寻救助落水人员。10 分钟后 2 名落水人员被救助艇顺利救起并转移至“北海救 111”轮，经急救处置脱离危险；遇险船上的大火在“北海救 111”轮两门消防炮的强大水压下逐渐减弱熄灭，经确认无复燃可能。

另外一艘专业救助船“北海救 112”轮抵达现场后，迅速接近遇险船“海顺”轮，用救生吊篮将受伤人员转运至救助船，随船医护人员对其进行了急救处理，受伤人员脱离危险。最后失去动力的遇险船由“北海救 112”轮拖带至安全水域，救助演练圆满结束。

五、效果与问题

演练增强了海上救助队伍的责任心和使命感，提高了海上救助队伍应对海上突发事件的协调、指挥和应急反应能力，强化了专业救助队伍在海上应急事件处置中的主力军作用。

参考资料

1. 我国北部海区举行春运保障海上应急救助演练，见 http：//www. gdemo. gov. cn/yjyl/gnyl/201201/t20120105_154669. htm。

2. 交通运输部北海救助局举行北部海区春运保障海上应急救助演练，见 http：//www. bh－rescue. cn/news/？type＝detail&id＝4059。

北京市地铁雍和宫站灭火疏散演练

一、演练名称

北京市地铁雍和宫站灭火疏散演练。

二、主办单位

北京市公交消防处。

三、时间、地点与目的

为进一步检验地铁运营公司员工应急处突能力，2012 年 1 月 17 日 0 时 30 分，北京市公交消防处在地铁 5 号线雍和宫站进行了灭火疏散实战演练。公交消防处、公交总队内保支队、地铁运营公司客运一分公司、机电公司、通号公司、建安公司、安检人员共计 80 余人参加了疏散演练。

四、演练内容

演练假设某日中午 11 时 30 分，去往东单站方向行使的地铁 5 号线列车，行使在和平里北街站至雍和宫站之间时，由于列车线路短路而引发火灾，浓烟弥漫，这时列车司机接到乘客的报警，同时也从监控录像中监控到第一节车厢内有大量的烟雾。当时列车共有 6 节车厢，大约 1000 名乘客。司机立即向地铁行车总调报告情况，同时拨打 110、119 报警。当列车要到站时，总调按照程序分别向主管部门报告情况。这时，客运公司雍和宫站的值班站长接到总调的命令后，立即展开灭火工作和疏散乘客。先期处置的值班人员和巡视民警佩戴空气呼吸器，拿着灭火器赶赴火灾现场。由于烟雾蔓延较快笼罩了整节车厢，灭火器无法控制火情，当急之时，中控室人员向总调汇报要求切断正常电源，起用事故照明灯。赶来增援的机电公司人员利用地下站台消火栓控制了火势。同时，检票岗位人员接到命令后，立即停止售票，携带逃生面具，携带消毒湿毛巾，在站厅、站台为乘客发放湿毛巾，并引导疏散乘客不要拥挤，有序出站。在客运公司人员的引导下短短15分钟内1000多名乘客已经疏散到安全区域；随后到场的消防队官兵们对“火势”发起了全面的攻势，最终将“火魔”降伏。

五、效果与问题

演练有效地检验了地铁各相关部门处置突发事件的灭火救援能力和各部门各岗位预案的实地操作熟悉程度。演练总体情况良好。在管理上，各单位领导重视消防工作，消防安全制度建立健全，各岗位人员到位、职责到人，落实情况较好；从设施上，火灾自动报警系统、自动喷水灭火系统、防排烟设施、消防栓给水系统能够正常工作，灭火器材配置符合要求。

演练结束后，北京市公交消防处李海利处长结合此次演练情况就地铁运营公司“春节”期间消防安全工作提出以下要求：一是在早晚客流量高峰时段各站工作人员要立足本职、严守岗位，维护车站内秩序，引导乘客安全有序乘车；二是要根据早晚高峰客流量特点，进一步建立健全消防安全运营责任管理制度，责任落实到人，确保安全运营；三是要进一步熟悉有关的消防安全规章制度和安全操作规程，明确本岗位的消防安全应急技能，发生险情时，积极有效组织引导乘客疏散逃生，确保“春节”期间全市轨道交通运营安全。

参考资料

1. 市公交消防处组织地铁雍和宫站开展灭火疏散演练，见 http：//www. bjyj. gov. cn/yjyl/t1101090. html。

河北省军地联合应急救援演练

一、演练名称

河北省军地联合应急救援演练。

二、主办单位

河北省军分区。

三、时间、地点与目的

2012年2月1日上午，河北省军地联合在省军区教导大队训练场举行了应急救援演练，参加省国防动员委员会第六次全体会议的代表观摩了演练。

四、演练内容

演练以石家庄西北部地区发生强烈地震为背景，重点演练抗震救灾、医疗救护、抗洪抢险、道桥抢修、水电气抢修、防化救援、反恐维稳、伪装防护等8个课目。

随着6颗红色信号弹升空，综合救援演练拉开了序幕。演练模拟石家庄市西北部发生7.0级强烈地震，河北省抗震救灾军地联合指挥部，协调组织驻冀国家级、省级军地应急专业力量赶赴灾区，实施紧急救援。省军区地震救援分队的推土机、吊车、切割机、生命探测仪等专业装备器材，展开了紧张的救援作业。此时，地震引发的火灾、水灾、燃气管道破裂、变电所短路和化工原料泄漏等次生灾害接踵发生，某工兵团抗洪抢险分队、预备役防化分队、民兵应急扑火分队、民兵供水抢修分队、民兵燃气设施抢修分队，分头赶赴各种灾害现场，迫击炮远程灭火、液氯泄漏沾染区侦察洗消、医疗分队开设野战救护所、钢桥架设分队架设临时简易桥梁，水电气抢修分队恢复了水电气供应。军地各专业救援分队各显其能，圆满完成了军民综合救灾演练。

综合救援结束后，反恐维稳演练拉开了序幕。模拟的场景是：地震灾害发生后，5名“不法分子”乘机抢劫银行劫持公共汽车外逃。武警河北总队特战分队奉命乘坐一辆防弹运兵车、一辆攀登突击车和一辆攻击平台车对被劫持车辆实施追击。当被劫持车辆进入伏击地域，特战队员采取阻停、多点突击的战术手段，发起攻击，捕歼了“不法分子”。

最后演练的课目是城市伪装防护。石家庄市人防伪装专业队采取水雾遮障伪装方式，利用喷雾设备向供水站上方喷散水雾进行伪装，防敌光学和红外侦察；采取人工遮障的伪装方式，对燃气站重要部位进行示假伪装；通过发射烟幕弹在变电站附近施放烟雾伪装，防敌光学和红外侦察……变形伪装、技术伪装、迷彩伪装、人工遮障、电磁干扰等伪装手段的演练一幕比一幕精彩，让人目不暇接。

五、效果与问题

演练不仅综合检验了现役部队、预备役部队、民兵、国防动员专业保障队伍四种类型应急力量的军地联合指挥、联合救援和联合保障能力，还表明了河北省坚持军民融合式发展道路，非战争行动救援能力和城市防空能力的提高，以及军地联合指挥、联合救援和联合保障的应急应战能力的形成。

参考资料

1. 河北省军地联合举行应急救援演练，见http：//news. 163. com/12/1206/11/8I1PF18R00014JB5. html。

2. 河北省军地联合举行应急救援演练，见http：//military. people. com. cn/GB/172467/16505001. html。

3. 河北省军地联合举行应急救援演练，见http：//www. chinanews. com/df/2011/12－01/3502144. shtml。

山西省民航航空器救援应急演练

一、演练名称

山西省民航航空器救援应急演练。

二、主办单位

山西省民航机场管理局。

三、时间、地点与目的

为有效应对突发事件的发生，做好应急救援的信息传递、现场指挥、快速反应、应急处置等各项工作。2012年2月10日，山西省民航机场管理局组织开展了航空器救援应急演练。

四、演练内容

此次演练模拟某航空公司某航班抵达太原武宿机场时，机组发现飞机出现故障。演练过程分事故报告、启动应急响应、组织指挥协调等几个部分。消防、急救反应迅速、职责明确、协调有序。整个现场演练活动持续20多分钟。

五、效果与问题

演练让全体人员充分认识到了应急工作的重要性；检验了预案的针对性、操作性和科学性；进一步明确了部门职责，熟悉掌握了工作流程；为快速、高效地应对民航突发事件奠定了基础。

参考资料

1. 省民航机场管理局组织开展航空器救援应急演练，见http：//www. shanxigov. cn/n16/n8319541/n8319612/n8322023/n8322143/15866585. html。

北京市海淀区公安系统消防应急处突实兵实战演练

一、演练名称

北京市海淀区公安系统消防应急处突实兵实战演练。

二、主办单位

北京市海淀区公安分局。

三、时间、地点与目的

为切实全面做好消防应急处突和日常安全保卫工作，进一步提升民警对于突发紧急事件的处置能力，2012年4月3日，海淀公安分局在海淀看守所组织海淀消防支队、驻所武警及物业部门组织开展消防处突演练，所属各中队相关干部民警进行了现场观摩。

四、演练内容

演练主要针对火灾报警、人员疏散、现场警戒、逃生自救、火灾扑救五个环节开展。按照消防预案流程，发现火情后值班民警立即报警，并开展初步灭火自救，打开疏散通道，有序疏散在押人员。驻所武警中队拉出隔离防护带，配合管教民警对疏散的在押人员进行警戒。随后，海淀消防支队接到报警后派遣辖区中队消防车赶赴现场进行灭火，成功消除了现场火情。

海淀支队还现场讲解了灭火器的正确使用方法、疏散逃生自救注意事项、日常消防安全隐患排查工作重点、消防巡查警力值班职责等内容，全面提高民警的消防安全意识。

五、效果与问题

演练结束后，消防支队、驻所检察室、驻所武警中队、物业等部门领导对此次演练进行点评，并提出了演练中存在的问题和不足。看守所主管所领导对此次演练的总体情况予以充分肯定，并结合清明保卫工作提出了具体要求：一是各单位要充分认识突发事件应急演练的重要性和必要性；二是要进一步熟悉应急演练工作流程，加强各部门间的协调配合；三是通过此次消防演练，及时发现不足和隐患，在今后的工作当中要加强安全防范工作力度，全面提高民警的安全意识和责任意识。

参考资料

1. 北京市海淀区举行公安系统消防应急处突实兵实战演练，见http：//www. bjyj. gov. cn/yjyl/t1103735. html。

广元市应急志愿服务总队集中培训汇报演练

一、演练名称

广元市应急志愿服务总队集中培训汇报演练。

二、主办单位

广元市应急志愿服务总队、中国共青团四川省广元市委员会。

三、时间、地点与目的

2012年4月8日15时，在广元市利州区举行了广元市应急志愿服务总队集中培训汇报演练。

四、演练内容

120名应急志愿者穿着统一的广元市应急志愿者服装，列队进入演练场地，全体志愿者宣誓，将用青春和热情服务他人，奉献社会。训练场上设置了倒塌的学校、医院，受伤的群众等演练场景，志愿者们迅速统一，逐项演练了队伍集结、组织指挥、分析险情、画制草图、搜救排险、搭建帐篷、伤员救助等培训科目，真正做到了以实战救援的态度参与模拟演练，并圆满完成了整个演练流程。

参考资料

1. 广元市应急志愿服务总队集中演练，见http：//www.scyj.gov.cn/html/yingjiyanlian/zong-heyanlian/201204/10-1273.html。

黔江消防应急通信拉动演练

一、演练名称

重庆黔江消防应急通信拉动演练。

二、主办单位

重庆市黔江区消防支队。

三、时间、地点与目的

2012年4月10日上午，重庆市黔江区消防支队按照重庆市消防总队部署，组织应急通信保障小组参与了2012年度首次跨区域应急通信演练，本次演练旨在提高部队应急通信保障能力和应用水平，检验应急通信装备应用情况和应急通信人才队伍建设情况，全力做好灭火救援应急通信保障工作。

四、演练内容

此次演练设定灾情为发生较大地震，造成山体滑坡、房屋倒塌，人员伤亡、被困，灾区水、电、气、通信、交通中断。上午9时许，黔江区消防支队应急通信保障小组接到总队命令后，立即出动通信指挥车、携带通信设备，赶赴指定地点集结，负责现场通信保障，为上级指挥作战提供参考。到达指定的黔江舟白街道武陵山机场后，应急通信保障小组迅速投入工作，安装搭建便携式卫星站，经过调试后开始运行，开通了指挥视频系统，现场实况图像成功上传至总队指挥中心，并建立起了语音和数据传输信道，启用卫星站IP电话向总队指挥中心报告“灾情”，以及通过单兵图像传输设备上传图像，使总队实时准确掌握现场情况，便于科学指挥决策。

随后，根据总队指令，应急通信保障小组通过卫星电话报告情况。在前后方的通力配合下，建立了多种形式的通信渠道，实现了总队指挥中心与救援现场之间可视化指挥，保障在恶劣的应急救援环境中通信畅通无阻。

五、演练效果与问题

通过这次演练，切实提高了支队应急通信保障小组在通信指挥、通信管理、训练组织、通信装备操作和应急通信保障方面的能力水平，确保今后为部队在处置重大灾情、完成灭火救援任务过程中提供良好的通信保障服务奠定了坚实的基础。

参考资料

1. 重庆黔江消防开展应急通信拉动演练，见http：//119.people.com.cn/GB/17628961.html。

2012中国卫生应急演练

一、演练名称

2012中国卫生应急演练。

二、主办单位

国家卫生部与河南省人民政府。

三、时间、地点与目的

2012年4月24日下午，国家卫生部与河南省人民政府在郑州市联合举行了“2012中国卫生应急演练”。本次演练是我国首次举办的以境外输入新发传染病疫情为背景的、跨省跨部门的卫生应急综合演练。

四、演练内容

演练模拟了重特大呼吸道类传染病疫情的应急处置，以某国发生新发现病毒（NV）引起的突发急性呼吸道传染病病情，经我归国人员输入我国境内，并在某学校引起暴发疫情为模拟场景，采取现场和视频相结合的方式，按背景介绍、疑似疫情的发现与报告、现场应急处置、事件确认与后续处置等4部分依次展开。河南省、郑州市、新郑市（县级），三级卫生应急队伍共128人参加演练。河南省、广东省教育、公安、卫生检疫、民航等单位，中国疾病预防控制中心参加了演练。

本次演练活动重点突出3个方面：一是介绍了应急指挥决策系统、现场移动检测车、实验室快速检测等新技术、新装备在实战中的运用与推广，进一步改进了我国传统突发公共卫生事件的应对流程；二是介绍了风险评估、风险沟通等卫生应急管理工作中的新理念和新技术，对进一步完善我国突发公共卫生事件工作预案提出了有益思考；三是及时总结了我国近年来应对甲型H1N1流感、鼠疫、人感染高致病性禽流感、手足口病等重特大突发公共卫生事件的处置工作经验，促进了我国跨地区、跨部门联防联控机制的进一步完善。

五、效果与问题

演练检验了相关应急预案和事件应对流程，完善了我国跨地区、跨部门联防联控机制，展示了我国卫生应急体系建设有关成果。

参考资料

1. “2012 中国卫生应急演练”在豫举行，见 http：//www. moh. gov. cn/mohwsyjbgs/s3578/201204/54559. shtml。

2. 我省卫生应急队伍参加“2012 中国卫生应急演练”，见 http：//www. gdemo. gov. cn/yjyl/gnyl/201204/t20120428_160334. htm。

香港特别行政区核事故演习

一、演练名称

香港特别行政区大规模核事故演习。

二、主办单位

香港特别行政区政府。

三、时间、地点与目的

香港特别行政区于 2012 年 4 月 26 日举行大规模核事故演习，将根据此前制订的《大亚湾应变计划》，操练及检验逾 30 个部门的应变能力。

根据香港特区政府评估，位于深圳市的大亚湾核电站设计精良，在性能和安全方面记录优良。自该核电站建成后，香港特区政府即已制订《大亚湾应变计划》，该计划详尽列明了核电站可能出现的危险，以及当危机发生时港府各部门的分工和职责。

四、演练内容

演习严格按照应变计划，按事故轻重逐步升级，最终升级为需疏散核电站 20 公里内所有居民的级别。

东平洲（香港境内唯一一个距离大亚湾核电站 20 公里的陆地）的人员疏散是本次演习的重点，香港保安局局长作出撤退决定后，直升机、水警轮及其他政府船舶赶赴现场疏散。应变计划还对疏散人员的先后作出了具体指引，孕妇、小童、伤残人士、长者及照顾他们的人都会优先撤离。

五、效果与问题

演练不仅检验了技术层面的能力，还检验了危机中信息发布的机制。提高了政府的信息处理能力，促进了应急信息及时、准确和适当地发布出去，减少了市民恐慌，维持了市民信心。

参考资料

1. 香港特别行政区 4 月 26 日将举行大规模核事故演习，见 http：//www. gdemo. gov. cn/yjyl/gnyl/201204/t20120425_159956. htm。

2012 年广东卫生应急大练兵

一、演练名称

2012 年广东卫生应急大练兵。

二、主办单位

广东省卫生厅。

三、时间、地点与目的

2012 年 4 月 26 日，广东省卫生厅在广州市举行 2012 年广东卫生应急大练兵活动（以下简称“大练兵活动”）启动仪式。广东省疾病预防控制中心、省第二人民医院、省职业病防治院、省卫生监督所等单位的国家级紧急医学救援和突发急性传染病防控队员、核辐射和化学中毒医学救援、卫生监督人员等近 100 人参加了大练兵活动。

四、演练内容

大练兵活动为期三天，拉练总距离达 800 多公里。演练内容贴近实战，既包括了灾害现场个人防护、快速检测、伤员急救和检伤分类等实操训练，又包括了实战救援中必须掌握的营地建设、警戒、生存等技能训练。

大练兵活动还展示了广东省总价值近 2500 余万元的大型卫生应急救援装备，包括应急移动指挥平台、大型现场消杀装备、移动理化实验平台、现场手术平台、现场通信保障平台等一批先进的卫生应急救援装备。

五、效果与问题

此次大练兵活动是广东省卫生系统历次应急拉练距离最长的一次，进一步推动了广东省级卫生应急队伍的联动协调能力、跨区域综合救援能力及快速反应能力建设，并对促进各地加快卫生应急队伍建设起到了很好的示范作用。

参考资料

1. 我省举行 2012 年广东卫生应急大练兵，见 http：//www. gdwst. gov. cn/a/zwxw/201204269718. html。

石家庄市赵县多部门联合用电应急演练

一、演练名称

石家庄市赵县多部门联合用电应急演练。

二、主办单位

河北省石家庄市赵县人民政府。

三、时间、地点与目的

为进一步提高重要客户和高危客户的供电应急处置能力，2012 年 4 月 27 日，由赵县人民政府组织赵县安全监察局、工业和信息化促进局、供电局、河北华泰纸业有限公司联合举办了应急演练。

四、演练内容

演练模拟河北华泰纸业有限公司供电的10千伏线路因龙腾110千伏变电站变电事故，导致河北华泰纸业有限公司全部生产线停产，紧急启动保安电源，赵县供电部门启动《高危及重要客户停电应急预案》，紧急调运应急发电车赶到事故现场提供应急备用电源，并组织抢修人员排除故障，以保证重要客户的生产用电。

2012年4月27日9时，演习正式开始。华泰公司全厂停电后，赵县供电局同华泰公司共同启动应急预案，立即启动应急保安电源。同时，供电局有关人员立即赶往龙腾110千伏变电站，检查处理变电故障，于10时40分恢复送电，10时46分，企业恢复生产。11时，演习结束，并召开总结会针对各环节进行了分析、总结和点评。

五、效果与问题

演练极大地提高了各部门之间的协调配合能力以及突发事件的应对能力，同时对生产一线员工进行了一次“实战”培训，收到了预期效果，为企业安全生产及电网稳定运行奠定了坚实基础。

参考资料

1. 石家庄市赵县多部门联合举行用电应急演练活动，见 http：//news. china. com. cn/rollnews/2012 – 04/29/content_13973598. htm。

2. 石家庄市赵县多部门联合举行用电应急演练活动，见 http：//news. ifeng. com/gundong/detail_2012_04/29/14238864_0. shtml。

3. 石家庄市赵县多部门联合举行用电应急演练活动，见 http：//roll. sohu. com/20120429/n342019208. shtml。

4. 石家庄市赵县多部门联合举行用电应急演练活动，见 http：//news. cntv. cn/20120429/119435. shtml。

液化气站“泄漏事故”应急演练

一、演练名称

液化气站“泄漏事故”应急演练。

二、主办单位

吉林省通化市公安消防支队辉南大队。

三、时间、地点与目的

2012年5月2日9时，为了更好地完成好液化气站泄漏事故应急处置任务，切实提高消防部队整体战斗力。

四、演练内容

2012年5月2日9时，演练正式开始。演练以辉南公安消防大队接到宝硕液化气站工作人员报警称：罐装间因员工操作不慎，引起液化气管道泄漏，并伴有明火为假想。“险情”发生后，液化气站立即启动固定消防设施开展自救，同时等待消防队的营救。辉南公安消防大队接到“报警”后迅速出动全部执勤力量赶赴现场。

到达现场后，经过消防官兵侦察发现，大火正处于猛烈燃烧阶段，现场并有1人被困。指挥员立即下达作战命令：警戒小组划定警戒区域，立即疏散现场人员；4号车出1支泡沫枪直接攻击大火；2号车出2支水枪，1支枪负责现场稀释，另1支枪冷却相邻罐区，并利用手抬机动泵就近占领液化气站附近水源进行不间断供水；救人小组在水枪的掩护下立即深入火场救出被困人员；待到火势得到有效控制，再齐攻火点，对起火罐发起总攻，并由攻坚组成员深入现场对泄漏点进行堵漏。

五、效果与问题

经过消防官兵30分钟的奋力扑救，大火终于被扑灭。最后，指挥员对整个现场组织指挥、官兵技战术应用、力量部署、通讯联络、安全防护、战勤保障等进行了讲评，对演练效果给予了肯定，并要求认真搞好总结，查找经验和不足，全面做好灭火救援执勤备战工作。

参考资料

1. 吉林通化辉南消防开展液化气站“泄漏事故”应急演练，见 http：//119. people. com. cn/GB/17834492. html。

2012北京市应急志愿者春季应急演练

一、演练名称

2012北京市应急志愿者春季应急演练。

二、主办单位

北京市志愿者服务联合会。

三、时间、地点与目的

2012年5月6日上午，按照《北京市突发事件应急委员会关于做好2012年防灾减灾日有关工作的通知》要求，北京市志愿者联合会综合应急志愿服务总队与北京中侨国际文化交流中心联合举行了“2012北京市应急志愿者春季应急演练”。北京市十余支应急志愿者队伍和近百名社区群众参与了演练。北京市委社会工委委员、市社会办副主任刘轩、共青团北京市委员会机关党委书记、市志愿服务指导中心主任郭新保、市应急办相关领导等和应急救援专家到场进行了观摩指导。演练活动由北京市志愿者联合会综合应急志愿服务总队队长赵培峰主持。

四、演练内容

演练背景设计为某城市发生5.8级浅表地震，烈度为8，灾区断电、断路，与外界失去联系。2012年5月6日9时45分，随着主持人宣布“2012北京市应急志愿者春季应急演练”正式开始，中侨国际应急救援培训基地内突然浓烟四起、房屋倒塌声、人员呼叫声响成一片。北京市应急志愿者服务总队第一时间启动应急预案，向北京市应急指挥中心汇报请示，制订救援方案，指挥协调各救援队赶往震区救援。参加演练的北京市十余支应急志愿者队伍紧急集结，志愿者们立即分兵组织群众展开自救互救，快速有序疏散，帮助受灾人员脱离险境撤离到安全地带。

中侨应急志愿救援队首先赶到灾区，对现场进行封控并指挥现场救援。其他救援队陆续赶到灾害现场，在现场总指挥的指挥下侦检分队对现场安全进行评估，队长明确任务进行分工；搜索分队展开搜索，指出受害者的位置，救援分队进行分组救援；医疗分队进行伤员伤情评估和现场救治；灾民安置点志愿者对灾民进行心理疏导、伤员信息登记、药品食品等物资发放。救援队在救援现场完成了营地搭建、竖井救援、高空救援、交通事故救援、水平拉梯、火灾救护等救援科目。

五、效果与问题

演练共进行了40余分钟，随后，救援专家、中国国家地震救援队副总队长刘向阳等领导和专家对演练进行了点评。他们首先肯定了各参演应急志愿者队伍的专业救援能力、协调作战能力和敬业精神，同时也针对演练中暴露出的问题，进行了指导，提出了改进意见。

本次演练地点中侨国际应急救援培训基地训练场内建有各种模拟灾害场景（地震、火灾、水灾、交通事故等），大大增加了演练的真实性。演练中，各应急志愿者救援队反应迅速、团结协作，充分体现出了北京应急志愿者训练有素的专业素质和良好的精神风貌。演练锻炼了应急志愿者队伍，强化了社会公众公共安全意识、社会责任意识和自救互救能力。

参考资料

1. 2012北京市应急志愿者春季应急演练成功举办，见 http://www.bjshjs.gov.cn/412/2012/05/09/69@8163.htm。

2. 2012北京市应急志愿者春季应急演练成功举办，见 http://unn.people.com.cn/GB/14748/17826148.html。

“海疆召唤2012”上海市卫生应急救援队出海演练

一、演练名称

“海疆召唤2012”上海市卫生应急救援队出海演练。

二、主办单位

九省市区经济动员办公室，海军国民经济动员办公室。

三、时间、地点与目的

2012年5月8日上午，来自上海东方医院的21名上海市卫生应急救援队员登上海军“世昌”号国防动员舰，开始为期一周的海上医疗救护演练。此次海上军演代号为“海疆召唤2012”，动员舰从上海出发，途经舟山，最后到达广州。本次演练的目的是使医务人员快速有效地实施海水浸泡伤、火药烧伤、贯穿伤和弹片伤抢救，了解海战伤特点与救治技术训练、学习海上核化生条件下医疗救护方式方法。

四、演练内容

简短的授旗仪式过后，医疗队员们接受的第一堂课就是一切行动听指挥，完全的军事化管理。此次“海疆召唤2012”海上军演，由国家经济动员办公室统一领导，九省市区经济动员办公室和海军国民经济动员办公室共同组织，国家海上卫生动员中心（海军大连舰艇学院）具体承办。训练从5月2日于大连海域开始，参与的九个省市共分为三个航段，上海市参与的是第二个航段。

五、演练效果与问题

此次训练进一步深化了军事斗争准备和遂行非战争军事行动需要，为国家和地方储备了一定数量和规模的海上卫生动员后备力量，提高了针对突发情况的快速反应和紧急动员能力。

参考资料

1. 代号：“海疆召唤2012”上海市卫生应急救援队出海演练，见 http://sh.eastday.com/m/20120508/u1a6541008_1.html。

雅安市红十字会2012年应急救护演练

一、演练名称

雅安市红十字会2012年应急救护演练。

二、主办单位

四川省雅安市红十字会、雅安职业技术学院、雅安市消防支队。

三、时间、地点与目的

2012年5月8日下午，在雅安职业技术学院青年路校区操场上，雅安市红十字会、雅安职业技术学院、雅安市消防支队联合在这里开展2012年雅安市红十字会应急救护大演练。雅安职业技术学院近500名学生、雅安职业技术学院红十字救援队、雅安消防支队参加了演练。

四、演练内容

综合演练设计的场景为学生公寓发生火灾，着火楼层大量浓烟弥漫，数人被浓烟熏晕，大火迅速发展向上蔓延。火情发生后，学院迅速启动EMSS，拨打119和120。消防队接警到达现场后，迅速灭火并操作云梯车从发生火灾的窗口营救出两位同学。红十字会组织救援队伍进入现场紧急疏散学生，展开现场救护。演练结束后，消防战士为学生进行灭火示范，指导雅职院红十字救援队队员进行灭火演练。

五、演练效果与问题

本次演练，注重大演练与普及救护知识技能的结合，通过演练提高师生员工掌握扑救初期火灾、疏散逃生、应急救护等方面的知识和技巧，锻炼了红十字救援队伍应急救援能力。

参考资料

1. 雅安市红十字会开展2012年应急救护演练，见 http：//www.scredcross.org.cn/html/detail.asp？ID＝4654。

四川省防灾救灾应急演练

一、演练名称

四川省防灾救灾应急演练。

二、主办单位

中国人民解放军成都军区、四川省政府、中共四川省委。

三、时间、地点与目的

2012年5月11日下午，四川省举行了历史上规模最大、范围最广的防灾救灾应急演练。以这样的方式纪念“5·12”汶川地震四周年。

四、演练内容

2012年5月11日下午，在成都崇州的主演练场内，因为“地震”的破坏，“震中”附近地区通信、电力、交通中断，情况不明，形成“孤岛”。成都军区某陆航团5架直升机飞临震中上空，向地面空投食品、饮用水、衣被等生活物资。水上分队从味江大桥下出发，建起了承载60吨的浮桥，组织被困群众从浮桥上安全转移。

陆路抢通分队赶到受阻路段，一块巨石挡住了去路，现场指挥员当即决定对巨石进行爆破，巨石瞬间破解，主要障碍得以排除，大型工程机械得以顺利开进，受损路段很快被打通。

现场紧急抢险的同时，“灾区”基层干部和志愿者也正组织千余名群众和学生向安置点转移。临时安置点已经搭建了150顶群众生活帐篷，设置了救灾物资储备发放库、医疗点、警务室等管理和服务场所，开设了应急充电站和饮用水、饮食、淋浴供应点，设置了移动厕所，生活配套设施齐全，受灾的群众基本生活得到了保障。

演练从下午两点开始，持续约4小时。分演练点江油市九岭镇、绵竹清平乡，分别开展了堰塞湖除险、地质灾害应急避让的次生灾害处置演练。演练组织上万人参加，动用包括飞机、各类救援车辆、冲锋舟、特种设备等800多台。

五、效果与问题

此次演练，提振了四川人民应对各类灾害的决心和信心，也通过大演练活动进一步总结和发扬了我们应对“5·12”汶川特大地震的经验和方法，把演练作为最生动、最直接的防灾救灾培训全面推行，进一步增强广大群众防灾避灾意识、提高全社会应对自然巨灾的能力。

参考资料

1. 铭记历史　珍爱生命——四川省防灾救灾应急演练纪实，见 http：//www.cnr.cn/allnews/201205/t20120511_509599379.html。

2. 四川省2012年“5·12”防灾救灾综合实战演练举行合练，见 http：//www.cnr.cn/allnews/201205/t20120511_509599379.html。

石家庄井陉微水中学防震演练

一、演练名称

石家庄井陉微水中学防震演练。

二、主办单位

石家庄市井陉微水中学、石家庄井陉县地震局。

三、时间、地点与目的

为了进一步增强全校师生的安全意识，保护和珍惜生命，提高抗灾避险、自救互救能力，2012年5月11日下午，石家庄市井陉微水中学开展了“防震应急演练”活动。

四、演练内容

当“报警”信号发出后，全校师生就近应急避震，学生双手抱头，一楼就近跑到空旷的操场上躲避，二楼、三楼的学生则躲在课桌下；主震结束震感减弱，听到“紧急疏散”信号后，在老师的指挥下，学生们双手抱头，快速有序地向操场疏散，由班级老师紧急集中清点人数并报总指挥处登记；最后由防震演练总指挥对演练活动进行了总结。

五、效果与问题

整个演练过程井然有序，历时1分40秒，达到了预期的效果，不仅让孩子们学习到了各种安全知识，提升了克服灾难的勇气，还进一步增强了师生的防震减灾和自救互救意识，提高了全体师生应对突发事件的能力。

参考资料

1. 石家庄市井陉微水中学开展防震演练活动，见 http：//www. eq - he. ac. cn/cms/html/gongzuojianxun/20120522/4274. html。

2. 河北省石家庄市井陉微水中学开展防震演练活动，见 http：//www. cea. gov. cn/manage/html/8a8587881632fa5c0116674a018300cf/_content/12_05/22/1337672890081. html。

六盘水市防灾减灾红十字应急综合救援演练

一、演练名称

六盘水市防灾减灾红十字应急综合救援演练。

二、主办单位

贵州省六盘水市红十字会。

三、时间、地点与目的

2012年5月12日上午10点30分，为增强广大市民救灾、防灾和减灾知识，普及群众基本的灾害防护和自救互救技能，在市红十字会和钟山区红十字会指导下，六盘水红十字蓝天救援队及社会志愿者们于5月12日组织实施了主题为“弘扬防灾减灾文化、提高防灾减灾意识”的红十字应急救援综合演练。

四、演练内容

演习过程分四个演练项目：无线电主控信息网络建立、短波全球通联；红十字急救心肺复苏、外伤止血包扎、骨折固定和搬运单项演练和SRT（即：单绳技术的英文缩写）单项演示以及模拟悬崖解困救援的综合演练。志愿者们现场演示的心肺复苏，皮肤包扎，骨折固定和包扎。通过主持人对救援演习的讲解和实际救援操作，防灾、减灾和救灾知识通过直观的表现形式被广大市民接受，演习中部分群众还积极参与到活动中，配合做被困群众参加演习。

参考资料

1. 贵州六盘水开展“5·12”防灾救灾应急救援综合演练，见 http：//gongyi. shm. com. cn/2012 - 05/28/content_3787004. htm。

四川电网“5·12”大面积停电应急演练

一、演练名称

四川电网“5·12”大面积停电应急演练。

二、主办单位

国家电网四川省电力公司。

三、时间、地点与目的

2012年5月12日，国家电网四川省电力公司举行四川电网“5·12”大面积停电应急演练。此次演练是国家电网公司近年来组织开展的规模最大、科目最全的省级应急演练。

四、演练内容

演练模拟四川境内发生“8.0级特大地震”，震中位于德阳与绵阳交界处。地震造成四川电网多座变电站、多条线路停运；损失用电负荷300多万千瓦，相当于四川正常用电负荷的1/6；损失德宝直流外送负荷100万千瓦、损失发电出力近300万千瓦。灾情发生后，四川迅速启动电网大面积停电应急预案、地震灾害应急预案I级响应。来自成都、乐山、绵阳、德阳、眉山等地以及超特高压运检公司、送变电建设公司、省电力公司安监部、应急中心、通信自动化中心等单位的6000余人迅速奔赴灾区抗灾救灾，实施了包括突发事件反应和第一时间对策、应急指挥转移、现场指挥废墟救援、事故信息报告和处置决策部署、现场指挥水上救援、基地指挥中心指挥抢险、恢复信息情况报告后续工作部署等在内的七大演练科目。

由于四川特殊的地理位置，地质活动频繁，地震、火灾、洪水、泥石流、雷电、雨雪冰冻等自然灾害频发，严重威胁四川电网安全稳定运行。“我们结合地域、自然条件等实际，组建了23支地市单位应急抢修队伍，有应急抢修人员5000余名。”2011年4月以来国家电网四川省电力公司又从应急中心、成都、乐山电业局等单位选拔了106名队员，组建了以灾情侦察、搜寻救援、电力抢修恢复、医疗救助的应急救援基干队，形成“海、陆、空”立体救援模式。配备了应急发电车、大型应急方舱、无线通信指挥系统、西贝虎全地形车、无人飞艇和无人直升机等应急救援装备。

参考资料

1. 四川电网开展“5·12”大面积停电应急演练，见 http：//news. cntv. cn/china/20120512/108653. shtml。

石家庄基层救灾志愿服务队应急预案演练

一、演练名称

石家庄基层救灾志愿服务队应急预案演练。

二、主办单位

石家庄基层救灾服务队。

三、时间、地点与目的

2012年5月12日，石家庄市长安区在沿东社区举行了基层救灾志愿服务队应急预案演练。当天是我国第四个“防灾减灾日”，其主题是“弘扬防灾减灾文化，提高防灾减灾意识”。

四、演练内容

2012年5月12日10时15分，基层救灾志愿服务队应急预案演练开始，演练模拟石家庄市长丰街道办事处接到上级紧急通知，预计石家庄市可能发生6级以上地震，按照上级要求，沿东社区居民要立即进行紧急疏散，转移到避难场所。长丰街道办事处的救灾志愿服务队队员按照预案分工立即进入应急状态，配合沿东社区居委会工作人员迅速组织社区群众疏散转移，撤离到指定地点，并对居民进行生活安置和心理疏导服务。

五、效果与问题

演练为探索救灾志愿服务体系建设提供了实践依据，为每个社区都建设一支专业的救灾志愿服务队奠定了基础。

参考资料

1. 石家庄举行基层救灾志愿服务队应急预案演练，见http：//heb. hebei. com. cn/system/2012/05/13/011865903. shtml。

2. 石家庄基层救灾志愿服务队举行应急预案演练，见http：//news. sjz. soufun. com/2012－05－13/7654483. htm。

3. 省会举行基层救灾志愿服务队应急预案演练，见http：//roll. sohu. com/20120513/n343036802. shtml。

北京市延庆县“5·12”大型防灾减灾综合应急演练

一、演练名称

延庆县“5·12”大型防灾减灾综合应急演练。

二、主办单位

北京市延庆县应急委。

三、时间、地点与目的

2012年5月12日14时，北京市延庆县应急委在县体育公园应急避难场所举行了“5·12”大型防灾减灾综合应急演练。延庆县应急委领导李先忠、甘靖中、魏怡、武岗同志和市地震局副局长谷永新同志现场观摩了演练。延庆县委、县园林绿化局、武警八支队、县消防支队、县民防局、县卫生局、县水务局、县公安局、县红十字会、县武装部、县市政市容委、延庆供电公司和儒林街道、百泉街道、香水园街道、延庆镇等16个单位、1200余人直接参加了演练。

四、演练内容

演练以发生地震灾害为背景，展示了居民室内避险、先期疏散、灾情速报、预案启动、指挥协调、人员搜救、帐篷搭建、应急供水、秩序维护、食品保障、医疗救护、卫生防疫、环卫保洁、应急供电等14项内容。演练采用先期录制、现场播放短片，异地模拟展示、3G无线数据传输技术实时传输和现场实战展示3种方式进行。

五、效果与问题

演练既弘扬了公共安全文化，提升了公众防灾减灾意识，又检验了应急避难场所功能，还磨合了部门联动机制，锻炼了应急队伍，检验了地震应急预案和避难场所保障预案，为提高全县防灾减灾综合保障能力积累了宝贵经验。

参考资料

1. 延庆县成功举办“5·12”大型防灾减灾综合应急演练，见http：//www. bjyj. gov. cn/yjyl/t1109995. html。

长沙芙蓉区重大动物疫情应急防控演练

一、演练名称

长沙芙蓉区重大动物疫情应急防控演练。

二、主办单位

长沙市芙蓉区政府防治动物重大疫病指挥部。

三、时间、地点与目的

2012年5月25日，长沙市芙蓉区开展了模拟突发重大动物疫情应急演练。长沙市芙蓉区人民政府，区农林水利、卫生疾控、工商、公安、城管等区防指成员单位负责人，各街道主任、东岸动物防疫站以及部分群众共100余人观摩了现场演练。

四、演练内容

演练假设芙蓉区东湖街道合平村樟树湾组陈某养殖场突发疑似高致病性禽流感疫情，按照《芙蓉区突发重大动物疫情事件应急预案》规定，芙蓉区人民政府立即启动应急预案，副区长、区指挥部指挥长下达封锁令，启动突发重大动物疫情Ⅳ级应急响应。

演练分疫情报告与先期处置、应急响应与应急处置、应急终止响应与善后处理三大科目进行，详细展示了疫情报告、采样送检、先期处置、疫情诊断、疫区封锁、扑杀消毒、无害化处理、紧急免疫、现场评估、解除封锁、售后处置等应急处置全过程。

演练历时两个半小时，6 个应急演练组（专家技术组、现场封锁组、扑杀和无害化处理组、消毒组、综合宣传组、后勤保障组）参与了演练。

五、效果与问题

演练的整个过程部署周密、调度有力、指挥得当、反应迅速、处置规范、疏散有序，各环节紧密相扣、扎实推进。通过演练，既检验了芙蓉区动物重大疫病防控应急预案的可操作性，又充分锻炼了长沙市基层动物重大疫病防控应急队伍，极大地提高了防控队伍的宏观管理水平和现场处置能力，为有效防控动物重大疫病、维护社会公共卫生安全奠定了坚实的基础。

参考资料

1. 长沙芙蓉区政府组织开展重大动物疫情应急防控演练，见 http：//www. changsha. gov. cn/xxgk/szfgbmxxgkml/szfgzbmxxgkml/scmsyscj/gzdt_8515/201205/t20120531_332820. html。

2. 长沙市芙蓉区开展重大动物疫情应急演练，见 http：//szb. farmer. com. cn/xmb/html/2012 - 06/18/nw. D110000xmb _ 20120618 _ 6 - 04. htm? div = - 1。

3. 芙蓉区全面开展重大动物疫病应急演练，见 http：//www. furong. gov. cn/news/news/201205/t20120528_54438. shtml。

甘肃省水文水资源局防汛抢险水文应急监测演练

一、演练名称

甘肃省水文水资源局防汛抢险水文应急监测演练。

二、主办单位

甘肃省水文水资源局。

三、时间、地点与目的

2012 年 5 月 25 日，甘肃省水文水资源局组织 20 多名防汛抢险水文应急监测队员到洮河红旗水文站进行防洪应急监测演练。随着全球气候变暖，甘肃省灾害性的水突发事件日益增多，近年来甘肃省舟曲、成县、岷县等地发生特大山洪泥石流灾害或暴雨洪水灾害。本次演练旨在更好地为全省防灾减灾提供快速高效的水文服务。

四、演练内容

2012 年 5 月 25 日，甘肃省水文水资源局组织 20 多名防汛抢险水文应急监测队员到洮河红旗水文站进行防洪应急监测演练。分了三个组：野外水文监测组；内业整理及信息报送组；后勤保障组。演练科目主要有：设立临时水尺进行水位观测；地面水准测量及水面测量；多种途径流量测验；信息报送；后勤保障。演练以实用为原则，既注重先进仪器的学习使用，如 ADCP 测流、RTK 地形测量、雷达枪测速、超声波测深仪测深，同时对简便易行传统测验方式也没有放弃，如临时水尺设立、测深杆测量、浮标测流等。后勤保障组给大家准备了矿泉水、方便面等，模拟特殊情况下的野外生存。本次演练人员组成较为广泛是为了给各勘测局培养应急抢险骨干队员。

五、效果与问题

演练结束后，大家普遍反映演练达到了预期目的。汛前应该组织这样的演练，应急抢险时间就是生命，应急队的管理、应急队员的个人能力和相互配合的熟练程度，是快速高效获取水文数据的关键，及时准确的水文数据是各级领导决策的依据。

参考资料

1. 甘肃省水文水资源局大汛前进行防汛抢险水文应急监测演练，见 http：//www. mwr. gov. cn/slzx/dfss/201205/t20120530_322758. html。

宁波石化开发区“2012 危险化学品事故应急救援”演练

一、演练名称

宁波石化开发区“2012 危险化学品事故应急救援”演练。

二、主办单位

宁波石化开发区管委会。

三、时间、地点与目的

为进一步健全宁波石化开发区安全生产事故应急处置机制，完善各级应急救援力量的指挥调度机制，提高各救援力量间协调作战能力，掌握危险化学品事故应急救援各类相关预案的运行程序，以及工程抢险措施和事故状态下报警、组织救援方法等，宁波石化开发区管委会于 2012 年 6 月 1 日上午举行了“2012 宁波石化开发区危险化学品事故应急救援”演练。宁波市镇海区政府及相关职能部门，石化开发区各局办、澥浦镇政府各村社区及园区 160 余家企业等 250 余人受邀观摩了演练。

四、演练内容

演练模拟一辆装有丙烯腈的槽罐车从海天路拐入海河路，为避让对面来车，驾驶员动作失误导致槽罐车冲入路边管廊架，发生丙烯腈泄漏，同时造成管廊架中一根碳五管线破损，司机、押运员受伤昏迷困在驾驶室等待救援。

演练的主要内容包括受伤人员救治、管线堵漏、槽罐车堵漏倒罐吊移及现场的丙烯腈化学处置等。

从安捷物流监控室值班人员发现事故险情向上级报告开始，到演练结束，历时40余分钟，现场秩序井然，14个参演单位配合密切，协同作战；近百个参演人员精神饱满，听从命令、服从指挥，熟练使用各种应急抢险器材装备；现场指挥长决策果断，指挥得当，合理调配部署抢险救援力量，以最快的速度调动辖区内可依托的工程抢险队伍快速处置易燃易爆有毒气体的泄漏、扩散，以最快速度疏散周边群众、抢救受伤人员。

五、效果与问题

该演练是宁波石化开发区升格国家级园区以来的第一次规模大、参演人员多、针对性强的应急演练，实现了政府救援与企业工程抢险力量的有机结合，是对宁波石化开发区应对突发事件处置能力的一次检验，也是宁波石化开发区开展安全生产月活动的一次动员大会。

参考资料

1. 宁波石化开发区举行“2012危险化学品事故应急救援”演练，见 http：//www. zjsafety. gov. cn/cn/gdxx/nbs/90954. shtml。

2. 2012 宁波石化开发区危险化学品事故应急救援演练举行，见 http：//www. zhxww. net/zh-news4071/xwzx/bdyw/20120601152143. htm。

烟台海上搜救演习

一、演练名称

烟台海上搜救演习。

二、主办单位

蓬莱市海上搜救中心。

三、时间、地点与目的

2012年6月5日，烟台市在蓬莱海域举办了蓬长客运航线海上搜救演习。这是该市首次举办无脚本的演习，即事先不确定演习科目、不编制脚本、不搞预演排练，通过最大限度地高仿真演练来锻炼队伍，提升蓬莱至长岛客运航线海上安全保障能力。

四、演练内容

2012年6月5日9时，蓬莱市海上搜救中心突然接到客滚船“和龙”号险情报告，该轮在由蓬莱开往长岛途中甲板突然起火，请求紧急救援。接报后，蓬莱市海上搜救中心立即启动应急预案，迅速组织力量前往救援，并紧急发布航行警告：“各船舶请注意，‘和龙’号客滚船在北纬37度51分，东经120度45分车辆甲板起火遇险，请周边船舶迅速前往救援。”一时间，各客船公司、事先登记的各类搜救力量、搜救志愿船舶以及附近过往船舶火速赶赴现场。

“和龙”号在组织消防自救的过程中，由于火势太大无法控制，船员立即释放救生艇筏，并迅速组织旅客直接从海上转移，转移过程中一名船员不慎落水，被附近搜救船只及时救起；赶来增援的“蓬油拖01”轮不断逼近、协同喷水，将“和龙”号火势及时扑灭。

此时，各参与搜救人员通过甚高频电话获知，这不是真的火灾只是一场演习，而且是一场“无脚本”的海上搜救演习，所有参与此次搜救的船舶，事先都不知道这是蓬莱市海上搜救中心精心布置的一次突击“大考”。

包括客船、海事巡逻船、港作拖轮、旅游艇等9艘船艇在内的109名船员和旅客参加了演习。

五、效果与问题

演练最大亮点就是全面动员事发水域附近的海上搜救志愿船队参与搜救行动，考验了海上船舶灵活运用战略战术的能力，切实提升了蓬莱市的海上搜救能力和保障水平。

参考资料

1. 烟台首次举办“无脚本”海上搜救演习，见 http：//www. sdemo. gov. cn/art/2012/6/12/art_4961_261608. html。

2. 烟台首次举办无脚本海上搜救演习，见 http：//www. jiaodong. net/news/system/2012/06/05/011565270. shtml。

南航“防突发、保安全”应急演练

一、演练名称

南航新疆分公司“防突发、保安全”应急演练。

二、主办单位

中国南方航空股份有限公司新疆分公司。

三、时间、地点与目的

2012年6月6日，中国南方航空股份有限公司新疆分公司地服部在新疆国际机场三号航站楼举行了应急演练，本次演练旨在为提高航班不正常时的应急处理及服务保障能力，为旅客提供优质服务。

四、演练内容

2012年6月6日10时演练开始。地服部生产调度室接到服务部门反馈，因机械故障延误至10时30分的CZ690Y（计划8时10分起飞）航班，因对方流控再次延误至12时30分预计起飞，由工作人员模拟的航班延误“旅客”堵在临近登机口阻止准备登机的 CZ6805 航班的旅客，并有个别“旅客”情绪激动冲击登机口。生产调度室接到信息汇总后，迅速上报，请示部值班领导后决定启动地服部突发事件应急处置预案并发出指令。

各部门接到指令后迅速赶赴现场，按照预案分工展开处置工作。生产调度室迅速收集信息汇总反馈相关部门并通知后援服务组出现场，服务室和高端室负责对旅客的解释安抚、食宿安排及后续事宜、值机室和中转室负责协助旅客做好改签、退票及行李挑拣等工作。在处置的过程中，各部门各司其职、迅速响应、协同高效，快速有序地完成了航班保障工作。10 时 30 分演练结束后，地服部进行了总结讲评，肯定了演练的成功组织，提出了通信联络、设备备份等方面的改进措施，并对应急预案需要修订及完善的部分做出了讨论。

五、效果与问题

此次应急演练的开展，不仅加强了地服部基层部门人员对应急预案工作流程的熟识度，锻炼了应急保障队伍，及时发现存在的不足，完善了各部门流程，增强了各部门在突发事件中的配合、协调、保障能力，也为迎战旺季奠定了坚实的一步。

参考资料

1. 南航新疆地服部举行应急演练防突发、保安全，见 http：//news. carnoc. com/list/224/224557. html。

上海电力公司开展 95598 应急演练

一、演练名称

上海电力公司开展 95598 应急演练。

二、主办单位

上海公司科技信通部，上海公司所属信通公司、供电服务中心。

三、时间、地点与目的

2012 年 6 月 11 日下午，上海市电力公司开展 95598 专项应急演练。此次应急演练旨在检验上海公司信息专业部门与单位应对网络与信息系统突发事件的处置能力，提升网络与信息系统应对突发事件的应急响应水平。

四、演练内容

2012 年 6 月 11 日 14 时，应急演练正式开始。信通公司运维人员收到供电服务中心有关智能语音应答系统（IVR）的故障报修后，立即汇报指挥长，启动应急响应流程。抢修人员抵达现场后，按照 IVR 故障现场处置方案执行应急切换流程，第一时间恢复 95598 核心功能，并立即分析、排查故障原因，组织抢修力量在较短时间内实现了系统功能的整体恢复。

为力求客观、全面和真实地反映故障期间的应急响应、抢修恢复和协同能力，此次演练真实模拟了故障场景抢修恢复的全过程处置。为将影响范围降到最低，上海公司与上海电信协同合作，将演练的故障场景设置在当日 23 时，即 95598 电话受理量处于谷底时。

五、演练效果与问题

此次应急演练的成功组织，不仅是上海公司 95598 应急响应的一次实战演练，提高了热线现场和后台运维人员的应急反应和故障排查处置能力，而且为上海公司进一步做好迎峰度夏期间 95598 系统的应急保障提供了有力支撑和充分准备。

参考资料

1. 上海电力公司开展 95598 应急演练，见 http：//www. chinapower. com. cn/newsarticle/1161/new1161017. asp。

湖北省利川市矿山安全事故应急救援演练

一、演练名称

湖北省利川市矿山安全事故应急救援演练。

二、主办单位

湖北省煤监局、利川市政府。

三、时间、地点与目的

2012 年 6 月 13 日，湖北省利川市在马鹿池煤矿举行了矿山安全事故应急救援演练。湖北省煤监局处长在现场观看并指导了演练。利川市分管安全的副市长、市安监局、经信局负责人及部分产煤乡镇安办主任、全市 17 家煤矿辅助救护队等 100 多人现场观摩了应急救援演练。

四、演练内容

2012 年 6 月 13 日 10 时，演练正式开始。演练模拟煤矿冒顶事故发生后，利川市矿山救护队配合开展报警、接警、闻警集合、战前检查、灾区侦察、排放瓦斯以及对受伤人员救护、现场医疗急救等科目的演练。

五、效果与问题

演练提高了利川市矿山应对突发事故的应急救援能力，磨合了应急救援启动机制，锻炼了应急救援队伍，检验了应急预案的针对性、可操作性和实效性，并促进安全应急救援能力提升了一个新水平。

参考资料

1. 利川市举行矿山安全事故应急救援演练，见 http：//www. hb. chinanews. com/news/2012/061

5/111947. html。

2. 利川举行矿山应急救援演练，见 http：//www. enshi. cn/20120413/ca245352. htm。

3. 利川举行矿山安全事故应急救援演练，见 http：//www. lc - news. com/newscenter/Currentpolitics/201206/20120614110558_60732. html。

2012年广东矿山应急救援实战演练

一、演练名称

2012年广东矿山应急救援实战演练。

二、主办单位

广东省安委办。

三、时间、地点与目的

2012年6月18日上午，广东省安委办、河源市人民政府在河源市联合举行矿山应急救援演练。广东省安委办，河源市及公安、环保、医疗、气象、矿业企业等有关单位参加了演练。

四、演练内容

演练内容主要包括进行地下矿山安全避险“六大系统”应用和矿山尾矿库应急救援两个项目。

五、效果与问题

演练检验了各级相关应急预案的实用性和可操作性，锻炼了应急救援队伍，磨合了应急救援机制，普及了防灾减灾知识和自救互救技能。

参考资料

1. 我省举行矿山应急救援实战演练，见 http：//www. gdemo. gov. cn/yjyl/qsyl/201206/t20120619_162834. htm。

2012年柳河县综合应急救援演练

一、演练名称

2012年柳河县综合应急救援演练。

二、主办单位

吉林省通化市柳河县教育局。

三、时间、地点与目的

2012年6月18日9时，2012年柳河县综合应急救援演练活动在实验小学举行。本次演练旨在适应重大防火安全事故应急救援需要，锻炼提高我县应对突发重大防火安全事故，有效组织、快速反应、协调配合、临事不乱、高效运转的能力，确保广大人民群众生命财产安全。

四、演练内容

2012年6月18日9时30分，柳河县实验小学教学楼二楼，不明原因起火，火势迅速蔓延。该校领导立即拨打“119”报警并启动应急救援预案，同时向有关部门进行报告。1000余名学生在校领导与教师们的组织下，用手捂着毛巾分别从正门，东、西门三处疏散通道逃离到安全地带。几分钟后，消防官兵迅速到达现场实施灭火并娴熟地架设2个软梯对被围困于楼内的师生进行营救；洒水车与送水车也到达火灾现场，为消防车提供不间断供水；120医务人员迅速赶到现场将伤员运送到救护车上进行抢救与包扎；县委、县政府等有关领导接到事故报告后也率领县安监局、公安局、教育局、卫生局等应急办成员单位领导紧急赶到火灾现场成立了火灾临时指挥部并及时发布了应急救援命令。经过消防员们的不懈努力，大火在短短十几分钟内被彻底消灭，所有被困人员均被安全转移，应急办各组负责人向王喜艳总指挥进行了情况汇报，应急演练获得圆满成功。

五、效果与问题

通过这次演练，我县应急救援能力以及相关部门协同作战能力得到了检验，应急队伍得到了锻炼，积累了经验，也提高广大干部、职工的安全意识、责任意识与全局意识。在演练取得成功，收到可喜效果的同时，依然存在着一些不容忽视的问题，要切实把事故应急预案与应急救援演练紧密结合，牢牢抓在手上，通过不断演练，锻炼队伍，打造招之能来，来之能战，战而必胜的强有力的保障队伍，确保柳河县安全生产形势的持续稳定好转，确保人民群众生命财产安全。

参考资料

1. 2012年柳河县综合应急救援演练圆满结束，见 http：//www. jledu. gov. cn/show/15718. html。

宁夏突发环境事件应急处置演练

一、演练名称

宁夏突发环境事件应急处置演练。

二、主办单位

宁夏回族自治区环保厅、中石油宁夏石化公司。

三、时间、地点与目的

2012年6月19日，宁夏回族自治区环保厅会同中石油宁夏石化公司在该公司炼油厂举行宁夏突发环境事件应急处置演练。

四、演练内容

2012年6月19日14时34分，宁夏回族自治区环保厅突发环境事件应急领导小组办公室接到银川市环保局“12369”环境举报投诉中心报告：中石油宁夏石化公司炼油厂的工作人员称，该厂两名操作人员巡检到酸性水汽提塔二层平台时，遇到回流罐酸性气出口阀法兰处泄漏，泄漏出的含有硫化氢的酸性气体，致使两人中一人中毒倒地，另一人跑到地面过程中，跌倒造成腿部受伤。

事故现场，两名工作人员迅速佩戴防护用具，携带着全面型防毒面具赶到现场进行确认。此时，炼油厂调度接到现场两位检查人员报告：可能是酸性水汽提塔回罐酸性气体出口阀处泄漏，由于泄漏量大，硫化氢气味大，人靠不上去，可能有人员中毒，现场一片混乱。调度处工作人员接到汇报后，立即向宁夏石化应急组织负责人汇报。2分钟后，自治区环境监察总队也接到报警，并立即成立应急分队，抵达现场，展开处置工作。

同时应急后勤保障系统全面启动，保卫、消防、抢修、医疗等救援力量迅速集结，供电、油料、通讯、医疗、环境控制等应急物资立即开始调集。自治区环境监察总队派出的环境监测应急人员携带环保检测设备冲入事故现场，对泄漏物质进行取样，检测分析。检测结果表明泄漏的含有烃类的酸性气体，此气体与空气混合后形成爆炸性气体，在遇到火源后会发生爆炸着火，导致工艺水管线、油管线发生大量泄漏，消防队在保护临近装置时大量使用消防水，大量水流到地面，进入雨排系统，可能会流出厂外，导致水体污染；泄漏的气体，随风飘向下风侧，有可能会对厂外居民造成危险。

指挥部指示立即行动处理污染物，应急小组经过紧张的分配工作后迅速投入战斗。指挥部宣布，立刻启动泄漏事故环境应急预案，救援组迅速关闭厂区污水外排出口，开启事故池阀门，并安排人员对泄漏液进行稀释处理。

14时50分，事故现场处置完毕，各小组集合汇报，一场回流罐酸性气泄漏重大环境污染事件得到有效处理，泄漏点已成功封堵，事故成功处置，险情得以化解。中毒人员得到及时的救治，没有生命危险。污染源得到有效控制，环境质量恢复正常，应急状态解除，演练圆满结束。

五、效果与问题

宁夏回族自治区环保厅突发环境事件应急演练总指挥对本次演练进行了点评，全体参加演习人员严格按照既定方案和程序，密切配合，紧张有序，协同作战，顺利完成了这次演习任务，达到了演习目的。本次演练提高了队伍的应急指挥和应急处置能力，为保证宁夏回族自治区环境安全稳定打下了良好基础。

参考资料

1. 宁夏举行突发环境事件应急处置演练，见http：//nx. people. com. cn/n/2012/0620/c192471 - 17162725. html。

2012年天津市建设系统深基坑透水土体坍塌事故综合应急演练

一、演练名称

2012年天津市建设系统深基坑透水土体坍塌事故综合应急演练。

二、主办单位

天津市建交委、天津市治安总队、天津市地铁总公司、天津市城建集团。

三、时间、地点与目的

为检验天津市建设系统市级应急预案实施的有效性，2012年6月20日上午，2012年天津市建设系统深基坑透水土体坍塌事故综合应急演练在天津市地铁六号线红旗路站工地现场举办。中铁一局天津公司、天津六市政、天津三建、天津住宅集团、天津燃气、天津自来水等单位参加了演练。

四、演练内容

演练模拟地铁车站施工现场深基坑发生透水坍塌后，按监测预警、人员撤离、封闭现场、检查周围环境、现场会议、组织抢险等科目，依次进行现场演练。演练还设置了总指挥车和事故应急救援办公室、应急抢险组、后勤保障组等工作小组。

五、效果与问题

演练指挥有序、综合协调得当、抢险救援有条不紊，不仅达到了预期目的，还检验了天津市建设系统市级应急预案实施的有效性，使各接口单位的联系更加密切，配合更加快捷有效。

参考资料

1. 天津公司参加天津市建设系统深基坑透水土体坍塌事故综合应急演练，见http：//www. crfebtj. com/typenews. asp? id = 1015。

2. 本市组织开展了“建设系统深基坑透水土体坍塌事故综合应急演练”活动，见http：//www. radiotj. com/gnwyw/system/2012/06/21/000415942. shtml。

3. 我市举行深基坑透水土体坍塌事故综合应急演练，见http：//www. yj. tj. gov. cn/101691/13703. html。

湖北宜昌危险化学品泄漏事故应急救援综合演练

一、演练名称

湖北宜昌危险化学品泄漏事故应急救援综合演练。

二、主办单位

湖北省宜昌市政府、猇亭区政府。

三、时间、地点与目的

2012年6月26日，由湖北省宜昌市、猇亭区两级政府联合主办的危险化学品事故应急救援综合演练在兴发集团宜昌精细化工园举行，宜昌市应急办、宜昌市安监局、宜昌市环保局、宜昌市质监局、猇亭区人大、猇亭区人民政府、猇亭区安监局、猇亭区消防大队、猇亭区环保局等市、猇亭区各部门领导和重点企业负责人参加了此次活动并观摩演练。

四、演练内容

演练于2012年6月26日9时正式开始。演练模拟宜昌精细化工园区兴瑞公司有机硅分厂一号氯甲烷球罐底部法兰垫出现破裂引起泄漏，厂内员工发现后，第一时间向上级汇报情况，同时迅速启动园区应急救援预案，由厂区应急分队实施救援，并广播通知周边人员，注意防范措施。由于储罐底部法兰泄漏危害极大，若不能及时成功堵漏，将发生1000立方米球罐装有500立方米氯甲烷全部泄漏的重大事故，就会危及周边居民的人身安全。

9时20分，现场总指挥向猇亭区人民政府汇报现场动态，并请求启动猇亭区应急救援预案，迅速调集公安、消防、安监、医疗、环保等部门到场处置。

9时25分，区消防大队4台消防车20余名官兵到达现场，根据现场情况，消防指挥员迅速下令成立侦察组、稀释组、救援组、堵漏组、警戒组、供水组，各小组按照分工展开战斗。侦察组佩戴好个人防护装备，深入事故地点，查明泄漏点及扩散范围，同时搜寻被困人员。救援组携带防毒面罩、多功能担架等救生器材，营救被困人员。稀释组出四支开花水枪，分别协同厂区应急救援分队对氯甲烷气体进行稀释，同时掩护救援小组进行救生，同时利用高喷车，从上而下向罐体喷射大量喷雾水，对邻近氯甲烷球罐进行冷却。堵漏组在厂区专业技术人员的配合下携带堵漏工具，深入泄漏点现场进行堵漏。警戒组配合现场公安和交警部门，对现场实施交通管制和警戒，严禁无关人员、车辆进入现场，保证救援通道畅通。供水组利用附近消防栓实施供水，确保不间断。另外，安监、环保分别做好安全指导与环境检测工作。

9时44分，在厂区专业技术人员的配合下，消防官兵成功将球罐泄漏点进行堵漏，同时环保局对现场空气和污水进行了监测，发现球罐周围空气中氯甲烷气体浓度降到爆炸下限一半以下，随后，消防官兵对器材装备进行洗消。

五、效果与问题

演练取得了圆满成功，不仅检验了各应急救援队伍的训练水平，提高了处置复杂情况下危险化学品事故能力，还真实地反映了全区应急救援工作取得的成绩。

参考资料

1. 宜昌市举行危险化学品事故应急救援综合演练，见 http：//www. dianjun. gov. cn/art/2012/12/14/art_303_129445. html。

2. 宜昌市危化品事故应急救援综合演练在猇亭区举行，见 http：//www. ycmzj. gov. cn/art/2012/7/2/art_14692_367007. html。

海南省海上旅游突发事故应急救援演练

一、演练名称

海南省海上旅游突发事故应急救援演练。

二、主办单位

海南省三亚市政府、三亚市安监局。

三、时间、地点与目的

2012年6月26日，海南省三亚市动员16艘船舶230多人员在三亚湾海域举行一场海上突发事故应急救援演练，本次演练旨在检验三亚海上突发事故的应急准备情况和应急救援能力，以应对海上搜救工作面临的新形势和严峻挑战。

四、演练内容

2012年6月26日上午9时30分，演练模拟“旭阳9”号旅游船在三亚湾海域观光时与“凤凰之星2”发生碰撞，船体进水，船上共有23名游客和6名船员，在碰撞时4名游客落水，“凤凰之星2”受损情况不明。三亚海上搜救分中心接报后根据情况指派14艘船只赶往事故海域进行救援。

9时40分许，3艘搜救船和1艘接驳船抵达事故现场，接驳“旭阳9”号上遇险人员和对落水人员进行搜救。9时50分许，“旭阳9”号旅游船上19名游客全部转移，6名船员对船体进行堵漏。至10时40分许，4名落水人员先后被搜救船救起送医。

在搜救落水人员的同时，“凤凰之星2”船尾部物料舱失火，自救无效，约有2立方米含油污水溢出海面。2艘救援船只随后紧急前往实施消防救助灭火，2艘清污船前往事发海域实施围控清污，用吸油毡和撇油器清除浮油。

五、效果与问题

此次演练是三亚市第一次多系统、多单位、多装备共同参加的大规模海上综合演练，三亚市安监局、三亚海上搜救分中心、海警、南海救助局三亚基地、海事局、公安边防等部门及相关海上旅游和运输企业参与此次演练。三亚海洋发展潜力巨大，尤其是近年来随着海上旅游业和游艇业快速发展，船舶流量日益增多，旅游项目不断涌现，在带来可观经济效益的同时，海上安全生产形势不容乐观。

参考资料

1. 海南三亚举行海上旅游突发事故应急救援演练，见 http：//www.chinanews.com/gn/2012/06－26/3988006.shtml。

2012年粤港澳三地海上联合搜救演习

一、演练名称

2012年粤港澳三地海上联合搜救演习。

二、主办单位

广东省海上搜救中心。

三、时间、地点与背景

2012年6月27日，由广东省海上搜救中心主办，珠海市海上搜救中心承办，香港海上救援协调中心、澳门港务局协办的“2012年粤港澳三地海上联合搜救演习”在珠海市三角岛附近水域举行。

四、演练内容

演习包括海上救生、船舶消防、海空编队受检等3个科目。粤港澳三地共21艘船艇、3架飞机约300人参加了演习。中国海上搜救中心、广州军区作战部、广东省海上搜救中心及其成员单位和各地海上搜救分中心、香港海上救援协调中心、澳门港务局、珠海市人民政府等有关单位共150名有关负责人观摩了演习。

五、效果与问题

此次演习，加强了粤港澳海上搜救合作，检验了粤港澳三地海上联合搜救合作机制，提高了奥港澳三地共同应对区域海上突发事件的能力。

参考资料

1. 2012年粤港澳三地海上联合搜救演习在珠海市成功举行，见 http：//www.gdemo.gov.cn/yjyl/gnyl/201206/t20120628_163361.htm。

天津市东疆湾景区海上应急救助联合演练

一、演练名称

天津市东疆湾景区海上应急救助联合演练。

二、主办单位

天津港公安局东疆湾景区管理中心。

三、时间、地点与目的

为提高救援能力和水平，确保游客安全，2012年6月28日，天津港公安局东疆湾景区管理中心、东疆海事处、景区经营公司、港口医院等单位联合在东疆湾景区组织开展了海上应急救助联合演练。

四、演练内容

演练以一名游客在景区游玩时不慎落水为背景，其朋友报警请求援助，有关部门随即启动东疆湾景区“海上应急救助预案”。参加演练的处置民警、海事人员、救护医生及景区救生人员迅速到达各自点位，展开相应救援工作。通过紧张有序的施救行动，圆满完成了救助溺水者出水、紧急抢救、送往救护车等一系列救助任务。

海上营救返程中，公安部门已对陆路进行警戒和交通管制。当落水人员返航至沙滩后，医疗组马上对落水人员进行前期控水、心肺复苏等应急救援。随后，医护人员和救助人员在公安人员的护送和协助下，将落水人员送往医院救治。从营救船舶上岸至救护车驶往医院，整个过程仅3分钟左右。

五、效果与问题

演练进一步巩固了景区游客生命安全保障，提高了景区海上应急反应速度和救助能力，强化了各单位间的应急联动协作机制，有效保障了景区游客生命财产安全。

参考资料

1. 天津市开展东疆湾景区海上应急救助联合演练，见 http：//news.enorth.com.cn/system/2013/07/24/011170721.shtml。

2. 东疆湾景区开展救生演习，检验应急反应机制，见 http：//www.chinadaily.com.cn/hqpl/zggc/2012－06－29/content_6313519.html。

3. 我市开展东疆湾景区海上应急救助联合演练，见 http：//www.yj.tj.gov.cn/101691/13717.html。

北京市昌平区中石油科技园应急疏散演练

一、演练名称

北京市昌平区中石油科技园应急疏散演练。

二、主办单位

北京市公安局消防局昌平支队。

三、时间、地点与目的

2012年6月28日上午，北京市公安局消防局昌平支队联合中石油科技园在中石油科技园举办了大型应急疏散演练。昌平区委常委、副区长赵阳，消防支队支队长陈广民、副支队长张金刚、司令部参谋长李广耐，华油北京服务总公司总经理谷伟以及集团公司安全环保与节能部、矿区服务部、维稳办、华油北京服务总公司、石油报社、安全环保院、规划总院、中油测井、长城钻探测井技术研究院、中油瑞飞科技开发公司相关领导及全体员工共计1300余人参加了应急疏散演练。

四、演练内容

演练模拟中石油科技园B2座4层401房间发生“火灾”，消防控制室接到烟感探测器报警后，迅速查明“起火”位置并上报到安保部门，安保部门迅速启动应急预案，在拨打119报警同时，迅速展开警戒、人员疏散、被困人员搜救、医疗救护、初期火灾扑救等各项应急措施。昌平支队永安、十三陵、天通苑3个消防中队10部消防车先后到达现场后，根据总指挥命令，中队火情侦察组、救护组、疏散组、灭火组、供水组迅速展开各项准备工作。

火情侦察组经深入内部侦察确定B2座4层和2层分别有被困人员4名，云梯车立即搭设“天梯”营救4层被困人员；救护组深入“火场”内部营救其中1名被困人员，另外一组救援官兵迅速铺开救生气垫，并引导2层窗口被困人员采取正确的跳跃方法，从救生气垫迅速逃生。

在确定被困人员全部救出后，支队总指挥发出“灭火”总攻命令，在科技园专职消防队的协助下，10支水枪、2架水炮直线射入“起火”部位，10分钟后，在全体指战员的协同作战下，“大火”被成功扑灭。

五、效果与问题

演练组织周密、科学合理，军地之间配合密切，不仅达到了锻炼队伍、检验预案、提高能力的目的，还对中石油科技园提出了更高的要求，不仅要大量投资建设消防安全基础设施，保证火灾自动报警系统、自动灭火系统、逃生自救系统、消防水源系统的正常运行，更要在应急队伍建设、制度建设、日常管理上狠下功夫，建立完善常态化的巡查检查、宣传培训、应急演练机制，不断增强全员的消防安全意识，提高“四个能力”建设，确保科技园消防安全稳定，为党的十八大胜利召开创造安全的消防环境。

参考资料

1. 中石油科技园举行大型消防应急演练，见http：//www. bjcpn. com/article_view/？news_id = 81545。

2. 市公安局消防局昌平支队联合中石油科技园举行应急演练活动，见http：//www. bjyj. gov. cn/yjyl/t1112698. html。

3. 昌平支队联合中石油科技园举行应急演练活动，见http：//www. baidu. com/link？url = ED-Vejb_JoLv8zmn5kvMmokzeb8HypwOFD0AgXOvCCiUf915 - HDfVPKsHul7ml3RRyB6NlEg838TDjE4FYtXmXYfgU3X8gRKKVGA7_zy_e1C。

长沙市天心区危险化学品泄漏事故应急救援演练

一、演练名称

长沙市天心区危险化学品泄漏事故应急救援演练。

二、主办单位

长沙市天心区安委会、天心区安监局。

三、时间、地点与目的

2012年6月28日上午，天心区安委会联合天心区安监局在新开铺街道辖区内的长沙市供水有限公司第三制水分公司举行了危险化学品泄漏事故应急救援演练。长沙市安监局危化处、宣教处、办公室，天心区政府办、区安委办、区安监局、区公安分局、区卫生局、区环保局、区消防大队、区交警大队和全区各街镇分管安全生产工作的领导、安监站站长、安全专干及长沙市供水有限公司第三制水分公司全体员工现场观摩了演练活动。

四、演练内容

2012年6月28日9时35分，应急救援演练活动正式开始。演练模拟加氯车间液氯仓库正在使用的2#氯瓶组其中一个氯瓶瓶阀损坏发生泄漏，加氯车间值班人员听到报警后进入液氯仓库察看，吸入泄漏的氯气，轻度中毒昏倒在地，引发危险化学品事故。事故发生后，救援指挥部立即启动应急救援预案，并迅速组织各救援小组奔赴事故现场组织施救。

演习中，各参演单位认真履行职责，密切配合，协同作战；各参演人员精神饱满，英勇顽强，听从命令、服从指挥，熟练使用各种器材装备，使其发挥最佳优势；现场指挥员决策果断，指挥得当、采取战术正确，合理调配部署抢险救援力量，以最快的速度上报有关部门，随后救援指挥部启动应急救援预案，各救援小组奔赴事故现场组织施救，以最快的速度疏散人员、抢救被困人员，到最终泄漏点被堵住并排除了故障。整个救援过程仅用了19分钟，把人民生命财产损失降到了最低限度。

五、效果与问题

演练情景逼真，各部门协作良好，满足危化救援的各项要素要求，达到了预期目的，取得了圆满成功。

参考资料

1. 天心区：成功举行危险化学品泄漏事故应急救援演练，见 http：//govinfo. nlc. gov. cn/hnsfz/xxgk/css/201209/t20120914_2674328. shtml？classid＝346。

吉林省 2012 年突发地质灾害应急演练

一、演练名称

2012 年突发地质灾害应急演练。

二、主办单位

吉林省国土资源厅、延边朝鲜族自治州国土资源局、吉林省珲春市政府。

三、时间、地点与目的

2012 年 6 月 28 日，由吉林省国土资源厅主办，延边朝鲜族自治州国土资源局和珲春市政府承办，吉林省地质环境监测总站（省地质灾害应急技术指导中心）技术指导的吉林省突发地质灾害应急演练现场会在珲春市英安镇富新村举行。近年来国土资源部及地方各级政府高度重视地质灾害防治工作，配合《国务院关于加强地质灾害防治工作的决定》的出台，特举办此次演练，希望各地各级部门要在思想上和行动上高度重视应急处置能力和应急避险能力的建设，提高应对各种挑战的应急能力。

四、演练内容

此次演练以“英安镇富新村遭受连续降雨引发泥石流地质灾害，为保证人民生命财产安全，必须立刻转移 30 户，109 位居民”为模拟背景。根据地质灾害应急预案，演习包括地质灾害预警、应急响应、联合救治、医疗卫生等步骤，模拟应急抢险全过程。演练涉及的国土、环保、气象、水利、电力、移动等部门按照预案各司其职，通过协调配合，用最短的时间最大限度地减少地质灾害造成的财产损失和人员伤亡。演习首次采用无人飞机，对地质灾害现场进行影像实时传输和高位地区的探测。武警黄金部队第一总队作为吉林省的重要抢险救援力量，在演练中启用了生命探测仪和搜救犬。

现场演练共持续约 40 分钟，现场演练后，国土资源部地质环境司司长关凤峻作重要讲话。关凤峻对此次演练的效果给予了充分肯定，认为演练取得了圆满成功。

五、效果与问题

演练取得圆满成功。此次演练首次采用的搜救犬、生命探测仪、无人飞机等新设备，切实丰富了吉林省地质灾害应急处置能力。通过开展此次地质灾害应急演练，有效地检验了突发地质灾害应急预案的实用性和可操作性。

参考文献

1. 吉林省举办 2012 年突发地质灾害应急演练现场会，见 http：//www. cigem. gov. cn/auto/db/detail. aspx？ db ＝ 1006&rid ＝ 33631&md ＝ 15&pd＝210&msd＝11&psd＝5&mdd＝11&pdd＝5&count＝20。

葫芦岛 2012 年电网大面积停电应急演练

一、演练名称

2012 年电网大面积停电应急演练。

二、主办单位

国家电网公司辽宁省葫芦岛供电公司。

三、时间、地点与目的

2012 年 6 月 28 日辽宁葫芦岛供电公司进行了一场 2012 年电网大面积停电应急演练。本次演练是以辽宁省葫芦岛地区遭受特大暴风雨，造成电网大面积停电事故为背景，由国家电网公司辽宁省葫芦岛供电公司以及其多个部门、单位协同参与的一次电网大面积停电应急演练。目的在于提高供电公司处置突发事件的应急能力，检验在电网突发大面积停电事件时，各单位、各部门对各种预案的掌握是否熟练、启动机制是否顺畅，信息汇报与新闻发布的流程是否规范、及时；各级应急机制能否相互协调，并快速、有效地发挥作用。该公司 5 个部门、6 家单位参加了这次应急演练。

四、演练内容

本次演练是从葫芦岛电网实际出发，针对汛期和夏季用电高峰的到来对电网困难造成的冲击而精心设计的，是葫芦岛公司针对电力突发公共事件开展的一次针对性较强的演练。演练假设情境为：葫芦岛地区遭受特大暴风雨，电网遭受到巨大冲击，兴城 220 千伏城东线倒塔，兴城 220 千伏变电站开关爆炸，多条 220 千伏线路跳闸，2 座 220 千伏变电站、13 座 66 千伏变电站全部停电，全市损失负荷 15 万千瓦，达事故前的 18%。根据葫芦岛公司处置电网大面积停电事件应急预案，假设情境已达到应急预案三级启动条件。

2012 年 6 月 28 日 13 时 30 分，公司副总经理吴贵义下令本次应急演练正式开始。13 时 37 分，演练总指挥宣布启动《葫芦岛供电公司处置电网大面积停电事件应急预案》三级响应，采取有效措施，尽快恢复电网供电。参与此次演练的各部门、单位迅速启动应急预案；13 时 39 分，葫芦岛公司应急办立即向省公司、葫芦岛市应急办等部门汇报故障情况，并按照指示精神迅速开展应急处置；13 时 45 分，各部门、各单位及时将抢修处置情况向演练指挥中心进行报告，各应急工作组分别将工作开展情况及后期工作处理意见向该公司应急办汇报，并通过新闻媒体和 95598 等向社会发布信息；13 时 55 分，遭受雨灾冲击的停电负荷已恢复 90%，演练总指挥宣布解除大面积停电三级应急响应状态。至此，2012 年电网大面积停电应急演练圆满结束。

五、效果与问题

演练结束后，葫芦岛公司 2012 年电网大面积停电应急演练评估专家组在对本次演练进行评估时指出，此次演练通过实时同步演练和异步演练相结合方式，实现了跨专业、多部门的应急联动和从电网事故处理、设备抢修到恢复电网运行、供电服务等各个环节的高度协调，有效的检验了葫芦岛公司《处置电网大面积停电事件应急预案》的实用性、科学性和可操作性，检验了各部门、单位应对电网突发事件的协调、协作能力和现场应急处置能力，对葫芦岛公司应对和处置各类突发停电事件将起到积极的指导作用。

参考资料

1. 辽宁葫芦岛公司举行 2012 年电网大面积停电应急演练，见 http：//www. sgcc. com. cn/xwzx/gsyw/yxfc/07/275745. shtml。

长沙市水务系统供水事故应急演练

一、演练名称

长沙市水务系统供水事故应急演练。

二、主办单位

长沙市水务局、长沙市供水公司。

三、时间、地点与目的

为进一步提高应对供水突发事件能力，检验城市供水应急预案的可行性和操作性，提高突发事件应变能力，2012 年 6 月 28 日，长沙市水务局和长沙市供水公司在第三制水公司开展了氯气泄漏突发事故应急演练。

四、演练内容

演练模拟加氯车间液氯仓库正在使用的氯瓶瓶阀损坏发生泄漏，公安、消防、卫生、环保和制水公司员工组成 7 个应急救援组实施演练。

演练分为企业自救阶段和区级救援阶段，从接到泄漏报警开始，经历车间漏氯吸收中和装置自动启动，维修人员穿戴防护服进场堵漏，厂区人员疏散，消防人员使用消防水带稀释氯气，医务人员抢救伤者，环保检测人员检测现场，对各个环节进行了全面认真的演练，演练圆满成功。

五、效果与问题

演练检验了长沙市公共供水突发事件的应急处置、救援能力以及相关部门的协同、配合能力，锻炼了队伍，积累了应急救援的实战经验，进一步提高了相关干部职工的安全意识、责任意识，为下一步完善应急预案和增强应急处置效能积累了成功经验。

参考资料

1. 长沙市水务系统开展供水事故应急演练，见 http：//www. changsha. gov. cn/xxgk/szfgbmxxgkml/szfgzbmxxgkml/sswj/gzdt/201207/t20120703_341357. html。

2. 长沙市水务系统开展供水事故应急演练，见 http：//govinfo. nlc. gov. cn/hnsfz/xxgk/css/201209/t20120914_2674099. shtml？classid＝346。

长沙市岳麓区危险化学品泄漏事故应急救援演练

一、演练名称

长沙市岳麓区危险化学品泄漏事故应急救援演练。

二、主办单位

长沙市岳麓区政府。

三、时间、地点与目的

2012 年 6 月 29 日上午，在长沙市岳麓区政府的组织下，岳麓区应急办、安监局、消防大队、公安分局、卫生局、交通局、环保局、城西供电局等八个专业小组联合作战，在地处观沙岭街道的长沙市联泰水质净化有限公司举行了一场危险化学品泄漏事故应急救援。长沙市安监局、岳麓区政府、区应急办、区安监局、区公安分局、区消防大队、区卫生局、区交通局、区环保局等安委会成员单位领导以及各镇（街）负责领导，区危险化学品从业单位负责人、安全管理人员，约 200 人观摩了这场演练。

四、演练内容

演练假设长沙市联泰水质净化有限公司生产操作人员在例行检查时发现氯气转压连接阀栏处大量氯气泄漏，一名员工中毒晕倒，企业负责人立即疏散正在生产作业的员工，企业内部员工迅速展开自救，同时拨打电话报警。几分钟后，消防官兵赶到现场。根据公司技术人员的险情报告，现场立即成立指挥部，同时指挥员立即向区应急管理办公室汇报，随后区应急管理办公室迅速启动应急救援联动预案。

预案启动后，岳麓区公安、安监、卫生、环保、电力、交警等单位人员陆续赶到现场进行增援。根据现场情况，指挥员迅速下达救援任务：1. 展开警戒，禁止无关人员进入警戒区；2. 迅速成立救人小组，佩戴好个人防护装备准备进入现场实施救人；3. 分两个战斗小组分别从东侧和西侧出四支水枪对罐区进行稀释；4. 成立堵漏小组，佩戴好个人防护装备，携带堵漏器材准备对泄漏点进行堵漏。

各战斗小组立即投入紧张的救援中，救人小组迅速进入车间进行搜救，稀释控制小组利用开花水枪对罐区进行稀释，并掩护实施营救和堵漏人员。当被困人员安全救出后，堵漏小组立即进入现场进行堵漏作业。经过 20 分钟的“紧张战斗”，“险情”终于被彻底排除。通过环保部门的检测，确定现场空气浓度达到正常后，现场总指挥宣布演练结束。

五、效果与问题

演练提升了岳麓区的应急救援能力，对有效处置突发事件、最大限度地保障人民群众生命财产安全、促进和维护社会稳定大局具有重要意义。

参考资料

1. 岳麓区开展危险化学品泄漏事故应急救援演练总结，见 http：//www. yuelu. gov. cn/ajj/tabid/6415/InfoID/54095/frtid/6462/Default. aspx。

2. 岳麓区开展的危险化学品泄漏事故应急救援演练，见 http：//news. changsha. cn/h/187/20120701/1150533. htm。

东航山东 2012 年大面积航班延误应急演练

一、演练名称

东航山东 2012 年大面积航班延误应急演练。

二、主办单位

中国东方航空股份有限公司山东分公司青岛地区。

三、时间、地点与目的

2012 年 6 月 29 日，中国东方航空股份有限公司（China Eastern Airlines Corporation Limited，简称“东航”）山东分公司青岛地区举行了山东分公司 2012 年航班大面积延误应急演练。

四、演练内容

演练由山东分公司总经理杜冬升亲任总指挥，总经理助理董文华任副总指挥，各驻场的运行保障单位参与了此次演练，民航青岛监管局的苏慕处长观摩了整个演练的全过程。

演练模拟的应急场景设计为：2012 年 6 月 29 日北京时间 15 时 50 分（模拟时间），大连国际机场雷雨覆盖，预计持续时间 3 个小时。东航江苏有限公司 MU2825（南京—大连）/空中客车 A321/B—2291 备降青岛，预计落地时间 16 时 35 分，旅客 175 人，其中头等舱 10 人，无人陪伴儿童 2 人。东航西北分公司 MU2297（西安—大连）/空中客车 A320/B6875 备降青岛，预计落地时间 16 时 40 分，旅客 152 人，其中头等舱 6 人，轮椅旅客 1 人，VIP 旅客 1 人。

北京时间 17 时，因等待时间较长，并考虑到后续流控影响，签派与江苏、西北公司及机组协商后，大连两个备降航班旅客下机在候机楼等待。

北京时间 17 时 10 分，济南遥墙国际机场（简称“济南机场”）雷雨覆盖，预计持续 2—3 个小时。山东分公司济南机组执行的 MU5539（虹桥—济南）/空中客车 A320/B6008 备降青岛，预计落地时间 17 时 45 分，旅客 142 人，头等舱 3 人，VIP 旅客 1 人。备降航班落地后，机务短停发现蓝液压系统漏油，排故时间待定。另：MU5539 机组从早上 6 时 30 分开始的执勤期。

北京时间 17 时 30 分，韩国首尔机场低云，云高 30 米，无短时转好可能。东航山东分公司 MU2043（青岛—首尔）/空中客车 A320/B6005 已上客完毕，正地面等待，旅客 135 人，其中头等舱旅客 3 人。

北京时间 18 时，经济南签派与机组协商，济南备降航班旅客下机候机楼等待。又因首尔机场天气无短时转好可能，取消 MU2043，明日补班。至此，候机楼滞留旅客共 600 余人，涉及三个备降航班（其中一个航班有故障，排故时间待定），一个航班取消。

随后，各保障小组（运行控制、旅客服务、机组保障、营销服务、后勤保障、安全保障、飞机维修、投诉处置、宣传报道）立即分头进行准备。

各保障小组根据演练场景设计详细地汇报了处置情况，签派室根据有关机场的天气变化和机组的飞行情况，汇报了后续航班的调整和预案。地面服务部根据后续航班的调整预案，及时给旅客提供餐食，加强了特殊旅客的服务等。青岛飞行部、客舱部、保卫部根据签派的调整情况及时安排了备份机组。其他有关单位都制定了相应的措施。

五、效果与问题

演练有效检验了东航山东分公司各运行保障单位的应急处置能力，提升了各单位的应急保障水平，夯实了安全管理基础，为胜利完成生产旺季攻坚战打下了坚实的基础。

参考资料

1. 东航山东举行2012年大面积航班延误应急演练，见http：//news. ifeng. com/mil/air/hkxw/detail_2012_07/05/15805964_0. shtml。

青岛供电公司社区突发停电现场处置联合演练

一、演练名称

青岛供电公司社区突发停电现场处置联合演练。

二、主办单位

国家电网公司安全监察质量部、山东电力集团公司。

三、时间、地点与目的

为检验《社区突发停电事件现场处置方案》的实用性，磨合与政府、社会间的协调联动机制，进一步提高应对社区突发停电处置能力，2012年6月29日，青岛供电公司各相关部门、单位参加了由国家电网公司安全监察质量部、山东电力集团公司主办，青岛供电公司与青岛市人民政府应急管理办公室承办的青岛麦岛金岸社区突发停电事件现场处置联合演练。山东电力集团公司副总经理、青岛供电公司总经理王金行担任演习总指挥，青岛供电公司副总经理赵生传主持了演习。国家电网公司安监部应急处处长周刚，山东电力集团公司安监部主任郭跃进，青岛市政府应急办副主任杨茂文等相关领导、专家，青岛供电公司各相关部门及其负责人参加了演习。新华社山东分社、工人日报、人民网、中国电力报、山东电力报等10余家中央及省市级媒体的记者观摩了演习。

四、演练内容

演练模拟电力电缆遭外力破坏，造成青岛麦岛金岸社区停电，严重影响到了社区内商场、银行的正常营业，同时有数名居住在高层建筑的居民被困电梯中。青岛供电公司在接到麦岛金岸社区物业站来电反映及95598供电服务中心报修工单后，立即启动《麦岛金岸社区突发停电事件现场处置方案》，采用手机短信、官方微博等多种形式向社区居民发布停电信息。并在第一时间派出应急抢修服务队赶赴麦岛金岸社区进行应急处置。应急发电车也在公安交警的疏导下快速抵达。同时向青岛市应急办请求协调消防、公安、交管等部门到现场支援。

电力抢修人员到达现场后，迅速查找、分析故障点，展开紧急抢修。启用大功率应急发电车，快速恢复小区公共设施供电，设立应急照明灯塔，方便小区居民夜晚出行。营销服务人员通过张贴公告、小区广播等形式，告知用户停电影响范围和预计修复时间等信息。经过密切配合，由停电造成的一系列突发事件得以圆满解决。随着对受损电缆的抢修完毕，该社区恢复送电，居民生活恢复正常秩序。

五、效果与问题

该演练是国家电网公司安监部2012年计划开展的重点演练项目之一，为有效地开展大型社区、人口密集场所突发停电事件的现场应急处置积累了宝贵经验。

参考资料

1. 青岛供电公司举行社区突发停电现场处置联合演练，见http：//www. sdemo. gov. cn/art/2012/7/13/art_4961_261599. html。

新疆重大生产安全事故应急救援演练

一、演练名称

新疆重大生产安全事故应急救援演练。

二、主办单位

宝钢集团八一钢铁有限公司、中共新疆维吾尔自治区党委。

三、时间、地点与目的

2012年6月29日，中共新疆维吾尔自治区党委，在宝钢集团八一钢铁有限公司能源中心开展了新疆重大生产安全事故应急救援演练，本次演练旨在提高新疆地区大型生产企业应对重大突发生产事故的能力，保障安全生产。

四、演练内容

2012年6月29日11时，应急救援演练正式开始。演练模拟了新疆八一钢铁有限公司能源中心5万立方米煤气储罐因泄漏引发火灾，并有8名工作人员中毒昏倒；救援时，泄漏罐体发生爆炸，威胁其他储罐安全，并有3名救援人员受伤；企业、乌鲁木齐市经济开发区（头屯河区）、乌鲁木齐市、自治区相继启动应急响应程序，展开应急救援行动。演练科目包括：企业自救灭火，火场救人，受伤人员现场急救和紧急转送，受影响区域人员紧急撤离、疏散，多支危险化学品应急救援队伍调集，多支危险化学品应急救援队伍联合灭火、储罐堵漏，自治区安全生产应急指挥平台的应用，企业救援互助，企地应急联动等9个科目。本次应急救援演练活动是对自治区政府应急指挥能力以及相关部门现场抢险、医疗救援、协同配合等应急处理能力的一次实战检验，通过企地共同努力，受伤人员得到及时救出、转移及医救，受影响区域人员得到及时疏散，火情得到有效控制并扑灭。整场演练组织严密、调度科学、分工合理、环节紧凑、衔接顺畅；现场指挥员决策果断，指挥得当，合理调配部署应急抢险力量，以最快速度处理险情；各参战单位认真履行职责，密切配合，协同作战；各参战人员精神饱满，英勇顽强，服从命令，听从指挥，贴近实战需要。

五、效果与问题

演练与实际生产安全事故应急救援还有一定区别，实际救援可能会遇到更大的困难，这就要求各部门和各单位认真总结应急救援演练经验，查找存在的问题和不足，要把实际事故想的更复杂、更困难，把应急救援工作想的更细、更实、更具体，从有备无患入手，进一步完善应急预案管理，强化应急救援演练，加强应急救援队伍建设，不断提高应急救援能力。

参考资料

1. 新疆举行重大生产安全事故应急救援演练，见 http：//news. hexun. com/2012 - 06 - 29/143026633. html。

2. 新疆举行重大生产安全事故应急预案演练，见 http：//news. xinhuanet. com/photo/2012 - 06/29/c_123350514_2. htm。

北京市海淀区中国专利大厦应急疏散演练

一、演练名称

北京市海淀区中国专利大厦应急疏散演练。

二、主办单位

北京市海淀区地震局。

三、时间、地点与目的

2012 年 6 月 29 日下午，海淀区地震局会同国家知识产权局专利局专利审查协作北京中心（下简称“审协”），在中国专利大厦举行地震应急疏散演练。审协大厦 670 余名员工参加了演练，审协副主任曲淑君、海淀区地震局副局长谢宏伟、北下关街道副主任赵洪耀观摩了演练。

四、演练内容

演练内容包括应急指挥、应急预警、应急避震、应急救援、应急疏散、应急清点、总结讲评等 7 个科目。

2012 年 6 月 29 日下午 3 时，随着警报声响起，按照演练方案，中国专利大厦立即启动地震应急预案，安保部工作人员在请示总指挥后，及时通过消防广播向大厦工作人员发布预警信息，“请全体人员就近在办公室避震！”。模拟大厦停止晃动后，总指挥下达疏散的指令，分散在大厦 17 个楼层办公的员工，按照预案有序从消防通道撤至位于大厦西侧的北京市 105 中学操场，用时 7 分钟。

五、效果与问题

演练检验了应急指挥、预警发布、应急救援能力，增强了员工地震应急意识和自救互救能力，达到了演练目的，为区地震局今后组织企事业单位、社会团体、综合性写字楼及大型商厦人员疏散积累了工作经验。

参考资料

1. 北京市海淀区地震局会同中国专利大厦开展应急疏散演练，见 http：//www. bjyj. gov. cn/yjyl/t1112872. html。

2. 北京市海淀区地震局指导中国专利大厦开展应急疏散演练，见 http：//www. cea. gov. cn/manage/html/8a8587881632fa5c0116674a018300cf/_content/12_07/04/1341370371638. html。

天津市滨海新区军地联合防汛应急抢险实战演习

一、演练名称

天津市滨海新区军地联合防汛应急抢险实战演习。

二、主办单位

天津市滨海新区应急办、防汛办、军事部司令部。

三、时间、地点与目的

为提高天津市滨海新区防洪减灾水平及军地联合抗洪能力，2012 年 7 月 5 日，滨海新区应急办、防汛办、军事部司令部在滨海新区民兵训练基地联合组织开展了 2012 年滨海新区军地联合防汛应急抢险实战演习，参演总兵力 550 人。演习由滨海新区区委常委、常务副区长刘了利担任演习总指挥，天津警备区、市水务局、各管委会、区各有关部门领导出席了演习。

四、演练内容

演习采用室内推演和现场演练两种形式，分别在滨海新区民兵训练基地的应急指挥中心和操练场同时进行。演习以海河流域持续降暴雨到大暴雨，产生较大洪水，洪水经海河、永定新河下泄为背景，演练了预警启动、防汛调度、应急部署、兵力调动使用、堤防抢险、水上和空中救援等科目。

五、效果与问题

演习检验了各部门、各单位的防汛组织能力、抢险实战能力以及防灾减灾意识，收到了良好效果。在下一步工作中，各部门、各单位应未雨绸缪，强化防汛责任意识，不断提高决策指挥水平和应对突发事件的处置能力，构筑起全方位、立体化、多层次、综合性的防灾减灾应急体系，把责任和措施落到实处。

参考资料

1. 滨海新区举行军地联合防汛抢险演习，提高实战水平，见 http：//www. chinadaily. com. cn/hqpl/zggc/2012－07－06/content_6371337. html。

2. 天津滨海新区举行军地联合防汛抢险实战演习，见 http：//www. hwcc. gov. cn/pub2011/hwcc/wwgj/lysl/tj/201207/t20120706_345586. htm。

3. 滨海新区举行军地联合防汛应急抢险实战演习，见 http：//www. yj. tj. gov. cn/101691/13704. html。

北京市大兴区商市场灭火疏散演练

一、演练名称

北京市大兴区商市场灭火疏散演练。

二、主办单位

北京市公安局、消防局、大兴消防支队。

三、时间、地点与目的

为认真吸取天津市蓟县城关镇莱德商厦重大亡人火灾事故教训，进一步推进大兴区商市场“四个能力”建设，2012 年 7 月 10 日，北京市公安局、消防局、大兴消防支队组织大兴区世纪联华中心开展灭火疏散演练。

四、演练内容

随着现场指挥员的一声令下，消防演练正式开始。演练模拟商业中心地下一层超市生鲜销售柜台发生火灾，公司值班人员迅速向 119 指挥中心报警，并报告单位带班干部，内部迅速启动灭火疏散应急预案，负责院内巡逻的安保人员立即组成第一支灭火力量，使用灭火器进行扑救初起火灾。现场安全员按照应急预案，组织人员指引员工、顾客进行疏散。同时，指挥部利用广播通知商业中心所有在岗的义务消防队员利用灭火器、消火栓进行灭火。在疏散人员过程中，单位安全员通过大声呼喊，跑动检查各个角落，确认员工、顾客已撤离完毕后，向指挥部报告。

五、效果与问题

演练不仅检验了大兴区商市场对火灾等突发事故的快速反应、快速处置的能力，还增强了员工消防安全意识和火场自救、逃生与防控能力，为单位消防安全提供了有力保障，为做好大兴区商市场消防安全工作奠定了坚实基础。

参考资料

1. 市公安局消防局大兴消防支队组织区内商市场开展灭火疏散演练，见 http：//www. bjyj. gov. cn/yjyl/t1113378. html。

2. 大兴消防支队组织区内商市场开展灭火疏散演练，见 http：//www. bjdx. gov. cn/jrdx/dxxw/dxxx/2012n/432010. htm。

长沙市高新区大型应急救援综合演练

一、演练名称

长沙市高新区大型应急救援综合演练。

二、主办单位

长沙市高新区管委会、长沙消防支队和高新区公安分局。

三、时间、地点与目的

为进一步提高应对突发事件及灾害事故的处置能力，检验多警联勤机制，确保社会安全稳定，2012 年 7 月 12 日上午，长沙市高新区在雷锋镇组织开展大型应急救援综合演练。长沙市高新区公安、消防、交警、城管、医疗等 15 支应急救援分队共 200 余人参加了演练。

四、演练内容

2012 年 7 月 12 日 10 点，演习正式开始。演习模拟雷锋镇一家吃得好食府内，由于使用不合格的液化气钢瓶，导致液化气罐爆炸起火燃烧，火势迅速蔓延，大楼内烟雾弥漫，并随时有再次爆炸的危险。此时，该食府内有很多员工正在上班。

现场工作人员发现火情后，立即拨打 119、110、120 报警，员工被困火场，泄漏的液化气仍不断向外扩散，火势越来越大，被困人员随时都有被大火吞没的可能，形势十分危急。

高新区指挥中心接到报警后，立即启动应急救援预案，迅速自救及紧急疏散，区公安、消防、安监、交警、医疗等应急救援分队迅速赶赴现场，成立现场应急救援指挥部，指挥各个应急救援小组分别投入到各自的救援中。麓谷消防中队 12 名官兵出动 1 台抢险救援车、1 台五十零水罐消防车、1 台水泡联用消防车赶到现场。抢险救援组身着抢险救援服，携躯体固定气囊、救援担架进入事故现场。使用躯体固定气囊救出 1 名受伤人员，送至救护车进行急救。同时，搜救小组携带生命探测仪进行现场搜救，经过一番搜寻，发现 1 名群众被埋压，搜救组迅速将其救出，其他人员迅速进行现场灭火，并将吃得好食府内的液化气钢瓶抬出。

不料新的险情再度出现，由于厨房坍塌导致天然气管道破裂，大量天然气持续泄漏，突然“砰”的一声，现场发生二次爆炸，着火建筑随之全部坍塌，情况十分危急。现场指挥部立即向市支队 119 指挥中心请求增援。支队增援力量相继赶到事故现场。在消防官兵灭火救人的同时，交警、治安、医疗等应急救援分队急救人员也在紧急的作战当中。各应急救援分队按照各自职能安排展开协同作战：交警救援分队紧跟到场进行现场警戒，疏散无关车辆，指挥救援车辆有序停放；巡警救援分队清点人员，稳定公司及围观群众情绪；医疗急救分队则对刚刚被抢救出来的受伤人员急救。电力、燃气小组巡视爆炸现场。在指挥中心的调度下，各个救援小组进行从内到外，从上到下，展开全方位、立体式进攻，灭火总攻，经过一番努力，大火被完全扑灭，现场危机消除，10 时 30 分，演练结束。

五、效果与问题

演练增强了园区社会应急救援力量在紧急情况下快速反应、联合作战的能力，检验了应急救援队伍的应急响应、临危指挥、组织调度、快速反应、综合保障的能力，特别是应对处置火灾事故等应急事件发生的综合应急救援能力，坚决防止和杜绝了重特大灾害事故发生，为保障全区经济社会平稳发展打下了坚实的基础。

参考资料

1. 长沙：高新区组织开展大型应急救援综合演练，见 http：//www. hnga. gov. cn/hnga/jjxw/szjx/news－37238. html。

2. 长沙高新区举行突发应急救援综合实战演练，见 http：//news. rednet. cn/c/2012/07/12/2676467. htm。

3. 长沙高新区举行应急救援综合演练，见 http：//www. hn. xinhuanet. com/2012－07/13/c_112433610. htm。

北京市丰台区人员密集场所应急疏散演练

一、演练名称

北京市丰台区人员密集场所应急疏散演练。

二、主办单位

北京市公安局消防局丰台支队。

三、时间、地点与目的

为深入开展“消防平安 3 号”行动，推进《全民消防安全宣传教育纲要》宣贯工作，2012 年 7 月 17 日，北京市公安局消防局丰台支队组织方庄地区人员密集场所开展了应急疏散演练。丰台支队、方庄地区办事处、社区主管消防工作负责人、消防协管员、博纳国际影城工作人员等 300 余人参加了演练。

四、演练内容

演练开始前，北京市丰台支队消防监督员首先向参加活动的人员通报了近期全国火灾事故及火灾形势。结合人员密集场所的特点，支队消防监督员针对夏季火灾隐患的预防、单位内部火灾隐患的自查自改；消防疏散通道和安全出口是否畅通、安全指示标识是否正常悬挂、灭火器等消防设施是否完整好用；如何扑救初期火灾、如何组织人员疏散等方面的内容进行了细致的讲解。并且为参加活动的人员现场演示灭火器的正确使用，组织人员依次利用灭火器进行灭油喷火，让每一位参与活动的人员都掌握了灭火器灭火的使用方法。

授课结束后，演练正式开始。演练模拟影城内一放映厅发生“火灾”，火势迅速蔓延，并有人员被困。影城工作人员迅速拨打 119 报警，同时启动火灾应急预案，影城工作人员按照预案对人员进行紧急疏散。方庄中队官兵接警到达现场后按预定方案迅速展开救援。10 分钟后，在影城放映厅内发现一名被困人员，救助组携带担架对被困人员进行解救，被困人员到达安全地带后移交影城医疗救护组。同时，灭火攻坚组找到着火点并展开强攻灭火。10 分钟后，现场大火被成功扑灭，演练圆满结束。

五、效果与问题

演练不仅提高了广大从业人员的消防安全意识，增强了自防自救能力，也进一步提升了人员密集场所的防御火灾能力，切实做到了人人参与消防，为落实十八大消防安保工作打下了坚实的基础。

参考资料

1. 市公安局消防局丰台消防支队组织人员密集场所开展应急疏散演练活动，见 http：//www. bjyj. gov. cn/yjyl/t1113911. html。

广东省公安特警应急处突演练暨比武活动

一、演练名称

广东省公安特警应急处突演练暨比武活动。

二、主办单位

广东省公安厅。

三、时间、地点与目的

2012 年 7 月 19 日上午，广东省公安厅在佛山市举行广东省公安特警应急处突演练暨比武活动。广州、深圳、珠海、佛山、惠州、东莞、中山等市和白云机场公安局共 8 支特警支队 500 多人参加了演练。广东省财政厅、人力资源社会保障厅等有关单位负责同志观摩了演练。

四、演练内容

演练内容主要包括公安特警应急处突、反恐、维稳、专业训练等科目，围绕公安特警反恐、维稳、处突三大职能，模拟典型案例，展开实兵处置演练。第一版块《反恐尖兵　扬威南粤》，模拟2008年11月印度孟买恐怖袭击事件，开展公安特警处置恐怖袭击事件演练。通过反恐怖要人警卫行动、爆炸物快速搜排、处置群体性劫持人质事件、对恐怖分子盘踞点攻坚突击等处置科目演练，总结近年来广东省的特警反恐技战术训练经验，展示反恐怖袭击能力和水平。第二版块《处突先锋　用我必胜》，展现近年广东省公安特警骨干赴匈牙利学习、交流活动成果，开展近距离快速射击、综合技战术等科目训练展示，以案例回放的形式重现特警成功处置珠海“3·19”劫持人质事件精彩一瞬。第三版块《维稳铁军　誓保平安》，公安特警针对大规模、对抗性强、突发违法打砸事件进行处置演练，展示维护稳定、保护人民群众生命财产安全的实力。第四版块《磨砺精兵　攻坚克难》，通过举行公安特警通过八组障碍、狙击枪精度射击科目比武总决赛，检验、展示各地公安特警队伍专业训练成效和成果。

活动还举行了“南粤公安特警迎接党的十八大胜利召开”主题誓师仪式，500多名公安特警用铮铮誓言，向广东省委、省政府和广大人民群众充分表达了公安特警队“强练兵、创平安、迎接党的十八大胜利召开”的坚定信心和决心。

此外，活动还展示了近年来广东公安特警队伍新列装的高精狙击枪、激光眩目枪、爬墙机器人、四旋翼飞行器、抛投式侦察机器人、穿墙雷达、反恐单兵作战系统等一批高、精、尖特种装备，显示了公安特警队的装备水平和实战能力。

五、效果与问题

演练检验了广东省公安特警队伍反恐怖袭击、维护稳定、保护人民群众生命财产安全的能力，展示了公安特警队的装备水平和实战能力。

参考资料

1. 我省举行公安特警应急处突演练暨比武活动，见http：//www.gdemo.gov.cn/yjyl/qsyl/201207/t20120719_164364.htm。

2. 广东省公安特警应急处突演练暨比武活动成功举行，见http：//news.southcn.com/g/2012-07/19/content_51302542.htm。

阳泉市消防灭火救援应急演练

一、演练名称

阳泉市消防灭火救援应急演练。

二、主办单位

山西省阳泉市公安消防支队。

三、时间、地点与目的

2012年7月19日下午，阳泉市公安消防支队在阳煤氯碱化工责任有限公司举办了化工单位灭火救援应急演练。

四、演练内容

演练模拟阳煤氯碱化工有限责任公司精馏车间发生了泄漏起火、大量人员被困的突发事故。火情发生后，阳煤集团氯碱厂负责人在第一时间向消防部门报警并汇报了火情。阳泉市平定县消防中队、阳光专职消防队出动3辆消防车、17名消防员前往扑救，并在途中向市消防支队指挥中心请求增援。阳泉市消防支队立即调集特勤、南山、阳煤集团、石油公司共4个现役、专职消防队赶赴现场增援。阳泉市消防支队全勤指挥部迅速赶赴火场，向市政府报告后，立即启动了《阳泉市重大灾害事故应急处置预案》。

同时，120急救车、环境监测车、电力通讯车、应急通讯车、供水保障车、加油车、燃气抢修车等社会联动力量也火速赶到现场，在现场灭火力量充足的情况下，消防人员迅速实施了堵漏和强攻灭火措施，救出被困人员，最终成功将大火扑灭。

五、效果与问题

演练指挥高效、组织有力、行动精准，有效检验了阳泉市相关应急预案的科学性和可行性，充分展示了消防部队打造现代化消防“铁军”的成效，并进一步提升了阳泉市社会联动处置突发事件的能力。

参考资料

1. 阳泉市进行以消防灭火救援为内容的应急演练，见http：//www.shanxigov.cn/n16/n8319541/n8319612/n8322023/n8322143/16288686.html。

2. 省消防总队在我市开展跨区域灭火救援演练，见http：//www.yqnews.com.cn/news/rbxw/2012/723/FBI97.html。

黑龙江地震应急预案综合演练

一、演练名称

地震应急预案综合演练。

二、主办单位

黑龙江省人民政府、大庆市人民政府、中国地震局、黑龙江省地震局、黑龙江省应急办。

三、时间、地点与目的

2012年7月25日14—16时，中国地震局、黑龙江省人民政府、黑龙江省政府应急办在大庆市政府110指挥控制中心依照地震应急预案举行了地震应急预案综合演练。通过此次演练检验大庆市应对地震突发事件的能力，增强了政府抗震救灾的决策、指挥和协调能力，增强了大庆市有关部门单位应对地震突发事件的协作和能力，也检验了地震应急预案的可行性和可操作性。

四、演练内容

演练历时2个小时，以模拟林甸县某地发生5.8级地震为背景，启动了《大庆市地震应急预案》二级响应，利用大庆市委、市政府办公楼、林甸县花园镇、花园镇中学、万宝社区、龙凤区一拆迁楼、时代广场等10个分场景进行了应急指挥、震情处置、紧急避险与疏散、灾民安置与救助、灾民搜救与救治、次生灾害抢险、震情新闻发布等7个科目、14个流程的实战演练。来自大庆市直机关、石油石化企业、驻军、乡镇等50多个部门以及800多所学校共40余万人参加了此次演练活动，动用各种车辆100余辆，各类检测、抗震抢险装备若干。整个演练过程紧张有序，各环节决策果断、指挥有力，各参演单位协同作战、配合流畅。

五、效果与问题

这次地震应急预案工作演练，对大庆防震减灾工作是一次重要检验，对提升应急实战能力、增强社会公众的震害防御意识具有重要的意义。大庆以这次演练为契机，坚持“有震无震按有震防，大震小震按大震防”，进一步总结完善地震应急预案，尤其是应对地震这种突发性不可预测性要求的现场应急处置能力和解决方案；进一步落实各类应急防范和准备措施，增强预案的科学性和可操作性；进一步推动应急演练的常态化，经常组织学校等重点公共场所、油化企业等重点行业开展模拟演练；进一步夯实地震灾害防御基础，坚持把抗震设防要求依法纳入基本建设管理程序，确保建设工程抗震能力；进一步强化各部门各单位防震减灾责任意识和社会公众的相关素质技能，提升社会防御救助综合水平。此外，通过演练检验了装备、检验了队伍、检验了预案的科学性和有效性，效果很好，达到了预期的目的，为全省进一步加强防震减灾工作积累了宝贵经验。

参考资料

1. 大庆市举行全省首次“地震应急预案综合演练”，见 http://www.csi.ac.cn/manage/html/4028861611c5c2ba0111c5c558b00001/_content/12_07/26/1343286833401.html。

2. 黑龙江省大庆市举行地震应急预案综合演练，见 http://www.hea.gov.cn/manage/html/8a85878814de00b10115024bf3e40c89/_content/12_07/27/1343364141131.html。

南宁2012抗洪抢险应急演练

一、演练名称

2012抗洪抢险应急演练。

二、主办单位

南宁市水利局。

三、时间、地点与目的

2012年7月26日，“2012抗洪抢险应急演练”在广西南宁市举行。

四、演练内容

2012年7月26日10时，演练在雨中正式开始。受今年热带风暴“韦森特”影响，南宁过去6小时内降水已达100毫米。气象、水利、国土、民政等部门已经进驻市防汛指挥部，协调全市抗洪抢险工作。突然，指挥部接到险情汇报：那马镇黄滩水库坝脚出现管涌，坝体出现大面积渗水，请求支援。随后黄滩水库的详细资料就递交到了指挥部。黄滩水库修建于20世纪60年代，由于年久失修，已被鉴定为病险三类库，下游村庄共有约1000名群众，险情严重。经专家会商后，指挥部迅速制定了详细的抢险计划。武警部队接到指挥部的抢险指令，迅速开进大坝进行抢修。同样是在那马镇，出现了两个直径超3米、深3米的塌陷坑，两间民房倒塌，危及150名群众安危。指挥部再次迅速发出指令，除派出国土部门对当地实施监测外，8艘由武警官兵驾驶的冲锋舟紧急出动，将被困群众撤出，妥善安置在由民政、卫生等部门早已准备好的安置点内。

本次演练恰逢“韦森特”来临，又下着中雨，使得演练条件更接近于实战，很好地检验了南宁市的抗洪抢险应急能力。

参考资料

1. 南宁市举行2012抗洪抢险应急演练，见 http://news.gxnews.com.cn/staticpages/20120727/newgx5011c564-5742424.shtml。

北京市开发区高层住宅小区灭火疏散演练

一、演练名称

北京市开发区高层住宅小区灭火疏散演练。

二、主办单位

北京市公安局、消防局、开发区消防支队。

三、时间、地点与目的

为进一步增强高层住宅小区业主消防安全意识及逃生自救能力，全面落实十八大消防安全保卫工作，2012年7月30日上午，北京市公安局消防局开发区支队联合博兴路派出所、北京博大经开物业管理有限公司、北京博大新元地产有限公司，在博客雅苑高层住宅小区举行消防灭火疏散实战演练。北京市开发区公安分局副局长过岩，消防支队副支队长马晓金，防火处邓继东处长及博客雅苑小区150余名群众参加了现场疏散演练。

四、演练内容

2012年7月30日9时15分，小区7号楼二单元11层1室发生“火灾”，现场“浓烟”滚滚。小区消防控制室、值班室保安在分别接到报警后，立刻启动应急火灾扑救及疏散预案，迅速组织高层内居民进行疏散。同时，拨打“119”火警电话报警，并通知小区义务消防队。义务消防队在接到指令后，分成两组，第一组迅速组织灭火力量，赶到火灾现场，利用灭火器和消火栓进行初期火灾扑救，第二组出一支水枪掩护营救被困人员同时进行灭火，整个灭火救援行动有条不紊地进行。现场展开迅速、处置果断，10分钟后，“火”被彻底扑灭，物业公司对照业主登记簿现场清点人数，被困人员全部成功解救，演练圆满结束。

随后，开发区支队利用消防宣传车来讲解高层住宅业主及安保人员如何发现并消除火灾隐患、扑救初期火灾、疏散逃生、消防宣传教育等方面的内容。并结合此次演练，重点讲解如何快速、有效使用灭火器和室内消火栓，用湿毛巾捂住口鼻、尽量弯腰匍匐等逃生疏散要领。

五、效果与问题

演练提高了高层小区应对突发火情的应对能力，检验了小区多种形式安保力量处置火灾和实施救援能力，提高了居民“关注消防、生命至上”的安全意识。

参考资料

1. 市公安局消防局开发区消防支队举行高层住宅小区灭火疏散演练，见http：//www. bjyj. gov. cn/yjyl/t1114972. html。

晋中市2012年尾矿库安全防汛应急演练

一、演练名称

晋中市2012年尾矿库安全防汛应急演练。

二、主办单位

山西省晋中市人民政府、左权县人民政府。

三、时间、地点与目的

2012年7月30日，晋中市人民政府、左权县人民政府在左权县华鑫矿业有限责任公司尾矿库开展了2012年尾矿库安全防汛应急演练。山西省、晋中市、左权县应急、安监、公安、国土、环保、卫生、民政、气象、消防、交警等相关部门的领导参加了观摩。

四、演练内容

演练模拟百年一遇的特大暴雨导致华鑫矿山尾矿库水位超过警戒线，极有可能造成洪水漫顶引发溃坝事故，危及堆积子坝和下游居民生命财产安全。暴雨发生后，企业迅速启动应急预案积极开展自救，并及时上报桐峪镇政府及左权县安监局。左权县政府接到汛情报告后迅速启动县级应急预案，县政府分管领导带领相关部门赶赴现场，组织其他救援力量进行增援，并采取对坝体进行加固，增设临时水泵外排库内洪水等措施，及时转移安置下游居民，同时上报市政府。市政府接到报告后，为防止事故扩大迅速安排市安监局成立救援总指挥部，带领专家组和市级应急救援队赶赴现场组织救援。

演练共分排水组、护坝组、后勤组、救援组、警戒组、撤离安置组、医疗组、技术监测组等八个小组，参加演练人员共计300余人。

五、效果与问题

演练情景逼真，内容丰富，不仅达到了预期目的，还进一步提高了各级政府、有关部门和企业应对非煤矿山尾矿库突发事故灾害的应急反应能力，提高了广大人民群众的防灾避灾意识，如遇事故能迅速有序安全撤离，最大限度减少损失，保证人民群众生命财产安全。

参考资料

1. 晋中市组织开展2012年尾矿库安全防汛应急演练，见http：//www. shanxigov. cn/n16/n8319541/n8319612/n8322023/n8322143/16360813. html。

2. 畅志仁出席我市2012年尾矿库安全防汛应急演练，见http：//www. sxjzwb. com/jznews/ShowArticle. asp？ArticleID＝39992。

山西省“探索—2012”综合防卫国防动员指挥演练

一、演练名称

“探索—2012”综合防卫国防动员指挥演练。

二、主办单位

山西省国防动员委员会、陕西省军区。

三、时间、地点与目的

2012年8月1日，山西省联合举行了“探索—2012”综合防卫国防动员指挥演练，并依照国防动员法来检验山西省的综合国防动员能力。山西省交通战备专业分队、预备役高炮分队、电磁频谱管理分队、应急信息保障分队、反恐维稳分队、伪装防护分队、城市管制分队等12支实兵分队参加了演练。

四、演练内容

演练开始后，山西省委、省政府和省军区领导在省国防动员指挥部通过一体化指挥平台，向全省下达了一道道国防动员命令、敌情通报、动员任务。忻州市国防动员指挥部为过路部队开设卫生、饮食、装备抢修、油料综合补给站；朔州市交通战备保障队在大运高速公路上实施道路保障；晋中市组织铁路抢修分队进行被损铁道抢修；太原预备役高炮旅对重点路段进行对空掩护。

全省动员预备役部队1个师、1个旅、1个团的21000多人转入陆军、空军和第二炮兵现役部队；部队急需的钢材在太原、临汾市筹措；车辆和工程机械在长治市筹措；全省共动员筹措了医疗卫生、能源、粮秣、油料等5大类9种物资，满足了作战支前的急需。

随着防空警报的发布，人民防空拉开了序幕。主要行动有：隐蔽疏散、重点目标防卫、人员救护、空袭抢险、城市综合管制等。

五、效果与问题

整个演练针对性强，内容丰富，有条不紊，达到了预期目的。但是，演练也存在一些薄弱环节，一是防洪预案和抢险方案还有需要进一步完善的地方；二是各相关部门协调配合还需要进一步密切。这就需要从实战出发，研究并提出改进措施，更加突出应急抢险、各环节衔接、群众安全转移等重点，完善“防、抢、撤”的具体措施，把应急预案做得更加细致严谨。

参考资料

1. 山西举行“探索—2012”综合防卫国防动员指挥演练，见http：//www. gov. cn/jrzg/2012－08/01/content_2196690. htm。

2. 山西举行“探索—2012”综合防卫国防动员指挥演练，见http：//www. mod. gov. cn/big5/mobilize/2012－08/02/content_4388996. htm。

3. 省经动办参加“探索—2012”综合防卫国防动员指挥演练，见http：//www. sxdrc. gov. cn/xxlm/jjdy/zhdt/201209/t20120914_66188. htm。

北京市密云县大型商场夜间灭火救援联合演练

一、演练名称

北京市密云县大型商场夜间灭火救援联合演练。

二、主办单位

北京市公安局、消防局、密云消防支队。

三、时间、地点与目的

为吸取“6·30”蓟县大型商场火灾教训，进一步提高北京市公安局消防局密云支队全体官兵协同作战和灭火救援能力，全力做好党的十八大期间灭火救援和执勤战备工作，结合总队《党的十八大消防安全保卫战灭火救援工作方案》，2012年8月2日晚上，北京市公安局消防局密云支队组织所属三个中队对辖区北京国泰平安有限公司密云店进行夜间灭火救援联合实战演练。

四、演练内容

演练模拟2012年8月2日21时22分开始，北京国泰平安百货有限公司密云店四层服装区因电线短路，引燃可燃物，发生火灾。起火后火势迅速蔓延，单位发现火情后，保卫人员赶赴现场实施初期扑救并将现场情况向单位领导报告，单位中控室迅速启动内部应急预案并拨打“119”报警。密云支队接到报警后，迅速启动国泰商场灭火救援应急预案，调集支队所属三个中队12部消防车赶赴火灾现场实施灭火救援，支队全勤指挥部也同时赶往火灾事故现场。

21时35分，十里堡中队到达事故现场，到场后迅速成立侦察、搜救、灭火、警戒、供水、通信等小组，同时展开战斗，并将现场情况向支队指挥中心进行了反馈。21时37分支队全勤指挥部到场组织指挥灭火救援。随后，溪翁庄中队及太师屯中队增援力量相继到场，并到现场指挥部领取了作战任务。现场指挥长根据实际情况，果断命令各参战力量按照方案迅速展开战斗，疏散人员、开启固定消防设施，阻止火势进一步蔓延，同时组织后方指挥员及后方战勤员成立供水保障组，确保火场供水不间断。40分钟后，火势被扑灭，演练取得圆满成功。演练中，商场管理人员也参与其中，组织人员疏散与逃生演练，并在火灾初期利用墙式消火栓、灭火器等器材进行自救。

五、效果与问题

演练使支队官兵掌握了大型商场火灾的扑救程序，并检验了支队灭火救援预案的适用性和可操作性，进一步增强了各中队的协同配合能力，提高了商场员工的消防安全意识，为十八大消防保卫工作奠定了坚实的基础。

参考资料

1. 市公安局消防局密云消防支队开展大型商场夜间灭火救援联合演练，见http：//www. bjyj. gov. cn/yjyl/t1115546. html。

河南省平顶山市防汛抢险应急演练

一、演练名称

河南省平顶山市防汛抢险应急演练。

二、主办单位

平顶山城市防汛指挥部。

三、时间、地点与目的

2012年8月6日下午，河南省平顶山市举行白龟山水库防汛抢险应急演练和城市防汛应急演练。平顶山城市防汛指挥部、市住建局、公安局、供电局、人防办及新华、卫东、湛河3区政府等单位和部门联合参加了城市防汛应急演练。

四、演练内容

演练由白龟山水库防汛抢险应急演练和城市防汛应急演练两部分组成。参加演练的人员按照预案，有序地开展了泄洪闸启闭、工程抢险、水上救护、现场指挥保障、应急通信供电保障、排除城市积水、救助被困人员、抢救受灾物资、疏通河道等科目演练。演练中，指挥人员沉着应对、科学指挥，抢险队员奋勇争先、克难攻坚，使演练的每一个项目都做到紧张有序、迅速快捷，不仅有效控制了“险情”，保护了群众安全，还减少了“灾害”损失。

据悉，共有600余人参加了演练。演练共出动冲锋舟10艘、工程车7台、应急指挥车2台、救护车2台、应急通信保障车1台、应急供电车1台、野战训练车1台、大型移动抽水泵车1台、发电机2台、水泵14台，其他车辆100余台。

五、效果与问题

整个演练针对性强，内容丰富，有条不紊，达到了预期目的。但是，演练也存在一些薄弱环节，一是防洪预案和抢险方案还有需要进一步完善的地方；二是各相关部门协调配合还需要进一步密切。这就需要从实战出发，研究并提出改进措施，更加突出应急抢险、各环节衔接、群众安全转移等重点，完善“防、抢、撤”的具体措施，把预案做得更加细致严谨。

参考资料

1. 平顶山市举行防汛抢险应急演练，见 http：//www.hnsl.gov.cn/sitegroup/root/html/000000002a3230a1012a55c2af230330/2012080908345033 3.html。

2. 平顶山市举行防汛抢险应急演练，见 http：//www.henan.gov.cn/zwgk/system/2012/08/07/010324481.shtml。

3. 我市举行城市防汛应急演练，见 http：//www.pdsjs.com/portal/zfxxgk/jsdt/jskx/webinfo/2012/08/1343013695053829.htm。

贵州凯里市供电局消防安全演练

一、演练名称

贵州凯里市供电局消防安全演练。

二、主办单位

贵州省凯里市供电局、凯里市消防大队。

三、时间、地点与目的

2012年8月9日15时30分，贵州凯里供电局办公大楼8楼浓烟滚滚，火情发现人员立即拨打了火警“119”求援。随机启动了2012年消防应急演练，本次演练旨在规范火灾应急处置程序，提高消防安全意识，有效地防范各类火灾事故带来的伤害和损失，使凯里市供电局全体员工掌握简单实用的逃生和扑救常识。

四、演练内容

2012年8月9日15时30分，贵州凯里供电局办公大楼8楼浓烟滚滚，火情发现人员立即拨打了火警“119”求援。听到警鸣声后，正在上班的员工按照突发应急预案，在各楼层安全员的引导下，按照火灾逃生的要求，用湿毛巾捂住口鼻，弯腰低行，有序地从3个消防楼道疏散撤离。疏散过程中没有出现堵塞、争先恐后、推撞踩踏的现象。全体员工们到达安全场地时，该局立即集合，清点人数，发现仍有2名办公人员被困于大楼3楼，消防队员迅速与指挥中心联系，找出被困人员的具体位置，并迅速冲进办公楼安全地解救出这2名人员。

五、效果与问题

演习完成后，该局还对演习进行了总结，通过近一个月的精心准备，整个现场有序流畅、全体职工统一服从应急指挥是此次演习的亮点，凯里市消防大队在演习后也提出两点专业的改进意见，一是要让职工学习利用最近的消防设施对初期火灾进行扑灭，尽量利用办公楼自身消防设施将火灾消灭在萌芽状态；二是疏散时要使用湿毛巾，对受伤人员要立即送往医院进行救治，避免二次伤害发生。

参考资料

1. 凯里供电局举行2012年消防应急疏散演练，见 http：//gz.people.com.cn/n/2012/0811/c192245－17347306.html。

甘肃省卫生厅2012卫生应急演练

一、演练名称

甘肃省卫生厅2012卫生应急演练。

二、主办单位

甘肃省卫生厅、甘肃省红十字会、甘肃省人

民医院、甘肃省中医院、兰州大学第一医院、兰州大学第二医院。

三、时间、地点与目的

2012 年 8 月 27 日上午"甘肃省卫生厅 2012 卫生应急演练"在定西市渭源县分水岭举行。本次演练旨在检验和提高甘肃省灾后医疗卫生救援应急能力和水平，锻炼卫生应急队伍，构建医疗卫生单位统一、快速、高效的应急处理机制。

四、演练内容

2012 年 8 月 27 日各参演单位按照甘肃省卫生厅的统一部署，组织开展了灾后队伍集结拉动、搭建帐篷、现场调查处理、现场救援、伤员救治、卫生防疫、卫生监督、健康教育、血液供应、应急物资、药品储备等科目的演练。8 月 28 日上午，由省卫生厅、各参演单位负责人、兰州军区联勤部卫生部专家组成的考评组参观了队员们的宿营帐篷，对各参演单位演练成果进行了考评。

五、效果与问题

本次演练，锻炼了甘肃省卫生应急队伍，提高了沟通、处置、评估等综合能力，进一步提高了灾后综合处置能力。

参考资料

1. 甘肃省卫生厅 2012 卫生应急演练圆满结束，见 http：//health1. gansudaily. com. cn/system/2012/08/30/012771662. shtml。

2012 年海峡两岸海上联合搜救演练

一、演练名称

2012 年海峡两岸海上联合搜救演练。

二、主办单位

中国海峡两岸航运交流协会。

三、时间、地点与目的

2012 年 8 月 30 日上午 10 时 30 分，"2012 年海峡两岸海上联合搜救演练"在台湾海峡的厦门、金门海域举行。这是自 2010 年以来，海峡两岸海上搜救力量再次共同进行的大规模海陆空联合搜救演练。本次演练的主题是"强化搜救合作、共建平安海峡、维护两岸三通、共创两岸双赢"。海峡两岸航运交流协会、中国海上搜救中心、中华搜救协会、厦门市政府、金门县政府及海峡两岸海上搜救相关部门共同执行此次联合演练。

四、演练内容

演练模拟一架自台北飞往厦门的两岸直航客机，在飞行途中发生引擎故障，紧急迫降于台湾海峡的厦门、金门海域。飞机在迫降过程中擦撞 1 艘两岸直航客轮，客轮起火，飞机机身撞击海面激起涌浪造成附近两艘作业渔船翻覆，数十人落水。事故发生后，两岸搜救机构立即启动应急预案，派出直升机前往救援伤势严重人员，派出潜水员救助被扣在翻覆渔船内的遇险渔民，协调公务船舶、专业和社会搜救力量搜救其余落水人员，过驳遇险飞机和客轮上人员。经全力救助，遇险人员全部被救起，客轮大火被扑灭、堵漏作业完成并恢复动力后被护送回港，迫降飞机被拖带到安全水域。

演练首次以航空器遇险水上迫降为背景，囊括了航空器迫降海面人员逃生操演，两岸遇险讯息通报及启动应变机制，现场救援单位联系、通报及任务分配，航空器及船舶灭火，遇险人员搜救，落海失踪人员搜寻，人员海上移交、检伤分类及后送医疗，以及善后处置等 8 个项目。两岸海上搜救单位共 300 多人参与演练，共动用两岸搜救船舶 14 艘、救助直升机 2 架，模拟事故船舶 4 艘；另有演练现场警戒船舶 4 艘，其他工作船舶 5 艘、工作直升机 1 架。演练结束后，参加演练的海峡两岸船舶和救助直升机集结编队，通过主观摩台接受检阅。

五、效果与问题

演练契合了"大三通"开启后纷繁复杂的两岸海空大交通环境，全面磨合、检验、评估了两岸搜救的协作能力。在继续实现两岸搜救部门同台指挥、同台观摩、同台解说、同台演练的基础上，更由登临陆方商用趸船观摩台变为登临台方公务船观摩台，由双方分别直接抵达演练海域变为双方同时同步抵达，彰显了两岸合作的进一步深入和密切。

演练结束后，海峡两岸双方初步商定，今后每两年轮流主办联合搜救演练，演练之间的年度轮流主办搜救学术研讨会，继续推动海峡两岸海上搜救合作的常态化和制度化。

参考资料

1. 2012 年海峡两岸海上联合搜救演练成功举行，见 http：//www. gdemo. gov. cn/yjyl/gnyl/201208/t20120830_166701. htm。

2. 海峡两岸演练海上联合搜救，见 http：//paper. people. com. cn/rmrbhwb/html/2012 - 08/31/content_1105908. htm。

3. 2012 年海峡两岸海上联合搜救演练成功举行，见 http：//www. moc. gov. cn/zhuzhan/jiaotongxinwen/xinwenredian/201208xinwen/201208/t20120831_1293490. html。

2012年国家应急通信跨省演练

一、演练名称

2012年国家应急通信跨省演练。

二、主办单位

国家工业和信息化部。

三、时间、地点与目的

2012年8月31日，国家工业和信息化部组织有关部门开展了2012年国家应急通信跨省演练。本次跨省演练分别设工业和信息化部指挥中心，北京、福建、四川三个省（市）指挥中心和三个演练现场，模拟实战开展了信息报送、视频会商、指挥调度、现场保障等科目的演练。

四、演练内容

本次跨省演练以福建遭遇超强台风在沿海地区登陆、四川发生特大泥石流和北京会场周边通信基站负荷超出警戒值为背景，分别设工业和信息化部指挥中心，北京、福建、四川三个省（市）指挥中心和三个演练现场，模拟实战开展了信息报送、视频会商、指挥调度、现场保障等科目的演练，充分展示了我国应急通信保障队伍的综合实力和精神风貌。演练累计投入应急演练人员200人、应急指挥和通信保障车辆30台、通信设备50台（套）。演练有关单位认真谋划、周密组织、密切协同，演练科目设计合理、衔接紧凑、贴近实战，指挥调度机制灵活、层次分明、有条不紊，演练队伍精神饱满、响应迅速、处置得当，总体效果很好，达到了预期目的，取得了圆满成功。国家发展改革委、民政部、财政部、交通运输部、铁道部、海关总署、安全监管总局、民航局、新闻办、总参作战部、总参信息化部、中国电信、中国移动和中国联通等“国家通信保障应急领导小组”（筹）成员单位有关领导在工业和信息化部应急通信指挥中心观摩了此次演练。

五、演练效果与问题

有关单位认真谋划、周密组织、密切协同，演练总体效果很好，达到了预期目的，取得了圆满成功。演练科目设计合理、衔接紧凑、贴近实战，指挥调度机制灵活、层次分明、有条不紊，演练队伍精神饱满、响应迅速、处置得当。国家工业和信息化部副部长尚冰指出，今后一段时期，通信行业要围绕“一案三制”，健全国家应急通信指挥管理体系；抓住关键环节，提升应急通信保障能力；精心谋划组织，全力做好十八大应急通信保障工作，推动应急通信工作再上一个新台阶。

参考文献

1. 工业和信息化部举行2012年国家应急通信跨省演练，见 http：//www. gov. cn/gzdt/2012－09/04/content_2216401. htm。

2012年度互联网网络安全演练

一、演练名称

2012年度互联网网络安全演练。

二、主办单位

国家工业和信息化部通信保障局。

三、时间、地点与目的

2012年9月4日，国家工业和信息化部通信保障局组织北京市通信管理局、江苏省通信管理局、新疆维吾尔自治区通信管理局、中国电信、中国移动、中国联通、国家计算机网络应急技术处理协调中心（CNCERT）及北京分中心等单位，开展了2012年互联网网络安全应急演练。目的是进一步加强公共互联网网络安全应急管理工作，增强对党的十八大等国家重大活动的网络安全保障能力。

四、演练内容

演练以近期发生的真实案例为背景，模拟重要通信基础设施和信息系统遭受网络攻击，各参演单位按照《公共互联网网络安全应急预案》和《互联网网络安全信息通报实施办法》，在工业和信息化部演练指挥部的指挥下，迅速对网络安全突发事件进行监测和处置，消除网络安全事件带来的影响，保障通信网络和重要信息系统安全运行。演练共分三个科目。科目一是基础电信企业递归服务器遭受攻击。科目二是重要信息系统遭受虚假源地址DDoS攻击。科目三是重要政府网站遭受流量转嫁攻击。

演练突出实战，基于现网构建了专门的真实演练系统，采取“背靠背”形式，由基础电信企业充分利用自身技术手段进行应急处置。演练注重行业内部统筹协调，强化对外安全支持与保障，突出重点区域应急处置。国家工业和信息化部通信保障局、基础电信企业和CNCERT有关负责人和专家在指挥部现场指挥，实时研判相关情况，组织开展应急演练。

五、效果与问题

通过演练，各参演单位进一步熟悉了互联网网络安全事件应急预案和流程，切实提高了网络安全事件应急响应和处置能力，为保障党的十八大期间互联网网络安全奠定了扎实的基础。

参考资料

1. 工业和信息化部开展2012年度互联网网络安全演练，见 http：//www. gov. cn/gzdt/2012－

09/06/content_2218219. htm。

重庆市2012年事故灾难综合应急演练

一、演练名称

重庆市2012年事故灾难综合应急演练。

二、主办单位

中铝重庆分公司、天原化工厂、重庆市政府、重庆市安监局、重庆市应急办。

三、时间、地点与目的

2012年9月8日，南川区水江镇的中铝重庆分公司举行了重庆市2012年事故灾难综合应急演练。

四、演练内容

2012年9月8日，本次演练的模拟背景是一股强冷空气登陆重庆，带来一场百年不遇的大雨。9月9日，强降雨引发山洪暴发，位于南川区水江镇的中铝重庆分公司两处巷道发生透水、冒顶和坍塌事故，多人被困；密集的雷电导致涪陵区白涛化工园区天原化工厂一甲醇储罐顶部发生燃爆，同时厂区氯气储存装置发生不明泄漏，可能造成重大人员伤亡及周边大范围人员中毒，并可能引发乌江及长江流域水质污染。相关部门迅速启动应急预案，通过远程监控指挥等方式，圆满完成假想场景中的救援工作。

五、效果与问题

本次演练虽然获得成功，但毕竟这是一次模拟演练，与实际事故救援还存在区别，实际事故救援遇到困难，可能会超出预期和想象。重庆市市政府应急办和市安监局等相关部门要结合专家点评意见，对本次演练进行全面总结，分析评估演练的效果，举一反三，深入查找重庆市在突发事故灾难应急管理工作中的漏洞和薄弱环节。

参考资料

1. 重庆市2012年事故灾难综合应急演练10日举行，见 http：//news. ifeng. com/gundong/detail_2012_09/10/17498617_0. shtml。

2. 重庆事故综合应急演练：险情不断临危不乱，见 http：//www. aqsc. cn/101813/101942/255258. html。

松江区开展突发环境事件应急演练

一、演练名称

松江区突发环境事件应急演练。

二、主办单位

上海市环境监察总队、市环境监测中心。

三、时间、地点与目的

2012年9月10日，上海市松江区突发环境事件应急演练在上海山富数码喷绘复合材料有限公司内举行，旨在提高应对上海市松江区环境突发情况的能力。

四、演练内容

此次演练模拟上海山富数码喷绘复合材料有限公司装有甲苯的储罐，由于一接口阀门老化，发生甲苯泄漏事故。在紧急关闭第二个阀门前，已有一定量的甲苯发生泄漏，空气中有明显的甲苯气味，事发企业周边有工厂和零星居民点。接报后，松江区环保局迅速启动突发环境事件应急处置预案。演练分为应急拉动、桌面推演、现场处置、总结点评四个环节。

五、演练效果与问题

演练结束后，上海市环境监察总队、市环境监测中心相关负责人代表评判组对本次演练作了精彩的点评。最后，演练在充分肯定成绩的基础上对下阶段环境应急工作提出了三点要求：一是处置突发环境应急事故，要体现以人为本的理念，抢救人员、疏散群众必须放在首位；二是演练中口头报告语言既要规范，更要易听易懂；三是事故处置结束后，要及时向上级有关部门报告情况。

参考资料

1. 松江区开展突发环境事件应急演练，见 http：//www. shanghai. gov. cn/shanghai/node2314/node2315/node15343/u21ai657453. html。

石家庄中石油分公司大型灭火演练

一、演练名称

石家庄中石油分公司大型灭火演练。

二、主办单位

石家庄公安消防支队。

三、时间、地点与目的

2012年9月12日，石家庄公安消防支队组织特勤一中队、特勤三中队、二中队、六中队和正定中队，在中石油北京天然气管道有限公司正定分输站进行了大型灭火实战演练。

四、演练内容

演练模拟输气管道发生泄漏并燃烧，一人被困，情况十分危急。发现险情后，中石油工作人员迅速出动实施初期火灾扑救，启动报警系统，由于火势凶猛，无法有效控制，石油库工作人员及时拨打“119”报警。

接到报警后，正定中队火速赶到现场，同时启动重点单位灭火救援应急预案，并请求指挥中心调集增援力量，特勤一中队、特勤三中队、二中队、六中队到场增援。到达火场后，官兵迅速成立火情侦察小组，在厂内技术人员的配合下进行现场侦察，查明起火部位、火势蔓延方向等情况。根据火场情况，现场指挥员立即进行战斗部署：警戒小组根据侦察检测情况设立警戒区，对周围车辆和群众进行疏散，禁止任何车辆和人员进入库区；灭火组根据火势情况，迅速出两支直流水枪对火势进行压制。火势被扑灭后又继续对罐体进行冷却，在强势水流的掩护下3名抢险救援攻坚组成员深入内部成功救出被困者，经过近30分钟的灭火战斗，圆满完成了此次演练任务。

五、效果与问题

演练过程中，全体官兵分工明确，作战任务清晰，战斗行动迅速，成功地完成了此次大型灭火演练任务。此次“五供”单位大型灭火实战演练强化了“五供”单位消防安全意识，提高了官兵的火场处置应变能力，增强了消防官兵的灭火技战术水平和部队整体战斗能力。

参考资料

1. 石家庄消防深入中石油分公司开展大型灭火演练，见 http：//119. china. com. cn/zbjs/txt/2012－09/14/content_5337087. htm。

东营市2012年突发公共事件卫生应急演练

一、演练名称

东营市2012年突发公共事件卫生应急演练。

二、主办单位

东营市卫生局。

三、时间、地点与目的

2012年9月17日，东营市在市人民医院举办了2012年重大突发公共事件卫生应急演练。东营市卫生局副局长、市疾控中心主任于学友参加观摩并讲话，东营市医疗紧急救援指挥中心、市人民医院、胜利油田中心医院、胜利石油管理局胜利医院、市疾病预防控制中心、东营区疾病预防控制中心及东营区人民医院参加了演练活动。东营市各县区卫生局、局直各单位有关领导及相关负责人共100余人参加了演练观摩。东营市政府应急办、市人力资源社会保障局、胜利油田卫生处等单位领导应邀观摩了演练。

四、演练内容

演练分不明原因肺炎处置和突发交通事故紧急医疗救援处置两部分。演练组织分工明确，现场布置合理，人员到位迅速，个人防护到位，信息报告及时，整体配合娴熟。

五、效果与问题

演练是东营市卫生系统专业技术人员业务素质的一次集中展示，对锻炼卫生应急队伍，提升全市突发公共卫生事件应急处置能力具有重要意义。

参考资料

1. 东营市举办2012年突发公共事件卫生应急演练，见 http：//sd. people. com. cn/n/2012/0917/c217070－17491325. html。

2. 我市举办2012年突发公共事件卫生应急演练，见 http：//www. dongying. gov. cn/html/2012－09/content－12091709201924358. html。

黑龙江空管局2012年度联合应急演练

一、演练名称

黑龙江空管局2012年度联合应急演练。

二、主办单位

中国民用航空局空中交通管理局黑龙江空管分局。

三、时间、地点与目的

2012年9月19日，中国民用航空局空中交通管理局黑龙江空管分局组织开展了分局2012年联合应急演练。演练科目严格保密，采取突发实战方式进行，旨在检验分局各部门大面积航班延误处置方案、外台站设备故障处置程序的有效性和适用性，验证各岗位人员应急处置能力与协调联动能力。

四、演练内容

此次演练针对当前空管保障工作重点、难点和存在的问题以及即将到来的冬季运行保障可能会遇到的特殊情况，经过研究，确定了大面积航班延误处置和双城雷达站市电缺相、传输链路中断的演练方案。在历时2个多小时的演练中，由于科目设置复杂、实战与模拟演练相结合、多项科目同时进行、多部门联合参演，增加了演练的难度，也极大地考验了各岗位人员对于连续突发事件的冷静预判、有序处置与协调联动能力。其中：强雷雨演练中机场警报发布及时、通报程序顺畅；大面积航班延误演练中预判准确、启动迅速、通报到位；雷雨绕飞演练中管制指挥准备充分、协调有力、调配流畅；双城雷达站设备故障演练中设备维护人员沉着应对、思路清晰、反应迅速，短时间内修复了市电缺相、Ku卫星传输链路中断、联通传输链路中断等多项突发实际故障，经受住了的考验。

五、效果与问题

演练结束后，领导小组立即收集演练各岗位的处置记录单，结合相关特情处置预案，对照实时记录的电话录音和处置场景影像资料，查找演练中暴露的问题和存在的薄弱环节。并在此基础上组织召开了讲评会，总结经验，查找不足，对存在的问题进行了深入的分析，研究制定了改进措施，并对下一步工作提出了具体要求。

通过此次演练检验了各岗位工作人员的应急处置、协调沟通、信息通报和整体联动能力，展现了各级人员严谨的工作作风和熟练的业务技能。

参考资料

1. 黑龙江空管组织2012年度联合应急演练，见 http：//www. caacnews. com. cn/newsshow. aspx? idnews =202556。

2012年全国港口设施保安演习

一、演练名称

2012年全国港口设施保安演习。

二、主办单位

国家交通运输部。

三、时间、地点与目的

2012年9月21日15时，国家交通运输部天津国际邮轮母港举行“2012年全国港口设施保安演习”。本次演习的主题为“保安全、稳增长、促发展”，涉及港政、公安、海事、救助、边防、港航企业等多个部门和单位。

四、演练内容

本次演习是我国2004年、2007年之后，举办的第三次全国港口设施保安演习，全面展示了我国港口设施保安的最新形象。此次演习情景设置为，恐怖分子意图对我国某国际邮轮制造爆炸袭击，同时实行岸上行动计划和海上行动计划，妄图造成船毁人亡的惨剧，引起我国社会恐慌和恶劣国际影响。演习中，港政、公安、海事、港口企业等部门根据《港口设施保安计划》等的要求，针对人员密集场所发生保安事件时采取的应急反应程序进行演练，重点展现邮轮母港停车场管理、候船厅人员疏散和码头前沿水域的防恐以及应急处置的能力，检验各级保安组织、相关部门、港口设施及人员的综合反应和协调配合能力。

五、效果与问题

自2008年保奥运全国船舶和港口保安工作会议以来，我国的港口设施保安工作逐步实现了法规体系完善、监管机制有效、企业工作有序，港口安全保持持续稳定，港口设施保安工作更加规范化、标准化。本次演习全面展示了我国港口设施保安的最新形象，对进一步提高我国港口设施的综合安全水平起到了积极作用。

参考资料

1. 交通运输部举行“2012年全国港口设施保安演习”，见 http：//www. gdemo. gov. cn/yjyl/gnyl/201209/t20120922_167777. htm。

兰州机场反劫机应急处置演练

一、演练名称

兰州机场反劫机应急处置演练。

二、主办单位

甘肃机场集团、甘肃省公安厅、民航甘肃监管局、东航甘肃分公司、民航甘肃空管分局、中航油甘肃分公司、驻机场武警部队。

三、时间、地点与目的

2012年9月25日，兰州中川机场举行了一场反劫机应急救援综合演练，本次演练旨在进一步健全兰州机场应对突发事件的组织、指挥和协调机制，进一步提升安保和空防安全工作。

四、演练内容

演练从2012年9月25日20时40分开始，演练科目设定为：兰州机场应急处置演练。内容包括：机场各应急保障单位夜间联动，机场对内信息通报、对外新闻发布程序。

兰州机场立即启动应急救援预案，发出应急救援指令，各救援保障单位迅速组织力量赶赴现场，按照预案分工展开救援处置工作。演练选择在夜间开展，虽增加了演练的难度，但更接近实战，又具有独特性，此次演练是深入推进兰州机场各单位反劫机应急处置工作建设主要措施，健全了机场与省市应急救援单位应对突发事件的协同作战机制；进一步完善了现有反劫机等应急工作体系和预案。

五、效果与问题

通过本次演练，检验了兰州机场反劫机保障能力，提升了对各保障单位夜间联动的能力。诸多驻场联勤单位和地方支援力量参与联动，参加此次应急处置演练人员280人，各种车辆30台，达到了锻炼单位多、检测协同多、积累经验多的目标；演练中，各救援协作单位应急保障反应能力、现场处置能力，以及内外新闻信息通报发布程序，均符合局方演练要求。演练紧张有序，圆满成功，达到了预期效果。

参考资料

1. 夜间联动：兰州机场开展反劫机应急处置演练，见 http：//news. carnoc. com/list/233/233992. html。

2012东海民用航空器遇险联合搜救演习

一、演练名称

2012东海民用航空器遇险联合搜救演习。

二、主办单位

国家交通运输部（中国海上搜救中心）、上海市政府。

三、时间、地点与目的

2012 年 9 月 26 日 9 时 30 分，交通运输部（中国海上搜救中心）、上海市政府主办，上海海上搜救中心、上海海事局承办的“2012 年东海民用航空器遇险联合搜救演习”在上海宝山北锚地附近水域举行。本次演习以“拯救危难，共筑平安海空”为主题，是中国海上搜救中心成立以来首次举行的民用航空器遇险搜救演习。

四、演习内容

本次演习科目包括应急响应、人员疏散及示警、人员搜救、医疗卫生救护、海上消防、善后处置和现场警戒及交通管制等。本次演习由交通运输部副部长徐祖远、上海市副市长沈骏共同担任总指挥。演习中参演力量包括各类船艇 33 艘、飞机 4 架，上海海上搜救中心各成员单位、中国东方航空股份有限公司、山东海事局及上海海事大学等单位近 500 人。为真实展示民用航空器迫降水上的情景，提高演习的实战效果，上海海上搜救中心按照“1∶1”的比例建造了一架大型飞机模型供演习使用。

演习模拟一架准备降落的国外民用航空器突发故障，双引擎先后失灵，在长江口水域紧急成功迫降，迫降过程中机尾起火伴有大量烟雾，机上 140 名乘客和 10 名机组人员的生命受到威胁，情况危急。根据《民用航空海上遇险应急反应处置预案》中民用航空器海上遇险事件分级规定，本事件属于特别严重（Ⅰ级）民用航空器海上遇险事件。上海海上搜救中心接报后，立即组织、协调、指挥各成员单位以及社会力量，快速出击开展联合搜救。

参考资料

1. 东海民用航空器遇险联合搜救演习在上海宝山举行，见 http：//www.gdemo.gov.cn/yjyl/gnyl/201209/t20120927_168076.htm。

2. 东海民用航空器遇险联合搜救演习在上海宝山举行，见 http：//www.gov.cn/gzdt/2012－09/27/content_2233979.htm。

3. 我国首次民用航空器遇险联合搜救演习圆满成功，见 http：//news.xinhuanet.com/politics/2012－09/26/c_113215148.htm。

“中原先锋 2012”大型应急通信演练

一、演练名称

“中原先锋 2012”大型应急通信演练。

二、主办单位

中国移动通信集团河南有限公司。

三、时间、地点与目的

2012 年 9 月 27 日，一场代号为“中原先锋 2012”的大型应急通信演练在河南郑州市民兵综合训练基地举行。该演练采取联合演练方式，由中国移动通信集团河南有限公司协同山东、山西、陕西、内蒙古、广东 5 个省公司共同参演，展现了 6 省联动应急通信保障的能力。

四、演练内容

演练包括“抢险指挥”、“保障畅通”、“重点抢通”、“应急处理”、“便民服务”五大场景共 10 个科目，内容涉及交换、无线、传输、配套、卫星、单兵防化、客户服务等多个专业。

第一个场景是“抢险指挥”阶段，重点是确保灾区前沿指挥人员的通信正常。第二个场景是“保障畅通”阶段，重点是保障灾区指挥部通信畅通。由于地震造成话务突增，网络拥堵，中国移动视情况相应启动“红橙黄蓝”应急预案，降低网络负荷，开启分级接入功能，先是保证省政府抗震救灾指挥部通信畅通，然后保障现场救灾指挥人员的通信畅通。第三个场景是“重点抢通”阶段，灾区的通信机楼及基站损毁，核心网及无线设备损毁严重大量基站退服，只有两处超级基站工作正常。中国移动抢险人员开通大型应急交换车及四车联动，恢复交换网络通信。由于灾区一座重要的跨河桥梁损毁，造成光缆受损，指挥部迅速派出水上应急队伍展开跨河通信抢修，水上应急小组协助运送抢修人员、发电机和传输设备等物资，快速抢通光缆。第四个场景是“应急处理”阶段，重点是“化学品泄漏事件中的应急通信处理”演练。基站受损情况不明、通信中断，有毒气体严重泄漏，造成了严重的次生灾害，现场指挥迅速派出应急抢险队伍，使用单兵系统传回危险品泄漏情况及基站受损情况，全力修复受损基站。第五个场景是“便民服务”阶段，重点是“灾区安置点便民通信服务”。中国移动派出一辆便民服务车携带应急物资赶赴灾区，车上配备了大功率应急发电机。便民服务车搭建临时营业点，提供充电、报平安等服务。

五、效果与问题

经过五个阶段的模拟演练，各个应急通信保障组有力配合，使受灾地区网络运行逐渐稳定，灾区通信基本恢复正常，全部演练科目圆满完成。“中原先锋 2012”河南大区应急通信演练进一步提升了河南移动应急通信保障能力，展现了大区应急通信协同作战能力，促进了国家一类通信保障队伍和河南大区各省应对突发事件的应急处理能力、快速反应能力和协同作战能力的提高，为确保在发生突发事件的情况下及时高效地完成应急通信保障任务提供了借鉴。

参考资料

1. 中国移动举办“中原先锋2012”大型应急通信演练，见 http：//henan. sina. com. cn/shuma/2012－09－27/268－23951. html。

江苏省沿江饮用水源地突发环境污染事件综合演练

一、演练名称

沿江饮用水源地突发环境污染事件综合演练。

二、主办单位

江苏省人民政府、环境保护部。

三、时间、地点与目的

2012年9月27日，此次演练由江苏省人民政府和环境保护部联合主办，以“跨区域响应，多部门联动，共保饮水安全”为主题的演练旨在提升应对流域性突发水污染事件的应急能力，有效保障长江江苏段饮用水水源地的环境安全。

四、演练内容

在长江泰兴段水域，“新星”号甲苯运输船与“长江”号货轮碰撞后爆炸起火，部分甲苯及燃油泄漏，危及沿江地区饮用水水源地环境安全。事发后，江苏省、市、县三级政府及环保、海事、住建、水利等相关部门启动应急预案，采取各项措施，开展应急处置，控制了水体污染，保障了沿江各市饮水安全。

演练现场模拟的场景是载有1000吨甲苯的“新星”号泄漏的甲苯和燃油在江面形成了一条狭长的污染带，并向下游漂移。记者在演练现场看到，围油栏布设艇先后在“新星”号附近水域设置了两道围油栏进行围控，并组织清污船对污染物进行清除。随后，“长空一号”直升机到达现场，在对污染水体进行取样的同时，向污染江面投放吸油毡，加快污染物的清除。

五、效果与问题

经连续10个小时监测，本次船舶碰撞导致的危化品泄漏造成的环境污染已经解除，长江沿线水质恢复正常，应急响应终止。江苏省处在环境污染事件的高发期，环境风险在短期内难以消除，全省上下在加强应急系统建设，训练能打硬仗的队伍，提高物资装备和应急保障水平，在强化条块协同行动方面下功夫，真正为人民群众建起水源安全屏障。

参考资料

1. 全省沿江饮用水源地突发环境污染事件综合演练在泰兴市举行，见 http：//www. taizhou. gov. cn/art/2012/9/28/art_23_173889. html。

2. 江苏省举行沿江饮用水源地突发环境污染事件综合演练，见 http：//www. gdemo. gov. cn/yjyl/gnyl/201209/t20120928_168181. htm。

黑龙江电力公司2012年设备设施损坏事件处置应急演练

一、演练名称

2012年设备设施损坏事件处置应急演练。

二、主办单位

黑龙江电力公司。

三、时间、地点与目的

2012年9月27日至28日，黑龙江电力公司举行2012年设备设施损坏事件处置应急演练。公司通过开展本次演练，旨在提高应对电网设备设施突发事件的应急处置能力，检验《设备设施损坏事件处置应急预案》的实用、实效能力，提升电网调度和公司应急指挥中心应急处置的指挥、调度水平，考验运维单位故障查找、抢修塔组立、快速恢复的效率，检验公司各专业部门和单位在突发事件发生时的协同配合、应急效率和联动机制。

四、演练内容

本次演练针对近年来国内架空输电线路因覆冰、塔材被盗等因素造成倒塔而引发的电网大面积停电事故，模拟500千伏合南（吉林500千伏合心变电站至黑龙江500千伏哈南集控站）1号线498号倒塔，造成500千伏合南1号线永久性故障停电，达到启动黑龙江电力公司“设备设施损坏事件处置应急预案”中的一般事件“主要电力设备设施损坏”的条件。

演练涵盖故障发生、启动应急预案、故障处理、组塔抢修、恢复送电、应急解除、汇报点评等阶段。在演练进行过程中，应急指挥中心应用无人机监控通信、配合后勤保障。截至9月28日中午，经过紧张有序的应急抢修，顺利完成了抢修塔组立、架线、附件安装等工作，具备恢复送电条件，圆满完成设备设施损坏事件处置应急演练。

黑龙江电力公司人力资源部、安全监察部、运维检修部、基建部、物资部、调度控制中心、外联部及检修公司、信通分公司、电科院、送变电公司、哈尔滨电业局全过程参加了应急演练。

参考资料

1. 黑龙江电力公司举行2012年设备设施损坏事件处置应急演练，见 http：//www. sgcc. com. cn/xwzx/gsxw/2012/09/281236. shtml。

河南省电力公司综合应急演练

一、演练名称

河南省电力公司综合应急演练。

二、主办单位

河南省电力公司。

三、时间、地点与目的

2012年11月1日，主题为“保供电、保安全、保稳定”的综合应急演练在河南省电力公司举行。河南省电力公司系统20个部门单位参与了演练。共2186人参加了演练，演练出动应急队伍55支，卫星通信车等各种车辆198台。

四、演练内容

演练采用桌面推演与实兵演练相结合的方式，分为“协同会战保安全”、“豫电北送保北京”，“精心调配保民生”、“优质服务保供电”等四个部分。针对冬季恶劣天气易造成电网大面积舞动跳闸的情况，演练设置3条豫北500千伏线路相继舞动跳闸故障，考察各级调度对电网薄弱点问题的把握和预控措施落实情况，检验公司相关部门、单位应对突发事件快速响应、应急抢修、供电服务、舆情应对、区域协作的能力。设置特高压南荆Ⅰ线跳闸故障，检验公司加强跨区电网运维管理、落实国家电网公司保电重点目标各项要求的情况；演练中公司相关部门单位上下协同，横向贯通，迅速组织270万千瓦电力北送，及时开展设备特巡维护，有力支援了十八大期间北京可靠供电。针对部分地区电网存在的薄弱环节，设置了信阳220千伏潢蓼线吊车碰线跳闸故障，检验公司各项保电措施的落实情况，检验农村地区有序用电方案的可执行性及保障居民生活供电的能力。设置郑州商务路出现供电故障，某重要客户变为单电源供电，供电可靠性降低，居民商业客户受到影响，检验公司停电事件应急处置能力以及保障重要客户供电的能力。

五、效果与问题

该演练对河南省电力公司系统的十八大保电准备工作情况进行了一次全方位综合检验，整个活动组织有力，安排有方，措施有效，各部门单位也较好地完成了各项科目，为做好十八大期间全省电力保障工作，确保电网安全稳定运行、电力可靠供应打下坚实基础。

参考资料

1. 河南省电力公司举行迎接十八大综合应急演练，见 http：//news. dahe. cn/2012/11－01/101712076. html。

2. 河南省电力公司举行十八大保供电综合应急演练，见 http：//www. dahe. cn/xwzx/zt/hnzt/dwdxf/dljdxw/t20121107_1858701. htm。

浙江海盐县2012年非煤矿山坍塌事故应急救援联合演练

一、演练名称

浙江海盐县2012年非煤矿山坍塌事故应急救援联合演练。

二、主办单位

浙江海盐县人民政府、嘉兴市安全生产监督管理局。

三、时间、地点与目的

2012年11月6日下午，由浙江海盐县人民政府和嘉兴市安全生产监督管理局主办，海盐县安全生产监督管理局和通元镇人民政府承办，应急办、安监、国土、公安、消防、卫生等单位联合在秦山街道丰山矿厂举行了2012年非煤矿山坍塌事故综合应急救援演练。海盐县副县长及有关部门、镇（街道）、单位领导观摩了演练。

四、演练内容

演练假设2012年11月6日下午14点30分，海盐某矿业有限公司矿区宕作业面，安全员观察发现并报告：一挖掘机作业人员正在给两辆石料运输车装运石料时，宕面顶部上方风化花岗斑岩石突然塌落，近千方土石急速滚落，挖掘机和两辆运输车顷刻被石块击中并堆埋，挖掘机操作人员受伤逃生，2名运输车司机卡在驾驶室内，生死不明，情况危急。

14时32分，矿山负责人边报警边向镇政府报告险情，并停止现场作业。

14时33分，海盐县应急救援指挥中心接到险情报告后，一边启动《非煤矿山坍塌事故应急救援》Ⅳ级响应，一边向嘉兴市应急救援中心报告事故情况。并向消防大队报警求救。

14时34分，县消防大队接到报警后，立即出动1辆消防车及7名消防官兵赶到事故现场。根据现场情况，将车停在合理位置。中队指挥员根据非煤矿山坍塌事故处置程序及救援指挥流程指挥战斗，首先划定安全区，阻止无关人员进入现场，并积极协调相关部门对周围群众进行疏散。紧接着消防队员分组救援，一组将受伤人员抬到安全地带，送到已预先设立的医疗点。同时另一组消防队员叫来一辆挖掘机搬迁压住运输车的石头，并用铁锹和扩张器对两运输车被困的2名驾驶员所在的车门进行拆除。

15时，在全体应急救援人员的协同配合下，两名驾驶员被成功救出，险情得到成功排除，演练取得了圆满完成。

五、效果与问题

演练全面检验了海盐县非煤矿山坍塌事故应急救援的应急响应、现场指挥、多部门协同作战、现场处置等机制和能力。

参考资料

1. 浙江海盐县举行2012年非煤矿山坍塌事故应急救援联合演练，见 http://www.legaldaily.com.cn/Social_management/content/2012-11/06/content_3964269.htm?node=35352。

2. 海盐举行非煤矿山坍塌事故应急救援联合演练，见 http://www.cnjxol.com/news/original/content/2012-11/06/content_2210673.htm。

3. 海盐举行非煤矿山坍塌事故应急救援演练，见 http://119.china.com.cn/zbjs/txt/2012-11/07/content_5469699.htm。

甘肃省会宁县交警大队冬季恶劣天气重特大交通事故应急演练

一、演练名称

甘肃省会宁县交警大队冬季恶劣天气重特大交通事故应急演练。

二、主办单位

甘肃省会宁县交警大队。

三、时间、地点与目的

2012年11月13日下午，甘肃省会宁县交警大队组织开展了冬季恶劣天气条件下发生重特大道路交通事故应急处置演练，本次演练旨在提高民警和协警人员的应急处置能力，减少交通事故损害后果，保护广大人民群众的生命财产安全。

四、演练内容

此次应急演练由大队教导员白玉成任总指挥，以中队为单位，抽调13民警及协警人员参加演练，全体人员分为现场勘查组、现场施救组和现场交通指挥及警戒组。

应急处置演练活动以模拟国道312线长征景园门前路段处发生一起面包车撞人事故为案情。演练共分为三个环节，一是模拟重大交通事故后发生交通堵塞，现场交通指挥及警戒组到达现场进行交通疏导及现场保护；二是现场施救组实施人员抢救及事故现场保护；三是现场勘查组进行事故勘查及事故现场撤除。

2012年11月13日15时整，总指挥宣布演练正式开始，现场交通指挥及警戒组发现警情后，迅速作出反应，立即划定警戒区域，在距离现场50米到100米以外开始设置警示标识，实施预警；现场施救组民警到达现场后迅速进行抢救受伤人员，组织现场施救，拉起警戒带实施现场防护；事故勘查民警立即勘查现场；事故勘查民警现场勘查完毕后，向大队领导报告现场处置完毕，撤除事故现场，解除管制；经过近一个多小时的共同努力，协调作战，演练工作顺利结束。

五、效果与问题

演练结束后，大队组织召开专题会议，对此次演练活动进行认真总结。总指挥对每位参演民警及协警人员的演练情况逐个进行了指导和点评，在肯定了成绩的同时，指出了薄弱环节及存在的不足，并提出了整改建议。大家一致表示，此次冬季恶劣天气重特大交通事故应急演练，不仅检验了民警们在冬季多雨雪等复杂气候条件下的应急反应能力，而且使民警们进一步增强了安全防护意识，提高了防护能力，同时提升了事故现场规范化勘查的技能和水平。

参考资料

1. 会宁交警大队开展冬季恶劣天气重特大交通事故应急演练，见 http://by.gansudaily.com.cn/system/2012/11/16/013478786.shtml。

浙江临海危险化学品事故应急救援演练

一、演练名称

浙江临海危险化学品事故应急救援演练。

二、主办单位

浙江省临海消防大队杜桥中队。

三、时间、地点与目的

为切实提高消防官兵扑救易燃易爆场所火灾和危化品泄漏处置的作战能力，进一步熟练掌握和提高部队的应急处置综合能力，完善浙江临海市社会单位灭火救援的联动机制，尽快形成统一指挥、协同作战、分工负责、运转高效的应急救援联动格局，2012年11月15日下午，临海消防大队杜桥中队在华海药业川南二分厂举行了临海市危险化学品事故应急救援演练。

四、演练内容

2012年11月15日15时，演练正式开始。随着一声巨响，滚滚浓烟带着刺鼻的气味在车间内弥漫。演练模拟华海药业中试车间甲苯回收2号蒸馏釜憋压导致玻璃流量计突然爆裂，乙酸乙醇和甲苯混合溶剂冲出引起静电起火，现场共7名操作工和1名班组长，1人轻伤1人重伤。

参与演练的车间负责人迅速作出安排，随后警报响彻上空，公司工作人员组织实施救援，火势发展迅猛，已蔓延至临近 1 号蒸馏釜，事故扩大已无法控制。现场指挥部当即向临海市府办、杜桥消防中队、市安监局及园区管委会报告事故情况。随之而来的消防、公安、卫生、环保作出迅速反应和相应安排，临海消防中队接到报警后，迅速出动 2 辆消防车及 14 名官兵赶到现场。消防大队到场后迅速进行险情侦察、现场警戒，中队攻坚组立即进入事故现场救出被困人员；战斗一班利用水泡联用车对起火事故釜进行扑救，并设置围堰，阻止化学液外流；战斗二班利用水罐车出两支雾状水枪对泄漏液体进行稀释；其他联动单位迅速行动，配合消防官兵灭火。经过消防官兵和各社会联动单位的奋战，“大火”被彻底扑灭，“险情”被彻底排除。

五、效果与问题

演练过程中，消防官兵与各联动单位能够做到分工明确、动作迅速、协同配合，战斗有序展开，达到了演练的预期目的。演练提高了企业、园区、相关部门保障公共安全和处置突发公共事件的能力，最大程度地预防和减少突发公共事件及其造成的损害。

参考资料

1. 浙江临海举行危险化学品事故应急救援演练，见 http：//www. zjsgat. gov. cn/jwzx/ztzl/zjgaxf/hqsd/201211/t20121116_244212. htm

新疆博州 2012 年地震应急综合演练

一、演练名称

新疆博州 2012 年地震应急综合演练。

二、主办单位

中共新疆维吾尔自治区博州党委、新疆维吾尔自治区博州政府，新疆维吾尔自治区博州精河县政府、新疆维吾尔自治区博州地震局、新疆生产建设兵团农五师。

三、时间、地点与目的

在 2012 年 11 月 20 日下午，中共新疆维吾尔自治区博州党委召集演练相关单位召开专门会议，确定了应急演练的方案，并指示演练要全城总动员，新疆维吾尔自治区博州各相关部门要协调作战，搞实战型演练。2012 年 11 月 23 日，经过精心的准备与筹划，新疆博州 2012 年地震应急综合演练在新疆维吾尔自治区博州精河县举行。

四、演练内容

为筹备此次地震应急综合演练，博州地震局前往伊犁州现场观摩了尼勒克县地震综合演练活动，参考了昌吉、沙湾、库车等地震应急演练资料，并且结合我州实际，反复对演练方案和脚本进行修改，做好了准备工作。并前往精河县，召集县民政、医疗、住建、消防等参演单位，对演练任务进行分工。两次组织参演单位进行预演，预演结束后，州地震局、精河县领导对每个单位预演中存在的问题进行点评纠正，从而保证了演练活动的顺利开展。本次演练以“立足实际、贴近实战、全面展开、整体锻炼”为原则。设计了应急响应、紧急避险、应急疏散、应急指挥、救援队伍集结、抢险救灾等六个演练科目。演练主场在精河县体育场，演练分场在精河县生态园、和平社区静怡广场等，16 时 30 分警报声响起后，精河县全城总动员，机关、企事业单位职工，学生、居民分别从不同场所有序地向操场、广场疏散，公众的应急防震意识显著增强。博州各县应急办、宣传、地震、公安、消防、民政、卫生、交通、住建、广电、气象、通讯、电力、红十字会、综合应急救援支队及精河县各中小学师生、全体机关企事业单位干部职工、精河城镇社区居民等近万人参加了演练。主场参加演练的各种车辆 30 余辆。各演练项目人员、装备、器材均到位，演练活动紧张有序，进展顺利。

五、效果与问题

此次演练活动中，新疆维吾尔自治区博州直属公安、消防、民政、医疗、红十字、电力等相关单位均携带救援设备、帐篷、应急物资等，在精河县指定的演练地点，搭建帐篷，抢险救援，分发救灾物资，以实战状态进行演练。不仅锻炼了队伍，更是对地震应急预案进行实际检验。

演练结束后，演练总指挥要求各相关部门要从演练中总结、发现存在的问题，结合日常开展的各项工作强化应急防范意识，增强应对灾害的处置能力。

参考资料

1. 新疆博州 2012 年地震应急综合演练在精河县举行，见 http：//www. cea. gov. cn/publish/dizhenj/464/521/20121129150553043589277/index. html。

长沙市雨花区应急演练

一、演练名称

长沙市雨花区应急演练。

二、主办单位

长沙市雨花区政府。

三、时间、地点与目的

为了提高市民的安全意识，提高部门的应急

处置能力和协同配合能力，在未通知具体时间、地点和内容的情况下，2012 年 11 月 22 日，长沙市雨花区突然拉响警报，开展了一次生动逼真的实战应急救援演练活动。

四、演练内容

演练模拟 2012 年 11 月 22 日上午 9 时，一辆运输液氨的槽罐车行至环保科技园振华路克明面业工地路段，突然槽罐车阀门破裂，突发液氨泄漏事故，顿时周边氨气弥漫，迷雾伴随着刺鼻的气味，瞬间笼罩了整个路段。群众拨打了区公安分局值班室报警电话，信息瞬间传递到了区政府应急办。

接到事故现场情况的报告，雨花区政府立即启动Ⅳ级应急响应，要求区环保局协调区应急办通知相关部门立即赶赴现场救援。顿时警笛划破长空，警车、消防车、环境监测车等各类车辆快速向现场集结。岳麓区副区长在现场成立现场应急救援指挥部，任命环保局局长为现场执行总指挥。污染源控制组、医疗救护组、安全警戒组相继向指挥员报到，迅速将现场隔离。着防化服的消防人员第一批冲进现场，搜救受伤人员，查找泄漏点，对液氨实施控制。事发点旁，医卫人员已经设置临时救护点，紧急联系医疗机构，转运受伤人员。环境监察人员及时将沙包调运到现场，并开展环境监测和事故调查取证。

安全疏散组、专家组、维稳处突组、舆情控制组、善后处理组等队伍相继向指挥员报到。此刻，沙袋筑成的围堰已成功围堵消防废水。公安人员对现场实施封锁和交通管制，围观群众得到及时疏散。舆情控制组第一时间向媒体介绍了事故原因和处置情况……从事发到控制事件局面，仅仅用了 30 分钟。

五、效果与问题

演练提高了市民的安全意识以及部门的应急处置能力和协同配合能力，但是，演练活动与实际事故之间还存在差距，需要参演的各单位从演练活动中不断去总结、去深化、去提高，扎实锤炼过硬的应急救援能力，更好地担负起人民生命、财产的守护神的角色。

参考资料

1. 长沙市雨花区应急演练特写：危情 30 分钟，见 http：//www.aqsc.cn/101813/101943/263302.html。

西安 2012 年度地震应急演练

一、演练名称

2012 年度地震应急演练。

二、主办单位

西安市地震局。

三、时间、地点与目的

2012 年 11 月 22 日，西安市地震局在西安市应急指挥中心举行了 2012 年度地震应急预案演练。

四、演练内容

2012 年 11 月 22 日 9 时 10 分，西安市地震局接到“地震速报”警报后，迅速赶往西安市应急指挥中心集结，应急演练总指挥谢振乾局长宣布演练开始，并根据震情启动三级地震响应。综合组、震情组和现场组工作人员按照职责分工进入应急状态，迅速投入工作。

演练涉及震情快报、核实地震三要素、通报地震灾情、报送灾情简报、召开震情趋势会商会、报送震情会商意见报告、发布新闻通稿、接受媒体专访、震区现场信息处置、地震应急救援志愿者队伍出队、接热线电话答复群众来电、网上信息发布等。地震应急各项工作按照《西安市地震局地震应急预案》有条不紊地进行着。

11 时 19 分，指挥部发出地震应急演练结束指令。

五、效果与问题

宴席结束后，全体人员再次集结在指挥大厅，总指挥简单讲评了此次演练工作情况，各业务处长汇报了此次演练工作的开展情况，查找了演练过程中存在的问题和不足。最后相关领导对本次地震应急演练从演练与实战的区别、个人职责与团队效能的发挥以及应急工作的准备等三个方面，进行了分析和总结，并提出了新的要求。

通过此次地震应急演练，检验了全体工作人员的应急反应能力，验证了方案、预案的科学性、可操作性和实效性，进一步增强了全局人员的责任感和使命感，对后续开展地震应急工作将起到有力的推动作用。

参考资料

1. 西安市地震局举行 2012 年度地震应急演练，见 http：//yjb.shaanxi.gov.cn/html/38/201312/30/46690_0.html。

海南省 2012 年后勤应急演练

一、演练名称

海南省 2012 年后勤应急演练。

二、主办单位

海南边防总队。

三、时间、地点与目的

2012 年 11 月 23 日上午，海南边防总队在总队教导大队隆重举行 2012 年后勤应急保障演练。

四、演练内容

这次后勤应急保障演练设想某边防辖区发生群体性突发事件，总队派出200名警力前往维稳驻训，后勤部同时启动《总队应急处突和重大勤务后勤保障预案》，实施伴随保障。

演练分为场外演练和场内演练两个部分。场外演练主要包括海警一支队执勤分队响应任务后的兵员集结、部队拉动；边防医院保障分队人员集结、部队拉动；后勤基地保障分队人员物资集结、部队拉动及战时车辆抢修等项目演示。场内演练主要包括帐篷搭建、战地医疗救护、战地炊事保障等项目的现场演示。

整个演练从接到命令、部队集结开进、保障点开设、保障行动展开，完整地模拟了后勤应急保障组织指挥、快速集结、协同联动、遂行任务的全过程，共有60余名后勤官兵参演，出动指挥车、物资运输车、运兵车、医疗救护车、野战炊事车等各类车辆9台。

参考资料

1. 海南边防总队举行2012年后勤应急演练，见http：//www.hq.xinhuanet.com/legal/2012－11/27/c_113821388.htm。

甘肃省平凉市突发环境污染事件联合应急演练

一、演练名称

甘肃省平凉市突发环境污染事件联合应急演练。

二、主办单位

平凉市110指挥中心、平凉市消防支队、平凉市交通局、平凉市环境监测局。

三、时间、地点与目的

2012年11月23日，甘肃省平凉市崆峒区举行了突发环境污染事件联合应急演练。演练所举行的地区为平凉市核心地域崆峒区，该地区易燃易爆场所众多，大型化工企业众多且工艺流程复杂，这给消防部队处置各种灾害事故带来了极大的难度。

四、演练内容

现场总指挥员下达了演练开始的命令，情节假设一辆由陕西开往平凉满载氯气储罐车发生泄漏，驾驶人员在先前处置过程中因措施不当引起中毒，并对周围空气构成严重威胁，造成驾驶人员被困。“事故”发生后，单位负责人立即向上级部门汇报情况，同时向平凉市110指挥中心报警。市110指挥中心接警后，迅速调派市消防部门和交通部门、环境监测等单位的6辆行政指挥车、4辆抢险救援车、36名指战员赶赴处置。

消防官兵到达“事故”现场后，立即展开侦检警戒、稀释、冷却防爆和快速堵漏等措施。紧接着，平凉市中心医院赶赴现场，并迅速按照应急救援预案内容的分工要求开展人员救治。经过30分钟的紧张处置，泄漏罐体被成功堵漏，被困人员被安全救出，演练正式结束。

五、效果与问题

本次演练，旨在建立快速有效的处置突发事件应急反应机制，提高部队灭火救援应急救援保障能力。消防部队要积极探索常规和非常规条件下的应急救援方法和措施，加强各种灾害事故处置的预测、分析、研究，构建有效战斗体系，加强战训工作。

参考资料

1. 甘肃平凉举行突发环境污染事件联合应急演练，见http：//www.chinanews.com/df/2012/11－23/4353709.shtml。

湖北宜昌伍家岗区危险化学品运输事故应急救援综合演练

一、演练名称

湖北宜昌危险化学品运输事故应急救援综合演练。

二、主办单位

湖北省宜昌市伍家岗区政府。

三、时间、地点与目的

为了健全“政府主导、部门联动、条块结合、全社会共同参与”的综合应急管理体制建设，2012年11月29日，湖北省宜昌市伍家岗区在宜昌市宏泰运输有限公司院内举办了危险化学品运输事故应急演练。宜昌市政府应急办副主任，伍家岗区政府应急办、区安监局、区卫生局、区环保局、伍家消防大队、交警伍家大队、伍家运管所等有关单位领导观摩了演练。

四、演练内容

2012年11月29日9时30分，宜昌市宏泰运输公司一辆装载甲苯的槽罐车在公司货场倒车时，撞倒围墙，槽罐车罐体破裂，甲苯大量泄漏并造成周边环境污染，严重影响周围群众安全，现场情况危急。接到报警后，伍家岗区政府立即启动企业预案、区级预案，开展应急处置。副区长担任总指挥，区政府应急办主任担任现场指挥。

在现场指挥的统一调度下，十分钟内，事故早期控制组、安全警戒疏散组、抢险救援组、医疗救治组、环境监测组先后赶到事故现场，按照应急预案的要求，各小组分工合作、协调作战。

安全警戒疏散组立即封锁周边道路，疏散周边群众；抢险救援组查明原因后，立即用开花喷雾水枪对泄漏罐车容器部位进行冷却喷射；医疗救治组抢救模拟受伤人员；环保监测组立即对事发地及周边的空气质量进行监测评估；最后路面清障人员根据应急处置方案，清理路面，修复防护栏。经过近一个多小时的紧急抢险，险情排除，至此模拟演练圆满结束。

五、效果与问题

整个演练中，事故设置科学，联动配合紧密，救援高效，处置得当，达到了预期效果，健全了“政府主导、部门联动、条块结合、全社会共同参与”的综合应急管理体制建设。

参考资料

1. 我区开展危险化学品运输事故应急救援综合演练，见 http：//www. ycwjg. gov. cn/art/2012/11/29/art_81_144121. html。

枣庄路政除雪防滑演练

一、演练名称

枣庄路政除雪防滑演练。

二、主办单位

山东高速枣庄路政大队。

三、时间、地点与目的

为应对即将到来的恶劣天气，确保京台高速公路枣庄段冬季安全畅通，2012 年 12 月 3 日，山东高速枣庄路政大队联合高速交警、养护所和养护工区，组织开展了除雪防滑演练。演练地点位于京台高速北京方向 622km 至 624km 处。

四、演练内容

演练以低温天气为背景展开，主要进行了现场布控、道路清障，抛撒除雪剂、防滑砂，作业后现场清理等项目的演练。演练现场均按照国家标准设置缓冲区、摆设锥形标等安全警示标志，并设置了专职安全员来确保人员、车辆安全。

演练历时 90 分钟，参演单位共出动了 1 个养护抢险组、1 个路政保畅组、1 个交警指挥组，共计 32 人；出动了路政巡查车 2 部、除雪车 2 部、警车 5 部。

参考资料

1. 枣庄路政演练除雪防滑，见 http：//www. sdemo. gov. cn/art/2012/12/11/art_4961_261594. html。

2. 枣庄路政演练除雪防滑，见 http：//www. chinadaily. com. cn/hqgj/jryw/2012 - 12 - 11/content_7731382. html。

重庆市 2012 年事故灾难综合应急演练

一、演练名称

重庆市 2012 年事故灾难综合应急演练。

二、主办单位

重庆市消防总队。

三、时间、地点与目的

2012 年 12 月 6 日上午，在国家（重庆）陆地搜寻与救护基地进行了重庆市 2012 年事故灾难综合应急演练。

四、演练内容

2012 年 12 月 6 日 10 时许，大型演练正式开始。演练假定江北区复盛镇发生 6.0 级地震。灾情紧急，市政府迅速启动地震应急预案，调集各方力量展开救援。随后，高层建筑灭火、建筑垮塌事故救援、市政设施抢险救援、水上事故救援、轨道事故处置、飞机火灾扑救和化工装置泄漏事故处置等项目相继演练。在扑救高层建筑火灾项目中，消防官兵展现了娴熟战术技能。模拟建筑物垮塌救援战斗中，曾参与汶川地震、玉树地震救援的消防官兵成为主力，他们经验丰富装备精良，在最短的时间内营救出废墟下的群众。

化工装置泄漏事故处置是本次演练的关键科目之一。重庆大型化工企业相对集中在长寿化工园区，演练模拟园区一化工厂反应釜破损变形，造成可燃液体泄漏后引发爆炸燃烧事故。指挥部接到报警后，调集危险化学品事故救援队和长寿区、涪陵区综合应急救援支队到场处置。消防负责侦察火情、搜救人员、冷却抑爆、稀释降毒，环境应急服务队现场开展环境监测，防止污染，医疗应急救护队做好救护准备，各项救援行动有序展开。并且灾情升级情景也进行了模拟演练，指挥部火速调集相关增援力量赶至现场参与处置。数十条水龙喷向烈火，大火被成功扑灭。演练圆满成功。

五、效果与问题

本次演练虽然获得成功，但毕竟这是一次模拟演练，与实际事故救援还存在区别，实际事故救援遇到的困难，可能会超出预期和想象。重庆市市政府应急办和市安监局等相关部门要结合专家点评意见，对本次演练进行全面总结，分析评估演练的效果，举一反三，深入查找重庆市在突发事故灾难应急管理工作中的漏洞和薄弱环节。

参考资料

1. 重庆消防举行综合应急救援大型演练，见 http：//www. cpd. com. cn/epaper/xfzk/2012 - 12 - 07/01b - 7. html。

浙江景宁县大型建筑物倒塌事故应急救援演练

一、演练名称

景宁县大型建筑物倒塌事故应急救援演练。

二、主办单位

中共浙江省景宁县县委、景宁县消防局、景宁县公安局、景宁县安监局、景宁县气象局、景宁县交通局。

三、时间、地点与目的

为全面提升浙江景宁县各部门应对建筑倒塌灾害事故发生和各部门单位之间的协同作战能力，确保救援过程中各项救援工作的顺利开展，2012年12月6日，浙江景宁畲族自治县建筑物倒塌事故应急救援演练在县消防大队内隆重举行，景宁县消防、公安、安监、气象、交通、医院等部门参与了演练。

四、演练内容

演练假设消防大队训练塔2楼内部某房屋因违规拆迁施工坍塌，1名工人被埋，燃气管道可能破裂，有发生火灾及爆炸的可能，情况危急。2012年12月6日15时40分，伴随着"轰"的一声巨响，建筑物瞬间倒塌并起火，内部情况不明，情况十分危急。景宁消防大队接到报警后迅速向县政府汇报，并立即启动建筑物倒塌救援预案，迅速集结县公安、安监、气象、交通、医院等部门人员赶往事发点，开展事故处置。

到达倒塌建筑现场后，各部门迅速成立现场救援指挥部，按照既定的演习计划，各部门立即做好个人防护，准备侦检、破拆、救生类等救援器材装备，随着指挥员一声令下战斗迅速展开，警戒小组对事故现场进行警戒，疏散无关人员；安全巡查小组严密监视建筑物，一旦发现有发生二次倒塌的危险迅速发出撤离信号通知所有救援队人员撤出；灾情侦察小组进入现场利用生命探测仪搜索被困人员；破拆救人小组利用无齿锯、双轮异向切割机、液压破拆工具、救生起重气垫等破拆器材对倒塌建筑物构件进行支撑、扩张、剪切营救被困人员。40分钟后，被困人员全部被成功救出，经仔细清理现场确定没有人员被困和再次灾害发生后，救援人员整理器材撤离现场。

五、效果与问题

演练人员集结迅速，任务分工明确，现场次序严谨规范，增强了各部门处置灾害事故的能力和各警种协同作战的能力，提高了指挥员对灾害事故的组织指挥和应变能力，为建筑物倒塌等灾害事故的救援积累了宝贵经验。

参考资料

1. 景宁县举行大型建筑物倒塌事故应急救援演练，见 http：//zjnews. zjol. com. cn/05zjnews/system/2012/12/10/019008865. shtml。

2. 景宁县公安局举办应急救援演练，见 http：//lsga. lishui. gov. cn/7562D4E4DF9B3DFA37ABD68A17D91494/2012－12－11/0947EDBE13D8C9D09AFACE0F0A51A482. htm。

宝鸡渭滨区相家庄中学学生消防安全疏散演练

一、演练名称

宝鸡渭滨区相家庄中学学生消防安全疏散演练。

二、主办单位

宝鸡市渭滨区相家庄中学。

三、时间、地点与目的

2012年12月6日中午13点20分，宝鸡市渭滨区相家庄中学依照上级要求及有关法规，从学校实际出发，组织开展了住校生消防安全疏散演练。本演练旨在进一步加强消防安全工作管理，强化住校生的安全教育，提高抗击突发事件的应变逃生能力，保障师生的身体健康和生命安全，维护学校正常的教学秩序和校园稳定。

四、演练内容

演练正式开始前，学校相关领导向同学们详细介绍了消防安全疏散演练注意事项，点明"预防为主，防消结合"的宗旨，并特别教育学生在发生火灾时，能够做到：遇事不慌，头脑清楚；判明情况，思考对策；积极自救，互帮互助；听从指挥，有序疏散。随后，住校生们各自回到宿舍，等待警报令发，当哨声响起后，预案布置的相关人员各就各位，履行好自己的岗位职责，学生们纷纷用湿毛巾捂住口鼻，按疏散线路从就近通道口迅速撤出。撤离后的同学们在操场集中排队，各宿舍长协助教师清点本宿舍人数，并及时上报给了总指挥。

五、效果与问题

学校相关负责领导对本次住校生消防安全疏散演练做了总结讲话，并对大家讲解了灭火器的使用方法，最后学校校长指出本次演练达到了预期目的，特别是它加深了住校生防火及安全疏散的意识与技能。这次演练增强了师生的消防安全意识，提高了处理突发状况的水平，掌握了火灾事故预防、消防器材使用、防火基础知识和急救逃生常识，达到了预期的效果。

参考资料

1. 宝鸡渭滨区相家庄中学组织住校学生消防安全疏散演练，见 http：//yjb. shaanxi. gov. cn/html/38/201312/30/47399_0. html。

湖北武汉市青山区重大火灾事故应急救援综合演练

一、演练名称

湖北武汉市青山区重大火灾事故应急救援综合演练。

二、主办单位

湖北省武汉市青山区政府。

三、时间、地点与目的

为了进一步加强青山区的消防安全和应急救援工作，检验区政府各部门和企业应对重大火灾和突发事件的能力，2012 年 12 月 10 日 7 时 30 分，武汉市青山区政府组织区公安、安监、交通、消防、卫生、环保、电力、红卫路街、武商建二商场等相关部门在武商建二商场举行了“青山区火灾事故应急救援综合演练”。

四、演练内容

演练模拟在武商建二商场二楼突然发生火灾，火势迅速蔓延至商场二楼及周边高层建筑。区政府接到报告迅速启动重大火灾事故应急救援预案并通知相关部门向事故现场集结，有序开展了自救、报警、人员疏散、逃生、现场警戒、交通管制、灭火、高层云梯营救、现场搜救、伤员抢救等应急救援活动。在现场指挥部的统一指挥调度下，经过近一个小时奋战，受困人员被成功营救，疏散人员近百名，大火被成功扑灭。

五、效果与问题

整个演练指挥果断、战术运用得当、组织施救快捷迅速、各项救援措施严谨到位，达到了检验政府、部门和企业应急预案的可行性和提高应对突发事件处置能力的目的，也给参加演练和现场观摩的人员上了一堂生动的应急救援课。

参考资料

1. 湖北武汉市青山区举行重大火灾事故应急救援综合演练，见 http：//www. chinacoal - safety. gov. cn/Contents/Channel_4224/2012/1213/192385/content_192385. htm。

2. 武汉青山区举行大型火灾事故应急救援演练，见 http：//119. china. com. cn/zbjs/txt/2012 - 12/13/content_5584259. html。

青岛开发区各学校防空防灾应急疏散演练

一、演练名称

青岛开发区各学校防空防灾应急疏散演练。

二、主办单位

青岛市开发区各学校。

三、时间、地点与目的

2012 年 12 月 13 日上午，青岛开发区各学校开展了“实战性”的防空防灾应急疏散演练。

四、演练内容

2012 年 12 月 13 日 9 时 40 分，“预先警报”、“空袭警报”依次拉响。青岛开发区各学校应急责任人、班主任、任课老师以最快速度抵达校园内的各主要楼梯口、路口、走廊，指挥学生疏散。全体学生在老师的指挥下，按照应急预案中的逃生路线迅速、有序地从教室撤离到“安全地带”。随后，各班清点人数，并逐级上报总指挥。整个过程快而不乱，紧张有序，没有出现推拉、冲撞、拥挤、摔倒等危险情况。“警报”解除后，学生们在老师的组织下有序地按疏散路线回到教室。

五、效果与问题

演练让青岛开发区各学校的师生了解了“预先警报、防空警报、解除警报”信号的识别方法，熟悉了学校的应急疏散路线，增强了防空防灾意识，提高了应急避险和自救自护能力。

参考资料

1. 青岛开发区各学校开展防空防灾应急疏散演练，见 http：//www. sdemo. gov. cn/art/2012/12/18/art_4961_261593. html。

2. 青岛开发区各学校开展防空防灾应急疏散演练，见 http：//kfqyj. qda. gov. cn/n98248/n98253/c140471/content. html。

浙江常山县危险化学品事故应急救援演练

一、演练名称

浙江常山县危险化学品事故应急救援演练。

二、主办单位

浙江常山县安全生产委员会办公室。

三、时间、地点与目的

2012 年 12 月 13 日上午 9 时 42 分，浙江省长安县安全生产委员会在常山时庆化工有限公司举办了危险化学品事故应急救援演练。

四、演练内容

“110 吗？常山时庆化工有限公司发生原料泄漏，引发了火灾。罐区内有 4 名职工，其中 3 人已跑离现场，还有 1 人被困在内。请求救援!”2012 年 12 月 13 日上午 9 时 42 分，常山时庆化工有限公司负责人向常山县公安局 110 指挥中心拨打了报警电话。

长安县公安局 110 指挥中心接警后，立即向县政府值班室报告。根据县领导指令，启动应急救援预案，指令派出所、消防、卫生等单位迅速赶赴现场实施救援；考虑到危险化学品事故的特性，同时指令县安监局、县环保局、县质监局、天马镇政府等前往事故点进行施救。

5 分钟后，县公安局外港派出所民警赶到事故现场，先期开展警戒。几分钟后，消防队员也赶到，县领导和有关职能部门到达事故现场后，立即成立了现场指挥部和各专业救援组。安全保卫组加强现场警戒，抢险救援组立即对火灾发生点进行施救。15 分钟后大火终于被扑灭，2 名消防队员身着防化服，进入现场开展搜救工作。5 分钟后，消防队员抬出被困人员。现场救护组对伤者实施现场简易急救后将其转移到救护车上送往医院进行救治。

从发出紧急信号、电话求救 110、报告政府部门、组织企业自救到 120 急救车到达现场对“被困者”进行施救，整个过程仅用时 30 分钟。

五、效果与问题

演练让企业牢固树立了安全发展意识，也让各相关职能部门加强了处置突发事故的应急响应、联合救援的能力，有效提升了政府应急救援水平。

参考资料

1. 安全防范常抓不懈、安全演练警钟长鸣，见 http：//cs. zjsafety. gov. cn/zxkx/2012/12/22/～97788. shtml。

2012 年度全国公路交通联合应急演练

一、演练名称

2012 年度全国公路交通联合应急演练。

二、主办单位

湖北省武警交通部队、湖北省交通运输部救捞局等。

三、时间、地点与目的

2012 年 12 月 13 日，湖北省英山县境内高速公路因船只撞断桥墩而导致断路；与此同时，恶劣天气引发高速公路干线双向交通中断，并发生重大伤亡交通事故。

四、演练内容

2012 年 12 月 13 日，湖北省英山县境内骤降大雨、能见度低。一长江公路大桥桥墩被一艘货轮撞击，高速公路断路；降雨引起山体滑坡，高速公路干线双向交通中断，客货车相撞，客车起火燃烧，出现重大人员伤亡。2012 年度全国公路交通联合应急演练由此拉开了大幕。

在历时一个小时的演练中，来自武警交通部队、交通运输部救捞局、湖北省高速公路管理局、高速交警、武警消防、医疗救护等部门的 800 余名人员、300 多台车辆进行了两个场景的演练。各部门之间资源共享，措施对接，迅速分流了大桥的车辆，疏通了交通；武警交通部队紧急支援公路山体滑坡现场，快速抢通道路。救捞局派出的两架救助直升机悬停在事故半空，救助人员现场抢救出客车重伤员，用直升机快速送往医院。参演各方先后演示了现场先期处置、医疗救护、立体增援、消防救援、区域调度、现场指挥、清障施救、生命探测、武警爆破、施工抢通、恢复交通等 56 个科目。

五、效果与问题

通过本次演练，深化了高速公路综合应急救援机制，对于提高高速公路的畅通能力，有重要意义。并且积极探索了与武警交通部队、交通运输部救助飞行队协作进行高速公路应急救援，这将是今后发展的方向。

来自国务院应急办、交通运输部、武警交通部队、国家发改委等部委以及湖北、江西、河南、重庆等省市的负责人近 500 人参加了现场观摩。

参考资料

1. 2012 年度全国公路交通联合应急演练在湖北省举行，见 http：//www. gdemo. gov. cn/yjyl/gnyl/201212/t20121213_172111. htm。

2012 珠澳客船碰撞事故应急处置联合演练

一、演练名称

2012 珠澳客船碰撞事故应急处置联合演练。

二、主办单位

珠海市海事局、澳门市港务局。

三、时间、地点与目的

2012 年 12 月 14 日上午，由珠海海事局和澳门港务局联合组织的“2012 珠澳客船碰撞事故应急处置联合演练”在珠海市十字门水域举行，来自珠澳双方的 8 艘船艇参加了演练。本次演练是在珠澳“环澳门水域海上安全工作小组”的框架下，严格按照双方联合拟定的《2012 珠澳客船碰撞事故应急处置联合演练计划》，对珠澳轮渡碰撞事故应急处置进行的专项操演。

四、演练内容

演练针对港珠澳大桥主体工程全面动工，大

量施工船舶涌入环澳门水域，往返珠澳客船与施工船舶发生碰撞险情事故概率大增而专门开展。澳门氹仔临时客运码头开往珠海湾仔轮渡码头的“珠澳6”号客轮载有20名乘客，在珠海十字门水道与马骝洲水道交汇水域与一艘工程船发生碰撞后失去动力，船体有破损、船前舱进水，船上旅客与船员亟待救援，碰撞事故造成3名旅客受伤较严重需立即送院治疗。事故发生后，珠澳双方立即启动应急处置程序，迅速协调珠澳搜救力量参与客船应急救援，及时将船上旅客与船员安全转移，将伤员送往医院救治，并将事故船“珠澳6”号拖至安全区域，演练历时1个小时，成功完成所有预定科目。

五、演练效果与问题

为保障演练的顺利举行，珠海海事局和澳门港务局高度重视，历经2个月，从演练科目、演练水域、参演力量的选择与配备，到演练计划的制定、评估、完善，以及演练的指挥、协调、应急反应程序和新闻发布等各个环节都精心策划。演练检验了珠澳有关单位在客船险情事故应急处置等方面的合作协调能力，深化了珠澳有关单位的交流与合作，提高了海事管理与服务的能力和水平。

珠海十字门水域是“一国两制”的交汇点，政治敏感性强，本次演练的举行不仅检验了珠澳海事部门在客船险情事故应急处置等方面的合作协调能力，而且有利于深化珠澳海事部门的交流与合作，提高珠澳海事部门海上应急反应、进一步保障珠澳两地人民群众生命财产安全。

参考资料

1. 2012珠澳客船碰撞事故应急处置联合演练在珠海十字门水域成功举行，见http：//www. moc. gov. cn/zizhan/zhishuJG/haishiju/guanlipindao/gongzuodongtai/201212/t20121218_1340115. html。

2. 2012珠澳客船碰撞事故应急处置联合演练成功举行，见http：//www. gdemo. gov. cn/yjyl/gnyl/201212/t20121216_172205. htm。

第四编　突发事件

第一章　案例分析

沪昆高速重大道路交通事故

一、事件简介

2012年1月3日，沪昆高速中方县路段1431km+900m处，河北省石家庄市鑫源旅游汽车有限公司冀A61231大客车（核载55人，实载54人）与河南省周口市路路发汽车运输有限公司豫PY0210（豫PF534挂）重型半挂车发生重大碰撞事故，事故共造成13人死亡、41人受伤，直接经济损失1354万余元。

二、事件原因

事故调查组最终认定，这是一起因货车驾驶员吕冰涛过度疲劳驾驶、驾驶货车违法超速行驶和客车驾驶员贾增辉驾驶客车超速行驶、临危应急处置不当以及企业安全生产主体责任落实不到位、对运营车辆动态安全监管工作不到位所引发的重大安全责任事故。

三、事件处理

事故发生后，湖南省政府、省公安厅都在第一时间作出指示，对处理好事故提出了具体的工作要求。湖南省公安厅交警总队高速公路管理支队怀新大队民警接警后迅速赶到现场开展救助伤员、现场勘查及交通疏导等事故处理工作。湖南省公安厅交警总队立即调派附近公安交警赶往事故现场参加救援工作。湖南省政府秘书长率省公安厅交警总队队长、政委、总队党委委员、高支队支队长等领导立即赶赴现场，参与和指导救援工作。怀化市委副书记、代市长李晖，市委常委、副市长石希欣率当地党政相关部门人员、消防官兵及时赶往现场救援。

四、责任追究

怀化市鹤城区人民法院以交通肇事罪判处货车驾驶人吕冰涛有期徒刑六年六个月，对该事故负有相关监管责任的怀新交警大队鹤城中队巡逻分队长林云处以行政警告处分，怀新大队交管科科长蔡德军处以行政警告处分。周口市路路发汽车运输有限公司副经理陈建国、石家庄市鑫源旅游汽车有限公司副经理曹立华、石家庄市鑫源旅游汽车有限公司法定代表人、经理张卫良、周口市川汇区道路运输管理所货运股长朱新峰、周口市川汇区道路运输管理所所长闫合国、周口市川汇区交通运输局党组书记、局长海桂珍、石家庄市运输管理处长途客运管理科科长贡建忠等13人被给予行政处分。周口市路路发汽车运输有限公司及其法人代表马森林、石家庄市鑫源旅游汽车有限公司及其法定代表人张卫良分别被给予罚款的行政处罚。

五、补救措施

事故发生后，湖南省省长就事故作出重要批示：一要求公安、卫生、安监等部门负责人立即赶赴现场，全力做好救援工作；二要求相关部门千方百计抢救受伤人员，尽可能减少伤亡；三要求妥善做好善后工作，安排好其他旅客的生活；四要求举一反三，抓好交通安全，坚决遏制重特大交通事故的发生。

参考资料

1. 湖南省安全生产监督管理局：湖南省安全生产委员会办公室关于对永顺县“10·16”和沪昆高速中方县路段“1·3”两起重大道路交通事故调查处理情况的通报，见 http://www.hunansafety.gov.cn/2013/chactongb_0318/8990.html。

2. 西安市公安局交通管理局：沪昆高速湖南段发生重大交通事故，见 http://www.xianjj.com/jjcontent.jsp?urltype=news.NewsContentUrl&wbtreeid=10977&wbnewsid=8173。

3. 和讯新闻：沪昆高速湖南段车祸13死41伤，见 http://news.hexun.com/2012-01-04/136912375.html。

云南富源平庆煤矿煤堆滑落事故

一、事件简介

2012年1月3日17时20分，云南省曲靖市富源县十八连山镇平庆煤矿堆煤场在清理存煤时，由于煤堆疏松，倾角大，加之连日的雨雪，煤层湿度大，摩擦力小，导致煤堆滑落，造成9人死亡、2人受伤。

二、事件原因

事故发生的直接原因是煤堆放时间太久，煤

堆疏松，倾角大，冬天天气恶劣，煤层摩擦力小。

三、事件处理

事故发生后，云南省曲靖市富源县十八连山镇平庆煤场启动应急救援预案，组织开展救援工作。富源县委、政府接到报告后，成立由县长任指挥长的十八连山镇平庆堆煤场“1·3”煤堆滑落事故抢险救援指挥部，下设综合协调组、现场救援组、医疗救治组、事故初查组、现场秩序维护组、善后处理组、信息联络组、后勤保障组、新闻工作组、道路保通组等十个工作组，事故抢险救援及调查处理等各项工作全面展开。云南省委、省政府接到报告后，云南省人民政府副省长作出重要批示，要求全力抢救受伤人员，妥善处理死者善后工作，彻查事故原因，严肃追究事故责任。云南省安监局局长作出重要批示并安排有关领导赶赴现场指导事故处理工作。十八连山镇平庆堆煤场与遇难人员家属签订赔偿协议，一次性补偿每位遇难人员78万元。

四、补救措施

为吸取事故教训，云南省曲靖市富源县委政府召开安全生产紧急视频会议，全面安排部署安全生产工作，要求对各行各业进行拉网式隐患排查并严格落实整改措施。

参考资料

1. 云南网：曲靖富源通报平庆堆煤场煤堆滑落事故处理情况　相关部门就媒体反映事故救援中“三大疑问”作出回应，见 http：//society. yunnan. cn/html/2012 -01/05/content_1987478. htm。

2. 云南网：曲靖富源煤堆滑落事故遇难人员将各获赔78万元，见 http：//qj. news. yunnan. cn/html/2012 -01/05/content_1987040. htm。

3. 云南网：富源十八连山镇发生一起煤堆滑落事故　致9人死亡，见 http：//society. yunnan. cn/html/2012 -01/04/content_1985495. htm。

4. 中国新闻网：矿工回忆富源煤场滑落事故：上百吨煤滑落下来，见 http：//www. chinanews. com/df/2012/01 -07/3587798. shtml。

5. 网易新闻中心：富源十八连山镇发生一起煤堆滑落事故　致9人死亡，见 http：//news. 163. com/12/0104/21/7MV1RECC00014AEE. html。

贵州大巴翻车事故

一、事件简介

2012年1月4日18时30分，一辆车牌为皖J06318的大型客车行驶至兰海高速1765km +500m处时，冲过中间隔离带及对向车道，冲出护栏，跌入高约8.8米的路坎下水沟。事故造成了15人当场死亡，另有40人受伤，其中5人重伤，3人经送医院抢救无效死亡。

二、事件原因

有关部门确认该起事故的发生是由于驾驶员疲劳、超速驾驶，另外天降大雪，司机处置不当。

三、事件处理

事故发生后，贵州省政府部门第一时间赶赴现场施救，交警、消防及医疗救护人员及时赶赴现场，对事故进行调查及救援。事故救援结束后，消防队员清理现场货物并移交给公安机关。伤者被送往贵州贵定人民医院和中医院进行救治，贵州省卫生厅派遣专家组赶到伤者所在医院开展诊治。贵州省省委、省政府和相关省联系，共同妥善处置了此次事故。

四、补救措施

事故发生后，贵州省委书记、省长做出批示，要求有关部门：一要全力救治伤员，二要做好善后处理，三要查明原因，举一反三，吸取教训。贵州省还针对加强恶劣天气下的交通管理工作进行了安排部署，要求对入境车辆加强检查并在重点路段加强路况维护和巡逻守护，确保过往车辆安全。

参考资料

1. 黔中早报：贵州大巴翻车事故，系因疲劳驾驶超速，见 http：//www. afinance. cn/new/gncj/201201/413385. html。

2. 华律网：贵州大巴翻车坠桥致16死40伤，见 http：//www. 66law. cn/news/45954. aspx。

3. 新浪网：贵州大巴翻车致16人死亡，见 http：//sh. sina. com. cn/citylink/jk/t_ jkrd/2012 -01 -05/113248465. html。

4. 中国山东网：贵州大巴翻车事故致16死40伤　司机疲劳驾驶超速，见 http：//www. gdwh. com. cn/whwnews/2012/0105/article_10963. html。

浙江省嘉兴市向阳化工厂爆炸事故

一、事件简介

2012年1月4日21时55分，位于浙江省嘉兴市南湖区大桥镇的嘉兴市向阳化工厂N -异丙基羟胺车间发生爆炸事故。爆炸引发火灾，造成3人死亡、4人受伤。

二、事件原因

此次爆炸事故发生的直接原因主要是两个：一是该公司开发的高效阻聚剂N -异丙基羟胺新产品生产工艺尚不过关，导致生产过程出现异常；二是现场操作人员缺乏应有的应急处理技能训练，当生产出现异常时应急处理存在失误。这两个原因最终导致了重大安全事故的发生。

三、事件处理

事故发生后，浙江省嘉兴市委书记要求全力以赴展开人员搜救和灭火工作，嘉兴市委副书记、市长等市领导及南湖区主要领导赶赴现场，指挥救援和伤员抢救等工作，当地公安、消防、卫生、安监、环保等部门到达现场抢救受伤人员，清理现场。

四、补救措施

为深刻吸取浙江省嘉兴市向阳化工厂“1·4”爆炸事故教训，浙江省嘉兴市南湖区对全区危化开展了地毯式安全大检查活动，并针对实际，采取了五项措施：

1. 召开危化品企业安全生产工作会议。督促企业切实落实安全生产主体责任，认真做好隐患排查治理等工作，落实各项安全保障措施，及时消除各类安全隐患，确保安全生产。

2. 开展危化品企业安全生产大检查。从区、镇街道和企业三个层面开展安全大检查。安监、环保、质监、消防、建设等部门组织人员在各自职责范围开展全方位地毯式督查。检查企业安全生产责任制落实情况，安全生产法律法规、标准规程执行情况，隐患排查整改和重大危险源监控情况，安全基础工作及教育培训情况等，对不具备安全生产条件且难以整改到位的企业，将依法坚决予以关闭取缔。

3. 依托专家力量全面诊断危化企业。充分利用安全生产专家的力量，帮助企业查找安全隐患，指导企业进行隐患整改治理，力保全程参与，落实“政府搞督查、专家查隐患、企业治隐患”的机制。

4. 开展危险源辨识、安全风险分析和控制工作。结合安全标准化管理、诚信体系建设、隐患排查治理等工作，对企业基本情况，主要的生产工艺流程，生产工艺和车间、装置存在的危险因素，高风险工段现场操作人员数，自动化控制系统运用等进行排摸，全面掌握企业安全生产现状。

5. 强化安全教育培训。加强对危化企业从业人员的安全技能、岗位职责、应急救援培训，坚决杜绝违章操作行为，从整体上提高作业人员的安全技能和安全意识。

参考资料

1. 浙江省安全生产监督管理局：嘉兴市南湖区五项举措做好“1·4”爆炸事故后的安全生产工作，见 http：//www.zjsafety.gov.cn/cn/gdxx/jxs/86877.shtml。

2. 浙江环保新闻网：嘉兴大桥镇一化工厂发生爆炸事故，见 http：//www.zjol.com.cn/epmap/system/2012/01/05/018124820.shtml。

3. 东方早报：嘉兴一化工厂爆炸致3死4伤，见 http：//www.dfdaily.com/html/33/2012/1/6/726868.shtml。

4. 中国化工报：向阳化工爆炸事故原因初步查明，见 http：//www.ccin.com.cn/ccin/news/2012/01/31/217376.shtml。

舒兰天源煤业窒息事故

一、事件简介

2012年1月6日5时左右，吉林省舒兰市天源煤业有限责任公司主井+75m标高右翼九层采煤上山发生一起较大窒息事故，造成5人死亡，直接经济损失315.2万元。

二、事件原因

直接原因

作业人员作业时将采煤上山风筒埋压，造成工作面无风；在开帮时打通已开采完的同煤层第二条采煤上山，有害气体涌出，致使5名作业人员窒息死亡。

间接原因

1. 天源煤业公司通风、瓦斯管理混乱。

2. 天源煤业公司违法越界掘送巷道，并采用巷道式采煤工艺生产出煤；采取封堵巷道方式，隐瞒越界开采行为，逃避监管。

3. 天源煤业公司安全管理混乱，岗位责任制形同虚设，安全生产责任不落实，安全管理人员不履行安全管理职责。

4. 国土资源部门未及时发现该矿违法越界开采行为；煤矿安全监管部门未督促该矿落实安全管理人员岗位责任制，未及时发现该矿安排未经安全教育和培训合格的从业人员上岗作业违法违规行为。

三、事件处理

事故发生后，吉林煤矿安全监察局副局长、吉林省安全生产监督管理局副局长、吉林市人民政府、舒兰市委市政府领导以及相关部门人员赶赴事故现场，指导事故救援与善后工作。根据相关法律法规的规定，成立了由吉林煤矿安全监察站站长任组长，吉林市监察局、总工会、公安局、安全生产监督管理局、吉林煤矿安全监察站相关人员组成的舒兰市天源煤业有限责任公司“1·6”较大窒息事故调查组，并邀请吉林市人民检察院派员参加，对事故进行调查。

四、责任追究

事故工作面负责人韩胜利和天源煤业公司投

资人宁德仁被移交司法机关依法处理，天源煤业公司机电矿长王文庄被移交司法机关依法处理，并吊销其安全管理人员安全资格证书。

天源煤业公司技术矿长张德新、安全矿长石延君和生产矿长吕范桂等被吊销安全管理人员安全资格证书。天源煤业公司矿长宁德军被吊销主要负责人安全资格证书和矿长资格证书。5名负有重要领导责任的政府部门人员被给予政纪处分。依据相关规定，天源煤业公司共被处以130万元罚款，企业负责人宁德仁被处以8万元罚款。天源煤业公司被依法关闭。

五、补救措施

为深刻吸取事故教训，有效防范和坚决遏制煤矿事故的发生，用事故教训推动煤矿安全生产工作，吉林煤矿安全监察局要求各相关部门：要认清当前煤矿安全生产的严峻形势，增强做好煤矿安全生产工作的责任感和紧迫感；要认真吸取事故教训，采取各种有效措施，推进煤矿企业安全主体责任落实；要在提升煤矿安全技术管理、加大安全投入、完善制度建设、加强人员培训和提高安全管理水平上下功夫；要进一步强化煤矿安全监管工作，加大煤矿整顿关闭和“打非治违”力度，严厉打击违法掘送巷道、瓦斯假检漏检，使用淘汰的设备和工艺、不执行入井带班制度等违法违规行为，确保安全生产。

参考资料

1. 吉林煤矿安全监察局：吉林省舒兰市天源煤业有限责任公司“1·6”较大窒息事故调查报告，见 http：//www. jlmj. gov. cn/html/shigudiaochachuli/2013/0320/10399. html。

2. 煤炭通：吉林煤监局公开处理舒兰天源煤矿窒息事故，见 http：//www. meitantong. com/templates/artInfo_ redBlack. jsp？ currentId = 306175。

宜州龙江镉浓度超标事件

一、事件简介

2012年1月15日，广西龙江河拉浪水电站内群众养的鱼突然批量死亡。宜州市环保部门经过调查发现，死鱼是由于龙江河宜州拉浪段镉浓度严重超标引起。2012年1月26日，污染团进入龙江下游的柳江。2012年1月27日，柳江上游部分河段出现轻微污染。2012年1月28日，广西启动突发环境事件Ⅱ级应急响应。2012年1月29日，镉污染进入柳州水源保护地。截至2012年2月2日统计，广西龙江河宜州拉浪至三岔段共有不同规格133万尾鱼苗、4万公斤成鱼死亡，直接经济损失大概在400万至500万元之间。

二、事件原因

广西河池市金城江区鸿泉立德粉材料厂存在非法生产、非法经营、违法排污行为，广西金河矿业股份有限公司冶化厂存在违法排污行为，两家企业的非法行为共同导致了龙江河污染事件。

三、事件处理

事故发生后，广西柳州市委、市政府发出“打响柳江保卫战”的号召，呼吁全市上下团结一心，全力应对此次突发事件、保障柳州市的饮水安全。为应对此次水污染事件，河池市采取多项应急措施：一方面在上游加大降解措施；另一方面各监测点24小时密切监测。另外，柳州市未受污染的融江上游柳城大埔电站开闸放水稀释污染浓度，也取得一定效果。河池市责令流域内涉重金属企业停产，组织力量排查整治。

四、责任追究

事故发生后，河池市副市长李文纲等9名责任人被处理，河池市环保局局长吴海懑被撤职；河池金城江区环保监察大队大队长蓝群峰、副大队长韦毅对辖区内企业非法排污监管严重失职，涉嫌渎职被移送司法机关。

五、补救措施

广西河池市就龙江河突发环境事件应急处置工作举行新闻发布会，河池市市长何辛幸向公众就镉污染事件鞠躬道歉。为避免类似事件再次发生，河池市对全市所有矿产企业进行全面排查和整顿。

参考资料

1. 网易新闻：广西河池9名官员因镉污染被处理，见 http：//news. 163. com/12/0203/16/7PBRBE7P00014JB6. html。

2. 网易新闻：广西河池市长就镉污染鞠躬道歉，见 http：//news. 163. com/12/0201/20/7P7128DB00014JB6. html#from = relevant。

3. 和讯网：百名专家参与广西龙江镉污染处置　河池全市大排查，见 http：//news. hexun. com/2012 - 01 - 29/137536600. html。

福建迪口火灾

一、事件简介

2012年1月16日4时许，福建省建瓯市迪口镇店村村上店自然村发生一起火灾，经公安、消防和当地干部群众全力扑救，当天7时许，大火被扑灭。火灾烧毁2栋房屋，致使12户村民受灾。火灾共造成1人受伤、10人死亡、3人失踪。

二、事件原因

这次事故主要是由于人为纵火造成的。

三、事件处理

火灾发生后，福建省委书记、省长分别作出重要批示，副省长、省政府党组成员、公安厅厅长、南平市市领导和建瓯市领导赶往现场，组织救援工作和善后工作。福建省政府办公厅、安监局、民政厅、卫生厅、消防总队等省直部门领导和医疗专家到达事故现场，指导善后处理工作。

建瓯市委市政府对善后安抚处置工作进行部署：

1. 成立“1·16”火灾应急处置领导小组，由市委书记任组长，市长任常务副组长，开展灾情核实，灾害调查和善后工作。

2. 成立现场处置及灾害调查、安抚慰问、稳控、善后处理、信息综合共5个工作小组，加紧灾害救援和善后处置工作。

3. 举一反三，全面开展安全生产和消防隐患大排查，防止灾害事故再次发生，召开全市安全生产和消防工作再部署紧急会议，安排落实春节期间安全和稳定工作。

四、责任追究

经公安机关调查，纵火者刘某某被依法逮捕。

五、补救措施

福建省副省长在建瓯市迪口镇主持召开现场会议，对火灾后续处置工作提出明确要求：全力救治伤员，查明事故原因，切实做好受灾群众安抚安置工作，切实做好社会稳定工作，全面开展安全生产和消防隐患大排查，防止灾害再次发生。

参考资料

1. 全球医院网：组图：福建建瓯火灾已致9死1伤1失踪，见 http：//xinwen. qqyy. com/a/120117/77da. html。

2. 深圳政府在线：福建省建瓯市发生一起火灾事故　已造成9人死亡1人失踪1人受伤，见 http：//www. sz. gov. cn/cn/xxgk/yjgl/yjyl/201201/t20120117_1799606. htm。

3. 成都学院（成都大学）保卫处（武装部）：2012年全国亡人火灾及稍大的火灾，见 http：//bwc. cdu. edu. cn/new. php？id＝3011。

阿城钢铁公司一氧化碳泄漏事故

一、事件简介

2012年1月16日22时左右，哈尔滨市西林钢铁集团阿城钢铁有限公司发生一氧化碳泄漏事故，1名26岁的工人死亡，31名工人受伤入院。

二、事件原因

哈尔滨市西林钢铁集团阿城钢铁有限公司在组织一号高炉停产维修炉顶设备时，因高炉膨胀，一氧化碳助燃剂自炉顶引孔泄漏，致使高炉上下平台上的作业人员中毒。

三、事件处理

事故发生后，哈尔滨市阿城区委、区政府迅速启动突发事故应急救援预案，当地公安、安监、卫生、医疗等相关部门赶到事故现场，全力抢救受伤人员。阿城区医院开辟急救绿色通道，调集全院各科医护人员全力进行救治，对伤员实行一人一医一护救治。哈尔滨市卫生局组织一支由多名医务专家组成的医疗组赶到阿城区帮助救治，逐一会诊。接到事故报告后，黑龙江省安监局局长、哈尔滨市副市长和哈尔滨市安监局局长等领导及相关工作人员赶赴事故现场和医院，协调部署事故处理等相关事宜。

四、责任追究

这是一起违章指挥、盲目施救造成的安全生产事故。哈尔滨市西林钢铁集团阿城钢铁有限公司被要求停产整顿。

五、补救措施

事故发生后，黑龙江省政府领导同志高度重视，为认真吸取西林钢铁集团阿城钢铁有限公司“1·16”煤气中毒事故教训，举一反三，加强冶金企业安全生产管理工作，防止类似事故，黑龙江省安全监管局提出：要深化冶金、机械等行业煤气安全管理专项检查，特别是对以往检查出的隐患和问题，要深入企业复查整改落实情况，监督企业整改到位；要强化煤气从业人员的安全生产教育和培训，保证从业人员熟悉有关煤气安全生产规章制度和安全操作规程，熟练掌握本岗位的安全操作技能和防范措施，严格执行煤气生产、储存、输送、使用环节的安全管理制度，确保在事故状态下能够做到会自救、不盲目施救；要有针对性地开展冶金企业煤气应急演练；要严格执行建设项目安全设施“三同时”制度；要加强受限空间作业的安全管理；要继续深入开展安全生产标准化建设工作。

参考资料

1. 黑龙江省安全生产信息网：黑龙江省安全监管局召开西林钢铁集团阿城钢铁有限公司“1·16”煤气中毒事故现场会，见 http：//www. hlj. gov. cn/zwdt/system/2012/02/09/010295089. shtml。

2. 中国日报：哈尔滨一钢铁公司一氧化碳泄漏致1死31伤：已停产整顿，见 http：//www. chinadaily. com. cn/micro－reading/dzh/2012－01－17/content_4975363. html。

太旧高速“1·21”交通事故

一、事件简介

2012年1月21日17时15分，太旧高速公路太原至石家庄方向369km处（平定县境内路段），一辆辽宁牌照的别克轿车失控撞坏高速公路的中间隔离栏，之后冲向对面行驶的大客车，大客车在躲避过程中撞坏栏杆，坠入高速桥下公路，砸在路面停放的小型面包车上。事故共造成7人死亡、18人受伤。

二、事件原因

事故发生的主要原因如下：道路湿滑，路面结冰，别克轿车司机操作失误。

三、事件处理

事故发生后，山西省阳泉市委书记、市长要求市分管领导、有关部门负责人及医务人员赶赴现场，救治伤员，全力配合山西省交警总队做好事故处理工作。阳泉市委常委、政法委书记和副市长赶赴现场组织事故处置工作，阳泉市应急办、公安、消防、安监、交警、卫生、交通等相关部门到达现场组织救援。救援结束后，阳泉市相关领导人赶赴阳泉市第一人民医院、第三人民医院，看望受伤乘客。

四、责任追究

据查，这是一起单方面的责任事故，由别克轿车负全部责任。

五、补救措施

山西省根据交通流量实际情况，对于出现结冰路段采取有车带道，有序组织、间断放行的方式，在各个春运检查服务站启动提醒服务，为通行的车辆在检查的过程中重点提示前方路段可能出现（结冰）的情况，提醒驾驶员谨慎驾驶，降低速度、安全乘行，提醒公众春节期间驾驶不要超速行驶，不要疲劳驾驶，不要酒后驾驶。

参考资料

1. 搜狐网：太旧高速21日发生重大交通事故 7死18伤，见http：//roll. sohu. com/20120131/n333257108. shtml。

2. 四川省人民政府网：雅西高速交警强化春运安全保卫，见http：//www. sc. gov. cn/10462/10464/10465/10595/2012/2/1/10197101. shtml。

3. 阳泉新闻网：太旧高速平定段发生重大交通事故，见http：//www. yqnews. com. cn/news/china/2012/122/6623E. html。

4. 国际频道：公安部通报山西太旧高速大巴翻车事故，见http：//www. chinadaily. com. cn/hqgj/jryw/2012－01－22/content_5011723. html。

5. 国际频道：山西太旧巴士翻车救援结束　初判轿车负全责，见http：//www. chinadaily. com. cn/hqgj/jryw/2012－01－22/content_5013699. html。

广西桂林平乐“1·30”交通事故

一、事件简介

2012年1月30日9时左右，在包茂高速公路广西桂林平乐县同安镇辖区路段2615km＋740m处，一辆开往广东方向的粤B377RQ号牌商务车不慎撞翻在公路旁，造成车上7名乘客当场死亡、1人受伤的特大交通事故。

二、事件原因

相关部门查明此次交通事故的主要原因是商务车司机违章驾驶。

三、事件处理

广西桂林平乐县包茂高速重大车祸发生后，平乐县主要领导率领平乐县安监、交通、卫生、公安、消防等单位领导赶到事发现场，部署事故处置工作，成立事件救援处置小组；桂林市和广西公安厅交通管理局的相关领导赶赴现场，指导事故救援工作和事故善后处理工作。平乐县交管大队、同安镇派出所抽调20名警力在相关路段疏导过往车辆，全力维护高速公路的道路秩序，确保安全畅通。广西桂林市委书记、市长要求相关部门全力做好救援工作，尽最大努力救治伤者。桂林市副市长、市公安局局长带领相关部门人员赶赴现场，指导救援处置工作。

四、责任追究

经相关部门调查，肇事司机赵某负全部责任，被平乐警方依法刑事拘留。

参考资料

1. 重庆晨报：车祸一大家子7死1伤，见http：//cqcbepaper. cqnews. net/cqcb/html/2012－02/01/content_1493142. htm。

2. 桂林生活网：包茂高速平乐段一商务车飞出路基7死1伤（图），见http：//news. guilinlife. com/news/2012/01－31/225099. html。

3. 新华网：包茂高速公路广西平乐—钟山段发生车祸致7死1伤，见http：//www. gx. xinhuanet. com/dtzx/2012－01/31/content_24614156. htm。

4. 中国高速网：桂林平乐7死1伤特大交通事故续：司机疲劳超速负全责，见http：//www. cngaosu. com/a/2012/0216/260147. html。

湖南益阳“2·2”重大水上交通事故

一、事件简介

2012年2月2日3时40分，湖北省监利三洲水运公司所属的“三洲666”号运砂船，装载砂石经洞庭湖水域由湖南省岳阳市运往湖北省武汉市，当该船锚泊于洞庭湖芦苇场小山塘水域避风时，突然发生侧翻，船上17人全部落水，其中6人被当地渔民救起，事故共造成10人死亡、1人失踪。

二、事件原因

由于天气突变，洞庭湖平原刮起了大风，迫使船舶停止前行，之后倾覆。

三、事件处理

事故发生后，湖南省、市领导高度重视，副省长亲赴现场，具体部署处置事故工作。益阳市成立沉船事故搜救工作领导小组。沅江市启动应急预案，成立由海事、交通、安监、卫生、公安等部门组成的救援领导小组。

四、补救措施

益阳沅江“2·2”水上重大沉船事故后，怀化交通及海事部门迅速落实省交通运输厅《关于益阳沅江“2·2”水上重大沉船事故的紧急通报》精神，全面强化水上交通安全管理工作。由益阳市交通运输局主要领导组成的3个督查组带队分赴各地，结合春运后期安全工作下河上船实地进行安全督查。怀化市交通运输局召开紧急会议，要求所有海事工作人员全部充实到安全第一线，在全市范围内开展水上交通安全隐患大排查、大整改。对所有客、货船的安全性能、技术状况、证书证件及救生、消防、锚泊等设备设施进行一次全面细致的检查。重点加强对学生乘坐的客、渡船舶的检查力度，提高学生乘坐的客、渡船驾驶人员技术素质和安全意识，在学生上下学等高峰时段派安全人员到港口、渡口、码头现场值守。配属海事监督艇的单位全部出航，加密巡航巡查，严厉打击超载、无证非法渡运和违章航行。

参考资料

1. 中国高速网：湖南怀化市全面加强水上交通安全监管，见 http://www.cngaosu.com/a/2012/0217/260813.html。

2. 搜狐网：湖北籍运沙船洞庭湖侧翻　9死2失踪6人获救返家，见 http://news.sohu.com/20120206/n333795407.shtml。

广东汕尾“2·2”重大水上事故

一、事件简介

2012年2月2日9时左右，广东省阳江市阳西县籍“粤阳西96196”号渔船（船上共有14名船员）航行至广东省汕尾市海域时，船体向左侧倾斜并翻沉，14名船员全部落水，其中4人被编队作业渔船救起，事故最终造成3人死亡、7人失踪。

二、事件原因

据相关部门调查确认，此次事故主要是由于渔船“粤阳西96196”在汕尾附近海域作业，因遭遇大风浪发生倾斜，经自救无效导致沉没，救生浮被吹走所引发的。

三、事件处理

事故发生后，广东省副省长作出批示，要求广东省海洋渔业局，广东省海上搜救中心，广东海事局，汕尾、阳江市及有关单位，全力配合，迅速组织力量开展搜救工作，采取的主要措施有：派出救助飞机、专业救助船、渔政船等全力搜救；播发航行警告，请过往船只予以协助搜救；协调国家海洋局南海预报中心对失踪人员作漂流预测；阳江市、阳西县组织工作组赶赴汕尾市共同参与搜救工作。

四、补救措施

广东省在阳江市阳西县召开全省沿海防范和遏制重特大渔业安全生产事故现场会，就做好全省渔业安全生产工作、严防类似事故再次发生提出了明确要求。为深刻吸取事故教训，举一反三，切实加强水上交通和渔业船舶安全生产工作，有效防范和坚决遏制类似事故的发生，国务院安委会要求：认真开展水上交通和渔业船舶安全检查，及时排查治理安全隐患；加强重点船舶、重点水域安全监管；加强天气预报预警工作，提高应急处置能力；严肃事故查处，严格责任追究。

参考资料

1. 安全管理网：关于近期两起水上事故情况的通报，见 http://www.safehoo.com/Laws/Notice/201204/267224.shtml。

2. 广东省应急网：我省阳江市一艘渔船在汕尾市附近海域作业时沉没　已造成3人死亡7人失踪，见 http://www.gdemo.gov.cn/yjdt/gdyjdt/201202/t20120203_156007.htm。

四川筠连钓鱼台煤矿“2·3”重大瓦斯爆炸事故

一、事件简介

2012年2月3日13时20分，四川宜宾市筠连县，钓鱼台煤矿1298区域进行维修作业过程中，发生瓦斯爆炸事故，当班下井30人，16人获救，13人死亡，1人下落不明。

二、事件原因

事故是由于钓鱼台煤矿未履行节后复工复产

程序，对封闭火区管理不到位，导致维修矿井通风设施时引发瓦斯爆炸。

三、事件处理

事故发生后，宜宾市、筠连县迅速启动应急预案，成立了“筠连县钧鱼台煤矿2·3瓦斯事故应急处置指挥部”，组织川南煤业矿山救护队、宜宾市矿山救护大队、筠连县矿山救护大队及医疗卫生救援队和干部群众，全力开展井下搜救等工作，并设立现场施救、医疗救护、善后处置等6个工作组。四川省副省长率有关部门负责人赶赴现场，国家煤矿安全监察局副局长率国家安监总局有关负责人赶赴四川。

四、责任追究

钧鱼台煤矿业主、法定代表人毛美成，钧鱼台煤矿业主代表毛美钦，钧鱼台煤矿原矿长庞陆军等3人因涉嫌重大责任事故罪被检察机关批准逮捕；筠连县安监局驻钧鱼台煤矿安监员陈科路、筠连县安监局执法二中队中队长龙山、筠连县维新镇安办副主任彭燕华等3人因涉嫌玩忽职守罪被检察机关批准逮捕。这起事故中的其他11名责任人也分别受到了相应的处理。

五、补救措施

为深刻吸取事故教训，切实加强煤矿安全生产工作，促进煤矿安全生产形势持续稳定好转，国家安全监管总局和国家煤矿安监局要求各地高度重视煤矿安全生产工作，严格煤矿复工复产，进一步落实煤矿复产验收责任制，对放假与停产检修煤矿逐矿落实复产验收计划，并加强对未提出验收申请煤矿的安全监管，坚决防止其非法违法组织生产和违规盲目下井作业。监管部门还要求，要切实加大瓦斯防治力度，建立健全煤矿企业瓦斯防治能力评估、重大瓦斯隐患挂牌督办和瓦斯零超限目标管理三项制度；要加强停产整顿矿井安全监管，严防停而不整、擅自复产复工等非法违法生产行为；要加大事故查处力度。

参考资料

1. 国家安全生产监督管理总局：四川宜宾市钧鱼台煤矿发生瓦斯爆炸13人死亡1人下落不明，见 http：//www. chinasafety. gov. cn/newpage/Contents/Channel_5034/2012/0206/164711/content_164711. htm。

2. 广东省应急网：四川省宜宾市筠连县发生煤矿瓦斯爆炸事故已造成13人死亡1人失踪，见 http：//www. gdemo. gov. cn/yjdt/gnyjdt/201202/t20120204_156065. htm。

3. 兰州大学：中国公共危机事件案例知识库，见 http：//ccm. lzu. edu. cn/caseShow. jsp? caseID =727#box_2。

4. 新华网：四川两起重大安全生产事故31名责任人被追责，见 http：//news. xinhuanet. com/2013 -01/18/c_114421660. htm。

云南河口交通事故

一、事件简介

2012年2月8日12时左右，云南省曲靖市陆良县驾驶员喻利昆驾驶一辆无牌照农用车，载13名装香蕉工人及两名香蕉代办人员共16人前往香蕉基地拉香蕉。车辆行驶到河口至屏边路段的子母河道班，在途经河口县昆明绿色香蕉基地两公里的便道时，发生翻车事故。车辆翻至路沿下山沟内100多米处，造成3人死亡、14人受伤、5人重伤。

二、事件处理

事故发生后，云南省红河州河口县委、县政府相关领导做出指示：一是启动应急预案，成立县乡工作领导小组，带领县公安、消防、卫生、交警、安监等相关部门人员赶赴现场全力展开救援工作；二是核实事件人员身份情况；三是做好伤亡者家属思想安抚及善后工作；四是成立交通事故处理工作领导小组，调查事故原因并做好相关后续工作，认真总结并吸取经验教训。

接到报警后，云南省红河州河口县委常委、县委办主任，河口县副县长、河口县公安局局长，河口县委办、政府办、公安、安监、卫生、交警、消防及老范寨乡党委、政府人员赶赴事故现场，全力抢救伤员，并紧急调配6辆救护车参加救援。河口县成立事故调查处置组、医疗救治组、善后工作组等六个工作组，全面有序开展善后工作。

三、补救措施

为了始终贯彻安全第一的主题，确保群众行车安全的目标，红河州河口县河口大队按照红河州公安局的指示，细化检查工作，加强源头管理，全力加强货运管理，杜绝货运事故的发生；加强路面管控，严格执法，在辖区的三级公路、县乡村小道上加派民警及协管员开展巡逻，增强路面查控的实效性；加强宣传，营造宣传氛围，充分利用高速公路服务站、汽车客运站、中心花园等宣传阵地，开展形式多样、丰富多彩的宣传工作，形成浓厚的宣传氛围。

参考资料

1. 新浪网：河口县发生一起交通事故造成3人死亡13人受伤，见 http：//qcyn. sina. com. cn/news/dzxw/2012/0214/09310269640. html。

2. 交通警察网：云南省红河州河口县河口大

队迅速传达《关于红河州近期连续发生重特大道路交通事故的情况通报》，学习教育交通安全，见 http://www.110122.cn/Content.aspx? ID =54039。

湖南通道侗族自治县火灾

一、事件简介

2012年2月13日15时，湖南省通道县著名的原生态侗族村寨，拥有众多吊脚楼木屋的独坡乡新丰村、骆团村（两村同处一个自然大团寨）发生房屋火灾，当日18时20分火情被控制住。此次火灾共烧毁房屋70余栋，导致500多人受灾，幸无人员伤亡，经济损失约400万元。

二、事件原因

火灾主要是由于民房内电线老化所致，当地房屋均属于木质结构，且修建多年，布局紧凑，消防设施严重不足，从而在火灾发生后蔓延迅速，酿成悲剧。

三、事件处理

灾情发生后，湖南省通道县委、县政府高度重视，迅速启动应急预案，成立以县长任指挥长的应急救援指挥部。通道县财政安排专项救灾资金260万元；通道县民政局紧急调配救灾物资，拨付救灾棉被600余床、棉衣500余件、大米两万余斤。

通道县广大干部群众积极开展捐款捐物活动，帮助受灾群众渡过难关，通道侗族自治县党委、政府号召全县上下积极开展灾后救助、重建工作，积极做好受灾群众的安置工作，将受灾群众安置到学校、未受灾户或周边村寨村民家中，妥善解决受灾群众的温饱问题。

四、补救措施

事故发生后，湖南省通道县对全县100余个侗寨进行集体消防隐患排查和每户都签订安全消防协议。

参考资料

1. 中国江门网：湖南通道县侗寨发生大火致500多人受灾，见 http://www.jmnews.com.cn/c/2012/02/16/01/c_1209316.shtml。

2. 大公网：湖南靖州特大火灾或因政府“寨改”问题引发，见 http://china.takungpao.com/q/2013/0806/1812588_3.html。

3. 中国文化报：一个月发生3起火灾　侗寨安全与保护令人关注湖南通道多个侗寨被焚毁，见 http://news.idoican.com.cn/zgwenhuab/html/2012-03/19/content_3907564.htm? div = -1。

新疆兴达煤矿瓦斯爆炸事故

一、事件简介

2012年2月14日15时左右，新疆玛纳斯县兴达煤矿在做复产前准备工作时，发生一起瓦斯爆炸事故。事故造成一名带班副矿长和5名矿工遇难。

二、事件原因

据查，事故造成的主要原因是：矿工在排放瓦斯气体时，井下设备产生火花，导致了爆炸事故。

三、事件处理

事故发生后，新疆昌吉回族自治州、玛纳斯县党政主要领导以及煤监、公安、消防、医疗部门赶往现场组织救援。昌吉州组成事故调查组对事故原因展开调查，玛纳斯县也成立了善后工作组、司法援助组，安排工会、妇联等6个单位负责6名遇难者家属的安抚工作。

四、责任追究

煤矿法人代表被公安部门依法控制。

五、补救措施

为吸取教训，加大对煤矿的安全监督管理，杜绝类似事故发生，玛纳斯县相关主管领导在全县启动煤矿安全治理行动，对所有煤矿进行一次彻底的安全排查，要求各县市建立和完善联合执法机制，严厉打击非法违规建设、生产、经营行为和查处事故瞒报、谎报行为情况，加强预警和应急队伍建设，对检查督查中发现的隐患，要限期整改，并进行跟踪和监控，对不具备安全生产条件的企业坚决停业或关闭。

参考资料

1. 中国广播网：新疆玛纳斯兴达煤矿发生瓦斯爆炸6人死亡，见 http://native.cnr.cn/city/201202/t20120215_509164080.shtml。

2. 亚心网：新疆玛纳斯县煤矿瓦斯爆炸后续工作展开，见 http://news.iyaxin.com/content/2012-02/16/content_3342077_3.htm。

3. 新浪新闻中心：玛纳斯矿难追踪：新疆昌吉开展安全生产专项检查督查，见 http://news.sina.com.cn/c/2012-02-21/024223963344.shtml。

耒阳宏发煤矿重大运输事故

一、事件介绍

2012年2月16日0时23分，湖南省衡阳市耒阳市南阳镇宏发煤矿发生一起重大运输事故（主井井筒跑车），造成15人死亡，3人重伤，直接经济损失1329万元。

二、事件原因

直接原因

宏发煤矿违规使用不符合国家标准的自制钢丝绳连接器，违反设计规定超挂车辆，导致连接器的钢丝绳从绳夹中拉脱，造成跑车。宏发煤矿违章指挥作业人员搭乘矿车入井，没有安设跑车防护装置，致使人员伤亡。

间接原因

宏发煤矿没有落实带班下井规定，提升运输管理不到位；宏发煤矿没有落实监管监察指令，违规组织生产；宏发煤矿没有按设计利用井筒，安全生产工作没有统一管理；宏发煤矿安全管理机构不健全，对职工安全教育培训不到位。

三、事件处理

国家安全监管总局相关领导人要求湖南煤矿安全监察局协助耒阳市政府核清事故情况，查明事故原因，依法依规严肃处理。事故发生后国家煤矿安监局副局长率工作组赶赴事故现场，协助指导耒阳市全面做好抢险救援、事故调查处理等工作。

四、责任追究

宏发煤矿董事长罗某、矿长罗某等14人被公安机关或检察机关立案侦查，矿长罗某、分矿长徐某、钳工罗某分别被判处有期徒刑4年6个月、4年、2年。相关乡镇、煤炭等单位的11人被给予党纪、政纪处分。宏发煤矿被依法关闭，证照被依法吊销，矿长罗某的矿长资格证和安全资格证被依法吊销。

五、补救措施

为深刻吸取事故教训，切实加强煤矿安全生产工作，国家安全生产监督管理总局要求：

1. 切实抓好煤矿复产验收工作。地方各级煤矿安全监管、煤炭行业管理部门和各驻地煤矿安全监察机构要密切配合，在地方政府的统一领导下，进一步研究完善煤矿复产验收工作方案，做到严格有序恢复生产建设。要严防煤矿企业以复工维修名义，违法组织生产。

2. 严厉打击非法违法行为。各地区要进一步完善和落实地方政府统一领导、相关部门共同参与的联合执法机制，加强对煤矿企业的日常执法、重点执法和跟踪执法，始终保持高压态势，形成严厉打击非法违法行为的工作合力。

3. 加强煤矿运输安全管理。所有煤矿企业要高度重视运输安全管理工作，积极开展有针对性的大检查。

4. 切实加大安全培训力度。各煤矿企业要落实安全培训责任，加大培训力度，对全体煤矿职工特别是农民工（包括劳务工、轮换工、协议工、季节工等）进行严格的安全培训，使职工了解掌握安全操作技能和强制性标准、安全生产规章制度和劳动纪律以及应急避险等安全逃生设备设施的使用和维护等知识。

5. 切实加大事故查处力度。事故发生地有关部门要积极配合驻地煤矿安全监察机构按照“四不放过”和“科学严谨、依法依规、实事求是、注重实效”的原则，严肃事故查处，严格责任追究。对非法违法生产建设行为引发的煤矿事故，要综合运用法律、经济和行政等手段，依法加大责任追究力度。要及时向社会公布事故调查处理结果，自觉接受社会和舆论监督。要严格执行事故通报、约谈、分析和跟踪督导“四项制度”，着力用事故教训推动煤矿安全生产工作。

参考资料

1. 国家安全生产监督管理总局：国家煤矿安监局关于湖南省衡阳市耒阳市宏发煤矿“2·16”重大运输事故的通报，见 http：//www.chinasafety.gov.cn/newpage/Contents/Channel_5475/2012/0218/165711/content_165711.htm。

2. 国家安全生产监督管理总局：湖南省耒阳市宏发煤矿发生运输事故　彭建勋率工作组赶赴现场，见 http：//www.chinasafety.gov.cn/newpage/Contents/Channel_5474/2012/0217/165428/content_165428.htm。

3. 湖南煤矿安全监察局：湖南省衡阳市耒阳市宏发煤矿“2·16”重大运输事故调查处理情况公布，见 http：//www.hunanmj.gov.cn/Item/3626.aspx。

贵州遵义重大道路交通事故

一、事件简介

2012年2月18日12时20分，贵州省遵义集顺达交通运输集团道真华通运输有限公司所属的一辆号牌为贵C86256的中型普通客车（核载19人、实载35人），从遵义市道真自治县大磏镇运载赶集归来的群众往石仁村方向行驶，当行至省道S207线8km+400m处时，失控驶离道路左侧，翻坠于路侧边沟里，造成13人死亡、22人受伤。

二、事件原因

事故原因为肇事客车在行驶过程中左前轮爆胎，导致车辆方向失控，驶离道路左侧，翻坠于路侧边沟里。

三、事件处理

事故发生后，贵州省委书记、省长要求不惜一切代价千方百计抢救伤员，做好死伤人员及家属的安抚工作和善后工作。国家安监总局、公安部等相关专家赶到道真，协助指导事故处理工作。道真县成立“2·18”交通事故救援处置工作领导小组，分成现场施救、医疗救治、事故调查、群工工作、安全维稳、信息报送、后勤保障等七个工作组开展救援工作。当地公安、消防、民兵应急分队、医疗卫生人员与大磏镇干部群众共300余人参加了救援工作。当地县医院、县中医院分别组织医疗救治队伍，省、市卫生部门派出专家到达道真县，对收治的伤员进行全力抢救。道真县全力开展善后处理工作，提供医疗救治保障，对伤亡困难家庭提供物质帮助，对死难者家庭提供法律援助，帮助遇难者家属按国家有关法律法规获得理赔。

四、补救措施

为深刻吸取事故教训，举一反三，切实加强道路交通安全工作，有效防范和坚决遏制重大交通事故的发生，国务院安全生产委员会要求：认真开展道路交通安全检查，排查治理安全隐患；落实道路客运企业安全生产主体责任，加强对客运车辆的安全管理；深化路面交通秩序管控，加大道路交通安全源头治理力度；严肃事故查处，严格责任追究。

参考资料

1. 国家安全生产监督管理总局：国务院安委会办公室关于贵州省遵义市“2·18”重大道路交通事故情况的通报，见 http：//www. chinasafety. gov. cn/newpage/Contents/Channel_4976/2012/0229/166182/content_166182. htm。

2. 兰州大学：中国公共危机事件案例知识，见 http：//ccm. lzu. edu. cn/caseShow. jsp？ caseID = 761#box_2。

3. 道真县人民政府：贵州道真发生一起重大交通事故，见 http：//www. gzdaozhen. gov. cn/Web62/News/20120219/5987. htm。

杭瑞高速公路交通事故

一、事件简介

2012 年 2 月 18 日 23 时 25 分，云南石林兴利达旅游客运有限公司云 AL2464 牌照的金龙大型普通客车，在杭瑞高速公路 2428km + 880m 处（云南省南华县境内）发生交通事故。事故造成 9 人死亡、24 人受伤。

二、事件原因

据查，此次交通事故主要是由于乘客乘坐的客车出现故障，司机违章驾驶等造成的。

三、事件处理

事故发生后，云南省楚雄州政府启动较大道路交通事故应急预案，成立“2·18”道路交通事故指导协调组，下设现场救援、伤员救治、新闻发布、协助善后和办公室等工作小组。楚雄州政府相关领导率交警、安监、卫生、应急救援等部门赶赴现场，抢救伤员，处理善后工作。受伤人员被送到楚雄州人民医院和楚雄州中医院接受治疗。云南省委、省政府派出由安监、旅游、卫生、交警和交通运输等部门组成工作组抵达楚雄州，看望慰问受伤人员和遇难者家属，指导协助事故处置等相关工作。

四、责任追究

经相关部门调查，客车司机被依法刑事拘留。

参考资料

1. 广东应急网：杭瑞高速公路云南省南华县境内路段发生一起交通事故造成 9 人死亡 24 人受伤，见 http：//www. gdemo. gov. cn/yjdt/gnyjdt/201202/t20120219_156807. htm。

2. 长城网：云南南华县境内发生交通事故 9 人死亡 24 人受伤，见 http：//news. hebei. com. cn/system/2012/02/20/011725314. shtml。

3. 新华网：云南楚雄：杭瑞高速南华县境内段交通事故肇事司机被刑事拘留，见 http：//yn. xinhuanet. com/newscenter/2012 –02/21/c_131421738. htm。

4. 中国警察网：云南楚雄全力抢救伤员　伤员中有 3 名外籍华人，见 http：//www. cpd. com. cn/n1695/n3581/c10929933/content. html。

福建泉州水上交通事故

一、事件简介

2012 年 2 月 18 日 4 时，一艘广西北海籍货船“鑫源顺 6”从广东茂名驶往山东潍坊，行至福建泉州湾至湄洲湾海域时，机舱进水导致船体沉没，船上 11 名船员全部落水，8 人死亡、2 人失踪、1 人受伤。

二、事件原因

事故的直接原因是“鑫源顺 6”轮在泉州崇武附近海域时，发生货物移位，导致船体严重右倾，机舱进水，随后沉没。

三、事件处理

事故发生后，福建省海上搜救中心启动搜救应急预案，协调交通运输部东海第二救助飞行队出动2架救助直升机以及海巡船艇、专业救助船舶、渔业船舶、过往船舶共11艘在事发海域全力进行搜救。为防止“鑫源顺6”轮船沉没可能造成的海域污染，福建省海上搜救中心在组织搜救遇难船员的同时，协调专业力量到事发海域加强海面溢油情况监控。中国海事局以及福建、广东、广西海事局成立事故联合调查组，对事故原因进行深入调查。

四、补救措施

福建省海上搜救中心在组织搜救遇难船员的同时，协调专业力量到事发海域加强海面溢油情况监控，对“鑫源顺6”轮沉没位置进行扫测，抛设临时航标，发布航行警告，提醒过往船舶注意航行安全。

参考资料

1. 和讯新闻：福建省境内一艘货船沉没造成8人死亡2人下落不明，见 http：//news. hexun. com/2012－02－20/138438334. html。

2. 凤凰网：福建泉州附近海域一艘货轮沉没8人死2人失踪，见 http：//news. ifeng. com/mainland/detail_2012_02/18/12605241_0. shtml。

3. 网易新闻：“鑫源顺6”轮泉州崇武附近海域沉没8死2失踪，见 http：//news. 163. com/12/0218/15/7QIAQBRF00014JB6. html。

山西蒲县煤矿冒顶事故

一、事件简介

2012年2月19日12时左右，山西蒲县宏源集团北峪煤业有限公司的102回风顺槽顶板发生冒顶事故，死亡7人。事故造成直接经济损失约592万元。

二、事件原因

直接原因

事故的原因为2102工作面切眼巷道施工支护方案不合理，掘进工作面整体支护强度不足；顶板出现垮冒征兆时，排除隐患措施不当，造成顶板大面积冒落，导致7名维护顶板的工人全部遇难。

间接原因（技术方面）

1. 北峪煤业有限公司与中国矿大合作实验的《采空区、煤柱下薄煤层顶板巷道及回采工作面顶板控制技术》及鉴定报告均未明确该技术的适用条件，虽然在2101工作面试验取得成功，但不能证明适用于任何条件下上位煤层采空后下位煤层的采、掘支护；煤矿在推广应用该项技术时，没有认真分析2102工作面与试验工作面地质条件有较大变化的差异。

2. 在维护顶板过程中，没有根据现场情况制定针对性的安全措施和缺乏有效的指挥。

3. 该切眼掘进工作面停工时间较长（2.5个月），在恢复通风后未对顶板进行及时的检查和维护。

三、事件处理

事故发生后，山西省临汾市、蒲县主要领导到达事故现场，成立抢险指挥部，下设现场抢险、医疗救护、后勤保障、安全保卫、善后处理、新闻报道六个小组，分别由副县级领导牵头，公安、卫生、医疗、煤炭、安监等相关部门参加，分头展开工作。山西省相关领导赶赴事故现场协调、指导救援工作，并采取有效措施，防止次生事故发生。

四、责任追究

事故的相关责任人被依法控制，北峪煤矿的财务被冻结。

五、补救措施

蒲县县政府领导责令蒲县境内所有煤矿全部停工，进行安全隐患排查。山西省政府提出：全面排查和消除安全隐患；全面加强煤矿顶板管理工作；深化瓦斯治理工作，各级煤矿安全监管、煤炭行业管理部门和煤矿安全监察机构要督促煤矿企业严格执行“先抽后采、监测监控、以风定产”的瓦斯治理方针，健全完善“通风可靠、抽采达标、监控有效、管理到位”的瓦斯综合治理工作体系；依法严厉打击非法违法生产行为；加强煤矿安全监管监察，各级煤矿安全监管、煤炭行业管理部门和煤矿安全监察机构要牢固树立安全发展理念，健全和落实各项安全生产制度，强化企业安全生产主体责任和行业安全监管责任。

参考资料

1. 广东省应急网：山西省蒲县一煤矿发生冒顶事故造成7人死亡，见 http：//www. gdemo. gov. cn/yjdt/gnyjdt/201202/t20120221_156865. htm。

2. 人民网：山西蒲县煤矿冒顶事故被困7人全部遇难，见 http：//society. people. com. cn/GB/86800/17162320. html。

3. 陕西省煤炭信息网：山西蒲县煤矿冒顶事故已发现4人遇难，见 http：//202. 99. 195. 6/cms/templet/2013new/ShowArticle. jsp？ id＝34752。

4. 中国新闻网：山西蒲县煤矿7人遇难事故续：相关责任人已被控制，见 http：//www. chinanews. com/sh/2012/02－20/3682594. shtml。

5. 中国新闻网：山西蒲县矿难7名矿工全部遇难　该县煤矿全部停工，见 http：//www. chinanews. com/gn/2012/02－20/3681938. shtml。

6. 中国煤网：临汾蒲县北峪煤矿发生冒顶事

故7人遇难，见 http：//news. mtw001. com/safe/201208/20120224111711. html。

7. 山西蒲县宏源集团北峪煤业有限公司“2·19”较大顶板事故救援报告，见 http：//glpt. sxaj. gov. cn/design/pages/YingMaWeb/news/news. aspx? id=313。

鞍钢铸钢厂重大爆炸事故

一、事件简介

2012年2月20日23时左右，鞍钢集团重型机械制造公司铸钢厂在铸环浇铸时发生爆炸事故，造成13人死亡，17人受伤，直接经济损失3224.0万元。

二、事件原因

直接原因

由于地坑渗水，导致砂床底部积水过多，当大量高温钢水短时间内注入砂型，砂床底部积水迅速汽化，蒸汽急剧膨胀，压力骤增，造成爆炸，将里芯、压铁及废砂向上喷起。

间接原因

1. 该下环铸件造型期间为冬季结冰期，造型人员从表面进行目测检查，未能发现地坑渗水和砂床底部积水。

2. 现行的铸造行业标准、规程等对铸件砂型合箱后砂床底部等含水率没有检测要求。铸钢厂对新工艺、新产品等铸件产品生产危险因素辨识不足，未能及时制定和采取相关措施控制风险。

3. 地坑施工及轨道铺设未按设计图纸进行施工。

4. 原设计对混砂机没有用水清洗的要求，投入生产后铸钢厂根据生产实际需要，用水清洗混砂机，但未对地面采取防水防渗处理，铸钢厂利用地坑北侧设置的日常用水点，作为清洗混砂机水源，生产、生活用水等容易沿轨道沟槽处渗入地坑。

5. 该工程施工质量把关不严。

6. 重机公司对铸钢厂贯彻执行国家有关法律法规、规程和标准情况监督检查不到位，对其开展安全隐患排查工作督促、检查、指导不力。

7. 鞍山钢铁集团公司对下属单位重机公司的安全监督检查不力。

三、事件处理

事故发生后，铸钢厂及相关部门启动相应的事故应急预案，组织施救，并报告上级组织。鞍山钢铁集团公司成立现场抢险救援指挥部，组成事故救援组、医疗救治组、后勤保障组、善后处理组和新闻报道组，开展抢险救援及应急处置工作。辽宁省政府组成了由省安全生产监管局局长任组长，省安全生产监管局、省监察厅、省总工会、省公安厅、鞍山市人民政府及有关部门负责人和相关人员参加的鞍钢重型机械有限责任公司铸钢厂“2·20”重大爆炸事故调查组，对这起事故进行调查处理。

四、责任追究

按照有关规定，4名事故责任人被依法追究刑事责任，18名事故责任人受到行政处罚、行政处分，1家事故责任单位受到了行政处罚，鞍钢集团公司被责令向国务院国资委作出书面检查。

五、补救措施

鞍钢铸钢厂爆炸事故给人民生命财产带来了巨大损失，后果非常严重，教训十分深刻。为了防止类似事故再次发生，辽宁安全生产监督管理局要求：冶金铸造企业要深刻吸取事故教训，举一反三，全面排查和治理各种隐患；所有生产经营企业要切实落实企业安全生产主体责任，确保各项安全管理措施落到实处；建设施工企业要加强对所属新、改、扩建工程项目的安全管理，严格执行国家、省有关建设项目安全设施“三同时”的规定。

参考资料

1. 辽宁省安全生产监督管理局：鞍钢重型机械有限责任公司铸钢厂“2·20”重大爆炸事故调查报告，见 http：//www. lnsafety. gov. cn/quick/show2. asp? id=3。

2. 辽宁省安全生产监督管理局：关于鞍钢重型机械有限责任公司铸钢厂“2·20”重大爆炸事故调查处理结果的通报，见 http：//www. lnsafety. gov. cn/inform/show. asp? id=791。

北京怀柔塔吊坍塌事故

一、事件简介

2012年2月22日17时左右，北京市怀柔区北房镇一在建工程施工现场，塔吊在顶升作业时发生倒塌，造成7人死亡、1人受伤的较大安全生产事故。

二、事件处理

事故发生后，北京市区相关部门赶到现场，进行事故处理。

三、补救措施

事故发生后，国家住房和城乡建设部领导高度重视，并做出重要批示，要求各相关部门吸取事故教训，举一反三，采取有效措施加强建筑安全生产工作，坚决遏制和防范生产安全事故发生：

1. 进一步提高对安全生产工作重要性的认

识。要充分认识建筑安全生产的重要性，坚持科学发展安全发展，努力推进建筑安全生产各项工作。要加强组织领导，强化安全监管，采取有效措施，减少建筑施工伤亡事故的发生，促进全国建筑安全生产形势持续稳定好转。

2. 切实落实安全生产责任。要督促指导建筑施工企业健全完善以法定代表人负责制为核心的安全生产责任制，完善各项安全管理制度，健全安全生产管理机构，配备足够的专职安全生产管理人员，增加安全生产资金投入，改善安全生产条件，增强安全生产保障能力，全面提高建筑施工企业安全生产管理水平。

3. 依法严肃查处督办生产安全事故。要严格执行事故查处督办制度，依法严肃追究事故责任企业和人员的责任，加大对企业资质和人员执业资格的处罚力度。对事故责任企业，依法给予罚款、停业整顿、降低资质等级或吊销资质证书、暂扣或吊销安全生产许可证等行政处罚。对事故责任人员，依法给予罚款、停止执业、吊销注册证书、吊销岗位证书等行政处罚。

4. 加强节后复工的安全工作。要加强对重点地区的监管，尤其是安全管理薄弱，事故频发的地区。要加强对重点工程的监控，特别是保障性安居工程、城市轨道交通工程等。通过强化监管，督促企业落实安全生产主体责任，预防和遏制生产安全事故的发生，确保全国建筑安全生产形势持续稳定好转。

参考资料

1. 吉林省住房和城乡建设厅：关于对北京市怀柔区北房镇在建工地“2·22”塔吊倒塌事故的通报，见 http：//jst. jl. gov. cn/hyaq/wjxx/201203/t20120302_1156997. html。

2. 凤凰网：北京怀柔在建工地塔吊倒塌致6死2伤，见 http：//finance. ifeng. com/stock/roll/20120223/5646345. shtml。

3. 新浪网：北京一在建工地发生塔吊倒塌事故致6死2伤，见 http：//news. sina. com. cn/o/2012－02－23/033023976505. shtml。

南京梅山钢铁厂煤气泄漏事故

一、事件简介

2012年2月23日上午11时50分，宝冶建设南京分公司在上海梅山钢铁公司进行煤气三加压站（8万立方米气柜）技改大修施工中，转炉煤气倒灌进煤气柜，造成13名作业人员中毒、6人死亡。

二、事件原因

事故发生的原因是施工方宝冶建设南京分公司在该公司的能源环保部煤气三加压站（8万立方米气柜）技术改造大修施工中操作失误，一名施工人员误割了煤气封堵盲板的螺栓，造成转炉煤气突然泄漏，倒灌进了煤气柜，导致在柜内作业的13名作业人员中毒昏倒。

三、事件处理

事故发生后，南京消防三个中队的十几辆消防车抵达现场进行救援。江苏省政府高度重视，全力抢救中毒人员，做好善后工作。江苏省和南京市安监、公安、消防、卫生等部门领导到达现场，要求有关部门会同梅钢公司全力以赴抢救伤员，做好伤亡家属安抚及善后工作。江苏省委常委、南京市委书记批示要全力救援救治中毒人员，南京市市长组织南京市应急指挥中心等部门全力抢救中毒职工。

四、补救措施

按照安全生产属地化管理原则，江苏省安委会根据较大事故查处挂牌督办办法，对事故调查和责任追究跟踪管理，依法严肃处理相关责任人，堵塞管理漏洞。

参考资料

1. 中新网：南京梅山钢铁厂煤气泄漏　致13人中毒3死3重伤，见 http：//www. chinanews. com/sh/2012/02－24/3694890. shtml。

2. 腾讯新闻网：上海梅山钢铁厂煤气中毒事故共造成6死7伤，见 http：//news. qq. com/a/20120229/000552. htm。

山西晋城交通事故

一、事件简介

2012年2月25日9时左右，河南三门峡市运输公司一辆车牌号为豫M08666的大巴客车，从山西晋城开往河南济源，途经晋城市泽州县境内成庄村路段时，翻入路右侧约50米深沟。事故共造成15人死亡、19人重伤。

二、事件原因

相关部门认定，事故的直接原因是驾驶人疲劳驾驶以及在连续急弯下坡路段超速行驶。

三、事件处理

事故发生后，山西省委省政府、晋城市委市政府高度重视，山西省市相关领导赶赴事故现场了解抢险救援情况并到医院看望慰问伤者。成立由河南、山西两省的安监、公安、监察、交通，以及河南三门峡市、山西晋城市等相关部门的人员组成的事故调查组，山西省安监局副局长任事故调查组组长。调查组分设技术组、管理组、综合组、后勤组四个工作小组，在事故原因调查、事故技术鉴定、责任人员处理、信息汇总上报、后勤保障等方面展开工作。相关事故车辆和遇难者得到了相应的保险理赔。

四、补救措施

为深刻吸取事故教训，举一反三，进一步做好道路交通安全工作，有效防范和坚决遏制重大事故的发生，国务院安委会要求：

1. 高度重视、迅速部署，切实加强旅游包车安全工作。要加强组织领导，加强科学管理，加大安全投入，强化综合治理，不断完善工作体制和机制，努力推动道路交通领域的科学发展、安全发展。要充分认识道路交通安全工作的长期性和复杂性，因地制宜地采取有针对性的治理防范措施，确保道路交通安全形势持续稳定好转。

2. 排查隐患、细化措施，加大山区公路安全管理力度。各地区、各有关部门要高度重视山区公路交通安全管理工作，严厉查处超速、超员、超载、疲劳驾驶、非客运车辆非法载人等非法违法行为。

3. 强化监督、完善制度，落实企业安全生产主体责任。各地区、各有关部门要对包车客运标志牌核发、使用情况进行全面摸排，强化对道路客运企业的安全监管，督促道路客运企业在客运包车出车前组织驾驶人熟悉路线，明确危险路段，提醒驾驶人提高警惕、安全驾驶。

4. 严肃查处事故，加大责任追究力度。各有关地区要按照“四不放过”和“科学严谨、依法依规、实事求是、注重实效”的原则，认真组织开展事故调查，对事故负有领导、监督、管理责任的单位和人员，要依法依规严肃处理。

参考资料

1. 网易新闻中心：山西晋城客车翻车交通事故致15人死亡19人重伤，见 http：//news.163.com/12/0226/09/7R69LV7N00014JB6.html。

2. 海口网：山西晋城大巴坠沟事故原因初步查明：司机违规操作，见 http：//www.hkwb.net/news/content/2012－02/26/content_644079.htm。

3. 红网：山西晋城大巴车坠沟致15死事件联合调查组成立，见 http：//china.rednet.cn/c/2012/02/27/2530458.htm。

4. 新京报网：国务院安委会通报山西重大交通事故致15死19伤，见 http：//www.bjnews.com.cn/news/2012/03/06/186655.html。

湖南邵阳煤矿煤与瓦斯突出事故

一、事件简介

2012年2月25日11时30分左右，邵阳县邵阳煤矿＋20m水平六石门回采工作面发生煤与瓦斯突出事故，事发当班下井总人数为36人，其中30人安全升井、4人死亡、2人受伤，直接经济损失248.5万元。

二、事件原因

直接原因

邵阳煤矿属煤与瓦斯突出矿井，所开采的4煤层具有严重的煤与瓦斯突出危险性；矿井所采取的防突措施未能消除1247工作面煤与瓦斯突出危险性；作业人员维修时用手镐挖煤壁时破坏了原有应力平衡，诱导了煤与瓦斯突出，造成人员死亡。

间接原因

1. 矿井防突工作不到位。

2. 顶板管理不到位。

3. 违规擅自组织复工。

4. 租赁承包经营方式，体制不顺，安全管理缺位，致使矿井重效益轻安全，工作面维修作业重点考核出煤量。

5. 邵阳煤矿没有及时督促承租方整改防突措施不到位、安全管理人员配备不齐等安全隐患，没有及时制止承租方违规擅自组织复工，对安全副矿长黎海云等在承租方兼职，没有制止。

6. 邵阳县煤炭局对邵阳煤矿存在的瓦斯抽放不到位等安全隐患督促整改不到位，没有发现矿井违反复工复产规定进行维修作业行为。

三、事件处理

事故发生后，湖南省安监局、湖南省煤炭局、湖南煤监局等部门人员第一时间赶赴事故现场指导救援工作；邵阳市党委、政府负责人立即组织安监、煤炭、卫生等部门人员赶赴事发现场开展救援处置工作，调集邵阳市矿山救护大队全力搜救，迅速将伤者送往医院救治。

四、责任追究

此次事故共有9人受到责任追究，其中：1人移送司法机关追究刑事责任，2人给予政纪处分，6人给予行政处罚。邵阳煤矿被责令停止生产，暂扣相关证照。

参考资料

1. 湖南省人民政府网：邵阳市邵阳县一煤矿发生煤与瓦斯突出事故，见 http：//www.hunan.gov.cn/zwgk/yjgl/tfsj/201301/t20130108_801166.html。

2. 湖南煤矿安全监察局网：关于邵阳县邵阳煤矿“2·25”较大煤与瓦斯突出事故调查处理情况的公告，见 http：//www. hunanmj. gov. cn/I-tem/2974. aspx。

3. 武冈市人民政府网：邵阳市邵阳县一煤矿发生煤与瓦斯突出事故，见 http：//www. wugang. gov. cn/art/2012/2/28/art_133_41174. html。

云南石屏县交通事故

一、事件简介

2012 年 2 月 27 日 15 时 45 分，一辆载有 12 人（含驾驶员）及甘蔗的 G56802 号轻型厢式货车，沿国道 323 线由红河州石屏县方向向元江县方向行驶，行驶至国道 323 线 2228km＋450m 处时，车辆在右转弯过程中由道路左侧驶出有效路面，仰翻于路外，事故共造成 7 人死亡、5 人受伤。

二、事件处理

事故发生后，云南省石屏县启动应急预案，相关领导作出批示并率相关部门赶赴现场组织抢救，同时成立“2·27”事故处理领导小组。石屏县委县政府积极做好伤员的救治工作：一是加强对所有伤员病情的复查，对重伤员加强病情监护，及时发现病情变化，及时报告，及时处理；二是严密加强对创伤并发症的防治；三是加强与伤员及家属的沟通，让伤员及家属积极配合治疗，尽力做好伤者和家属的思想工作；四是切实做好善后处理工作，做好伤亡人员及其家属的接待安抚工作；做好遇难者家属的思想工作；做好保险理赔工作。

三、补救措施

为认真吸取云南石屏县“2·27”较大道路交通事故教训，云南省石屏县相关部门在全县范围内开展一次彻底的安全生产大排查，全面加强道路交通安全工作，具体措施如下：

1. 切实加强对客运企业和驾驶人的监管，全面落实运输企业道路交通安全主体责任。强化客运企业、客运车辆及客运驾驶人的安全制度、安全措施的落实，督促客运企业建立健全并落实交通安全的主体责任，对挂靠营运客车进行一次全面清理。

2. 切实加强路面监控，着力消除道路交通事故安全隐患。加强源头管理，把客货运输作为安全隐患源头治理的重点，会同安监部门加强监管，完善内部管理制度，强化对公路客车、危化品运输车、校车等重点车辆的监管。集中开展道路交通管理重点地区排查整治、文明交通行动计划、道路交通宣传活动等工作。

3. 切实强化农村道路交通事故防控能力，确保农民群众安全出行。坚决杜绝无牌无证车辆营运、拉人载货，完善预防农村道路交通事故工作体系，减少漏管失控面。

4. 切实把道路交通安全责任制落到实处。严格落实道路交通安全工作责任制，把交通安全责任落实到单位、落实到基层、落实到人。

参考资料

1. 新浪新闻中心：石屏“2·27”农用车侧翻已造成 7 死 4 伤，事故原因正在调查，见 http：//news. sina. com. cn/c/2012－02－28/203124025507. shtml。

2. 云视网：“2·27”交通事故 7 死 5 伤，1 人仍昏迷 4 人基本脱离危险，见 http：//news. yntv. cn/content/15/20120229/150436_15_498746. shtml。

3. 新广红河：石屏县召开客货运企业道路交通事故预防工作会议，见 http：//news. flyxg. com/viewnews－133883. html。

克尔化工有限责任公司重大爆炸事故

一、事件简介

2012 年 2 月 28 日上午 9 时 4 分左右，位于河北省石家庄市赵县工业园区生物产业园内的河北克尔化工有限责任公司生产硝酸胍的一车间发生重大爆炸事故，造成 29 人死亡、46 人受伤。

二、事件原因

相关部门调查认定，克尔公司“2·28”重大爆炸事故是因严重违反操作规程，擅自提高导热油温度，导热油泄漏着火后处置不当而引发的重大生产安全责任事故。

三、事件处理

事故发生后，石家庄市赵县政府出动 16 辆消防车、8 个中队等 200 多人进行救援。河北省主管副省长带领相关人员到现场指挥部署救险。河北省安全生产监督管理局局长担任事故调查组组长，成立事故调查领导小组，下设综合、技术和管理三个小组，对事故责任人员进行严肃处理，并全面展开事故隐患排查。

四、责任追究

事件中 7 名相关责任人员，被依法追究刑事责任，11 名责任人员被给予党政纪处分，克尔公司被处以 199 万元罚款，该公司的危险化学品生产企业安全生产许可证也被依法吊销。克尔公司建设项目一期工程的设计单位河北渤海设计有限公司和竣工验收安全评价单位河北华飞科技咨询有限公司由河北省安全生产监督管理局依照相关规定给予处罚。赵县人民政府被要求向石家庄市人民政府写出深刻书面检查。

五、补救措施

为吸取教训，切实加强危险化学品安全生产工作，河北省安全监管总局要求各地进一步加强对爆炸性危险化学品的安全监管，加强涉及重点监管危险化学品、重点监管危险化工工艺和危险化学品重大危险源企业的安全监管，加强危险化学品建设项目安全设计管理，严格从业人员的准入条件，提高从业人员素质，抓实隐患排查治理工作。

参考资料

1. 新浪新闻中心：安监总局：河北赵县化工厂爆炸共致25死46伤，见 http：//news. sina. com. cn/c/2012 - 03 - 13/155524108224. shtml。

2. 新浪新闻中心：国务院安委会对河北爆炸事故查处实行挂牌督办，见 http：//news. sina. com. cn/c/2012 - 03 - 13/214324109132. shtml。

3. 百度文库：河北克尔化工有限公司“2·28”重大爆炸事故调查报告，见 http：//wenku. baidu. com/view/1e36d515b52acfc788ebc902. html。

甘肃天水金矿炮烟中毒事故

一、事件简介

2012年3月2日15时，甘肃省天水市李子金矿有限公司1720坑口，在爆破作业过程中，发生一起炮烟中毒事故，事故现场有三人正在作业。事故发生后，伤员被送往医院，经诊断三人均为中毒窒息，其中两人死亡，另外一人经抢救无效死亡。事故共造成3人死亡，直接经济损失180万元。

二、事件原因

经调查，事故原因如下：

直接原因

河北省瑞文矿业公司尖草湾施工队清渣工蹇成先、赵永贵、杨勇进入1720坑口1798米标高生产探矿平硐作业，吸入一氧化碳，导致中毒窒息死亡。

间接原因

1720坑口施工队负责人张生贵未认真履行安全生产职责，对新进矿山的施工作业人员未进行安全培训即安排上岗作业，未为作业人员配备自救器和便携式一氧化碳检测报警仪；1720坑口施工队现场负责人杨子会现场管理不严格。

三、事件处理

经事故调查组调查认定，这是一起施工队瞒报的较大生产安全责任事故。

甘肃省安监局和天水市委、市政府领导高度重视，甘肃省安监局相关领导对事故调查处理工作作出了重要指示。天水市安监局、市公安局、市监察局、市总工会和秦州区政府及相关部门组成综合组、管理组、善后组三个小组，开展事故调查工作。

四、责任追究

1. 河北省瑞文矿业公司尖草湾施工队清渣工蹇成先、赵永贵、杨勇安全意识淡薄，违反《爆破安全规程》（GB6722—2011），在爆破之后通风时间不够、未经安全检测的情况下，擅自冒险进入作业面违章作业，对事故发生负直接责任。鉴于3人已在事故中死亡，不再追究其责任。

2. 河北省瑞文矿业公司尖草湾施工队1720坑口负责生产和安全的管理人员杨子会：现场安全管理不严格，安全防范措施不到位，参与瞒报事故，对事故发生负直接管理责任。依据国家安全生产监督管理总局令第42号《〈安全生产事故报告和调查处理条例〉罚款处罚暂行规定》第十八条第二款规定，被给予9624元罚款（本人无固定收入，参照甘肃省天水李子金矿有限公司职工上一年度平均工资，24060元×40%＝9624元）。

3. 河北省瑞文矿业公司尖草湾施工队1720坑口负责人张生贵：利用虚假资质证照非法承揽施工项目；未履行安全生产管理职责，对现场作业人员安全教育培训不到位，对事故发生负主要管理责任。事故发生后蓄意瞒报，对事故瞒报负直接责任。依据《中华人民共和国安全生产法》第八十一条、国家安全生产监督管理总局《生产经营单位瞒报谎报事故行为查处办法》（安监总政法［2011］91号）第十条规定，被依法追究其刑事责任。

4. 甘肃省天水李子金矿有限公司尖草湾宽沟分矿矿长助理、安全员杨彬彬：对外包施工队安全检查不到位，对事故发生负管理责任。依据中华人民共和国监察部、国家安全生产监督管理总局令第11号《安全生产领域违法违纪行为政纪处分暂行规定》第十二条规定，被撤销矿长助理职务。

5. 甘肃省天水李子金矿有限公司尖草湾宽沟分矿副矿长陈伟民：对外包施工队安全检查不到位，对事故发生负管理责任。依据中华人民共和国监察部、国家安全生产监督管理总局令第11号《安全生产领域违法违纪行为政纪处分暂行规定》第十二条规定，被撤销副矿长职务。

6. 甘肃省天水李子金矿有限公司尖草湾宽沟分矿矿长王春仁：对外包施工队安全检查和管理不严格，导致施工现场安全管理混乱，对事故发生负直接管理责任。依据中华人民共和国监察部、国家安全生产监督管理总局令第11号《安全生产领域违法违纪行为政纪处分暂行规定》第十二条规定，建议撤销矿长职务。依据国家安全生产监督管理总局令第42号《〈生产安全事故报告和调查处理条例〉罚款处罚暂行规定》第十八条第二款规定，被给予上一年年收入40%（25488元）罚款。

7. 甘肃省天水李子金矿有限公司健康安全环保部经理梁喜财：未认真履行岗位职责，对矿山安全检查和指导不力，对事故发生负重要管理责任。依据中华人民共和国监察部、国家安全生产监督管理总局令第11号《安全生产领域违法违纪行为政纪处分暂行规定》第十二条规定，被撤销健康安全环保部经理职务。

8. 甘肃省天水李子金矿有限公司辅助生产部经理王德义：2008年3月至2012年1月担任甘肃省天水李子金矿有限公司健康安全环保部经理。在2011年6月尖草湾宽沟分矿1720坑口招标过程中，对张生贵提供的河北瑞文矿业公司陕西瑞文工程处相关证照审查把关不严，对事故发生负管理责任。依据中华人民共和国监察部、国家安全生产监督管理总局令第11号《安全生产领域违法违纪行为政纪处分暂行规定》第十二条规定，被给予行政记大过处分。

9. 甘肃省天水李子金矿有限公司分管生产的副总经理张军：对尖草湾分矿监管不力，领导带班下井制度、交接班制度、培训制度落实不到位，对事故发生负重要领导责任。依据中华人民共和国监察部、国家安全生产监督管理总局令第11号《安全生产领域违法违纪行为政纪处分暂行规定》第十二条规定，被给予行政记过处分。

10. 甘肃省天水李子金矿有限公司副总经理高洪兴：分管公司安全生产工作，对公司健康安全环保部和尖草湾宽沟分矿安全生产工作监管不力，对事故发生负重要领导责任。依据中华人民共和国监察部、国家安全生产监督管理总局令第11号《安全生产领域违法违纪行为政纪处分暂行规定》第十二条规定，被给予行政记过处分。

11. 甘肃省天水李子金矿有限公司董事长兼总经理刘怀礼：对事故发生负领导责任。依据中华人民共和国监察部、国家安全生产监督管理总局令第11号《安全生产领域违法违纪行为政纪处分暂行规定》第十二条规定，建议其向中国黄金集团公司作出深刻检查，由中国黄金集团公司予以通报批评。依据国家安全生产监督管理总局令第42号《〈生产安全事故报告和调查处理条例〉罚款处罚暂行规定》第十八条第二款规定，被给予上一年年收入40%（72469元）罚款。

12. 甘肃省天水李子金矿有限公司：在尖草湾宽沟1720米标高布设生产探矿坑口招标过程中，对外包施工单位证照资质审查把关不严，将项目外包给不具备施工资质的劳务施工队，未严格落实矿领导带班下井制度，安全管理责任落实不到位，对事故发生负主体责任；虽然在安全检查中发现并及时上报了事故情况，但作为安全生产主体责任单位，对事故瞒报负管理责任。依据国家安全生产监督管理总局（安监总政法［2011］91号）《生产经营单位瞒报谎报事故行为查处办法》第十三条第二款规定，被给予50万元罚款。

五、补救措施

甘肃省天水李子金矿有限公司“3·2”较大瞒报事故发生后，为吸取事故教训，举一反三，防范同类事故再次发生，天水市政府在全市范围内全面开展隐患排查治理和安全生产大检查。

1. 天水市安委会办公室立即下发了《关于开展全市安全生产大检查的通知》（天安办发电［2012］1号），要求各县区、各部门突出非煤矿山、危险化学品、道路交通、公众聚集场所消防等重点行业领域，全面开展安全生产大检查，认真排查治理安全隐患，进一步落实安全责任和工作措施，严防各类生产安全事故的发生；派出三个联合检查组，深入各县区重点单位、重点企业进行检查和督查。

2. 天水市安监局下发了《关于进一步加强对非煤矿山企业外包施工单位证照资质审查和安全生产监督管理的通知》（天安监管一发［2012］53号），要求对辖区内非煤矿山外包施工单位进行一次全面检查，进一步落实责任，强化监督管理，严厉打击非煤矿山及外包施工单位非法违法生产经营行为。

3. 甘肃省天水李子金矿有限公司被责成停产停业整顿，全面排查治理安全隐患。甘肃省天水李子金矿有限公司要深刻吸取“3·2”较大瞒报事故教训，认真贯彻落实《安全生产法》《矿山安全法》等法律法规和国家、省、市关于进一步加强企业安全生产工作的指示精神，进一步强化企业安全生产主体责任落实，强化员工安全教育培训，强化企业班组建设和现场安全管理，健全完善各项安全规章制度，全面排查治理安全隐患，严防生产安全事故的发生。（1）全面开展安全隐患大排查。甘肃省天水李子金矿有限公司要全面停产停业整顿，在企业上下组织开展以“抓管理、查隐患、保安全”为主题的安全隐患大检查、大反思、大排查和大整改行动。重点排查企业各级安全生产责任落实情况，各项安全管理制度建立和操作规程执行情况，应急救援预案完善情况，外包施工单位证照资质和安全管理情况，企业“三级”安全教育培训情况，安全管理人员和特种作业人员持证上岗情况，地下矿山采空区管理、顶板支护、安全出口以及采掘系统、提升运输系统、机械通风系统、防排水防洪系统、供配电系统、防火系统、通信系统运行情况，劳动防护用品的发放、使用和员工职业安全健康情况，特种设备和爆炸物品安全管理情况，尾矿库安全管理及隐患治理情况等。治理整顿结束后，报经安全监管部门验收合格，符合安全生产条件，方准恢复生产作业。(2) 健全完善企业安全生产主体责任体系。要按照《天水市生产经营单位安全生产主体责任实施细则》（天政发［2010］73号）要求，进一步健全完善企业安全生产“一把手”负总责、分管领导具体负责、安环部门具体督查指导、外包施工单位直接负责、班组抓落实的安全生产目标管理责任体系，真正做到安全生产有人抓、有人管，切实把安全生产责任落实到企业、班组和人头。(3) 深入开展安全生产教育培训。组织企业员工深入剖析“3·2”事故发生的原因，深刻吸取事故教训；全面组织开展企业“三级”特别是农民工的安全生产法律法规、安全制度和安全操作规程的学习教育活动，进一步强化员工的法律法规和安全生产意识；加强企业安全管理人员、特种作业人员的安全教育培训，做到持证上岗。(4) 切实加强企业安全基础工作。一要积极推进企业安全生产班组建设。以落实岗位安全责任为核心，以提升班组安全管理水平为重点，加强班组长安全教育培训工作，开展创建优秀班组和优秀班组长活动，促使企业安全生产班组建设提高到一个新的水平。要严格落实矿领导带班下井制度，加强对企业安全生产的日常管理，对外包施工单位的证照资质进行再审查再把关，切实加强安全管理。二要加快推进安全避险“六大系统”建设。认真落实国家安全监管总局和省安监局《关于切实加强金属非金属地下矿山安全避险“六大系统”建设的通知》要求，2012年6月底前完成监测监控、井下人员定位、紧急避险、压风自救、供水施救、井下通信等六大系统设计方案，2012年9月底前完成主体建设工程，确保按要求、按时限完成建设任务。三要依法履行事故信息报告职责。认真落实事故信息报告的相关规定，及时、准确和完整地报告相关事故信息。四要加强应急救援能力建设。为作业人员配备检测和自救装备，提高自我防护能力；进一步完善应急救援预案，加强矿山救护队建设，有针对性地开展应急演练，提高事故救援实战能力。

参考资料

1. 甘肃省安全生产监督管理局：甘肃省天水李子金矿有限公司尖草湾宽沟分矿1720坑口“3·2”较大瞒报事故调查报告，见 http://www.gssafety.gov.cn/zwxxgk/article.php? id=126。

2. 天水市秦州区房管局：甘肃省天水李子金矿有限公司尖草湾宽沟，见 http://www.dazhihui008.cn/show/jnuj14v3wj74zb2bx.html。

江苏仪征紫金山船厂爆炸事故

一、事件简介

2012年3月2日23时，长航国际海运公司“荣海”轮干散货船，在南京长江油运公司紫金山船厂（地点：江苏扬州仪征境内）修理完成交付过程中发生辅助锅炉爆炸事故。事故造成4人死亡、12人受伤。

二、事件处理

事故发生后，江苏省扬州、仪征两级政府和有关部门领导及时赶到现场，了解事故情况，指导善后处理。

三、补救措施

为深刻吸取事故教训，举一反三，切实加强建设工程和船舶安全工作，有效防范和坚决遏制类似事故的发生，江苏省安委会发出通报，提出以下要求：

1. 进一步明确安全监管职责，落实安全生产责任。各地各有关部门要认真贯彻落实《国务院关于坚持科学发展安全发展促进安全生产形势持续稳定好转的意见》（国发［2011］40号），落实建设工程施工和船舶安全监督管理工作职责，切实加强安全监督管理工作。要进一步强化对各类开发区建设工程的安全管理，消除安全监管盲区死角，督促建设工程各责任主体单位切实承担起安全生产责任，积极采用先进的施工技术装备，改善施工安全生产条件，提高安全生产保障能力。要进一步加强船舶修造和交付使用的安全管理，明确责任，落实有效措施，消除安全隐患。

2. 进一步强化监督检查，规范现场安全管理。各地各有关部门要按通报要求，依据本地本行业实际情况，立即对在建工程项目和船厂开展安全生产大检查。要加大对建筑市场违法违规行为的整治力度，严厉查处不履行法定建设手续、不办理施工许可证和安全生产许可证、无合格证书和操作资格证书擅自从事建筑施工活动的行为。对容易引发事故的危险工序、工段必须严格执行专项施工方案，切实加强现场监控和技术指导，确保现场施工规范。要加强对船舶修造和交付使用各环节的安全检查，重点是落实总分包单位之间的安全责任和船厂与船主之间的安全责任，加强现场巡查和管控，消除管理漏洞。

3. 加强安全教育培训，提高作业人员安全素质。各地要加强对企业“三类”人员、施工作业人员、特种作业人员的教育培训，提高其安全生产意识和操作技能，增强自我防护能力和应急处置能力。要利用各种渠道和形式，有针对性地开展建设工程施工和船舶安全专项宣传教育活动，普及安全常识，将宣传教育经常化、制度化，营造良好的安全氛围。

4. 严肃事故查处，严格责任追究。各地要严格按照《生产安全事故报告和调查处理条例》（国务院令第493号）的规定，坚持“四不放过”和“科学严谨、依法依规、实事求是、注重实效”的原则，认真组织事故调查，查清事故原因，认定事故性质，总结事故教训，严肃追究事故责任，对在事故中负有领导、监督、管理责任的单位和人员，要依法依规严肃处理。要认真执行事故查处挂牌督办制度，确保事故按期结案，及时向社会公布调查处理结果，并跟踪督促事故责任和整改措施的落实。

参考资料

1. 江苏省政务信息公开网：江苏省安委会办公室关于近期三起较大安全生产事故情况的通报，见 http://www.jiangsu.gov.cn/jsgov/szfzsjg/ajj/201211/t20121126_260793.html。

2. 中国新闻网：江苏仪征境内紫金山船厂爆炸，造成4死12伤，见 http://www.chinanews.com/df/2012/03-03/3715719.shtml。

3. 成都晚报网页版：江苏仪征紫金山船厂爆炸，致4死12伤，见 http://www.cdwb.com.cn/html/2012-03/04/content_1519830.htm。

4. 人民网：江苏通报7起挂牌督办安全生产事故，见 http://js.people.com.cn/html/2012/04/18/101043.html。

湖北宜昌非法矿点冒顶事故

一、事件简介

2012年3月3日22时，湖北省宜昌市宜都市松木坪镇双井寺村5组茶湾一非法矿点发生一起冒顶事故。事故造成2人死亡、1人被困。

二、事件原因

经调查，事故原因如下：

直接原因

工作面支护质量差，随意挖矿作业导致大面积悬空顶板突然冒落，推倒了木厢支护，掩埋了作业人员。

间接原因

1. 矿山非法开采，不具备基本安全生产条件。茶湾泥炭矿未取得任何证照，未进行安全设施设计，未经任何部门审批，非法开采矿产资源达一年半，矿山安全生产条件毫无保障。

2. 当地政府及国土资源管理部门没有认真贯彻落实《国务院安委会关于严厉打击非法违法生产经营建设行为专项行动的通知》（安委明电［2011］7号）和《省安委会关于印发湖北省开展严厉打击非法违法生产经营建设行为专项行动实施方案的通知》（鄂安［2011］4号）要求，对茶湾泥炭矿非法生产查处不及时、打击不彻底，工作不落实，导致非法开采造成3人死亡的较大事故发生。

三、事件处理

经过调查认定，该事故是一起无证非法开采而导致的责任事故。

事故发生后，湖北省宜昌市委、市政府高度重视，要求全力搜寻失踪人员，积极抢救伤者，迅速查明事实，明确责任，依法严肃处理。宜昌市政府、市安监局和国土局等相关部门负责人迅速赶赴现场，指导应急救援和善后处理工作。

四、责任追究

对事故负直接责任的人员，鉴于已在事故中死亡，不再追究其刑事责任。该矿法定代表人熊昌彪等9名股东对事故负有直接责任，被移送司法机关处理。宜都市政府、市国土资源局、松木坪镇等方面的14名党政干部和矿山巡查监管人员对事故发生负有不同程度责任，分别受到行政记大过、记过、警告、通报批评和党内严重警告等处分。

对责任单位的处理如下：

1. 宜都市松木坪镇曾家包高岭土矿：在未取得任何证照、未经任何部门审批的情况下，自2010年8月擅自打开关闭的茶湾泥炭矿，以施工放水巷为名，组织非法采矿，越界开采；2010年10月10日，将茶湾泥炭矿承包给孙大明、张金先等人进行非法开采；违规向茶湾泥炭矿提供电源、设备及材料物资、火工用品；违法违规收购和销售茶湾泥炭矿非法开采的矿产品3084吨，从中牟利。违反《矿产资源法》第三条、《民用爆破物品安全管理条例》第三条规定，对事故发生负主要责任。依据《矿产资源法》第四十条、《民用爆破物品安全管理条例》第五十条、《生产安全事故报告和调查处理条例》第三十七条规定，被建议由宜昌市国土资源局依法给予行政处罚，并暂扣其采矿许可证。

2. 宜都市顺安爆破服务有限公司：企业安全生产主体责任落实不到位，对松木坪分公司安全管理不严，致使该公司违规向曾家包高岭土矿超量提供火工材料，曾家包高岭土矿将部分火工品用于茶湾泥炭矿非法生产。对事故发生负重要责任。依据《民用爆破物品安全管理条例》第四十八条规定，被建议由宜昌市公安局依法给予行政处罚，其民爆物品使用许可证被吊销。

五、补救措施

为吸取此次事故教训，宜昌市安全生产监督管理局对相关企业提出如下要求：

1. 进一步建立健全打非工作责任制。宜都市要深刻吸取此次事故教训，认真贯彻落实安委明电［2011］7号、鄂安［2011］4号等文件精神，进一步落实属地安全管理责任，建立健全打非工作长效机制，加大部门联合执法力度，采取“四个一律”和“断、拆、炸、填、遣”的工作措施，使打非工作制度化、常态化，防止前纠后犯、死灰复燃。

2. 切实加强民爆物品安全监管工作。茶湾泥炭矿长期非法生产暴露出民爆物品审批发放和使用管理过程中存在严重漏洞，特别是合法矿山将民爆物品提供给非法矿山使用，性质恶劣，危害严重，必须引起民爆行业安全监管部门的高度重视。要采取得力措施，查明民爆物品审批发放和使用管理过程中存在的问题，严肃追究相关责任人员的责任，警示教育他人，切实防范事故。

3. 加强矿山供电安全管理。宜都市政府积极向上级部门汇报，按行政区域理顺矿山供电管理体制，迅速纠正松宜矿区向周边矿山供电的不合理体制，归口由市供电公司统一供电。各矿山必须具有独立的供电线路，严禁矿山企业之间相互搭接、相互供电。供电公司要积极配合打非专项行动和矿山整合关闭治理，坚决切断非法及关闭矿山的供电电源，拆除供电设施及线路，确保矿山打非及整顿关闭取得实效。

参考资料

1. 宜昌市安全生产监督管理局：宜都市松木坪镇双井寺村茶湾非法泥炭矿“3·3”较大冒顶事故调查报告，见 http：//ajj. yichang. gov. cn/art/2013/3/27/art_33935_411909. html。

2. 宜昌市安全生产监督管理局：关于宜都市松木坪镇双井寺村茶湾非法采矿点冒顶事故的通报，见 http：//ajj. yichang. gov. cn/art/2012/3/7/art_4950_350917. html。

3. 中国煤炭新闻网：3月3日22时许，湖北宜都市松木坪镇双井寺村发生一起非法采矿点冒顶事故，2人死亡1人失踪，见 http：//www. cwestc. com/newshtml/2012－3－5/235254. shtml。

4. 大众网：湖北宜昌公布两起煤矿事故查处结果 13 人送审，见 http：//www. dzwww. com/xinwen/guoneixinwen/201208/t20120808_7318071. htm。

京藏高速特大交通事故

一、事件简介

2012年3月3日7时40分，内蒙古包头市公交运输集团公司蒙B65759号宇通牌大型普通客车（核载51人，实载34人）行至巴彦淖尔市境内G6高速公路723km＋310m处，为躲避前方道路两辆肇事车，因雨天路滑单方碰撞中央隔离带后侧翻，发生严重的交通事故。该事故共造成4人死亡、11人受伤，并造成车辆损坏严重、高速公路路产损坏。

二、事件原因

事故原因：雨天道路湿滑，同时前方有两辆肇事车辆。

三、事件处理

事故发生后，内蒙古乌拉特前旗消防官兵、驻地空军某部官兵和120急救中心3辆救护车立即赶赴现场参与救援工作。乌拉特前旗迅速成立了由政府主要领导任组长，旗委、政府分管领导和市旗公安交管部门领导参加的“3·3”特大交通事故处理领导小组，全力以赴展开各项善后处理工作：1. 集中一切医疗资源，不惜一切代价做好伤员救治工作；2. 市旗交管部门领导成立了事故调查工作组，分工负责，迅速开展事故原因调查及责任认定等工作；3. 抽调专人组成安抚善后工作组，对伤亡人员逐一进行身份确认，同时做好伤亡家属安抚及善后处置工作。

参考资料

1. 正北方网：京藏高速内蒙古段发生“3·3”特大交通事故，见 http：//www. northnews. cn/2012/0309/708896. shtml。

2. 中国网络电视：京藏高速内蒙古境内发生交通事故致4死11伤，见 http：//news. cntv. cn/20120307/101435. shtml。

3. 中国频道：京藏高速发生交通事故4死11伤，见 http：//news. eastday. com/c/20120305/u1a6402906. html。

4. 人民网：京藏高速内蒙古境内发生交通事故致4死11伤，见 http：//legal. people. com. cn/GB/188502/17292301. html。

辽宁盘锦烧烤店爆炸事故

一、事件简介

2012年3月6日18时，辽宁省盘锦市一家烧烤店因燃气泄漏发生爆炸事故。发生爆炸的烧烤店位于盘锦市中心的兴隆台区兴四街，爆炸事故引发火灾。事故造成4人死亡、22人受伤。爆炸引发大火，冲击波导致路两侧楼房玻璃被震碎。

二、事件原因

导致此次事故的原因是：液化气泄漏引发爆炸，从而引发火灾。

三、事件处理

事故发生后，辽宁省盘锦市成立了事故处置指挥机构和现场救援、医疗救治、事故调查和家属安置小组。公安、消防、安监、武警、120急救等部门和单位赶赴现场救援。

辽宁盘锦市市长对事故处理提出四点明确要求：一要全力以赴抢救受伤群众。二要妥善安置周边受影响群众。三要认真调查事故原因。四要认真清理现场，防止次生灾害发生，积极做好群众的情绪稳定工作，全市要立即召开安全生产会议，进一步强化全市安全生产工作。

四、补救措施

盘锦市政府召开会议，就此次液化气泄漏引发火灾爆炸事故的调查和善后工作提出了要求：安全生产关系人民群众的生命财产安全，关系经济发展和社会稳定，各级各部门都要吸取深刻教训，查找存在问题，进一步完善安全防范措施，切实抓好各项安全生产措施落实，坚决克服麻痹松懈和侥幸心理，要监管到位，防患于未然。盘锦市政府要求，有关部门对此次事故要一查到底，依法追究责任人责任，绝不姑息。全市要迅速组织拉网式检查，彻底消除安全隐患。

参考资料

1. 新浪网：辽宁盘锦烧烤店爆炸致一死十多人受伤，见 http：//sh. sina. com. cn/citylink/jk/t_jktx/2012－03－07/094856665. html。

2. 中原网：盘锦一烧烤店爆炸，客人头部和腹部被爆炸击，见 http：//soc. zynews. com/2012－03/07/content_2048270_3. htm。

3. 百度百科：“3·6”辽宁盘锦烧烤店爆炸事故，见 http：//baike. baidu. com/view/8060515. htm。

4. 商都网：辽宁盘锦烧烤店燃气泄漏爆炸事故最新进展，见 http：//news. shangdu. com/201/20120308/11_559568_1. shtml。

广东清远农场山体滑坡事故

一、事件简介

2012年3月6日20时，广东省清远市清新县龙劲镇立坑村委会径尾农场，因下暴雨发生山体滑坡，导致一工棚中8人被埋。经紧张救援，8名被埋人员全部被挖出，其中7人死亡，1人受伤。

二、事件原因

导致此次事故的直接原因是连日暴雨，引发山体滑坡。根据中国科学院广州地理所分析，引发此次山体滑坡的间接原因有两个，一是事发地以山区为主，岩石结构主要是花岗岩，这些花岗岩的风化比较严重，有些地方甚至深达几百米，由此导致泥土结构疏松。二是，这次发生的山体滑坡的地区广泛种植桉树，桉树林的导水性极差。

三、事件处理

事故发生后，广东省清远市清新县启动应急预案。救援行动共动员救援人员310多人，车辆46台（次），供电应急照明5台。2012年3月6日22时，清新县主要领导赶到现场。清新警方到达现场后控制了工头韩仕昌，组织疏散、转移和安置灾害现场其他人员。

四、责任追究

广东省清远市清新县龙劲镇立坑村委会径尾农场伐木工人的工头韩仕昌被警方控制。

五、补救措施

广东省召开矿山防汛度汛暨“打非治违”紧急视频会议，明确三点要求：1. 统一思想，切实加强汛期安全生产工作。2. 突出重点，认真做好汛期隐患排查治理工作。3. 深入集中开展“打非治违”，推动矿山经济发展方式转变。

会议要求各地要结合实际，针对非法盗采、以采代探、整合期间违法生产、证照不全或证照过期失效仍违法生产，以及建设项目未依法审批擅自投入生产等问题，加强对重点地区、重点矿区和重点矿种的安全监管，采取协同检查、联合行动等手段，集中开展整治，坚决打击矿山领域各类非法违法行为。

参考资料

1. 广东省安全生产监督管理局：统一思想突出重点，严防矿山各类生产安全事故发生，见 http：//www. gdsafety. gov. cn/xxfw/ldjh/201205/t20120514_38713. htm。

2. 中国新闻网：广东清远市清新龙颈山体滑坡致7人死亡，见 http：//www. chinanews. com/gn/2012/03－07/3726571. shtml。

3. 新华网：广东清远市清新龙颈山体滑坡致7人死亡，见 http：//news. xinhuanet. com/society/2012 -03/07/c_111618596. htm。

4. 新浪广东：清远清新山体滑坡四屋被埋7死6伤，见 http：//gd. news. sina. com. cn/news/20120308/1254638. html。

广东韶关水电站废弃房屋爆炸事故

一、事故简介

2012年3月16日12时30分，广东韶关乐昌市五山镇麻坑村村委会麻坑水电站旁一废弃房屋发生爆炸事故。该事故造成4人死亡、1人受伤。

二、事故原因

爆炸事件原因是：广东韶关乐昌市五山镇麻坑村村民非法窝藏爆炸物品原材料，引起的爆炸，导致房屋倒塌。

三、事故处理

事故发生后，广东省委、省政府高度重视，要求查明事故原因，组织排查，举一反三，认真整改。当地消防官兵、公安民警对爆炸现场进行了警戒并疏散了围观群众，以免发生二次爆炸造成二次伤亡。警方技术人员和相关部门的专家也在排除二次爆炸危险后第一时间投入到事故原因的调查中。

四、责任追究

乐昌市五山镇麻坑村村民李某及麻坑电站负责人黎某某接受当地公安机关的调查。

参考资料

1. 广东省人民政府应急办公室：韶关乐昌市发生一起爆炸事故造成4人死亡1人受伤，见 http：//www. gdemo. gov. cn/yjdt/gdyjdt/201203/t20120317_158080. htm。

2. 人民网：广东乐昌一闲置房疑因非法窝藏爆炸物原料引发爆炸致4死1伤，见 http：//society. people. com. cn/GB/136657/17416024. html。

3. 中国新闻网：粤北五山镇一废弃屋发生爆炸4死1伤，见 http：//www. chinanews. com/gn/2012/03 -16/3751189. shtml。

4. 大洋网：广东乐昌一闲置房疑因非法窝藏爆炸物原料引发爆炸致4死1伤，见 http：//www. dayoo. com/roll/201203/19/10001538_107913033. htm。

云南大理违法建筑倒塌事故

一、事件简介

2012年3月19日13时38分，云南省大理市下关镇大关邑村一无规划、无施工许可的钢构建筑工程突然倒塌，致15名施工人员被埋。当地2000余人投入救援。事故共造成6人遇难、5人重伤、4人轻伤。

二、事件原因

2012年4月1日，大理市公布"3·19"事件发生的直接原因及主体责任在于业主及施工方违反《城乡规划法》《建筑法》等法律法规，阻挠抗拒行政执法。间接原因则在于相关单位执法不力，大关邑村及第五村民小组为了局部利益支持违法建设。大理市规划局、市国土资源局、市住房和城乡建设局等五部门均负有监管责任。

三、事件处理

事故发生后，下关镇立即展开救援。抢救出来的伤员第一时间被送往州医院、大理医学院附属医院、市一院，各医院组织精干力量全力进行救治，市委、市政府领导赶往医院看望伤员，慰问并做好家属的安抚工作。

四、责任追究

经查该建筑系违法建筑，赵崇杰等8名当事人被公安机关刑事拘留。

五、补救措施

为吸取此次事故的教训，提高对违法违规建设危害性的认识，避免类似事件的再次发生。2012年4月13日下午，大理市委、市政府对外发布通报，对此次违法建筑坍塌的相关责任人作出处理，大理市下关镇党委书记、镇长等5人被行政处分，大理市规划局副局长等10人被问责，下关镇大关邑村党总支书记等3人被免职或引咎辞职。通报表明，大理市下关镇党委书记张霞、镇长杨洪对"3·19"违法建筑坍塌事件负有重要领导责任，分别给予行政警告处分；下关镇政府副镇长周国鸿、大理市规划局副局长曹明、大理市城市管理综合行政执法局副局长杨宏伟等3人被给予行政记过处分。依据《大理市领导干部问责办法（试行）》有关规定，大理市城市管理综合行政执法局局长余根彤、市规划局副局长聂天强、市规划局执法监察大队大队长杨炳对"3·19"违法建筑坍塌事件负有监管不力、处置不当的直接责任，被责令分别作出书面检查、受到通报批评的问责处理。同时，责成下关镇政府对该镇国土和村镇规划建设服务中心规划组组长杨云给予免职的问责处理；责成下关镇党委对大关邑村党总支书记姬山云给予免职的问责处理；责成下关镇政府对大关邑村村委会主任郑文给予引咎辞职的问责处理。此外，大理市城市管理综合行政执法局市政管理大队大队长周明、市国土资源局执法监察局副局长李天荣、下关镇国土资源管理所所长杨文辉、市住房和城乡建设局建筑工程管理处主持工作的副处长王志前等4人被责令作出书面检查、通报批评。

参考资料

1. 中国新闻网：云南大理市政府就“3·19”违法建筑倒塌事故致歉，见 http：//www. chinanews. com/gn/2012/03-23/3768331. shtml。

2. 新民网：大理违建坍塌事故方6人被控制死伤者名单公布，见 http：//news. xinmin. cn/shehui/2012/03/21/14111228. html。

3. 云南网：大理“3·19”违法建筑坍塌事故续，下关书记镇长行政警告，大关邑村支书免职，见 http：//society. yunnan. cn/html/2012-04/14/content_2146055. htm。

河南洛嵩高速公路高空坠落事故

一、事件简介

2012年3月19日14时，由濮阳市通达公路工程有限公司承建的河南嵩阳高速公路有限公司洛嵩高速公路建设工程三标段瓦西大桥工地（伊川县境内），塔吊在作业过程中发生高空坠落事故，造成5人当场死亡。

二、事件原因

事故发生的原因是施工单位安全管理监管不到位，导致施工现场秩序混乱，各种严重违纪违规现象屡见不鲜，重要操作岗位操作员竟然长期无证上岗操作无人监管，在操作中导致大型塔吊钢丝绳极限受力而断裂。

三、责任追究

塔吊实际操作员张东方，塔吊正式操作员杜海瑞，塔吊所有人王留锋，劳务分包队负责人耿坚、牛敢档，由司法机关依法追究其刑事责任；给予濮阳市通达公路工程有限公司洛栾高速项目部现场安全员张英平、宋志勇开除处分；项目部负责设备管理副经理李学军、主管安全副经理冯基波、项目部经理杨永、河南省宏力工程咨询有限公司洛栾高速公路建设项目监理代表处安全部长马玉中撤职处分，并撤销李学军、冯基波有关资格证书，列入黑名单；濮阳市通达公路工程有限公司安全处处长丁福平降职（级）处分；濮阳市通达公路工程有限公司副总经理赵朝思、河南省宏力工程咨询有限公司洛栾高速公路建设项目该标段高级驻地李勇记大过处分；濮阳市通达公路工程有限公司董事长兼总经理李保英记过处分，并给予相应经济处罚；河南省宏力工程咨询有限公司洛栾高速公路建设项目该标段现场监理人员王晓锋吊销其监理资格证处分；河南省宏力工程咨询有限公司洛栾高速公路建设项目总监马宋贞行政警告处分；河南省宏力工程咨询有限公司董事长刘军经济处罚；河南嵩阳高速公路有限公司安全员孟廷伟开除留用处分；河南嵩阳高速公路有限公司副总经理史鹏飞、安全处处长刘胜龙行政记过处分；河南嵩阳高速公路有限公司书记陈可、总经理张玉中诫勉谈话处分；责成河南嵩阳高速公路有限公司董事长周洪文向上级主管部门写出深刻检查。按照《生产安全事故报告和调查处理条例》（国务院493号令）第三十七条规定，给予濮阳市通达公路工程有限公司、河南省宏力工程咨询有限公司经济处罚；责成河南高速公路发展有限公司向省政府安委会写出深刻书面检查。

四、补救措施

为进一步加强安全生产工作，深刻吸取事故教训，有效防范发生类似事故，河南省政府安委会决定对这起较大生产安全事故实行挂牌督办，公告并接受社会监督。

参考资料

1. 新浪新闻：省政府挂牌督办洛嵩高速公路工程5人死亡安全事故，见 http：//news. sina. com. cn/c/2012-04-10/022324244235. shtml。

2. 河南省安全生产监督管理局：河南嵩阳高速公路有限公司发生两起高空坠落事故，见 http：//www. hnsaqscw. gov. cn/sitegroup/root/html/40288177343d854301343dc2f85201d4/20120321153443906. html。

3. 今晨报：省政府挂牌督办洛嵩高速公路工程5人死亡安全事故，见 http：//www. jinbw. com. cn/jinbw/xwzx/zzsx/201204109948. htm。

4. 洛阳日报：关于对三起事故责任追究情况的通报，见 http：//lyrb. lyd. com. cn/html/2012-05/18/content_837988. htm。

陕西泾阳石场山体坍塌事故

一、事件简介

2012年3月21日上午10时55分，陕西省泾阳县口镇东曹村席继明采石场发生山体坍塌事故。4名工人在事故中被埋遇难，另有两名受伤人员在送往医院后抢救无效死亡。泾阳县采石场山体坍塌事故最终确认6人死亡。

二、事件原因

此次事故发生的原因是无证非法盗采。发生坍塌事故的席继明采石场无安全生产许可证、无采矿许可证，营业执照也早已经被注销，在无照无证情况下炸山采石，属于非法盗采行为，严重违反相关法律法规。

三、事件处理

2012年3月21日14时10分，陕西省泾阳县召开紧急会议，成立“3·21”山体坍塌事故处置领导小组，下设事故调查、医疗救助、善后处理、信访稳定、宣传联络、责任追究六个工作组。事故发生后，咸阳市委、市政府领导立即部署，要求全力以赴救治伤员，做好善后处理工作，责成市相关部门和泾阳县政府即刻组成事故调查处置工作组，尽快查明事故原因，严肃追究相关监管人员责任，对犯罪嫌疑人依法严肃查处。当地有关部门调查发现，事故受害人数不确定，企业有瞒报嫌疑，检察机关迅速介入调查。

四、责任追究

陕西省泾阳县口镇东曹村席继明采石场老板席继明等5人因涉嫌生产、作业重大安全责任事故罪已被刑事拘留。

五、补救措施

事故发生地嵯峨山的四五十家采石场被责令停产。

参考资料

1. 检察日报：检方介入陕西泾阳坍塌事故调查，见 http：//newspaper. jcrb. com/html/2012 - 03/28/content_96109. htm。

2. 新闻中心：对泾阳县两起非煤矿山事故调查，见 http：//news. china. com. cn/rollnews/2012 - 05/29/content_14410270. htm。

3. 凤凰网：陕西泾阳一采石场山体滑塌致6人亡，检方介入调查，见 http：//news. ifeng. com/gundong/detail_2012_03/23/13405770_0. shtml。

4. 和讯网：泾阳县发生一起山体坍塌事故，致1人被埋2人受伤，见 http：//news. hexun. com/2012 - 03 - 21/139577838. html。

四川锦龙电力倒杆事故

一、事件简介

2012年3月24日12时10分，四川锦龙电力建设有限公司（以下简称“锦龙公司”）四川省攀枝花市仁和区大龙潭乡裕民村弯费社35千伏新建电力线路22#杆施工现场发生倒杆事故。事故导致4人死亡，经济损失290万元。

二、事件原因

经调查，事故发生的原因主要有以下几个方面：一是在杆塔上有人作业时，还调整临时拉线，造成整个电杆结构受力失衡而倒塌。二是在永久拉线未全部安装完毕承力后，就拆除临时拉线。三是锦龙公司作业人员在采取用不符合永久拉线标准的临时拉线固定电杆的情况下就上杆作业。四是锦龙公司安全技术措施方案不完善，内部安全生产管理存在疏漏，同时网源电力建设工程公司现场管理人员对施工现场安全情况监督不力。

三、事件处理

事发后，攀枝花市相关领导立即带领安监、公安等相关部门及仁和区区委、区政府组成的工作组赶赴现场，开展救援工作。同时，迅速成立了“3·24”事故救援协调指导工作组，分别由攀枝花市安监局牵头组织事故调查，四川锦龙电力建设有限公司负责善后处理工作。

四、责任追究

此次事故是一起较大生产安全责任事故。龙永均等7名责任人及责任单位锦龙公司受到行政处罚，罚款金额共计47万元。

五、补救措施

一是锦龙公司应立即对该项目的安全管理问题进行全面分析、排查，及时整改施工作业中存在的安全隐患，加强公司内部安全管理，建立健全安全制度，制定落实安全防护措施，严格按照施工规范进行作业，避免同类事故重复发生。

二是攀枝花网源电力建设工程公司要加强施工队伍的安全管理，强化安全机构和队伍建设，严格落实《四川省安全生产条例》等法律法规的规定。同时对所有在建项目立即开展安全生产大检查，全面排查整改安全隐患。

三是电力建设相关单位应切实履行安全生产职责，深刻吸取事故教训，加强施工安全管理，杜绝此类事故再次发生。

参考资料

1. 攀枝花市安全生产监督管理局：四川锦龙电力建设有限公司“3·24”电力施工倒杆较大事故调查处理情况公告，见 http：//www. pzhajj. gov. cn/index. aspx？ menuid = 3&type = articleinfo&lanmuid = 48&infoid = 1781&language = cn。

2. 新浪新闻：攀枝花发生电力施工事故4人死，见 http：//sc. sina. cn/？ sa = d44968t764v3034&n = 2&vt = 4。

3. 四川新闻网：攀枝花：电线改造电杆突然倒下3死1伤，见 http：//scnews. newssc. org/system/2012/03/27/013485367. shtml。

安徽合界高速汽车相撞爆炸事故

一、事故简介

2012年3月27日17时23分，安徽省合肥市庐江县合界高速合肥至安庆方向68km处（陈埠服务站附近），一辆工程车与一辆装载烟花爆竹货车相撞发生爆炸。事故导致4人死亡、21人受伤，周围房屋倒塌100余间，564间房屋受到不同程度的损坏。

二、事故原因

事故的原因是：工程车与货车相撞，引发货车上烟花爆竹爆炸。

三、事故处理

爆炸事故发生后，安徽省委就“3·27合界高速交通事故”作出重要批示：请合肥市及当地做好事故处理和善后工作，全力抢救伤员，撤离受损民房居民，防止次生灾害发生，妥处死者善后，查明事故原因。

安徽省相关部门负责人在第一时间赶往现场紧急指挥救援工作，现场成立事故调查组、善后处理组、医疗救治组、交通疏导组等，救援工作全面展开，出动公安120人、消防40人、镇村组织200人参与救援，环保部门开展环境监测。

四、补救措施

事故善后处理工作组在2012年3月28日上午全面开展工作，供电、供水、通信、防疫在第一时间得到恢复。

参考资料

1. 北青网：两车相撞爆炸致4死21伤，见http：//bjyouth. ynet. com/3. 1/1203/29/6933590. html。

2. 荆州新闻网：合界高速两车相撞爆炸导致4死21伤，见http：//www. jznews. com. cn/comnews/system/2012/03/28/010363537. shtml。

3. 中国公路网：合界高速：两车相撞发生爆炸4人遇难，见http：//www. chinahighway. com/news/2012/646676. php。

4. 南方网：安徽合界高速两车相撞爆炸，见http：//news. southcn. com/sz/2012－03/29/content_41773068. htm。

新疆阿克苏塔吊倒塌事故

一、事件简介

2012年4月1日18时40分，新疆维吾尔自治区阿克苏地区温宿县机关干部职工第二批次统建集资房工程施工现场，塔吊在顶升作业时倒塌，造成3人死亡，4人受伤。该工程建设单位是温宿县人民政府办公室，施工总承包单位是阿克苏地区伟华建设工程有限责任公司，监理单位是新疆泽强工程建设监理有限公司。

二、事件原因

新疆维吾尔自治区阿克苏地区伟华建设工程有限责任公司在未办理施工许可证、施工手续不齐全的情况下，对承建的温宿县机关干部第二批次统建集资房高层1号楼进行非法施工作业，在对工地未经检验的塔式起重机进行顶升过程中，由于项目负责人违章指挥、施工人员非法违规操作，导致塔式起重机在顶升过程中倾覆，引发了此次事故。

三、责任追究

根据行署办公室《关于对温宿县“4·1”较大建筑施工事故调查处理意见的批复》（阿行署办批［2012］64号）要求，阿克苏地区安全生产监督管理局在地区范围内对温宿县住房和城乡建设局提出通报批评。

四、补救措施

阿克苏地区安全生产监督管理局发布关于对温宿县住房和城乡建设局的通报，要求地区其他负有安全生产监管职责的部门能够深刻吸取事故教训，认真履行行业（领域）安全生产监管职责，按照地区当前正在开展的安全生产领域“打非治违”专项行动的工作要求和总体部署，严厉打击各类非法违法生产经营建设行为，进一步规范安全生产秩序，有效防范和坚决遏制各类生产安全事故发生，促进地区安全生产形势持续稳定好转，切实维护人民群众生命财产安全。

参考资料

1. 阿克苏地区安全生产监督管理局：关于对温宿县住房和城乡建设局的通报，见http：//ajj. aks. gov. cn/page. asp？id＝1341。

2. 温宿县政府信息公开平台：关于转发《转发自治区住建厅〈关于2012年上半年自治区建筑施工安全事故情况的通报〉的通知》的通知，见http：//www. wszf. gov. cn/zfxxgk/zfbm/xjsj/gkml/gzdt/19407. shtml。

3. 中华人民共和国住房和城乡建设部：新疆维吾尔自治区阿克苏地区发生一起塔吊倒塌事故，见http：//www. mohurd. gov. cn/zlaq/cftb/zfhcxjsbcftb/201204/t20120411_209495. html。

4. 临夏住房和城乡建设网：新疆维吾尔自治区阿克苏地区发生一起塔吊倒塌事故，见http：//www. lxzfcxjs. com/show. asp？id＝745。

长江七干河段沉船事故

一、事件简介

2012年4月5日11时50分，承接江苏省张家港市七干河沿江公路桥梁工程的盐城水利建设工程有限公司19名职工乘坐临时租用的一艘小铁船（超载，核载8人）从七干河北侧到南侧，船行至河中央时发生侧翻，导致船上19名人员落水，14名人员被迅速救起，5人失踪。经过抢救，事故最终造成4人被打捞出水、确认死亡，另有1人失踪。

二、事件原因

事故是由于小铁船超载引起的，小铁船的实际载荷是8人，事发时船上实载19人。事发时，河面风力颇大，拉船的铁链负荷过重突然断裂，船随后侧翻沉没。

三、事件处理

事故发生后，张家港市全力救援，14人迅速获救。江苏省水利厅、走马塘工程建设管理局、苏州市及张家港市有关领导第一时间赶赴现场指导救援和善后处置工作。张家港市迅速抽调人员成立了事故调查、善后处理两个工作组，各项工作有序展开。当地公安、海事、堤闸管理、医疗救护等多方力量参与救援行动。

四、责任追究

盐城水利建设工程有限公司在张家港的施工项目已被责令停工。

参考资料

1. 中国网络电视新闻网：江苏张家港沉船事故致5人死亡　原因为严重超载，见 http：//news. cntv. cn/20120407/113112. shtml。

2. 盐城新闻网：我市一水建公司张家港沉船，见 http：//www. ycnews. cn/homepage/2012－04/09/content_431308. htm。

3. 正北方网：长江七干河段发生沉船事故5人死亡，见 http：//www. northnews. cn/2012/0406/741798. shtml。

4. 中国广播网：突发事件：长江七干河段发生沉船事故5人丧生，见 http：//www. cnr. cn/gundong/201204/t20120406_509395432. shtml。

5. 凤凰网：张家港七干河段沉船事故致5人身亡，见 http：//finance. ifeng. com/money/roll/20120407/5885546. shtml。

内蒙古乌兰察布市简易吊篮高处坠落事故

一、事件简介

2012年4月12日，由江苏天地钢结构工程集团有限公司承建的内蒙古自治区乌兰察布市乌兰察布职业学院体育馆屋盖钢结构工程工地，操作平台发生坠落。这次高处坠落生产安全事故共造成3人死亡，2人受伤。

二、事件原因

这次事故是由于简易吊篮质量问题引发吊篮钢丝绳突然断裂所造成。

三、事件处理

内蒙古乌兰察布市政府组成事故调查组，进驻企业开展事故调查。

四、责任追究

事故发生后，中华人民共和国住房和城乡建设部安全生产管理委员会要求内蒙古自治区住房和城乡建设厅对事故查处工作，启动督办程序，并提交查处情况报告。

内蒙古自治区住房和城乡建设厅向江苏省住房和城乡建设厅发出通知（内建建函［2012］208号）。依据《安全生产许可证条例》第十四条、《建筑施工企业安全生产许可证管理规定》（建设部128号令）第二十二条规定，江苏省住房和城乡建设厅于2012年5月18日对该企业处以暂扣安全生产许可证75日的行政处罚。

五、补救措施

为加强生产安全事故的调查处理工作，严肃追究责任，深刻吸取事故教训，按照《内蒙古自治区安全生产较大事故查处挂牌督办办法》（内安委会发［2010］18号）的规定，内蒙古自治区安全生产委员会对乌兰察布市集宁新区乌兰察布市职业学院新校区体育馆工程“4·12”高处坠落事故调查处理，进行挂牌督办。

参考资料

1. 建筑工程教育网：房屋市政工程生产安全较大及以上事故查处督办通知书（66号），见 http：//www. jianshe99. com/new/201204/zh2012041808553750214739. shtml。

2. 临夏住房和城乡建设网：内蒙古自治区乌兰察布市发生一起简易吊篮高处坠落事故，见 http：//www. lxzfcxjs. com/show. asp？id＝744。

3. 江苏建设工程安全监理：关于江苏天地钢结构工程集团有限公司的事故通报，见 http：//www. jscin. gov. cn/web/aqjd/showinfo. aspx？categoryNum＝092&infoid＝8a7b9663－d8af－4280－8e7b－306a10e9fa74&siteid＝2。

4. 江苏省住房和城乡建设厅：关于恢复江苏天地钢结构工程集团有限公司安全生产许可证的决定，见 http：//www. jscin. gov. cn/web/showinfo/showinfo. aspx？infoid＝62a40703－5bbe－4fae－b5b7－cd5c0fa7cbcb。

5. 网易新闻：内蒙古自治区安全生产委员会办公室公告，见 http：//news. 163. com/12/0425/09/7VU7NNUJ00014AED. html。

武汉亚峰洗涤公司爆炸事故

一、事故简介

2012年4月12日17时30分，位于武汉市新洲区阳逻开发区童院村的武汉亚峰洗涤有限公司正在使用的一台用于熨烫床单的工业熨平机内烘筒发生爆炸。事发车间简易厂房屋顶垮塌，烘筒筒体撕裂，造成一定的经济损失。事故造成2人当场死亡，1人在医院抢救无效死亡，8人受伤。

二、事件原因

事故发生后，专家组通过对事故现场勘查、取证，经综合分析，认定事故的直接原因是YT型系列熨平机内不锈钢烘筒在运行中超压引发爆炸。

三、事件处理

事故定性为特种设备事故。事故发生后，新洲区紧急启动应急救援预案，公安、消防、卫生、安监、质检等部门赶赴现场，展开救援工作。新洲区分别成立事故调查、医疗救护、现场监控、善后处理、维稳、新闻发布及综合保障等七个工作组。事故发生后，湖北省市区三级质监、安监部门迅速组织专家进行现场调查，查明事故原因。

四、补救措施

为了吸取事故教训，武汉市、区于2012年4月13日召开安全生产工作紧急会议，通报事故情况，在全市范围内开展安全隐患排查治理，重点对洗涤、纺织、服装、医院及快开门压力容器使用企业展开拉网式排查，整治隐患，同时组织开展特种设备作业人员的再培训，杜绝无证操作，确保不再发生同类事故。

参考资料

1. 湖北省安全生产监督管理局：武汉市亚峰洗涤有限公司发生一起爆炸事故致3人死亡8人受伤，见 http://www.hubeisafety.gov.cn/content/content_a.asp? id=5908。

2. 连锁中国：“4·12”武汉亚峰洗涤有限公司爆炸事故快报，见 http://news.lenso.cn/news-19332/。

3. 湖北应急管理：武汉亚峰洗涤有限公司发生一起爆炸事故致3人死亡，见 http://yj.hubei.gov.cn/yjbjy/201205/t20120502_347817.shtml。

济广高速公路收费站建筑施工坍塌事故

一、事件简介

2012年4月14日17时30分，江西省鹰潭市济广高速鹰潭南收费站站门改建过程中，发生因突下暴雨导致模板支撑体系失稳坍塌事故。4月14日上午8时30分，施工方开始进行收费站顶棚混凝土现浇施工，17时许，在现浇施工行将结束时，高支模突然发生坍塌，8名站在模板下的工人被压，造成6人死亡，两人重伤（已经脱离生命危险）。

二、事件原因

此次坍塌事故的直接原因是突然来到的暴雨导致收费站模板支撑体系失去平衡，从而造成坍塌事故。

这次事故暴露出建设工程施工安全管理不到位，隐患排查治理不彻底，企业安全生产主体责任不落实，施工现场管理混乱等问题。

三、事件处理

事故发生后，江西省领导作出指示，要求全力营救被压人员，妥善处理善后事宜。

事故发生地点位于余江县刘家站垦殖场境内，处于鹰瑞和景鹰两条高速公路的连接处。鹰潭市主要负责人赶往事故现场指挥调度，当地应急和救援、消防、医疗等部门也在第一时间到现场参与施救。依据有关规定，江西省安委会对该事故的查处实行挂牌督办，并将查处结果及时向社会公布。

四、补救措施

2012年4月17日，江西省安委会办公室印发关于鹰潭市鹰南高速公路收费站“4·14”建筑施工坍塌事故的通报（赣安办字［2012］28号），要求各设区市安委会、省安委会各有关成员单位：深刻吸取事故教训，举一反三，切实加强建设工程施工安全管理，有效防范和坚决遏制工程建设领域生产安全事故的发生。

1. 提高认识，切实加强建设工程安全生产工作的领导。各地、各有关部门要认真贯彻落实《国务院办公厅关于继续深入扎实开展“安全生产年”活动的通知》（国办发［2012］14号）和全国、全省安全生产工作会议精神，切实增强做好安全生产工作的责任感和紧迫感，进一步加强工程建设领域安全生产工作的领导。要深刻吸取事故教训，举一反三，严格按照“属地管理、分级负责”、“谁主管、谁负责”的原则，全面落实部门监管责任和属地管理责任，细化职责分工，采取有效措施，切实加强工程建设领域安全监督管理工作。

2. 抓好源头，全面落实企业安全生产主体责任。各地、各有关部门要认真贯彻《国务院关于进一步加强企业安全生产工作的通知》（国发［2010］23号）、《关于进一步加强全省建设工程领域安全生产工作的意见》（赣安［2010］10号）和《江西省深入开展建筑安全生产标准化工作实施方案》（赣建安［2011］14号）文件精神，全面落实企业安全生产主体责任，大力推进建筑施工企业安全生产标准建设，促进企业建立运转有效的安全生产保障体系。建设单位要在项目开工前，依法办理相关手续，并明确建设单位、勘察单位、设计单位、施工单位、工程监理单位和其他与建设工程有关的单位的安全责任。施工单位要取得相应资质，在项目开工前要按属地管理原则，到当地安监部门进行资料备案。要认真开展企业安全生产标准化建设，落实安全生产制度，严格遵守建筑施工安全标准规范，认真制定安全施工方案，加强施工现场安全管理，保证安全生产足额投入，及时排查整治各类安全隐患，加强三级安全教育培训，杜绝“三违”行为，防止各类事故发生。特别是对高大模板等危险性较大的分部分项工程要依据国家现行相关标准规范，由项目技术负责人组织相关专业技术人员，结合工程实际，编制专项施工方案，组织专家论证并验收。监理单位要认真履行施工方案审核、安全技术交底和重要工序安全论证、验收职责，严格实施对危险性较大的分部分项施工工程旁站式监理，坚决制止并及时向建设单位和主管部门报告违法违规施工行为。

3. 突出重点，认真开展工程建设领域预防坍塌事故专项整治。各地、各部门要按照国务院安委会办公室的部署和省安委办的安排，结合各自实际，开展工程建设领域预防施工起重机械、脚手架、高大模板等坍塌事故专项整治。相关行业主管部门加强安全执法监管，加强对施工起重机械、脚手架产品合格证、许可证、备案登记、施工设计方案、操作人员资质证书和搭设高大模板的承重杆件、连接件等材料的产品合格证、生产许可证、检测报告的检查，严厉打击施工非法违法行为。

4. 依法依规，严肃事故查处和责任追究。各地、各有关部门要依照有关法律法规，严格按照“四不放过”和“科学严谨、依法依规、实事求是、注重实效”的原则，加大对事故的查处力度，查明事故原因，认定事故责任，吸取事故教训，提出并督促落实整改措施。要严肃追究事故责任人和责任单位的责任，严厉查处违法违纪和失职渎职行为。要严格事故报告制度，事故发生后，必须按规定时限和要求报送有关政府部门和单位，不得迟报、谎报、漏报和瞒报，对事故报告中的违法行为，要严厉查处，依法追究责任。

参考资料

1. 新华网：江西鹰潭高速公路收费站一在建工程坍塌8人被压，见 http：//news. xinhuanet. com/2012－04/15/c_111781283. htm。

2. 中国江西网：济广高速鹰潭南收费站发生坍塌事故封闭8人被压，见 http：//jiangxi. jxnews. com. cn/system/2012/04/14/011952984. shtml。

3. 西祠胡同：江西省安委会办公室关于鹰潭市鹰南高速公路收费站“4·14”建筑施工坍塌事故的通报，见 http：//www. xici. net/d171770392. htm。

4. 南方网：江西鹰潭高速公路收费站一在建工程坍塌8人被压，见 http：//news. southcn. com/z/2012－04/15/content_43178743. htm。

江苏冠源石膏矿塌方事故

一、事故简介

2012年4月15日4时，江苏省邳州市邢楼镇冠源石膏矿发生局部塌方，10名作业工人被困井下。12时10分，8名工人从井下被救出，送往邳州人民医院治疗，另外2名工人下落不明。事故最终造成了8人受伤，2人死亡。同时，矿内事故造成地表数百亩农田不同程度下陷。

二、事件原因

事故发后，工作人员赶到邳州市邢楼镇冠源石膏矿再度检测，结果为该矿突然塌方引起地陷随之引起该起矿震。

根据调查，江苏省邳州市邢楼镇平台石膏矿跨越行政界线采矿致采空区塌陷引起事故，同时也引发了造成山东省苍山县兰陵镇河南头村大量基本农田遭到不同程度塌陷。政府监管不力也是引发农田塌陷的主要原因之一。

三、事件处理

平台石膏矿位于江苏邳州邢楼镇和山东苍山兰陵镇交界处，事发石膏矿位置则处在邳州境内，邳州方面消防、公安、医疗等工作人员第一时间展开救援。省、市安监局领导，事故救援处理指挥部全体成员，现场救援、医疗救治、综合协调、新闻信息、后勤保障、事故调查六个工作小组的负责人，涉及矿山管理的相关镇党委书记、镇长，以及徐矿集团救援大队负责人齐力展开救援工作。

四、责任追究

根据上级有关部门规定的补偿标准，塌陷涉及的地块近440亩，按照每亩补偿6.267万元计算（其中：土地补偿费3.5万元/亩，青苗补偿费0.1万元/亩，社保费1万元/亩，耕地开垦费1万元/亩，新增费0.667万元/亩），共需补偿资金

2744万元，1个蔬菜大棚需补偿5万元、1个石膏板厂需补偿30万元，共需补偿资金2779万元。

五、补救措施

邳州市所有石膏采矿企业被责令停产关闭，进行整顿。

参考资料

1. 搜狐新闻：江苏邳州石膏矿塌方，全市所有石膏采矿企业停产，见 http：//news. sohu. com/20120416/n340719590. shtml。

2. 网易新闻：江苏邳州一石膏矿塌方，8人获救2人仍被困，见 http：//news. 163. com/12/0415/16/7V57P7RT00014JB6. html。

3. 农村土地网：邳州市邢楼镇平台石膏矿越界采矿造成400余亩基本农田严重塌陷，见 http：//www. nctudi. com/tieba_show. php? tieba_id =6952。

4. 新浪江苏：徐州邳州一石膏矿塌方8人获救2人被困，见 http：//jiangsu. sina. com. cn/news/jsgd/2012 -04 -16/20516. html。

5. 中国日报：江苏邳州石膏矿塌方引发地陷地裂，树起警示牌，见 http：//www. chinadaily. com. cn/hqgj/jryw/2012 -04 -16/content_5695327. html。

陕西燃气扶风分公司氮气窒息事故

一、事故简介

2012年4月16日下午15时30分，陕西城市燃气产业发展有限公司扶风分公司的施工合同单位渭南市市政工程管理处在为扶风一企业安装天然气通气置换设施时，发生事故。当时，陕西省燃气有限责任公司扶风分公司3名职工与该公司雇用的施工队2名工人，在扶风县城东大街一阀井内施工，发生氮气窒息事故，经扶风县人民医院抢救无效，5人全部死亡。

二、事件原因

经查：事故发生时阀井的氧气含量正常，事故原因是工人吸入过多有毒气体而窒息死亡。

三、事件处理

陕西省安监局和宝鸡市调查组经现场查勘分析，将这起事故定性为“扶风4·16天然气置换氮气作业较大安全事故”，事故发生后，宝鸡市委、市政府领导高度重视，带领相关部门赶赴现场，组织施救，处置善后。宝鸡市市长上官吉庆也赶到扶风县连夜召开事故分析会，部署善后事宜。

四、补救措施

陕西省通报了陕西燃气扶风分公司氮气窒息事故，要求各设区市安全生产委员会深刻吸取事故教训，防止同类事故再次发生：

1. 切实落实各项安全责任。燃气行业主管部门要切实加强城镇燃气行业安全生产工作的领导，进一步强化安全生产管理意识，明确目标，落实责任。要结合各地实际，研究制定安全生产管理措施，全面部署安全生产管理工作。燃气企业要全面落实安全生产主体责任，切实保障城镇燃气设施安全生产。重点加强对燃气主要设施、设备以及关键岗位、危险源的监督检查，采取得力措施，确保燃气设施安全运行。同时，要加强安全防范管理，建立完善巡查制度，组织专人对重要场所进行巡检，发现问题及时解决。严格执行各项操作规程，加强对储气站（罐）、阀门、管网等设施设备进行检查和检漏，确保安全供气。

2. 迅速开展燃气行业安全生产大检查。各设区市安全生产委员会要组织相关部门对本地区燃气行业企业落实安全生产责任制、生产经营现场安全管理、安全隐患排查治理、重大危险源监控、应急预案演练和职工安全教育培训等情况开展一次联合检查。重点检查液化气储配站、液化气瓶装供应站点、天然气加气站、地下燃气管线、居民楼燃气管道、调压站等部位、场所及配套设施。检查务必做到全面覆盖，不留死角、盲区和漏洞。对非法违法违规生产经营的，要严厉打击取缔；对存在重大安全隐患的，要立即责令停产整顿，限期将隐患整改到位。省安委会将组织相关人员对各地燃气行业安全大检查进行抽查。

3. 进一步提高应急处理水平。要认真落实《城镇燃气管理办法》（国务院583号令）的有关要求，完善应急预案。燃气行业主管部门要督促燃气企业设立专门机构，明确专人负责，建立完善突发事件应急方案和措施，配备各种抢修抢险车辆和器械，加强应急演练，提高应急能力，及时处理各种突发事件。

4. 加大燃气安全宣传教育力度。各燃气企业要从实际出发，采取多种形式对企业内部人员开展燃气安全生产知识的宣传、教育和培训，提高从业人员的自我防范意识和安全操作技能。加强对居民的宣传力度，增强居民的安全用气意识，遏制燃气泄漏、爆炸等事故的发生。

参考资料

1. 中国安全生产网：陕西省通报陕西燃气扶风分公司氮气窒息事故，见 http：//www. aqsc. cn/101810/101926/235260. html。

2. 宝鸡网：扶风一天然气公司施工时，5工人阀井内窒息亡，见 http：//www. cn0917. com/2012/0417/110364. html。

3. 陕西省安全生产监督管理局：省天然气宝鸡扶风分公司5名工人在天然气检修井内窒息死亡，见 http：//www.snsafety.gov.cn/admin/pub_newsshow.asp？chid=100102&id=1017236。

4. 凤凰网：陕西扶风县5名天然气施工人员被困窒息身亡，见 http：//news.ifeng.com/mainland/detail_2012_04/17/13935724_0.shtml。

浙江宁海电镀厂溺水事故

一、事件简介

2012年4月20日下午，浙江省宁波市宁海县跃龙电镀厂员工在地下一个长1.6米、宽1.2米、深约2米的半封闭电镀综合废水池内进行清理作业，在清理综合废水池过程中发生中毒，4月21日9时，三名员工被发现死于综合废水池内。

二、事件原因

直接原因

综合废水池存在电镀有毒物质，3名作业人员在清理废水池的过程中中毒死亡。

间接原因

宁海县城关跃龙电镀厂（业主：张强）未制定综合废水池清理作业的安全生产操作规程，对安全风险较大的废水池清理作业未采取有效的安全管理措施，未对从业人员进行有效的安全生产教育培训，导致作业人员安全意识淡薄，冒险进行作业，致使发生三人死亡的“4·21”较大事故。

三、责任追究

宁海县城关跃龙电镀厂（业主：张强）对此次较大事故的发生负有责任，宁波安监局对宁海县城关跃龙电镀厂（业主：张强）的相关行为予以立案调查。由于宁海县城关跃龙电镀厂（业主：张强）未制定综合废水池清理作业的安全生产操作规程，对安全风险较大的废水池清理作业未采取有效的安全管理措施，未对从业人员进行有效的安全生产教育培训，对“4·21”较大事故的发生负有责任。基于宁海县城关跃龙电镀厂（业主：张强）违法行为的后果较为严重，社会影响较大，依据《生产安全事故报告和调查处理条例》第三十七条第（二）项以及《安全生产行政处罚自由裁量适用规则（试行）》的规定，安监局对宁海县城关跃龙电镀厂（业主：张强）作出以政处罚：罚款225000元。

四、补救措施

为认真吸取该起生产安全事故教训，预防类似生产安全事故的再次发生，宁海市安监局发出公告，特别提出以下要求：

1. 进一步督促企业落实安全生产主体责任。各级安监部门要克服麻痹大意思想，加大工作力度，督促企业落实安全生产主体责任，确保各项安全生产措施落实到位。

2. 进一步加强对有限空间作业等风险较大作业环节的监督检查。各级安监部门在着重做好规模以上企业安全生产监管工作的同时，要切实加强对中小微企业安全生产风险相对较大环节的监督检查，尤其是要加强对涉及有限空间（包括封闭、半封闭设备、地下有限空间和地上有限空间等）作业的监督检查，对存在缺氧窒息、气体中毒、粉尘爆炸等安全风险较大的作业的场所，要帮助、指导和督促企业增强风险意识，落实安全生产管理制度和安全防护措施。

3. 进一步帮助企业提高从业人员安全意识和自救互救能力。各级安监部门要督促和指导生产经营单位加大对有限空间作业场所相关安全知识的宣传力度，有针对性地组织开展包括岗位职责、安全操作规程、安全技能、应急措施、作业场所危险因素、员工安全意识等在内的全员安全培训，使作业人员掌握安全知识，强化安全意识，提高自救互救能力。要根据有限空间作业特点，帮助、指导企业制定有针对性的应急预案，保证作业和施救人员掌握相关应急预案内容，并定期进行演练，提高应急处置能力，做到一旦发生突发事件，能够快速、有效、科学、安全施救。

参考资料

1. 中国政府公开信息整合平台：关于宁海县城关跃龙电镀厂“4·21”较大事故的情况通报，见 http：//govinfo.nlc.gov.cn/zjsnbfz/xxgk/nbsrmzf/201205/t20120531_1968376.html？classid=346。

2. 中国·宁波政府站：宁海县城关跃龙电镀厂“4·21”较大事故案行政处罚决定，见 http：//gtog.ningbo.gov.cn/art/2012/7/10/art_13023_961.html。

3. 中国安全生产网：宁波市召开宁海城关跃龙电镀厂事故现场会，见 http：//www.aqsc.cn/101806/101961/243023.html。

山东青岛火灾事故

一、事件简介

2012年4月21日3时，山东省青岛市南区宁夏路156号田家花园B8栋2单元601室居民住宅发生火灾，其中一女性居民跳楼逃生，经医院抢救无效死亡。火灾中，烟气蔓延至602室阁楼，致使阁楼内的4名女子窒息死亡。火灾共造成5人死亡。

二、事件原因

消防部门2012年4月22日公布《火灾事故认定书》，对此次火灾的原因进行了认定：火灾系601户承租人李某某在使用电热毯的过程中，电热毯引燃被褥，发现情况后租住人李某某和王某处置不彻底，导致被褥持续引燃引发火灾，起火部位位于601户客厅，起火地点位于客厅电视柜南侧地面处，起火时间为2012年4月21日3时20分。

三、事件处理

事故发生后，青岛市公安消防支队调集8辆消防车、40名消防官兵，赶赴现场组织施救，紧急疏散居民30余人，营救被困人员3人。

四、责任追究

李某某构成失火罪，并被山东青岛法院判处有期徒刑3年。

参考资料

1. 公安部消防部：4月21日3时许，青岛市市南区宁夏路156号田家花园9幢二单元601室发生火灾，见 http：//www.119.gov.cn/xiaofang/hzsd/16652_1.htm。

2. 搜狐青岛：田家花园失火案宣判，五人丧命女子被判三年，见 http：//qd.sohu.com/20121211/n360085303.shtml。

3. 齐鲁网：青岛：一居民楼凌晨突发火灾5人死亡，见 http：//news.iqilu.com/shandong/yuanchuang/2012/0421/1197686.shtml。

4. 正北方网：阁楼起火致4名邻居被熏死1人跳楼身亡，见 http：//www.northnews.cn/2012/0422/759880.shtml。

广西南宁私人杂货店火灾事故

一、事件简介

2012年4月24日2时40分，广西马山县乔利乡乔利街一间私人杂货店发生火灾，马山县公安、消防、安监等多个部门和乡政府工作人员赶到现场，与当地群众开展灭火救援工作。事故导致3名被困人员不幸遇难。

二、事件原因

2012年6月11日，消防部门确定了火灾事故的直接原因是杂货店内线路老化，老化的线路引发杂货店内大量烟花爆竹及多种塑料制品等易燃品燃烧，火势猛烈并迅速蔓延，致使房间内的一氧化碳等有毒气体浓度迅速增加，最终导致3人死亡。

三、事件处理

事故发生后，广西南宁马山消防大队两辆消防车开到事故现场，进行灭火救援。马山县副县长以及公安、安监、卫生等多部门的工作人员也赶到现场，与民众共同扑灭大火，实施救人行动。

四、补救措施

广西南宁市安监局要求县乡各部门做好死者善后工作，同时尽快查明失火原因，并在全县排查火灾隐患，加强消防日常教育，以杜绝此类事故发生。当地政府防火安全委员会印发了《关于切实做好当前消防安全工作的通知》（区防字［2012］10号），要求各镇人民政府、街道办事处，区防火安全委员会认真吸取以上火灾事故教训，立即组织对本地区消防安全形势进行一次分析研判和综合评估，找准消防工作薄弱环节，针对突出问题制定对策措施。公安机关和消防部门要紧盯人员密集场所，加大消防监督检查力度，推动社会单位落实消防安全“四个能力”；各镇（街办）、各部门要落实消防安全网格化管理，组织相关部门、基层组织、公安派出所加强对小商店、小门面、小作坊等小场所及居民住宅的消防安全检查，督促落实用火用电用气安全措施，杜绝在生产经营场所内留宿人员，切实消除消防安全隐患；公安机关和消防部门要针对当地生产经营活动特点组织错时夜查，动员保安、物管人员、消防志愿者开展夜间巡逻，及时发现火灾隐患并扑救初起火灾；各部门要结合《全民消防安全宣传教育纲要》宣传周活动，广泛开展提示性消防宣传教育，提高公众消防安全意识和自防自救能力；公安消防部门要严格落实夜间执勤备战措施，加强第一出动，确保一旦发生火灾能够迅速处置，最大限度减少人员伤亡和财产损失。

参考资料

1. 中国网络电视新闻中心：马山县乔利乡一杂货店发生火灾，一家三口遇难，见 http：//news.cntv.cn/20120427/123780.shtml。

2. 南国早报：线路老化，引发火灾，见 http：//ngzb.gxnews.com.cn/html/2012-06/14/content_694312.htm。

3. 南国早报：逃生希望与一家人擦肩而过，见 http：//ngzb.gxnews.com.cn/html/2012-04/25/content_674905.htm。

4. 湘警网：关于切实加强当前火灾防控工作的通知，见 http：//www.hn119.gov.cn/html/zfgk/tzgg/40210.html。

广西贺州石场坍塌事故

一、事件简介

2012年4月26日，广西壮族自治区贺州市平桂管理区黄田十四沟2号石场发生山体崩塌事故，造成3人被埋死亡，另有4人在紧急避险时受伤，其中1人在送往医院途中抢救无效死亡。

二、事件原因

事故发生的主要原因是没有严格执行设计和规程规定，没有做到自上而下分台阶开采，工作面形成陡立坡面，引发山体崩落造成人员伤亡。

三、事件处理

事故发生后，广西壮族自治区安委会和市委、市政府及平桂管理区领导高度重视，市委、市政府主要领导和分管领导作出重要指示，对事故处置工作提出了明确具体的要求。市政府分管领导率市政府办、安全监管局、国土资源局等部门和平桂管理区领导在第一时间赶赴现场，了解事故情况，指导事故抢险、伤员救治和社会稳定工作。

四、补救措施

为了保障自治区非煤矿山事故的再次发生，针对此次事故，广西壮族自治区安全生产监督管理局印发2012年全区非煤矿山事故分析报告的通知，要求做到以下几点：

1. 全面开展非煤矿山整顿关闭攻坚战。建立政府统一领导、部门共同参与的联合执法机制。关闭任务逐级分解下达到县，制定方案，明确进度，认真组织实施。把关闭任务纳入地方政府绩效考核目标，加强监督检查。对开采规模不达要求、开采工艺和装备落后的矿山不得批准建设，对已生产矿山达不到整合要求的不得办理安全生产许可证延续手续。

2. 深入开展“打非治违”专项行动。加强协调配合，积极配合国土资源部门联合执法，坚决打击和取缔南丹大厂矿区、贵港龙头山矿区、全州大西江矿区、恭城栗木矿区、钟山珊瑚矿区等重点、热点矿区的非法采矿行为。

3. 深化重大隐患排查治理，严格落实隐患排查治理制度，责令企业停产整顿重大事故隐患，并由县级安监部门挂牌督办。重点监控铜坑矿、北山矿、佛子矿、盘龙铅锌矿、五圩镇采矿场、珊瑚矿、栗木矿、吉祥石膏一矿、龙广滑石矿等九座地采矿山和灰岭尾矿库。

4. 继续开展专项整治。组织开展以地下矿山通风系统、水害、提升运输、大采空区，露天采石场一个独立山头多个主体开采、安全距离不足、无台阶、未使用或未正确使用中深孔爆破，尾矿库危库、险库、病库和无证排尾、库内违规取砂、擅自加高扩容、未履行“三同时”审批手续非法建设，采掘施工和地质勘察单位施工资质不全、未在当地备案等为重点的安全专项整治。

5. 加强汛期安全监管。3—9月的汛期时段为非煤矿山与尾矿库事故多发时段，是安全监管工作的重中之重，组织汛前检查、除险加固、汛期监控、台风防范、停产撤人等系列措施。

6. 加大推广应用先进适用技术和装备。组织完成安全避险等“六大系统”建设，大力推广井下机械化铲装；露天矿山全面实施中深孔爆破、机械铲装与二次破碎，强制修路上山，严厉打击“一面墙”开采。

7. 组织实施闭库工程。对废弃、停用尾矿库，强制闭库处理；加快实施尾矿库隐患综合治理工程，监督专项资金使用，严格按设计组织施工，保证工程按质、按量、按时完成建设。

8. 规范地质勘探安全工作。所有坑探项目必须由持有安全生产许可证的坑探施工地勘单位或采掘施工企业施工，从事爆破作业，必须取得《爆破作业单位许可证》；地勘单位要在勘探项目所在地的县安监局备案，坑探工程设计的安全措施由市级安监局组织严格审查，坑探项目要签订应急救援协议。

参考资料

1. 广西安全生产监督管理网：广西壮族自治区安全生产监督管理局关于印发2012年全区非煤矿山事故分析报告的通知，见 http：//www. gxajj. com/html_ section_ sub1_ a1/9858. html。

2. 贺州市八步区公众信息网：贺八政发［2012］9号，贺州市八步区人民政府关于认真汲取平桂管理区“4·26”非煤矿山坍塌较大事故惨痛教训立即在全区范围内开展安全生产隐患再排查整治活动的紧急通知，见 http：//www. gxbabu. gov. cn/html/2012－5/2012514924283077. html。

3. 南宁安全生产信息网：转发国家安全监管总局事故的警示通报的通知，见 http：//www. nnsafe. com/atricle_ view. asp？ id＝18385。

铜仁新生煤矿透水事故

一、事件简介

2012年4月26日10时30分，贵州省铜仁市沿河县谯家镇新生煤矿发生透水事故，事故发生时煤矿共有23名矿工正在井下作业，12名矿工成功升井，11人被困井下。事故最终造成2人死亡、9人失踪。

二、事件原因

经调查，事故原因是，新生煤矿没有按照批准的技改工程组织施工，非法违法的组织生产，在系统没有形成的情况下以掘代采，放炮导通采空区积水，从而引发了透水事故。

三、事件处理

接到事故报告后，国家安全监管总局局长骆琳，国家安全监管总局副局长王德学，国家安监管总局副局长、国家煤矿安监局局长付建华立即组织研究，贵州煤矿安监局进一步核实人数和有关情况，配合指导地方健全完善救援方案，通风救人、排水救人、科学救人，防止发生次生事故。并派国家煤矿安监局副局长彭建勋率工作组赶赴事故现场，协助指导地方全力做好抢险救援等工作。

贵州省委、省政府主要领导指导监督，全力抢救被困人员，查明事故原因，防止次生灾害发生。贵州省政府分管领导和当地党政主要领导赶赴现场，消防、武警官兵和公安民警及由200多名民兵组成的应急抢险分队参加了现场施救。

四、责任追究

煤矿相关责任人有渎职行为，被公安机关控制。国务院安委会研究决定，对贵州铜仁市沿河县谯家镇新生煤矿“4·26”重大透水事故查处实行挂牌督办。

五、补救措施

国家煤监局通报了该煤矿透水事故，指出透水事故反映出新生煤矿非法违法开采，探放水措施不落实，水文地质资料不清，领导带班下井制度不落实，迟报瞒报谎报事故，安全监管不到位等问题。贵州省安委会发布了关于认真吸取铜仁市沿河县谯家镇新生煤矿“4·26”透水事故教训立即采取紧急措施的通知，要求各县市认真学习。

参考资料

1. 中国煤矿安全生产网：贵州沿河煤矿透水事故被困矿工可能有生存空间，见 http：//www.mkaq.org/html/2012/04/27/127022.shtml。

2. 中国新闻网：国家安监总局派工作组赶赴贵州沿河透水煤矿，见 http：//www.chinanews.com/gn/2012/04-26/3849287.shtml。

3. 人民网：国家煤监局通报6起较大以上煤矿透水事故，见 http：//finance.people.com.cn/GB/70846/17849515.html。

4. 铜仁网：沿河县126名党政“一把手”到庭审现场“听课”，见 http：//www.tongren.gov.cn/html/2013/1121/yanhe62888.html。

河北普阳钢铁煤气泄漏事故

一、事件简介

2012年4月26日21时30分，位于武安的河北普阳钢铁有限公司（简称“普阳钢铁”）4号高炉在检修过程中发生煤气泄漏事故，致使8人中毒，其中3人死亡、5人受伤。

二、事件原因

在事故报告过程中，普阳钢铁企业涉嫌瞒报。

三、事件处理

事件发生后，河北邯郸市委、市政府主要领导和武安市委主要领导作出重要批示，要求抓紧抢救伤员，查明事故原因，排查类似隐患。邯郸市政府、武安市政府负责人带领相关部门和人员赶往医院看望伤员，全力安排伤员救治和死者善后处理工作。同时迅速成立事故调查组，展开全面调查。

事故发生后，5名受伤工人分别被及时送往武安市两家医院进行救治。院方组织精干力量，全力抢救伤者。5名伤者病情平稳，最终脱离了生命危险。

四、补救措施

2012年4月28日，河北普阳钢铁有限公司为应对和降低生产中的突发安全事故，开展煤气泄漏事故演练。150余名煤气操作人员参加了为期2天时间的安全教育培训，大大提升了企业的安全生产水平。河北普阳钢铁已经将安全生产培训纳入企业机制，每年将定期举行类似培训。

2012年5月6日，由河北普阳钢铁煤气泄漏事故应急中心发起的全国高危领域从业操作人员安全培训在河北武安普阳工业园举行，来自全国各地的相关领域工作人员参加了此次培训。

该培训以后还将定期举行，预计每年举办2次，每次为期2天。培训主要涉及三大部分，如何提前预防煤气泄漏事故隐患，操作过程中如何做到科学合理，以及事故发生后的正确应对措施。

参考资料

1. 凤凰网：河北武安普阳钢铁发生煤气泄漏事故3人死亡，见 http：//news.ifeng.com/mainland/detail_2012_04/28/14214647_0.shtml。

2. 人民网：河北普阳钢铁有限公司发生煤气泄漏事故，已致3死5伤，见 http：//society.people.com.cn/GB/17761065.html。

3.《中国日报》：河北普阳钢铁煤气泄漏致3人死亡5人受伤，见 http：//www.chinadaily.com.cn/hqgj/jryw/2012-04-28/content_5793315.html。

4. 搜狐首页：河北普阳钢铁举办煤气泄漏事故应急培训，见 http：//roll. sohu. com/20120507/n342576121. shtml。

武汉长航青山船厂军山分厂爆炸事故

一、事件简介

2012年4月28日11时25分，武汉市长航青山船厂军山分厂发生一起爆炸事故。经湖北省安监局证实，事故共造成3人死亡，1人受伤。

二、事件原因

此次事故原因是生产作业过程中，氧气泄漏引发的爆炸事故。

三、事件处理

事故发生后，武汉市安监局相关负责人立即赶赴事故现场，开展事故救援和调查处理工作，当地大批民警和消防员现场疏散并警戒。

四、补救措施

针对事故，湖北省发出了鄂安监函［2012］147号湖北省安监局关于较大事故的通报，并提出如下要求：

1. 加强监管，高度重视安全风险较大作业安全生产工作。各级安监部门要高度重视工贸企业安全监管工作，要组织力量摸清辖区内工贸企业基本情况，实施分类分级监管。特别是对作业人员从事安全风险较大作业时，存在缺氧窒息、气体中毒、易燃易爆等危险，容易发生生产安全事故的，要督促企业依法依规制定操作规程和规章制度，督促企业职工按规程上岗操作，督促企业为上岗职工配备检测和自救防护仪器设备，建立日常监管与检查机制，有效防范安全事故。

2. 提高认识，认真落实企业安全生产主体责任。各工贸企业要提高对安全生产工作的认识，确实把安全生产工作放在第一位。要认真落实安全生产主体责任，企业主要负责人要切实履行安全生产第一责任人的职责，采取有效措施，确保安全风险较大作业安全。要组织制定安全风险较大作业管理制度、操作规程、应急预案等规章制度；严格执行“先通风、先检测检验、后作业”的原则，未经通风和检测检验，严禁作业人员从事安全风险较大作业；为作业人员配备符合国家标准的通风、检测、照明、通讯、应急救援等设备和个人防护用品，并教育、监督作业人员正确佩戴和使用；要明确安全风险较大作业现场的负责人、监护人员和作业人员，并对其进行安全风险较大作业安全培训，严禁在没有监护人的情况下进行安全风险较大作业；严格规范安全风险较大作业承包管理，不得将工程发包、转包、分包给不具备安全生产条件的单位和个人。

3. 采取措施，大力推进工贸企业安全标准化建设。各级安监部门和有关企业要按照《国务院安委会关于深入开展企业安全生产标准化建设的指导意见》（安委［2011］4号）、《国务院安委会办公室关于深入开展全国冶金等工贸企业安全生产标准化建设的实施意见》（安委办［2011］18号）和《国家安全监管总局中华全国总工会共青团中央关于深入开展企业安全生产标准化岗位达标工作的指导意见》（安监总管四［2011］82号）的要求，以安全标准化建设为契机，以落实企业安全生产主体责任为主线，针对工贸企业特别是私营企业和中小企业的特点，从开展岗位达标入手，提高作业人员的安全意识和操作技能，严格执行安全操作规程，规范安全风险较大作业行为，加强安全生产基础建设，减少和杜绝“三违”现象，全面提升现场安全管理水平，防范各类事故的发生。

4. 加大力度，深入开展安全风险较大作业隐患排查治理工作。各级安监部门要把工贸企业安全风险较大作业隐患排查治理作为安全生产工作的重点之一，充分发挥乡镇、街道办事处、居民委员会和村民委员会的作用，针对涉及安全风险较大作业的私营企业和中小企业开展一次深入细致的大检查，重点检查企业安全风险较大作业的安全管理制度、操作规程的制定和落实情况，主要生产工艺、技术、设备设施情况，通风、检测检验设备和防护用品的配备使用情况，以及作业人员的安全生产教育培训情况等。对查出的隐患，要责令限期整改，切实做到整改措施、责任、资金、时限和预案“五到位”。对违反《安全生产事故隐患排查治理暂行规定》（国家安全监管总局令第16号）等有关规定的，要予以严肃处理。

5. 依法依规，严厉打击非法违法生产经营建设行为。各地区要深入贯彻《国务院安委会关于开展严厉打击非法违法生产经营建设行为专项行动的通知》（安委明电［2011］7号）精神，进一步加强组织领导，完善联合执法机制，落实地方各级政府特别是县、乡政府打击非法违法行为的责任，确保取得实效。对于未经工商登记注册非法生产的，安全监管部门发现后要及时移交工商管理部门依法坚决取缔；对证照不全从事生产经营的，要联合或配合有关部门责令停产停业整顿，直至依法予以取缔关闭；对建设项目安全设施未执行“三同时”制度擅自投入生产使用的，要责令整改并依法给予处罚。

参考资料

1. 中国安全生产网：湖北省安委办通报上半年较大事故查处情况，见 http：//www. aqsc. cn/102986/102991/250686. html。

2. 湖北应急管理：武汉长航青山船厂军山分厂发生爆炸事故致3人死亡，见 http：//yj. hubei. gov. cn/yjbjy/201205/t20120502_347820. shtml。

3. 安全急救网：“4·28”湖北武汉长航青山船厂军山分厂发生爆炸，见 http：//www. aqjj120. com/news_show. asp？id = 16339&mid = 2。

4. 新华网：船厂突发爆炸3人遇难1人受伤，见 http：//www. hb. xinhuanet. com/2012 - 04/29/c_111864967. htm。

忻州市芦芽山路“4·29”沟槽坍塌事故

一、事故简介

2012年4月29日10点43分，山西省忻州城区芦芽山路0km + 474m段开挖的雨水管沟槽内，北京市政二建工程有限责任公司芦芽山路项目部的6名工作人员在进行沟底标高测量时，沟槽西侧边坡突然发生坍塌，导致正在下面测量的6名工作人员被埋。事件发生后，忻州市工程指挥部、市公安、市消防、市人民医院和中心医院等有关部门和单位的人员、专家赶赴现场抢救。此次事故共造成5人死亡，1人受伤，直接经济损失约370万元。

二、事件原因

直接原因

施工单位未按照深沟槽专项安全施工方案及设计指导性意见组织施工以及监理单位未严格履行监理职责。

1. 没有按深沟槽施工方案要求，在基槽边坡坡脚设置木桩支护，没有对邻近建筑物的特殊地段（该门厅下部有约2.5m深为杂填土）采取钢板桩支护措施。

2. 沟槽放坡大部分不满足要求，一步槽最小放坡仅为1∶0.35，二步槽最小放坡仅为1∶0.09，不符合1∶0.5—1∶1.5的放坡要求。

3. 放坡台阶宽度最窄处仅1.0米，小于最低限1.5米的要求。

4. 沟槽西侧一步槽开挖深度最深处达到8.3米，超过5米的上限要求。监理单位虽然对深沟槽开挖专项安全施工方案进行了审批，但在监理过程中，未严格要求施工单位按照方案进行施工。

间接原因

1. 2012年4月23日晚至4月24日忻州城区降雨量6.8毫米（根据气象资料），沟槽西侧雨水无法排至原108国道排水沟，沟槽围堰形成局部积水，造成门厅下杂填土松软。

2. 该沟槽于2012年4月14日开挖，挖至桩号0km + 475m处，因地下国防光缆的管理部门阻拦，于2012年4月21日停工，坍塌部位大约裸露10天，降低了槽壁土质的稳定性。

3. 该沟槽距离东侧108国道30余米，108国道通行的车辆大多数为重载车辆，车流量大，重型车辆通行时产生的震动对长时间裸露的沟槽壁土体的稳定性产生了一定的影响。

三、事件处理

此次事故性质为较大生产安全责任事故。事故发生后，山西省、市领导高度重视，忻州市委书记作出“加快被埋人员的搜救工作，全力救治伤员，责成‘7451’各项目部举一反三，引以为戒，做好安全工作”的重要批示；忻州市长郑连生迅速赶赴事故现场了解情况，总指挥部组织召开会议，专题研究忻州城区“4·29”芦芽山路沟槽坍塌较大事故的相关问题，安排部署事故调查和善后处理等工作，同时当天向全市发出事故通报。

四、责任追究

工程监理人员被移送司法机关，项目人员被给予党政纪处分。违法分包工程且对分包工程监督不到位的北京市市政二公司芦芽山路及和平街西拓道路工程项目总工（兼书记）许亮、项目副总工杨宝泉、生产副经理张贵民、安全员阎玉国、技术员王树峰，被建议由北京市市政二建设工程有限责任公司依据有关规定作出处理。事故涉及企业被给予以下处理：

1. 依据《房屋建筑和市政基础设施工程施工分包管理办法》和《建设工程质量管理条例》之规定，对北京市市政二建设工程有限责任公司违法分包工程行为和保定市远辉建筑工程有限公司出借资质行为，由市住建局依据有关规定作出处理。

2. 依据忻州市人民政府办公厅《关于印发忻州市2012年度安全生产工作考核奖惩办法的通知》（忻政办发［2012］46号）之规定，对未按沟槽专项安全施工方案及实际指导性意见组织施工，造成较大事故发生的中标单位北京市市政二建设工程有限责任公司，由市安监局处罚300万元。对监理单位山西省恒泰建设项目管理有限公司，由市安监局处罚20万元，并建议省住建厅降低该单位监理资质。

3. 依据《山西省建设监理管理办法》之规定，对山西省恒泰建设项目管理有限公司违规变更监理人员，未能按照法律法规和有关技术标准实施监理，由市住建局作出相应处理。

五、补救措施

为深刻汲取事故教训，举一反三，进一步强化建设工程各个环节的安全质量管理，山西省住建厅对“4·29”芦芽山路坍塌事故进行了通报：要求各市、县（市）住房和城乡建设局（建委），太原市城乡管委、大同市市政管委，山西建筑工程（集团）总公司，中央驻晋施工企业，省外入晋施工企业进一步抓好全省建筑安全生产工作：

1. 切实增强安全生产责任感和紧迫感。各级住房城乡建设部门要切实认清当前安全生产形势的严峻性，进一步强化做好安全生产工作的政治意识、责任意识和大局意识，严格落实建筑安全生产“一岗双责”责任制，切实履行安全监管职责，做到主要领导亲自抓，分管领导具体抓，真正把建筑安全生产责任落实到每个环节、每个人员。要全面研究分析本地区当前建筑安全生产工作中存在的突出问题和薄弱环节，认真制定针对性的防范措施，并逐项抓好落实。各建筑施工企业要严格落实安全生产主体责任，加强人员培训，落实安全投入，开展隐患排查，抓好整改落实，确保安全生产。

2. 继续深入开展安全生产专项整治。各级住房城乡建设部门要按照省政府的统一部署，继续深入开展建筑安全生产专项整治，严肃查处安全生产违法违规行为。要进一步加大对危险性较大的分部分项工程的安全监管和指导力度，切实明确职责、落实责任。在全省建筑工程质量安全督查的基础上，要再次组织对本地区所有在建工程进行安全隐患排查，对模板支撑、起重机械、脚手架、深基坑等可能发生群死群伤事故的工程要进行重点排查，严查专项施工方案的编制、审批、专家论证和方案实施情况。对因安全制度不落实、专项整治不深入、隐患排查不彻底而导致事故发生的，要严肃追究有关领导和人员责任。

3. 扎实开展“打非治违”专项行动。各市、县住房城乡建设部门要按照国务院和省政府的统一安排和部署，紧密结合全省建筑安全生产的实际，集中开展“打非治违”专项行动，严查建设单位规避招标，将工程发包给不具备相应资质、无安全生产许可证的施工单位；建设单位不办理质量安全监督、施工许可等法定建设手续，擅自开工；施工单位弄虚作假，无相关资质或超越资质范围承揽工程、转包工程、违法分包工程；施工单位不按强制性标准施工、偷工减料、以次充好；施工单位主要负责人、项目负责人、专职安全生产管理人员无安全生产考核合格证书，特种作业人员无操作资格证书，从事施工活动；施工单位不认真执行生产安全事故报告、主要负责人及项目负责人施工现场带班、生产安全隐患排查治理等制度规定；施工单位不执行《危险性较大的分部分项工程安全管理办法》的规定，不按照建筑施工安全技术标准规范的要求，对深基坑、高支模、脚手架、建筑起重机械等重点工程部位进行安全管理；施工单位不制定有针对性和可操作性的作业规程、施工现场管理混乱，违章操作、违章指挥和违反劳动纪律等行为。

4. 严肃事故上报、查处和责任追究。各级住房城乡建设部门要强化事故上报工作，每起事故发生1小时内，施工单位负责人应当向事故发生地县级以上人民政府安全生产监督管理部门和住房城乡建设部门报告，住房城乡建设部门接报告后应逐级上报，每级上报时间不得超过2小时。设区市住房城乡建设部门在规定时间内必须将事故基本情况（时间、地点、伤亡人数及施工单位等）书面报告省厅，事故基本情况要与当地政府保持一致，其他需报送的事项要及时续报。对迟报、漏报、谎报、瞒报等现象，省厅将会同有关部门依法追究有关人员责任。要坚持从严、从上限的原则，按照调查组划分的责任，严格对责任企业和责任人的处罚，切实做到经济处罚与资质资格处罚并重，确保处罚到位、整改到位。要严格事故结案情况报送，及时掌握事故调查情况，做好事故调查报告、结案批复等有关材料的报送工作。

参考资料

1. 山西省政府信息公开目录：关于忻州市芦芽山路“4·29”沟槽坍塌事故的通报（第419号），见 http://www.shanxigov.cn/n16/n2397/n21973/n22422/n24465/16131043.html。

2. 搜狐新闻：省住建厅通报“4·29”芦芽山路坍塌事故，见 http://roll.sohu.com/20120529/n344335146.shtml。

3. 山西省忻州市建筑安全管理站：关于忻州市芦芽山路“4·29”沟槽坍塌事故的通报，见 http://www.xzjzaq.com/newsfile/201204/2012-4-29/2012-4-29-312.html。

4. 中国建筑新闻网：山西省住建厅通报“4·29”芦芽山路坍塌事故，见 http://cxjs.newsccn.com/2012-05-31/146903.html。

黑龙江峻源二矿“5·2”透水事故

一、事件简介

2012年5月2日7时，黑龙江省鹤岗市峻源二矿发生透水事故。当班入井28人，事故发生后安全升井10人。经过搜救，5人获救生还，事故共造成13人死亡。

二、事件原因

黑龙江省鹤岗市峻源二矿采矿工作面发生透水。

三、事件处理

事故发生后，黑龙江省委书记吉炳轩第一时间做出指示，要求全力科学救援并且防止次生事故的发生。鹤岗市成立抢险救援指挥部，指挥井下专业矿山救援人员80余名进行救援。国务院应急办传达国务院领导指示，要求当地部门全力抓好抢险救援工作，确保不发生次生事故，切实做好家属善后工作。

四、责任追究

事故发生后，当地警方对煤矿的实际出资人和法人进行了控制，当地主管的副区长和区煤监局局长被就地撤职。

参考资料

1. 国家安监总局：黑龙江鹤岗市峻源二矿“5·2”透水事故13人遇难，见http：//www.chinasafety.gov.cn/newpage/Contents/Channel_5034/2012/0522/170691/content_170691.htm。

2. 和讯新闻网：黑龙江鹤岗市峻源二矿“5·2”透水事故13人遇难，见http：//news.hexun.com/2012－05－22/141646461.html。

3. 人人网：黑龙江鹤岗峻源二煤矿透水事故：井下透水已经抽净，见http：//page.renren.com/601048441/note/844140663。

4. 人民网：黑龙江鹤岗一煤矿发生透水事故，见http：//hlj.people.com.cn/n/2012/0502/c220024－16999589.html。

5. 环球网：黑龙江鹤岗煤矿透水事故死亡人数升至8人，见http：//china.huanqiu.com/local/2012－05/2682127.html。

“5·5”云南宜良车祸

一、事件简介

2012年5月5日16时3分，汕昆高速云南宜良段一辆江西牌照大货车与一辆微型车追尾，造成3人死亡2人受伤；16时17分，汕昆高速云南宜良段一辆广西牌照大货车与前面10辆车相撞，造成9人死亡17人受伤。2起交通事故共造成12人死亡19人受伤。

二、事件原因

5月5日16时3分肇事司机罗某在长下坡路段超速行驶并且未与前车保持安全距离导致此次交通事故发生，罗云负全部责任。

16时15分，由于肇事司机张某的货车超载、超速，在长下坡的过程中，刹车效果不佳，此时距前一事故现场只有96米。危急之下，张某将车撞向中央隔离带，欲通过车与水泥护栏的刮擦强行停车，但是车速并无明显下降。

三、事件处理

云南省委书记、省长等领导做出批示，要求全力抢救受伤人员，做好死者善后和家属安抚工作，及时疏通受阻道路，避免引发次生事故。云南省公安厅交警总队、昆明市政府等迅速组织交警、消防、卫生等300余人赶到现场连夜进行救援和处置。

目前受伤人员已全部送往医院救治，两起事故肇事驾驶人已被公安机关控制，事故救援、原因调查等各项工作正在进行中。据宜良县人民医院值班医生介绍，2012年5月5日晚部分伤员曾送到了县医院，经紧急包扎后已及时送往昆明医院救治。

四、责任追究

对“5·5”特大交通事故肇事司机及时审查批捕。

五、补救措施

宜良县人民检察院还运用此次典型案例，在检察院内部举办了安全行车教育讲座。真实的视频和图片，这些血淋淋的交通事故给在场检察人员上了鲜活的一课。据了解，针对全院车辆多、人员多、出车频繁的情况，宜良检察院崔某检察长要求各科室始终坚持从管理入手、从细微处做起，狠抓警醒教育为主，通过认真学习和落实上级院的各项要求，将其固化为自觉行动。由于一直以来加强公车管理以及干警的思想教育确保了行车安全，该院连续多年无一起重大交通安全事故发生。

参考资料

1. 中国广播网：宜良检察院批捕昆石高速“5·5”特大交通事故肇事司机，见http：//www.cnr.cn/allnews/201205/t20120518_509647871.html。

2. 百度百科：“5·5”云南宜良车祸，见http：//baike.baidu.com/link？url＝751VtyjHO1A1IqpAcHXrv2WYfbgByHY1PYm5o_ZycDZEyzJwifN_QBM5lTtfwCwk7MwayW1I5R4cV5rEGRCApK。

3. 凤凰网：宜良检察院批捕昆石高速“5·5”

特大交通事故肇事司机，见 http：//news. ifeng. com/gundong/detail_2012_05/18/14642132_0. shtml。

通州“5·8”危险化学品爆燃事故

一、事件简介

2012年5月8日14时30分，北京市庆盛达化工技术有限公司朝阳化工产品批发分公司私自存储在北京市通州区漷县镇草场村南的一个出租房屋内的危险化学品发生轻微爆燃，事故未造成人员伤亡和重大财产损失。

二、事故原因

据查，造成事故的主要原因是：混合存放的乙酸（冰醋酸）发生泄漏后与氢氧化钠、氢氧化钾产生剧烈化学（放热）反应，而由于天气炎热，该公司租用的未经正规设计的危险化学品储存库内气温升高，且通风不畅，导致库内热量聚集后引起氟化氢罐体周边温度陡升，致使罐体内压力超出罐体承受阈值发生罐体爆裂。爆裂过程中，罐体与其他铁器发生碰撞产生点火源，引燃空气中的可燃气体发生爆燃。

三、事件处理

事故发生后，北京市通州区政府相关领导会同区公安、安监、消防、漷县镇政府等有关部门负责同志赶赴现场指挥事故救援和处理。

四、责任追究

北京市安监局责成朝阳区安监局依据事故单位的违法事实，依法吊销其《危险化学品经营许可证》。

五、补救措施

事故发生后，北京市政府提出如下工作要求：

1. 各区县要紧密结合当前在全市范围内开展的安全生产“打非治违”专项行动，重点对未经批准，擅自从事危险化学品生产、经营、储存的行为，危险化学品生产、经营许可证到期未换证或已责令停产关闭仍擅自从事危险化学品生产经营等行为，尤其是各类未批先建或未经批准擅自进行危险化学品生产、储存设施的新建、改建、扩建行为进行全面清查，一经发现，要严格按照5月9日北京市安全生产电视电话会议提出的“四个一律”的要求，对非法违法单位予以严厉打击，对相关责任人员严肃追究法律责任。

2. 要深入贯彻落实《北京市人民政府办公厅印发关于进一步加强企业生产经营建设上下游环节安全生产工作指导意见的通知》精神，督促危险化学品生产、经营单位，切实落实在销售剧毒化学品、易制毒化学品和易制爆危险化学品时，依法履行有关审批手续，查验供应链下游企业的生产经营资格和相应资质的有关要求。特别是要禁止向持有注明（不储存）的《危险化学品经营许可证》购买者出售大宗危险化学品。

3. 各区县要严格按照《北京市安全生产监督管理局关于国药集团化学试剂北京有限公司海淀营业部违法情况的通报》要求，切实加强对无储存危险化学品经营单位的安全监管，认真查验相关许可资料，必要时进行现场核查。

4. 对接到的有关危险化学品安全管理举报投诉电话要及时查处和反馈情况，并对各种查处情况及时进行通报，震慑违法、打击非法，切实消除各种非法违法行为。

参考资料

1. 中国安全生产网：北京市局通报通州“5·8”危化品爆燃事故情况，见 http：//www. aqsc. cn/102986/102991/241045. html。

2. 北京市政府信息公开栏 – 首都之窗：北京市安全生产监督管理局关于通州“5·8”危险化学品爆燃事故情况的通报，见 http：//zfxxgk. beijing. gov. cn/columns/99/5/306119. html。

“5·10”广西柳州岩溶地面塌陷灾害

一、事件简介

2012年5月10日上午，广西柳州市柳南区帽合村上木照屯发生岩溶地面塌陷灾害。此次灾害的受灾面积约100亩，造成多栋房屋倒塌，所幸村里1700多人疏散及时未造成人员伤亡。据统计，此次塌陷已造成民房严重损坏30间、一般损坏的房屋超过100间，直接经济损失近2000万元。

二、事件原因

事故发生在帽合村1、2组，为溶岩地面塌陷引起的地质灾害。目前专家共在灾区发现了5处塌陷坑，受害总面积约为4万平方米。其中最大的一个塌陷坑长30米、深达5米多，在塌陷处的底部，听得见水流声。

三、事件处理

事故发生后，消防、公安等部门立即组织村民进行疏散。考虑到村内已不具备安全条件，随时都有可能再次出现塌陷，消防官兵一面对村内逗留人员进行紧急疏散，一面对塌陷现场进行搜索，寻找可能被埋压群众。截止到2012年5月10日13时50分，在对整个村子进行了多遍搜索后，并未发现被困人员。

四、补救措施

为帮助受灾群众渡过难关，广西柳州市政府按常住倒房受灾村民2000元/户、非倒房受灾村民450元/人的标准进行补助，对受灾流动人口按每人200元的标准发放疏散费。对396名受灾村民、790名受灾的流动人口，以及15户倒房和房屋严重损坏的村民发放了补助，总计近40万元。

参考资料

1. 百度百科：“5·10”广西柳州岩溶地面塌陷灾害，见http：//baike. baidu. com/view/8564652. htm。

2. 网易新闻：广西柳州“5·10”岩溶地面塌陷灾害救灾现场，见http：//news. 163. com/12/0511/12/817M50V900014JB5. html。

深圳空港油料公司储油罐泄漏事故

一、事件简介

2012年5月11日9时，广东省深圳市宝安国际机场南侧3公里外的深圳市空港油料公司发生储油罐泄漏事故。事故造成1人伤亡，约600吨汽油泄漏。

二、事件原因

事故原因主要是由于5#油罐进油阀门出现故障，阀门闸板与连杆脱离，2名油库维修工违章违规对该阀门进行维修时，出现阀门失控。

三、事件处理

事故发生后，广东省深圳市、宝安区有关部门和广东省、深圳市消防部队全力处置，事态得到有效控制。深圳市委书记、市长，及副市长要求第一时间启动应急预案，采取有效措施防止发生火灾，确保人员安全，减少财产损失。深圳市副市长迅速率市、区公安、消防、应急、经信、人居环境、卫生和机场公司等有关部门人员和专家赶赴现场，成立了现场指挥部，广东省消防总队政委率省消防总队及时赶赴深圳，指挥人员疏散和设备抢修抢险等工作。

四、补救措施

为深刻吸取事故教训，防范同类事故发生，广东省安监局提出如下要求：

1. 继续深入开展隐患排查治理专项行动；

2. 加强高温雷雨季节危险化学品安全管理工作；

3. 强化员工安全风险管理等安全知识教育培训；

4. 提高危险化学品事故应急处置能力。

参考资料

1. 中国安全生产网：广东通报深圳市空港油料公司储油罐泄漏事故，见http：//www. aqsc. cn/101806/101960/238261. html。

2. 广东新闻网：深圳空港油料公司储油罐阀门失控发生泄漏，见http：//www. gd. chinanews. com/2012/2012－05－12/2/186574. shtml。

“5·13”湖南平江大桥垮塌事故

一、事件简介

2012年5月13日，湖南平江县昌江河上的三孔石拱桥垮塌造成事故，据排查有9人落水，其中3人获救，有6人下落不明。

二、事件原因

2012年5月12日凌晨1时到上午7时，平江连续6个小时普降特大暴雨，降雨量平均在150毫米以上，其中最多达209毫米，导致平江发生百年一遇的特大山洪灾害。连接余坪乡与梅仙镇的这座桥桥墩被巨大的山洪、从上游冲下的三艘挖砂船及树木等各类飘浮物撞击。当地村民称大桥桥体主要被从上游金田沙场漂下来的挖沙船撞伤。

三、事件处理

平江县立即派出公安、消防官兵、民兵、有关专业人员，并组织当地干群500多人，调集3艘冲锋舟和2艘橡皮艇赶到现场营救，现已确认救起3名落水者，并送至医院救治，有6人失踪。当天中午，平江县又增加多台挖机、钻机等技术设备并确保每班100人次的三班人员轮流24小时不间断搜救。

事故发生前，当地政府对该桥实行了管制措施，并安排专人管理值守，防止行人车辆通行。

参考资料

1. 百度百科：“5·13”湖南平江大桥垮塌事故，见http：//baike. baidu. com/link？url＝TUQ_dkR－7wbVFUZWpCC7q0jR3h52D5upw8PY2nYNUigS5RE0j_uuBCiQ_W。

2. 今报网：三问湖南平江范固桥垮塌事故，见http：//www. jinbw. com. cn/jinbw/xwzx/zgxw/201205161153. htm。

3. 新华网：湖南平江大桥垮塌事故：初步排查3人获救6人失踪，见http：//news. xinhuanet. com/society/2012－05/13/c_123121767. htm。

安徽泾县二中肺结核疫情

一、事件简介

2012年5月14日，安徽省宣城市泾县疾控中心结防门诊接县中医院转诊的一例疑似肺结核病病人，经痰涂片检查诊断为涂阳肺结核，患者为泾县二中一名高中一年级的学生。截至6月5日，累计发现结核病人29例，其中学生26例、教师3例。

二、事件原因

经调查发现，安徽省宣城市泾县自2012年元月出现肺结核首发病例患者，但该患者一直未到正规医院就诊，因而没有得到及时有效治疗，造成传播；泾县二中高一（3）班教室面积约60—70平方米，学生75名，较为拥挤，冬春季节门窗紧闭，通风效果很差，空气不流通；学校师生结核病防治知识严重缺乏，防病治病意识不强。

三、事件处理

疫情发生后，安徽省宣城市泾县卫生防疫部门提供免费抗结核药物，落实全程督导责任人，确保病例得到规范治疗；对结核菌素试验强阳性学生，按照知情自愿的原则进行预防性服药工作。

四、补救措施

疫情发生后，安徽省卫生部门和教育部门对行此次结核病疫情进行防控，开展各级各类学校传染病综合防控工作。安徽省卫生部门进一步加强疫情防控工作的督导检查，指导当地落实各项防控措施，使疫情得到有效控制。

参考资料

1. 网易财经：安徽泾县一中学发生肺结核疫情29名师生被确诊感染，见http：//ccm. lzu. edu. cn/caseShow. jsp？caseID＝707#box_2。

2. 中国公共危机案例知识库：安徽泾县一中学发生肺结核疫情，见http：//ccm. lzu. edu. cn/caseShow. jsp？caseID＝707#box_2。

3. 东方早报：安徽泾县一中学29名师生感染肺结核，见http：//www. dfdaily. com/html/33/2012/6/6/803514. shtml。

宝钢韶关钢铁公司“5·14”爆炸事故

一、事件简介

2012年5月14日下午3时48分，五冶集团上海有限公司在宝钢集团韶关钢铁有限公司下属宝钢集团广东韶钢松山股份有限公司合金钢优质钢棒材轧机建设工程施工现场地面安装桥式起重机过程中，起重机箱体梁（大梁）突然发生爆炸，造成五冶集团上海有限公司作业人员8人当场死亡，1人送医院后经抢救无效死亡，6人受伤。

二、事故原因

直接原因

桥式起重机在安装焊接时的高温引发箱梁内的易燃易爆气体爆炸。

间接原因

湘江科技在承包公司桥式起重机油漆喷涂业务后，对喷涂作业管理混乱，制度不健全，员工安全教育不落实，喷涂作业人员违规操作，将油漆和稀释剂喷入作业现场未封闭的桥式起重机箱梁内，导致该箱梁被封闭后，油漆和稀释剂挥发与空气混合形成易燃易爆气体。

三、事件处理

事故发生后，广东省委、省政府领导高度重视，要求全力救治伤员，认真细致做好善后工作；尽快查明事故原因，举一反三，吸取事故教训，采取有力措施，防止类似事故发生。广东省安委会和安全监管局的有关领导赶赴现场、协调指导事故抢救及事故调查工作。

四、责任追究

湘江科技是“5·14”爆炸事故责任单位。根据《生产安全事故报告和调查处理条例》第三十七条、第四十条有关规定，湘江科技被湖南省株洲市安全生产监督管理局吊销了危险化学品经营许可证并被处以相应的经济处罚。

五、补救措施

事故发生后，广东省委、省政府领导指示，要求认真吸取事故教训，举一反三，切实加强安全生产工作，遏制和防范事故的发生，具体提出如下要求：

1. 高度重视，进一步加强冶金企业在建工程项目的事故预防工作；

2. 迅速行动，立即在全省范围组织开展一次冶金企业在建工程项目安全大检查；

3. 健全机制，强化在建项目安全管理和监督；

4. 突出重点，积极推进安全生产“打非治违”专项行动；

5. 严查事故，以事故教训推动工程建设项目安全生产工作。

参考资料

1. 中国安全生产网：宝钢韶关钢铁公司“5·14”爆炸事故的通报，见http：//www. aqsc. cn/101805/101881/239012. html。

2. 广东省人民政府应急管理办公室：韶关钢铁公司施工现场发生爆炸事故造成9人死亡6人受伤，见http：//www. gdemo. gov. cn/jrtfsj/guangdong/201205/t20120514_160993. htm。

3. 中国银河证券：株洲天桥起重机股份有限公司关于《宝钢集团韶关钢铁有限公司施工现场“5·14”爆炸事故调查报告》的公告，见http：//www. chinastock. com. cn/yhwz/astock/shareholdersEquityAction. do？methodCall＝detailANNOUNMT&announmtid＝1040895&target＝_blank。

山东临沂大学生中毒事件

一、事件简介

2012年5月15日开始，山东省临沂大学内有少量学生开始腹泻，在学校出现胃痛、呕吐、腹泻等疑似食物或饮水中毒症状。截至2012年5月18日晚先后共接诊165例，患者主要表现为腹痛、腹泻、恶心、呕吐、低烧，初步综合诊断为季节性肠胃炎。

二、事件原因

据查，该起事件主要是由学校的饮用水导致的。

三、事件处理

事故发生后，临沂大学高度重视，及时召开专门会议，详细部署了防控、医治实施方案、启动应急处理预案，并迅速查找病源、全力医治；临沂大学将事件报告了山东临沂市政府相关部门，得到大力支持，采取了相关积极措施。山东省临沂市食品安全工作办公室牵头组织该市卫生局、药监局、疾控中心等部门一起调查此事件。

四、补救措施

2012年5月20日上午，临沂大学召开专题会议，进一步部署落实夏季流行疾病防控工作。

参考资料

1. 中国新闻网：临沂大学出现学生集体腹泻事件，政府部门介入调查，见 http：//www. chinanews. com/edu/2012/05－19/3900632. shtml。

2. 长沙晚报：临沂大学学生疑似食物中毒，见 http：//cswb. changsha. cn/html/2012－05/20/content_5_5. htm。

3. 中国公共危机案例知识库：山东临沂大学学生中毒事件，见 http：//ccm. lzu. edu. cn/caseShow. jsp？ caseID＝841#box_2。

江西部分地区遭洪灾侵袭

一、事件简介

2012年5月18日起，江西部分地区遭遇暴雨和强雷电、短时强降水和8级以上雷雨大风等强对流天气，致3万余人受灾，200余间房屋倒损，农作物受灾面积800余公顷，其中绝收100余公顷，直接经济损失近2000万元。

二、事件原因

此次洪灾主要是受高空低槽、中低层切变和低涡共同影响，江西部分地区遭遇暴雨和强雷电、短时强降水和8级以上雷雨大风等强对流天气。

三、事件处理

中央财政和江西省财政紧急拨付救灾资金8000余万元，用于解决受灾群众当前面临的生活问题，支持受灾地区做好灾后恢复重建工作。

参考资料

1. 网易财经：时事：江西部分地区再遭洪灾侵袭，3万余人受灾，见 http：//money. 163. com/12/0521/15/821OVPGG002540BQ. html。

2. 凤凰网：江西部分地区再遭洪灾侵袭，200余间房屋倒损，见 http：//yue. ifeng. com/news/detail_2012_05/21/14697375_0. shtml。

3. 中国江西网：江西部分地区再遭洪灾，200余间房屋倒损3万人受灾，见 http：//jiangxi. jxnews. com. cn/system/2012/05/21/011987748. shtml。

4. 中国公共危机知识案例知识库：江西部分地区再遭洪灾侵袭，见 http：//ccm. lzu. edu. cn/caseShow. jsp？ caseID＝720#box_2。

湘西州“5·27”水上沉船事故

一、事件简介

2012年5月27日上午10时，“湘辰溪客0085”号客运船在湖南省湘西土家族苗族自治州泸溪县浦市码头附近沉没，船上载客25人，14人获救，3人死亡，8人失踪。

二、事件原因

船工操作和临危处置不当，签单发航制度未落实，码头设施不完善、安全管理混乱，乘客未穿救生衣是事故发生和造成重大伤亡的主要原因。这起事故充分暴露了当地有关行业领域“打非治违”不深入，隐患排查不彻底，安全教育培训不到位，水上交通安全专项整治不落实等问题。

三、事件处理

事故发生后，国家安全监管总局派员赶赴事故现场指导应急救援；湖南省委、省政府领导高度重视，要求全力搜救失踪人员、妥善做好善后工作，确保了社会稳定。湘西土家族苗族自治州泸溪县立即组织人员、船只在事发河段开展搜救工作，事发当日成功救起14人。

四、补救措施

为深刻吸取事故教训，湖南省安全生产委员会办公室特提出以下要求：

1. 进一步增强紧迫感和责任感，切实强化安全生产责任。全省各级各部门和单位务必高度警觉，充分认清当前安全生产面临的严峻挑战，进一步增强做好安全生产工作的紧迫感、责任感和使命感，警钟长鸣、常抓不懈。各级各部门和单位特别是主要领导同志要牢固树立科学发展安全发展理念，时时刻刻把安全生产放在第一位，时时刻刻把人的生命放在第一位，决不能只重发展轻视安全，决不能只赶进度忽视安全。各级各部门和单位要认真履行地方属地管理责任、部门行业监管责任、企业主体责任，严格落实安全生产责任制和“一岗双责”制度，“一把手”亲自抓，所有班子成员各负其责，真正把责任落实到岗到人到位，切实把安全生产工作抓细抓严抓实，有效防范和坚决遏制重特大事故的发生。

2. 举一反三，深入组织开展安全生产大检查。按照省委、省政府主要负责人的要求，全省各级各有关部门和单位要深刻吸取事故教训，结合本地区、本系统、本企业实际，开展全覆盖、地毯式的安全生产大检查，深入排查、坚决治理各种安全隐患。坚持“上下联动、条块结合”的原则，采取地方为主、部门牵头、专家检查的办法，注重发挥各类专家的作用，“既看病、又开方”，既要查隐患、促整改、强基础、防事故，又要促进安全生产工作创新，加强综合治理，提高工作效能。突出道路和水上交通、煤矿、非煤矿山、危险化学品、烟花爆竹、民用爆炸物品、特种设备、建筑施工、消防和人员密集场所等行业领域的重点企业、重点部位、薄弱环节，开展全面、深入、细致的检查，督促企业切实履行好安全生产主体责任。特别要针对当前全省雨水偏多、超半河流接近汛限水位、防汛形势严峻的情况，加强涉水行业领域和工程建设项目的安全检查，确保安全度汛。切实加大全省渡口、渡船的检查和整改，坚决执行“六不发航”制度，即“证照不齐不发航；船况不良不发航；乘客超载不发航；停航封渡不发航；气候不良不发航；不穿救生衣或不带浮具不发航”，确保渡口、渡船运输安全。继续集中整治运砂船超载，规范砂石采挖与运输市场监管。依托水上交通安全检查站，加大执法检查力度，重点查处“两客一危舶”和运砂船的违法违规行为。

3. 加强督导检查，深入推进“打非治违”集中行动。各级各部门和单位要按照国务院和省政府的统一部署，结合安全生产大检查，认真组织开展安全生产“打非治违”集中行动，切实加强督导检查和明察暗访，严肃查处不落实的人和事，促进“打非治违”各项任务和要求落实到位。层层落实执法监管责任特别是县、乡两级的打非责任，强化社会监督，加强跟踪监管。对非法生产经营建设行为，发现一起、打击一起，并依法依规加大惩治力度，严防死灰复燃。地方政府要统筹协调，建立健全部门联合执法工作制度，明确各有关部门的职责范围、执法流程、执法标准和监督检查办法，搞好各部门、各环节的协调、配合和衔接，落实停产整顿、从重处罚、关闭取缔、严格问责的“四个一律”打击措施，确保关闭措施落实到现场、惩处手段落实到实际控制人，消除隐患、不留后患。对检查中发现有问题的企业，要进行彻底地整顿，消除隐患、不留后患。对暂时不能整改的隐患和问题，要制定防范措施，指定专人盯守，限期整改、挂牌督办、跟踪落实；对不具备安全生产条件且难以整改到位的企业，要依法坚决予以关闭取缔；对于拒不整改或者整改不力的，要依法依规严肃处理。对“打非治违”工作不扎实走过场或对发现的隐患整改不力的地区和单位，要进行通报批评或警示约谈；对包庇、纵容、支持非法违法行为的有关单位和人员，即使没有发生事故也要依法依规顶格处理、严厉追责问责。

4. 妥善做好事故善后处置工作，严肃开展事故调查。湘西州和怀化市、泸溪县和辰溪县要密切配合，妥善做好事故救援和善后事宜，确保社会稳定。对这起事故省政府已成立事故调查组，国务院安委办已挂牌督办，要严格坚持“四不放过”和“科学严谨、依法依规、实事求是、注重实效”的原则，迅速启动事故查处工作，查清事故原因，认定事故性质，总结事故教训，严肃追究事故责任。对在事故中负有领导、监督、管理责任的单位和人员，要依法依规严肃处理，及时向社会公布调查处理结果，并跟踪督促事故责任和整改措施的落实。各地要对去年来发生的各类生产安全事故，抓紧调查处理，尽快结案，并将处理结果及时向社会公布。同时，要举一反三，针对事故暴露出来的问题，切实加强整改，认真落实各项安全防范措施，以事故教训推动工作整改。

参考资料

1. 国家安监总局网站：湖南省湘西州“5·27”水上沉船事故造成11人死亡，见 http://www.chinasafety.gov.cn/newpage/Contents/Channel_4314/2012/0528/171142/content_171142.htm。

2. 新华网：湖南沅江沉船事故搜救结束共致11人死亡，见 http://news.sina.com.cn/c/2012-05-31/205924514321.shtml。

3. 中国安全生产网：湖南通报泸溪县“5·27”重大沉船事故，见 http://www.aqsc.cn/102986/102991/240657.html。

惠州兴达石化有限公司“5·28”火灾事故

一、事件简介

2012年5月28日13时10分，大亚湾石化区惠州兴达石化工业有限公司一苯乙烯储罐发生火灾事故，兴达公司V-101C苯乙烯储罐顶角焊缝破裂，喷出大量苯乙烯蒸气，随风（当天风向为东—东南，风力3—4级）飘向距离事故储罐约55米处的惠州惠菱化成有限公司地面火炬，苯乙烯蒸气被该火炬的长明灯引燃，并立即回燃至事故储罐顶部破损处形成大火。造成直接经济损失约555万元，未造成人员伤亡、环境污染及次生灾害。

二、事件原因

直接原因

经调查认定，导致惠州兴达石化有限公司“5·28”火灾事故的直接原因是：事故储罐温度计没有按照设计要求进行采购安装，因此该温度计不能真实地测量储罐内苯乙烯介质的温度，从而未能掌握储罐内温度变化的情况，当温度超过20℃时，未能及时开启储罐冷冻水循环冷却系统进行冷却，导致事故储罐中长时间储存的苯乙烯发生自聚反应，反应热造成苯乙烯蒸发，罐内严重超温超压，高压导致罐顶角焊缝破裂，喷出大量苯乙烯蒸气，随风飘向惠州惠菱化成有限公司地面火炬，苯乙烯蒸气被该火炬的长明灯引燃，并立即回燃至事故储罐顶部形成大火。

间接原因

1. 兴达公司在苯乙烯储罐安装制作期间，其采购的温度计达不到设计要求，导致安装后不能如实测量储罐内苯乙烯的实际温度。

2. 江苏省化工设备制造安装有限公司负责安装温度计时，未按照施工有关要求对建设单位采购的温度计进行检验，安装的温度计达不到设计要求。

3. 兴达公司安全生产教育培训不够到位，员工安全意识不强，对温度计长期未校验的情况公司管理人员未引起高度重视，未采取相应的措施。

4. 兴达公司设备维护保养制度不完善，落实不到位。长期未发现温度计未起到实际测量作用的情况；未及时发现事故罐其中一个呼吸阀堵塞，影响排压泄压；视频监控设施损坏后未及时修复。

5. 兴达公司落实隐患排查治理自查自纠制度不到位。兴达公司未按照《双金属温度计检定规程》（JJG 226－2001）关于对在用的温度计每年都必须进行一次以上校验的规定，对苯乙烯储罐的温度计进行校验，未能发现温度计起不到测量实际温度的作用，导致事故隐患长期存在。

三、事件处理

大亚湾区委、管委会有关领导迅速赶往现场指挥灭火工作，公安、消防等部门全力灭火，环保、应急等部门通力合作，共同应对。

四、责任追究

事故发生后，按照有关规定，给予行政处罚5人和2单位；由兴达公司按照内部规定进行处理2人；给予警告处分1人；给予通报批评1人；给予诫勉谈话1人；给予通报批评单位3家。

五、补救措施

事故发生后，惠州市安全生产管理监督局给出以下整改意见：

（一）各有关职能部门

1. 各级安全监管部门一是要加大对化工企业的安全生产工作的指导力度，督促企业落实安全生产主体责任，完善各类规章制度、操作规程和应急救援预案等；二是严格按照年度执法工作计划开展日常监督检查工作，对检查中发现的事故隐患问题，要跟踪督促企业落实整改；三是大亚湾安监分局要在全区范围内开展针对苯乙烯储罐的专项检查，排查事故隐患，防止类似事故的再次发生。

2. 各级住建部门一是要加大对化工企业建设期建设单位、监理单位、施工单位等的法律法规宣传，要求各有关建设单位严格按照国家标准规范履行好各自的职责组织管理和施工，并保证其质量；二是要严格把关进入我市从事石油化工企业施工、监理和设计等单位的备案工作，对于安全管理不够重视，组织机构不健全，声誉不好的企业一律不予其备案；三是加强对大亚湾石化区石化行业质量监督部门的管理，要求严格按照国家法律法规的规定履行职责。

3. 各级质监部门要加强对化工类企业特种设备的日常监督检查，加大对特种设备操作人员的培训力度，严厉查处非法违法行为；要加强企业对常压容器和国家非强制要求检测的仪器仪表日常管理的指导。同时特种设备检验检测部门，要按照法律法规的有关要求开展对特种设备、压力容器和委托检测的非压力容器的检验检测工作，对于达不到国家有关标准规范要求的，禁止投入生产使用。

4. 各级环保部门要加强全市化工类企业环保应急设施和应急管理工作，对不符合环保要求的企业，应督促限期整改。

5. 各级消防部门要加强对石油化工类企业的消防日常监督管理，尤其大亚湾消防大队定期开展对石化区消防管网以及企业消防设施、设备和日常管理的检查，确保事故状态下不影响应急救援工作。

（二）大亚湾经济技术开发区管委会

1. 要对石化区企业立即组织开展安全生产大排查，对排查出的安全隐患和违法违规行为坚决整改，对逾期未整改或者整改不到位的责令停产整顿直至依法关闭；要对石化区的各类易燃易爆危险化学品输送管道和储存罐（库）区进行全面排查，加强对非强制类化工仪器仪表的监督检查力度，消除事故隐患，防止类似事故发生。同时，督促企业认真落实生产储存设备、设施装置的自动化控制和安全联锁措施，提高设备装置的安全可靠性。

2. 要针对大亚湾石化区管理薄弱环节，尽快采取措施，加快石化区消防供水管网的整改完善，提高消防供水保障能力；加快对大亚湾区消防力量的整合，提高综合应急救援能力，加强对专职、兼职消防队伍的培训和应急演练工作。同时，要完善石化区、惠州港石化物流仓储区雨污分流、企业之间应急池互连互通的管网建设，尽快完成公用应急污水池的工程建设，提高应急救援时的污水收集处理能力。

3. 要提高石化区的安全管理标准规范，建立高水平的安全监管体系，建设开发区自己的化工专业人才和技术支撑机构。

4. 要以大亚湾化工园区应急管理创新试点为契机，推进应急管理体制机制创新，针对各类危险化学品分别制定应急救援预案，增强处置各种事故灾害的能力。

参考资料

1. 惠州市安全生产监督管理局信息网：惠州兴达石化有限公司“5·28”火灾事故调查处理情况，见 http：//anjian. huizhou. gov. cn/ZWXX/AQTB/4028824e3c383ca6013ca87c0cbd0264. htm。

2. 中国新闻网：惠州大亚湾石化区兴达化工公司一储罐发生着火，见 http：//www. chinanews. com/tp/2012/05 –28/3921402. shtml。

3. 中国网：惠州大亚湾石化区兴达化工公司一储罐发生着火，见 http：//news. china. com. cn/rollnews/2012 –05/28/content_14403301. htm。

黑龙江大兴安岭森林火灾

一、事件简介

2012 年 6 月 2 日 9 时 30 分，大兴安岭松岭南瓮河保护区 616 高地发生森林火灾，经全力扑救，火场明火于 20 时被全部扑灭。整个扑火过程中未发生人身伤亡。

二、事件原因

经调查，此次森林火灾系雷击引起。

三、事件处理

1. 火灾发生后，大兴安岭地区迅速调集兵力全力做好扑救工作。国家森防指、国家林业局高度重视，局党组书记、局长赵树丛同志作出重要指示，明确要求黑龙江省森防指要投入重兵，统一指挥，科学调度，尽快将火扑灭，确保不留隐患。国家森防指迅速行动，紧急调动包括 2 架米-26大型直升机在内的 16 架飞机支援扑火战斗，并派出由国家林业局东北森林防火协调中心领导带队的工作组，赶赴火场协调指导扑火工作。同时，进一步加强了卫星监测和火情调度，协调中央气象部门制作发布火场气象服务专报，协调有关媒体及时发布火情信息和扑火进程。

2. 黑龙江省和大兴安岭地区森林防火指挥部认真落实国家森防指、国家林业局和省委省政府的部署要求，紧急组织、周密安排，立即启动应急预案，由副总指挥率工作组赶赴火场一线协调指挥，按照“快速反应、重兵投入、迅速歼灭”的原则，迅速调动 6280 人向火场开进。

参考资料

1. 百度百科：“6·2”黑龙江大兴安岭森林火灾，见 http：//baike. baidu. com/link？ url = QYTGtyCq2Fnep6Mz2Eqzjbv7VrZQP6ZiJVgspDJ35yaAXFKH0PQjpCmdUK_kSEAN0qRKoV3kcrrTX9z3y8IhKK。

2. 中国广播网：黑龙江大兴安岭森林火灾被全部扑灭，见 http：//www. cnr. cn/gundong/201206/t20120602_509782983. shtml。

3. 中国天气网：黑龙江大兴安岭森林火灾被全部扑灭，见 http：//www. weather. com. cn/news/1639971. shtml。

4. 新华网：黑龙江大兴安岭森林火灾被全部扑灭，见 http：//news. xinhuanet. com/photo/2012 –05/23/c_123175809. htm。

5. 广东省人民政府应急管理办公室：黑龙江大兴安岭森林火灾被全部扑灭，见 http：//www. gdemo. gov. cn/yjdt/gnyjdt/201206/t20120603_16201。

云南河口煤矿“6·3”顶板事故

一、事件简介

2012 年 6 月 3 日 22 时，云南省盐津县河口煤矿发生一起顶板事故，造成 1 人死亡、2 人受伤，直接经济损失 151. 96 万元。

二、事件原因

直接原因

1. 6528W 采煤工作面倾角大，支护质量差。当煤壁从正倾斜方向转为仰伪斜方向时，在拐弯处形成应力集中，易使采空区矸石窜入工作面。

2. 工人杨某未按作业规程要求支设戗柱，在回密集支柱时，采空区矸石冲倒支柱窜入工作面导致事故发生。

间接原因

1. 河口煤矿未认真落实企业安全生产主体责任，安全生产责任制落实有差距。

2. 河口煤矿生产管理存在差距，杨顺凯在维修6528W采煤工作面回柱时未安排人员观察顶板或监护，现场人员平行作业的安全距离不符合规定。

3. 河口煤矿现场安全管理不严格，隐患排查治理制度执行不力，未及时消除6528W采煤工作面支柱支设不符合作业规程规定的隐患。

4. 河口煤矿对从业人员安全培训教育不到位，作业人员安全意识不强。

三、责任追究

针对此次事故，6名事故有关责任人被处罚款共12万元。云南省盐津县河口煤矿被给予警告，并被处罚款13万元。

参考资料

1. 云南煤矿安全监察局：盐津县河口煤矿“6·3”顶板事故调查处理情况公布，见 http：//www. ynmj. gov. cn/Pages_191_523. aspx。

2. 盐津县安监局：2012年1—8月份全县安全生产运行情况通报，见 http：//xxgk. yn. gov. cn/canton_model1/newsview. aspx？id = 1964244。

新疆鑫源煤矿采空区塌陷事故

一、事件简介

2012年6月4日9时，位于新疆乌鲁木齐县后峡的乌鲁木齐鑫源煤炭有限公司煤矿（以下简称“鑫源煤矿”）发生一起塌陷事故，一辆运煤车被吞没，车上3人被埋，这起事故造成2人死亡、1人生死不明。

二、事件原因

造成事故的原因是由于连续下雨，加之长期有车辆停在这里，导致塌陷事故发生。

三、事件处理

事故发生后，乌鲁木齐市副市长及乌鲁木齐县相关领导赶到现场指挥救援工作，成立现场指挥部，负责事故救援、善后、原因调查等工作。新疆煤监局东疆分局、自治区救护基地、市公安局消防支队、120救护人员等200多人赶赴现场参与救援和处置，共出动挖掘机2台、铲车6辆、自卸车6辆。

四、补救措施

乌鲁木齐市相关部门向乌鲁木齐县各煤矿下发了通报，简单介绍了事故的情况。同时，为严防类似情况发生，对全县煤矿提出了以下要求：

1. 各矿立即停产，开展安全大检查，要求各矿成立专项检查组，调查、收集和核对矿区范围内废弃老窑、采空区位置、水文地质条件等情况，并将这些情况立即上报相关部门，发现隐患立即采取措施进行处理，隐患未处理完前，严禁恢复生产。

2. 要求各煤矿加强地面厂点安全管理工作，对地面厂点安全防护措施不到位的地方必须立即制定措施进行整改，尤其针对地面煤场装煤平台必须设置防护栏。

3. 要求各煤矿必须对地面现有采空区、塌陷区进行检查，设置围栏、警标，防止人员、牲畜误入。

参考资料

1. 中国安全生产网：新疆鑫源煤矿采空区吞掉运煤车已致两人死亡，见 http：//www. aqsc. cn/101808/101914/241444. html。

2. 国家安监总局：新疆鑫源煤矿有限公司广场地面坍塌，见 http：//media. chinasafety. gov. cn：8090/iSystem/shigumain. jsp。

云南昭通红宣煤矿顶板事故

一、事件简介

2012年6月5日15时，云南温利亨服饰有限公司昭通市昭阳区红宣煤矿 +2150m水平北翼底板岩石运输大巷掘进工作面发生一起顶板事故。事故造成1人死亡，直接经济损失70.83万元。

二、事件原因

直接原因

事故地点巷道围岩层理较发育，作业人员爆破后未对巷道进行支护，冒险在空顶下作业，帮顶岩石脱落。

间接原因

1. 煤矿安全生产责任制落实不到位。煤矿主要负责人未认真督促、检查本单位安全生产工作，隐患排查治理制度落实不到位。

2. 煤矿安全生产技术管理差。作业规程贯彻落实不到位，未认真组织落实2150水平北翼底板岩石运输大巷掘进工作面作业规程，未按作业规程规定的劳动组织循环图表组织掘进施工作业。

3. 煤矿现场安全管理差。2150水平北翼底板岩石运输大巷掘进工作面在事故当班进行出矸作业时，当班带班副矿长等安全生产管理人员未到该作业点进行安全检查，未发现并制止作业人员空顶作业的行为。

4. 煤矿对从业人员安全培训教育不到位。聘用的生产副矿长、机电副矿长尚未参加安全培训并取得安全资格证书；作业人员安全意识淡薄，安全素质不高。

三、事件处理

按照煤矿事故调查处理有关规定，云南煤矿安全监察局昭通监察分局牵头，会同昭阳区有关部门人员依法组成事故调查组，对该事故进行调查。经调查认定，这是一起责任事故。

四、责任追究

经调查认定，这是一起责任事故，处理结果如下：

1. 6名事故相关责任人被依法处以行政处罚，合计罚款13万元。

2. 昭阳区红宣煤矿被依法处以14万元罚款。

参考资料

1. 云南煤矿安全监察局昭通分局：云南温利亨服饰有限公司昭通市昭阳区红宣煤矿“6·5”顶板事故调查处理情况公布，见 http：//www.ynmj.gov.cn/Pages_191_475.aspx。

2. 威信县人民政府办公室转发云南煤矿安全监察局昭通分局关于坚决遏制近期煤矿生产安全事故，见 http：//xxgk.yn.gov.cn/canton_model3/newsview.aspx？id=639164。

贵州遵义煤矿顶板事故

一、事件简介

2012年6月6日6时48分，贵州省遵义县平正乡野彪一号煤矿发生一起较大顶板事故，造成4人死亡，直接经济损失257.93万元。

二、事件原因

直接原因

野彪一号煤矿10503采面2#切眼掘进工作面未及时支护顶板，工人空顶作业，顶板冒落导致事故发生。

间接原因

1. 煤矿技术管理差。在掘进工作面煤层厚度、倾角发生变化后，未及时调整施工方案，加强顶板支护。

2. 煤矿现场安全管理混乱。未严格执行已批准的安全技术措施，循环进度超过规定且未及时支护顶板；在未采取临时支护的情况下，违章指挥工人空顶作业。

3. 思瑞丰公司对安全措施审查把关不严。对10503采面遇地质构造后重新开掘切眼的安全措施未严格审核，批复后也未及时进行监管。

4. 驻矿安监员未认真履行工作职责。发现10503采面2#切眼掘进工作面的安全隐患和违章作业行为后，未汇报，未处置。

三、事件处理

事故发生后，相关领导高度重视，率市县有关部门迅速赶赴现场，指挥救援、处理善后，对下一步工作进行全面部署。

四、责任追究

依据《生产安全事故报告和调查处理条例》第三十七条和《国务院关于预防煤矿生产安全事故的特别规定》第十条的规定，野彪一号煤矿被给予经济处罚；涉及的12名责任人员，煤矿总工程师被移送司法机关依法追究刑事责任，并吊销安全资格证；5名煤矿管理人员分别被给予吊销安全资格证及经济处罚；6名公职人员分别被给予诫勉谈话、警告、记过、记大过、撤职、解聘的处分。

五、补救措施

为深刻吸取事故教训，扎实开展煤矿安全“打非治违”专项行动，全面排查整治煤矿安全隐患，坚决防范和遏制煤矿事故发生，遵义市安委会特提出如下要求：1. 严格落实年产9万吨及以下煤与瓦斯突出矿井停产整顿要求；2. 严格执行规模9万吨/年停建矿井复建验收标准；3. 持续开展煤矿安全生产清剿隐患行动；4. 切实加强煤矿瓦斯防治工作；5. 认真做好煤矿防治水和雨季“三防”工作；6. 立即开展煤矿顶板管理专项整治；7. 深入开展煤矿安全“打非治违”专项行动。

参考资料

1. 贵州省安全生产监督管理局、贵州煤矿安全监察局：遵义县平正乡野彪一号煤矿“6·6”较大顶板事故调查处理情况的公告，见 http：//www.gzaj.gov.cn/xxzx/gwgg/gg/64044.shtml。

2. 遵义市安全生产监督管理局：市安委办关于遵义县平正乡野彪一号煤矿“6·6”较大顶板事故的通报，见 http：//ajj.zunyi.gov.cn/ch598/ch8625/ch8605/2012/06/07/content_2011357698.shtml。

3. 凤凰网：贵州遵义县一煤矿发生事故，31人升井4人遇难，见 http：//finance.ifeng.com/stock/roll/20120607/6575783.shtml。

甘肃黑刺沟锑矿探矿点雪崩事故

一、事件简介

2012年6月5日，甘肃省肃北蒙古族自治县黑刺沟锑矿附近发生雪崩，造成10人死亡。此次雪崩事件的12名幸存人员中，有10人经过肃北县医院治疗后出院休养，另外2人转至敦煌市医院救治，无生命危险。

二、事件原因

肃北县金泽矿业公司黑刺沟锑矿位于距离肃北县城约180km的盐池湾地区，海拔约4300m，交通不便，通讯不畅。2012年6月4日16时起，肃北县境内发生强降雨，至5日15时，党城湾镇累计降雨量为102.1mm，黑刺沟锑矿降雪量达到500mm以上。

三、事件处理

甘肃省肃北县人民政府接到金泽矿业有限责任公司事故报告后，及时启动《地质灾害突发事故应急救援预案》，启动一级应急响应，成立由肃北县长任组长，公安、交通、国土、安监、卫生、电信、武警、消防等相关部门为成员的救援领导小组，同时成立“肃北县6·5特大洪灾抗灾抢险指挥部”，负责协调应急物资调动、通讯联络、信息发布等后续应急工作。

参考资料

1. 人民网：甘肃肃北黑刺沟锑矿探矿点发生雪崩造成3死7失踪，见http：//energy. people. com. cn/GB/18093819. html。

2. 广东省人民政府应急管理办公室：甘肃省肃北县一锑矿探矿点发生雪崩，见http：//www. gdemo. gov. cn/yjdt/gnyjdt/201206/t20120607_162199. htm。

3. 百度百科：6.5甘肃肃北县一探矿点雪崩事故，见http：//baike. baidu. com/view/8753855. htm。

云南威信电厂“6·8”垮塌事故

一、事件简介

2012年6月8日11时25分，云南省威信县麟凤镇煤电一体化项目一期电厂2号冷却塔发生脚手架垮塌事故。事故造成7人遇难、1人受伤。

二、事件原因

这起事故系湖南火电建设公司承建的冷却塔施工结束后，拆除脚手架时发生的事故。

三、事件处理

事故发生后，威信县及时启动了应急预案。威信县县长带领安监、卫生、公安、消防等部门人员赶到事故现场，在事故现场成立了指挥部，设立施救、医疗救护、后勤保障、事故调查等六个小组，全力以赴开展救援工作。

四、责任追究

施工单位责任人被公安机关控制。

五、补救措施

针对“6·8”事故暴露的突出问题，云南全省组织开展重点建设工程项目安全生产大检查，全面、严格、认真、细致地排查检查区域内各重点建设工程项目。能源、水利、工业、铁路、公路、城市轨道交通等建设工程项目，特别是对国家重点建设工程项目、省级重点投资开发项目进行了全面检查。

依据有关法规并经协商，每名遇难者的家属获得赔偿603204元。

参考资料

1. 人民网：云南省通报威信垮塌事故，全面检查全省重点项目，见http：//yn. people. com. cn/news/yunnan/n/2012/0617/c228496－17153005. html。

2. 新华网：云南威信发生一起安全生产事故7人遇难1人受伤，见http：//yn. xinhuanet. com/newscenter/2012－06/09/c_131641155. htm。

3. 中国安全生产网：云南省安委办通报威信7人死亡垮塌事故，见http：//www. aqsc. cn/101806/101960/243361. html。

4. 新浪新闻：云南威信垮塌事故遇难者家属每人获赔60万，见http：//news. sina. com. cn/c/2012－06－09/150724564836. shtml。

云南绥江县来富煤矿“6·10”其他事故

一、事件简介

2012年6月10日0时30分，绥江县来富煤矿发生一起其他事故，造成1人死亡，直接经济损失102万元。

二、事故原因

直接原因

1. 三号溜煤巷内有淋水，距下口10m处积煤较多。

2. 杨家卫冒险进入被煤堵塞的溜煤巷内进行扒煤作业，堆积的煤炭大量冲下导致事故发生。

间接原因

1. 煤矿技术管理有差距。三号溜煤巷处理堵塞未制定安全措施；溜煤巷内有淋水，未采取封堵疏干措施。

2. 煤矿现场安全管理有差距。煤矿管理人员未及时制止作业人员从下口进入溜煤巷处理堵塞的违章行为。

3. 煤矿隐患排查治理制度不落实。对三号溜煤巷防止煤炭堵塞设施不齐等事故隐患未及时处理。

4. 煤矿对从业人员进行安全教育培训工作不到位，从业人员安全意识淡薄，安全操作技能较差。

三、责任追究

1. 对5名事故有关责任者共处罚款10.5万元。

2. 对绥江县来富煤矿处12万元罚款。

参考资料

1. 云南煤矿安全监察局：绥江县来富煤矿“6·10”其他事故调查处理情况公布，见http：//www. ynmj. gov. cn/Pages_191_519. aspx。

四川金川“6·12”泥石流地质灾害

一、事件简介

2012年6月12日，四川省阿坝州金川县集沐乡业隆村一私人采石场工棚遭泥石流侵袭，造成6人死亡。

二、事件原因

经初步调查，由于连降暴雨，造成山体滑坡，引发泥石流。

三、事件处理

阿坝州人民政府副州长率州级相关部门赶到现场指挥救援工作。

四、补救措施

接到报告后，四川省金川县委、县政府高度重视，及时赶赴现场核查灾情。金川县县长带领县委办、政府办、救援大队、应急办、安监局、监察局、经信局、公安局、卫生局、国土局等相关单位会同当地干部群众150余人，调运挖掘机2台在现场开展搜救工作。

参考资料

1. 新华网：四川阿坝金川县发生泥石流，电站被埋2人死亡4人失踪，见 http://news.xinhuanet.com/local/2012-06/12/c_112201104.htm。

2. 广东省人民政府应急管理办公室：四川省阿坝州金川县境内发生泥石流造成6人死亡，见 http://www.gdemo.gov.cn/yjdt/gnyjdt/201206/t20120614_162600.htm。

3. 中国新闻网：四川阿坝州金川县境内发生泥石流致6人死亡，见 http://www.chinanews.com/gn/2012/06-13/3960520.shtml。

周口“6·18”花炮厂爆炸事故

一、事件简介

2012年6月18日10时30分，河南省周口市淮阳县鲁台镇东屯花炮厂发生爆炸事故。事故共造成28人死亡、20人受伤。

二、事件原因

直接原因

花炮厂切引工黄春梅在不具备安全生产条件的场所裁切引线时，引起引线燃爆，导致周边的药饼、引线等发生连锁爆炸。

间接原因

淮阳县东屯花炮厂在安全生产许可证过期、停产整改期间，且不具备烟花爆竹生产条件的情况下，非法组织爆竹生产；淮阳县安全监管部门“打非治违”工作措施不力，执法不到位，工作人员失职渎职。周口市安全监管部门指导、协调、监督淮阳县落实烟花爆竹安全监管和组织“打非治违”工作措施不力；鲁台镇党委、政府及淮阳县委、县政府组织“打非治违”联合执法行动措施不力。

三、事件处理

事故发生后，淮阳县安委会召开紧急会议，叫停县域内所有烟花爆竹企业，进行彻底整顿。淮阳县纪检、监察等部门介入调查事故。

四、责任追究

1. 事故发生后，周口市委、市政府迅速启动先行问责机制，淮阳县县长胡某、常务副县长雷某、分管副县长张某被停职，淮阳县安监局局长范某等领导被免职。有关责任人员被依法、依纪严肃追究。

2. 鲁台镇东屯花炮厂的安全生产许可证被依法注销，张某的企业主要负责人安全资格证被依法注销，鲁台镇东屯花炮厂被依法关闭。

五、补救措施

事故发生后，河南省政府提出以下要求：

1. 周口市政府要在全市范围内深入组织开展“打非治违”专项治理行动；

2. 全省各级有关部门要切实依法规范企业的安全生产行为，切实落实企业安全生产主体责任；

3. 全省各级政府及其有关部门要严肃查处谎报、瞒报事故行为；

4. 各级政府及部门要加强对证照过期、停产改造企业的安全生产监督管理力度。

参考资料

1. 中国日报网：河南省周口市“6·18”花炮厂爆炸事故造成28人死亡，见 http://www.chinadaily.com.cn/hqgj/jryw/2012-08-30/content_6868151.html。

2. 大河网：淮阳花炮厂爆炸事故原因已查明，工人违规操作所致，见 http://news.dahe.cn/2012/06-20/101350029.html。

3. 百度百科：6.18河南淮阳县一花炮厂爆炸事故，见 http://baike.baidu.com/link? url=lNe4wGc_TrICJnD550wqWnzf-9TnSr0UWRNBbQIVVFLE-yTed0nXDAri2R7LqGhNU0BMv_eZ6GBcVjkWuvLL8K#3。

4. 河南省安全生产网：周口淮阳“6·18”重大烟花爆竹爆炸事故调查及有关责任人处理情况，见 http://www.hnsaqscw.gov.cn/sitegroup/root/html/40288177343d8543013455e88bb617b6/20130613110895262.html。

沈海高速翻车事故

一、事件简介

2012年6月20日2时，沈海高速A道1908

福建省宁德市霞浦县境内一下坡左转弯路段，厦门市舫阳汽车运输有限公司由江苏无锡驶往福建厦门的双层卧铺客车（闽DY5719，核载45人、实载45人）翻坠入道路右侧36米深的山谷中，导致17人死亡，28人受伤（其中危重伤员3人）。

二、事件原因

这起特大交通事故被认定为是一起单方责任事故。责任在驾驶员和承运公司一方。事故的发生与驾驶人在雨天和下坡转弯路段没有降低车速、未保持安全行车速度有关。驾驶员在躲避车辆时，急打方向，措施不当造成了事故的发生。同时，事故暴露出道路安全隐患整治不到位、超长途汽车客运安全隐患重重、客运企业源头管理缺位等深层次问题。

三、事件处理

事故发生后，福建省宁德市长、副市长等前往现场指挥营救。宁德市公安、消防、边防、交警、路政、医疗救护等部门展开救援行动。公安部会同国家安监总局、交通运输部成立联合工作组赶赴现场指导事故调查和处理工作。

参考资料

1. 宁德网：沈海高速霞浦段发生死亡17人的重大交通事故，见http：//www. ndwww. cn/news/ndxw/201206/262663. htm。

2. 中国政府网：福建宁德“6·20”特大道路交通事故调查，见http：//www. chinadaily. com. cn/hqsj/shbt/2012-06-27/content_6290149. html。

3. 国家安监总局网：沈海高速一辆大巴车发生翻车事故造成17人死亡，见http：//www. chinasafety. gov. cn/newpage/Contents/Channel_4314/2012/0620/172314/content_172314. htm。

云南保隆煤矿“6·23”顶板事故

一、事件简介

2012年6月23日10时50分，盐津县保隆煤矿发生一起顶板事故，造成1人死亡，直接经济损失93.68万元。

二、事件原因

直接原因

1.1302主运输巷维修点顶板离层。

2. 胡世民未严格执行敲帮问顶制度，顶板活矸垮落导致事故发生。

间接原因

1. 保隆煤矿未认真落实企业安全生产主体责任，安全生产责任制落实有差距。

2. 保隆煤矿现场安全管理不严格，隐患排查治理制度执行不力，督促实施安全生产规章制度不严格，未及时消除1302主运输巷维修点存在顶板离层和存在活矸的隐患。

3. 保隆煤矿技术管理存在差距，维修1302主运输巷时未针对作业点实际情况编制专门的安全技术措施。

4. 保隆煤矿对从业人员安全培训教育不到位，作业人员安全意识不强。

三、责任追究

1. 对5名事故有关责任者共处罚款10万元罚款。

2. 对盐津县保隆煤矿处14万元罚款。

参考资料

1. 云南煤矿安全监察局：盐津县保隆煤矿“6·23”顶板事故调查处理情况公布，见http：//www. ynmj. gov. cn/Pages_191_522. aspx。

2. 云南省政府信息公开门户网站：盐津县2012年安全生产情况，见http：//xxgk. yn. gov. cn/newsview. aspx？id=2176449。

“6·24”川滇交界地震

一、事件简介

2012年6月24日15时59分，云南省丽江市宁蒗彝族自治县、四川省凉山彝族自治州盐源县交界发生5.7级地震。地震造成两省7.1万人受灾，4人死亡，22人重伤，130余人轻伤，紧急转移安置2.2万人。

二、事件原因

2012年6月24日15时59分，云南省丽江市宁蒗彝族自治县、四川省凉山彝族自治州盐源县交界发生5.7级地震。

三、事件处理

1. 事故发生后，中国地震局立即启动四级响应，并对应急处置工作做出部署，一是要求云南省地震局和四川省地震局立即派出现场工作队赶赴灾区开展应急处置工作；二是要求中国地震台网中心、云南省地震局、四川省地震局立即组织会商分析研判震情形势；三是要求立即了解灾情，并协助当地政府做好应急处置等工作。

2. 地震发生后，云南省地震局第一时间启动应急预案，就近从滇西地震预报实验场派出一个工作组，先行赶赴灾区。云南省地震局也组成工作队，携带仪器赶赴灾区，开展地震监视、灾情损失评估、防震减灾宣传等工作。

3. 灾情发生后，各级相关部门全力展开救灾抢险工作。各级民政部门向灾区调拨1100顶帐篷、3000床棉被、2000件大衣等救灾物资用于受灾群众紧急安置。

参考资料

1. 百度百科："6·24"川滇交界地震，见 http：//www. baidu. com/s？ ie = utf - 8&bs = % E6% BB% 87% E5% B7% 9D% E4% BA% A4% E7% 95% 8C% E5% 9C% B0% E9% 9C% 87&f = 8&rsv_ bp = 1&rsv_ spt = 3&wd = http% 3A% 2F% 2Fbaike. baidu. com% 2Fview% 2F8858098. htm&rsv_ sug3 = 3&rsv_ sug4 = 221&inputT = 5640。

2. 新浪网：滇川交界发生 5.7 级地震，见 http：//news. sina. com. cn/c/2012 - 06 - 25/080124650492. shtml。

3. 中新网云南频道：滇川交界发生 5.7 级地震，见 http：//www. yn. chinanews. com/pub/html/special/nldz/。

广东沙溪镇群体性聚集事件

一、事件简介

2012 年 6 月 25 日 18 时，广东中山市沙溪一小学生被一社会少年殴打，警方接报后赶到现场处置，期间双方发生撕扯，致其脸部受伤。该少年亲友到场后情绪激动，聚集在龙山村委会。当日 22 时许，聚集与围观人员增至 300 人左右。警方到场控制事态，2012 年 6 月 26 日 3 时许聚集与围观人员陆续散去。

二、事件原因

广东中山市沙溪镇中心小学一小学生（13 岁，中山市沙溪镇龙山村籍）在学校门前被一社会少年（15 岁，重庆籍，辍学）殴打。两名村民上前劝止，控制过程中，双方发生撕扯，村民遂将社会少年捆绑，并致其脸部受伤。该社会少年约 30 名亲友到场后情绪激动，并聚集在龙山村委会理论。

三、事件处理

事件发生后，中山市党政主要领导高度重视，市委书记、市人大常委会主任，市委副书记、市长第一时间迅速指挥部署事件处置工作，要求有关部门公正、透明、依法果断处置，及时化解矛盾，防止事态扩大，做好稳控工作。经中山市领导与当地党委政府、市相关部门妥善调处，受到轻伤的有关人员及时得到治疗，无重伤人员。

参考资料

1. 凤凰网：广东中山发生一起重庆等地外来人员聚集事件，见 http：//news. ifeng. com/mainland/detail_2012_06/26/15574361_0. shtml？ _from_ ralated。

2. 百度百科："6·25"沙溪镇群体性聚集事件，见 http：//baike. baidu. com/link？ url = be_t43eFoRPkoH7dn9EU0EJwplu6YKVQiv2m2M94hQKAJGYA2PZPZNrVDONDUDqv8qE7PjsVfCqi4Ju4Dx0R7a。

3. 中国公共危机知识案例库网：广东中山沙溪镇群体性聚集事件，见 http：//ccm. lzu. edu. cn/caseShow. jsp？ caseID = 847#box_2。

广州"6·29"道路交通事故

一、事件简介

2012 年 6 月 29 日 4 时，广东省广州市黄埔区沿江高速开发大道与广园快速交汇处发生一辆货车追尾与油罐车相撞事故，造成油罐车泄漏。泄漏的溶剂油约 41 吨，沿高速公路路面（斜坡路段）自西向东流淌，经高速公路 10 个排水口的排水管，流至高架桥下方及周边地区，溶剂油挥发的可燃气体与空气混合形成爆炸性混合气体，遇过往机动车产生的火花引发连环爆轰，并引起广深沿江高速公路夏港高架桥下及周边的货物堆场、工棚等建、构筑物燃烧，导致重大人员伤亡。事故造成 20 人死亡，31 人受伤。

二、事件原因

造成此次事故发生的直接原因是：驾驶湘 B83393（湘 B3425 挂）的驾驶员在广深沿江高速公路（5km + 300m 处）违法停车，驾驶湘 L66215 的驾驶员，未注意观察前方，未采取任何避让措施，追尾碰撞湘 B83393（湘 B3425 挂），造成湘 B83393（湘 B3425 挂）装载的 54.22 吨溶剂油泄漏。

三、事件处理

广州"6·29"道路交通事故是一起由货运车辆与危运车辆追尾相撞造成溶剂油泄漏引发爆燃，导致人员伤亡的重大责任事故。事故发生后，国务院及广东省委、省政府领导高度重视，针对事故作出重要批示，要求千方百计抢救伤员，竭尽全力防止次生事故，并做好善后工作，吸取教训，查找原因，严肃处理，通报全省引以为鉴，防范类似事故发生。

四、补救措施

事故发生后，国务院领导同志高度重视并作出重要批示，要求做好各项善后工作，查明事故原因和责任，依法处置，通报各地、各有关方面吸取教训，进一步加强安全生产工作，有效防范和坚决遏制重大事故的发生：

1. 全力推进"打非治违"专项行动。各地区、各有关部门要深入贯彻落实《国务院办公厅关于集中开展安全生产领域"打非治违"专项行动的通知》（国办发明电［2012］10 号）要求，进一步统一思想、提高认识，严格标准、联合执法，针对“打非治违”专项行动第一阶段暴露出的突出问题，深入开展第二阶段各项工作，严格落实“四个一律”，采取更加有力的打击和治理措施。要加强监督检查，掌握正反两个方面的典型，对非法违法、违规违章严重的地方和单位，要跟踪指导、深入解剖，发现规律、掌握特点；对各地区在“打非治违”工作中创造的好做法、好经验、好机制等，要及时总结、宣传和推广，促进安全生产形势持续稳定好转，为党的十八大胜利召开创造良好稳定的安全生产环境。

2. 加大对货运车辆及货运驾驶人的监管力度。各地区、各有关部门要积极培育集约化、网络化经营的货运龙头企业，并督促货运企业严格落实安全生产主体责任，建立健全安全生产责任制，加大对驾驶人和车辆的安全管理力度。重型载货汽车和半挂牵引车应当在出厂前安装卫星定位装置，并接入道路货运车辆公共监管与服务平台。要着力提高驾驶人培训标准和考试难度，增加复杂路况、恶劣天气、突发情况应对处置技能的培训和考试内容，对大中型货运车辆驾驶人施行夜间驾驶考试。要建立驾驶人从业、交通违法、交通事故等信息共享机制，设立驾驶人“黑名单”信息库，加强对长期在本地经营的异地货运车辆和驾驶人的安全管理。

3. 实施更加严格的危险化学品运输监管措施。各地区、各有关部门要严格危险化学品运输单位的资质管理，严禁危险化学品运输车辆挂靠经营，督促其认真履行承运人的义务和职责，建立健全安全管理制度，加强驾驶人、押运人员的安全教育，增强遵章守纪意识，提高应急处置能力。要充分利用危险化学品运输车辆动态监管系统，加强对危险化学品运输车辆的实时动态监控，严禁危险化学品运输车辆在高速公路违规停车。对于安全意识薄弱、违规驾驶、超速行驶的驾驶人，要督促其再学习、接受再教育。各危险化学品运输企业要根据危险化学品的危险特性采取相应的安全防护措施，并在车辆上配备必要的防护用品和应急救援器材，进一步完善应急预案，有针对性地开展不同条件下的应急预案演练活动。各地接到事故报告后，要立即启动应急预案，及时了解事故涉及危险化学品的应急处置方法和注意事项，防止引发次生事故。

4. 严厉打击高速公路建筑控制区内违法修建建筑物、构筑物等非法违法行为。各地区、各有关部门要严格执行《公路安全保护条例》（国务院令第593号）有关规定，结合正在开展的“打非治违”专项行动，严厉打击高速公路建筑控制区内违法修建建筑物、构筑物等非法违法行为。要对辖区内高速公路建筑控制区内的建筑物、构筑物情况进行深入细致的排查摸底，并逐一制定整治方案，确定整治期限，确保取得实效。对于高速公路建筑控制区划定前已经合法修建的要登记建档，并加强监督检查，不得扩建；对于违法修建的，要依法责令拆除。

5. 深入排查消防火灾隐患。各地区、各有关部门要按照《国务院关于加强和改进消防工作的意见》（国发［2011］46号）要求，加大火灾隐患排查整治力度，立即组织开展易燃易爆单位、城乡接合部、集生产储存居住为一体的“三合一”场所、“城中村”、“棚户区”等薄弱环节的消防安全治理。对存在影响公共消防安全的区域性火灾隐患，当地政府要制定并组织实施整治工作规划，及时督促消除火灾隐患；对存在重大消防安全隐患的单位和场所，要督促采取改造、搬迁、停产、停用等措施加以整改。

6. 严肃事故查处和问责。各地区、各有关部门要严格按照《生产安全事故报告和调查处理条例》（国务院令第493号）等法律法规规定，坚持“四不放过”和“科学严谨、依法依规、实事求是、注重实效”的原则，认真组织开展事故调查，依法依规严肃处理有关责任单位和责任人，及时向社会公布调查处理结果。同时，要加大对重特大事故整改措施落实情况的监督检查力度，督促有关地方、部门和企业认真吸取事故教训，举一反三，深入持久、全面彻底地排查治理各类安全隐患，切实用事故教训推动安全生产工作。

参考资料

1. 国家安监总局网：广东省广州市黄埔区发生一起道路交通事故造成20人死，见 http://www.chinasafety.gov.cn/newpage/Contents/Channel_5542/2012/0629/172805/content_172805.htm。

2. 广东省人民政府应急管理办公室网站：关于广东市“6·29”重大伤亡事故的通报，见 http://www.gdemo.gov.cn/zwxx/zcfg/gdzcwj/bmwj/201207/t20120703_163608.htm。

3. 广东省人民政府应急管理办公室网站：国务院安委会办公室关于广东省广州市“6·29”重大事故情况的通报，见 http://www.gdemo.gov.cn/zwxx/zcfg/gjzcwj/gjbmwj/201207/t20120702_163534.htm。

4. 新华网：广东致20死撞车爆燃事故原因查明：违法停车引起，见 http://news.sina.com.cn/c/2012-07-13/083624767546.shtm。

天津蓟县“6·30”重大火灾事故

一、事件简介

2012年6月30日15时40分，天津市蓟县城区中昌北路东侧的莱德商厦发生火灾，造成10人死亡、16人轻伤，直接经济损失4926亿元。

二、事件原因

调查认定，事故的直接原因是，莱德商厦一层东南角中转库房内空调电源线未穿金属管保护，其导线电弧持续作用，导致线路异常升温及相间绝缘性能下降，发生相间电弧性短路，引燃了周围可燃物。间接原因是莱德商厦领导层、蓟县消防支队（原公安蓟县消防大队）、蓟县公安局、蓟县商务委、渔阳镇政府、蓟县青少年宫（莱德商厦五楼出租方）、天津电力公司蓟县分公司（原天津蓟县供电局）、蓟县政府未能切实有效落实各自消防安全职责。

三、责任追究

天津市政府认定蓟县莱德商厦2012年“6·30”重大火灾事故，是一起责任事故，依法依纪对19名事故责任人和4个事故责任单位作出了严肃处理。其中8人被移送司法机关追究刑事责任，9人被给予行政处分。

四、补救措施

为认真贯彻落实国务院领导同志重要批示精神，吸取事故教训，采取切实有效的防范措施，进一步加强消防安全工作，坚决遏制重特大火灾事故的发生，国家安全委员会提出以下要求：

1. 大力推进消防安全专项整治，确保“打非治违”专项行动取得实效，各地区、各有关部门要深入贯彻落实《国务院办公厅关于集中开展安全生产领域“打非治违”专项行动的通知》（国办发明电［2012］10号）要求，认真分析研判消防安全形势，按照消防安全“打非治违”专项行动方案的具体部署，在巩固前一阶段“清剿火患”战役成果的基础上，认真打好“党的十八大消防安全保卫战”。要以人员密集场所、高层地下建筑、建设工程施工工地和“三合一”、“多合一”场所为重点，集中开展消防安全专项整治。要严格落实“四个一律”的要求，采取更加有力的打击和治理措施，严格依法查处未经消防安全设计，未申报消防安全竣工验收，开业前未开展消防安全检查，以及堵塞消防疏散通道和安全出口、采用易燃可燃材料装修、私拉乱接电气线路、关闭火灾自动报警系统等各类消防违法违规行为，坚决整改和消除火灾隐患。

2. 切实加强安全监管，全面落实消防安全主体责任。各地区、各有关部门要按照《国务院关于加强和改进消防工作的意见》（国发［2011］46号）要求，依法履行消防安全管理和监督职责，督促相关生产经营单位全面落实消防安全主体责任，严格执行消防安全法律法规，强化消防安全管理措施，保障必要的消防投入，提高消防安全管理水平。要根据近期中央社会管理综合治理委员会办公室、公安部、国家安全监管总局等五部门《关于街道乡镇推行消防安全网格化管理的指导意见》（公通字［2012］28号）要求，建立健全街道、乡镇消防安全组织，落实基层消防工作责任，在街道、乡镇全面推行消防安全网格化管理，构建“全覆盖、无盲区”的消防管理网络。

3. 深入开展消防安全宣传教育培训，不断提高社会公众的消防安全意识和技能。各地区、各有关部门要认真贯彻落实公安部、国家安全监管总局等八部门印发的《全民消防安全宣传教育纲要（2011－2015）》的各项要求，结合社会消防安全“防火墙”建设，着力提高从业人员消防安全“四个能力”。特别是要重点督促商场、市场等人员密集场所和消防安全基础相对薄弱的生产经营单位加强消防安全教育培训，定期开展灭火疏散应急预案演练。要充分利用广播、电视、报纸、互联网等媒体，宣传普及火灾预防、初起火灾扑救以及逃生自救常识，不断提高社会公众尤其是生产经营单位从业人员的消防安全意识和技能。

参考资料

1. 人民网：天津蓟县“6·30”重大火灾责任事故处理结果公布，见 http：//www.022net.com/2013/4－12/415025222522382.html。

2. 国家安监总局：国务院安委会办公室关于天津市蓟县莱德商厦“6·30”重大火灾事故情况的通报，见 http：//www.chinasafety.gov.cn/newpage/Contents/Channel_4977/2012/0713/173427/content_173427.htm。

湖南茄莉冲煤矿“7·4”透水事故

一、事件简介

2012年7月4日18时，湖南耒阳三都镇茄莉冲煤矿发生透水事故，此次事故共造成6人死亡、10人受伤。

二、事件原因

事件原因主要是：事故矿井违规组织生产，缺乏防治水措施，超深越界盗采其他煤矿资源。

三、事件处理

事故发生后，湖南耒阳市政府在上级领导和专家的直接领导和指导下，全力以赴，按照科学施救、确保安全的前提下，组织了衡阳市、耒阳市等6支专业救护队伍90余人携带气体检测仪、测距仪、生命探测仪专业设备，以及各类救援力量1000余人全力展开救援。

四、责任追究

事故发生后，湖南省政府派驻调查组入驻耒阳市并召开事故调查工作会议，对茄莉冲新井矿“7·4”水害事故从技术、监管、业主等层面进行全面、彻底、客观、公正的调查。调查组认定这起事故是一起明显的责任事故，茄莉冲煤矿存在明显的违法行为。事故发生后，茄莉冲煤矿未及时向耒阳市政府有关部门报告，瞒报事故，延误了救援时间；驻矿盯守人员责任不落实，没有及时查处和汇报该矿的生产情况。这些行为充分暴露出茄莉冲煤矿安全责任不落实，安全管理不到位，监管存在严重漏洞和突出问题。

五、补救措施

湖南省煤监局相关领导要求，各煤矿要按照“科学严谨、依法依规、实事求是、注重实效；事故原因要水落石出、责任追究要切肤之痛、整改措施要举一反三”原则，开展工作。认真学习贯彻国务院、国家安监总局、湖南省委省政府领导的重要批示、指示精神，充分认识事故的严重性，切实增强做好事故调查工作的责任感。按照湖南省政府要求，比照重大事故组织调查处理，从事故的严肃性、耒阳煤矿安全整治的形势对事故原因进行严查，促进耒阳煤炭产业整治整合，真正实现安全发展。为了吸取事故教训，湖南省耒阳市委有关领导要求，各相关部门要坚决落实停产整顿措施，按照“不整合、不生产、不安全、不生产”的要求，实施休克疗法，强化监管盯守到位，对于擅离职守的一律实行提前问责。认真吸取事故教训，以铁的手腕推动兼并重组，坚决兑现“以整治整合的效果来使用干部、评价干部”，对于工作不作为要实施严格的问责。落实责任追究，通过明察暗访，强化事前追责，一旦发现擅离职守、该管的不管、为违法生产充当保护伞等情况一律提前追责。通过这个事故的教训，耒阳市进行了安全教育，举一反三，全面落实安全责任。

参考资料

1. 国家安全生产监督管理总局：湖南省衡阳市耒阳市三都镇茄莉冲新井煤矿透水事故，见 http：//media. chinasafety. gov. cn：8090/iSystem/shigumain. jsp。

2. 新浪网：湖南耒阳16人被困煤矿透水事故未及时上报，见 http：//news. sina. com. cn/c/2012－07－05/181024719701. shtml。

3. 京报网：耒阳透水事故8人获救4人遇难仍有4人被困，见 http：//www. bjd. com. cn/jryw/201207/19/t20120719_2593064. html。

湖南涟源“7·8”煤矿事故

一、事件简介

2012年7月8日6时48分，湖南省涟源市安平镇湘中煤矿发生一起煤与瓦斯突出事故，造成7名井下作业人员遇难，39人成功升井。

二、事件原因

井下作业人员在施钻过程中诱导煤与瓦斯突出。

三、事件处理

事故发生后，湖南娄底、涟源两级党委、政府高度重视，娄底市委书记做出批示，要求相关部门紧急救援，做好遇难人员善后工作。娄底市分管副市长迅速调度娄底、涟源两级煤炭、安监及娄底煤安监等部门主要负责人第一时间赶赴现场开展救援。涟源市成立了由涟源市人民政府市长任指挥长的湘中煤矿“7·8”事故救援指挥部。

参考资料

1. 国家安全生产监督管理总局：湖南涟源“7·8”煤矿事故，见 http：//media. chinasafety. gov. cn：8090/iSystem/shigumain. jsp。

2. 《湖南日报》数字报刊：涟源一煤矿发生瓦斯突出事故致7人死亡，见 http：//epaper. voc. com. cn/hnrb/html/2012－07/09/content_526511. htm？div＝－1。

3. 娄底新闻：涟源安平镇湘中煤矿发生矿难，见 http：//ld. voc. com. cn/www/21/2012－07/27799. html。

广东从化“7·8”交通事故

一、事件简介

2012年7月8日9时，广东省广州市从化市鳌头镇106国道2425km鳌头镇黄茅村路段，两辆小汽车发生碰撞，造成5人当场死亡、4人受伤（其中2人重伤）。

二、事件原因

事发路段通行状况恶劣是事故原因之一。106国道花都梯面至从化鳌头镇近14km路段存在道路狭窄、超载严重、超速行驶等情形，交通事故频发，周边村民称其为“杀手路”。当事司机杨某为避让车道上的大坑被后面车辆追尾，导致杨某驾驶的车辆失去平衡，与一辆迎面而来的小货车相撞。

三、事件处理

事故发生后，广东省从化市主要领导第一时间到现场指挥，协调相关部门负责人采取有力措施，全力救治伤员，及时疏导交通。并召开事故善后处理工作会议，成立事故处理领导小组及各项专责小组，跟踪做好善后处理工作。广东省公安厅交管局、广州市交警支队的领导也赶赴现场指导事故处理工作。广东省从化市主要领导到医院看望伤者，表示要用最好的设备、最好的技术、最好的专家，不惜一切代价全力救治伤员。

参考资料

1. 国家安全生产监督管理总局：广东从化“7·8”交通事故，见 http://media. chinasafety. gov. cn：8090/iSystem/shigumain. jsp。

2. 广东省公安厅：两车广州从化相撞导致5死4伤，见 http://www. gdga. gov. cn/jwzx/gdjx/gzsj/201207/t20120710_594231. html。

3. 中国经济网：106国道14公里“杀手路”待整治，见 http://www. ce. cn/xwzx/fazhi/201207/18/t20120718_23502161. shtml。

山西西辛庄自建房坍塌事故

一、事件简介

2012年7月10日11时，山西省朔州市朔城区贾庄乡西辛庄村在村民李某自建住宅房（旧房翻新）时发生意外坍塌事故，造成在室内抹灰的8人死亡、4人受伤。

二、事件原因

山西省朔州市人民政府办公厅认定事故原因为：村民缺乏基本的安全常识、村委会未能发挥应有的安全监管职责，致使自建房意外坍塌事故发生。

三、事件处理

事故发生后，山西省委、省政府对“7·10”意外坍塌事故高度重视并指出：朔州市要高度重视，抓紧时间救治伤者，妥善处理善后事宜；民房翻新造成如此重大伤亡，实属不应该，要认真总结教训。山西省朔州市委市政府有关领导第一时间带领公安、消防、武警、住建、安监、卫生和朔城区委、区政府等有关部门负责人以及抢险救援人员赶赴现场，及时组织抢险救援工作，被压人员全部搜救出来，其中4人脱险，8人抢救无效死亡。

四、补救措施

为深刻吸取这次事故教训，举一反三，认真贯彻落实山西省委、省政府主要领导的批示，落实朔州市政府安委会紧急会议精神，杜绝重大事故的发生，切实做好全市安全工作，朔州市提出如下要求：

1. 深刻吸取事故教训，立即开展对农村危房、在建房专项检查。各级乡（镇）政府、街道办要对所辖村镇、街道等居民住房、在建房进行全面排查，乡镇、街道办的党政一把手要亲自带队组织村委会、居委会逐家逐户进行排查，重点要排查危房、违章建筑、村民自建房的设计、施工安全等，排查村民是否居住在危房内，排查在建或翻新的房屋设计、工程质量是否安全可靠，是否存在安全隐患，一经发现村民居住在危房内，乡（镇）政府要采取措施，筹集资金千方百计帮助村民搬出危房；发现在建房屋存在安全隐患要责令立即停止建设，发现违章建筑要严厉打击，坚决消除安全隐患，防止村民房屋倒塌事故再次发生。

2. 在朔州市范围内开展安全生产领域百日安全大检查。朔州市各县区人民政府、市直各有关部门要认真贯彻落实2012年7月10日山西省委、省政府主要领导重要批示和讲话精神，立即开展百日安全生产大检查。各级、各部门要结合各自的实际，制定具体检查方案。主要领导要亲自挂帅，组织强有力的检查队伍，开展为期百天的安全生产隐患大检查、大整改，排查要建立工作日志，查出的隐患要建立隐患治理台账，落实整改时限、整改资金、整改责任人和整改措施，不能搞形式、走过场；对查出的重大隐患要挂牌督办，一时不能治理和消除的要坚决停止生产和建设。特别是要对山西省检查中发现的问题和挂牌督办隐患进行重点督办，凡不积极整改的要追究有关企业、部门和政府的领导责任。这次百日安全大检查，要结合安全生产专项整治内容，突出重点、逐一进行排查。市安委办要做好组织协调、督导检查、汇总、通报等工作，这次大检查要作为下半年安全工作考核的重要内容进行考核。

3. 保持“打非治违”高压态势，严厉打击非法违法生产行为。朔州市各级政府、各有关部门要认真贯彻落实2012年4月17日全国“打非治违”电视电话会议精神，始终保持高压态势，一是按照“四个一律”要求，严厉打击无证无照，证照不全，关闭取缔后又擅自生产建设的非法行为。二是各发证管理部门要加强《生产许可证》《安全生产许可证》等证件管理，对无证和证件过期非法生产经营的要责令停产整顿，给予相应处罚。三是各涉安部门要建立隐患排查台账，及时消除各种违章违法行为。四是各县区要进一步加强安全乡村建设，强化基层基础工作，保证乡村安全监管职能正常运行，及时发现和打击各类非法违法行为。

4. 认真贯彻落实朔州市政府安委会会议精神，圆满完成安全生产各项工作任务。各安委会成员单位及其安全目标责任书签订单位要认真履行好各自的职责，对照目标责任书的考核指标和工作任务，逐条逐项进行落实。认真检查国家、省、市今年下发各类文件的落实和完成情况，提高认识，加大工作力度，力争圆满实现今年安全生产各项任务，创建安全稳定的社会环境，以优异成绩迎接党的十八大召开。

参考资料

1. 朔州市政府信息公开目录：朔州市人民政府办公厅关于对朔城区贾庄乡西辛庄村村民自建房意外坍塌事故的通报，见 http：//www. shuozhou. gov. cn/n16/n53580/n53658/n53756/n55395/n62011/3390837. html。

2. 安全管理网事故通告：山西西辛庄自建房坍塌事故，见 http：//www. safehoo. com/Case/notice/201207/277795. shtml。

3. 朔州新闻网：贾庄乡西辛庄村发生意外坍塌事故，见 http：//shuochengqu. sxsznews. com/html/shizhengyaowen/2012/0710/410. html。

新疆阿勒泰“7·16”交通事故

一、事件简介

2012 年 7 月 16 日 14 时 10 分，新疆阿勒泰地区客运总站运输中心新 H12023 江铃牌全顺中型普通客车（核定载客 12 人，实际载客 16 人，其中有两名免票儿童），沿国道 216 线由北向南行驶至 33km + 500m 处时，与对向行驶的新 H06896 号斯太尔中型自卸货车相撞，造成新 H12023 客车内的 6 人死亡（2 人当场死亡，4 人经抢救无效死亡）、3 人重伤、7 人轻伤，直接经济损失 330 万元。

二、事件原因

直接原因

1. 新 H06896 货车车主张某（该车辆实际由张某之子于某全权管理）对车辆的管理存在严重问题，雇佣无证人员驾驶车辆、车辆未审验（黑车）、保险过期，未及时缴纳保险情况下进行运营，是导致事故发生的直接原因。

2. 新 H06896 号货车驾驶人无证驾驶，超载、违章占道逆行，没有采取有效避让措施，也是导致事故发生的直接原因。

3. 新 H12023 客车驾驶员私自改变客运运输班线线路，超员、在下坡路段超速行驶，且在遇对向来车后，临危采取措施不当，未能有效减速靠右行驶也是导致事故发生的直接原因之一。

间接原因

新疆阿勒泰地区客运总站安全生产管理不严，对所属总站运输中心安全生产统一协调管理不到位，安全生产制度没有落到实处，缺乏有效的安全生产监督检查，对挂靠车辆、客运班车管理不严，驾驶员安全教育不到位，驾驶人员安全意识淡薄，GPS 系统处于瘫痪状态，没有发挥应有的作用等问题失察。

三、事件处理

事故发生后，新疆阿勒泰市人民政府及有关部门组成事故调查组对该起事故进行调查。按照《生产安全事故报告和调查处理条例》（国务院令第 493 号）的有关规定，通过现场勘查、专家鉴定和多方取证，查清了事故发生的经过、原因和性质。

四、责任追究

直接责任

1. 新 H06896 货车车主张某负直接责任，导致事故发生，对社会造成不良影响，造成的损失严重，性质恶劣，被移交司法机关追究刑事责任。

2. 新 H06896 号货车驾驶人在事故发生后，未立即采取救援措施，弃车逃逸，造成的损失严重，对社会影响较为恶劣，已涉嫌犯罪，被移交司法机关追究刑事责任。

3. 新 H12023 客车驾驶员安全驾驶观念不强，致使该车的 6 名乘客死亡、3 人重伤、7 人轻伤，对社会影响较为恶劣，被移交司法机关追究刑事责任。

间接责任

1. 新疆阿勒泰地区客运总站，安全生产管理不严，安全生产统一协调和管理不到位，对客运总站运输中心缺乏有效的安全生产监督检查、客运车辆缺乏有效的监管，对这起事故发生负有安全生产管理责任。依据《中华人民共和国生产安全事故报告和调查处理条例》（国务院令第 493 号）第三十七条第二款之规定，阿勒泰地区客运总站被处以经济处罚 20 万元。

2. 阿勒泰地区客运总站总站长林某，负责总站全盘工作，作为安全生产第一责任人，安全生产管理不严，对所属运输中心安全生产工作检查督促不够，对事故的发生负有领导责任。依据《中华人民共和国生产安全事故报告和调查处理条例》（国务院令第493号）第三十八条第二款之规定，林某被处以经济处罚13568元。

3. 阿勒泰地区客运总站副总站长田某，作为分管安全生产工作的领导，缺乏日常安全生产监督检查，安全培训教育工作不到位，安全生产规章制度督促落实不到位，对这起事故负有安全生产管理责任。依据《中华人民共和国生产安全事故报告和调查处理条例》（国务院令第493号）第三十八条第二款之规定，田某被处以经济处罚12931元。

4. 客运总站运输中心总经理邱某，负责全盘工作，作为安全生产第一责任人，运输中心日常安全生产监管力度不够，未能履行安全生产职责，对这起事故应负领导责任。依据《中华人民共和国生产安全事故报告和调查处理条例》（国务院令第493号）第三十八条第二款之规定，邱某被处以经济处罚12931元。

5. 作为客运总站运输中心副总经理顾某，班线车队队长，主管安全生产，缺乏行之有效的日常安全生产监督检查，对这起事故负有安全生产管理责任。依据《中华人民共和国生产安全事故报告和调查处理条例》（国务院令第493号）第三十八条第二款之规定，建议给予顾某经济处罚10358元。

6. 阿勒泰地区客运总站在本单位人事管理权限内，根据单位有关安全生产管理制度，对其他相关责任人员（本单位和运输中心相关责任人）进行处理，并上报处理结果。

五、补救措施

新疆阿勒泰"7·16"较大道路事故给人民群众生命财产带来很大损失，造成了较大的社会负面影响，教训十分深刻，为了防止此类事故再次发生，实施以下事故防范措施：

1. 阿勒泰市人民政府认真吸取"7·16"事故教训，针对本地交通安全状况进行认真研究，加大道路交通安全监管力度，特别是督促交通运输管理部门认真履行职责，加大对治超工作的力度，建议阿勒泰市人民政府针对目前道路货运情况进行调研，加大对货运和客运车辆超载、超员、超速、疲劳驾驶等严重交通违法行为的治理。

2. 阿勒泰市公安交警部门要继续深化道路交通秩序整顿，全力加强道路交通安全工作。结合近期道路交通事故，认真分析研究发生较大以上道路交通事故的规律，提出对策措施，切实加强道路交通安全管理工作；坚持定点检查与机动巡逻相结合，迅速组织警力加强对重点道路通行秩序的巡逻管控，及时纠正和查处严重超速等交通违法行为，加大对客运、重型货车、半挂牵引车等重点车辆的动态监管。发现客运驾驶员严重违章行为的，抄送交通运管部门和所属企业，并对其进行停驶待岗学习处理，情节严重的取消客运驾驶资格。

3. 阿勒泰市交通运管部门要严格客运车辆安全源头管理，督促客运企业落实安全主体责任。要在客运企业深入开展安全大检查，重点对客运车辆安全技术条件、车辆驾驶人员营运资格进行审查，不符合安全要求的车辆、人员、企业坚决停业整改。督促企业对报废车辆进行动态监控，对公安交警部门抄送的严重违法行为进行认真查处，按要求上限处罚，该扣证的扣证，该取消资质的取消资质。对客运站点进行全面有效的监管，严格落实客运车辆"五不出站"规定。

4. 阿勒泰地区客运总站及运输中心要针对此次事故暴露出来的问题，总结教训，认真落实企业安全生产主体责任，严格遵循安全管理规章制度，在严格执行总站及运输中心当前安全生产管理各项制度的基础上，拿出切实可行的驾驶人员管理办法，进行规范化管理。同时进一步加大安全教育培训力度，提高相关人员综合能力及安全生产意识。不断加大安全生产督查力度和安全隐患排查力度。规范营运客车安全管理系统、GPS车辆监控系统和行驶记录仪的使用和管理，严格执行车辆和驾驶员营运客车安全管理系统检查合格报班制度、GPS车辆监控系统使用管理制度、行驶记录仪数据采集和分析制度，对违规违章行为要立即严肃处理，把事故隐患消灭在萌芽状态，切实做好事故预防工作。

参考资料

1. 国家安全生产监督管理总局：新疆阿勒泰"7·16"交通事故，见 http：//media. chinasafety. gov. cn：8090/iSystem/shigumain. jsp。

2. 阿勒泰地区安全生产信息网：阿勒泰市"7·16"较大道路交通事故调查报告，见 http：//ajj. xjalt. gov. cn/info/1016/2791. htm。

3. 新建·阿勒泰：阿勒泰地区行署办公室关于阿勒泰市"7·16"较大道路交通事故结案的通知，见 http：//zfgjj. xjalt. gov. cn/info/egovinfo/gkxx/xxnry/DD091－5300－2012－00002. htm。

湖南省"7·17"瓦斯突出事故

一、事故简介

2012年7月17日20时55分，湖南省煤业集团嘉禾煤矿蒲溪井22采区2254内切眼工作面发生煤与瓦斯突出事故，造成3人死亡，直接经济损失 235.2 万元。

二、事故原因

直接原因

矿井开采的 5 煤层具有严重的煤与瓦斯突出危险性，2254 内切眼所在区域褶曲发育，煤层变厚，构造应力增大，加大了突出危险性。巷道掘进已靠近区域瓦斯抽放未控制区边缘，作业人员回棚时没有加强当头支护并出煤，造成煤体垮落至煤层未抽放区域，导致煤与瓦斯突出，造成人员伤亡。

间接原因

1. 嘉禾矿业公司浦溪井落实《防治煤与瓦斯突出规定》存在差距。2254 工作面内切眼不按设计施工，擅自改变开门位置。地测部门通知了工作面离抽放盲区的安全距离不足，2254 工作面内切眼仍继续组织施工。遇地质构造变化改向掘进后，工作面掘至离区域抽放边沿钻孔仅 3.6m，安全保护距离严重不足，仍安排回棚。

2. 回棚安全技术措施内容不完善，执行不力。没有制定防止煤体垮落的具体安全措施，没有安排专职瓦斯检查员检查事故工作面瓦斯，当班副队长没有在作业现场监督指导回棚作业。

3. 安全培训教育和应急演练不到位。作业人员在逃生过程中，没有打开随身携带的自救器，经过压风自救袋时也不避险。

4. 安全生产管理存在漏洞。安全生产管理人员在检查 2254 工作面内切眼时，没有深入了解掘进当头的安全保护距离，没有对相关技术资料从严审核把关，提出合理的改进意见。

三、事故处理

事故发生后，报请湖南省人民政府同意，湖南煤矿安全监察局依法成立了省政府调查组，调查组由湖南煤监局、省监察厅、省公安厅、省安监局、省总工会、省煤炭局、省国资委，以及邀请省人民检察院派员组成。

2012 年 8 月 1 日，调查组召开了第一次调查工作会议，省局总工程师周革忠同志出席会议并作重要讲话，对调查工作提出了具体要求。

2012 年 8 月 6 日，调查组在现场召开了调查情况通报会，副局长丁国强同志出席会议并作重要讲话，结合事故调查情况，对湘煤集团、资兴管理局、嘉禾公司在举一反三吸取事故教训、落实停产整顿指令、落实两个《规定》（《防治煤与瓦斯突出规定》《煤矿瓦斯抽采达标暂行规定》）等方面提出了具体要求。

四、责任追究

国家安全监管总局和国家煤矿安监局表示，迟报、瞒报事故反映出部分矿主及相关人员无视国家法律法规、无视矿工生命安全，性质恶劣、影响极坏。因此，与这次事故相关的 13 人受到责任追究，其中：4 人被撤职处分，1 人被降级处分，其余 8 人分别被给予记大过、记过或警告处分。董事长兼总经理王某被处以罚款，并被暂停矿长资格证和矿长安全资格证。事故单位嘉禾矿业公司浦溪井依法被处以停产整顿、暂扣相关证照和罚款的行政处罚。

五、补救措施

为深刻吸取事故教训，加强煤矿安全生产工作，充分发挥社会舆论的监督作用，切实加强应急管理和处置工作，国家安全监管总局和国家煤矿安监局要求湖南省有关部门要积极配合驻地煤矿安全监察机构，严肃调查处理事故，做到从严、从重、从快，特别是对组织和参与迟报、瞒报事故的单位和人员，要按照有关规定上限严格追究责任；对涉嫌犯罪的，要依法追究责任，事故查处结果要及时向社会公布。安监总局同时表示，各地要进一步加强煤矿安全应急管理工作，督促各类煤矿加大投入，提高应急反应速度和救援能力。

参考资料

1. 国家安全生产监督管理总局：湖南省“7·17”瓦斯突出事故，见 http：//media. chinasafety. gov. cn：8090/iSystem/shigumain. jsp。

2. 法制网：三省煤矿迟瞒报事故被通报，见 http：//www. legaldaily. com. cn/executive/content/2012－08/09/content_3758262. htm？ node＝32118。

3. 湖南安全频道：关于湘煤集团嘉禾矿业有限公司“7·17”较大事故调查处理情况的公告，见 http：//www. hnaqw. com/view. php？ tid－37127－cid－690. html。

4. 湖南安全频道：嘉禾矿业公司浦溪井“7·17”较大煤与瓦斯突出事故现场调查工作结束，见 http：//www. hnaqw. com/view. php？ tid－33560－cid－80. html。

广州“7·20”交通安全事故

一、事件简介

2012 年 7 月 20 日 20 时 45 分，广东省广州市白云区境内，在广州大道北 157 医院对出路段，梁某驾驶的 16 路公交车因刹车失灵，撞入人群并与一辆小货车和面包车相撞，造成 3 人死亡、3 人受伤（1 人伤势较重）。

二、事件原因

事发 16 路公交车由 157 医院总站驶出后，下坡时突发意外。沿着斜坡滑行了约20m后，行至路边一家名为喜士多的档口门前时，因失控发出异响。由于车速过快，16路公交车冲下去后，撞入了路口密集的人群。撞上人群后，车子仍然未能停下来，径直向前冲，迎头与一辆白色面包车相撞之后才停了下来。停下来后，16路公交又向后倒退了几米。

三、事件处理

事故发生后，广州市公安交警部门有关负责人带领民警及时赶赴现场进行紧急处置和抢救伤员，伤员均被及时送往医院全力进行有效救治。广州市交委及一汽巴士公司立即赶往现场协调处理，并成立家属安抚小组及事故处理小组两个工作组开展现场处理。2012年7月21日下午，广州市交委就“7·20”交通安全事故召开交通系统加强安全生产紧急会议部署相关工作：一是成立事故情况调查组，调查事故情况；二是安排专人做好对死者家属和受伤人员的一对一的慰问、安抚等服务；三是及时启动部署开展全行业的安全生产大检查。

五、补救措施

广州市交委主任在交通系统加强安全生产紧急会议上表示，“7·20”事故暴露了行政监管部门监管和运输企业的安全管理还不够强有力，要进行大排查大整改。对排查中发现的问题要列表登记，并限期整改，限期内不整改的，进行行政问责。

参考资料

1. 国家安全生产监督管理总局：广州“7·20”交通安全事故，见http：//media. chinasafety. gov. cn：8090/iSystem/shigumain. jsp。

2. 金羊网：广州公交车撞死三人肇事司机被批捕，见 http：//news. ycwb. com/2012 - 08/04/content_3899870. htm。

3. 京报网：广州一公交车撞上行人致2死3伤，见 http：//www. bjd. com. cn/10jsxw/201207/21/t20120721_2614796. html。

4. 新华网：广州“7·20”公交车事故死亡人数增至3人，见http：//www. gd. xinhuanet. com/newscenter/2012 -07/22/c_112499722. htm。

福建寿宁“7·24”重大交通事故

一、事件简介

2012年7月24日7时50分，福建省宁德市寿宁县南阳镇山坑村驾驶人缪某驾驶其无厂牌型号的三轮汽车（套挂闽J52530号牌），非法载客21人。驶经寿宁县南阳镇山坑村前石板桥下坡左转弯路段时，车辆失控，向右翻入9米深的坡底。事故共造成现场14人死亡（13人当场死亡，1人送往医院抢救无效死亡）、8人受伤（2人轻微伤），车辆严重损坏，直接经济损失280万元。

二、事件原因

直接原因

肇事驾驶人驾驶套挂闽J52530号车牌的三轮汽车，违法载客21人，行经路面潮湿的连续下坡转弯路段时，违反规定空挡滑行，因车辆制动系统故障且无驻车制动装置，以及左、右后轮胎冠花纹深度不足，造成整车制动效能下降，当肇事驾驶人在发现车辆无法有效制动、又进入坡度较大的下坡路段而车速越来越快时，未能采取有效避险措施，以致车辆在进入坡底弯道时失控侧翻，向右滑出路面，落入路外坡底。

间接原因

1. 福建省寿宁县公安局对道路交通安全专项整治工作监督检查不力，对路面执法工作重视不够。在警务机制改革中，相继将斜滩中队人员调离，导致路面无人管控。

2. 福建省寿宁县公安局交警大队打击三轮汽车上路行驶工作不力，法定日常工作不到位。

3. 福建省寿宁县交通运输部门对事故路段安全隐患排查整治不认真。2010年，该事故路段已被列入农村公路安保提升工程实施计划，但因匆忙设计并组织施工，导致事故路段在安保提升工程计划实施后仍存在重大安全隐患。

4. 福建省宁德市公安局交警支队对寿宁县交警大队打击三轮汽车违法载人行为指导监督不到位。

5. 福建省寿宁县政府、南阳镇政府和山坑村对安全生产工作尤其是督促相关部门开展道路交通安全综合整治和打击非法载人载客行为重视不够，对边远乡村群众出行难的问题没有认真研究切实加以解决。开展安全宣传教育不到位。

此外，福建省寿宁县是典型的贫困山区县，恶劣的地理条件和薄弱的经济基础造成当地农村道路通行条件差，事发地南阳镇有20个行政村，至今仅省道沿线4个行政村开通客运班车，另外包括山坑村在内的16个行政村的村民出行难的问题十分突出，这也是造成事故的一个重要原因。

三、事件处理

事发后，福建省卫生厅和宁德市卫生局及时派出骨科、外科、神经外科专家赶赴闽东医院、寿宁县医院支援伤员救治工作。宁德市成立了伤员抢救工作小组，全力以赴开展救治，做到每一位伤员都有一个医疗小组会诊治疗，确保伤员尽快康复。宁德市、寿宁县成立了事故处置工作领导小组，下设医疗救治组、善后安抚组、事故协查组、宣传报道组、后勤保障组、安定稳定组等六个组，分别由处级干部任组长，并立即开展工作。善后安抚组组织相关人员进村入户，密切沟通，做到每一位死伤者家属都有1—2位处级干部对应做好安抚慰问工作。寿宁县迅速安排部分资金、物资，拟对死者家属和伤者进行帮扶救助，并正在做好事故现场、寿宁县医院和寿宁县殡仪馆的秩序维护工作。福建省政府还成立了由省安监局牵头，宁德市政府和省直有关部门组成的事故调查组。

四、责任追究

肇事驾驶人缪某被依法追究刑事责任；寿宁县交通秩序管理中队中队长、寿宁县公安局交警大队事故处理中队中队长、寿宁县公安局交警大队副大队长等事故责任人员分别被罚以行政降级、记过、警告、通报批评；南阳镇人民政府、寿宁县公安局交警大队、寿宁县公安局、寿宁县交通局、宁德市公安局交警支队被宁德市、寿宁县政府通报批评。寿宁县人民政府、宁德市人民政府分别被责成向宁德市政府和福建省政府作出深刻检查。

五、补救措施

福建省宁德市、寿宁县按照上级要求，有序做好事故协查、宣传引导和维护稳定等事故处置相关后续工作。同时，为进一步抓好安全生产工作，预防重特大事故再次发生，宁德市政府于2012年7月24日下午召开全市紧急电视电话会议，要求各级各部门举一反三、层层落实安全生产责任，突出重点，铁腕治违，依法严厉打击农村三轮货运车辆及非客运车辆非法改装、非法营运和非法载客行为，清缴解体非法车辆，强化交通安全隐患整治，用强有力的手段稳定安全生产局势。

参考资料

1. 国家安全生产监督管理总局：福建寿宁“7·24”重大交通事故，见 http：//media. chinasafety. gov. cn：8090/iSystem/shigumain. jsp。

2. 百度百科：“7·24”福建寿宁重大交通事故，见 http：//baike. baidu. com/view/9047964. htm。

3. 福建省安全生产监督管理局：省政府日前已对寿宁“7·24”重大道路交通事故的责任追究作出批复，见 http：//www. fjsafety. gov. cn/affair/info. aspx？ newsid =259489&columnid =796。

江西婺源“7·25”沉船事故

一、事件简介

2012年7月25日6时40分，江西省上饶市婺源县珍珠山乡秀水村共产主义水库发生一起沉船事故，12人落水，其中5人自救生还，7人溺水身亡。直接经济损失320万元。

二、事件原因

直接原因

1. 快艇严重超载；船主违反国家有关船舶航行的法律法规规定，在未取得船舶的准运等相关手续的情况下，冒险蛮干，无证驾驶；

2. 快艇存在严重质量和设备配置缺陷。

间接原因

1. 海源公司未认真履行企业安全生产主体责任，对职工的教育、管理不到位，致使无适任证书的张某违章驾驶载运施工人员，是导致该起事故发生的重要的间接原因。

2. 戴某在未取得开工许可的情况下，擅自组织人员施工，且本人不到现场带班，致使电力施工人员挤乘快艇，是导致该起事故发生的重要间接原因。

3. 珍珠山乡政府对本辖区内水上安全管理不力，落实船舶管理规章制度不严，检查不细致，是导致该起事故发生的重要的间接原因。

4. 珍珠山乡秀水村村委会对张某购船从事渡运，未督促其按照有关规定申请办理、取得相关证照和保险等法定手续，致使张某非法驾驶、非法渡运，是导致该起事故发生的重要的间接原因。

5. 婺源县农业局未认真履行对农用船舶的监管职责，对无证农用船舶安全整治不力，是导致该起事故发生的间接原因。

6. 婺源县海事局对船舶、船员监督检查不力，是导致该起事故发生的间接原因。

三、事件处理

事故发生后，江西省上饶市、婺源县主要领导高度重视，婺源县政府迅速组织县、乡工作人员上百人紧急赶赴现场参与救援工作，全力搜救失踪人员。婺源县政府成立了事故善后组，拟定遇难人员的赔偿方案，妥善处理善后工作；成立了由婺源县安监、公安等部门组成的调查组，调查事故原因。

四、责任追究

经过调查，认定江西省婺源县珍珠山乡共产主义水库“7·25”水上沉船事故是一起由于船主购置存在严重质量和设备配置缺陷的快艇非法载人、严重超载、施工队伍违章承接施工业务、有关单位监管不到位而导致的责任事故。相关责任人受到如下处理：

1. 张立志因违反《中华人民共和国内河交通安全管理条例》第六条第1款第1项、第2项，

第九条和《江西省人民政府办公厅关于进一步加强水上安全生产工作的意见》之第（3）、第（4）条之规定，驾驶未登记备案、未检测检验、未配置救生设施的快艇；在快艇核载6人的情况下，严重超载（实载12人），无证驾驶，且遇紧急情况，处置不当，对“7·25”水上沉船事故的发生负有主要责任。被依法追究赔偿责任，并被移送司法机关追究刑事责任。

2. 江苏常州市武进漕桥玻璃钢游艇有限公司，因违反《中华人民共和国产品质量法》相关规定，制造存在严重制造缺陷的“520型凹平板艇”，且未按规定配备救生、消防设备，对该起事故负有重要责任，依据《安全生产法》第83条规定，给予其经济处罚。

3. 海源公司法人代表张永雄，违反了《安全生产法》第四条、第五条、第十七条、第三十六条之规定，没有认真履行企业安全生产主体责任，对职工的教育管理不到位，对该起事故的发生负有重要责任。依据《生产安全事故报告和调查处理条例》第三十七条第1款第2项、第三十八条第1款第2项以及《国务院关于进一步加强企业安全生产工作的通知》（国发［2010］23号）第二十三条之规定，对海源公司及其法人代表张永雄予以经济处罚。

4. 戴志华，电力施工队伍组织者，违反了《安全生产法》第四条、第十六条、第二十条、第二十三条之规定，口头承接电力施工业务后，在未取得电监会颁发的进网作业许可证，没有得到开工许可的情况下，组织人员施工，且本人不到现场带班，对该起事故负有重要责任；依据《安全生产法》第八十一条之规定，对戴志华予以经济处罚。

5. 珍珠山乡工会主席汪松元，分管水上安全生产工作，违反了《中华人民共和国内河交通安全管理条例》第五条和《江西省人民政府办公厅关于进一步加强水上安全生产工作的意见》（赣府厅［2010］88号）第十七条之规定，未认真履行工作职责，对水上农用船舶安全监管工作不力，检查不细致，工作落实不够，对该起事故负有重要监管责任，依据《安全生产领域违法违纪行为政纪处分暂行规定》第四条第1款第1项、第八条第1款第5项之规定，给予其行政撤职处分。

6. 珍珠山乡党委委员、乡纪委书记程景峰，分管安全生产、农业等工作，违反了《中华人民共和国内河交通安全管理条例》第五条和《江西省人民政府办公厅关于进一步加强水上安全生产工作的意见》（赣府厅［2010］88号）第十七条之规定，对分管工作不重视，工作落实不够，水上船舶检查不细致，对该起事故负有一定监管责任，依据《中国共产党纪律处分条例》第一百二十七条之规定，给予其党内严重警告处分。

7. 珍珠山乡党委副书记、乡长张华军，违反了《中华人民共和国内河交通安全管理条例》第五条和《江西省人民政府办公厅关于进一步加强水上安全生产工作的意见》（赣府厅［2010］88号）第十七条之规定，对本辖区水上安全管理及其农用船舶安全监管工作组织领导不力，对该起事故负有领导责任，依据《安全生产领域违法违纪行为政纪处分暂行规定》第四条第1款第1项、第八条第1款第5项之规定，给予其行政记过处分。

8. 珍珠山乡党委书记、人大主任吴进良，违反了《中华人民共和国内河交通安全管理条例》第五条和《江西省人民政府办公厅关于进一步加强水上安全生产工作的意见》（赣府厅［2010］88号）第十七条之规定，对本辖区水上安全管理及其农用船舶监管等工作领导不力，对该起事故负有领导责任，责成其向县委、县政府写出书面检查，并在全县进行通报。

9. 珍珠山乡秀水村村委会主任陈中华，违反了《安全生产法》第六十五条和《江西省人民政府办公厅关于进一步加强水上安全生产工作的意见》（赣府厅［2010］88号）第十七条之规定，未认真履行水上农用船舶管理职责，巡查检查不细致，对该起事故负有主要领导责任，依据《村民委员会组织法》的规定，按照有关程序罢免其村委会主任职务。

10. 珍珠山乡秀水村党支部书记张立新，违反了《安全生产法》第六十五条和《江西省人民政府办公厅关于进一步加强水上安全生产工作的意见》（赣府厅［2010］88号）第十七条之规定，未认真履行水上农用船舶管理职责，落实相关规章制度不到位，对该起事故负有重要领导责任，依据《中国共产党纪律处分条例》第一百二十七条之规定，给予其党内严重警告处分。

11. 婺源县农业局党委委员、执法大队长宋泽文，违反了《江西省人民政府办公厅关于进一步加强水上安全生产工作的意见》（赣府厅［2010］88号）第十一条之规定，未认真履行农用船舶监管职责，未开展农用船舶的安全生产大检查和无证农用船舶安全整治工作，执法监管工作不到位，对该起事故负有一定的监管责任，依据《安全生产领域违法违纪行为政纪处分暂行规定》第四条第1款第1项、第八条第1款第5项之规定，建议给予其行政记过处分。

12. 婺源县农业局局长俞坤发，违反了《江西省人民政府办公厅关于进一步加强水上安全生产工作的意见》（赣府厅［2010］88号）第十一条之规定，未认真履行农用船舶监管职责，未开展农用船舶安全生产大检查和无证农用船舶安全整治工作，对该起事故负有一定的监管责任，依据《安全生产领域违法违纪行为政纪处分暂行规定》第四条第1款第1项、第八条第1款第5项之规定，给予其行政警告处分。

13. 婺源县海事处主任黄冬生，违反了《内河交通管理条例》第五十九条和《江西省人民政府办公厅关于进一步加强水上安全生产工作的意见》（赣府厅［2010］88号）第十条之规定，对船舶、船员监督检查不到位，对该起事故负有一定的监管责任，依据《安全生产领域违法违纪行为政纪处分暂行规定》的第四条第1款、第八条第1款第5项之规定，由上饶市地方海事局给予其行政警告处分。

14. 婺源县政府在安全生产管理方面存在漏洞和缺陷，对该起事故发生负有领导责任，向上饶市政府作出书面检查，并在全县通报该起事故，深刻吸取事故教训。

五、补救措施

为切实吸取事故教训，加强水上安全管理，杜绝类似事故发生，江西省上饶市提出如下防范措施：

1. 加强领导，落实责任。要认真贯彻落实《江西省人民政府办公厅关于进一步加强水上安全生产工作的意见》，不断增强做好水上安全管理责任感和紧迫感，严格按照“属地管理，分级负责”，“谁主管，谁负责”的原则，全面落实部门监管责任和属地管理责任，细化职责分工，采取切实有效措施，切实加强水上安全监管工作。

2. 强化教育，提高认识。“安全第一，预防为主”，各地各行业主管部门要督促船舶所有人和经营者提高法制观念，切实担负起安全生产主体责任。采取以会代训，专门培训，形式多样的宣传方式教育船舶所有人和经营者了解掌握水上渡运、载货、载客等政策法规，使之高度重视安全生产工作。

3. 深入调查研究，排查和治理水上安全隐患。各地、各有关部门要以“7·25”沉船事故为戒，深入各区域的江、河、湖泊、水库了解水域船舶的运行情况，查找水上安全工作存在的薄弱环节和问题，对查出的安全隐患要制定针对性的整改措施，狠抓落实，切实夯实水上安全工作基础。

4. 开展联合执法，严厉打击“非法违法”水上作业。遵照国务院《内河交通安全管理条例》和江西省政府办公厅《关于进一步加强水上安全工作的意见》精神，在深入调查研究的基础上，要开展由安监部门牵头交通、海事、公安、农业等部门组成的联合执法行动，对于水上非法载客、载货、违法渡运行为要严厉打击，大力整治证照不全营运船舶，严格落实水上安全准入制度，建立长效机制，确保水上交通安全运行。

5. 电力主管部门要加强对进网作业的管理，严格审批程序，使其规范作业，将安全生产主体责任切实落到实处，确保生产安全。

参考资料

1. 上饶安全生产信息网：关于婺源县珍珠山乡共产主义水库“7·25”水上沉船事故处理决定，见 http：//www. srajj. gov. cn/showart. asp? art_id＝2084。

2. 国家安全生产监督管理总局：江西省婺源县“7·25”水上沉船事故，见 http：//media. chinasafety. gov. cn：8090/iSystem/shigumain. jsp。

3. 中新网：江西婺源县一大型水库发生翻船事故致7人遇难，见 http：//www. chinanews. com/sh/2012/07－26/4058921. shtml。

山西盂县“7·26”瓦斯事故

一、事件简介

2012年7月26日15时25分，山西省阳泉市盂县玉泉煤业有限公司井下规划区外硐底复采区对拉工作面发生一起较大瓦斯爆燃事故，造成9人死亡、28人受伤，直接经济损失792万元。

二、事件原因

直接原因

矿井停电，地面主扇停风导致硐底复采区对拉工作面瓦斯积聚，工人违章放炮引起瓦斯爆燃，造成人员伤亡。

间接原因

1. 玉泉煤业有限公司法制观念不强、法律意识淡薄，无视国家法律法规及山西省人民政府关于安全生产的规定，不执行监管部门下达的“停产整顿”等监管指令，建设项目未按批准的设计组织施工，擅自在规划区外布置采掘工作面，违法违规组织生产。

2. 矿井“一通三防”管理混乱，通风系统不合理，通风设施不完善，违反《煤矿安全规程》规定采用不合理的串联通风，工作面放炮前未检查瓦斯，主要通风机停风后未按规定撤人，恢复通风后未按规定检测和排放瓦斯。煤矿企业对职工安全培训教育不够，从业人员素质低下，安全防范意识淡薄、防范能力差，部分瓦检员、放炮员无证上岗。

3. 山西省当地政府及有关监管部门对煤矿安全工作重视不够，措施不到位，没有认真履行职责，对该矿违法组织生产行为未及时采取有效措施予以制止，安全监管不到位，执法不严格，部分监管人员失职渎职。

三、事件处理

事故发生后，山西省省长在得知情况后第一时间作出批示：要严肃追查相关责任人员，要制定落实相关防瓦斯措施，杜绝重大事故发生。山西阳泉市委、市政府高度重视，及时成立了事故抢险组、医疗救助组、善后组和后勤保障组，积极展开救援。当地纪检、公安、煤监、国土等部门组成了调查组赴事故现场进行调查。

四、责任追究

事故发生后，该起事故共处理责任人 36 人。其中，被移送司法机关依法处理 16 人，被给予党政纪处分或被其他处理 20 人。

五、补救措施

为了吸取事故教训，山西省政府针对煤矿安全生产提出以下建议：

1. 山西省各级地方人民政府要深刻吸取事故教训，强化煤矿管理。各级政府要认真贯彻落实国家关于安全生产的一系列方针、政策，认真分析当前煤矿安全工作中存在的问题并结合实际采取有效对策；要进一步加强对煤矿企业的监督管理，深入开展"打非治违"专项行动，坚决打击非法、违法生产和建设行为，有效遏制类似事故的发生。

2. 山西省各级监管部门要认真履行职责，加大安全监管力度。各级监管部门要进一步增强责任感和使命感，认真履行职责，加强对煤矿企业的监督管理，督促煤矿企业认真贯彻执行国家法律法规和行业有关规定，强化现场检查，严格执法、有效执法；要进一步加强煤矿企业建设项目的监督管理，督促煤矿企业严格按照批准的设计组织施工；要从井下生产作业现场、火工品供应、供电、煤炭销售等各种渠道采取措施，坚决杜绝煤矿非法违法生产行为。

3. 山西省各级煤矿企业要严格遵守国家法律法规，强化安全生产主体责任。煤矿企业要认真贯彻落实国家关于安全生产的一系列方针、政策，牢固树立科学发展、安全发展的理念，要认真落实主体责任，严格遵守国家法律法规，严禁非法、违法组织生产；要加强煤矿建设项目工程管理，严格按照批准的设计组织施工；要进一步加大隐患排查力度，认真落实各项安全生产责任制，切实做到依法办矿、安全生产。

4. 山西省各级煤矿企业要进一步加强"一通三防"管理和安全培训教育。煤矿企业要严格执行《煤矿安全规程》等行业管理规定，强化"一通三防"管理，严格执行瓦斯检查制度，建立健全"通风可靠、设施完善、监控有效、管理达标"瓦斯综合治理工作体系，严格执行"以风定面、以风定产"规定，严禁无风、微风和瓦斯超限作业；要进一步加大安全培训教育力度，全力提升管理人员和作业人员的素质，强化安全防范意识，杜绝违章指挥、违章作业。

参考资料

1. 山西省安全生产监督管理局：山西阳泉盂县玉泉煤业有限公司"7·26"较大瓦斯事故调查报告，见 http：//www. sxaj. gov. cn/zhjg/201303/593866. html。

2. 国家安全生产监督管理总局：山西省阳泉盂县玉泉煤业有限公司发生一起瓦斯燃烧事故，见 http：//media. chinasafety. gov. cn：8090/iSystem/shigumain. jsp。

3. 易安网：用教训避免事故，见 http：//www. esafety. cn/laodongbaohu/82483. html。

六盘水"7·27"煤矿冒顶事故

一、事件简介

2012 年 7 月 27 日 15 时 45 分，贵州省六盘水市水城县晋家冲煤矿 1112 回采工作面发生冒顶，造成 4 人死亡。

二、事件原因

贵州省六盘水市水城县晋家冲煤矿隶属于贵州湘能矿业有限责任公司，设计生产能力 45 万吨/年，证照齐全。由于该矿巷道局部支护、背顶安全技术措施不完善，且未严格按照安全技术措施组织施工，采用工字钢棚支护时接顶不严实，未打中间立柱，造成倒棚，引发事故。

三、事件处理

事故发生后，晋家冲煤矿及时组织救护队进行救援；六盘水市相关部门负责人赶赴现场参与救援。

五、补救措施

为深刻吸取事故教训，进一步加强煤矿顶板管理，遏制同类事故再次发生，国家安监总局提出以下要求：

1. 全面加强煤矿安全生产工作。各地区、各有关部门和煤矿企业要深入贯彻落实中央领导同志近期关于加强安全生产工作的一系列重要指示和全国煤矿安全生产经验交流现场会、全国安全生产（季度）视频会精神，清醒认识当前煤矿安全生产形势，牢固树立安全生产工作只有起点、没有终点的思想观念，坚持从零做起、常抓不懈，把各项工作抓严、抓实、抓细、抓好。尤其要按照国务院关于集中开展安全生产领域“打非治违”专项行动的统一部署和国家安全监管总局的要求，进一步提高认识、坚定信心，加强领导、狠抓落实，不留盲区、不留死角，严厉打击各类非法违法生产经营建设行为，坚决治理纠正违规违章行为，及时发现和整改安全隐患，始终保持高压态势，促进煤矿安全生产形势持续稳定好转。

2. 强化技术管理，合理选择支护方式和参数。煤矿企业要高度重视顶板管理工作，明确分管负责人和分管业务部门，配备足够的专业技术人员，健全完善有关规章制度，明确岗位责任。要加强矿井地质勘探和矿压观测工作，掌握煤层赋存情况、地质构造、顶底板岩性、煤岩物理力学参数和矿压显现规律，做好采区地质情况的预测预报工作，为顶板管理提供基础资料。要按照《煤矿安全规程》和技术规范，根据所采煤层顶底板岩性和矿压显现规律，制定采掘工程支护设计方案，确定相应的支护方式和支护参数；条件发生变化时，要及时进行调整。对于应力集中区，要采取增加支护强度的有效措施。

3. 强化现场管理，严格落实顶板管理安全技术措施。煤矿企业采掘工作面、巷道维修工程要制定作业规程和安全技术措施，遇有过老巷、煤柱、地质构造破碎带等特殊情况时，要及时补充制定安全技术措施，并按规定审批、实施。采用锚杆、锚索、锚喷支护的巷道，要加强对支护质量的检查，确保锚杆、锚索的材质、拉力和预紧力、喷层厚度和强度符合作业规程规定。要加强巷道顶底板移近量的观测工作，防止因锚杆、锚索支护质量问题引发巷道冒落。要加强对作业人员顶板管理知识的教育培训，增强防范顶板事故的意识和能力，严格执行敲帮问顶制度，严禁空顶作业。事故发生后，要科学安全组织抢险救援，严防发生次生事故。

4. 切实加大煤矿事故和瞒报行为的查处力度。事故发生地有关部门要积极配合驻地煤矿安全监察机构按照“四不放过”和“科学严谨、依法依规、实事求是、注重实效”的原则，严肃查处事故，严格追究责任。对涉险事故，也要按照有关规定和要求，进行严肃查处，并认真分析原因，吸取事故教训。对瞒报、谎报、迟报事故行为的责任人员，要综合运用法律、经济和行政等手段，依法加大处罚力度。要严格执行事故通报、约谈、分析和跟踪督导“四项制度”，落实各项安全措施，防范同类事故发生。

参考资料

1. 国家安全生产监督管理总局：六盘水“7·27”煤矿冒顶事故，见 http：//media. chinasafety. gov. cn：8090/iSystem/shigumain. jsp。

2. 山西煤炭销售网：贵州水城县一煤矿冒顶埋住四人，见 http：//www. sxmtxs. com/xsnews/2725009/articlenew. html。

3. 国家煤矿安全监察局：国家安全监管总局、国家煤矿安监局关于贵州省 2 起煤矿顶板事故的通报，见 http：//www. chinasafety. gov. cn/newpage/Contents/Channel_5476/2012/0809/175293/content_175293. htm。

陕西蓝田“7·28”交通事故

一、事件简介

2012 年 7 月 28 日 8 时 30 分，陕西省西安市蓝田县蓝通客运有限公司一辆班线营运客车行驶在关中环线普化镇韩门寨村段时突然爆胎，车辆失控撞向一辆满载 7 人的机动三轮摩托车，导致三轮车上 5 人死亡（4 人当场死亡，1 人送医院抢救途中死亡）、2 人受伤。

二、事件原因

此次事故是由于陕西省西安市蓝田县蓝通客运有限公司一辆班线营运客车（车牌号为陕 A61653）在行驶途中，左前轮突然爆胎，车辆失控造成。

三、责任追究

中巴车司机被警方带走调查。

五、补救措施

针对陕西蓝田县农用车非法载人引发交通事故频发的势头，西安市安委会副主任、安监局局长对此高度重视，要求有关处室立即会同市级相关部门对蓝田县农用车非法载人问题频发情况进行督导，并在全市开展专项整治工作。

2012 年 7 月 30 日，西安市安监局会同市交通局、市交警支队组成督导组，对蓝田县“7·28”较大交通事故及农用车非法载人问题进行了督促检查。督导组要求采取有效措施坚决杜绝农用车非法载人情况发生。督导组在听取了蓝田县政府、交警大队、交通局关于“7·28”较大交通事故的调查处理、采取的预防措施和对农用车非法载人整治情况汇报后，就农用车载人、交通安全宣传、路面交通秩序管控等问题提出五点要求：

1. 陕西蓝田县政府要高度重视农用车非法载人的问题，要组织有关部门立即开展农用车非法载人集中整治工作，督促相关部门认真履行职责，确保人民群众生命财产安全。

2. 陕西蓝田县行业主管部门要针对当前农用车非法载人的突出问题，严格落实部门、乡镇政府、单位和村民委员会的管理责任，加强对农用车车主和群众的宣传教育管控，提高群众的安全意识，研究制定管控措施，坚决遏制农用车非法载人事故的再次发生。

3. 陕西蓝田交警部门要全警动员，加强路面执勤警力、巡查和管控力度，加大对农用车非法载人违法行为的查处，特别是对事故多发点、段和农用车载人相对频发和密集路段，要实施动态上路检查和管理。

4. 陕西蓝田交警、农机、交通管理部门和各乡镇政府，要各司其职，各负其责，形成整治工作合力，定期深入辖区村、户宣传交通安全知识，提高村民、农用车驾驶人员的交通安全意识。

5. 陕西蓝田县政府对“7·28”较大农用车非法载人交通事故，要按照“四不放过”的原则认真开展调查工作，对相关责任单位和责任人要进行严肃处理，并将调查处理结果及时报市安委会办公室。

参考资料

1. 国家安全生产监督管理总局：西安市蓝田县较大道路交通事故，见 http：//media. chinasafety. gov. cn：8090/iSystem/shigumain. jsp。

2. 360doc 个人图书馆：西安市安委办对蓝田“7·28”较大交通事故进行督导，见 http：//www. 360doc. com/content/12/0820/09/1793162_231260689. shtml。

3. 西安网络广播电视台：关中环线蓝田段客车爆胎失控撞三轮致五死两伤，见 http：//v. xiancity. cn/video/society/detail_2012_07/29/47463_0. shtml。

4. 腾讯新闻网：陕西蓝田中巴车失控撞三轮车致5死2伤，见 http：//news. qq. com/a/20120729/000353. htm。

湖南株洲“7·29”中毒窒息事故

一、事件简介

2012年7月29日14时30分，湖南省株洲市湘东钨业有限公司409工区井下13中段发生一起中毒窒息事故，造成3人死亡。

二、事件原因

根据调查分析，“7·29”事故是一起典型的职工违规违章作业、企业安全管理措施不落实引发的安全事故。

三、事件处理

事故发生后，湖南省市有关领导高度重视，株洲市当地政府负责人及时带领安监、卫生等部门人员赶赴事故现场，开展事故原因调查，周密做好相关善后工作。

五、补救措施

为深刻吸取教训，有效遏制安全事故发生，扭转安全生产形势被动局面，湖南株洲市提出以下安全生产工作建议：

1. 切实提高对当前安全生产工作重要性的认识。这起事故充分暴露出有的企业对安全生产重视不够，企业安全生产主体责任不落实，隐患排查治理不认真，安全防范措施不到位等问题。各级各部门一定要从中吸取惨痛教训，切实把思想认识真正统一到中央和省委省政府、县委县政府关于加强安全生产工作的一系列决策部署和国家有关政策法律法规上来，牢固树立科学发展、安全发展理念，充分认识抓好安全生产工作的极端重要性，强化危机感、紧迫感和责任感，进一步严格落实责任，进一步深化安全专项整治，进一步强化安全生产监管执法和隐患排查治理，切实推动企业主体责任和政府及部门监管责任的落实，坚决扭转事故多发高发的势头。

2. 进一步深化“打非治违”专项行动，突出抓好企业“治违”主体责任的落实。各级各部门要深刻吸取“7·29”事故教训，教育引导广大干部职工和企业彻底消除侥幸观望和畏难情绪，严格按照县政府的统一部署，坚持“属地监管”、“一岗双责”和“谁主管、谁负责”的原则，严格落实“四个一律”，切实加大督查检查力度，全力以赴，攻坚克难，坚决把“打非治违”专项行动抓落实、抓彻底，严防非法违法行为反弹，确保本行业（领域）“打非治违”工作扎实推进。对“打非治违”工作不得力、敷衍应付的，要通报批评；对因责任不落实导致非法违法严重反弹的，要依法依纪严肃追究相关人员的责任。要把推动企业“治违”作为当前安全生产工作的重中之重，通过强化监督检查、全员教育培训等手段，督促引导企业深入扎实开展“反三违”主题活动，落实企业主要负责人和实际控制人的安全生产第一责任人的责任，落实领导干部现场带班制度；强化全员安全培训教育，认真完善和落实各项规章制度，严格执行作业安全规程；大力推进隐患排查治理工作，严查违章指挥、违章作业、违反劳动纪律行为，切实做到不安全不生产，坚决遏制违规违章导致事故多发的被动局面。

3. 进一步深化高危行业安全生产专项整治，切实抓好高温汛期安全防范工作。目前正值主汛期和高温季节，暴雨、洪水、泥石流、雷电、高温等影响安全生产的因素多。各级各部门要紧密结合夏季安全生产规律特点，进一步深入扎实抓好高危行业领域安全生产专项整治，规范安全生产秩序，坚决遏制安全事故的发生。（1）进一步加大以非煤矿山为重点的矿山安全监管力度。要立即对全县矿山组织开展一次拉网式的安全生产大检查，做到不漏一矿，不留死角。要对煤矿和非煤矿山炸药库，采空区，防排水、排土场，安全出口，提升和通风系统，露天矿边坡，尾矿库，矿区道路，通讯，电力等进行一次全面的安全检查，彻底排查治理各类安全隐患，落实防透水、防中毒窒息、防冒顶片帮、防坠罐、防火灾、防采空区塌陷、防爆破事故等工作措施。针对排查出来的安全隐患，安监、煤炭等部门要督促企业落实责任人员，制定整改方案，保证整改资金，明确整改期限，限期把隐患整改到位。安监、煤炭、公安、国土资源、环保等部门要在政府的统一领导下强化联合执法，严厉打击矿山超深越界、无证非法开采、一证多井，尾矿库违法排放、违规运行等非法行为。（2）进一步加大以道路交通和水上交通为重点的交通运输安全监管力度。深入开展“平安畅通县”、“平安农机”等活动，扎实推进“三超一疲劳”整治、涉毒客货运驾驶人专项清查、校车整治、“城乡同治、牵手平安”百日攻坚等多项行动，加大监督检查和执法力度，严厉打击交通运输企业非法运营、违法挂靠、超载超限、疲劳驾驶、酒后驾驶、无证驾驶等行为，严禁货运车、农用车、机动三轮车非法载人。要深入开展水上交通安全综合整治，以水库、渡口、码头和“四客一危”船舶为重点，全面落实安全管理责任机制、客渡船“六不发航”和运砂船“五不发航”制度、农村中小学生上（放）学乘船交接、河道砂石开采权有偿出让等长效机制，坚决取缔非法渡口、非法渡运、无证经营、非客船载客和非法采砂等行为。（3）以防范中毒窒息事故为重点，进一步加大受限空间作业安全监管力度。各级各部门要督促企业切实加强对封闭或部分封闭，进出口狭窄有限，自然通风不良，易造成有毒有害、易燃易爆物质积聚或氧含量不足的受限空间（如密闭贮罐、反应塔〈釜〉、压力容器、地下管道、地下仓库、地下工程、隧道涵洞、储藏室、发酵池、污水池〈井〉、化粪池等）作业的安全管理。在实施受限空间作业前，严格执行“先检测通风，再作业”的制度，根据作业现场和周边环境情况，检测受限空间可能存在的危害因素，严禁作业人员未经检测进入受限空间。在实施受限空间作业前和作业过程中，应采取强制性持续通风措施，保持空气流通，并为作业人员配备符合国家标准要求的通风设备、检测设备、照明设备、通信设备、应急救援设备和个人防护用品。要严格执行受限空间作业安全许可证制度和安全生产责任制，明确受限空间作业负责人、作业者、监护者的职责，严禁在没有监护者的情况下进行作业。要加强应对有毒有害气体泄漏、易燃易爆物质积聚、中毒窒息、触电等险情的安全意识、应急处置技能的教育培训，积极开展多种形式的应急演练，全面提高企业管理人员和作业人员的安全意识和应急处置能力。（4）切实抓好危险化学品、烟花爆竹、民爆物品安全生产。各级各部门要深刻吸取“5·19”炎汝高速八面山隧道爆炸事故教训，全面落实《关于在“打非治违”集中行动中加强民爆物品安全专项整治的通知》（湘安办明电［2012］20号）要求，深入开展民爆物品安全专项整治，严厉打击非法违法生产、储存、经营、运输、使用民爆物品的行为。督促危险化学品生产企业严格执行各项安全技术规程和工艺要求，加强对防雷电设施的检测维护和对生产线的监控，在雷雨天气情况下要停止装卸油、气储罐，加强对生产储运设施温度、压力的监控，确保安全生产。要督促烟花爆竹企业严格执行高温、雷雨天气停产规定，杜绝“四超两改”（超人员、超药量、超能力、超许可范围，擅自改变工房用途、改变工艺流程）行为发生。要加强对烟花爆竹零售经营店的监管，严禁超量储存和非法违法经营。（5）切实抓好建筑施工、消防火灾等其他重点行业领域的安全生产。要切实加强对各类建筑施工项目的安全管理与监督，坚决纠正赶工期、抢进度、忽视安全的现象；要突出开展以防高处坠落、防坍塌、防触电等方面的专项整治，确保项目施工安全；要严厉打击建筑施工企业非法承包、违法分包转包，严禁在可能受到山洪泥石流等袭击的地方违规施工、违规搭建临时宿舍。大力推进火灾隐患排查治理，落实高温季节防火各项措施，加强对人员密集场所、大型商场、大型娱乐场所、大型仓库和堆场以及危化、烟花爆竹生产经营等场所的消防安全监管，对存在重大火灾隐患的，要坚决责令停产停业。

4. 加大责任追究力度，进一步提高安全生产工作执行力。各级各部门要通过明察暗访等形式，切实加强监督检查，对政令不畅通、责任不落实、工作不到位的，要严格问责追责，切实提高安全生产工作执行力。十八大期间，各级各部门要按照县委、县政府的要求，严格执行24小时值班、十八大特护期领导干部带班等制度，要进一步畅通信息报送渠道，确保各类信息及时准确上报，坚决防止出现事故迟报、误报和瞒报行为的发生。

参考资料

1. 国家安全生产监督管理总局：湖南株洲“7·29”中毒窒息事故，见 http：//media.chinasafety.gov.cn：8090/iSystem/shigumain.jsp。

2. 茶陵县人民政府：关于认真吸取湘东钨业有限公司“7·29”中毒窒息事故教训切实加强当前安全生产工作的紧急通知，见 http：//www.chaling.gov.cn/index.php？mod=article&aid=7356。

3. 湖南省人民政府网：湖南有色集团湘东钨业公司发生一起中毒窒息事故，见 http：//www.hunan.gov.cn/zwgk/yjgl/tfsj/201301/t20130108_801123.html。

青海格尔木“7·31”交通事故

一、事故简介

2012年7月31日4时，在青海省海西蒙古族藏族自治州大柴旦行委与格尔木市交界处的315国道797km处发生一起交通事故，一辆大型货车与一辆皮卡迎面相撞，导致7人当场死亡、11人受伤。

二、事故原因

事故发生地点位于315国道797km处，牌号为豫C87858的大货车满载木质家具沿315国道由东向西违章占道行驶中，与一辆牌号为青H81761载有18人的中型货车相撞，导致车体内的18人被抛出车外。

三、事故处理

事故发生后，青海省格尔木市委、市政府高度重视，积极做好事故善后处理工作。青海省公安厅交通警察总队派出专案组前往事发现场，处理善后事宜。格尔木市组织市公安局、人力资源和社会保障局、西城区行委等部门和单位，采取多种方式落实死者身份、联系亲属，做好家属安抚工作。鉴于肇事车辆和赔偿能力不足的问题，当地积极协调与死者存在临时雇佣劳动关系的施工单位先行垫付6名死者的丧葬费12万元（不含肇事司机），并一次性直接发放给死者家属。

参考资料

1. 国家安全生产监督管理总局：青海省格尔木“7·31”特大交通事故，见 http：//media.chinasafety.gov.cn：8090/iSystem/shigumain.jsp。

2. 新华新闻：青海：315国道发生交通事故致7死12伤，见 http：//news.xinhuanet.com/local/2012－07/31/c_112582020.htm。

3. 青海新闻网：格尔木“7·31”特大交通事故善后工作稳妥进行，见 http：//www.qhnews.com/newscenter/system/2012/08/28/010867977.shtml。

4. 中国广播网：特大交通事故致青海15人死亡，“7·31”事故原因查明，见 http：//native.cnr.cn/city/201208/t20120803_510456896.html。

山西省洪洞陆合煤业透水事故

一、事件简介

2012年8月1日4时17分，山西省临汾市洪洞陆合煤业有限公司基安达煤业1062掘进工作面发生透水事故。事故共造成8人死亡，直接经济损失711.3万元。

二、事件原因

据查，事故是山西陆合煤化集团基安达煤业有限公司在该矿水文地质情况不清、采空区及其积水情况不明的情况下违法违规组织生产造成的。

三、事件处理

事故发生后，山西省委、省政府高度重视，山西省煤监等部门和临汾市、洪洞县负责人赶往现场救援。抢险救援指挥部研究制定了救援方案，尽最大力量排水，采取有效措施保证通风，从井下抽水，从旁边巷道掘进排水，从地面打钻排水，通过进压管不间断通风。

四、责任追究

经调查认定，这是一起责任事故。7名责任人被移送司法机关依法处理，34名责任人受到党纪政纪处分及其他处理。

五、补救措施

这起事故，给国家和人民群众生命财产造成了重大的损失。为促进煤矿安全生产形势的稳定好转，推动“安全生产年”活动的深入开展，坚决遏制重特大事故的发生，山西省煤矿安全监察局提出以下要求：

1. 深刻吸取事故教训。各级、各部门要深刻认识安全生产工作对保障经济发展和社会和谐稳定的重要意义，牢固树立科学发展、安全发展的理念，切实增强搞好安全生产工作的责任感和紧迫感，坚持“安全第一、预防为主、综合治理”的方针，采取更加坚决有力的措施，强化主体责任，狠抓工作落实，夯实安全基础，确保2012年后三个月煤矿安全生产形势持续稳定好转。

2. 深化“打非治违”专项行动。进一步贯彻落实国务院、省政府关于“打非治违”的部署要求，继续保持“打非治违”的高压态势，依法依规集中严厉打击煤矿各类非法违法生产建设行为。进一步加强联合执法，形成工作合力，解决突出问题，严厉打击无证、证照不全、证照过期的矿井，停产整顿未经验收擅自组织生产的矿井，违反建设项目审批程序进行建设的矿井等违法生产和建设行为。

3. 强化主体责任和监管责任。企业是安全生产的主体，煤矿企业法定代表人和主要负责人要切实担负起安全生产第一责任人的职责，自觉遵守安全生产法律法规，建立健全、严格落实各项规章制度，严格执行企业负责人带班下井制度，加强现场管理，严禁违章指挥、违章作业、违反劳动纪律。要加强对员工的安全培训教育，提高员工的安全意识和技能。各级监管部门要严格落实安全生产责任制，认真履行职责，加大执法力度，坚持原则、严格标准，敢抓敢管、从严执法。

4. 深入推进瓦斯治理和水害防治工作。煤矿企业要严格落实《煤矿瓦斯防治工作“十条禁令”》，落实“两个四位一体”综合防突措施，加强瓦斯防治现场管理，强化瓦斯先抽后采、抽采达标，强化通风管理和瓦斯实时监测监控，全面推进“通风可靠、抽采达标、监控有效、管理到位”的瓦斯综合治理工作体系的建设。要坚持“预测预报、有掘必探、有采必探、先探后掘、先探后采”的原则，着力构建“探测超前、预报准确、防治科学、管理到位”的煤矿防治水工作体系。对水害威胁严重、防治措施不落实的矿井，水文地质基础资料不完整、周边采空区边界不清楚的矿井，要坚决停产整顿。

5. 建立健全预警预防机制，有效遏制重特大事故。要加强煤矿基础工作，加强安全风险预控管理，加大安全隐患排查力度，强化监测监控、预报预警工作，主动防范，源头治理，超前管理，把安全隐患消除在萌芽状态，有效遏制重特大事故的发生。

参考资料

1. 山西省安全监督管理局：临汾市洪洞县吉安达“8·1”煤矿透水事故，见 http：//www.sxaj.gov.cn/xx/zdsg/201208/543506.html。

2. 山西煤矿安全监察网：关于近期三起煤矿事故的警示通报，见 http：//www.sxsafety.gov.cn/sgkb/20121029/sgkb102441.html。

3. 中国网：洪洞“8·1”较大透水事故 41 名责任人被处理，见 http：//news.china.com.cn/live/2012－10/26/content_16837673.htm。

浙江温州爆炸事故

一、事件简介

2012 年 8 月 5 日 16 时 50 分，浙江省温州市瓯海区郭溪镇南村一无证个体铝制锁抛光加工厂发生爆燃事故，5 间厂房坍塌并起火。事故造成 13 人死亡、14 人受伤，其中 5 人重伤、9 人轻伤。

二、事件原因

浙江省温州市瓯海区“8·5”铝粉尘爆炸事故，是一起由非法组织生产引起的重大生产安全责任事故。事故直接原因是加工场抛光作业间内悬浮在空气中的铝粉尘浓度达到爆炸极限，遇抛光机电机控制开关产生的电火花发生爆炸。

三、事件处理

事故引发国家安全监管总局高度重视。浙江省安监局与相关职能部门组成事故调查组，浙江省委、省政府指派一名副省长赶赴温州指挥、指导事故应急救援工作。浙江省卫生厅分两批派出 12 名专家赶赴温州指导伤员救治工作。

四、责任追究

经事故调查组认定，这是一起重大生产安全责任事故。浙江省瓯海区郭溪街道“8·5”爆燃事故抛光粉尘加工场业主姜某和其妻李某，以及该出租房房东鲁某，因涉嫌重大责任事故罪，被依法刑拘；相关责任人员包括瓯海区区长彭立华在内的 14 人被给予党纪或政纪处理。

五、补救措施

为认真吸取事故教训，强化安全生产管理，杜绝此类事故再发生，有关部门提出以下具体要求：

1. 各有关单位要加强对易爆粉尘行业企业的安全生产管理，切实履行安全生产监督管理职责，针对本区域、本部门和本行业存在的突出问题和薄弱环节，强化监督检查，并采取切实有效的措施，避免类似事故发生。

2. 切实落实企业安全生产主体责任。各有关部门要督促有关企业落实安全生产责任，杜绝无证生产、非法生产，自觉遵守规章制度和操作规程，认真组织开展安全隐患自查自纠活动。

3. 各有关部门要认真组织开展工作，并认真填写“涉及易爆粉尘企业排查摸底表”，按时上报。逾期不能上报者，将在全市范围内予以通报批评。

4. 要全面排查小作坊、小加工厂，摸清底数，对存在安全隐患的，必须采取法律、行政、经济和教育引导等措施，进行综合治理。特别是对易燃易爆、污染环境、危险作业的小作坊要坚决关闭。

5. 要充分发挥“网格化管理”的作用，深入排查出租房，坚决打击非法违法生产经营活动。

6. 要全面开展安全生产大检查，切实加强交通、化工、消防等领域的安全管理，坚决防止各类事故的发生。

参考文献

1. 国家安全生产监督管理总局：浙江省温州市一个体铝制锁抛光厂发生爆燃造成13人死亡，见 http：//www. chinasafety. gov. cn/newpage/Contents/Channel_4314/2012/0806/174854/content_174854. htm。

2. 百度百科：“8·5”温州厂房爆炸事故，见 http：//baike. baidu. com/link？url = xQO3uh5GlPus1bSH921MAVAwi70qzrTDcQPn54g3xcdK1tZprygva – P8QETJTsHESdo1R2LNKwA4LdZ06H5bia。

3. 辉县市人民政府：关于浙江温州“8·5”粉尘爆炸事故情况的通报，见 http：//www. huixianshi. gov. cn/html/2012/dongtai_0816/8899. html。

甘肃大河煤矿较大瓦斯事故

一、事件简介

2012年8月8日，甘肃省张掖市大河煤矿发生瓦斯中毒事故。事故造成3人死亡、1人受伤，直接经济损失250. 5万元。

二、事件原因

事故的直接原因是当班作业人员在东八石门掘进巷道时，工作面及右上帮大量煤体突然垮冒，造成工作面上部积聚的瓦斯涌出，致使1人被垮冒的煤体埋压死亡，2人瓦斯窒息死亡，1人受伤。

三、事件处理

事故发生后，甘肃省张掖市委、市政府领导高度重视、迅速批示、专题部署，成立了由张掖市安全生产监督管理局、张掖市监察局、张掖市公安局、张掖市总工会、民乐县人民政府及相关部门组成的事故调查组，对事故展开调查。

四、责任追究

经过调查取证、技术认定和综合分析，该起事故被认定是一起责任事故。贾四平、贾鼠平等4人对事故的瞒报负有主要责任，被建议移送司法机关依法追究其刑事责任；高永宏、牛江彪等7人对事故负有重要责任，被建议给予其行政警告处分；民乐县安全生产监督管理局，被建议向民乐县人民政府做出书面检查；张掖市大河煤矿及责任人被给予行政罚款255. 58万元。

五、补救措施

这次事故造成了很大的负面影响，为了吸取事故教训，防范此类事故再次发生，张掖市大河煤矿“8·8”瓦斯（瞒报）事故调查组特提出以下建议：

1. 大河煤矿要认真吸取本次事故教训，加大矿井“一通三防”管理工作力度。对矿井采区布局不合理及通风系统不完善、不可靠的，要制定整改措施，进行技术改造，达到矿井采区布局合理及通风系统完善可靠；同时，要加强局部通风管理，坚决杜绝无风、微风和瓦斯超限作业；严格落实瓦斯治理十条禁令，严格执行瓦斯检查制度，建设完善煤矿“六大系统”并投入使用。

2. 严格现场管理和技术管理。严格落实煤矿领导带班下井制度，规范各种安全规程、作业规程和操作规程的制定、审批和实施，保证各项制度和措施落实到位，及时填绘各类图纸。

3. 要建立健全矿井安全生产管理机构、各级安全生产责任制及各项安全管理制度，严格落实企业安全生产主体责任。

4. 加强职工安全培训。该矿要严格落实职工教育培训工作，加强对新工人的培训，督促从业人员熟悉有关安全生产规章制度和安全操作规程，提高安全防范意识，强化自我保安能力。

5. 要认真吸取事故教训，认真执行隐患排查治理报告制度，同时要明确事故报告责任，严格落实事故逐级上报制度，从根本上杜绝事故的瞒报。

6. 大河煤矿要在恢复生产前重新进行瓦斯等级鉴定，严格按照鉴定的瓦斯等级进行瓦斯管理。

7. 有关部门要认真吸取这起事故的教训，加大煤矿安全监管力度，落实监管责任，加强宣传教育和职工培训工作，防止瞒报及同类事故的发生。

参考文献

1. 甘肃煤矿安全监察局：甘肃省张掖市大河煤矿“8·8”较大瓦斯事故调查报告，见 http：//www. gscms. chinasafety. gov. cn/bencandy. php？fid = 115&id = 2413。

2. 新华网：张掖大河煤矿死亡瞒报事故责任人受处罚，见 http：//www. gs. xinhuanet. com/news/2012 – 11/21/c_113754690. htm。

甘肃临夏建筑塔机倒塌事故

一、事件简介

2012年8月11日10时45分，甘肃省临夏市明丰花园小区工地在拆卸塔吊时，吊车吊臂发生断裂，致使在工地作业的3名工人被掉落的吊臂砸中，其中2人当场死亡，1人经医院抢救无效死亡。

二、事件原因

事故的直接原因是：甘肃明丰建筑工程有限责任公司第十八分公司在没有拆卸方案的情况下，未按塔机使用说明书要求擅自违规拆卸作业，事故塔机一号主弦杆呈现陈旧性完全断裂、二号主弦杆部分呈现陈旧性断裂。

三、事件处理

事故发生后，甘肃省州领导高度重视，分别作出重要批示。临夏州人民政府成立了由有关部门组成的事故调查组（下设综合协调、调查取证、善后处理三个小组），邀请州人民检察院参加，开展事故调查工作。同时，委托甘肃省特种设备检验研究中心对事故进行技术分析。

四、责任追究

经调查认定，临夏市"8·11"建筑塔机倒塌事故是一起较大生产安全责任事故。鲁振林对事故负直接责任，被建议给予三年内不得担任项目经理职务处分；丁先忠、潘尚禄等4人对事故负直接管理责任，被建议给予撤职处分；王武明、陶万艺对事故负重要领导责任，被建议处上年年收入40%的罚款；王英乾、徐宁等3人对事故负直接监管责任，被建议给予行政记大过处分；甘肃明丰建筑有限责任公司被建议处20万元的罚款；临夏州永安工程建设监理有限责任公司被建议处20万元的罚款；临夏市住建局、临夏市质监局被责成向临夏市人民政府做出深刻检查；临夏市人民政府、州住建局被责成在州安委会第四次会议上做出深刻检查。

五、补救措施

为了吸取这次事故的经验教训，有关部门特提出以下整改措施和建议：

1. 建筑施工企业要认真贯彻落实《国务院关于进一步加强企业安全生产工作的通知》等一系列文件精神，切实落实企业安全生产主体责任，通过本次事故教训，举一反三，严防类似事故再次发生。加强企业安全管理，健全规章制度，层层落实安全生产责任，杜绝安全隐患，消除安全管理死角，时刻保持风险防范意识，切实提高企业安全生产水平。

2. 监理单位要严格落实责任制，认真履行监理职责，强化管理手段，加强对现场监理人员的监督管理工作，对施工过程中的重点部位和重点环节加强巡查、巡检，切实加强现场监控和技术指导，对存在安全隐患的部位要加强监管并提出切实可行的整改措施，确保工程质量和安全。

3. 建设部门要加强建设项目资质资格审查，特别是对工程监理单位加强管理，严格建设项目准入程序，盯住违法行为不放，监控建设过程的不规范行为，对建设领域存在的安全隐患，要强令排除，对无法保障安全的设备，要强令拆除。认真吸取这次事故教训，全面排查辖区内建筑塔机，逐一进行登记造册，对没有检测的塔机，督促施工单位积极向质监部门申请检测，确保安全生产。

4. 质监部门要对全州特种设备安全状况开展执法监察，特别要加强对房屋建筑工地和市政工程工地用塔机及场（厂）内特种设备的管理实施安全检查，对没有申请检测特种设备的施工单位，严格按照法律法规规定督促特种设备使用单位加强特种设备安全管理，加大宣传力度，排查安全隐患。

5. 要进一步提高乡镇、街道安全管理人员和主要负责人的安全意识和法律意识，特别要加强基层安全监察人员和企业主要负责人及安全管理人员的业务培训，使其熟悉法律法规规范标准，切实把隐患消灭在萌芽状态。

参考文献

1. 甘肃省安全生产监督管理局：临夏市明丰花园小区工地发生事故造成3人死亡，见 http://www.gssafety.gov.cn/ch/articleview-6352-1.html。

2. 甘肃省安全生产监督管理局：临夏市"8·11"建筑塔机倒塌事故调查处理报告，见 http://www.gssafety.gov.cn/zwxxgk/article.php? id=128。

吉林白山重大瓦斯爆炸事故

一、事件简介

2012年8月13日6时20分，吉林省白山市吉盛矿业有限公司一井（以下简称"吉盛煤矿一井"）+290m东二石门运输巷发生一起重大瓦斯爆炸事故。事故造成20人死亡、1人受伤，直接经济损失2642万元。

二、事件原因

造成事故的原因如下：吉盛煤矿地质情况未查清，瓦斯治理不到位，+290m东二石门运输巷上山掘进工作面掘进施工遇到瓦斯异常涌出的地质构造后，未采取安全技术防范措施，瓦斯积聚达到爆炸界限，经分析认定，工字钢支架垮落互相撞击产生火花引起瓦斯爆炸。

三、事件处理

事故发生后，国务院领导高度重视，国家安

全监管总局、国家煤矿安监局，以及吉林省相关领导相继对事故抢险救援作出重要批示。吉林省副省长带领相关部门负责同志赶赴事故现场，指挥事故抢险救援工作。国家煤矿安监局有关领导带领工作组及时赶赴事故现场指导抢险救援工作。吉林煤矿安全监察局组成的事故调查组，邀请吉林省人民检察院派员参加，依法对事故开展调查。

四、责任追究

经调查认定，这是一起责任事故。刘井奎、杨继武等7人事故后安排人员篡改瓦斯检查手册、干扰事故调查，被建议移送司法机关依法处理，依法吊销安全资格证；李顺伟、张杰等4人对矿井存在的安全生产隐患失察，被建议由检察机关立案侦查；栾炳辉、段振耀等12人对事故发生负有重要领导责任，被建议给予行政记过处分；吉盛煤矿一井对事故的发生负有责任被建议经济处罚180万元，白山市吉盛矿业有限公司被取消办矿资格；长春华煤工程技术有限责任公司在公司资质过期的情况下，从事瓦斯等级鉴定工作，被建议由吉林煤矿安全监察局没收违法所得0.8万元，并被处四倍罚款，计3.2万元，合计给予经济处罚4万元。

五、补救措施

为深刻吸取事故教训，切实加强煤矿安全生产工作，吉林省煤矿安全监察局提出以下要求：

1. 认真贯彻落实七条规定。煤矿企业必须真正落实《煤矿矿长保护矿工生命安全七条规定》，所有煤矿矿长及煤矿安全生产管理人员必须以七条规定为准绳，把“生命至上、安全第一”的理念贯穿煤矿生产的全过程，切实做到铁规定、钢执行、全覆盖、真落实、见实效，并以此为基础，落实矿长责任，落实企业主体责任，打击非法违法行为，确保井下出现瓦斯超限等重大险情时，能够及时把人员撤到安全地点，有效防范和坚决遏制煤矿重特大事故。

2. 进一步加强煤矿瓦斯管理工作。煤矿安全监管监察部门、行业管理部门和煤矿企业都要严格执行《国务院办公厅转发发展改革委安全监管总局关于进一步加强煤矿瓦斯防治工作若干意见的通知》（国办发［2011］26号）和《国家安全监管总局　国家煤矿安监局关于印发煤矿瓦斯防治工作“十条禁令”的通知》（安监总煤装［2011］182号）的各项规定，切实把瓦斯防治的各项工作要求落到实处。要进一步树立瓦斯超限就是事故的责任意识，积极采取各种有效措施，坚决避免瓦斯超限，对达不到要求的煤矿企业，必须按规定坚决责令停产整顿，停产整顿仍不能有效解决的，要提请政府予以关闭。

3. 切实加强煤矿企业安全管理。煤矿企业要全面加强安全管理，健全规章制度，完善安全标准，提高企业技术水平，夯实安全生产基础，坚持不安全不生产。要强化企业依法办矿意识，坚决遏制“三超”生产行为；要强化现场安全管理，严肃查处“三违”行为；要切实加大隐患排查治理力度，确保隐患整治到位。要严防煤矿主要负责人和领导班子成员轮流带班下井制度流于形式，严防未经培训或培训考核不合格人员上岗作业。

4. 切实加强煤矿安全避险“六大系统”建设完善工作。煤矿企业要进一步明确安全避险“六大系统”建设完善的目标、任务、措施和责任。要强化对瓦斯监测监控系统的维修及管理，配齐各种监测监控人员，严格监测监控管理制度，凡监控监测系统不完善、数据不能按规定上传的，都必须坚决责令停产整顿。

5. 严格煤矿瓦斯等级鉴定工作。煤炭行业管理部门和煤矿瓦斯鉴定机构要严格执行《煤矿瓦斯等级鉴定暂行办法》，进一步规范煤矿瓦斯等级鉴定工作，做到管理从严、鉴定从严、审批从严。鉴于长春华煤工程技术有限公司在煤矿瓦斯等级鉴定中存在严重问题，省能源局对华煤公司2011年以来所做的煤矿瓦斯鉴定结果要责成其他瓦斯鉴定机构重新进行鉴定，以确保瓦斯鉴定的真实性。

6. 要切实加大煤矿安全监管力度。煤矿安全监管部门要真正提高监管执法质量，强化监管执法效能，严肃认真地履行煤矿安全监管职责。要进一步加强对煤矿安全监管人员的责任意识教育，对上级有关瓦斯治理等煤矿安全生产各项工作要求必须坚决要求到位、贯彻执行到位。

参考资料

1. 国家安全生产监督管理总局：吉林省白山市吉盛煤矿瓦斯事故，见 http：//www.chinasafety.gov.cn/newpage/Contents/Channel_4314/2012/0813/175320/content_175320.htm。

2. 中华人民共和国中央人民政府：吉林省吉盛煤矿发生瓦斯事故，黄玉治赶赴现场，见 http：//www.gov.cn/gzdt/2012－08/14/content_2203494.htm。

3. 吉林省煤矿安全监察局：吉林省白山市吉盛矿业有限公司一井“8·13”重大瓦斯爆炸事故调查报告，见 http：//www.jlmj.gov.cn/html/shigudiaochachuli/2013/0813/10863.html。

长江汽渡船重大沉船事故

一、事件简介

2012年8月16日1时40分，安徽省马鞍山马和汽车轮渡有限公司所属“马和渡104”船在长江上从马鞍山市开往和县途中翻沉。事故造成11人死亡、4人失踪，船上实载的5辆货车、3辆轿车、1辆电瓶车、1辆电动三轮车随船沉没。

二、事件原因

直接原因

1. 船舶配、积载不当，超核定干舷航行以致船舶不适航。

2. 当班船员对本船危险状态估计不足，未采取有效安全防范措施。

间接原因

1. 马和汽车轮渡有限公司安全管理制度执行不到位。

2. 关键岗位培训不到位。

3. 工班安排不合理。

4. 车辆超核定载重量。

三、事件处理

事故发生后，交通运输部、安徽省委省政府领导高度重视，对事故搜救、调查及善后处理工作作出重要批示，交通运输部与安徽省人民政府联合成立了事故调查组及时开展事故调查。

四、责任追究

调查组认定，本次事故系“马和渡104”轮配积载不当、船员未采取有效的安全防范措施，以致船舶在稳性失衡状态下冒险开航，导致船舶倾覆的单方责任事故。时军、张义等7人对事故负有直接管理责任，涉嫌重大劳动安全事故罪，被建议由司法机关依法追究其刑事责任；陈弟余、朱治国等8人对此次事故发生负有管理责任，被建议给予行政记大过处分；苗德湘、蒋振宇等3人对此次事故发生负有直接管理责任，被建议吊销船员适任证书；慈湖高新区管委会、马鞍山市交通运输局、慈湖海事处对此次事故发生负有一定管理责任，被建议向芜湖海事局做出深刻书面检查。

五、防范措施

为防止类似事故的再次发生，依据《安全生产法》《内河水上交通安全管理条例》等法律法规，安徽省长江“8·16”汽渡船重大沉船事故调查组提出如下建议：

1. 马和汽车轮渡公司要全面梳理渡运安全的所有环节，全面审视渡运安全管理制度建立和执行情况；要重新调整渡运班次，合理安排渡船船员和岸基工作人员的工作时间，绝不允许24小时上班，杜绝疲劳作业；要强化岸基管理人员和船员的安全意识和渡运安全技能培训，尤其要强化配积载指挥人员专项培训，防止渡船超核定干舷配载和积载不当；要健全完善规章制度，重点强化日常监督检查，根据内河汽渡船运输特点，建立并运行安全管理体系；要积极会同有关管理部门共同采取有效措施，严防超载超限车辆上渡。

2. 长运集团必须切实加强安全生产管理，杜绝类似事故发生。主要负责人必须认真履行企业安全生产第一责任人的职责，建立健全本单位安全生产责任制，定期主持召开企业安委会会议，研究、部署和解决企业安全生产中的有关问题。要认真吸取事故教训，将此次事故通报所属各单位，要按照“四不放过”原则开展事故案例警示教育。切实督促马和汽车轮渡公司落实各项安全管理措施，切实落实企业安全管理主体责任。

3. 马鞍山市交通运输行业主管部门要及时将行业安全生产的法律法规、行业工作部署和运输企业安全生产动态信息与有关市（县、区）政府及其有关部门进行通报，指导地方及时抓好属地有关企业的安全生产监管工作。海事管理机构、港航管理机构、船舶检验机构要按照有关法律法规规定和上级机关的管理要求，认真履行职责，加强部门间安全监管信息沟通合作，强化综合治理，保证政令畅通。有关市（县、区）政府及有关部门要经常组织力量深入有关企业了解安全生产情况，检查安全生产工作，发现问题及时向行业主管部门报告，共同研究制定有效措施，督促企业安全整改到位，切实消除、防范安全管理漏洞。

4. 马鞍山市辖区政府及政府派出机构要充分认识渡运安全的严峻性、重要性，要把防范渡运船舶安全生产事故作为一项重要任务来抓，强化渡运安全管理综合治理，强化渡运安全管理责任制落实。要严格按照《行政许可法》确立的“谁许可、谁负责、谁监督”基本原则，督促辖区有关部门严格落实安全许可事项监督管理。要强化超载超限车辆的综合治理，在重点渡口设置检查站，防止超限和超核定载重量车辆上渡，全面抓好隐患排查治理工作，严厉打击各种非法违法生产经营行为。

参考资料

1. 国家安全生产监督管理总局：安徽省马鞍山市附近水域一艘渡船发生沉没事故13人死亡或下落不明，见 http：//www.chinasafety.gov.cn/newpage/Contents/Channel_4314/2012/0816/175466/content_175466.htm。

2. 六安市地方海事局：长江马鞍山市境内“8·16”汽渡船重大沉船事故调查报告，见 http：//ww

w. lamsa. gov. cn/bencandy. php? fid = 72&id = 1025。

重庆合川重大交通事故

一、事件简介

2012 年 8 月 20 日 12 时 33 分，一辆东风牌重型自卸货车从重庆市合川区清平镇驶往北碚区方向，途经省道 110 线清平镇杨柳坝干河沟路段时，与相对方向行驶的一辆长安牌小型普通客车相撞。事故造成 12 人死亡、1 人受伤，直接经济损失 600 万余元。

二、事件原因

渝 AEG122 驾驶人徐洪武超员超速行驶，遇大雨天气，在驾车右转弯时车辆越过道路中心线与刁云飞驾驶的超载超限超速行驶的渝 BN7976 货车迎面相撞。重庆方固汽车运输有限公司安全教育、安全管理、事故隐患排查不到位；合川区清平镇政府履行道路交通安全监管职责不力；北碚区、合川区公安交巡警部门履行道路交通安全监管职责不到位；市交通行政执法总队高速公路一支队四大队履行安全监管职责不力造成的。

三、事件处理

事故发生后，重庆市市委、市政府领导高度重视，立即赶赴现场，组织指导事故抢救和善后工作。按照重庆市政府统一安排，成立了由市安监局牵头，市监察局、市公安局、市交委、市总工会、合川区政府等部门组成的合川区“8·20”重大道路交通事故调查组，并邀请市检察院派员参加，对事故开展调查。

四、责任追究

经调查组认定，本次事故是一起生产安全责任事故。邢艳东、邓文光等 5 人被建议给予行政警告处分；王勇、邓详被建议作出书面检查；重庆方固公司未落实企业安全生产主体责任，被建议罚款 70 万元。

五、补救措施

这次事故社会负面影响较大，教训十分深刻，为防止此类事故再次发生。重庆市合川区“8·20”重大道路交通事故调查组特提出以下防范措施建议：

1. 进一步加强道路交通安全管控力度。本次事故暴露出，公安交巡警部门和市交通行政高速公路执法部门在履行路面管控职责时，特别是在勤务工作安排方面还有疏漏。建议两部门认真吸取事故教训，举一反三，进一步加大道路交通安全管控力度。

2. 进一步落实道路货运企业安全生产责任。道路运输主管部门要加强道路货运企业日常监管，立即全面开展货运企业安全专项大整治，督促企业加强从业人员安全培训教育。特别是要督促企业加强对公司挂靠货车的安全监管，防范货车超载超限等违法行为。

3. 进一步加强 7 座以上车辆上户、年审管理工作。本次事故暴露出，肇事长安车贴膜颜色较深，通透率差，影响执法人员纠违执法的问题。建议市公安交巡警总队抓好车辆上户、年审和日常监管，切实提高 7 座及以上车辆车窗通透性。

4. 加大对货车超载超限联动执法力度。目前，交通部门从保护路产路权角度出发，根据货车轴承数量，限定货车允许载重质量；公安交巡警部门办理货车登记入户时，确定货车核载质量。二者标准不一，执法主体不同，处罚方式不同，立法本意不同，影响了对货车超载超限执法力度和公信力。建议市公安、交通部门会同市政府法制办共同研究制定货车超载超限统一执法标准，统一问责标准，整合全市治超联动执法力度，切实解决货车超载超限违法行为，提高社会公信力。

5. 加大对 7 座及以上非营运车辆安全检查力度。

6. 加强对企业自建公路的监管和隐患排查。

参考文献

1. 国家安全生产监督管理总局：重庆市合川区发生道路交通事故 12 人死亡，见 http://www.chinasafety.gov.cn/newpage/Contents/Channel_4314/2012/0820/175798/content_175798.htm。

2. 重庆市安全生产监督管理局：合川区“8·20”重大道路交通事故调查报告，见 http://www.cqsafety.gov.cn/html/2013-06-20/ff8080813e8de6f8013f6074b6d1446c.html。

3. 百度百科：“8·20”重庆合川区重大交通事故，见 http://baike.baidu.com/link?url=HXQqLIRNjmS6Xtbb6My91oSG5YV3Drb2JxDsivaEY5VdUq9yVIDOisRXKnaRDlZ_lnWnSoULlHlIe6Noc1k2YK。

陕西“8·26”包茂高速特大交通事故

一、事件简介

2012 年 8 月 26 日 2 时 40 分，陕西省延安市境内包茂高速安塞段由北向南 484km + 5m 处，内蒙古呼和浩特市运输集团公司一辆宇通牌大客车（核载 39 人，实载 39 人）与河南省孟州第一汽车运输公司一辆大货车（从榆林能化有限公司装载甲醇运往山东）追尾相撞，引发甲醇泄漏起火并引燃客车，造成 36 人死亡、3 人受伤，大客车报废，重型半挂货车、高速公路路面和涵洞受损，直接经济损失3160.6万元。

二、事件原因

直接原因

卧铺大客车驾驶人遇重型半挂货车从匝道驶入高速公路时，因疲劳驾驶而未采取安全措施，导致卧铺大客车追尾碰撞重型半挂货车；重型半挂货车驾驶人从匝道违法驶入高速公路，在高速公路上违法低速行驶，是导致卧铺大客车追尾碰撞重型半挂货车的次要原因。

间接原因

1. 内蒙古自治区呼和浩特市呼运（集团）有限责任公司客运安全管理的主体责任落实不力。

2. 河南省焦作市孟州市汽车运输有限责任公司危险货物运输安全管理的主体责任落实不到位。

3. 内蒙古自治区呼和浩特市交通运输管理部门道路客运安全的监管责任落实不到位。

4. 河南省焦作市交通运输管理部门危险货物道路运输的监管责任落实不到位。

5. 陕西省延安市、内蒙古自治区呼和浩特市、河南省焦作市孟州市公安交通管理部门道路交通安全的监管责任落实不到位。

三、事件处理

事故发生后，国务院成立事故调查组，国家安全监管总局副局长孙华山会同公安部副部长黄明立即率工作组赶赴事故现场，指导地方政府做好事故救援等工作。8月26日下午，国务院调查组和陕西省省长赵正永等陕西省相关负责人抵达事故现场。在查看了现场情况后，调查组一行立即召开了现场会。

四、责任追究

经国务院包茂高速陕西延安“8·26”特别重大道路交通事故调查组调查认定，包茂高速陕西延安“8·26”特别重大道路交通事故是一起生产安全责任事故。郭永正、史云峰等10人因涉嫌重大责任事故罪，被司法机关采取刑事强制措施；彭绍清、李傲强等26人对事故的发生负有重要领导责任，被建议给予记大过处分；内蒙古自治区相关部门对呼运（集团）有限责任公司及其主要责任人建议给予相应行政处罚；河南省相关部门对孟州市汽车运输有限责任公司及其主要责任人给予相应行政处罚。

五、补救措施

这起事故，给国家和人民群众生命财产造成了重大的损失。针对事故暴露出来的问题，为进一步细化工作措施，切实落实企业安全生产主体责任和相关部门监管责任，有效防范类似事故再次发生，安全管理总局特提出以下工作建议：

1. 高度重视道路交通安全工作。内蒙古自治区、河南省、陕西省人民政府及其有关部门要高度重视道路交通安全工作，认真宣传贯彻《国务院关于加强道路交通安全工作的意见》（国发［2012］30号，以下简称《意见》）和《道路交通安全“十二五”规划》（安委办［2011］50号）。要结合实际，抓紧制定并落实本地区实施《意见》和《道路交通安全“十二五”规划》中有关新制度、新措施的可操作性意见和办法，明确细化责任分工方案，确保道路运输企业安全生产主体责任、部门监管责任、属地管理责任、道路交通安全工作目标考核和责任追究制度等落到实处。要切实改进道路交通安全监管的手段和方法，建立由道路交通安全工作联席会议等机构牵头协调的工作机制，形成工作联动、数据共享、联合执法的道路交通安全工作合力。

2. 进一步加强长途卧铺客车安全管理。内蒙古自治区人民政府及其有关部门要结合本地区实际，认真研究制定切实有效的长途卧铺客车安全管理措施，督促运输企业切实履行交通安全主体责任。要严格客运班线审批和监管，加强班线途经道路的安全适应性评估，合理确定营运线路、车型和时段，严格控制1000公里以上的跨省长途客运班线和夜间运行时间。要加大对现有长途客运车辆的清理整顿，对于不符合安全标准、技术等级不达标的，要坚决停运并彻底整改。要督促道路客运企业严格落实长途客运车辆凌晨2时至5时停止运行或实行接驳运输制度，充分利用车辆动态监控手段加大对车辆的监督检查力度，督促运输企业严格落实长途客运驾驶人停车换人、落地休息等制度，杜绝驾驶人疲劳驾驶。

3. 进一步加强危险化学品运输安全管理。河南省人民政府及其有关部门要督促危险化学品运输企业认真履行承运人的义务和职责，建立健全安全管理制度，根据化学品的危险特性采取相应的安全防护措施，并在车辆上配备必要的防护用品和应急救援器材，进一步完善应急预案，有针对性地开展不同条件下的应急预案演练活动；充分利用危险化学品运输车辆动态监控系统，加强对危险化学品运输车辆的管理，严禁危险化学品运输车辆在高速公路低速行驶、随意停靠。要对全省危险化学品运输车辆进行全面排查和清理整顿，禁止任何形式的挂靠车辆从事危险化学品道路运输经营行为；用于运输易燃易爆危险化学品的罐式车辆不符合相关安全技术标准、生产一致性要求的，要积极联系生产企业进行改造。要建立驾驶人驾驶资质、从业资质、交通违法、交通事故等信息的共享联动机制，加强对危险化学品运输车辆驾驶人的动态监管。

4. 加大道路路面秩序巡查力度。陕西省、内蒙古自治区人民政府及其有关部门要继续强化路面秩序管控，严把出站、出城、上高速、过境“四关”，对7座以上客车、旅游包车、危险品运输车实行“六必查”，坚决消除交通安全隐患，严防发生重特大道路交通事故。要加强高速公路日常巡查监管力度，针对高速公路重点交通违法行为进行专项研判，提前优化警力部署，提升工作成效。要因地制宜，在高速公路服务区等处设立临时执勤点，加强交通流量集中路段的巡逻，严查严纠违法占道、疲劳驾驶、超速超载、高速公路上下客等各类严重交通违法行为。要严格执行《意见》有关客运车辆夜间安全通行方面的新要求，科学调整勤务，改进执勤执法方式，完善交通管理设施，并督促指导运输企业相应调整动态监控系统设定的行驶速度预警指标，确保夜间客运车辆按规定运行。

5. 着力提升道路运输行业从业人员教育管理水平。内蒙古自治区、河南省要高度重视道路运输行业从业人员的安全教育培训工作，采用案例教育等多种形式，不断提高从业人员的安全意识、法制意识、责任意识和技能水平。要按照相关要求督促道路运输企业建立驾驶人安全教育、培训及考核制度，定期对客运驾驶人开展法律法规、技能训练、应急处置等教育培训，并对客运驾驶人教育与培训的效果进行考核。危险化学品道路运输企业还应当针对危险化学品的性质，强化驾驶人员和押运人员的应急演练，确保驾驶人员、押运人员在事故发生后及时采取相应的警示措施和安全措施，并按规定及时向当地公安机关报告。要督促运输企业建立驾驶员档案，定期进行考核，及时了解掌握驾驶员状况，严禁不具备相应资质的人员驾驶机动车辆。

6. 尽快完善道路交通安全法律法规和技术标准。国家有关部门要适应道路交通安全管理工作的实际需求，进一步完善罐式危险化学品运输车辆的技术标准和规范，提高危险化学品运输车辆后下部防护装置的强度，优化车辆罐体阀门等装置的连接方式，提升罐式危险化学品运输车辆的被动安全性。要进一步完善高速公路技术标准体系，结合实际情况对高速公路服务区出口加减速车道长度、导流区物理隔离设施设置标准等内容进行适当修订和细化。要借鉴剧毒化学品和爆炸品运输相关管理措施，研究进一步加强易燃危险化学品运输管理的综合措施。要进一步完善道路运输车辆动态监管机制，尽快出台动态监管工作管理办法，明确车辆动态监控系统的使用管理规定，加强对道路运输企业的指导和管理。

参考资料

1. 国家安全生产监督管理总局：包茂高速陕西延安“8·26”特别重大道路交通事故调查报告，见 http://www.chinasafety.gov.cn/newpage/Contents/Channel_5498/2013/0412/201440/content_201440.htm。

2. 百度百科：“8·26”包茂高速特大交通事故，见 http://baike.baidu.com/link? url = ISCCDq7eLS_cIfhFFC - Fx - CBPla18aTsc1MBhxjdUUWEcPS0waNBHn7sSgrJarBw7oihZ5PhVSQt78TtnOHY9a#12。

四川广安两车追尾事故

一、事件简介

2012年8月26日13时30分，四川省广安市岳池县境内，沪蓉高速公路1714km + 400m处，一辆无牌长安车与一辆停靠在路边修理轮胎的大货车追尾，造成12人死亡，直接经济损失约300万元。

二、事件原因

直接原因

谭千举驾驶严重超员的川A68225（临时）小型客车进入高速公路，操作失误，致所驾车碰撞道路右侧停放的川S39789重型货车。

间接原因

王晓飞驾驶后防护装置不符合安全要求的机动车上路行驶，在车辆发生故障时未按规定停放和设置警示标志，也未及时报警。许建平、陈栋在维修川S39789号重型货车的过程中，占用高速公路行车道修车作业，警示标志摆放的距离和区域不符合要求。

三、事件处理

事故发生后，四川省委、省政府作出重要批示，巫溪县委、县政府成立了巫溪县关于四川省“8·26”重大交通事故善后处置现场组和事故后方善后处置组，巫溪县副县长率相关部门人员，连夜赶赴四川广安协助处置善后事宜。

四、责任追究

经调查认定，沪蓉高速公路南广段“8·26”重大道路交通事故是一起责任事故，梁瑜峰对事故发生负有主要领导责任，被给予其记过处分；蔡统勇对事故发生负有重要领导责任，被责成向彭州市公安局写出书面检查；吴亮对事故发生负有重要领导责任，被诫勉谈话；王晓飞对此次事故负有次要责任，许建平、陈栋对事故发生有过错，以上3人被建议由公安、交通运输部门按照相关法规对其进行处理。

五、补救措施

为深刻吸取事故教训，有关部门提出以下整改要求：

1. 清醒认识当前交通和生产安全严峻形势。各级各部门要切实增强政治意识、责任意识、大局意识、忧患意识，进一步加强领导，明确责任，落实措施，扎扎实实抓好交通和生产安全工作，坚决杜绝类似事故发生。

2. 落实责任，深入开展道路交通安全集中整治工作。深入开展道路交通安全大检查，重点检查交通运输企业主体责任、安全准入审核把关、安全生产标准化建设、长途客运和旅游包车管理、长途客运驾驶员停车换人及落地休息和驾驶时间控制等制度的落实情况，检查驾驶人培训考核管理、车辆安全性能及运行监管、道路交通安全设施保障、交通安全执法、事故查处和责任追究等情况，要扎实深入，切实发现和解决问题。

3. 强化措施，认真开展道路交通“打非治违”。各相关部门要严格按照《国务院关于加强道路交通安全工作的意见》（国发［2012］30号）、《国务院办公厅关于集中开展安全生产领域“打非治违”专项行动的通知》（国办发明电［2012］10号）、《交通运输部、公安部、国家安全监管总局关于印发“道路客运安全年”活动方案的通知》（交运发［2012］112号）要求，以县乡客运、旅游包车为重点，进一步加强客运安全和农村交通安全监管，严厉打击道路交通的非法营运和各类交通安全违法行为。

4. 加强宣传，提高交通安全意识。各级各部门要结合本部门的特点，组织开展形式多样、通俗易懂的道路交通安全宣传教育活动。要深入到农村、集市等场所，充分利用广播、电视、报纸、互联网等媒体进行道路交通安全宣传教育，向广大机动车驾驶人和乘客宣传交通法律法规以及超速、超载、超员、违法载人、酒后驾驶、疲劳驾驶等严重违法行为的危害，促使驾驶人保持良好的作息习惯，避免因精力不足引发事故，教育驾驶人经常对车辆进行检查和保养，发现问题及时维修，在故障未排除前不得出车，严禁车辆带病上路，提高全民自觉遵章守法的交通安全意识和自我安全防范意识，确保出行平安。

5. 扎实开展“打非治违，百日攻坚”行动。各街道办事处、镇（乡）人民政府、有关单位要认真吸取合川“8·20”事故教训，深入开展安全生产“打非治违，百日攻坚”行动，切实强化重点行业领域安全监管，增添举措，加强防范，最大限度减少一般事故、坚决杜绝此类事故的发生。

参考资料

1. 国家安全生产监督管理总局：四川省广安市发生两车追尾事故，见 http：//www. chinasafety. gov. cn/newpage/Contents/Channel_4314/2012/0827/176094/content_176094. htm。

2. 重庆市丰都县人民政府：丰都县人民政府安全生产委员会关于切实加强交通和生产安全工作的紧急通知，见 http：//fd. cq. gov. cn/aspx/default/show. aspx？classid＝85&id＝100965。

3. 百度百科：“8·26”沪蓉高速重大交通事故，见 http：//baike. baidu. com/view/9242408. htm。

4. 搜狐新闻：四川广安“8·26”重大交通事故6人负有责任被处理，见 http：//news. sohu. com/20130527/n377138697. shtml。

重庆奉节瓦斯事故

一、事件简介

2012年8月27日11时30分，重庆奉节县顺昌矿业有限责任公司红合煤矿203井（关闭矿井）二级提升下车场发生瓦斯爆炸事故。事故造成4人死亡、7人受伤，直接经济损失293.93万元。

二、事件原因

红合煤矿业主非法启封关闭井口，在矿井不具备安全生产条件的情况下，非法组织生产。203井大串联通风，采掘工作面处于相邻矿井的回风流中，二平巷下掘独头的局部通风机长期处于回风区域，循环通风，造成瓦斯积聚。事故当班职工进班开启局部通风机，采用“一风吹”方法将作业地点高浓度瓦斯排至二级提升下车场，当非防爆农用三轮车行至二级提升下车场等待提升时，车灯电线明接头碰到灯座铁外壳短路产生火花，引起瓦斯爆炸。

三、事件处理

事故发生后，重庆市煤矿安全监察局人员于第一时间赶赴事故现场，指导事故抢险救援工作。

四、责任追究

经调查，该事故是一起责任事故，相关人员被追究责任：李良平、罗云术被建议刑事处理，李伦春、冉广平等4人被建议行政处分，昌世华被建议写书面检讨；奉节县顺昌矿业有限责任公司红合煤矿被处罚款28万元。

五、补救措施

这起事故给国家和人民群众生命财产造成了

重大损失。重庆市煤矿安全监察局提出以下要求：

1. 要严格执行国务院第446号令有关煤矿关闭标准和重庆市人民政府有关煤矿关闭规定，落实对红合煤矿矿区范围关闭矿井的监管措施，确保关闭矿井关闭到位，严防死灰复燃。要加强红合煤矿安全监管，督促红合煤矿按设计依法建设施工。

2. 深入开展“打非治违”行动，认真落实全县五类矿井和关闭矿井的清理整顿，进一步落实监管措施及监管责任，严格按照监管标准监管到位，防止类似事故的发生。

3. 要加强资源整合矿井的监管，加快资源整合工作进度，做到依法办矿，合法生产。

4. 要加强民用爆炸物品的监管，严厉打击非法储存、使用、转借民用爆炸物品行为。

5. 加强煤炭市场的管理，严格煤炭准运证管理，严防非法煤炭产品进入市场。

6. 加强煤矿供用电监管，严禁向关闭矿井供电和转供电。

参考文献

1. 广东省人民政府应急管理办公室：重庆市奉节县一煤矿发生瓦斯事故造成4人死亡，见 http://www.gdemo.gov.cn/yjdt/gnyjdt/201208/t20120828_166483.htm。

2. 重庆煤矿安全监察局：张继勇副局长赴奉节县指导“8·27”瓦斯事故救援工作，见 http://www.cqmj.gov.cn/mjgov/72346765596033024/20120831/15908.html。

3. 重庆煤矿安全监察局：关于奉节县顺昌矿业有限责任公司红合煤矿203井（关闭矿井）“8·27”较大瓦斯爆炸事故调查处理情况的通报，见 http://www.cqmj.gov.cn/mjgov/73748642921447424/20130605/18323.html。

广东龙山采石场炸药爆炸事故

一、事件简介

2012年8月27日14时20分，广东省清远市英德市龙山采石场发生炸药爆炸事故。事故造成10人死亡、20人受伤，直接经济损失1051.2万元。

二、事件原因

调查组根据现场勘查和物证检验的结果，排除了炸药质量不稳定、车辆部件起火、雷击、钻机打残眼和撞击摩擦等因素引起的炸药爆炸，判断导致此次事故的直接原因是粤RP0661运输车车厢内炸药发生爆炸。但由于爆炸现场破坏严重，不排除雷管或热积累引发炸药爆炸。

三、事件处理

事故发生后，广东省委、省政府领导作出重要批示，根据国家有关法律法规的要求，迅速成立了清远“8·27”重大爆炸事故调查组，组织专业力量抢险，进行事故处置和善后工作，追究相关责任。

四、责任追究

清远“8·27”重大爆炸事故调查组认定，广东清远“8·27”事故是运输车辆炸药爆炸事故，是一起由于相关企业严重违法违规造成的重大责任事故。郑北泉、谢龙生等对民爆物品管理工作领导不力、工作不到位，对事故发生负有主要领导责任，被建议给予纪律处分；另有5名事故责任人被公安机关依法立案侦查。

五、补救措施

这起事故，给国家和人民群众生命财产造成了重大的损失。为深刻吸取事故教训，切实加强民爆物品安全管理工作，有效防范和坚决遏制类似事故发生，国务院安委会办公室提出以下要求：

1. 切实加强民爆物品安全管理。各地区、各有关部门要认真贯彻执行《民用爆炸物品安全管理条例》（国务院令第466号）有关规定，依法严格履行职责，进一步强化民爆物品安全监管力度，督促民爆物品生产、销售、运输、储存、使用单位建立健全并严格落实各项安全管理制度，强化从业人员的安全教育和培训，提高从业人员操作技能和安全意识。尤其要加强民爆物品运输、使用等环节的安全管理和监督。运输民爆物品应凭《民用爆炸物品运输许可证》，按照许可的品种、数量运输；严禁使用非民爆物品运输特种车辆从事民爆物品运输，严禁未取得特种车辆驾驶资格的人员驾驶民爆物品运输车辆，严禁装载民爆物品的运输车辆在人员集聚区逗留以及载药（炸药）维修、车厢内载人、爆破器材和其他货物混装等违规违章行为；装卸使用民爆物品时，要严格执行安全操作规程，并在现场设置警戒，禁止无关人员进入，严禁雷管等起爆器材与炸药在同时同地进行装卸。

2. 强化爆破作业单位现场安全管理。爆破作业单位要建立健全安全管理机构和安全生产责任制，配备专业人员，制定完善安全管理制度、安全操作规程和事故应急预案。要加强对爆炸物品管理和使用人员的安全教育和培训，增强安全意识，提高业务素质，爆破专业管理人员和爆破作业人员必须经过专业培训，考核合格后持证上岗。要严格执行《爆破安全规程》（GB6722－2003）有关规定，爆破作业必须进行爆破设计并严格执行，装药、爆破时应在警戒区边界设置明显标志并派出岗哨，严格执行爆破作业现场安全距离要求，严格执行手持式或其他移动式通信设备不准带入作业现场等有关规定，严禁边装药、边卸药、边复孔等违章作业行为，严禁采用爆破方式进行二次破碎。露天爆破作业时，还应建立避炮掩体，避炮掩体应设在冲击波危险范围之外且坚固紧密。

3. 严肃事故查处和问责。各地区、各有关部门要加大事故查处力度，严格按照“四不放过”和“科学严谨、依法依规、实事求是、注重实效”的原则，认真开展事故调查处理工作。要查清事故原因，分清事故责任，依法严厉追究责任单位和相关责任人的责任。要总结事故教训，举一反三，制定并落实防范类似事故发生的安全措施，切实用事故教训推动安全生产工作。

参考资料

1. 国家安全生产监督管理总局：广东省清远市龙山采石场发生炸药爆炸事故，见 http：//www.chinasafety.gov.cn/newpage/Contents/Channel_4314/2012/0828/176128/content_176128.htm。

2. 南方网：英德“8·27”炸药爆炸事故调查工作取得重大进展，见 http：//news.southcn.com/dishi/qingyuan/content/2012－09/21/content_55234468.htm。

3. 中华人民共和国中央人民政府：关于广东省清远市“8·27”重大爆炸事故的通报，见 http：//www.gov.cn/gzdt/2012－09/07/content_2219221.htm。

新疆昌吉三屯河红星煤矿矿难

一、事件简介

2012年8月28日18时20分，新疆昌吉市三屯河红星煤矿发生一起矿难，导致正在井下作业的矿工6人死亡、6人受伤。

二、事件原因

瓦斯爆炸具体位置为新疆昌吉市三屯河红星煤矿＋965m西翼运输巷原密闭以西约210m地段，瓦斯爆炸的火源为该地点水泵电缆失爆所致。

三、事件处理

事故发生后，新疆昌吉自治州党委、政府高度重视，迅速召集相关部门召开安全生产紧急会议，安排部署安全生产工作，并迅速成立事故应急救援处理指挥部，新疆煤矿安全监察局、昌吉回族自治州相关领导立即赶往现场组织指挥事故救援。

四、责任追究

经调查认定，这是一起典型的违法违规组织作业造成的事故。新疆昌吉市三屯河红星煤矿矿主等相关人员被处以刑事责任。

五、补救措施

这起较大事故损失惨重，影响恶劣，新疆昌吉回族自治州煤炭管理局提出以下建议：

1. 强化企业安全主体责任，落实安全生产各项管理措施。煤矿企业是预防事故的责任主体，必须健全完善并严格落实以企业主要负责人为首的安全生产责任制，强化以总工程师（技术负责人）为首的技术管理体系和以调度为龙头的安全生产指挥体系建设，明确安全管理人员、职能科室、区队、班组和各岗位人员的安全职责，层层落实安全责任，形成严密的责任体系，切实做到有章可循，违章必究；严格贯彻落实矿领导下井带班制度。对不能严格落实领导带班制度、证照不全、现场管理混乱的，要进行停产整改。凡发生一般伤亡事故的矿井，一律停产一年，不得组织生产；凡发生较大事故的矿井，一律予以长期停产直至予以整合。

2. 进一步完善事故隐患排查治理制度，建立隐患排查处理“闭环式”管理模式。各县市煤炭局应进一步完善重大隐患挂牌督办程序，把责任落实到每个人，坚持“谁检查、谁签字、谁负责”，确保重大隐患整改方案措施有人审核把关，整改过程有人监管督办，整改结束有人复查验收。对不能立即整改的隐患必须制定整改方案，落实整改资金、整改责任人，明确整改进度和整改期限，隐患处理结束必须经煤炭局验收，确认隐患消除后进行消号。

3. 继续加大瓦斯专项治理力度。各煤矿企业要全面落实国家和自治区有关瓦斯治理的各项政策、措施，严格执行“先抽后采，监测监控，以风定产”的瓦斯防治十二字方针，进一步提高对瓦斯综合防治工作的认识，要以瓦斯治理工作为重点，完善通风设施，合理分配风量，确保通风系统持续稳定可靠和各用风地点风量充足；要建立健全安全生产管理机构，完善安全管理制度和措施，特别是高瓦斯矿井、煤与瓦斯突出矿井必须设专职通风副总工程师，按要求设立通风、防突、抽采、安全监控等专业机构；煤与瓦斯突出的生产矿井、基建（含改扩建）矿井，应在开拓、掘进和回采前采取区域和局部“四位一体”防突措施，确保抽采达标；各县市煤炭局要严格督促煤矿企业按照瓦斯管理制度进行管理，检查中凡发现空班漏检、一炮三检制度不落实，瓦斯牌板、日报表、手册不相符，领导未审查签字等行为的，要从重处罚，坚决遏止瓦斯事故的发生。

4. 加快煤矿安全监测监控系统建设。各县市必须加强对所属煤矿监控系统的装备、运行维护、人员培训等工作的科学指导和严格监管，推动各类煤矿监控系统的使用和维护走上科学化、规范化轨道。在2012年10月1日前完成州、县（市）及煤矿企业安全监控系统三级联网，实现对全州所有生产矿井瓦斯、通风、人员等状况实时监控，对未按要求完成安全监控系统联网运行的矿井，一律对其实施停产，直至联网运行正常，方可恢复生产。

5. 大力推进煤矿安全质量标准化工作。按照自治州的统一部署，进一步完善辖区煤矿质量标准化达标计划和实施方案，推进矿井安全质量标准化建设，督促煤矿进一步规范管理，尽快建立和完善煤矿安全生产的长效机制，根本上解决煤矿安全生产问题。

6. 加强井下密闭管理。各煤矿要建立健全井下密闭管理制度、管理台账。永久密闭、临时密闭建造后，必须由煤矿建造负责人检查后在密闭墙上注明密闭编号、砌筑时间和负责人，将密闭情况记录在密闭管理台账上并报县市煤炭管理部门备案。各县市煤炭管理部门对煤矿所有密闭均要采取做标记的方式进行监管，对永久密闭、火区密闭还应标注“永久密闭严禁启封”等字样，并留有举报电话。启封永久密闭和火区密闭必须报县市煤炭管理部门批准后，由昌吉州矿山救护队进行，恢复已封闭停工采掘区域时，必须事先制定气体排放安全技术措施后方可排除其中积聚的瓦斯。凡未经煤炭管理部门批准擅自打开井下密闭的，一律停产整顿三个月，并追究相关责任人；煤矿存在制作假闭逃避安全监管、擅自启封密闭导致发生事故的，一律停产整顿一年，严肃处理相关责任人。

7. 加大安全监管执法力度。各县市煤炭管理部门对检查和抽查中发现的问题和隐患，在依法查处的同时，一定要紧紧抓住不放，督促企业整改，加强跟踪监督，直至隐患彻底消除。对不具备安全生产条件的矿井或作业场所，要坚决按照《昌吉州煤矿企业安全生产“十不准”规定》，责令停止生产，下达限期整改或停产整顿指令并依法加大经济处罚的力度。

参考文献

1. 昌吉回族自治州煤炭工业管理局：关于全州煤矿安全生产大检查情况的通报，见 http：//mtj. cj. gov. cn/structure/aqjgzw_272252_1. htm。

2. 昌吉回族自治州煤炭工业管理局：关于对昌吉市三屯河红星煤矿“8·28”瓦斯爆炸事故，见 http：//mtj. cj. gov. cn/structure/tzggzw_272095_1. htm。

3. 中国煤炭资源网：新疆昌吉市三屯河红星煤矿发生矿难，见 http：//www. sxcoal. com/xjcoal/2781099/articlenew. html。

4. 国家安全生产监督管理总局：新疆加大煤矿较大以上事故责任追究力度，见 http：//www. chinacoal – safety. gov. cn/Contents/Channel_4224/2013/1021/222192/content_222192. htm。

辽宁阜新电缆着火事故

一、事件简介

2012年8月29日，辽宁省阜新市东梁青年煤矿井下深部区轨道上山配电点发生一起较大火灾事故。事故造成7人死亡，直接经济损失915万元。

二、事件原因

辽宁省阜新市东梁青年煤矿井下深部区轨道上山配电点电缆着火引燃周边木棚、刹杆及编织袋等可燃物后引发火灾，产生的有毒有害气体，导致5人中毒死亡；有毒有害气体流入阜新市中兴煤矿有限公司主井，导致从阜新市中兴煤矿有限公司主井入井的2人中毒死亡。

三、事件处理

事故发生后，辽宁煤矿安全监察局辽西监察分局会同阜新市煤炭工业管理局、阜新市监察局、阜新市公安局、阜新市总工会等部门组成事故联合调查组，并邀请阜新市人民检察院参加，依法对该起事故进行调查。

四、责任追究

对事故负有责任的15人中，2人被追究刑事责任、7人被行政处分、6人被行政处罚，共被处以罚款13.8万元。辽宁省阜新市东梁青年煤矿共被处以65万元罚款：发生较大事故罚款50万元；事故扩大，迟报2人死亡，罚款15万元。

五、补救措施

为了防范此类事故的再次发生，辽宁省煤矿安全监察局提出以下建议：

1. 加强机电管理。对事发配电点的两台开关按规定进行电流整定；整理悬挂混乱的电缆；对供电线路定期进行检修、维护；

2. 加强安全管理；

3. 加强现场安全管理。

参考文献

1. 辽宁煤矿安全监察局：阜新市东梁青年煤矿“8·29”较大火灾事故结案通报，见 http：//www. lnmj. gov. cn/gjjl1. asp？pro_id＝1110。

肖家湾煤矿特别重大瓦斯爆炸事故

一、事件简介

2012年8月29日17时38分，四川省攀枝花市西区正金工贸有限责任公司肖家湾煤矿发生特别重大瓦斯爆炸事故，造成48人死亡、54人受伤，直接经济损失4980万元。

二、事件原因

肖家湾煤矿非法违法开采区域的10号煤层提升下山采掘作业点和+1220m平巷下部8号、9号煤层部分采掘作业点无风微风作业，瓦斯积聚达到爆炸浓度；10号煤层提升下山采掘作业点提升绞车信号装置失爆，操作时产生电火花、引爆瓦斯；在爆炸冲击波高温作用下，+1220m平巷下部8号和9号煤层部分采掘作业点积聚的瓦斯发生二次爆炸，造成事故扩大。

三、事件处理

事故发生后，党中央、国务院高度重视，温家宝总理、马凯国务委员等领导同志立即作出重要批示，要求全力以赴抢救被困人员，做好善后工作。国家安全监管总局局长杨栋梁，国家安全监管总局副局长、国家煤矿安监局局长付建华及有关领导同志连夜赶赴事故现场，传达中央领导同志重要批示精神，协助并指导事故抢险救援工作。四川省委、省政府以及攀枝花市委、市政府主要领导迅速赶赴事故现场，全力组织开展抢险救援工作。

四、责任追究

经国务院四川省攀枝花市西区正金工贸有限责任公司肖家湾煤矿“8·29”特别重大瓦斯爆炸事故调查组调查认定，四川省攀枝花市西区正金工贸有限责任公司肖家湾煤矿“8·29”特别重大瓦斯爆炸事故是一起责任事故。谷正华、郑长江等21人，因涉嫌重大责任事故罪、非法采矿罪被执行逮捕；赵定国、罗雪清等3人，因涉嫌受贿罪被刑事拘留；周贵宾、范春扬等7人因涉嫌受贿罪被刑事拘留；陈兆平、罗方洲等33名中共党员对事故发生负有主要领导责任，被建议给予行政降级、党内严重警告处分。

五、补救措施

国务院四川省攀枝花市西区正金工贸有限责任公司肖家湾煤矿“8·29”特别重大瓦斯爆炸事故调查组责令各产煤省（区、市）地方各级人民政府及有关部门、煤矿企业要认真学习领会党的十八大对安全生产提出的新要求，坚持科学发展、安全发展，坚决贯彻“安全第一、预防为主、综合治理”的方针，严格执行党和国家有关安全生产的法律法规，深刻吸取这次事故教训，从以下几个方面切实加强和改进煤矿安全生产工作：

1. 严厉打击非法违法生产建设行为。地方各级人民政府要将“打非治违”作为安全生产工作的一项重要内容制度化、长期化，切实加强对“打非治违”工作的领导，进一步完善和落实地方政府统一领导、相关部门共同参与的联合执法机制，形成工作合力，始终保持高压态势，集中严厉打击各类非法违法生产经营建设行为，坚决治理纠正违规违章行为。要进一步强化地方各级政府特别是县、乡两级政府的“打非治违”责任，切实将“打非治违”的各项要求和措施落到实处。国土资源部门要加强矿产资源的管理，严格采矿许可证的年检和储量的动态管理，主动检查煤矿超层越界违法行为。对发现存在超层越界行为的矿井，要依法进行严厉查处，其有关人员涉嫌构成刑事犯罪的，要及时依法移交司法机关处理。安全监管监察部门要查明煤矿生产建设真相，监督煤矿严格在批准的煤层、开采范围、开采方案和工作面进行采掘作业，对隐瞒真实情况，逃避监管，非法违法生产的煤矿，一经查实，必须采取有力措施予以查处，直至吊销证照，提请地方人民政府依法关闭。

2. 切实加大执法力度和提高执法效果。肖家湾煤矿长期非法违法生产、违规违章作业、安全管理混乱，相关地方人民政府及相关部门虽多次执法检查，根本问题却没有得到及时发现和处理，以致酿成大祸，教训极为深刻。地方各级人民政府和有关部门要进一步改进工作方式和方法，切实加大执法力度，提高执法效果。一是采取明察暗访、突击检查等方式，防止煤矿弄虚作假、逃避检查；二是建立完善举报制度，鼓励群众举报煤矿非法违法生产行为和存在的严重隐患，重奖举报人员；三是加强对驻矿安监员管理，完善驻矿安监员的管理体制、机制、制度，充分发挥驻矿安监员在煤矿安全生产监管中应有的作用。对不负责任、知情不报甚至失职渎职的人员要严肃处理。

3. 严格落实煤矿安全生产主体责任。地方各级人民政府和有关部门要针对这起事故暴露出的现场管理混乱、技术管理缺失等问题，督促煤矿企业认真吸取教训，严格落实有关法律法规和《国务院关于进一步加强企业安全生产工作的通知》（国发［2010］23号）精神，健全完善严格的安全生产规章制度，严格落实《煤矿矿长保护矿工生命安全七条规定》（国家安全监管总局令第58号）和瓦斯治理“十条禁令”，做到井巷布局和采掘部署合理，通风系统完善可靠，采用正规采煤方法，减少作业头面，图实相符；深入推进煤矿安全质量标准化建设，推进煤矿机械化建设，提高技术装备水平，坚决淘汰国家明令禁止的设备和工艺；严格落实入井检身制度和出入井人员考勤制度，入井人员必须随身携带自救器，严格落实煤矿企业领导带班下井制度；加强职工培训教育，提高从业人员的业务技能、隐患排查识别能力和防灾避灾技能等，职工未经培训不得下井作业。对不具备安全生产条件的煤矿，坚决停产整顿；对停产整顿期间生产的或整顿后仍然不达标的煤矿，要依法提请关闭。

4. 全面提升煤矿办矿水平。四川省要结合本省煤矿数量多、规模小、灾害严重、基础薄弱的实际，按照“十二五”期间淘汰落后产能计划抓好落实，下决心关闭不符合安全生产条件和产业政策的小煤矿，通过加强瓦斯防治能力评估、兼并重组和淘汰落后产能等方面工作，切实提高煤矿办矿水平，提升煤矿安全生产保障能力。要结合实际学习神华经验以及山西、河南、河北等地煤矿企业兼并重组的好做法，支持和鼓励安全管理水平高的大型煤矿企业兼并重组小煤矿，促进地方经济和企业安全发展。

5. 切实加强煤炭行业管理和煤矿安全监管监察工作。各级煤矿安全监管监察部门、煤炭行业管理和其他负有安全生产管理职责的部门，要加强自身建设，深入基层，深入现场，做到严格执法、公正执法、廉洁执法。要健全完善安全监管、行业管理和执法体系，尤其要加强县级和乡镇安全监管力量建设。煤炭行业管理部门要及时研究解决行业管理中涉及安全的重大问题，促进煤炭行业持续健康发展。建立煤炭行业管理与安全监管监察部门工作会商机制，充分发挥国土资源、煤炭行业管理、公安、监察、工会、工商等部门的协调联动作用，加强对煤炭行业发展、生产、安全工作中重大问题的沟通和协调，及时研究解决，形成合力，促进煤矿安全生产形势持续稳定好转。

参考资料

1. 国家安全生产监督管理总局：四川省攀枝花市西区正金工贸有限责任公司肖家湾煤矿“8·29”特别重大瓦斯爆炸事故调查报告，见 http://www.gov.cn/gzdt/2013-03/27/content_2363329.htm。

2. 中华人民共和国中央人民政府：四川省攀枝花市西区正金工贸有限责任公司肖家湾煤矿“8·29”特别重大瓦斯爆炸事故调查报告，见 http://www.gov.cn/gzdt/2013-03/27/content_2363329.htm。

安徽吉山煤矿顶板事故

一、事件简介

2012年8月31日11时20分，安徽淮北圣火矿业有限公司吉山煤矿6104工作面发生一起顶板事故，造成3人死亡，直接经济损失565.5万元。

二、事件原因

据查，造成事故的直接原因是安徽淮北圣火矿业有限公司吉山煤矿6104工作面周边巷道布置密集，造成工作面应力叠加；工作面单体液压支柱初撑力不足，木垛间距超过规定，直接顶来压出现大面积离层，推垮支架，顶板冒落，将在工作面改棚作业的3名工人埋压致死。

三、事件处理

经调查认定，这是一起因安全生产责任制不落实、安全监管不到位造成的责任事故。根据《煤矿安全监察条例》、《生产安全事故报告和调查处理条例》等有关规定，安徽煤矿安全监察局淮北监察分局和淮北市直有关部门组成事故调查组，按照“科学严谨、实事求是、依法依规、注重实效”的基本要求和“四不放过”的原则对事故进行了调查。

四、责任追究

安徽煤监局对事故责任人和责任单位依法进行了严肃处理，共处理事故责任人24人，共处罚款99.4万元。吉山煤矿和淮北圣火矿业有限公司责任人17人被处理，其中，1人被追究刑事责任，16人分别被给予行政撤职、行政开除、吊销相关资格证、罚款等处分。古饶镇煤矿安全监管部门负责人1人、镇政府领导1人、烈山区煤矿安全监管部门负责人和监管人员3人、区政府领导2人分别被处理。吉山煤矿安全管理不到位、安全生产责任制落实不到位，被处49万元罚款，并建议淮北市烈山区人民政府依据《安徽省人民政府办公厅转发省经济和信息化委安徽煤矿安全监察局关于进一步深化煤矿整顿关闭工作意见的通知》（皖政办［2012］40号）的规定，对吉山煤矿依法实施关闭。

五、补救措施

淮北圣火公司、淮北市烈山区人民政府及古饶镇人民政府必须严格遵守安全生产法律法规，坚持“安全第一、预防为主、综合治理”方针，深入贯彻落实科学发展观，牢固树立以人为本、安全发展的理念，落实安全生产责任，强化安全生产管理，促进煤矿安全健康发展。为深刻吸取事故教训，举一反三，查找生产安全漏洞，完善相关管理措施，有效防范和遏制生产安全事故，提出如下措施建议：

1. 吉山煤矿现场安全管理不到位，安全技术措施不落实，安全监督检查不力，安全教育培训不到位，未认真吸取2011年“3·26”顶板事故教训，未认真落实事故处理决定和防范措施，导致发生本起事故造成3人死亡的严重后果。建议淮北市烈山区人民政府依据《安徽省人民政府办公厅转发省经济和信息化委安徽煤矿安全监察局关于进一步深化煤矿整顿关闭工作意见的通知》（皖政办［2012］40号）的规定，对吉山煤矿依法实施关闭。

2. 淮北圣火公司要切实落实安全生产主体责任。对照《关于加强地方煤矿安全基础管理深化整顿关闭工作的规定》（皖经信煤炭［2010］174号）和《关于进一步深化煤矿整顿关闭工作的意见》（皖政办［2012］40号），认真开展自查自纠，深入查找、分析并弥补安全管理工作存在的差距。健全管理机构、充实管理人员、完善管理制度、理顺管理体制，做到分工明确、责权明晰、监管有力。建立科学合理的考核奖惩和分配制度，强化安全考核奖惩，适当提高员工工资待遇，加强安全文化建设，维护职工队伍的稳定。加大安全投入，大力推进煤矿机械化改造，及时更新装备，提高装备水平。强化安全生产教育培训工作，切实提高员工的安全意识和技能。开展经常性的安全隐患排查，并跟踪隐患整改，采取有效措施督促所属矿井健全安全技术管理机构、加强技术管理和现场管理、强化安全教育培训，夯实安全管理基础。

3. 淮北市烈山区人民政府及古饶镇人民政府要加强煤矿安全日常监管工作。认真落实皖政办［2012］40号文精神。按《淮北市人民政府关于进一步加强地方煤矿安全监管的通知》（淮政［2010］59号）第三十二条要求，配齐“采、掘、机电、运输、通风、防治水”等专业监管人员，强化监管人员的专业培训，提高监管人员素质。完善日常监管制度，健全监管机制，夯实监管基础，加强对地方煤矿的监督检查，注重煤矿工作面初放、收作、过老巷等关键环节的监督检查，切实强化监管工作。

参考文献

1. 中国煤炭网：安徽煤监局处理淮北圣火矿业“8·31”顶板事故，见 http：//www.ccoalnews.com/101783/101877/200707.html。

2. 中国煤炭新闻网：安徽吉山煤矿“8·31”顶板事故27人将被追究责任，见 http：//www.cwestc.com/ShowNews.aspx？newId＝269436。

3. 安徽煤矿安全监察局：安徽煤监局对淮北圣火矿业有限公司吉山煤矿“8·31”顶板事故依法作出严肃处理，见 http：//www.anhuimj.gov.cn/master/webchannel！detail.action？cmsContent.infoId＝13564&channel.channelId＝&parent.channelId＝。

江西高坑煤矿“9·2”重大瓦斯爆炸事故

一、事件简介

2012年9月2日12时55分，江西省煤业集团萍乡分公司高坑煤矿408采区3476工作面发生一起瓦斯爆炸事故，事故共造成15人死亡，11人受伤（重伤6人，轻伤5人）。

二、事件原因

江西省煤矿安监局认定事故原因为：高坑煤矿沿底板炮采，一次采全高，易于造成高顶瓦斯积聚，且瓦斯超限未能及时监测发现，遇火源引起爆炸，性质为责任事故。

三、事件处理

事故发生后，国务院相关领导作出重要批示，江西省委、省政府高度重视，相关领导亲自部署事故救援工作。江西省安监局、煤监局、煤炭行办、煤炭集团公司等部门主要负责人第一时间赶到事故现场，组织指挥事故救援和善后处置工作。国家煤矿安监局、国家安全监管总局工作组一行迅速赶赴事故现场，指导开展事故救援等工作。

四、责任追究

国务院安委办主任办公会议认定：江西省高坑煤矿“9·2”重大瓦斯爆炸事故为责任事故，并对事故有关责任人、责任单位进行了处理，除2名事故中死亡责任人不再追究责任外，江西煤业集团有限责任公司总经理胡运生被处以行政记过处分，其他18名责任人分别被给予党内或行政处分；公司控股股东被责成向江西省人民政府作出书面检查；高坑煤矿被处以180万元罚款。

五、补救措施

为深刻吸取事故教训，切实加强煤矿安全生产工作，坚决遏制当前煤矿事故反弹，坚决防范和遏制重特大煤矿瓦斯事故，江西省煤矿安全监察局提出以下要求：

1. 各单位、各部门和煤矿企业要认真贯彻落实江西省委、省政府领导重要批示，充分认识当前煤矿安全生产严峻形势，深刻吸取事故教训，立即组织对各类煤矿开展安全大检查。全面排查治理各类隐患，切实落实瓦斯、水害、火灾等灾害防治措施，切实做到不安全不生产。江西省煤矿安全监察局组织易地交叉监察延长监察时间，增加监察矿井数量，加大监察力度。

2. 继续深入扎实开展“打非治违”专项行动。对重点地区、重点煤矿企业，要开展联合执法、集中整治和综合治理。煤矿安全监管部门和煤矿安全监察机构要严格执法，严肃查处非法违法和违规违章行为，对非法违法煤矿要坚决按照“四个一律”严厉打击，存在重大隐患的煤矿要立即停产整顿。对停产整顿矿井，必须严格按照江西省政府141号令的规定组织验收，经验收合格后才能恢复生产。对瓦斯防治等安全措施不到位，采用明令禁止淘汰工艺生产或存在重大安全隐患的矿井或采区，一律停产整顿。责令停产整顿的矿井或采区，江西省属煤矿必须经矿务局（公司）组织验收合格并报江西省煤炭集团公司和分局同意，才能恢复生产。

3. 坚决贯彻执行《国务院办公厅转发发展改革委安全监管总局关于进一步加强煤矿瓦斯防治工作若干意见的通知》（国办发［2011］26号）文件，牢固树立瓦斯超限就是事故的理念。煤矿发生瓦斯超限，要立即停产撤人，比照事故处理，组织分析，查明瓦斯超限原因，落实防范措施。要落实瓦斯超限治理目标，建立健全瓦斯超限防治责任制及问责制度，因责任和措施不落实造成瓦斯超限的，必须严肃追究有关人员的责任。对瓦斯浓度处于报警临界状态的，也必须分析原因，采取措施处理。

4. 切实加强煤矿瓦斯和通风管理。严格执行“先抽后采、监测监控、以风定产”的瓦斯治理十二字方针，狠抓“通风可靠、抽采达标、监控有效、管理到位”的瓦斯综合治理工作体系建设，着力构建煤矿瓦斯防治的长效机制。矿井、水平、采区和采掘工作面必须建立可靠稳定的通风系统，确保通风系统稳定、可靠，确保风量充足、风流稳定。要加强井下回风巷道的维修，保证通风断面，减小通风阻力，严禁无风作业、微风作业。要加强煤矿安全监控系统的管理。瓦斯传感器的设置地点、报警浓度、断电浓度和断电范围，必须符合《煤矿安全监控系统及检测仪器使用管理规范》（AQ1029－2007）的规定。

5. 淘汰落后的采煤方法，严禁非正规采煤和单体柱回采工作面放顶煤开采工艺。

参考资料

1. 国家安全生产监督管理总局：江西省萍乡市一煤矿发生瓦斯爆炸事故15人死亡，见http：//www.chinasafety.gov.cn/newpage/Contents/Channel_4314/2012/09 03/176855/content_176855.htm。

2. 江西煤矿安全监察局：江西煤矿安监局关于萍乡矿业集团公司高坑煤矿“9·2”重大瓦斯爆炸事故的通报，见http：//www.jxmkaqjc.gov.cn/zwgk/bgfw/201210/t20121017_245228.htm。

3. 安源煤业集团股份有限公司：关于江西煤业集团有限责任公司高坑煤矿“9·2”重大瓦斯爆炸事故调查处理意见的公告，见http：//pdf.dfcfw.com/pdf/H2_AN201307010003491930_1.pdf。

包茂高速“9·4”较大道路交通事故

一、事件简介

2012年9月4日13时42分，包茂高速公路由北向南666km＋361.9m处（陕西省延安市洛川县段）发生一起重型半挂货车追撞四辆小型客车及两辆大型货车的较大道路交通事故，造成7人死亡、2人受伤，7车不同程度受损，直接经济损失4657299.8元。

二、事件原因

直接原因

豫N45616（主）、豫NW299（挂）重型半挂车驾驶人张军伟安全意识淡薄，驾驶安全设施不全且超载的重型半挂车，超速行驶，行至因高速公路违规施工导致交通堵塞的路段，对道路交通状况观察不周，未能及时发现和有效处置险情，在与前方停驶的小客车发生追尾碰撞后，仍未能采取有效的制动措施，继续追撞前方其他车辆，导致发生连环碰撞事故。事故后张军伟及副驾驶人徐遮为了逃避法律追究而弃车逃离事故现场（后于2012年9月21日投案自首）。

间接原因

1. 河南省商丘交运集团公路运输有限公司及其下属八公司未认真履行安全生产管理职责，安全生产投入不到位，安全生产管理松散，未按规定对从业人员进行安全生产培训教育，安全检查和隐患排查不到位，未按规定对车辆进行例保例检和强制性保养级维护，致车辆带病运行。

2. 陕西省榆林市神木县孙家岔镇排界南煤矿违规装载，使车辆超载23%，致该车超负荷运行，埋下事故隐患。

3. 陕西省高速公路建设集团公司是包茂高速公路672km点位进行大修的建设单位，该公司下属的西延分公司具体负责协调在公安交通管理部门办理高速公路大修的相关开工审批手续。经查，西延分公司在已申报，但尚未取得高速公路施工审批手续的情况下，擅自违章开工在事故前方6km处路面铣刨重铺、微表处理。所铣刨路面宽度为6.30m，长度为209.5m，仅在一车道留了

3.55m 供车辆通行，加之施工路段又是上坡，导致车辆行驶缓慢形成滞留车辆达 6km，造成道路通行不畅。

4. 陕西省延安市交警支队高交大队洛川中队履行职责不到位，对管辖路段违规施工行为制止不力，对因施工影响高速公路正常行驶的隐患路段管控不到位。

三、事件处理

2012 年 9 月 4 日 13 时 43 分，陕西省洛川县公安局接到事故报警后，于当日 13 时 46 分向延安高速公路交警大队洛川中队下达了出警指令，高交大队迅速组织洛川中队民警赶赴现场抢救伤者并对现场进行先期处置。同时向大队及支队进行了汇报。陕西省延安市委、市政府相关领导立即作出重要批示，并赶到现场协助救援和现场处置。事故现场于当日 20 时 20 分处置完毕恢复了交通。

四、责任追究

经调查认定：包茂高速洛川段“9·4”较大道路交通事故是一起较大责任事故。

（一）相关人员被依法追究刑事责任

1. 张军伟，肇事车辆豫 N45616（主）、豫 NW299（挂）重型半挂货车驾驶人。因涉嫌交通肇事罪，2012 年 9 月 22 日被陕西省延安市公安机关刑事拘留；2012 年 10 月 30 被延安市宝塔区检察院依法批准逮捕。

2. 赵荣茂，河南省商丘交运集团公路运输有限公司安全处副处长。因涉嫌重大安全事故罪，2012 年 9 月 16 日被陕西省洛川县公安局刑事拘留。

3. 徐培，河南省商丘交运集团公路运输有限公司八公司副经理。因涉嫌重大安全事故罪，2012 年 9 月 16 日被陕西省洛川县公安局刑事拘留。

（二）一些人员被处以党纪、政纪处分

1. 王晓峰、张利民等 4 人由陕西省高速公路建设集团公司依据《生产安全领域违法违纪行为政纪处分暂行规定》的有关规定进行处理。

2. 王军、张啸等 4 人被处以行政警告处分。

（三）相关单位被处以行政处罚

1. 河南省商丘交运集团公路运输有限公司未认真履行安全生产管理职责，对此事故负有直接管理责任，被河南省商丘市安委会责成相关部门对河南省商丘交运集团公路运输有限公司给予经济处罚。

2. 陕西省榆林市神木县孙家岔镇排界南煤矿违法装载，使车辆超载 23%，埋下事故隐患，根据《陕西省治理公路超限运输办法》第四十条之规定，被榆林市安委会责成相关部门对神木县孙家岔镇排界南煤矿给予经济处罚。

3. 陕西省高速公路建设集团公司未按规定取得公安交通管理部门的审批手续，擅自组织施工，造成道路通行不畅。被陕西省安委会在全省范围予以通报批评。

五、补救措施

包茂高速洛川段“9·4”较大道路交通事故给人民生命财产带来了重大损失，后果严重，教训深刻。为了进一步细化工作措施，切实落实企业安全生产主体责任和相关部门的监管责任，有效防范类似事故再次发生，陕西省延安市人民政府包茂高速洛川段“9·4”较大道路交通事故调查组特提出以下措施建议：

1. 陕西省高速公路建设集团公司要认真吸取事故教训，加强内部管理，完善安全管理制度，进一步落实责任，特别要做到依法施工，不断加强对道路施工现场的安全管理，及时消除事故隐患，杜绝类似事件再次发生。

2. 陕西省延安市交警支队高交大队要认真吸取事故教训，对本起事故要在系统内进行通报，做到举一反三，进一步落实工作职责。加强人员配置，按规定科学分配执勤警力，严明工作纪律，开展高速公路事故隐患大排查，对超载、超速和疲劳驾驶等违法行为要坚决予以打击；实行客、货车辆分道措施，加强道路巡查力度；对未经许可违法乱挖、乱建等施工行为，一经发现要进行严肃处理，全面遏制高速公路事故高发的势头。

3. 陕西省交通运输企业要吸取事故教训，认真履行安全生产管理职责，加强安全生产投入，按规定对重型载货汽车安装有行驶记录功能的卫星定位装置，对从业人员进行安全生产培训教育，全面开展安全大检查和隐患排查，做好对营运车辆的例保例检和强制性保养维护，加强对驾驶人遵纪守法，安全、文明驾驶教育，强化对营运车辆的管控，严查带病车辆，防止类似事故再次发生。

4. 陕西省应加强对煤炭生产企业货物装载的安全管理，从源头上杜绝车辆超载违规行为，消除事故隐患，确保安全运营。

参考资料

1. 延安市安全生产监督管理局：包茂高速洛川段“9·4”较大道路交通事故调查报告，见 http：//www.yaajj.gov.cn/Item/Show.asp？m=1&d=744。

2. 新浪新闻：包茂高速洛川段 6 车相撞 7 死 2 伤，见 http：//news.sina.com.cn/c/p/2012-09-

05/020625100752. shtml。

3. 新华网：姚引良就包茂高速洛川段交通事故提出要求，见 http：//www. sn. xinhuanet. com/2012－09/05/c_112964390. htm。

云南昭通彝良县地震

一、事件简介

2012年9月7日11时19分，云南省昭通市彝良县与贵州省毕节地区威宁彝族回族苗族自治县交界发生5.7级地震，震源深度14km；当日12时16分，彝良县又发生5.6级地震，震源深度10km。地震共造成了18.3万户共计74.4万人受灾，因灾死亡80人，房屋倒塌7138户，共计30600间，灾害造成的直接经济损失为37.04亿元。

二、事件处理

地震发生后，云南省地震局迅速启动地震应急预案二级响应。在震后一小时以内，派出以副局长陈勤带队的由30人组成的地震现场工作队分两批赶往灾区指导抗震救灾，进行现场地震监测预报。

驻地解放军和武警救援队分别派出30人和20人组成的两个救援分队赶往灾区进行救援。云南昭通彝良县消防大队出动3车17人赶往现场救援。武警云南总队紧急出动220余名官兵赶赴彝良地震灾区进行抢险救灾。中国地震局组织国家、省、市、县四级地震部门共110余名现场工作人员，在灾区现场开展震情监测、趋势分析、次生灾害防范、灾害调查评估等工作。温家宝总理、回良玉副总理作出重要批示精神，中国地震局局长陈建民迅速作出部署，要求在已开展工作的基础上，进一步加大工作力度，全力做好震情监视、趋势研判、灾情调查等各项工作，并协助灾区政府做好有关应急处置工作。云南省减灾委立即启动2级救灾应急响应。云南省委、省政府高度重视，相关领导迅速作出重要批示，要求省级有关部门和灾区各级党委政府全力救治受伤人员，尽量把灾害损失减少到最低限度。中共中央政治局常委、国务院总理温家宝于2012年9月8日凌晨1时10分许抵达灾情最严重的云南昭通市彝良县后，随即乘车实地察看灾情，到医院了解伤员救治情况，在居民安置点看望转移群众。9月8日4时40分，他在彝良县抗震救灾指挥部主持召开会议部署抗震救灾工作。民政部副部长姜力率领由国家发改委、教育部、民政部、财政部、国土资源部、住房城乡建设部、交通运输部、卫生部、地震局等部门组成的国家减灾委工作组，赶赴灾区。

三、补救措施

温家宝听取了云南省委、省政府抗震救灾工作汇报，并进行了工作部署：

第一，要尽全力救人。救人是第一位的工作。由于地震发生在地形复杂的山区，条件十分恶劣，搜救工作一定要抓紧。黄金72小时十分关键，只要有一线希望，就要尽全力。今天白天要到达受灾的每一个村庄，不留一个盲点。

第二，尽最大努力救治伤员。彝良县的医院容量有限，要统一部署，分受伤轻重加以处理，有的可以转到省内其他地市医院救治，有的可以请相邻省份帮助。我们的目标是尽量减少伤亡，尽最大努力救治伤员。

第三，妥善安置好受灾群众。要保证外出避险的群众每个人都有饭吃，有洁净的水喝，有病能治疗，尽量安置在安全的地方，能够避风遮雨。要做好消防安全和卫生防疫工作，防止发生事故和传染病。

第四，尽快修复基础设施。交通是生命线，必须千方百计抢修打通道路，路通了，救援力量、物资、设备才能到达。电力直接关系到群众生活和医疗，要抓紧抢修，恢复正常。要加强水库监测，确保水库安全。

第五，做好地震监测预报和次生灾害、地质灾害的预防。在余震不断的情况下，很容易发生次生灾害。对每一条沟、道路、村庄附近的岩层都要认真观察，严密防范。救援队伍的安全也应该放在第一位，争取做到救援人员不伤亡。

第六，做好群众工作，保持社会和谐稳定。救灾和灾后重建工作要持续一段时间。帐篷的环境比较差，生活不方便，群众住久了容易产生烦躁情绪，各种矛盾就容易凸显出来。我们一定要在加快妥善安置群众的同时，耐心细致地做好工作，充分发挥基层党组织的作用。所有的工作都要充分依靠群众。

第七，提前谋划灾后重建工作。震区既是少数民族地区，又是贫困地区，耕地少，土地也少，重建一定要做好规划。首先是保障安全，同时要合理布局，集约和节约用地，方便群众生产生活。灾后重建工作一定要发挥政府和群众两方面积极性。中央和地方政府对重建给予政策支持，受灾群众也要克服困难，出工出劳，自力更生，重建家园。这些工作都需要强有力的组织、规划和领导。

第八，加强组织领导。当地要组成抗震救灾总指挥部，中央有关部门要给予大力支持。

参考资料

1. 百度百科："9·7"昭通市彝良县地震，见 http://baike.baidu.com/link? url=ZAN6_w_JKAMnoY4AmMAKV0qkO6aRR4HYUZjPK-Masfu9-gqupmjXHPfc2AhsyUEpg VKHzgkXfLbLJNrDf94M-a#refIndex_8_9333030。

2. 凤凰网：云南彝良县连发地震，见 http://news.ifeng.com/mainland/special/yunnandizhen/。

3. 人民网：我们一定能战胜这场灾害——温家宝总理看望云南昭通地震灾区群众，见 http://jx.people.com.cn/GB/n/2012/0909/c337346-17458252.html。

"9·13"武汉施工电梯坠落事故

一、事件简介

2012年9月13日13时10分，湖北省武汉市东湖景园C区7-1号楼建筑工地，项目部14名外墙粉刷工与5名电梯安装人员，在施工电梯操作人员不在场的情况下，乘坐施工电梯上工。电梯升至28楼时，吊笼失去控制朝左侧倾翻并坠落，导致19人死亡，直接经济损失约1800万元。

二、事件原因

直接原因

事故施工升降机导轨架第66和67节标准节连接处的4个连接螺栓只有左侧两个螺栓有效连接，而右侧（受力边）两个螺栓的螺母脱落，无法受力。

间接原因

事故升降机左侧吊笼超过备案额定承载人数（12人），承载19人和约245公斤物件，上升到第66节标准节上部（33楼顶部）接近平台位置时，产生的倾翻力矩大于对重体、导轨架等固有的平衡力矩，造成事故施工升降机左侧吊笼顷刻倾翻，并连同67—70节标准节坠落地面。

三、事件处理

事故发生后，湖北省委、省政府高度重视，立即启动湖北省重大建筑施工安全生产事故应急预案，相关领导第一时间赶赴现场，指导应急救援和善后处理工作。湖北省政府根据国务院《生产安全事故报告和调查处理条例》等有关法律法规于2012年9月14日成立了武汉市东湖生态旅游风景区"9·13"重大建筑施工事故调查组，并邀请省检察院派员参与调查工作。

四、责任追究

"9·13"武汉施工电梯坠落事故被认定为重大责任事故。武汉市人民检察院对犯罪嫌疑人王君、易少锋、易金堂、肖锦全、丁炎明、魏劲松、杜三武7人进行逮捕；武汉市城乡建设委员会建筑业管理办公室主任杨凡等28名事故责任人员受到严肃处理。

湖北祥和建设集团有限公司被处以140万元罚款；武汉万嘉置业有限责任公司被处以120万元罚款；武汉新博工程咨询有限责任公司（原武汉博特建设监理有限责任公司）被处以120万元罚款；武汉市东湖生态旅游风景区东湖村村民委员会被处以120万元罚款。湖北祥和建设集团有限公司、原武汉博特建设监理有限责任公司、武汉新博工程咨询有限责任公司等3家相关责任单位的6位责任人也分别被处以1.8万至9.6万元不等的罚款处罚。

五、补救措施

事故发生后，湖北省各相关部门努力开展善后工作，按照政策最大限度给予补偿和帮助，对家庭情况较差、生活特别困难的，优先进行赔付。2012年9月15日，首批用于19名死者中黄陂籍工人的150万元赔偿款项到账。湖北省住建厅召开紧急会议，研究部署安全生产工作，发出紧急通知，敦促各级建设行政主管部门按照"领导挂帅、全地域覆盖、谁检查谁负责"的要求，积极部署开展本行政管辖区域内的建设工程安全专项检查工作。

参考资料

1. 湖北省安全生产监督管理局：武汉"9·13"施工电梯坠落事故7名责任人被批准逮捕，见 http://www.hubeisafety.gov.cn/content/content_a.asp? id=6806。

2. 中国环境健康安全网：武汉致19死工地电梯坠落事故调查报告，28人被处理，见 http://www.ehs.cn/article-15326-1.html。

3. 新华湖北网："9·13"升降机坠落事故，4家责任单位被罚百万，见 http://www.hb.xinhuanet.com/2014-01/09/c_118901986.htm。

4. 新华网：武汉致19人死亡的升降机坠落事故原因查明，见 http://news.xinhuanet.com/politics/2013-04/07/c_115288457.htm。

5. 央视网：武汉电梯坠落19人亡事故首批赔偿款150万元到账，见 http://news.cntv.cn/china/20120916/100388.shtml。

重庆南川"9·16"较大水害事故

一、事件简介

2012年9月16日21时30分，重庆市南川区国华矿山设备有限公司+200m水平南翼1#煤上山发生透水事故，事故造成3人死亡，直接经济损失1017万元。

二、事件原因

直接原因

探放水安全距不够、未安装止水套管的情况下，相关人员违反《煤矿防治水》规定，违章指挥工人施工探放水钻孔；工人在施工探放水钻孔过程中，探穿水体后放水不畅，违章洗孔拔出钻杆、使用Φ42mm风煤钻钻杆捅孔，导致突然涌水，冲垮煤壁造成事故。

间接原因

1. 煤矿管理人员未认真执行《防治水规定》，凭经验组织实施探放水工作；

2. 探放水安全技术措施不完善，针对性不强；

3. 安全培训不力；

4. 现场安全管理不到位；

5. 南城街道办事处煤矿安全监管中，对重点头面监督检查不力，发现探放水安全屏障不够没有督促煤矿采取有效措施处理；

6. 区煤炭管理局无水文地质类专业技术人员，煤矿监管人员防治水专业知识欠缺，未能有效督促水患排查。

三、事件处理

事故发生后，重庆市南川区及时启动应急预案，相关部门领导及工作人员赶赴现场，组织抢险救援。重庆煤矿安全监察局牵头组成了事故调查组。2012年9月18日至9月22日，在南川区南城街道办事处的协调下，国华公司与工亡人员家属签订了协议，按规定分别赔偿遇难人员黄良全、乔华平、梁大灿家属75万元。

四、责任追究

经相关部门调查认定，该事故是一起责任事故。依照国家相关规定，对9名事故责任人进行了处理，其中，行政处分3人，行政处理2人，行政处罚3人，写书面检讨1人。事故责任单位重庆市南川区国华矿山设备有限公司被处以28万元罚款；重庆市南川区南城街道办事处向南川人民政府写出书面检讨。

五、补救措施

为避免类似事故的发生，保证安全生产，重庆煤矿安全监察局提出如下要求：

1. 矿井必须严格执行《防治水规定》，对所有探放水制度、措施进行补充、完善。

2. 加强探放水管理工作。立即编制充水性图和综合水文地质图。

3. 强化现场管理，落实安全责任，狠反“三违”，防止出现违章指挥和违章作业。

4. 加强技术管理和矿井采掘部署调整，确保矿井生产组织遵循安全可靠、技术可行、经济合理的原则。

5. 加强培训工作，提高人员素质，特别是针对突水预兆的培训和探放水现场操作规定的培训。

6. 强化监督检查，切实加大隐患排查力度，及时消除事故隐患。

7. 地方政府应强化煤矿管理部门专业人员的配置，对在职安全监管人员进行培训，满足监管的需要。

参考资料

1. 重庆煤矿安全监察局：关于重庆市南川区国华矿山设备有限公司“9·16”较大水害事故调查处理情况的通报，见 http://www.cqmj.gov.cn/mjgov/73748 642921447424/20130131/17105.html。

2. 重庆市安全生产监督管理局：“9·16”较大煤矿事故致3人死亡，见 http://www.cqsafety.gov.cn/html/2012-10-16/8aea80b23a531ec2013a688de05d01d3.html。

黑龙江龙山镇煤矿“9·22”重大火灾事故

一、事件简介

2012年9月22日4时15分，黑龙江省友谊县龙山镇煤矿十井发生重大火灾事故，事故造成12人死亡，直接经济损失2516万元。

二、事件原因

直接原因

黑龙江省友谊县龙山镇煤矿15#层-140运输平巷石门口处变压器至馈电开关之间低压橡套电缆被冒落的岩石砸伤，绝缘损坏，造成相间短路，电缆着火，引燃周边可燃物及煤壁，导致火灾事故发生、人员中毒窒息死亡。

间接原因

1. 煤矿企业无视国家法律法规，越界开采；

2. 煤矿企业主体责任不落实，违法违规组织生产；

3. 事故发生后，煤矿企业隐瞒事故，个别监管人员知情不报，使灾区火情没有及时有效得到控制，贻误了事故抢险救援时机；

4. 安全监管部门日常监督管理工作不到位；

5. 县国土部门在该矿采矿许可证到期后没有及时下达停产指令，也未告知有关部门；

6. 县政府“打非治违”工作不认真。

三、事件处理

事故发生后，黑龙江省友谊县龙山镇煤矿主隐瞒不报。黑龙江双鸭山市煤炭生产安全管理局接到群众举报后，立即责成友谊县政府进行核实，经核实确认事故后并逐级进行了报告。接到事故报告后，国家安全生产监督管理总局、国家煤矿安全监察局领导高度重视，相关领导做出指示，并派率工作组赶到事故现场，指导抢险救援工作。黑龙江省委、省政府主要领导极为重视，2012 年 9 月 23 日，相关领导率领有关部门负责同志相继赶到事故现场，对抢险救援、善后处理和事故调查工作做出安排和部署。2012 年 10 月 15 日，相关部门依法成立了事故调查组，邀请黑龙江省及双鸭山市检察机关派员参加。

四、责任追究

经黑龙江省友谊县龙山镇煤矿十井“9·22”重大火灾事故调查组认定，此次事故是一起责任事故。依照国家相关规定，事故主要责任人李广军、李明星等被移交司法机关依法处理；姜宝东、杨宋江等被处以罚款处罚；李树富、张凤武等被处以党纪、政纪处分。事故责任单位龙山镇煤矿十井因超层越界非法盗采煤炭资源被查处并关闭；双鸭山市人民政府向黑龙江省人民政府作出了深刻检查。

五、补救措施

为深刻吸取事故教训，按照事故调查报告提出的防范措施认真抓好整改，并举一反三，按照国家关于加强煤矿安全生产工作的一系列要求，切实加强煤矿安全工作，确保安全生产。黑龙江省友谊县龙山镇煤矿十井“9·22”重大火灾事故调查组提出如下要求：

1. 进一步强化“打非治违”工作。黑龙江省双鸭山市及各县区政府要认真贯彻国家法律法规，落实省委、省政府有关煤矿安全生产工作的一系列部署和要求，完善打击煤矿非法违法生产行为工作责任制，进一步落实各部门的工作职责，强化“打非治违”工作，针对事故暴露出的煤矿利用隐蔽工程非法生产问题，要制定有针对性的措施和办法，加强超层越界、隐蔽工程的专项检查力度，尤其要明确落实国土资源管理部门的工作职责，严厉打击超层越界盗采资源等违法违规行为，并形成长效机制。

2. 进一步强化落实煤矿企业主体责任，加强煤矿安全基础管理。进一步强化矿井通风、设备、机电和防治火管理，严禁使用淘汰设备和落后生产工艺，严格机电设备检修检查制度，严禁使用不合格消防设施器材，杜绝失爆设备、无电气保护装置设备带病运转。

3. 进一步落实地方政府监管责任，加强煤矿安全生产监督管理工作。落实煤矿安全监管人员的责任，尤其要明确落实超层越界非法盗采煤炭资源的监管责任，发现问题要及时处理。要采取有效措施，严格密闭管理和图纸交换，做到图实相符，严厉打击隐蔽私开作业地点，超层越界开采等违法行为，一经发现，严厉查处。要进一步加强防治火管理，确保煤矿防治火系统设施设备器材齐全可靠。

4. 进一步强化行业管理和技术指导。各级煤矿行业管理部门要严格规范《作业规程》审批工作，完善煤矿《作业规程》报送、备案、监督工作机制。认真做好矿井工程图的定期交换工作，坚持制度化，规范化，加强区、县级煤炭测量队伍建设，有效防范制造、提供假《作业规程》、假图纸行为。

5. 进一步加强煤矿职工的安全培训教育工作，提高煤矿从业人员安全素质和安全意识。要监督煤矿建立健全煤矿安全培训档案，规范煤矿安全培训管理工作，加大对煤矿安全培训工作、从业人员持证上岗和领导入井带班制度的执法检查力度，有效杜绝矿井从业人员“证岗”不符和专业人员配备不足现象。

6. 严格加强火工品管理。针对非法工作面的火工品来源问题，要严格规范火工品的审批、发放制度，严防“冒领”火工品用于非法违法生产。

7. 要严厉打击煤矿瞒报事故的行为，煤矿企业和有关政府部门要按照国家规定，及时上报煤矿事故。要进一步发挥社会监督和新闻媒体监督的作用，落实完善事故举报奖励机制，鼓励群众参与煤矿事故举报，形成全社会共同关注、共同监督的氛围。认真核查举报煤矿事故案件，从严从重处罚瞒报、谎报、迟报事故的煤矿，避免类似情况发生。

参考资料

1. 黑龙江煤矿安全监察局：双鸭山市友谊县龙山镇煤矿十井“9·22”重大火灾事故调查处理结果，见 http://www.hljmkaj.gov.cn/a/shigucchachu/diao chachuli/2013/0619/7639.html。

2. 国家安全生产监督管理总局：黑龙江省双鸭山市龙山镇煤矿发生火灾事故，王树鹤率工作组赶赴现场指导救援工作，见 http://www.chinasafety.gov.cn/newpage/Contents/Channel_20132/2012/0924/180368/content_180368.htm。

黑龙江嘉艺煤矿“9·22”较大水害事故

一、事件简介

2012 年 9 月 22 日 8 时 7 分，黑龙江省鸡西市鸡东县嘉艺煤矿发生较大水害事故，事故造成6人死亡，直接经济损失1890万元。

二、事件原因

直接原因

黑龙江嘉艺煤矿2#层右一路平巷距工作面47m处下帮底板与红旗矿区一个废弃井巷道相透，废弃井老空积水溃入井下，导致水害事故发生。

间接原因

1. 矿井水患排查制度未落实；

2. 企业主体责任不落实，安全管理混乱；

3. 煤矿中介机构对煤矿技术服务不尽责；

4. 安全监管不到位；

5. 鸡东县安全监管部门工作人员接到驻矿监管员报告事故后，到过事故现场，得知井下有人被困，知情不报，延误抢险救援。

三、事件处理

接到事故报告后，黑龙江省委、市委、县委相关领导第一时间赶到事故现场指挥抢险救援，并对善后处理工作做出安排和部署。2012年10月10日，依法成立了黑龙江嘉艺煤矿“9·22”较大水害事故调查组，负责事故调查工作。

四、责任追究

相关部门调查认定，该事故是一起责任事故。依照国家相关规定，事故主要责任人林有山、王玉贵等被移交司法机关依法处理；于洪涛、王志国等被处以罚款；侯胜利、田海义等被处以党纪、政纪处分。事故责任单位嘉艺煤矿被停产整顿，并被处以230余万元罚款；黑龙江省鸡西市煤炭工业协会被处以2万元罚款；黑龙江省鸡东县东永煤矿技术服务站被处以罚款2万元；鸡东县人民政府向鸡西市人民政府做出了书面检查。

五、补救措施

为避免类似事故的发生，保证安全生产，黑龙江嘉艺煤矿“9·22”较大水害事故调查组提出如下要求：

1. 黑龙江鸡西市及各县（区）政府要认真贯彻国家法律法规，落实省委、省政府有关煤矿安全生产工作的一系列部署和要求，深刻吸取和总结本市近几年发生的水害事故教训，举一反三，以这起事故为典型案例，对全市煤矿的法人、矿长和安全管理人员开展一次安全警示教育，使煤矿从业人员真正认识水害防治工作的重要性，提高水害防治意识，明确企业主体责任，完善企业内部安全管理机制，树立依法办矿、依法管矿的意识。

2. 进一步强化煤矿企业落实主体责任。煤矿企业要认真开展隐患（水患）排查，完善隐患（水患）排查制度，加强现场管理，杜绝“三违”，全力提高煤矿安全管理水平。

3. 加强对煤矿技术服务中介机构、社团组织或专家组等组织的管理和规范。建立准入制度和标准，完善机构和行业操作规范，严格监督，使其真正为煤矿安全生产基础性技术工作发挥应有的服务作用。

4. 进一步落实地方政府监管主体责任，加强煤矿安全生产监督管理工作。一是健全完善安全监督检查工作机制，强化现场安全监督检查工作，推进完善驻矿安全监管员制度，发挥驻矿安全监管员作用，强化监督考核，提高工作人员的履职能力与水平，促进依法行政，堵塞安全监管漏洞。二是落实煤矿安全监管人员的责任，强化以水害防治为主要内容的隐患排查治理工作，要对煤矿水患排查和防治水措施落实情况全面排查，发现问题要及时处理。

5. 进一步强化行业管理和技术指导。各级煤矿行业管理部门要指导帮助煤矿企业加强防治水基础工作，采取可靠措施和适合本地区特点的物探、钻探、化探等先进的综合探测技术对全市所有矿井进行水文地质情况调查，查明积水范围，消除水害威胁和隐患；落实防治水措施、落实矿井水害防治责任制，配齐、配强水害防治专业技术人员；及时掌握收集区域矿井周边水文地质资料和相邻矿井及废弃老窑分布情况，切实加强矿井水文地质基础工作，编制水害防治规划，提高矿井防治水技术管理水平。

6. 进一步加强煤矿职工的安全培训教育工作，尤其要加强矿井从业人员的防治水专业知识培训教育，督促企业开展水害事故逃生应急演练，提高矿井从业人员安全素质。

7. 要严厉打击煤矿迟报事故的行为，煤矿企业和有关政府部门要按照国家规定，及时上报煤矿事故。要进一步发挥社会监督和新闻媒体监督的作用，建立完善事故举报奖励机制，鼓励群众参与煤矿事故举报，认真核查举报煤矿事故案件，从严从重处罚瞒报、谎报、漏报、迟报事故的煤矿，避免类似情况发生。

参考资料

1. 黑龙江煤矿安全监察局：鸡东县嘉艺煤矿“9·22”较大水害事故调查报告，见 http://www.hljmkaj.gov.cn/a/shiguchachu/diaochachuli/2013/0327/7389.html。

2. 东北网：鸡西市鸡东县发布“9·22”煤矿透水事故报告，6人被困井下，见 http://heilongjiang.dbw.cn/system/2012/09/22/054254752.shtml。

山东东泰矿业“9·23”冒顶事故

一、事件简介

2012年9月23日9时45分，山东省淄博市淄川区东泰能源集团山东东泰矿业有限公司一号矿755煤柱探巷开宽回撤工作面发生顶板冒落事故，事故造成5人死亡，直接经济损失621万元。

二、事件原因

直接原因

山东东泰矿业一号矿755煤柱探巷开宽回撤工作面位于区段煤柱应力集中区内，支护强度不足，是导致事故发生的直接原因。

间接原因

1. 煤矿员工作业规程措施缺乏针对性；
2. 煤矿工作人员现场排查隐患不严不细；
3. 煤矿安全管理不到位；
4. 煤矿安全监管有漏洞。

三、事件处理

事故发生后，山东省、淄博市及相关部门领导、专家及专业救援队伍在第一时间赶到现场，并成立了抢险救援指挥部。国家安全生产监督管理总局相关领导作了重要批示。抢险救援指挥部和有关专家制定了科学、合理、安全的救援方案和措施：一是自冒顶区域往后65米，采用单体支柱配钢梁支护方式，加大巷道支护强度，确保抢险退路安全畅通。二是打开原供风管路，强行向冒落区内供风，保证被困人员供氧需要。三是沿着巷道一侧采用撞楔法在棚梁顶上打入钎子、锚杆形成假顶，托住冒落的碎石，扒出棚子下的矸石后，再进行架棚支护前进。四是掘进导硐时使用前探梁，救援人员必须在前探梁掩护下作业，确保救援人员的安全。五是安排专人巡回，监控顶板情况、检测有毒有害气体，发现问题及时处理。

四、责任追究

根据现场勘查、调查取证、技术分析，相关部门认定山东省东泰矿业“9·23”顶板事故为责任事故。依照国家相关规定，事故主要责任人谢军、孙树武等被处以党纪、政纪处分；秦贞亮、刘利峰等被处以留用察看两年处分；事故责任单位山东省淄博市淄川区东泰能源集团山东东泰矿业有限公司一号矿被处以50万元罚款；淄川区人民政府向山东省淄博市人民政府写出了书面检查。

五、补救措施

为避免类似事故的发生，保证安全生产，淄博市淄川区山东东泰能源集团山东东泰矿业有限公司一号矿“9·23”顶板事故调查组作出如下要求：

1. 要切实加强煤矿技术管理，为安全生产提供技术保障。东泰公司要依法健全完善以总工程师为首的技术管理体系，作业规程和施工措施的编制要科学、合理，有指导性。要抓好规程、措施的审批关，严格落实岗位职责和安全生产责任制。

2. 要切实加强现场安全管理，保证工程质量，保障安全生产。要配足配齐安全检查人员和安全管理人员，主要岗位安全管理人员要杜绝兼职；要切实理顺安全生产监督检查网络，调整安全检查员的管理模式，做到安全管理与区队效益分开，确保监督检查到位。

3. 要切实加强事故隐患排查，及时发现和解决影响安全生产的突出问题。要牢固树立“隐患就是事故”的理念，从开拓布局、生产接续等源头上，进一步细化隐患排查治理。要严格落实隐患排查治理的相关制度。对于重大事故隐患，切实做到安全措施、责任、资金、时限和预案“五落实”。

4. 要切实加强安全培训，不断提高全体人员的安全意识和安全素质。一是要进一步加强对煤矿企业安全管理人员和技术管理人员的培训，提高其法规知识、业务知识水平。二是要进一步深化对职工的安全教育和技能培训，切实提高职工的遵章操作意识、业务技能和风险辨识能力。

5. 要切实加强煤矿安全监管，做到依法监管、履职到位。各级煤矿安全监管部门要充分利用和发挥好现有的煤矿安全监管机制和监管力量，对区域内各煤矿的生产作业地点做到心中有数，定期全覆盖检查，加强工作交流，及时发现和消除安全隐患。

参考资料

1. 山东煤矿安全监察局：淄博市淄川区山东东泰能源集团山东东泰矿业有限公司一号矿“9·23”顶板事故调查报告，见 http://www.sdcoal.gov.cn/articles/ch00100/201304/020bdf00-e7e9-443a-9ed9-a0958b5be295.shtml。

2. 山东煤矿安全监察局：山东东泰矿业有限公司一号煤矿“9·23”冒顶事故救援工作结束，见 http://www.sdcoal.gov.cn/articles/ch00041/201209/eaf77c3e-5a92-4e35-973b-e2ea6d31fdb6.shtml。

“9·23”太原富士康群殴事件

一、事件简介

2012年9月23日23时左右，山西省太原富士康苹果代工工厂发生了大规模的混乱，数千员工殴打警卫，并对厂区的基础设施进行了破坏。群殴持续至24日凌晨3点，打架事件造成40余人受伤。

二、事件原因

据参与此次事件的富士康员工称，此次群殴的起因是太原富士康苹果代工工厂厂区安保人员与山东籍员工发生冲突，将其拖至面包车内殴打。山东同乡集体为被打者讨还公道，河南籍员工也一起卷入，最后发展至大批员工追打安保人员。

三、事件处理

事件发生后，当地公安人员迅速赶到现场，制止了事态进一步发展。太原富士康公司决定2012年9月24日关闭该厂房，停工一天。

四、责任追究

参与"9·23"太原富士康群殴事件部分人员被警方拘捕。

参考资料

1. 百度百科："9·23"太原富士康群殴事件，见http：//baike. baidu. com/view/9371133. htm。

2. 搜狐新闻：太原警方称富士康群殴事件已40人受伤无人死亡，见 http：//news. sohu. com/20120924/n353850045. shtml。

3. 搜狐新闻：富士康太原工厂暂时关闭：骚乱与工作无关，见 http：//news. sohu. com/20120924/n353834340. shtml。

陕西德丰煤矿"9·24"窒息事故

一、事件简介

2012年9月24日上午11时25分，陕西省榆林市府谷县新民镇德丰煤矿1102备用工作面回风顺槽（未贯通）发生缺氧窒息事故。12时45分，5名被困人员升井后，被送往附近医院救治，经抢救无效全部死亡。

二、事件原因

据相关部门调查认定，陕西省德丰煤矿"9·24"窒息事故因该矿矿长马某、通风矿长白某等5人进入井下，擅自打开井下准备工作面回风顺槽密闭墙，在没有给巷道通风，也未对巷道内气体进行检测的情况下，自认为带着过滤式自救器，就可以进入盲巷，因缺氧窒息导致事故发生。

三、事件处理

事故发生后，陕西省府谷县委、县政府及时向市委、市政府汇报情况，市委、市政府相关领导带领县能源、安监、公安、卫生、国土等相关部门及时赶赴现场，紧急开展抢险救援工作，成立了德丰煤矿"9·24"缺氧事故抢险救援指挥部，下设救援组、救治组、宣传组、稳控及事故调查组、善后及后勤保障组、综合协调组六个工作组，组织开展救援救治。

四、补救措施

陕西德丰煤矿"9·24"窒息事故暴露出的问题：一是该矿"安全第一"的思想树立得不牢固，煤矿现场安全管理存在薄弱环节；二是该矿保障安全生产的规章制度未建立或未严格执行，在未制定启封密闭墙安全技术措施，没有安全保障的情况下，相关人擅自启封盲巷密闭墙；三是该矿"一通三防"管理混乱，在未进行有效通风、气体检测的情况下，擅自进入盲巷。为了吸取这起事故教训，坚决防范重大事故，陕西煤监局要求：

1. 加强煤矿采空区、盲巷密闭管理。各市县煤矿监管部门要认真督促煤矿企业建立完善《采空区、盲巷密闭管理制度》，煤矿密闭启封前，必须请有资质的矿山救护队按规定的程序启封，任何煤矿不得擅自启封。

2. 加强煤矿安全规章制度建立。督促煤矿企业建立完善各项安全生产规章制度，认真进行学习和培训，并在建设和生产过程中严格执行，坚决遏制"三违"现象。

3. 加强煤矿企业隐患排查治理工作。特别是对资源整合和新建矿井，要严格执行"三同时"规定，坚决杜绝非法违法建设、生产行为，对非法违法现象要按照"四个一律"严厉打击。

4. 加强煤矿建设项目的安全管理。进一步规范煤炭资源整合和新建矿井建设程序，提高依法建矿、依法管矿的水平，做到不合法不生产建设，不安全不生产建设。

参考资料

1. 国家安全生产监督管理总局：陕西煤监局就府谷县德丰煤矿"9·24"窒息事故发出通报，见 http：//www. chinasafety. gov. cn/newpage/Contents/Channel_4224/2012/0926/180552/content_180552. htm。

2. 新浪陕西：府谷县德丰煤矿发生井下缺氧窒息事故救援情况，见 http：//sx. sina. com. cn/news/b/2012－09－25/171219725. html。

3. 西安新闻网：府谷德丰煤矿矿长等5人擅自进入未贯通巷道窒息亡，见 http：//news. xiancn. com/content/2012－09/26/content_2662112. htm。

甘肃屈盛煤矿"9·25"重大运输事故

一、事件简介

2012年9月25日0时10分，甘肃省白银屈盛煤业有限公司发生一起重大运输事故，造成20人死亡、14人受伤，直接经济损失2341.2万元。

二、事件原因

直接原因

严重超员的斜井人车在提升过程中掉道，随即与巷道巷帮底部的钢管法兰盘发生碰撞，致使磨损锈蚀严重的提升钢丝绳负荷突然增大超过其承载极限而断绳，导致人车跑车，跑车后的人车在快速下滑过程中与巷道发生强烈撞击，造成斜井人车严重变形、乘车人员伤亡。

间接原因

1. 事故现场安全管理混乱；
2. 煤矿运输安全管理不规范；
3. 煤矿提升设备管理不到位；
4. 煤矿隐患排查治理不彻底；
5. 煤矿安全管理机构不健全；
6. 煤矿监管监察指令执行不到位；
7. 煤矿培训教育制度不落实；
8. 煤矿督促检查落实不扎实。

三、事件处理

事故发生后，甘肃省委、省政府高度重视，相关领导做出重要批示，并在第一时间赶赴事故现场，了解事故救援进展情况并对事故抢险救援、善后处理和事故调查工作进行指导。国家煤矿安全监察局相关领导带领人员赶赴事故现场，指导抢险救援工作。

事故救援结束后，甘肃省白银市平川区人民政府认真开展善后处理工作，对受伤人员进行治疗并安排专人护理，对遇难职工家属进行耐心细致地安抚工作，按照有关规定与遇难矿工家属全部签署了赔偿协议。

四、责任追究

经调查认定，甘肃白银屈盛煤业有限公司“9·25”重大运输事故是一起责任事故。依照国家相关规定，事故主要责任人林乃省、赵兴成等3人对事故发生负有直接责任，鉴于其已在事故中死亡，不再追究责任；曾善河、温兴相等8人涉嫌重大责任事故罪，2012年9月25日被公安机关立案侦查，同日被刑事拘留，10月9日被依法逮捕；丁维君、郑为强2人对事故发生负主要责任，依据《中华人民共和国安全生产法》第八十三条第六项之规定，已移交司法机关依法追究刑事责任；胡岩、傅立功等9人对事故发生负有主要领导责任，被处以党纪、政纪处分；甘肃省白银市人民政府向甘肃省人民政府作出了书面检查；白银市委常委、副市长齐永刚向白银市人民政府作出了书面检查；甘肃省平川区人民政府向甘肃省白银市人民政府作出了书面检查；甘肃省白银屈盛煤业有限公司“9·25”重大运输事故是一起责任事故，依据《生产安全事故报告和调查处理条例》第三十七条之规定，由甘肃煤矿安全监察局兰州监察分局对白银屈盛煤业有限公司处以200万元罚款。

五、补救措施

为了吸取这起事故教训，坚决防范重大事故，甘肃省白银屈盛煤业有限公司“9·25”重大运输事故调查组作出如下要求：

1. 严格现场安全生产管理，配备现场安全管理人员，认真落实矿领导带班下井职责，加强现场安全监督检查，杜绝“三违”现象，确保各项安全管理制度和措施落实到位。

2. 加强提升运输系统安全检查，全面排查治理提升运输系统存在的安全隐患，对排查出的安全隐患要切实做到整改措施、责任、资金、时限和预案“五到位”，提运人员设备必须按规定安装各类安全保护装置并按规定定期检测检验。

3. 严格落实矿井各项安全生产制度，认真细致地做好安全检查和整改工作；建立健全提升运输系统巡回检查制度，确定专人检查绞车、钢丝绳和轨道使用情况。严格执行《禁止井工煤矿使用的设备及工艺目录》，严禁使用国家明令禁止或淘汰的设备和工艺。

4. 加强矿井安全生产技术管理，按规定配备专业工程技术人员，及时组织排查治理安全隐患，认真研究解决矿井存在的技术问题；规范各种设计、作业规程、操作规程及安全技术措施的编制和审批，确保各项措施贯彻落实到位。

5. 严格执行国家关于承包经营的相关规定，严禁以包代管，要将生产经营活动纳入矿井的总体管理，认真落实承包方的安全管理责任，严格落实企业安全生产主体责任，坚持依法依规生产。

6. 建立健全矿井安全管理机构，配齐专职安全管理人员，严格贯彻落实国家有关产业政策和安全生产的法律法规，不折不扣地执行上级安全监管监察部门下达的执法指令。

7. 加强职工安全教育培训，“三项”岗位人员必须经考试合格取得有效证件后方可上岗作业；严格执行劳动用工规定，对新招工人要建立档案，签订劳动合同，职工必须全部培训合格后方可上岗，提高职工安全意识和自我防范能力。

8. 地方政府及其监管部门要认真履行工作职责，不断完善监管机制，提高监管人员专业素质和监管能力，加强对企业安全生产的现场监管和技术指导，检查发现煤矿存在安全隐患要及时督促企业落实整改，加大监督检查力度，杜绝类似事故的再次发生。

参考资料

1. 甘肃煤矿安全监察局：甘肃省白银屈盛煤业有限公司“9·25”重大运输事故调查报告，见 http：//www. gscms. chinasafety. gov. cn/bencandy. php？fid = 127&aid = 2540。

2. 每日甘肃：白银屈盛煤业有限公司“9·25”重大运输事故结案，见 http：//gansu. gansudaily. com. cn/system/2013/06/25/014372991. shtml。

3. 百度百科：“9·25”甘肃白银煤矿安全事故，见 http：//baike. baidu. com/link？url = IulHIldEyes9svw9r8u7UR0XVKR5Dh0rsoFfsAhhf6Ml1tMJzMbRqi6mpVN4v5w13sWoU2mDdXmiJeMwjosO2q。

山东岚山港区防波堤施工爆破事故

一、事件简介

2012 年 9 月 26 日 17 时 45 分左右，山东省日照市岚山港区防洪堤施工爆破作业过程中发生事故，导致一艘作业船舶沉没，船上 17 人遇险，5 人经抢救无效死亡，3 人失踪。

二、事件处理

事故发生后，山东省委、省政府和交通运输部高度重视，相关领导亲临现场指导事故救援工作，并作出重要批示，要求全力做好人员援救、伤员救治、伤亡人员家属安抚和事故调查工作。

三、补救措施

为深刻吸取岚山港区防波堤“9·26”施工爆破事故教训，全面做好山东省公路水运工程施工安全工作，全力保障山东省交通运输安全生产形势稳定，山东省交通运输厅办公室要求如下：

1. 进一步增强做好当前安全生产工作的政治责任感。

2. 进一步强化安全生产责任落实。

3. 进一步强化隐患排查治理。

4. 进一步强化安全风险预控措施。

5. 进一步推进安全生产标准化建设。

6. 进一步提高应急救援能力。

参考资料

1. 日照市港航管理局：交通厅《关于日照市“9·26”岚山港区防波堤施工爆破作业事故情况的通报》的通知，见 http：//www. rzgh. gov. cn/ContShow. php？Id = 1110&MenuId = 3&UpId = 0。

“9·27”津蓟高速交通事故

一、事件简介

2012 年 9 月 27 日 6 时 30 分至 35 分，在津蓟高速公路上行（天津段，属宝坻区界内）31.6km 至 34km 处，先后发生 8 起意外交通事故，事故共造成 3 人死亡、2 人重伤（无生命危险）、12 人轻伤、31 部机动车辆不同程度破损。

二、事件原因

经调查，“9·27”津蓟高速交通事故为局部团雾所致。

三、事件处理

“9·27”津蓟高速交通事故发生后，多名司机拨打 110、119 和 120，因事发地点距离天津市宝坻区较近，120 急救中心车辆赶往现场需要五六十公里的路程，因此天津市宝坻区急救中心派出车辆联合救援。事故致使高速公路堵车，顺行根本没有办法抵达事发地点，只能逆行。在前往现场途中，急救中心联系了天津市交管局，启动交通事故预案，开通高速公路事故处理绿色通道，由警车开道，逆行上高速，在最短时间内到场。到场后，急救人员发现，车祸的规模比群众求助时说的要大，伤员也较多。天津市 120 急救中心 8 名急救人员与宝坻区急救中心人员联合展开救援，抢救伤员、现场急救、简单处理伤势后就医，大约一个小时后，所有伤员陆续被送往医院。

四、补救措施

高速公路是雾天易发生车祸的路段，交警提醒：雾天能见度降低，最易发生车祸。在这种天气行车，司机一要打开大灯、防雾灯，勤按喇叭，以警告附近行人、车辆，并降低车速，保持车距；要打开车窗，避免因内外温差过大导致挡风玻璃蒙上薄雾，干扰视线；及时检查车况，如车灯、喇叭、刹车等部件是否正常工作。此外，雾天在高速公路上行车更要注意减速慢行。

参考资料

1. 百度百科：“9·27”津蓟高速交通事故，见 http：//baike. baidu. com/link？url = iDe5GwVn – UCOYBlot4CPDFUT4e9ZrZmYy5C6 9qe9Dfs9qgH3QumeqeOjjxzBoQG_ By9iehSXkuec884HNuOHca。

2. 人民网：因雾团津蓟高速公路今发生 8 起交通事故，见 http：//society. people. com. cn/n/2012/0927/c1008 – 19131758. html。

广西河池“9·27”燃爆事故

一、事件简介

2012 年 9 月 27 日 12 时许，广西河池化学工业集团公司精炼车间脱碳工段发生一起因变换气（主要成分为氢气）泄漏引起的燃爆事故，造成 2 人死亡、7 人受伤。

二、事件原因

广西河池化学工业集团公司精炼车间对变压吸附工序二段 F 塔存在泄漏缺陷的 KV207F 程控阀进行更换，在更换新阀门就位过程中，变换气泄漏喷燃，引发管道系统内大量变换气泄漏在空中发生空间爆炸。

三、事件处理

事发后，广西河池市启动了应急预案，成立了现场抢险救援指挥部，安监、环保、公安、消防和卫生等部门相关救援人员赶至现场开展救援，河池市相关领导也赶赴现场指挥救援。救援人员将电源、气源以及各种危险源完全切断，进行搜救。自治区相关领导作出重要批示，要求认真开展企业安全生产隐患排查，确保不再发生类似事故。依据有关规定，广西壮族自治区安监局已对河池化学工业集团公司进行安全生产警示。

四、补救措施

为深刻吸取事故教训，防止类似事故发生，广西壮族自治区安全生产监督管理局做出如下要求：

1. 迅速开展危险化学品检修作业安全专项检查。

2. 督促危险化学品企业切实加强生产现场安全管理。

3. 严厉打击危险化学品非法违法行为。

4. 进一步强化职工的安全教育培训工作。

5. 采取各种措施，坚决杜绝“三违”现象。

参考资料

1. 广西壮族自治区安全生产监督管理局：广西壮族自治区安全生产监督管理局关于河池化学工业集团公司“9·27”燃爆事故的通报，见 http：//www.gxa jj.com/html_section_sub3_a1/9661.html。

2. 网易新闻：广西河池化工厂发生爆炸，已致2死7伤，见 http：//news.163.com/12/0927/14/8CDQLKKC00014JB5.html。

宁夏中卫“9·27”较大燃气泄漏爆燃事故

一、事件简介

2012年9月27日15时1分，宁夏中卫市飞达电力工程有限公司在中卫市沙坡头区长城街与邵桥路交叉口东侧，进行地下电缆水平定向钻施工过程中将宁夏深中天然气开发有限公司城市地下燃气管道钻破，致燃气泄漏并引发爆燃，事故造成3人死亡、4人受伤、周围部分建筑物和车辆不同程度受损，直接经济损失500多万元。

二、事件原因

直接原因

宁夏中卫市飞达电力工程有限公司在中卫市沙坡头区长城街与邵桥路交叉口东侧进行地下电缆水平定向钻施工作业时，未制定具体施工方案和应急措施，没有充分了解施工作业地点天然气管线具体位置，贸然施工，致使定向钻头将该处天然气管道（管径 de250PE，运行压力 0.28MPa）钻破，施工单位试图自行寻找并关闭阀门未果后向深中天然气公司报警，延误了抢险时机，导致天然气泄漏时间长达 20 分钟（具体时间段：14时40分—15时01分，泄漏量达到 $700m^3$）。泄漏的天然气通过地下排水井、通信及电缆套管并借风势进入邵桥招待所，与室内空气混合达到天然气爆炸极限（5% VOL—15% VOL），遇火源发生爆炸燃烧。

间接原因

1. 宁夏中卫市飞达电力工程有限公司安全生产法制意识淡薄；

2. 宁夏中卫市供电局和宁夏天净天源电力有限公司沙坡头项目部相关管理人员和工作人员未按工作程序办事；

3. 宁夏中卫市住房和城乡建设局作为邵桥路改建工程项目建设单位和中卫市城市燃气行业主管部门，对邵桥路整个建设工程特别是地下电缆施工作业没有进行统一协调、管理和监督；且没有按本部门的安全监管职责组织制定《中卫市城市燃气重大安全事故应急救援预案》，在组织中卫市建设领域安全生产“打非治违”专项行动中不够深入全面，致使没有取得建设主管部门颁发的施工资质证书和《建筑施工企业安全生产许可证》的中卫市飞达电力工程有限公司仍在非法从事建筑施工活动；

4. 宁夏中卫市工商行政管理局在中卫市飞达电力工程有限公司注册登记时，未按《国民经济行业分类》国家标准中“建筑业”类的相关要求进行企业经营范围的核定，增加了“地下穿越施工”这一经营项目，给当地一些建设单位选择非开挖工程施工单位带来了误导。

三、事件处理

2012年9月27日下午15时1分26秒临近事故施工现场的邵桥招待所一楼发生天然气爆燃。15时5分天然气阀门关闭，火势减弱。15时15分中卫市消防支队赶到现场进行灭火，15时28分火被扑灭。宁夏回族自治区党委、政府主要领导高度重视，作出重要批示，要求有关部门立即核实情况，全力指导救援工作。自治区相关领导赶赴事故现场，指挥现场搜救、伤员救治和群众安抚工作。

四、责任追究

经调查认定，宁夏中卫“9·27”较大燃气泄漏爆燃事故是一起由于施工单位违法施工、违章指挥和作业人员违规操作导致的较大燃气泄漏爆燃责任事故。事故责任人刘生泽、何泽龙等3人对事故的发生负有直接责任，被移交公安机关追究其刑事责任；王光、王巍清等被给予行政处罚和行政处分；事故责任单位中卫市飞达电力工程有限公司，被处以23万元的罚款；中卫供电局、宁夏天净天源电力有限公司及沙坡头项目部承担此起事故损害的连带赔偿责任；宁夏中卫市住房和城乡建设局向中卫市人民政府作出了书面检查；宁夏中卫市工商行政管理局分别向中卫市人民政府和自治区工商行政管理局作出了书面检查。

五、补救措施

为避免类似事故的发生，宁夏回族自治区安全生产监督管理局提出如下要求：

1. 中卫市有关部门和单位要认真吸取事故教训，牢固树立科学发展和安全发展理念，认真履行安全生产主体责任，加强对在建工程项目的安全生产管理，确保各项安全管理制度和安全措施落实到位，预防和控制建筑施工伤亡事故的发生。

2. 各地、各有关部门和单位要切实加强城镇地下管网的安全监管，进一步明确城镇地面开挖施工作业的相关规定和安全管理职责，严格落实安全生产属地监管责任和安全生产行业主管责任。

3. 各级政府和有关部门要切实提高天然气或城镇燃气事故的应急处置能力，要针对本行政区域内燃气企业特点，制定有针对性的应急预案并定期组织开展应急演练，不断健全和完善应急预案。

4. 加强安全教育培训，提高作业人员安全素质。从近年来我区发生的多起建筑施工事故来看，施工从业人员的整体素质不高、安全意识淡薄、自我防护意识差是导致事故发生的主要原因。

5. 宁夏回族自治区各地、各有关部门要充分利用新闻媒体、电视、报纸等向市民宣传维护燃气设施的安全知识及燃气安全法规，通过宣传教育，使广大市民树立自觉维护管道燃气设施安全的意识，确保城市燃气管道安全运行。

参考资料

1. 中卫市沙坡头区“9·27”较大燃气泄漏爆燃事故调查处理报告：见 http：//www. nxsafety. gov. cn/uploadFile/af20130627110357536. doc。

2. 宁夏回族自治区安全生产监督管理局：中卫市沙坡头区“9·27”较大地下燃气管道泄漏爆燃事故调查全面展开，见 http：//www. nxsafety. gov. cn/sgtb/pop000100072086. html。

湖南辰溪“9·28”较大道路交通事故

一、事件简介

2012年9月28日13时30分，从湖南省辰溪县开往湖南省怀化市区的湘N07722大型客车，途经S223线辰溪县小龙门乡中伙铺村路段时发生较大道路交通事故，共造成9人死亡（6人当场死亡、3人经抢救无效死亡）、2人受伤。

二、事件原因

据勘查，事故原因主要是客车刹车失灵导致车辆失控，撞向路边的赶集人群，造成了严重的人员伤亡。

三、事件处理

事故发生后，湖南省委、省政府高度重视，相关领导要求全力抢救受伤人员，妥善做好有关善后工作，确保社会稳定。2012年9月28日21时许，湖南怀化市相关领导专程赴辰溪指导“9·28”交通事故善后处置工作。中华保险湖南怀化中支快速处理“9·28”特大交通事故，赔付第三责任险（限额30万）和车上人员责任险（限额2万）以及道路承运人责任保险（每座限额50万）等共计367.45万元。

四、补救措施

湖南辰溪“9·28”较大道路交通事故的发生，暴露出道路交通整治中存在的突出问题：交通运输企业主体责任不落实，安全管理制度落实不到位，对车辆安全技术状况把关不严，以及一些道路安全防护设施不健全、不规范，安全隐患排查不彻底等。为深刻吸取事故教训，坚决遏制类似事故的发生，湖南省安全生产委员会办公室提出如下要求：

1. 进一步增强政治责任感和使命感，狠抓工作落实。各级各部门和单位务必站在讲政治、讲大局的高度，深刻认识做好当前一段时期安全生产工作的极端重要性，把思想和行动高度统一到党中央、国务院和省委、省政府加强安全生产工作的决策部署上来，越是节庆长假期间越要紧绷安全生产这根弦。

2. 持续深入地开展道路交通安全隐患大排查。各级各有关部门要认真贯彻落实9月21日省政府召开的国庆节和中秋节期间全省交通安全保卫工作电视电话会议精神，全面排查整治辖区内的营运车辆，逐车逐线排查整治事故隐患，重点排查营运驾驶人资格和交通违法记录，车辆安全性能是否可靠，客车应急出口是否通畅，车辆是否存在非法改装，安全管理制度是否落实等问题。

3. 深刻吸取教训，进一步加强路面巡查执法管控。各级各有关部门要认真吸取辰溪“9·28”较大道路交通事故教训，严格落实检查措施，严把客运车辆出站、出城、上高速、过境“四关”，严格检查7座以上客车、旅游包车、危险品运输车及校车，特别是对省际交通安全服务站，要严格落实24小时勤务，坚持逢车必查。

4. 严肃事故查处和问责。各级有关部门要认真执行事故分级挂牌督办制度，严格按照“四不放过”和“科学严谨、依法依规、实事求是、注重实效”的原则，依法查处今年来发生的道路交通事故。

参考资料

1. 国家安全生产网：湖南省通报辰溪县“9·28”较大道路交通事故，见 http：//www. aqsc. cn/101806/101960/257530. html。

2. 中国辰溪政府门户网站：李晖赴辰溪指导“9·28”交通事故善后处置工作，见 http：//www. chenxi. gov. cn/Item/12382. aspx。

3. 中华保险：湖南怀化中支快速处理“9·28”特大交通事故，见 http：//www. cic. cn/publish/portal0/tab83/info3411. htm。

陕西宝塔“10·1”较大道路交通事故

一、事件简介

2012年10月1日12时58分，S205线90km+850m处（陕西省延安市宝塔区段）发生一起车牌号为陕J32327罐式货车与车牌号为陕JAU005吉利美日牌小轿车相撞的较大道路交通事故，造成2人当场死亡，2人抢救无效死亡，2人受伤，直接经济损失610701.6元。

二、事件原因

直接原因

1. 陕JAU005号吉利美日牌小型轿车驾驶员高某驾驶机件不符合技术标准且具有安全隐患的机动车上路行驶。

2. 高某驾驶车辆遇弯道操作不当，致车辆失稳，驶入对向车道。

3. 高某驾驶技术生疏，遇弯道未能减速慢行，未在确保安全、畅通的原则下通行。

4. 高某驾驶机动车超速行驶。

5. 陕J32327号东风楚飞牌罐式货车驾驶员徐某驾驶机件不符合技术标准具有安全隐患的机动车上路行驶。

6. 徐某驾驶超载的机动车上路行驶。而该车行驶证核定载质量为19000kg，陕西延长石油集团炼化公司永平炼油厂原料油（气）调拨单证实该车实载质量24660kg，超载30%。

间接原因

1. 陕西省延安市宝塔区鼎福汽车租赁有限公司违反中华人民共和国交通部、国家计划委员会于1998年2月26日颁布的《汽车租赁业管理暂行规定》（自1998年4月1日起实行）第十六条：租赁汽车车主必须与汽车租赁经营人名称相一致，凡不是租赁经营人所属车辆、未办理汽车租赁业合法经营手续的车辆，一律不得用于租赁。而宝塔区鼎福汽车租赁有限公司法人王强与陕JAU005号车所有人王小虎擅自将车辆使用性质改变，租赁他人。

2. 陕西延川德宏货运有限责任公司未能按期对车辆进行二级维护保养，使用具有安全隐患、机件不符合技术标准的车辆运输危险品。

3. 陕西延川德宏货运有限责任公司平时对驾驶人安全教育不够，违规操作。

三、事件处理

事故发生后，陕西省延安市委、市政府领导高度重视。延安市公安局、市安监局、市交警支队及宝塔区政府、区安监局等相关部门的领导立即赶赴事故现场组织指导救援和事故处置工作。根据有关法律法规，2012年10月8日，延安市政府成立了由市安监局、监察局、公安局、交通局、交警支队和宝塔区政府组成的市政府宝塔区“10·1”较大道路交通事故调查组。

四、责任追究

经调查认定：陕西延安宝塔区“10·1”道路交通事故是一起较大责任事故，处罚决定如下：

1. 驾驶员高某违反了《中华人民共和国道路交通安全法》相关规定，对此事故应负主要责任。

2. 驾驶员徐某违反了《中华人民共和国道路交通安全法》相关规定，对此事故应负次要责任。

3. 陕西省延安市公安局交通警察支队二大队青化砭中队副中队长程某，属地监管工作不到位，对发生这起事故负领导责任，被相关部门严厉处罚。

4. 陕西省延安市公安局交通警察支队二大队青化砭中队巡逻民警王某、段某、田某3人作为当天巡逻民警履行职责监管不到位，对发生这起事故负有管理责任，被相关部门严厉处罚。

5. 陕西省延安市宝塔区鼎福汽车租赁有限公司被延安市交通运输管理部门按照相关规定严厉处罚。

6. 陕西省延川德宏货运有限责任公司被延川县交通运输管理部门按照相关规定严厉处罚。

7. 陕西省延安市公安局交通警察支队程某、王某等5人被处以警示训诫。

五、补救措施

陕西省延安市宝塔区“10·1”较大道路交通事故给人民生命财产带来了重大损失。后果严重，教训深刻。为了进一步细化工作措施，切实落实企业安全生产主体责任和相关部门的监管责任，有效防范类似事故再次发生，延安市人民政府宝塔区“10·1”较大道路交通事故调查组特提出以下建议：

1. 陕西省延安市宝塔区鼎福汽车租赁有限公司要认真吸取事故教训，严格落实安全生产主体责任，增强安全意识。要按照《汽车租赁业管理暂行规定》的有关要求，严格规范租赁车辆的租赁管理，严格定期和定程的日常维护保养，严格年度安全和环保的强制检测；凡非经营性车辆不得从事客运经营活动。

2. 陕西省延川德宏货运有限责任公司要严格落实安全生产管理责任。要加强对驾驶员安全学习、培训教育，要加强车辆维修、按期对车辆进行二级维护保养。严格落实《中华人民共和国道路管理运输条例》《危险化学品安全管理条例》等相关法律法规，确保车辆安全运营。

3. 陕西省各级道路交通管理部门要认真吸取宝塔区“10·1”较大道路交通事故教训，举一反三，全面加强对全市所有汽车运输公司，特别是汽车租赁公司的安全监管，确保汽车租赁、汽车运输行业规范经营，安全经营。

4. 相关部门要加大道路交通安全联合执法力度，加强联合专项整治，强化驾驶员和客运、租赁车辆的动态监管。一是相关部门要强化责任意识，加大联合执法力度。对恶劣气候、节假日等特殊时段和重点旅游景区往返路段，要采取有效的应对措施，强化各部门之间的协作，形成道路安全整治合力。严格落实旅游客车和客运车辆运营中的安全例行检查，严厉打击道路交通客运车辆超速、超员、驾驶员疲劳驾驶等违法行为。二是要对我市事故多发、易发险情路段加强巡逻管控，严肃查处违法占道、违章停靠等各类违法行为，维护道路交通安全秩序。三是整合GPS监控平台，充分利用GPS等高科技监控手段，加强对客运车辆的动态监管，有效防范客运车辆超速、超员、疲劳驾驶、违章停车上下客和串线经营等违法行为。

参考资料

1. 延安市安全生产监督管理局：延安市宝塔区“10·1”较大道路交通事故调查报告，见 http://www.yaajj.gov.cn/Item/Show.asp? m=1&d=747。

福建红坊“10·1”较大交通事故

一、事件简介

2012年10月1日21时20分，福建省S203线龙岩市红坊镇倒流水村路段卢某（男，永定籍）大量饮酒后，无证驾驶车牌号为闽F0895G雪佛兰轿车先和同向行驶的2辆摩托车刮碰，后躲闪造成小车失控撞向路边行人，并越过水沟冲撞至农田，造成路边及田埂上行人4人死亡、5人受伤（一人住院，4人轻微受伤，均无生命危险）。

二、事件原因

经交管部门调查确认，此次事故的原因是：肇事司机卢某（男，永定籍）大量饮酒后，醉驾所致。

三、事件处理

事故发生后，福建省龙岩市政府相关领导第一时间赶赴现场指导施救、善后处置和事故调查等工作。新罗区迅速组织公安、法院、司法及红坊镇等单位组成事故调查组、理赔善后组、维稳工作组、综合办公室四个工作组，有序开展工作。

四、责任追究

肇事者卢某涉嫌以危险方法危害公共安全罪，被警方依法刑拘。

五、补救措施

深刻吸取福建红坊“10·1”较大交通事故教训，福建省运输管理局就进一步加强福建省道路交通安全工作提出以下要求：

1. 运输管理部门和运输企业要认真吸取事故的教训，按照2012年1月4日福建省运输管理工作会议精神，进一步提高运输安全生产工作的责任感和紧迫感，切实采取有效措施，将预防道路运输安全事故的各项工作落到实处，确保我省道路运输安全形势平稳。

2. 福建省漳州市运输管理局、三明市运输管理处要督促事故企业进行整改，深刻剖析事故原因，举一反三，查找薄弱环节，落实整改措施，并将事故企业的整改情况及时反馈省局。同时要对事故企业和驾驶员实行责任追究，切实提高运输企业主体责任意识和驾乘人员的安全服务意识。

3. 要按照2012年春运工作的部署，对本地区、本单位运输安全生产工作进行督促检查，及时排查与纠正运输安全生产隐患，严防道路运输事故的发生。

参考资料

1. 福建省安全生产监督管理局：省市领导高度重视新罗区“10·1”交通事故，见 http：//www.fjsafety.gov.cn/NewsInfoShow.aspx? newsid=125328。

2. 福建省运输管理局：福建省运输管理局转发福建省交通厅关于近期三起营运客车较大道路交通事故情况的通报，见 http：//www.fjysgl.gov.cn/show.aspx? id=3653。

3. 安全管理网：福建龙岩发生一起交通事故造成4死5伤，见 http：//www.safehoo.com/News/News/China/201210/286303.shtml。

彝良田头小学“10·4”滑坡灾害

一、事件简介

2012年10月4日8时10分，云南省彝良县龙海乡镇河村油房村民小组田头小学发生滑坡灾害。滑体长约80m，宽约76m，厚约5—10m，体积约4.5万m^3。滑坡造成822人受灾，19人遇难（其中，田头小学三年级或五年级学生18人，当地村民1人。），1人受伤。滑坡损毁小学教室3间，3户村民的房屋9间，因滑坡形成堰塞湖威胁，800人被紧急转移安置。

二、事件原因

云南省彝良“10·4”田头小学滑坡灾害是由于持续降雨引发的大型高陡松散岩土体滑坡灾害。其形成原因有：

1. 地形高陡。滑坡前斜坡的主体坡角50—60度，上段约80度，下部受镇河左岸冲刷。斜坡主体坡面为坡耕地，上部种植水竹，水竹根系发育，易于富水，相当于在滑坡后缘加载，对滑坡稳定不利。镇河侧蚀斜坡坡脚，也破坏了斜坡体的底部支撑。

2. 斜坡物质松散。滑坡物质为崩坡积成因的松散岩土，下伏基岩为石灰岩夹泥质粉砂岩，岩层倾向340度，倾角45度，斜坡坡面与基岩岩层面呈斜交关系。

3. 持续降雨。2012年9月1日至10月4日之间累计降雨量297.3mm，是往年同期降雨量的三倍多。坡耕地利于降水缓慢入渗，导致了岩土体逐渐饱水，强度降低，并在松散土与基岩接触面处形成渗流软弱带而产生滑坡。

另外，2012年9月7日彝良县的两次中强地震（分别为5.7级和5.6级）也对斜坡岩土结构的破坏起到一定作用。滑坡区位于“9·7”地震VI度区，发生滑坡的山坡地带在今年“9·7”地震之前未发现地面开裂变形等迹象，“9·7”地震后也未发现明显的地面开裂等宏观变形迹象。

三、事件处理

灾害发生后，云南省彝良县龙海乡紧急组织现场救援，下游群众被全部紧急疏散转移。彝良县委、县政府紧急启动预案，相关领导和人武部、公安、消防、武警、安监、国土、教育、卫生、民政、水务等相关部门和救援力量第一时间组织救援。有关国家领导人也作出重要批示，要求相关部门协助地方全力做好搜救和受灾群众安置等工作。云南省拨调省级应急救援资金500万元，用于抗灾救灾工作。具体措施有：

1. 紧急转移危险区群众。划定滑坡及堰塞湖危险区，紧急转移受堰塞湖和滑坡威胁的13户村民，并设置警戒标志，禁止无关人员进入。

2. 处置堰塞湖。经紧急抢险疏通，滑坡堵塞镇河形成的堰塞湖溃决险情被基本排除。

3. 开展应急监测预警。开展滑坡抢险搜救现场地质灾害应急监测预警，研判滑坡灾害发展态势，防止发生二次灾害发生。

4. 排查镇河两岸地质灾害隐患。组成了5个组共30余人开展镇河两岸地质灾害隐患应急排查，特别是对有人居住或集中活动区域进行拉网式排查，发现地质安全隐患就地落实监测预警、转移避让或应急排危措施。

5. 开展滑坡灾害成因调查分析。通过现场调查和资料分析，初步查明了滑坡形成条件和成灾原因，并研判了滑坡及堰塞湖发展趋势。

6. 开展地震灾区地质灾害隐患详细排查，强化群测群防工作。加大排查工作力度，尤其针对学校、医院、集贸市场等公共设施或人群聚集场所等重点地段加强专业指导工作，强化地质灾害群测群防。

事故后，云南省彝良县政府参照彝良地震标准给予每位遇难者的家属2万元抚慰金补助。

四、补救措施

1. 开展云南省彝良县“10·4”滑坡右侧坡体的变形监测，防范再次发生地质灾害。“10·4”滑坡右侧不稳定斜坡，长100m、宽70m、体积约3.2万m^3。斜坡上已出现变形迹象，具有发生新的滑坡的可能，为确保人员安全，应加强巡查观测，并在其前缘实施应急处置工程，避免产生新的危害。

2. 调集云南省内专业队伍，开展地质灾害详细调查，查明区域地质环境条件、地质灾害引发因素和隐患地段，编制地质灾害防治规划。

3. 加强灾后重建选址的地质灾害危险性评估工作。为避免群死群伤事件的发生，合理利用地质环境，有计划地开展学校、医院、集贸市场和灾后重建集中安置点场址等公共设施或人群聚集场所的地质安全性评估工作，加强地质灾害风险管控。

参考资料

1. 中华人民共和国中央人民政府网：彝良“10·4”田头小学滑坡灾害应急调查报告发布，见 http://www.gov.cn/gzdt/2012-10/07/content_2238677.htm。

2. 云南民政：昭通市彝良县发生山体滑坡灾害，见 http://yunnan.mca.gov.cn/article/mzyw/201210/20121000362377.shtml。

3. 百度百科：“10·4”昭通市彝良县滑坡灾害，见 http://baike.baidu.com/link?url=V6AtevVoDPEvwnOO1_l3UanDGTfwNd197JiGCd0bQmFSLv4pYBiauyswOU549wt175qy98dCV44HFpvj0_uOcK。

青银高速“10·7”重大道路交通事故

一、事件简介

2012年10月7日11时44分，山东省济南市商河县长途汽车运输公司所属的鲁A96925号大客车自东向西沿青银高速行驶，至银川方向228km+530m处时，与一辆轿车（租赁车辆）发生刮擦后，穿越中央活动护栏，驶入对向车道，与济南旅顺旅游汽车有限公司所属的鲁A18526号大客车发生碰撞，致使鲁A18526号大客车翻入高速公路边沟内，事故造成14人死亡、44人受伤。

二、事件处理

事故发生后，相关中央领导立即作出重要批示，要求全力抢救重伤人员，尽力减少死亡，同时及时清理现场，确保道路畅通，并周密做好各项善后处理工作。山东省委、省政府高度重视，相关领导作出重要批示，要求全力救治受伤人员，妥善处理善后事宜，尽快查清事故原因，并带领省有关部门负责同志迅速赶赴事故现场，指导伤员抢救、善后处理和事故调查等工作，要求地方政府和有关部门高度重视，调集医疗资源，全力救治伤员。

中华保险山东分公司总经理室及时启动应急预案，成立“10·7”青银高速重大交通事故专案组。于2012年10月8日赶赴事故现场进行现场查勘，根据事故调查情况和事故损失情况，10月9日，中华保险山东分公司完成赔案的理算缮制工作，并于当天将62.2万元保险理赔款汇至被保险人商河县长途汽车运输公司银行账户。

三、补救措施

为贯彻落实国务院和省委、省政府领导同志重要批示精神，深刻吸取青银高速“10·7”重大道路交通事故教训，山东省人民政府安全生产委员会就进一步加强山东省道路交通安全工作提出以下要求：

1. 高度重视当前道路交通安全工作。青银高速“10·7”重大道路交通事故发生在国庆长假和迎接党的十八胜利召开的关键时期，教训十分深刻，暴露出一些地方和单位对道路交通安全工作重视不够，路面管控、查处违章及隐患排查治理不到位，对客运企业、车辆租赁单位和驾驶人员管理不严格等突出问题。各级各有关部门和运输企业要深刻吸取教训，认真贯彻落实省政府《关于贯彻国发［2012］30号文件，进一步加强道路交通安全工作的意见》（鲁政发［2012］36号），全面落实客货运输企业的安全主体责任和公安、交通等部门的监督管理责任，突出抓好超载、超员、超速和疲劳驾驶“三超一疲劳”治理工作，突出抓好重点车辆、重点路段、重点时段的道路交通管控，坚决防止重特大道路交通事故发生，确保我省道路交通安全形势持续稳定。

2. 切实加强运输企业监督管理。要求相关部门开展一次以客运为重点的运输企业安全集中整顿活动，逐车、逐个驾驶员排查消除各种安全隐患，凡是排查工作不认真、隐患整改不彻底的，要坚决停运。要抓紧科学合理的调整安排运力，防止因客运高峰、加班运输造成驾驶人员疲劳驾驶诱发事故。要进一步加强对营运驾驶员的培训教育，切实增强应急避险的处置能力，防止群死群伤事故发生。客运企业要严格执行乘客系安全带的规定要求，凡是没有配备安全带的车辆，一律停运；客运车站要加强车辆出站前的安全例检和登记检查，要监督乘客系好安全带。车辆租赁单位要检查确认租赁人的驾驶资格，并签订安全协议。要进一步规范具有行驶记录功能的卫星定位装置安装、使用行为，运输企业要落实安全监控主体责任，切实加强对所属车辆和驾驶人的动态监管，确保车载卫星定位装置工作正常、监控有效。对不按规定使用或故意损坏卫星定位装置的，要追究相关责任人和企业负责人的责任。

3. 进一步加大道路交通安全执法力度。公安、交通部门要迅速开展以高速公路为重点的道路交通安全集中整治行动，进一步加强对客运车辆、卧铺车、旅游包车、大型货车、校车、7人以上载客汽车等重点车辆的联合执法和安全监管，严查严纠违章占道、疲劳驾驶、超速超载等各类严重交通违法行为。各级公安交警部门要最大限度地把警力、车辆、装备投向路面，加强巡逻管控。要针对辖区实际情况，加强对弯道、坡道、桥梁、隧道出入口等交通事故多发点段和交通流量较大时段的管控，确保重点路段、重点时段不漏管、不失控。省际交通安全服务站要严格落实24小时勤务，并在高速公路出入口、服务区设立临时执勤点，加强对长途客车、旅游包车、微型面包车的检查，消除超员载客、疲劳驾驶等交通安全隐患；要加强交通流量集中路段的巡逻，严查违法停车和占用应急车道违法行为；要通过定点测速、流动测速、区间测速等措施，严查超速违法行为，切实把行驶速度降到规定的车速区间内。对疲劳驾驶交通违法行为，一律强制就地休息，对超员车辆，一律就地卸客转运。要督促高速公路管理部门，全面检查护栏等安全设施，确保符合标准要求，保障公路安全畅通。

各级公安、交通部门要迅速将本通知精神通报给当地运输企业、旅游客运企业和车辆租赁单位，督促企业切实吸取事故教训，落实安全责任，教育驾驶人员安全驾驶、文明出行，严禁超速、超员、疲劳驾驶，严防事故发生。

参考资料

1. 山东省安全生产监督管理局：关于吸取青银高速“10·7”重大道路交通事故教训进一步加强道路交通安全工作的紧急通知，见 http://www.sdaj.gov.cn/portal/ajnews/content.asp?howa=7613116152305。

2. 人民网：中华保险山东分公司快速应对青银高速交通事故，见 http://unn.people.com.cn/n/2012/1012/c178150-19241266.html。

3. 百度百科：“10·7”青银高速淄博段特大交通事故，见 http://baike.baidu.com/link?url=3jlZfsLan2FJSZALE1BEMLrP4cdbzVAwcXevaLUrxvURSrizaK4H3eBYSqWkpbLiPv9SQ65tqslk14q7ZYZoG_。

广西德保多贤隧道坍塌事故

一、事件简介

2012年10月10日3点30分，广西百靖高速公路10标段多贤隧道施工中用装载机运送拱架往作业面开展支护作业，运至41km+138—142m位置时，支护班组作业人员（7人）往工作面搬运支护拱架，现场出现塌方，事故造成5人死亡、1人受伤。

二、事件处理

施工方接到事故报告后，立即组织现场施救，并报告广西德保县政府。德保县接报告后，县主要领导立即组织安监、消防、卫生等部门赶赴现场组织施救，并报告广西百色市委、市政府。百色市有关领导做出指示，并立即率领有关部门赶赴现场组织施救。广西壮族自治区交通运输厅、自治区安监局、百靖高速公路建设指挥部领导及有关人员也立即赶赴现场参与救援。当地积极展开事故善后处理工作，每名遇难者都由一个工作小组负责，切实做好了善后工作。

三、补救措施

2012年10月10日11时10分，广西德保多贤隧道坍塌事故指挥部现场召开善后工作会议，对相关工作作出部署：

第一，百靖高速公路建设指挥部，工程施工单位要充实善后工作组力量，做到一名遇难者一个工作小组负责，切实做好善后工作，确保稳定；德保县要全力配合。

第二，不惜代价，全力救治幸存人员。

第三，百色市政府于当天下午召开百靖高速公路隐患排查整治工作会议部署安全生产工作。

第四，百色市政府成立事故调查组，立即开展事故调查工作。

参考资料

1. 人民网：广西百靖高速公路10标段多贤隧道发生塌方，见 http://society.people.com.cn/n/2012/1010/c1008-19220748.html。

2. 新华网：广西积极处置在建百靖高速公路多贤隧道塌方事故，见 http://www.gx.xinhuanet.com/newscenter/2012-10/10/c_113327153.htm。

3. 中国新闻网：广西在建隧道塌方：5死1伤1人自救生还，见 http://www.chinanews.com/gn/2012/10-10/4236878.shtml。

陕西“引汉济渭”工地火灾事故

一、事件简介

2012年10月10日5时30分，陕西西安108国道38km处，黄草坡中铁十八局引汉济渭工程项目部生活区一职工宿舍发生火灾并迅速坍塌，事故造成12人死亡、24人受伤，其中5人重伤。

二、事件原因

经调查认定陕西“引汉济渭”工地“10·10”火灾事故原因如下：

1. 该施工单位安全管理混乱。施工现场未成立任何安全管理组织，防火安全责任不明确，每日巡查无记录，防火安全制度形同虚设。

2. 现场搭建的办公、住宿等临时用房耐火等级低。火灾发生后，很快蔓延造成大火。现场电气线路私接乱拉，宿舍内使用电炉子、千瓦棒等大功率电器和灯具，无任何防火安全措施。

3. 消防设施不到位。施工现场未设置消防设施、无临时消防水池，发生火灾后，无法有效组织扑救初起火灾。

4. 安全宣传培训不落实。事故调查组对施工单位检查发现，施工单位对员工未进行过消防安全培训，未开展过灭火应急演练。施工人员防火安全意识差，不熟悉基本的防火安全常识，不掌握基本的自救逃生方法，致使许多人员无法逃生而遇难。

三、事件处理

陕西省西安市消防支队指挥中心 2012 年 10 月 10 日 5 时 41 分接警后，迅速派出周至县消防中队 5 辆消防车、22 名官兵赶赴现场灭火救援，至当日 8 时许，大火被彻底扑灭。陕西省有关领导做出重要批示，并带领相关部门赶赴现场指导救援工作。

四、责任追究

陕西省西安市建委下发通报，暂停西安市第一建筑工程公司、中铁十八局集团有限公司、陕西林华建设工程项目管理有限公司在西安市的投标资格。

五、补救措施

为吸取“引汉济渭”工地火灾事故教训，陕西省政府决定：从 2012 年 10 月 15 日至 11 月 30 日，在陕西省范围内集中开展一次火灾隐患大排查大整治行动。大排查大整治期间，陕西省内各地、各部门、各行业凡发生重大以上火灾事故，要在全省进行通报，相关设区市政府、部门和行业领导要向省政府做出书面检查；凡发生特大火灾事故，将依照国务院和省政府有关规定，严肃追究相关领导的责任。

参考资料

1. 中国新闻网：陕西官方确认周至工地火灾为重大生产安全事故，见 http：//www.chinanews.com/sh/2012/10 - 15/4249242. shtml。

2. 凤凰网：中铁十八局等三企业因宿舍火灾被暂停在西安投标资格，见 http：//news. ifeng. com/mainland/detail_2012_10/16/18277994_0. shtml。

3. 新华网：陕西省政府通报确认“引汉济渭”工地火灾为重大安全生产事故，见 http：//www. sn. xinhuanet. com/2012 -10/15/c_113378249. htm。

安徽梧南煤业“10·10”瓦斯爆炸事故

一、事件简介

2012 年 10 月 10 日 10 时 30 分，安徽省淮北市梧南煤业有限责任公司 -400m 水平 1071 工作面发生一起瓦斯爆炸事故，事故造成 6 人死亡。

二、事件原因

调查认定，安徽省梧南煤矿存在如下问题：S1071 采煤工作面 25#眼掘进工作面越界非法开采，弄虚作假、隐瞒非法开采事实，逃避监管监察，安全管理混乱，安全生产责任制不落实。事故发生时，25#眼掘进工作面位于断层附近，瓦斯涌出量增大，局部通风机同时向多个地点供风，且风筒漏风严重，掘进工作面供风量不足，瓦斯积聚达到爆炸浓度。工作面一次装药、分次爆破，炮眼装药未使用水炮泥、封泥长度不足，爆破抵抗线不够，炸药爆炸产生的火焰引起的瓦斯爆炸。

三、事件处理

事故发生后，安徽省委、省政府高度重视，相关领导做出重要批示，要求全力组织救援，查明事故原因，严肃追究相关人员责任；加强煤矿、非煤矿山的安全生产检查，排查隐患，做到安全生产；妥善做好有关善后工作。安徽省淮北市政府启动事故应急救援预案，成立事故抢险领导小组，要求全淮北市地方煤矿停产整顿。

四、责任追究

安徽煤监局对事故责任人和责任单位依法进行了严肃处理，共处理事故责任人 24 人，共处罚款 72.5 万元。安徽省梧南煤矿责任人 9 人中，2 人被移送司法机关依法追究刑事责任，7 人分别被给予行政撤职、行政开除、吊销相关资格证、罚款等处分。处理安徽省石台镇煤矿安全监管部门负责人 1 人、镇政府领导 2 人，杜集区煤矿安全监管和国土资源管理部门负责人和监管人员 6 人（1 人移送司法机关依法追究刑事责任）、区政府领导 3 人，淮北市煤矿安全监管和国土资源管理部门负责人 3 人。依据《安徽省人民政府办公厅转发省经济和信息化委安徽煤矿安全监察局关于进一步深化煤矿整顿关闭工作意见的通知》（皖政办［2012］40 号）的规定，安徽省梧南煤矿被依法关闭并被处 49 万元罚款。

五、补救措施

为确保安全生产，坚决杜绝各类安全事故发生，国家煤矿安全监察局要求各有关部门和煤矿企业要坚持把瓦斯防治作为煤矿安全生产工作的重中之重，严格执行瓦斯防治工作“十条禁令”，建立健全煤矿企业瓦斯防治能力评估、重大瓦斯隐患挂牌督办和瓦斯零超限目标管理三项制度。煤矿企业要完善通风系统，严防超通风能力进行生产和施工。对瓦斯灾害严重、不具备瓦斯防治能力的矿井，要依法坚决责令其有序退出，从源头上遏制煤矿瓦斯事故的发生。

参考资料

1. 中国安全生产网：安徽省通报梧南煤业“10·10”瓦斯爆炸事故，见 http：//www. aqsc. cn/101806/101960/258156. html。

2. 国家安全生产监督管理总局：煤矿事故警示通报，见 http：//www. chinacoal－safety. gov. cn/Contents/Channel_5474/2012/1011/180930/content_180930. htm。

3. 中安在线：安徽严肃处理淮北梧南煤业“10·10”瓦斯爆炸事故，见 http：//ah. anhuinews. com/system/2012/12/07/005352837. shtml。

4. 腾讯新闻：安徽淮北梧南煤矿瓦斯事故6人全部遇难，见 http：//news. qq. com/a/20121011/001899. htm。

云南水米冲煤矿“10·10”较大顶板事故

一、事件简介

2012年10月10日12时30分，云南省丘北县煤炭资源开发有限责任公司水米冲煤矿1211采煤工作面发生一起顶板事故，造成4人死亡、1人受伤，直接经济损失247.2万元。

二、事件原因

直接原因

水米冲煤矿采煤工作面位于断层附近，工作面采用木支护，支护强度低；工作面回采时未及时放顶，当班作业人员放炮后未及时加固工作面支柱，导致顶板突然垮落，造成事故。

间接原因

1. 该矿安全管理机构不健全。未配足专职安全管理人员，安全生产责任制不落实。

2. 该矿安全生产技术管理差。在未全面了解掌握1211采煤工作面地质条件及煤岩层赋存的情况下，安排由非本矿技术人员编制《1211采煤工作面作业规程》，针对性不强，内容不全，不起指导作用。

3. 该矿现场安全生产管理差。未认真吸取该矿“2011·6·15”顶板事故教训和有效落实防范措施，导致类似顶板事故继续发生。

4. 该矿未全面组织从业人员进行安全教育培训。部分从业人员未经安全教育和培训，未全面组织作业人员学习《1211采煤工作面作业规程》。

5. 云南省丘北县安全生产监督管理局督促煤矿购置了金属液压支柱，而督促更换支柱不及时；丘北县人民政府未认真督促检查丘北县安全生产监督管理局工作。

三、责任追究

经调查认定，云南水米冲煤矿“10·10”较大顶板事故是一起责任事故。1名相关事故责任人被给予党纪、行政处分；6人被行政处罚罚款，罚款26.5万元；云南省丘北县安全生产监督管理局副局长朱前宾、丘北县安全生产监督管理局向丘北县人民政府作出了书面检查；云南省丘北县人民政府向文山州人民政府作出了书面检查；水米冲煤矿被停产整顿6个月，并被处罚款132.8万元，有关部门暂扣相关证照。

四、补救措施

经有关部门研究决定，云南水米冲煤矿制定整改方案，落实整改措施，经整改达到基本安全生产条件要求后，申请云南煤矿安全评价机构进行安全评价，评价达到B类以上等级，经丘北县安全生产监督管理局检查验收，报经云南煤矿安全监察局红河监察分局审核同意，再由丘北县人民政府主要负责人签字批准，颁发证照的部门发还证照后，方可恢复生产。云南省丘北县深入开展安全生产工作大排查，对辖区内的所有煤矿企业（含探矿企业）一律实施停产整顿。

参考资料

1. 云南煤矿安全监察局：文山州丘北县煤炭资源开发有限责任公司水米冲煤矿“2012·10·10”较大顶板事故调查处理情况公布，见 http：//www. ynmj. gov. cn/Pages_7_528. aspx。

2. 人民网：云南丘北县水米冲煤矿井顶板垮塌事故致4人死亡，见 http：//yn. people. com. cn/various/n/2012/1012/c228582－17575170. html。

3. 新华网：云南丘北水米冲煤矿顶板事故死亡人数增至4人，见 http：//news. xinhuanet. com/local/2012－10/11/c_113340058. htm。

“10·15”威海液化气爆炸事故

一、事件简介

2012年10月15日1时1分，山东省威海经济技术开发区西苑街道办事处蒿泊社区西1区61号居民楼西单元605房间发生一起管道液化气爆炸事故，导致这一单元五到七层居民房受损严重。事故造成2人死亡、3人下落不明、3人重伤、7人轻伤。

二、事件原因

“10·15”威海液化气爆炸事故由燃气泄漏造成。

三、事件处理

事发后，山东省威海市委、市政府主要领导及相关负责人立即赶赴现场指挥救援。

四、补救措施

山东省威海市公安局已在官方微博提醒民众：定期更换燃气软管；使用肥皂水等定期自测燃气管是否漏气；经常检查燃气灶等装置是否漏气；感觉室内有较强异味后不要开灯、打电话或点火，马上开窗透气。

参考资料

1. 百度百科：“10·15”威海液化气爆炸事故，见 http：//baike. baidu. com/link？url=mPmA4M2ohkXLNwfShG8ecMolw6kGSg0SXo0SxNx3U52v2Kep0bNlPJtIX8gUMqXTSR6JAfDgI9s27d9zPKU2rq。

2. 威海新闻网：我市发生一起居民楼管道液化气爆炸事故，见 http：//www. whnews. cn/news/node/2012-10/16/content_5481160. htm。

3. 中国安全生产网：山东威海发生一起管道液化气爆炸事故，见 http：//www. aqsc. cn/101810/101931/258358. html。

湖南永州中毒窒息较大事故

一、事件简介

2012年10月15日8时，湖南省永州市零陵区锰资源综合开发有限公司太婆冲矿段燕子冲锰矿9—11工区（在建地下矿山、永州钢林矿业有限公司负责承建）发生一起中毒窒息事故，造成7人死亡。

二、事件原因

经有关部门调查认定，该起事故是由于6名作业人员在该矿井停止施工时间较长、没有进行强制通风的情况下，盲目进入井下准备开展巷道维护，因井下二氧化碳浓度过高，导致中毒窒息，其中2人强行从井下爬出，井上人员得知后，3名作业人员没有携带任何施救装备盲目进入井下施救，造成事故扩大。

三、事件处理

事故发生后，湖南省政府领导高度重视并作出重要批示，要求认真做好善后工作，深刻分析事故原因，切实吸取事故教训，坚决“打非治违”，加强隐患排查整改，确保安全生产。后湖南省安委办决定对永州市零陵区“10·15”事故实施挂牌督办。

四、补救措施

为深刻吸取事故教训，坚决遏制类似事故的发生，湖南省安全生产监督管理局作出如下要求：

1. 坚决克服麻痹松懈情绪，进一步增强使命感和紧迫感。要充分认识当前非煤矿山安全生产面临的严峻形势，充分认识做好当前非煤矿山安全生产工作的重要性和紧迫性，坚决克服麻痹松懈情绪，始终保持“打非治违”高压态势，采取一切有效措施，杜绝重大事故，坚决遏制较大和一般事故。

2. 切实加强金属非金属矿山建设项目的安全监管。湖南省各级安监部门要按照国发23号文件以及国家安监总局《关于加强金属非金属矿山建设项目安全工作的通知》（安监总管一［2010］110号）精神，切实加强非煤矿山建设项目安全监管，严格建设项目安全“三同时”程序，严格落实建设、设计、施工、监理、监管等各方安全责任，切实加强建设项目建设周期管理和现场监管。

3. 切实加强矿山通风及采空区的安全管理。通风系统不健全不完善、采空区防治不到位是当前我省地下非煤矿山普遍存在的重大安全隐患，也是导致事故特别是较大以上事故多发的主要原因。对此，各地企业务必高度重视，结合“打非治违”专项行动和地下矿山“六大系统”建设，加强对地下矿山通风系统及采空区安全隐患的排查治理。

4. 切实加强停工停产矿山复工复产管理。目前由于整体经济影响，许多矿山企业处于停产半停产状态，一些基建矿山也是停停打打，生产和施工组织缺乏延续性，给安全管理造成极大压力。各地要针对这一新情况、新问题，分清情况，加强监管，严格监管。对短期停工停产的企业，必须要求其制定复工复产方案、落实通风、顶板管理等相关安全措施后作业人员方能下井；对停工停产半年以上的企业，必须要求其按规定组织安全论证或评价，确认安全条件合格并经安全监管部门同意后方可复工复产。

5. 切实加大安全培训力度，强化应急管理。要督促企业严格落实安全教育和培训制度，对新上岗的从业人员必须进行强制性安全培训，保证其具备基本的安全操作、自救互救以及应急处置知识和技能，坚决防止安全教育培训走形式、走过场。要指导督促企业编制和完善应急救援预案，配备相应的应急装备，定期开展应急演练，不断增强从业人员的应急常识，提高应急处置能力，坚决杜绝因应急处置不当而造成事故扩大的情况。

参考资料

1. 临武县人民政府：关于转发《湖南省安全生产监督管理局〈关于永州市零陵区锰资源综合开发有限公司“10·15”中毒窒息较大事故的通报〉》通知，见 http：//cache. baiducontent. com/c？m=9d78d513d98604。

2. 永州市人民政府网：零陵区锰矿综合整治工作纪实，见 http：//www. yzcity. gov. cn/art/2013/10/31/art_2166_343878. html。

3. 永州市安全生产集中整治专栏：关于对全市非煤矿山企业实行停产整顿的通知，见 http：//www. ajj. yzcity. gov. cn/art/2012/11/23/art_17787_3090 53. html。

郑州航空港“10·24”建筑施工事故

一、事件简介

2012 年 10 月 24 日凌晨 2 时 30 分，河南省郑州市航空港区保税北路“港城 793”商住项目建筑工地内，一辆水泥罐车在倒车时发生意外侧翻，砸塌路边工棚，事故导致 8 人死亡、6 人受伤。

二、事件原因

事故发生的主要原因被归纳为以下三点：

1. 肇事司机疲劳驾驶，车辆装载混凝土严重超过核定载质量，倒车过程中没有认真观察周边环境，操作不当，致使车身倾斜，发生侧翻，砸塌施工路边工棚。

2. 施工单位搭建的居住工棚在施工区内，严重违反建筑施工管理条例，应将生产区与生活区分离的规定。

3. 施工单位未能为混凝土罐车提供较为安全的运送环境，所修建的临时施工道路高出简易居住工棚地基。

这起事故发生还暴露出了河南省郑州航空港区保税北路“港城 793”商住项目建筑施工监管不到位，施工单位没有按照建筑施工条例生产区与生活区分离的规定执行等安全生产主体责任不落实、施工现场管理混乱、违规违章作业等问题。

三、事件处理

事故发生后，河南省安委会要求郑州市政府依照有关法律法规，开展事故调查，提出处理意见，及时将事故调查报告上报河南省安委会办公室。

四、补救措施

为认真吸取事故教训，强化安全监督管理，遏制建筑施工领域较大事故多发的势头，河南省人民政府安全生产委员会提出以下要求：

1. 牢固树立安全发展的理念，尊重工程建设的客观规律。所有工程建设项目都要尊重工程建设的客观规律，合理规划建设布局和建设周期，严格贯彻执行国家建设工程的法律法规，进一步加强安全监管，确保安全、优质、高效。

2. 严格建筑领域安全生产监督管理。各级政府和负有建筑安全监管职责的有关部门，要按照《安全生产法》、《建设工程安全生产条例》和河南省人民政府《关于进一步规范建筑市场加强建设工程质量安全管理的意见》（豫政办［2012］130 号）等法律法规，切实履行建筑施工领域的安全生产监督管理职责，针对本地区、本部门和本行业存在的突出问题和薄弱环节，强化监督检查。特别是要明确国家、省重点建设工程、大项目工程、产业园区、高新技术区等区域内的工程建设项目的监管主体，采取切实有效的措施，避免较大事故发生。

3. 切实落实企业安全生产主体责任。各级建设主管部门和相关单位要督促建设工程建设、设计、施工、监理等各方落实安全生产责任，严格执行建设管理程序，自觉遵守规章制度，认真履行建设管理责任，杜绝违法违规行为。要加大对建设工程施工现场安全生产的监管力度，坚决杜绝建筑施工区与生活区、办公区不分离的违规现象。要组织开展违法违规开工建设、交叉施工和防止高处坠落、坍塌、机械伤害、物体打击、触电等专项安全隐患排查整治活动。

4. 加大建筑施工执法力度。各相关部门要加大执法力度，严禁不经招标或将建设工程转包给不具备资质的单位和个人。严厉打击工程建设领域施工企业证照不全，超越资质范围承揽工程、违法分包、转包工程，违规托管、代管、挂靠等行为，以及施工企业主要负责人、项目负责人、专职安全生产管理人员无安全生产考核合格证书，特种作业人员无操作资格证书等非法违法行为。

5. 加大安全事故责任追究力度。各相关部门要认真按照国务院 493 号令的要求，依法依规认真对安全事故进行调查，按照“四不放过”的原则，查清事故原因，依法严肃追究事故责任单位和责任人的责任。同时要按照省政府豫政［2011］41 号文件要求，实施隐患责任追究，对隐患排查治理工作不力或不依法认真履行监管职责的单位和个人，实行严肃的责任追究。

参考资料

1. 河南省安全生产监督管理局：河南省人民政府安全生产委员会办公室关于对郑州航空港区“10·24”建筑施工事故的通报，见 http：//www. hnsaqscw. gov. cn/sitegroup/root/html/40288177343d

8543013451284b671250/20121205161618326. html。

2. 大河网：郑州罐车砸塌工棚事故被挂牌督办，12月24日前上报，见 http：//news. dahe. cn/2012/10－29/101697221. html。

3. 新华网：郑州一水泥罐车侧翻砸塌路边工棚，致8死6伤，见 http：//news. xinhuanet. com/local/2012－10/24/c_113476894. htm。

宁波市镇海区反对PX项目事件

一、事件简介

2012年10月，浙江省宁波市镇海区发生了反对PX项目事件。事件的起因是，镇海区部分村民因镇海炼化一体化项目拆迁而集体上访。在发现该项目中包含对二甲苯（英文名缩写PX）生产装置，镇海区村民在10月25日、26日对此进行大规模封路抗议。此后的27日和28日，抗议活动蔓延至宁波市中心的天一广场和宁波市政府，50余人遭到警方控制。最终，宁波市政府承诺不再建设PX项目，并停止推进整个炼化一体化项目。

二、事件原因

事件最初是因为镇海区部分村民对镇海炼化一体化项目拆迁赔偿金额不满；之后由于对该项目中包含二甲苯（英文名缩写PX）生产装置不了解，在10月25日、26日引起镇海区大规模封路抗议，最终引发为群体性事件。

三、事件处理

2012年10月29日浙江省宁波市委、市政府召开领导干部会议，称公民聚集影响社会稳定，干部需到基层去维稳，最终宁波市政府承诺不再建设PX项目，并停止推进整个炼化一体化项目。

四、责任追究

2012年10月29日，浙江省宁波市官方召开记者会，宣布51人遭到扣留，13人被依法采取刑事强制措施。

五、补救措施

事件发生后，浙江省宁波市公安局镇海分局发出公告：提醒人民群众应当以合法的方式表达诉求。指出，对于严重危害社会治安秩序的行为，公安机关将实行现场管制，采取必要手段强行驱散，并对拒不服从的人员强行带离现场或者立即予以拘留。强调对于聚众冲击国家机关、故意毁坏财物、非法拦截机动车，影响交通工具正常行使等违法犯罪行为，公安机关将依据法律予以严惩。

宁波市经与PX项目投资方研究，最终做出如下决定：（1）坚决不上PX项目；（2）炼化一体化项目前期工作停止推进，再作科学论证。

参考资料

1. 大公网：镇海PX项目引发群体性事件，见 http：//www. takungpao. com/mainland/node_13226. htm。

2. 维基百科：2012年宁波市镇海区反对PX项目事件，见 http：//zh. wiki pedia. org/zh－cn/2012年宁波市镇海区反对PX项目事件#cite_note－2。

3. 凤凰网：宁波市政府：镇海PX事件中51人被扣留无人死亡，见 http：//news. ifeng. com/mainland/detail_2012_10/29/18643706_0. shtml。

云南弥渡“10·27”坍塌事故

一、事件简介

2012年10月27日15时33分，云南省弥渡县庞威水泥厂建筑工地发生一起坍塌事故。事故造成5人死亡、7人轻伤。

二、事件处理

接到报警后，云南省弥渡县消防大队立即赶赴现场开展救援工作，并请求云南省大理州消防支队支援。云南省弥渡县有关领导高度重视，第一时间赶到现场对事故救援作出安排，要求全力抢救被困人员，妥善处理善后工作，并成立弥渡县“10·27”事故应急指挥部。

三、补救措施

根据相关安排，云南弥渡建筑工地“10·27”事故处置领导组召开事故处置专题会议，细化了处理工作：

1. 进一步加强组织力量。云南省大理州政府现场成立事故处置领导组，负责事故处置的指挥调度工作。

2. 进一步强化现场救援工作。有关部门成立现场救援指挥部，进行科学救援，确保不再发生次生安全事故。

3. 进一步做好保障和善后工作。由相关领导做好救援工作，积极救治伤员，妥善处理善后工作，确保社会稳定。

4. 成立事故调查组。在全力做好施救被困人员、救治伤员、妥善处理善后工作，依法依规同步介入事故调查。

5. 进一步抓实安全生产工作。云南省大理州政府决定在全州开展安全生产大检查，特别是建筑领域的安全检查；召开全县安全生产和社会稳定工作会议，进一步安排部署安全生产和社会稳定工作，特别要求全县建筑施工单位立即停工整顿，组织县安监、住建等部门，对全县建筑施工单位进行拉网式安全隐患排查，发现问题及时整改，严防此类事故发生。

参考资料

1. 弥渡县政府网站：弥渡县庞威水泥厂建筑工地坍塌事故及处置情况通报，见 http：//cache. baiducontent. com/c？m＝9f65cb4a8c8507ed4fece76310。

2. 中国新闻网：云南弥渡水泥厂倒塌事故致5死7伤，见 http：//www. chinanews. com/sh/2012/10－29/4284033. shtml。

3. 凤凰网：云南弥渡：水泥厂坍塌事故死亡人数增至5人，见 http：//news. ifeng. com/gundong/detail_2012_10/29/18638642_0. shtml。

福建“10·27”烟气中毒事故

一、事件简介

2012年10月27日16时30分，福建省宁德市瑞恩环保能源有限公司鼎信余热发电站（在建）发生一起烟气中毒事故。事故造成13人中毒，其中4人经抢救无效死亡。

二、事件原因

此次中毒事故发生在清理2#烟气余热锅炉废料过程中，经现场勘查认定这是一起余热烟气中毒和施救不当导致的较大生产安全责任事故。

三、事件处理

事故发生后，福建省政府安委会依据有关规定对该起事故实行挂牌督办查处。

四、补救措施

为深刻吸取事故教训，切实加强有限空间作业安全管理工作，有效防范和坚决遏制类似事故发生，福建省人民政府安全生产委员会办公室提出以下要求：

1. 切实深化有限空间作业专项治理工作。福建省各地各有关部门和企业，要按照《福建省政府安委会办公室关于开展工贸企业有限空间作业专项治理的通知》（闽安委办［2012］74号）的工作部署，加强领导，强化组织，进一步落实调查摸底、业务培训、自查自改和督促整改等各阶段的治理工作，从源头上采取防范措施，坚决治理纠正有限空间作业违规违章行为，有效防范和遏制较大及以上有限空间作业事故。

2. 切实加强有限空间作业现场安全管理。各涉及有限空间作业的企业要深刻吸取事故教训，认真落实闽安委办［2012］74号文件有关有限作业空间安全生产的要求，建立健全有限空间作业安全生产管理制度、操作规程并严格落实；为从业人员配备符合国家标准要求的防护装备和应急救援设备设施，并妥善保管，定期检验、维护；强化有限空间作业各类人员的安全教育培训，制定有针对性的应急预案，保证作业人员和施救人员掌握相关应急和自救互救技能。同时，要加强外包工程管理，严禁将工程发包给不具备安全生产条件的单位和个人。

3. 切实深化“打非治违”专项行动。根据国务院安委会的工作部署，福建省“打非治违”专项行动延长至年底，并集中开展“打非治违”专项行动“回头看”活动。福建省各地各有关部门、单位要继续保持良好的精神状态，牢牢抓住“打非治违”不放松、不停顿、不松懈，进一步增强紧迫感、责任感和主动性；继续保持对非法违法、违规违章行为的高压态势，切实加强组织领导，加大执法力度，解决突出问题，坚定不移地把“打非治违”专项行动进一步推向深入。同时，以企业自查自纠是否到位、“四个一律”要求是否落到实处、非法违法行为是否得到有效遏制等为检查重点，巩固“打非治违”专项行动成果。

4. 立即组织开展安全生产大检查。福建省各级各部门和单位要认真吸取事故教训，结合“打非治违”专项行动和安全生产标准化建设，以在建项目、有毒有害作业场所、有限空间作业为重点，立即组织开展安全生产大检查。对排查发现的事故隐患，要做到整改措施、责任、资金、时限和预案“五到位”，强化隐患排查整治，有效防范事故发生。

5. 严肃事故查处和问责。福建省各地要加大事故查处力度，严格按照“四不放过”和“科学严谨、依法依规、实事求是、注重实效”的原则，认真查处生产安全事故，切实查清事故原因，查明事故性质，认定事故责任，依法严厉追究事故责任单位和相关人员的责任。要认真总结事故教训，举一反三，制定并落实防范类似事故发生的安全措施，切实用事故教训推动安全生产工作。

参考资料

1. 福建省安全生产监督管理局：福建省政府安委会办公室关于宁德市瑞恩环保能源有限公司鼎信余热发电站（在建）“10·27”烟气中毒较大事故的通报，见 http：//www. fjsafety. gov. cn/NewsInfoShow. aspx？newsid＝136574&col umnid＝94。

2. 福建省安全生产监督管理局：较大生产安全事故查处挂牌督办通知书（宁德市“10·27”较大生产安全事故），见 http：//www. fjsafety. gov. cn/News InfoShow. aspx？newsid＝133068。

包头非法盗采点瓦斯爆炸事故

一、事件简介

2012年11月1日2时许，内蒙古自治区包头市杨圪塄矿区范围内一非法盗采点发生瓦斯爆炸，事故发生时，共有8人在现场盗采煤，其中1人在外围，爆炸时及时逃出没有受伤，井下7人，1人受伤被救出。此次事故共造成6人死亡、1人受伤。

二、事件原因

包头市杨圪塄矿区是煤炭赋存密集区，露头煤和历史上采挖遗留的巷道较多。除杨圪塄矿业有限公司平顶山露天煤矿有经营资质的煤矿外，其余小煤点都属于非法盗采点。

三、事件处理

事故发生后，包头市、东河区两级党委、政府领导及公安、消防、安监、卫生等部门成立了事件救援处置指挥部，30余名专业矿山救援队员和40名矿工组成的救援队伍，24小时轮流掘进巷道营救被困人员。

四、责任追究

包头市东河区公安机关以盗采矿产资源罪立案侦查，相关人员已被公安机关控制。

五、补救措施

针对内蒙古包头非法盗采点瓦斯爆炸事故，内蒙古自治区包头市东河区组织区检察院、国土、安监等12个部门的90名执法人员集中开展为期1个月的煤矿、非煤矿山领域专项整治行动，在全区范围内组织针对非法盗采资源开展拉网式排查，强化巡查力度和监管措施，力争彻底消除安全隐患。

1. 由内蒙古自治区国土、安监、公安、沙尔沁镇、杨圪塄街道办事处等相关部门加大对杨圪塄地区非法盗采行为的监督检查，对外来流动人员，特别是盗采劳动力进行筛查和清理，对煤矿、非煤矿区内所有居民点、生产单位逐一进行排查，对无证照或没有登记备案的采矿设备、车辆一律查扣。同时完善矿山出入口安全检查站的各项制度，充分发挥检查站的作用，对出入矿山的车辆严密排查，严防死守，不给盗采者留有任何机会。

2. 进一步加大安全执法力度，全面落实监管整改措施。对无证无照的生产经营单位，坚决依法取缔，对违法违规行为，从重依法处罚，对一时难以整改到位的安全隐患，明确责任领导、责任人员，限期整改到位。建立责任倒查制度，对取缔不坚决，责任不落实，整改不及时，监管不到位的单位及个人，严肃追究其责任。

3. 对历史遗留非法采矿点、采坑、简易采矿工棚、煤台、运煤临时道路等，采用挖机进行彻底捣毁，对非法私采矿井（坑）进行彻底填埋、炸封，从源头上彻底打击非法盗采行为。

4. 建立打击非法盗采行为长效机制。通过组织专项整治行动和加强日常监管，建立“统一领导、分兵把守、集中打击”的“打非”长效机制，全面加大对非法盗采行为的打击力度，切实维护我区矿产资源管理秩序和人民群众生命财产安全。

5. 进一步强化宣传报道，加大舆论和群众监督力度。充分利用报刊、网络等大众传媒，及时宣传报道专项行动部署情况，为“打非治违”工作营造良好的社会舆论氛围。通过宣传，鼓励群众举报安全生产各类非法违法行为，曝光非法违法企业，进一步推动“打非治违”专项行动深入开展。通过落实安全监管责任，打击非法、整治违法违规，将安全隐患消除在萌芽状态，确保全区安全生产形势持续稳定。

6. 立足长远解决杨圪塄地区的安全稳定问题。推动包钢集团整合杨圪塄矿区资产项目，尽快完善前坝二号井60万吨技改项目前期审批，实施生态移民，将杨圪塄村及杨圪塄地区常住居民全部搬迁至沙尔沁镇，使杨圪塄地区尽快形成工业矿区。

7. 成立“11·1”非法盗采事件调查工作组，组长、副组长分别由东河区政府相关领导担任，成员由安监、监察、工会、公安的主要领导组成，按照“四不放过”原则，对该事件中相关人员的履职情况进行彻查，发现问题，依法依规严肃处理，绝不姑息迁就。对煤矿、非煤矿山领域专项整治行动中顶风作案者从重严肃查处，追究相关责任人的责任，对东河区安全生产工作管理单位和从业人员起到警示教育作用，严防非法盗采安全事件再次发生。

参考资料

1. 新华网：内蒙古包头市非法盗采点瓦斯爆炸事故，造成6人死亡1人受伤，见 http://news.xinhuanet.com/local/2012-11/04/c_113599763.htm。

2. 包头新闻网：杨圪塄矿区一非法盗采点瓦斯爆炸，6人死亡1人受伤，见 http://www.baotounews.com.cn/content/2012-11/05/content_236281.htm。

3. 新华网内蒙古频道：内蒙古包头市东河区加大力度坚决打击非法盗采行为，见 http://www.nmg.xinhuanet.com/xwzx/2012-11/08/c_1136354

59. htm。

长春德惠"11·3"交通事故

一、事件简介

2012年11月3日7时30分，在吉林长春德惠市米沙子镇兴顺村一村级公路上发生一起自卸车与面包车相撞事故，造成面包车内6人死亡、5人受伤。

二、事件处理

事故发生后，吉林省委常委、常务副省长立即主持召开专题会议，听取有关情况汇报，对社会稳定工作进行了再安排、再部署。

三、责任追究

后方车辆承担全部责任。

四、补救措施

吉林省委、省政府要求有关部门认真做好今后的安全生产工作，提出如下要求：

1. 认真吸取事故教训，采取得力措施，严防类似事故再次发生。各相关部门要认真分析事故原因、研究分析本地区当前交通安全的实际情况，科学分析面临的形势，认真评估存在的问题，吸取事故教训，采取得力措施，对本地区的道路交通安全工作进行全面排查。进一步把隐患排查落到实处、进一步把解决问题落到实处、进一步把重点领域管控落到实处、进一步把应急准备和应急处置落到实处、进一步把舆论宣传引导落到实处、进一步把工作责任落到实处。要立即开展道路隐患的再排查、再治理，对工作尚未落实的立即查漏补缺，落实各项工作措施，夯实道路交通安全工作基础，交警、交通、运管等部门要加强对客货运企业的监督检查，督促企业落实道路交通安全的主体责任，严防类似事故再次发生。

2. 认真组织开展"百日提升"行动。各地、各部门要认真按照《吉林省人民政府办公厅关于印发全省安全生产百日提升行动方案的通知》（吉政办明电［2012］100号）、《吉林省安委会关于进一步深化"打非治违"专项行动集中开展"回头看"活动的通知》（吉安委明电［2012］2号）和《吉林省安委会办公室关于印发〈全省"安全生产百日提升行动"推进工作方案〉的通知》（吉安委办明电［2012］40号）要求，认真开展"百日提升"、"打非治违"回头看、隐患排查治理和专项整治行动。针对影响安全生产的突出问题，采取分级督办、挂牌督办、限期治理等方式，最大限度地消除安全隐患。以煤矿、非煤矿山、危险化学品、烟花爆竹、工贸行业、道路交通、建筑施工、特种设备、人员密集场所、文化经营场所、水上安全等领域为重点，深入开展隐患排查治理和专项整治，对发现的违法违规行为严厉查处，确保隐患发现一处、整改一处。

3. 依法依规，严肃事故查处和责任追究。各地、各部门要坚持"四不放过"和"依法依规、实事求是、注重实效"的原则，严肃查处事故，严格追究责任。要加大对重大隐患整改不力引发事故的查处力度，加大对事故瞒报、谎报、迟报、逃匿行为的责任追究力度。

参考资料

1. 中国安全生产网：吉林省通报德惠市"11·3"交通事故情况，见 http：//www. aqsc. cn/101806/101960/261218. html。

2. 中国职业安全健康协会网：吉林省安委会办公室关于德惠市"11·3"事故情况的通报，见 http：//www. cosha. org. cn/103274/103304/261309. html。

3. 吉林省安全生产信息网：省安委会办公室关于德惠市"11·3"事故情况的通报，见 http：//www. jlsafety. gov. cn/manage/list. asp？id＝18735。

广州"11·6"火灾事故

一、事件简介

2012年11月6日7时30分，广州从化市江埔街的广州巨亮光电科技股份有限公司（主要从事LED照明灯生产）发生火灾事故。事故过火面积约100平方米，共造成3人死亡、6人受伤。

二、事件原因

在该公司三楼的点粉、固晶车间内，工人使用开油水和丙酮清洗设备过程中发生火灾。

三、事件处理

事故发生后，广东省委、省政府领导高度重视，广东省副省长专门就此次事故作出了重要指示，要求广东省消防安全委员会、安全生产委员会通报全省，引以为戒。当地相关领导带领消防、公安、医疗卫生等相关部门赶赴现场，积极施救。

四、责任追究

该事故被认定为生产安全责任事故，相关责任人被依法处理。

五、补救措施

广东省安全生产委员会办公室提出以下补救措施：

1. 继续深入开展隐患排查治理专项行动。各地要认真吸取这起事故教训，结合当前正在开展的"打非治违"专项行动，举一反三，继续深入开展工贸行业企业事故隐患排查治理专项行动，把涉及使用易燃易爆化学溶剂的各类单位纳入治理重点，督促各有关企业认真检查安全生产管理和消防安全相关环节的工作，特别是使用易燃易爆化学溶剂过程中的管理责任落实、规章制度建立与执行、防火防爆防静电措施落实以及应急管理等方面存在的问题和隐患，限期彻底整改。

2. 督促企业认真落实安全生产主体责任。要督促各工贸企业认真落实安全生产主体责任。企业主要负责人要切实履行安全生产第一责任人的职责，组织采取有效措施，消除各种火灾事故隐患，确保生产作业过程安全。要组织制定完善并落实好安全生产管理制度、安全操作规程和事故应急预案。要强化全体从业人员安全培训教育，使其真正掌握作业场所和工作岗位存在的危险因素及防范措施，提升安全操作技能和处置应急的能力。要加强企业现场安全管理，坚决制止违章指挥、违章操作、违反劳动纪律的行为。

3. 依法依规查处事故。广州市政府要严格按照国务院《生产安全事故报告和调查处理条例》和“四不放过”原则，依法从严从快查清事故原因，严肃处理该事故有关责任单位和责任人。同时，要举一反三，认真吸取教训，落实防范措施，切实用事故教训推动安全生产工作。

4. 大力推进工贸企业安全生产标准化建设。各地区和有关企业要按照《国务院安委会关于深入开展企业安全生产标准化建设的指导意见》（安委［2011］4号）、《国务院安委会办公室关于深入开展全国冶金等工贸企业安全生产标准化建设的实施意见》（安委办［2011］18号）和《广东省关于深入开展企业安全生产标准化建设工作的意见》（粤安［2011］10号）等文件要求，以安全生产标准化建设为契机，以落实企业安全生产主体责任为主线，针对工贸企业特别是私营企业和中小企业的特点，从开展岗位达标入手，提高作业人员的安全意识和操作技能，严格执行安全操作规程，规范安全作业行为，加强安全生产基础建设，全面提升现场安全管理水平，防范各类事故的发生。

参考资料

1. 广东省安全生产监督管理局网：关于广州巨亮光电科技股份有限公司“11·6”火灾事故情况的通报，见 http：//www. gdsafety. gov. cn/xxfw/gwgg/tb/201211/t20121107_40751. htm。

2. 中国安全生产网：广东省安委办通报“11·6”火灾事故情况，见 http：//www. aqsc. cn/101813/103046/261122. html。

3. 中国消防设备网：“11·6”火灾事故情况由广东省安委办通报，见 http：//www. sq119. com/news/19228242. html。

深圳地铁急停事件

一、事件简介

2012年11月7日8时40分，深圳地铁环中线发生列车在运行中紧急停车的事件。

二、事件原因

经过深入分析和检测，故障原因是线路信号系统受到了列车上乘客所使用的便携式3G无线路由器所产生的信号干扰所致（其原理有别于3G手机自身WIFI功能）。此类便携式3G无线路由器主要用于将移动通信3G信号转换为WIFI信号供无线终端使用，其无线数据传输频段与地铁信号系统传输频段相同，均为公众免费频段2.4GHz。

三、事件处理

故障出现后，深圳地铁集团高度重视，及时成立了调查领导小组、专家组和检测工作组，对故障产生原因进行了全面排查、检测和分析。

四、补救措施

深圳地铁向深圳市通信管理局提出申请，要求暂时关闭环中线的3G数据业务信号。专家建议，地铁需要申请专用频段，才能从本质上解决这一安全隐患。

参考资料

1. 中国新闻网：深圳地铁承认信号系统受wifi干扰致列车紧急制动，见 http：//www. chinanews. com/sh/2012/11－09/4317514. shtml。

2. 新浪新闻中心：深圳地铁再发急停事件，官方称又受WIFI干扰，见 http：//news. sina. com. cn/c/2012－11－08/043925533283. shtml。

3. 新浪新闻中心：深圳地铁急停或因信号干扰，专家建议设专用频段，见 http：//news. sina. com. cn/c/2012－11－09/015925540090. shtml。

中国气象局启动四级响应应对寒潮暴雪

一、事件简介

2012年11月9日11时30分，中国气象局启动了重大气象灾害（暴雪、寒潮）四级应急响应。

二、事件原因

受较强冷空气影响，2012年11月9日14时至11月11日14时，南疆盆地、西北地区东部、华北中西部有6—8℃降温，其中，内蒙古中部的局部地区降温幅度可达10—12℃；上述大部分地区先后出现4—6级偏北风，渤海、黄淮北部有7—9级大风。华北北部、东北地区西南部有大到暴雪。

三、事件处理

中国气象局副局长签署中国气象局启动重大气象灾害（寒潮、暴雪）Ⅳ级应急响应的命令，要求中国气象局应急办、办公室、减灾司、预报司、观测司、气象中心、气候中心、卫星中心、信息中心、探测中心、公共服务中心、报社、华风集团进入Ⅳ级应急响应状态，内蒙古、河北、北京、辽宁、吉林、山西等省（市）气象局根据实际研判进入相应应急响应级别，其他可能受影响的省份要做好应急响应准备。各单位要严格按照气象灾害Ⅳ级应急响应工作流程做好应急响应工作。

四、补救措施

中国气象局提示公众要注意添衣保暖；做好对大风降温天气的防御工作；门窗、围板、棚架、临时搭建物等易被大风吹动的搭建物固紧，妥善安置易受大风影响的室外物品；应到避风场所避风，通知户外作业人员注意安全；留意气象部门暴雪及大风降温的预报信息，以便采取进一步措施。

参考资料

1. 新华网：中国气象局启动四级响应应对寒潮暴雪，见 http：//news. xinhuanet. com/2012－11/09/c_113649098. htm。

2. 网易新闻中心：中国气象局启动Ⅳ级响应应对寒潮暴雪，见 http：//news. 163. com/12/1109/12/8FS9QN0S00014JB5. html。

新疆前高公路重大交通事故

一、事件简介

2012年11月10日6时30分许，新疆境内前高公路发生一起重大道路交通事故，新疆天正旅游客运有限责任公司一辆号牌为新D07608的大客车（核载35人，实载47人），沿通营公路行驶至前高公路4km十字路口处时，与新疆生产建设兵团奎屯旅客运输公司一辆沿前高公路行驶、号牌为新D05580的中型客车（核载14人，实载14人）侧面相撞，造成车上11人死亡、39人受伤，直接经济损失656万元。

二、事件原因

根据现场勘查和问询，发生事故的为一辆载有47名采棉工的金龙大客车与载有14名采棉工的中型客车，两车在刹车不及的情况下都翻下公路，根据车辆实载人数，发生事故的两车均有超载现象。

三、事件处理

事故发生后，当地128团领导、128团派出所先期到达现场进行施救。新疆乌苏市公安局指挥中心于2012年11月10日6时39分接到报案，乌苏市公安局交警大队车排子中队民警接到110指令后，于2012年11月10日7时25分许赶到现场展开施救，并对现场进行保护和警戒。奎屯市消防队、克拉玛依市消防队于2012年11月10日8时40分到达现场后参与抢救工作。根据事故情况，乌苏市启动了重特大交通事故应急处置预案，组织警力赶现场开展应急救援及善后处理工作。新疆维吾尔自治区党委、政府、新疆生产建设兵团领导高度重视，对做好应急救援、事故调查和善后处理工作作出明确批示。自治区、新疆生产建设兵团主要领导以及相关部门领导第一时间赶到现场，成立了事故协调小组，积极组织开展事故救援及善后处理工作。在各方的积极努力下，事故救援及善后处理工作平稳有序。

四、责任追究

经调查认定，新疆前高公路“11·10”重大道路交通事故是一起重大生产安全责任事故。

（一）对肇事驾驶员的处理

1. 宋泽民，新D07608号“金龙”牌大型客车驾驶员，安全意识淡薄，法律法规常识严重不足，驾驶机动车行至有让行标志的交叉路口时，未按交通标志让行，超速且超载行车，导致事故的发生，对事故的发生负有直接责任。鉴于其在事故中死亡，建议免予追究责任。

2. 王福生，新D05580“福田”牌中型客车驾驶员，安全意识淡薄，驾驶机动车行至交叉路口时，未保持安全车速、减速慢行，导致事故的发生，对事故的发生负有直接责任。建议由塔城地区乌苏市公安交警部门按照《中华人民共和国道路交通安全法》第四十二条、第四十四条有关规定对其予以罚款。

（二）对相关责任人员的行政处分

1. 朱力，奎屯市道路运输管理局局长，对客运公司安全检查不到位，未能及时发现客运公司安全管理中存在的漏洞，对事故的发生负有领导责任。建议给予行政警告处分。

2. 王军，128团8连连长，在送车时，组织不善，对运送车辆超载现场未采取有效措施，对事故的发生负有领导责任。建议给予行政记过处分。

（三）对相关责任人员的行政处罚

1. 郑学军，新疆天正旅游客运有限公司法人代表，公司安全生产工作第一负责人，安全意识淡薄，安全管理混乱，对公司所属车辆和驾驶人员缺乏有效的监管，对事故的发生负有主要责任。依据《生产安全事故报告和调查处理条例》（国务院令493号）第三十八条第三款和《国务院关于进一步加强企业安全生产工作的通知》（国发［2010］23号）的规定，被给予罚款1.15万元、终身不得担任本行业企业主要负责人的处罚。

2. 付保平，新疆天正旅游客运有限公司经理，全面负责公司安全生产工作，安全意识淡薄，安全管理混乱，未采取有效措施管理公司所属车辆和驾驶人员，对事故的发生负有主要责任。依据《生产安全事故报告和调查处理条例》（国务院令493号）第三十八条第三款和《国务院关于进一步加强企业安全生产工作的通知》（国发［2010］23号）的规定，被给予罚款1.15万元、终身不得担任本行业企业主要负责人的处罚。

3. 钱友森，新疆天正旅游客运有限公司副经理兼安全员，分管公司安全生产工作，安全意识淡薄，开展安全生产工作不力，不能对公司所属车辆和驾驶人员进行有效监管，对事故的发生负有主要责任。依据《生产安全事故报告和调查处理条例》（国务院令493号）第三十八条第三款的规定，被罚款1.08万元。

4. 陈渊，新疆天正旅游客运有限公司副经理兼安全员，主管车辆GPS监控工作，安全意识淡薄，车辆GPS管理不力，未做到24小时有效监控，未及时提醒和管理车辆运行中超速情况，对事故的发生负有主要责任。依据《生产安全事故报告和调查处理条例》（国务院令493号）第三十八条第三款的规定，被罚款1.08万元。

5. 娄奎云，中共党员，新疆生产建设兵团奎屯旅客运输公司经理，公司安全生产工作第一负责人，对公司安全管理工作中的漏洞失察，对事故的发生负有主要责任。依据《生产安全事故报告和调查处理条例》（国务院令493号）第三十八条第三款的规定，处以罚款1.85万元、行政警告处分的处罚。

6. 马忠宝，中共党员，新疆生产建设兵团奎屯旅客运输公司安全技术副经理，分管安技科，对公司GPS管理存在的漏洞失察，致使肇事车辆在GPS已损坏的情况下正常排班营运，对事故的发生负有主要责任。依据《生产安全事故报告和调查处理条例》（国务院令493号）第三十八条第三款的规定，处以罚款1.28万元、行政警告处分的处罚。

（四）对相关责任单位的行政处罚

1. 新疆天正旅游客运有限公司，安全管理混乱，对所属车辆和驾驶员缺乏有效的安全监管，对事故的发生负有主要责任，依据《生产安全事故报告和调查处理条例》（国务院令493号）第三十七条第三款的规定，被罚款60万元。

2. 新疆生产建设兵团奎屯旅客运输公司，安全管理不到位，违规将GPS已损坏车辆排班发车，对事故的发生负有主要责任，依据《生产安全事故报告和调查处理条例》（国务院令493号）第三十七条第三款的规定，被罚款50万元。

五、补救措施

新疆前高公路“11·10”重大道路交通事故给人民群众生命财产带来了巨大损失，后果严重，且涉及自治区和新疆生产建设兵团，造成了很大社会负面影响，教训十分深刻。为了防止类似事故再次发生，事故调查组提出以下事故防范措施建议：

1. 新疆天正旅游客运有限公司和新疆生产建设兵团奎屯旅客运输公司要针对此次事故暴露出来的营运车辆超速、超载、GPS监控不到位等问题，立即采取有效措施进行排查整改，特别是加强对公司挂靠车辆和驾驶人员的安全管理。切实落实企业安全生产主体责任，建立健全安全管理机构，完善安全生产责任制和各项安全管理制度，确保安全运营。

2. 新疆生产建设兵团农七师和塔城地区要认真吸取前高公路“11·10”重大道路交通事故的教训。农七师要加强团场交通安全宣传，做好拾花工集中返乡运送监督检查工作，确保运送拾花工的车辆不超速、不超载，杜绝类似事故的再次发生。针对事故中暴露出来的团场道路交通设施不健全，如事故地点减速带严重破损，起不到强制减速的作用等问题，立即在所属团场内开展团场道路隐患排查治理工作，及时消除事故隐患，采取增设黄闪警示灯、铺设减速带等技术措施，提高团场职工出行安全意识。塔城地区要深入分析事故的原因和管理问题，针对事故中暴露出来的道路运输安全管理的缺陷和漏洞，及时督促相关部门整改落实。

3. 伊犁州道路运输管理局要加强对辖区内市、县道路运输管理部门的行业管理，切实履行安全监管职责。奎屯市道路运输管理局要针对事故暴露出来的问题，严格落实“三关一监督”规定，加强对客运企业、客运站等的安全监督检查，督促客运企业加强对所属驾驶人员的安全教育，提高驾驶人员安全意识，严厉打击和查处各类非法违法行为。

4. 乌苏市公安交警部门要依法加强道路交通安全管控，有针对性的加大对重点路段、重点时段、重点时期路面巡查监管力度，严查客运车辆超员、超速等非法违法行为，并建立与团场在道路交通安全管控方面的沟通协调机制，与团场共同做好团场道路交通安全管控工作，及时制止团场职工在团场道路上的违法违规行为，减少因违法违规行为造成的各类交通事故。

参考资料

1. 国家安全生产监督管理总局：新疆境内发生一起道路交通事故造成 11 人死亡，见 http：//www. chinasafety. gov. cn/newpage/Contents/Channel_4314/2012/1112/183054/content_183054. htm。

2. 新疆维吾尔自治区安全生产监督管理局：新疆前高公路“11·10”重大道路交通事故调查报告，见 http：//www. xjsafety. gov. cn/tabid/95/InfoID/34167/frtid/129/Default. aspx。

3. 新华网：新疆发生一起道路交通事故已致 10 人死亡，见 http：//news. xinhuanet. com/2012 - 11/10/c_113655742. htm。

贵州毕节流浪儿垃圾箱取暖死亡

一、事件简介

2012 年 11 月 16 日清晨，5 名男孩被发现死于贵州省毕节市七星关区街头垃圾箱内，其年龄均在 10 岁左右。据悉，事发前，五名男孩曾在垃圾箱旁的拆迁工地搭起塑料帐篷居住多日，却无人在事发前向警方、街道、民政等部门反映这一情况，最终导致悲剧发生。

二、事件原因

经调查，5 名男孩被排除外伤性致死和机械性窒息死亡的可能。尸检结果显示，5 人均为一氧化碳中毒死亡。

三、事件处理

事故发生后，贵州省委、省政府和毕节市委、市政府高度重视，毕节市及时成立了工作组对事件展开调查。

四、责任追究

贵州省毕节市委 2012 年 11 月 19 日晚研究决定，对 5 名男孩意外死亡事件负有领导和管理责任的七星关区分管民政工作的副区长、分管教育工作的副区长等 8 人分别进行停职或免职处理。

五、补救措施

针对 2012 年 11 月 16 日贵州毕节七星关区 5 名男孩垃圾箱内死亡事件，贵州省毕节市委、市政府决定深刻吸取教训、举一反三，采取具体措施，防止类似事件的发生：立即对全市范围内的留守儿童进行逐一排查、建立台账、建立档案。积极开展社会关爱活动，组织全市干部职工、教师、志愿者、爱心人士进村入户，对留守儿童情况进行详细的调查了解，采取切实帮扶措施，切实解决好他们的学习、生活问题。实行各级政府、各级教育部门“双线包保”责任制和县（区）长、教育局长、乡镇长、校长、村长（村委会主任）“五长”负责制，进一步落实教师一岗双责，加强学生管理，层层落实责任，准确及时掌握每一个班级、每一个学生的学习、生活、家庭情况。进一步加大巡查力度，组织民政救助、公安治安联防等力量进行巡查。对离家出走、四处流浪的未成年人，逐一做好帮扶、教育工作。抓好民政救助工作，在所有城区和 253 个乡镇办事处，特别是城区和城郊接合部设立救助引导牌、指引标志、求助电话等，随时对需要帮助的人提供及时救助。进一步加大财政投入，市、县、区财政设立留守儿童专项救助基金，为做好留守儿童工作提供物质保障。

参考资料

1. 新浪新闻中心：贵州毕节 5 名流浪儿垃圾箱生火取暖中毒身亡，见 http：//news. sina. com. cn/c/2012 - 11 - 19/030025606909. shtml。

2. 凤凰网：贵州警方：5 名流浪儿垃圾箱内生火取暖致中毒身亡，见 http：//news. ifeng. com/society/2/detail_2012_11/18/19278597_0. shtml。

3. 和讯新闻网：贵州毕节 5 名流浪儿垃圾箱生火取暖中毒身亡，见 http：//news. hexun. com/2012 - 11 - 19/148080293. html。

4. 新华网：贵州毕节逐一排查留守儿童采取切实帮扶措施，见 http：//news. xinhuanet. com/politics/2012 - 11/20/c_113742021. htm。

安徽枞阳钱铺矿业公司窒息事故

一、事件简介

2012 年 11 月 16 日 23 时，安徽省安庆市枞阳县钱铺矿业有限责任公司虎栈铜矿一采区西风井 - 8m 处发生窒息事故，造成 3 人死亡。事发当日 16 时，该矿井违反停产指令，安排 4 名矿工从事井下设备拆除。在通风设施未开启的情况下，3 名工人进入井下，约 23 时发现 3 员窒息，矿山紧急将 3 人送往邻近的铜陵市第四人民医院，经抢救无效后死亡。

二、事件原因

经调查，该起事故的主要原因是：该矿井拒不执行安徽省安庆市、县政府有关部门停止生产指令，违反矿山通风管理规定，违规冒险作业。

三、事件处理

事故发生后，安徽省安庆市市委、市政府高度重视。安庆市市长作出重要指示，要求立即做好事故调查和善后处理工作，切实维护社会稳定。副市长率市直相关部门主要负责同志赶赴现场，指导调查和善后处理工作。安徽省安监局、省经信委相关处室负责人及专家先后来到现场指导救援工作。铜陵市矿山救护大队受安徽省安监局委托及时赶到井下现场展开搜寻和察看。

四、补救措施

为认真吸取枞阳县钱铺矿业有限责任公司虎栈铜矿一采区“11·16”较大窒息事故教训，安庆市人民政府安全生产委员会就加强当前安全生产工作提出如下要求：

1. 对安庆市小型地下矿山（含基建、技改矿山）立即实行停产整顿。枞阳“11·16”事故暴露出小型地下矿山安全管理不严格、不规范，隐患排查治理不认真、不彻底等问题，也反映了企业主体责任不落实、监管不到位等问题。各级人民政府要对辖区内的小型地下矿山一律进行停产整顿，县级经信、安监、国土、公安、环保、工商、人社、工会等部门要按照《安徽省人民政府办公厅关于开展全省非煤矿山对标检查和隐患排查整治行动的通知》（皖政办明电［2012］33号）对停产整顿的矿山逐一进行检查验收，验收人员要在验收后签字，合格后方可批准复工。各地下矿山企业要严格落实安全生产责任制，完善规章制度和操作规程；要建立完善机械通风系统，保证风量充足，井下有人作业时不得停止机械通风；要加强尾矿库和露天高陡边坡运行情况的监测监控；放炮作业的地下矿山、井隧建筑施工和从事密闭空间市政作业的有关企业，必须配备防止一氧化碳等有害气体中毒的个人防护器材和自动报警、监测设施设备。

2. 深入推进矿山行业安全生产“打非治违”“回头看”行动。枞阳“11·16”事故是该采区西风井严重违反市、县政府停产规定，违规冒险作业所致。各地区、各有关部门要从“11·16”事故中吸取教训。继续保持对非法违法、违规违章行为的高压态势。各非煤矿山企业要按“回头看”活动要求，认真落实企业主体责任，坚决治理纠正违规违章行为。监管部门要重点依法严厉打击无证开采、一证多井、超层越界、乱挖滥采、违规排放尾矿、非法转让探矿权和采矿权、“以采代探”等非法违法行为情况和防“三超”、反“三违”的情况。对一个非煤矿山同时由多个投资主体进行开采的，要坚决实施停产整顿，完善统一管理。严禁一个生产系统由多个开采主体生产，严禁借整合名义实际各自开采的假整合。清理整顿后再发现同类问题，将严肃追究矿山企业违法分包、承包的责任，以及相关部门和人员的责任。

3. 认真组织开展各行业安全生产重大隐患排查治理。2012 年 11 月份以来，潜山、宜秀、望江等地先后发生不同类型的安全生产事故，说明安全生产形势仍十分严峻。第四季度历来是生产安全事故多发时期，年底一些生产经营企业往往赶产量、追指标，企业常常赶工期、抢进度，容易出现超能力、超强度生产现象，特别是一些非法违法、违规违章行为容易集中反弹。因此矿山、危险化学品、建筑施工、烟花爆竹和民爆器材、冶金、有色、机械、供电、道路交通、人员密集场所及学校校车、旅游等重点行业（领域）要组织开展好安全生产大检查，加强对重点单位、重点部位和关键环节地毯式安全隐患排查。各类企业都要认真组织对施工作业现场，事故易发岗位安全生产隐患排查，以确保安全防控措施落实到位。

4. 严肃事故查处，加大责任追究力度。要按照国务院 493 号令、安徽省政府 232 号令规定，对发生的各类安全生产事故，严格按照“四不放过”原则，认真查明事故原因，分清事故责任，依法依规、严肃追究相关单位和人员责任。要严格按照皖政办［2007］50 号文规定，对发生事故的非煤矿山企业一律按规定停产期限的上限实施停产整顿。各级监管部门要切实履行职责，认真督促矿山企业落实整改，不得以任何名义缩短停产整顿时限，不得在停产整改到期前批准其恢复生产。

5. 加强教育培训，提高职工现场应急处理能力。各类企业要切实加强安全生产应急处置工作，严格落实企业领导现场带班制度，发生险情、事故后，要立即采取紧急避险措施，并迅速报告企业负责人，企业负责人要按照有关规定时间及时上报给有关部门。同时要制定实施科学严谨的施救方案，提高对各类事故的应急处置能力，杜绝在施救过程中由于盲目救人、措施不当等导致事故扩大或发生次生事故。各企业要加强职工应急知识和技能的培训，定期开展应急演练，使工人熟悉基本救生逃生方法、常见事故处理措施和所在作业场所的逃生线路，提高职工现场应急处理能力，防止事故和次生灾害的发生。

参考资料

1. 凤凰网：枞阳矿井事故原因查明，见 http：//news. ifeng. com/gundong/detail _ 2012 _ 11/19/19287403_0. shtml。

2. 安庆市安全生产监督管理局网：关于枞阳县钱铺矿业有限责任公司虎栈铜矿一采区“11 · 16”较大窒息事故的通报，见 http：//www. aqanhuisafety. gov. cn/main/model/newinfo/newinfo. do?infoId =2101。

3. 安庆新闻网：枞阳虎栈铜矿发生事故造成三人死亡，见 http：//www. aqnews. com. cn/AanqingNews/shehui/201211/120609. shtml。

山东枣庄朝阳矿业顶板事故

一、事件简介

2012 年 11 月 17 日 5 时 0 分 15 秒，山东省枣庄市的山东省朝阳矿业有限公司发生一起冲击地压造成的顶板事故。事故共造成 6 人死亡、2 人轻伤，直接经济损失 1040 万元。

二、事件原因

经核查，造成事故的主要原因是：矿井开拓布局不合理。3112 采煤工作面形成孤岛工作面，3112 材料道埋深为 881—910m，并处于三面采空及断层切割范围内的掘进顺槽，煤层和顶板具有冲击倾向性，且顶板及高位顶板具有坚硬厚层砂砾岩，具备产生冲击地压的力源条件；该区域因停止作业产生的顶板压力释放失衡，形成叠加的高应力集中区；冲击地压监测预报及防治不到位，导致发生冲击地压事故。

三、事件处理

事故发生后，山东省有关主管部门领导及枣庄市有关部门领导及时赶到现场，成立应急救援指挥部，组织从枣矿集团、淄矿集团、兖矿集团、新汶矿业集团等抽调的队员与朝阳煤矿的救援人员共计上百人，共同进行救援。

四、责任追究

经勘查、调查取证、技术分析，山东省朝阳矿业有限公司“11 · 17”顶板事故调查组认定该事故为责任事故，并提出以下责任追究建议：

（一）对事故有关责任人员的处理建议

1. 王永，朝阳煤矿生产技术科防冲办公室主任，负责全矿防冲工作。制定的防冲制度、防冲措施内容不完善、不齐全，对卸压钻孔日常管理不严格，制定的防冲设计、防冲措施不到位，对事故的发生负有主要责任，建议给予行政撤职处分。

2. 王超，中共党员，朝阳煤矿防冲副总工程师兼采掘副总工程师兼生产技术科长。对 3112 材料道防冲设计及《3112 材料道作业规程》审查把关不严，防冲措施不完善、预警预报及卸压措施不可靠，对事故的发生负有主要责任，建议给予行政撤职处分，建议给予党内严重警告处分。

3. 邓建明，九三学社社员，朝阳煤矿总工程师，负责全矿技术管理工作。对 3112 采煤工作面设计不合理、防冲监测预报及卸压措施不完善，监测及卸压不可靠，条带开采顺序不符合要求，3112 材料道作业规程编制缺少针对性等问题把关不严，对事故的发生负有重要责任，建议给予行政降级处分。

4. 刘玺君，中共党员，朝阳煤矿副矿长，分管全矿掘进安全生产工作。对掘进工作面冲击地压的危害性不够重视。矿井对卸压钻孔日常管理不严格，没有把卸压钻孔的参数指标纳入检查内容，现场物料防冲固定违反规定，对防冲措施的落实安全管理不到位，对事故的发生负有重要责任，建议给予行政撤职处分，建议给予党内严重警告处分。

5. 周传玉，中共党员，朝阳煤矿副矿长，负责全矿安全管理工作。对掘进工作面冲击地压的危险性重视不够，没有把卸压钻孔的参数指标纳入检查内容，现场物料防冲固定违反规定，对防冲措施的落实监督检查不到位。对事故的发生负有重要责任，建议给予行政撤职处分，并建议给予党内严重警告处分。

6. 宋加宏，中共党员，朝阳煤矿矿长，安全生产第一责任者。未严格履行职责，对掘进工作面冲击地压的危险性重视不够；防冲机构不健全，卸压解困人员配备不足；防冲制度、责任制制定及落实不到位；防冲安全投入不足。对事故的发生负有主要责任。建议给予行政撤职处分，吊销矿长资格证和矿长安全资格证，5 年内不得担任矿长职务，并建议给予党内严重警告处分。

7. 马福昌，中共党员，山东中泰煤业集团有限公司副总经理兼总工程师和安全监察处处长。分管煤矿安全生产技术管理工作，对矿井防冲工作重视不够，安全管理不到位，对事故的发生负有主要领导责任。建议给予行政记大过处分，并建议给予党内警告处分。

8. 褚衍春，中共党员，山东中泰煤业集团有限公司总经理。对矿井冲击地压危害重视不够，投入不足，集团公司安全管理机构不健全，专业人员配备不符合要求，兼职现象突出，未依法全面履行安全管理职责。对事故的发生负有重要领导责任。建议给予行政记过处分。

9. 姜崇海，中共党员，山东中泰煤业集团有限公司董事长。对矿井防冲工作重视不够，投入不足。集团公司安全管理机构不健全，专业人员配备不符合要求，兼职现象突出，未依法全面履行安全第一责任人的职责。对事故的发生负有重要领导责任，建议给予行政记过处分。

10. 刘允建，中共党员，枣庄市市中区煤炭局总工程师。对朝阳煤矿防冲工作重视不够，安全监管不到位，对事故的发生负有领导责任，建议给予行政警告处分。

11. 孙廷志，中共党员，枣庄市市中区煤炭局副局长。对朝阳煤矿安全监管不到位，对事故的发生负有领导责任，建议给予行政警告处分。

根据枣庄市人民检察院意见，事故有关责任人员涉嫌犯罪的，将被依法追究刑事责任。

枣庄市市中区人民政府向枣庄市人民政府写出书面检查。

（二）行政处罚建议

1. 朝阳煤矿“11·17”冲击地压事故于2012年11月17日5时0分15秒发生，2012年11月17日8时20分向鲁南煤监分局汇报，属于迟报事故，依据《煤矿安全监察条例》规定，建议给予朝阳煤矿15万元的罚款。

2. 朝阳煤矿“11·17”冲击地压事故，导致6人死亡，依据《生产安全事故报告和调查处理条例》第三十七条第二项的规定，建议给予朝阳煤矿50万元的罚款。

3. 在调查朝阳煤矿“11·17”冲击地压事故时发现：3112材料道综掘工作面当班综掘机司机无证上岗。依据《国务院关于预防煤矿生产安全事故的特别规定》（国务院令第446号）第十六条的规定，建议给予朝阳煤矿50万元的罚款。

五、补救措施

山东省朝阳矿业有限公司“11·17”顶板事故调查组提出以下补救措施：

1. 提高干部职工的防冲意识，特别是提高煤矿主要负责人对冲击地压的认识，切实从思想上高度重视冲击地压防治工作；进一步健全防冲机构和防冲保障体系，充实安全技术管理人员和施工队伍。矿井必须设置专门防冲机构，配备专职防冲副总工程师，配齐防冲专职施工队伍。

2. 矿井要优化开拓布局，完善采区防冲设计，避免形成高应力采煤工作面。对在目前冲击地压防治技术条件下孤岛工作面无法实现安全开采的，严禁再安排采掘活动。

3. 矿井要完善冲击地压预测预报制度。要及时对微震监测、应力实时在线监测以及钻屑法检测等相关数据信息进行综合分析，编制防冲预测综合分析日报，做到日分析日通报，经总工程师签字，并及时告知防冲施工和生产作业相关单位。矿井要建立短信发布平台，向矿分管负责人及部门责任人实时发送冲击地压预警和预报信息。

4. 矿井要完善冲击危险采掘工作面解危措施。除了钻孔卸压外，完善爆破卸压、注水卸压等切实可行的卸压措施，确保解危到位。在巷道掘进过程中，迎头超前卸压钻孔最小剩余长度和帮部卸压钻孔深度必须重新评估论证，确保在卸压保护带内安全施工。巷道支护方式应进一步优化，锚杆直径的选取及锚杆（索）布置的间排距、密度应综合考虑，适当加大锚杆（索）直径，支护参数选择要科学、合理、可靠，并应进行专家评估，确保支护方式满足安全需要。

5. 朝阳煤矿对3下层煤及顶底板委托有资质部门重新进行冲击倾向性鉴定；对采掘工作面进行防冲评估，坚持“一面一评估、一头一评估”。矿井必须完善覆盖全矿井的微震监测系统，采掘工作面要装备应力在线监测系统。凡经预测、评价有冲击危险的采掘工作面，必须编制防冲专项设计，报上级管理单位组织专家论证审批。

6. 朝阳煤矿要加强冲击地压培训工作。建立和完善全员防冲培训、岗位人员防冲培训和管理人员培训的全方位防冲教育和培训保障体系，提高全矿井防治冲击地压业务素质；矿井要加强与科研院所合作，加大对条带和孤岛工作面及地质构造复杂区域的冲击地压防治研究工作，确保采掘工作面防控措施研究到位。

7. 山东中泰煤业集团有限公司要进一步完善安全管理机构，配齐安全管理专业人员，要加大对朝阳煤矿防冲方面安全投入，切实履行好安全管理职责；枣庄市市中区煤矿监管部门要加大朝阳煤矿监管力度，督促其落实好有关防冲各项规定，进一步提升防冲管理水平，确保实现安全生产。

参考资料

1. 新浪新闻中心：山东朝阳矿业发生顶板事故，见 http://news.sina.com.cn/o/2012-11-19/053925607907.shtml。

2. 中国新闻网：山东朝阳矿业发生顶板事故，6人被困，见 http://finance.chinanews.com/ny/2012/11-19/4340000.shtml。

3. 山东煤矿安全监察局网：山东省朝阳矿业有限公司“11·17”顶板事故调查报告，见 http://www.sdcoal.gov.cn/articles/ch00100/201304/15c50b7d-2e15-479c-8af7-e06a161a0d23.shtml。

广东清远抽水蓄能电站事故

一、事件简介

2012年11月19日11时40分，中国水利水电第十四工程局在广东省清远抽水蓄能电站斜井施工准备时发生事故，导致6人死亡，其中4人当场死亡，2人经抢救无效死亡。事故发生时，共有8人在进行斜井开挖轨道拆除工作。其中1人在卷扬机操作平台操作，2人在斜井施工平台上工作，剩余5人在施工平台下方进行轨道切割拆除工作。在拆除过程中，钢绳突然不能制动，直接导致由钢绳牵引的斜井施工平台急速向下方坠落。在坠落过程中，除1人及时抓住工字钢逃生外，其余4人均随施工平台坠入下平洞，当场死亡，另有2人在下坠过程中被施工平台挤压后，挂在斜井直线段170米处洞壁钢筋上，后经抢救无效死亡。

二、事件原因

造成事故的直接原因是：卷扬机的卷筒支承板与机架槽钢焊接连接处的槽钢发生早期快速疲劳断裂，卷扬机传动系统齿轮啮合产生位移，致使钢丝绳卷筒处于可自由旋转状态，受送料小车向下牵引的自重力作用，卷筒上原卷绕的钢丝绳被完全释放，导致送料小车沿斜井导轨高速下滑。

造成事故的间接原因是：清远抽水蓄能电站引水斜井的施工建设、监理等单位企业安全意识不够强，安全生产管理不到位，安全管理制度不落实，对企业安全生产工作监管力度不足。

三、事件处理

事故发生后，清远市委市政府、清新县委县政府高度重视，市主要领导指示要“全力抢救受伤人员，协助企业做好善后，并认真调查事故原因，依法追究责任。”市委常委、常务副市长和清新县县长等率领卫生、安监、公安、住建、消防以及太平镇等单位负责人，以及技术队伍赶赴现场开展应急救援工作，并现场制定了应急处置方案：

1. 全力组织救援工作，迅速核实伤亡人数，并严防发生次生灾害，县卫生部门要不惜代价全力抢救伤者；

2. 责令清远抽水蓄能电站立即全面停止施工，全面排查安全隐患并落实整改措施；

3. 清新县政府和清远抽水蓄能电站立即成立善后维稳工作小组，全力做好各项善后处置工作，确保事件得到妥善处理，确保社会稳定；

4. 公安、安监等部门立即介入，控制相关人员协助做好调查工作；

5. 市安委会牵头，立即成立事故调查组，查清事故原因，落实责任；

6. 举一反三，立即在清新县范围内组织开展安全生产隐患大排查。

四、责任追究

清远市安全监管部门对事故发生负有责任的项目建设单位清远抽水蓄能电站建设管理局、监理单位中国水利水电建设工程咨询中南公司清远抽水蓄能电站监理部、施工单位中国水利水电第十四工程局有限公司清远抽水蓄能电站项目经理部、施工分包单位衡东县石滩建筑工程有限公司分别处以30万元、30万元、30万元和30.5万元的罚款，对上述单位负责人各处一年收入40%的罚款。

五、补救措施

针对2012年11月19日广东清远抽水蓄能电站6人死亡事故，广东省安全生产委员会办公室提出以下要求：

1. 高度重视，警钟长鸣，坚决遏制事故多发的势头。各地各部门和广大企业，要从全面深入贯彻落实科学发展观、构建和谐社会的高度，本着对人民群众生命财产安全高度负责的态度，严格执行安全生产“一岗双责”制度，认真按照省安全生产“百日行动”的工作部署，针对当前天干物燥、各类建设工程抓紧施工、生产经营活动处于旺季的特点，加强对本地、本系统安全生产形势的动态分析，时刻绷紧安全生产这根弦，力戒浮躁、松懈和疏忽，针对突出问题制定有力措施，防范类似事故发生。

2. 突出重点，常抓不懈，加强重点行业领域安全生产日常监督管理。各地、各相关部门要按照职责分工，牢牢抓住“打非治违”这一重点，进一步强化重点行业领域的安全防范和监管，依法督促工程建设、施工、监理等单位进一步落实企业安全生产主体责任，深刻吸取事故教训。各建设、施工、监理单位要结合项目建设实际，强化隐患排查治理，不断完善本单位工程建设安全生产操作规程及安全生产制度的制定并组织实施。特别是建筑施工企业要加强对建设工程施工现场的监督检查，强化日常安全监管，严肃查处违章指挥、违规作业、违反劳动纪律等行为。要做好对建筑施工作业人员的安全教育，实行“人人过关”培训，使其熟练掌握基本安全知识，增强安全防护意识和自我防护能力，坚决杜绝冒险蛮干和违章作业。

3. 迅速行动，举一反三，深化事故隐患排查治理和安全专项整治。各地、各相关部门要迅速开展安全生产大检查，一是加强对深基坑、高支模、地下暗挖、高层外墙脚手架等危险性较大分部分项工程以及建筑起重机械安全使用的监督检查。以防范建筑起重机械伤害、施工坍塌和高处坠落等三类生产安全事故为重点，督促各建设、施工、监理等有关单位立即组织开展对建筑机械设备隐患排查治理，组织专门力量，对所有大型建筑机械设备进行全面自查，重点是机械设备的安全装置、防滑落、防坠装置，在检查中发现的重大隐患，要限期整改，该停用的设备坚决停用，该停建整顿的工程绝不放过，该取缔的工程绝不手软，做到查隐患、促整改、强基础、防事故。二是要保持对火灾隐患排查整治的持续高压态势，重点加强对“三合一”场所、“三小”场所、人员密集场所、高层地下建筑的消防安全检查，对检查中发现的问题和重大火灾隐患，一律依法予以查处，确保不留死角，切实预防和坚决遏制重特大事故的发生。

4. 依法依规，严肃查处，严格落实事故责任追究制度。各地、各相关部门要依法加强生产安全事故的查处工作，要严格按照“四不放过”和“科学严谨、依法依规、实事求是、注重实效”的原则，认真组织开展事故调查，查明事故原因，严肃追究事故责任。

参考资料

1. 新浪新闻中心：清远电站工地发生事故，已致6人死亡，见 http：//news. sina. com. cn/o/2012－11－21/094725627773. shtml。

2. 凤凰网：广东清远抽水蓄能电站发生6人死亡事故，见 http：//news. ifeng. com/mainland/detail_2012_11/20/19358797_0. shtml。

3. 北极星电力网：广东清远抽水蓄能电站事故责任人被处罚，见 http：//news. bjx. com. cn/html/20130710/445033. shtml。

4. 广东省安全生产监督管理局网：关于对清远市“11·19”抽水蓄能电站工程物料车失控等三起较大生产安全事故的通报，见 http：//www. gdsafety. gov. cn/xxfw/gwgg/tb/201211/t20121121_40802. htm。

深圳宝安五金厂粉尘爆燃事故

一、事件简介

2012年11月20日10时40分，深圳市宝安区松岗街道东方社区深圳市信新宇五金制品有限公司发生一起粉尘爆炸事故，造成7人不同程度烧伤，其中4人伤势严重。深圳市信新宇五金制品有限公司位于松岗街道东方大田洋工业区13小区第二栋，主要生产五金制品（自行车配件），公司员工约50余人，厂房面积3000m²。事故发生的部位为该公司的打磨车间，主要从事铝制配件的打磨抛光作业。

二、事件原因

经勘查分析，事故原因判断为员工打磨作业产生的铝粉尘在抽排过程中因采集管道内粉尘浓度达到爆炸极限后，遇静电引发爆燃。

三、事件处理

事故发生后，深圳市委书记、市长作出指示，要求全力以赴抢救伤员，做好善后工作，认真调查事故原因。宝安区安全监管部门查封事故现场和封存事故企业办公场所资料，并责令企业立即停产停业整顿。宝安区安委办、松岗街道及时组织召开事故现场警示会并将事故情况通报至全区所有企业。宝安区安监局牵头成立了专项事故调查组，调查事故原因，判定事故性质，明确事故责任，严格事故追究。松岗街道成立了7个善后小组，全面负责伤员救治等后续工作。

四、责任追究

深圳市宝安区松岗街道安监办主要负责人和巡查队东方片区组长被停职处理。当地公安机关对深圳市信新宇五金制品有限公司主要负责人、安全主任等14名相关人员采取了控制措施，配合事故调查和善后处理工作。

五、补救措施

事故发生后，深圳市宝安区委、区政府于2012年11月20日下午召开全区安全生产工作大会，通报事故情况，启动事故问责程序。宝安区委书记要求全力抢救伤员，各街道各部门要强化责任意识，落实责任制与安全生产“一岗双责”，对出现问题且整改不到位的企业，坚决依法将其关闭。宝安区区长表示，宝安在转型升级期间，安全生产等各项工作取得初步成效，必须绷紧安全生产这根弦，不能松懈，对危险化学品等高危行业企业的安全排查要穷尽手段，逐个过关，并在全区深入开展安全大排查、大整治行动。

参考资料

1. 新浪新闻中心：深圳五金厂粉尘爆燃7人烧伤，见 http：//news. sina. com. cn/c/2012－11－21/051925624932. shtml。

2. 中国安全生产网：深圳宝安一五金厂粉尘爆燃致7人烧伤，见 http：//www. aqsc. cn/101805/101882/262659. html。

3. 南方报网：宝安五金厂粉尘爆燃7人烧伤，见 http：//epaper. nfdaily. cn/html/2012－11/21/content_7144325. htm。

4. 深圳之窗网：五金厂铝粉尘遇静电爆炸7人伤，有伤者烧伤面积98%，见 http：//city. shenchuang. com/city/2012－11/21/content_3058996. htm。

海南临高“11·20”校园踩踏事故

一、事件简介

2012年11月20日17时，海南省临高县第一小学组织师生举行地震应急疏散预演。演习预演结束后，学生解散返回教室时，发生拥挤、挤压事件，导致21名学生受伤。

二、事件原因

经调查，这是一起校园安全责任事故，造成事故的直接原因为：预演结束后，学校没有安排疏导员，引起学生在楼梯通道形成对流，在二楼走廊楼梯口和二楼与一楼间楼梯平台发生拥堵挤压，导致学生受伤。

三、事件处理

事故发生后，海南省副省长立即作出“请卫生厅全力部署，抓紧救治学生”的批示，海口市人民医院即时开通绿色通道，对临高县受伤的学生进行全力救治；临高县人民医院组织治疗力量全力救治受伤学生；临高县财政局和县教育局筹措治疗资金，安排人员对入院学生实行一对一跟踪看护，做好学生家长的安抚工作；临高县政府办、县安监局、县公安局、县教育局、县地震局等单位组成事故调查组，开展事故调查。

四、责任追究

临高县第一小学“11·20”校园安全事故4名责任人被处理，校长王某、副校长陈某、刘某和政教室主任邓某等被处以免职、行政记过、行政警告等不同程度的处理。

五、补救措施

临高县教育局邀请琼台师范高等专科学校的心理辅导老师对临高县第一小学全校学生进行心理“干预”和辅导，帮助孩子们走出挤压事件带来的心理阴影，让他们全身心地投入到学习和生活中去，减少事件对他们造成的负面心理影响。临高县教育系统开展了校园安全隐患大排查，临高县教育局要求各学校举一反三，吸取第一小学挤压事件的教训，做好校园安全工作，确保学生学习安全，健康成长。

参考资料

1. 腾讯网：海南一小学地震演练20余学生受伤2人神志不清，见 http：//news. qq. com/a/20121121/001750. htm。

2. 搜狐网：海南一小学地震演练发生挤压事故，20余学生受伤，见 http：//news. sohu. com/20121122/n358312071. shtml。

3. 和讯网：临高一小学地震演练事故：校长等4责任人被免职，见 http：//news. hexun. com/2012－12－11/148911958. html。

江西万安“11·21”交通事故

一、事件简介

2012年11月21日0时12分，江西省万安县一私家面包车坠入深崖造成5人死亡、5人受伤。

二、事件原因

据江西省万安县委宣传部通报，2012年11月21日凌晨，万安县宝山乡村民郭某一家和亲戚从浙江打工地返乡，驾驶私家面包车行至万宝公路27km临崖弯道处，因郭某儿子晕车呕吐，郭某替其摇车窗玻璃时，导致方向盘操作失误，车辆冲过路边警示桩坠入山崖。

三、事件处理

事故发生后，万安县交警大队宝山交警中队及时与报警人取得联系，并于2012年11月21日0时35分到达事发现场，随即深入150余米深崖底寻找事故车辆，同时电话报告现场情况请求支援。随后，当地主要官员及医院、公安、交警、消防部门等近百人迅速赶到现场展开施救，并成立医护抢救、善后安抚等工作小组，安排抢救善后事宜。

四、责任追究

针对此次事故，万安县法院作出判决，考虑到郭某是肇事者同时也是受害者，判处其有期徒刑2年，缓刑3年。

五、补救措施

事故发生后，郭某主动委托他人报案（本人当时受重伤）并积极协商赔偿事宜。2013年6月初，万安县检察院启动对5名死亡被害人的刑事救助程序，为死亡被害人的家属申请获得共2.5万元救助资金。

参考资料

1. 新浪新闻中心：江西万安面包车坠崖致5死5伤：伤者脱离生命危险，见 http：//news. sina. com. cn/c/2012－11－22/173325640534. shtml。

2. 中国新闻网：江西万安一私家面包车坠入深崖致5死5伤，见 http：//www. chinanews. com/sh/2012/11－22/4347973. shtml。

3. 江西新闻网：万安：超载车失控5人遇难，司机交通肇事获缓刑，见 http：//www. jx. chinanews. com/2013/0729/476334. html。

陕西兴平“11·21”锅炉房爆炸事故

一、事件简介

2012年11月21日9时40分，陕西省兴平市蜢山路福瑞花园小区内，一天然气锅炉发生爆炸。爆炸锅炉位于一处三层民房内，当场造成6人死亡、1人受伤，死伤者为小区物业管理人员和小区居民。爆炸导致现场的三层楼房坍塌。

二、事件处理

事故发生后，陕西省咸阳市委书记等市领导带领该市安监、公安、卫生、应急、消防等部门主要负责人赶赴事故现场，指挥现场救援工作，并前往医院看望了受伤人员。

三、补救措施

针对此次事故，咸阳市委书记要求，要全力做好抢险救援工作，不惜一切代价抢救受伤人员；要以人为本，认真做好死者家属的安抚工作；要吸取惨痛教训，确保不再发生此类事件；要立即组织对全市所有锅炉设备安全运营进行检查，确保全市所有锅炉运营安全。

参考资料

1. 新浪新闻中心：陕西兴平小区锅炉爆炸致6死1伤，三层楼房坍塌，见http：//news. sina. com. cn/c/2012－11－22/023825633343. shtml。

2. 凤凰网：兴平一小区发生爆炸至6人亡，咸阳市排查锅炉安全，见http：//news. ifeng. com/gundong/detail_2012_11/23/19456636_0. shtml。

3. 网易新闻中心：兴平一小区锅炉房发生爆炸，见http：//news. 163. com/12/1122/05/8GT23T9F00014AED. html。

四川成温邛高速油罐车爆炸事故

一、事件简介

2012年11月22日3时，四川成温邛高速崇州市境内发生一起交通事故，一辆川V牌照的油罐车与一辆川A的小车发生碰撞并导致油罐车侧翻燃烧爆炸，油火还造成公路边一民房被烧毁。该起交通事故共造成2人死亡、2人受伤。

二、事件原因

经勘查分析，该爆炸事故是由于两车相撞后，罐车侧翻在地，造成油罐或者阀门损坏，罐车上的油泄漏出来，遇到火花后发生燃烧爆炸。

三、事件处理

事故发生后，成都市119指挥中心迅速调集成都消防10中队、23中队、崇州政府消防队和三个特勤队的7辆泡沫车、13辆水罐车以及60余名消防官兵赶往现场处置险情。成温邛高速公路管理方迅速封闭道路，高速公路路政、交警及崇州市政府相关人员也迅速赶往现场处置，并迅速将事故附近的住户全部进行了疏散转移。

四、责任追究

经过当地交通执法部门勘查，事发路段18节护栏板、22根护栏立柱、21个护栏板拖架、40片钢管隔离栅以及20个水马、27个锥形桶被撞烂烧毁，同时，高速路的沥青混凝土路面也有近200m² 被损毁，按照相关规定，事故主要责任方被处以15万元的罚款。

五、补救措施

事故发生后，成都绕城高速成温邛入口处实行交通管制，禁止一切社会车辆通行，两名高速交警在路口指挥车辆绕行。相关人员连夜对事发高速公路路段被撞坏的隔离栅栏进行修复。

参考资料

1. 新浪新闻中心：四川成温邛高速油罐车爆炸责任方或赔偿数十万，见http：//news. sina. com. cn/c/2012－11－23/031925642755. shtml。

2. 凤凰网：成温邛高速油罐车载32吨汽油燃烧爆炸，已致2死，见http：//news. ifeng. com/gundong/dctail_2012_11/22/19416228_0. shtml。

3. 网易新闻中心：四川成温邛高速油罐车侧翻燃烧爆炸致2死2伤，见http：//news. 163. com/12/1122/10/8GTKNDJ300014JB6. html。

山西寿阳火锅店爆炸事故

一、事件简介

2012年11月23日19时52分，山西省晋中市寿阳县一家名为喜羊羊的火锅店发生爆炸燃烧事故，这起事故共造成14人死亡、47人受伤，其中重伤17人、轻伤30人。

二、事件原因

经分析，这是一起因液化气泄漏引起的爆炸燃烧事故。爆炸导致玻璃碎屑飞出，造成多人受伤流血，饭店的门面和内部发生大火燃烧。

三、事件处理

事故发生后，山西寿阳县委、县政府迅速启动应急预案，成立事故抢险救援指挥部。山西省、市、县领导带领相关职能部门赶赴事故现场进行救援指挥。

四、补救措施

山西省和晋中市领导对救治和善后工作提出了六条要求：

1. 成立以山西省安监局长为组长的事故调查组，实事求是查清真相，依法严肃处理并追究责任，给群众一个满意的交代；

2. 由山西省卫生厅牵头，协调调动全省医疗资源，全力以赴做好对伤员的身心救治和心理疏导工作；

3. 尽快恢复事发区域的水暖电供应，切实维护居民的正常生活秩序；

4. 成立遇难者善后工作组，抓紧开展死难者身份认定、经济协商和安葬工作，深入细致做好遇难家属的情绪稳定和思想工作；

5. 由当地公安部门牵头，协同质检、城建部门共同做好现场保护工作，认真做好调查取证和财产损失评估；

6. 迅速在寿阳县安排部署安全生产大检查专项行动，对所有使用液化气的餐馆饭店进行集中整治。

参考资料

1. 网易新闻：山西寿阳火锅店爆炸 14 人遇难47 人受伤，见 http：//news. 163. com/12/1124/14/8H34TA6F00014AED. html。

2. 搜狐新闻：寿阳使用液化气罐饭店全部停业，多地曾发生爆炸，见 http：//news. sohu. com/20121126/n358613898. shtml。

3. 山西新闻网：山西成立寿阳火锅店爆炸事故调查组，见 http：//www. daynews. com. cn/sxjjrb/sanban/1669781. html。

贵州响水煤矿事故

一、事件简介

2012 年 11 月 24 日 10 时 55 分，贵州省六盘水市盘南煤炭开发有限公司响水矿河西采区 1135 掘进工作面发生一起煤与瓦斯突出事故，该事故共造成23 人死亡、5 人受伤。

二、事件原因

响水矿河西采区 1135 工作面运输巷掘进未按设计采取区域防突措施，掘进作业导致煤与瓦斯突出。该事故暴露出以下主要问题：

1. 该矿未按照防突设计施工，停止了底板抽放岩巷超前掘进、预抽瓦斯的区域性防突措施的实施，区域防突措施效果不达标；

2. 遇到地质构造时，未采取相应安全技术措施；

3. 事故发生后，在 1135 运输巷掘进工作面瓦斯传感器和回风巷瓦斯传感器先后达 4% 的监测峰值时，调度员和通风管理人员出现将其判断为监控系统故障的失误，未在第一时间采取停电、撤人措施，贻误了宝贵救援时机；

4. 该矿培训工作不到位，应急处置能力差，职工缺乏自救意识；

5. 该矿有多家投资主体，安全生产管理机制不健全，主体责任落实不到位。

三、事件处理

事故发生后，国家安监总局、国家煤监局联合组成的工作组连夜赶赴事故现场，督促指导抢险救援工作。贵州省安监局、六盘水市等有关领导赶赴现场指导抢险救援工作。救援人员全力施救，为保证救援人员安全，防止发生次生事故，救援指挥部在原有一条排风管的基础上增加一条排风管以加快抽排瓦斯。

四、责任追究

事故抢险救援指挥部对相关人员做出以下处置决定：贵州盘江控股投资（集团）公司分管安全的副总经理被责令引咎辞职，贵州盘南煤炭开发有限公司董事长、总经理、总工程师分别被撤职。六盘水市安监局局长、盘县县长二人分别被处以行政记过处分，盘县响水镇镇长、党委书记被处以撤销党内职务处分。

五、补救措施

国务院安委会对该事故的查处实行挂牌督办，要求对区域防突措施不到位、未消除突出危险性的煤层，立即停产整顿，禁止掘进和回采作业；对不实施区域防突措施且不具备防突能力的煤与瓦斯突出煤矿，依法提请地方政府予以关闭。贵州省要求在全省开展对国有及国有控股煤矿企业内部安全保障体系专项检查；强调指出国有及国有控股煤矿企业健全完善安全生产责任制和安全事故问责制，发生事故不仅要追究党纪、政纪方面的责任，而且要与经济惩罚挂钩。六盘水市对全市所有煤与瓦斯突出矿井进行停产、停建整改。对验收不合格或停而不整的矿井依法进行上限处罚，并责令限期整改；到期整改仍不到位的，依法提请关闭。六盘水市严格落实领导包保责任制和驻矿挂牌督办制，确保实现国有、地方煤矿依法监管“全覆盖”，采取行政、经济、法律措施，提高企业违法成本。

参考资料

1. 新华网：贵州响水煤矿煤与瓦斯突出事故追踪，见 http：//news. xinhuanet. com/politics/2012 – 11/27/c_113814692. htm。

2. 新华网：响水煤矿“11 · 24”重大事故暴露五大问题，见 http：//news. xinhuanet. com/politics/2012 – 12/01/c_124032030. htm。

3. 中国广播网：贵州六盘水煤矿事故频发，多名相关领导被问责，见 http：//native. cnr. cn/city/201303/t20130318_512176426. shtml。

4. 国家安全生产监督管理总局网站：国家安

全监管总局、国家煤矿安监局关于贵州省盘南煤炭开发有限责任公司响水煤矿“11·24”重大煤与瓦斯突出事故的通报，见http://www.chinacoal-safety.gov.cn/Contents/Channel_5478/2012/1130/187971/content_187971.htm。

邯钢在建发电项目坍塌事故

一、事件简介

2012年11月24日21时30分，中国一冶集团有限公司总承包施工的邯钢150兆瓦燃气—蒸汽联合发电工程的施工人员在进行“发电升压站”顶板浇注施工时，发生坍塌事故。此次事故共造成5人死亡、1人受伤。

二、事件处理

事故发生后，河北省邯郸市委、市政府高度重视，主要领导当即作出重要批示，市委、市政府主要领导和主管领导第一时间赶赴现场，调度人员、物资、设备，科学施救。中国一冶集团有限公司领导和邯钢领导及有关方面人员及时赶赴现场，积极投入救援抢险。

三、补救措施

河北省安全生产委员会为认真贯彻落实河北省领导批示精神，进一步加强建筑施工安全生产工作，避免类似事故再次发生，特提出如下要求：

1. 认清严峻形势，严格落实安全生产责任。第四季度历来是河北省事故多发期，临近年终岁尾，部分建筑施工企业赶工期、抢进度，极易出现超能力、超强度生产现象，特别是一些非法违法、违规违章行为随之反弹，近期全国各地接连发生生产安全事故，给人民群众生命财产造成重大损失，各级各部门一定要认真吸取事故教训，采取切实有效措施，坚决遏制伤亡事故的发生。特别是要加强冬季建筑施工安全生产工人的组织领导，全国落实各项防范措施，做到早计划、早布置、早落实要严格落实安全生产“一岗双责”，主要领导要亲自抓、负总责、分管领导重点抓好各项措施的落实，要落实到具体人员、严防事故发生。

2. 加强组织领导，深入开展隐患排查。各部门要立即组织开展建筑施工安全隐患排查，结合冬季建筑施工实际，抓住关键环节，突出工作重点，强化工作落实，一要组织开展危险性较大的分部分项工程安全生产专项检查，重点为深基坑、高大脚手架、高大模板等工程进行全方位、全数量的全面检查。方案编制审批手续不全的一律停工，未按方案执行的必须责令拆除。二要严格执行起重机械设备的安全管理，做好检查，维修和保养工作，确保各种安全装置，限位装置有效可靠，提高设备的防冻，防风及坍塌的能力。三要排查施工现场临时用电线路搭设、漏电保护器设置和外电防护是否符合规范要求闸箱门锁是否齐全等。四要加强对脚手架操作层防护，卸料台安装使用，模板支拆等管理，作业人员按照规定使用安全帽，安全带，楼梯临边、屋面临边及预留洞口、电梯井口等安全防护设施必须符合有关规范要求。五要加强对作业区、生活区、配电设施等重点部位的消防安全管理，临建设施要布局合理，施工现场按照规定配置灭火器、消防桶等器材和设施，动火要有审批手续和监护措施，严禁将在建工程作为职工宿舍，严禁在宿舍内乱拉乱接电线，严禁在宿舍明火取暖。要加强装饰装修工程中进行焊接等明火作业的管理，严格对油漆、稀料、木材、保温材料等易燃材料的保管和使用，合理有效配置消防器材。

3. 加强执法监察，严建责任追究。各部门要加大对建筑市场违法违规行为的查处力度，对于施工现场安全隐患严重的，对隐患整改不力或拒不整改的，要加大执法处罚力度。各级各部门要协调联动、联合执法，密切配合，形成合力。要把加强督促检查和工作指导作为深入推进严厉打击建筑施工非法违法行为专项行动的关键环节，严格掌握标准，及时发现并解决工作不深入、打击不严厉、治理不彻底的突出问题，防止工作流于形式，要按照“四不放过”的原则，对事故责任单位和责任人严肃处理，对于因不认真履行职责而导致伤亡事故发生的相关责任人员要依法从快从严从重处罚。

参考资料

1. 腾讯网：河北邯郸发生一起坍塌事故5人被困，见http://news.qq.com/a/20121125/000486.htm。

2. 新华网：河北邯郸发生坍塌事故6人被困，见http://news.xinhuanet.com/local/2012-11/25/c_113792276.htm。

3. 河北省海兴县安全生产监督管理局网：转发省安委办《关于邯郸市“11·24”建筑施工坍塌事故情况的通报》的通知，见http://www.hxajj.cn/article.asp?id=436。

四川筠连煤矿瓦斯突出事故

一、事件简介

2012年11月27日9时20分，四川省宜宾市筠连县永兴煤业有限责任公司（永兴煤矿）33184运输巷4号开切眼发生一起煤与瓦斯突出事故，造成4人死亡、9人受伤。

二、事件原因

经调查，2012年9月14日筠连县人民政府要求永兴煤矿停产。2012年11月16日，筠连县安全生产监督管理局批复同意该矿进行整改作业。该矿借整改之名，在非整改区域的33184运输巷4号切眼从事掘进作业，碛头放炮诱发煤与瓦斯突出，造成事故发生。

三、事件处理

事故发生后，四川省宜宾市委书记、市长等领导高度重视，市级有关部门负责人及时赶到事故煤矿，指导筠连县委、县政府开展事故处理工作。筠连县政府迅速启动矿山事故应急预案，第一时间派出专业救援队伍入井展开人员搜救工作。宜宾市安监局、川南煤监分局及宜宾市矿山救护队派员赶到事故煤矿，共同开展事故抢险救援工作。

四、补救措施

为认真贯彻四川省政府领导的重要指示精神，深刻吸取事故教训，举一反三，坚决扭转煤矿安全事故频发的被动局面，四川省安全生产委员会提出以下要求：

1. 进一步落实煤矿安全企业主体责任及政府监管责任。要进一步强化企业安全生产主体责任。强化企业主要负责人和实际控制人安全生产第一责任人的责任，督促煤矿建立健全“五长五科五队”及班组岗位安全责任制并落实到位。切实落实政府和部门安全监管责任。按照“属地管理、分级负责”的原则，严格落实“市包县”、“县包矿”、领导包片、责任到人、事故倒查的工作机制，做到职责明确，分级负责，分兵把守，防止松懈麻痹情绪，有效防范和坚决防止重特大事故的发生。

2. 继续深入开展煤矿“打非治违”专项行动。各产煤市（州）、县（市、区）人民政府及有关部门要进一步加大煤矿“打非治违”力度，采取切实有效的措施，严厉打击煤矿非法违法生产建设行为。依法严肃查处煤矿未经批准擅自整改、未经验收合格擅自复工复产、借整改之名行生产之实、边建设边生产、超批准范围组织建设施工和生产、超层越界开采、非法层层转包、以包代管等非法违法行为。严禁各类煤矿抢进度、赶任务和超能力、超定员、超强度组织生产，切实维护规范煤矿安全生产秩序。

3. 严把煤矿复产复工验收关。各地要严格按照国务院安委会办公室《关于进一步加强当前煤矿安全生产工作的紧急通知》（安委办明电［2012］25号）的要求，督促煤矿企业加强隐患排查及整治工作，严禁在事故隐患未消除的情况下恢复生产。同时，要严格按照省安委会办公室《关于加强今冬明春煤矿安全生产工作的通知》（川安办［2012］127号）制定的验收程序和条件，开展复工复产工作，明确停产煤矿复产验收工作部门分工，落实领导责任，严格贯彻执行“谁验收、谁签字、谁负责”的复产验收责任制度。对已经批准同意整改的矿井要落实监管措施，对已经验收合格同意复工复产的矿井要组织开展回头看、回头查。

4. 认真抓好煤矿瓦斯、水害等专项治理工作。各地要认真抓好煤矿瓦斯综合治理工作体系达标县及达标矿建设工作，深入排查“一通三防”隐患，建立并认真落实瓦斯重大隐患排查挂牌督办制度，牢固树立“瓦斯超限就是事故”的理念，建立健全瓦斯“零超限”目标管理制度和瓦斯超限追查制度。督促煤矿企业严格执行瓦斯抽采达标和防治煤与瓦斯突出等有关规定，煤与瓦斯突出矿井要严格落实区域和局部“两个四位一体”防突措施，切实做到先抽后采、抽采达标，对有条件开采保护层的煤矿，必须严格落实首先开采保护层的措施。受水害威胁严重的煤矿必须按规定建立防治水机构、配齐专业人员和专用设备、落实探放水制度，水文地质资料必须齐全，老空水情况必须清楚，入井矿工必须按规定进行防治水专项培训，水害应急预案必须科学制定并按规定审批、演练。

参考资料

1. 新浪新闻中心：四川筠连县煤矿发生瓦斯事故致4人死亡，见 http://news.sina.com.cn/c/2012-11-28/091925680232.shtml。

2. 中国新闻网：四川筠连一煤矿发生煤与瓦斯突出事故4死2伤，见 http://www.chinanews.com/sh/2012/11-28/4364775.shtml。

3. 四川省人民政府网：关于筠连县永兴煤业有限责任公司（永兴煤矿）“11·27”煤与瓦斯突出事故的通报，见 http://www.sc.gov.cn/10462/10464/10727/10866/2012/11/29/10237662.shtml。

四川泸定堡坎塌方事故

一、事件简介

2012年11月27日10时许，四川省甘孜州泸定新城一在建工地边坡治理工程发生堡坎垮塌事故。该事故共造成3人死亡、4人受伤。

二、事件处理

事故发生后，四川省甘孜州委书记和州长迅

速作出批示，要求全力抢救伤员，妥善处理好遇难者善后工作。泸定县委、县政府高度重视，快速启动突发事件应急预案，并成立了由县委副书记为组长的事故调查处置工作组，开展救援处置工作。

三、补救措施

四川省泸定县由县级领导带队，深入遇难人员家庭，安抚慰问、宣传政策、疏导情绪，说服3名遇难者家属与施工方达成赔偿协议，按照当地风俗习惯安排遇难者后事。泸定县政府相关部门组成的工作组，深入县内各工程建设单位开展专项检查工作，严厉打击各类违法建筑施工行为，坚决整顿和关闭取缔不符合安全生产条件的生产建设单位，切实维护人民群众生命财产安全。

参考资料

1. 腾讯网：四川泸定一工地堡坎塌方，造成4伤3人被埋，见 http：//news. qq. com/a/20121127/001032. htm。

2. 网易新闻中心：四川泸定堡坎垮塌事故4名伤者得到妥善医治，见 http：//news. 163. com/12/1128/21/8HE8CSJM00014JB6. html。

3. 新华网：四川甘孜一工地堡坎垮塌，致3人死亡4人受伤，见 http：//news. xinhuanet. com/yzyd/society/20121127/c_113822651. htm。

贵州普安煤与瓦斯突出事故

一、事件简介

2012年11月29日3时30分，贵州省黔西南州普安县楼下镇能通煤矿发生煤与瓦斯突出事故，造成5人死亡、2人受伤，直接经济损失约391万元。发生事故的能通煤矿为年产15万吨的整合技改矿井，发生事故的是该煤矿11175运输巷道。

二、事件原因

直接原因

煤矿在具有突出危险的17#煤层内非法生产，且未采取任何防突措施，放炮诱发煤与瓦斯突出。

间接原因

1. 能通煤矿安全管理混乱，非法组织生产。不依法建设，边技改边在批准建设范围外的17#煤层内布置2个采面和4个掘进工作面非法组织生产；掘进过程中未编制防突专项设计，未采取任何防突措施，且在有突出危险的情况下，违章指挥、冒险蛮干导致事故发生。

2. 贵州国源矿业开发公司违反规定同意能通煤矿挂靠公司而不进行安全管理。

3. 楼下镇党委和政府未落实属地安全监管职责。在事故前三个月未对能通煤矿进行过安全检查；镇驻矿安全生产包保人员对能通煤矿的非法生产未采取措施予以制止。

4. 普安县安监局履职不到位。发现能通煤矿在17#煤层非法生产行为后，未采取措施制止其非法生产行为。

5. 普安县政府履行安全监管职责不到位。违规向能通煤矿下达生产计划任务，对辖区内煤矿非法违法生产行为打击不力。

三、事件处理

事故发生后，贵州黔西南州州委书记及时作出批示并在第一时间赶赴现场，当地安监、能源、卫生等有关部门迅速赶赴现场。现场成立了由黔西南州政府副州长任指挥长的抢险救援现场指挥部，及时开展相关工作。

四、责任追究

经调查认定，这是一起责任事故。涉及违法的3名责任人员被移送司法机关依法追究刑事责任，并分别被吊销安全资格证、矿长资格证；4名煤矿管理人员分别被经济处罚；11名公职人员，分别被给予警告、记过、记大过、降级、撤职和党内警告、撤销党内职务的处分；贵州国源矿业开发公司被处以罚款49万元；普安县人民政府被责成向黔西南州人民政府写出深刻书面检查。

五、补救措施

为杜绝类似安全事故的发生，黔西南州部署及时开展煤矿安全生产大检查，要求普安县境内所有煤矿立即停产整顿。

参考资料

1. 新华网：贵州普安县一煤矿发生煤与瓦斯突出事故致5人死亡，见 http：//news. xinhuanet. com/local/2012－11/29/c_113850839. htm。

2. 网易新闻中心：贵州普安发生煤与瓦斯突出事故，致5人死亡2人受伤，见 http：//news. 163. com/12/1130/04/8HHJRNUJ00014AEE. html。

3. 贵州省安全生产监督管理局：黔西南州普安县楼下镇能通煤矿“11·29”较大煤与瓦斯突出事故调查处理情况的公告（2013年1号），见 http：//www. gzaj. gov. cn/xxzx/aqscsgpgpt/60834. shtml。

广西融安特大交通事故

一、事件简介

2012年11月30日18点30分，广西柳州市融水与融安交界处（融安县境内），从209国道转入融水苗族自治县的309省道2km＋800m处，发生一起交通事故，造成6死4伤。

二、事件原因

驾驶员廖某驾驶具有安全隐患的桂B19050号东风牌重型半挂牵引车牵引桂B1522挂号福狮牌重型罐式半挂车，在行经容易发生危险的弯坡路段下坡右转弯时未降低行驶速度，致车辆失控向左侧翻入对向车道，其违法行为直接导致交通事故的发生。

三、事件处理

事故发生后，广西柳州市委书记、市长及时做出重要指示，要求迅速抢救伤员，做好事故原因调查和善后处理等工作。柳州市委、市政府相关领导，市公安局、市公安局交警支队领导赶赴现场指导救援和处置。

四、责任追究

肇事重型半挂牵引车司机廖某被警方控制。柳州市公安局交警支队调查后，认定驾驶人廖某对该起事故负全责。

参考资料

1. 新华网：广西融安发生交通事故造成6人死亡，见http：//news. xinhuanet. com/photo/2012－12/01/c_124031806. htm。

2. 网易新闻中心：广西融安发生重大交通事故，致6死4伤，见http：//news. 163. com/12/1201/17/8HLFJC3K00014JB5. html。

3. 新华网：融安特大交通事故责任认定，营运车辆事故“四公开”，见http：//www. gx. xinhuanet. com/wq/2012－12/19/c_114081655. htm。

4. 中国安全生产网：广西柳州6人死亡交通事故原因初步查明，见http：//www. aqsc. cn/101805/101882/263864. html。

黑龙江七台河市煤矿透水事故

一、事件简介

2012年12月1日23时40分，黑龙江省七台河市福瑞祥煤炭有限责任公司八井发生透水事故，事故发生时共有22人在井下作业。此次事故共造成10人死亡，直接经济损失2650万元。

二、事件原因

经分析，发生在黑龙江七台河市的煤矿透水事故系福瑞祥煤炭有限责任公司八井越界开采，私开工作面，探放水措施不落实，违章指挥、违规作业，导致周边废弃老窑积水溃入井下发生事故。

三、事件处理

事故发生后，七台河市及时启动了应急预案，组织抢险救援。国家安全监管总局接到事故报告后，要求黑龙江煤矿安监局配合当地政府全力以赴抢救被困人员。国家煤矿安监局副局长率工作组赶赴事故现场，黑龙江省省长等相关领导同志赶赴现场指挥督促抢险救援工作。

四、责任追究

事故发生后，事发煤矿矿长被警方控制。在此次事故中负有主要领导责任的勃利县县委副书记、县长，以及分管安全生产工作的副县长被免职。勃利县安全生产监督管理局局长、党委副书记以及安全生产监督和煤炭管理局一分局局长也被建议免职。

五、补救措施

黑龙江省七台河市福瑞祥煤炭有限责任公司八井“12·1”重大透水事故调查组提出以下补救措施：

1. 黑龙江省各产煤地市人民政府要认真贯彻国家法律法规，督导煤矿企业落实《煤矿矿长保护矿工生命安全七条规定》（国家安监总局58号令），落实省委、省政府有关煤矿安全生产工作的一系列部署和要求，深刻吸取和总结事故教训，举一反三，以这起事故为典型案例，对全省煤矿的法人代表、矿长和安全管理人员开展一次安全警示教育，教育其摆正安全与生产、安全与效益的关系，明确企业主体责任，完善企业内部安全管理机制，树立依法办矿、依法管矿，守界开采的意识，使煤矿从业人员真正认识水害防治工作的重要性，提高水害防治意识。

2. 进一步强化落实煤矿企业主体责任。煤矿企业要认真开展以水患防治为主的隐患排查工作，完善隐患排查制度，加强现场管理，杜绝“三违”行为，全力提高煤矿安全管理水平。要切实加强矿井水文地质基础工作，并标绘在井上、下对照图上，定期收集、调查本矿及相邻煤矿的废弃老窑情况，配备专职水文地质技术人员和探放水队伍，加大防治水的安全专项投入。水患矿井、疑似水患矿井或在水患区域内施工作业时，必须坚持“预测预报、有疑必探、先探后掘、先治后采”的防治水原则。

3. 政府有关部门要加强监管，严格要求各煤矿企业，要按照《公司法》、《煤矿企业安全生产许可证实施办法》等有关要求，配齐安全生产管理人员，落实安全生产责任制，严格履行公司的安全生产管理责任。

4. 进一步落实地方政府属地管理责任，加强煤矿安全生产监督管理工作。一是健全完善安全监督检查工作机制，配齐配全安全监管员，强化现场安全监督检查工作，推进完善驻矿安全监管员制度，发挥驻矿安全监管员作用，强化监督考核，提高工作人员的履职能力与水平，促进依法行政，堵塞安全监管漏洞。二是落实煤矿安全监管人员的责任，强化以水害防治为主要内容的隐患排查治理工作，要对煤矿水患排查和防治水措施落实情况全面排查，发现问题要及时处理。三是针对事故中暴露出煤矿利用隐蔽工程非法生产问题制定针对措施和办法，特别要加强超层越界、隐蔽工程的专项检查和管理，落实具体责任人员，从制度上消除和取缔超层越界和隐蔽工程这一重大隐患。四是针对可采储量不多，易于发生超层越界盗采问题的煤矿要严格管理，严厉打击煤矿超层越界，盗采国家资源的违法行为。五是严格矿井复产验收和证照年检工作，制定措施，严格把关，明确图纸、资料保管年限，完善档案管理。

5. 进一步强化行业管理和技术指导。各级煤矿行业管理部门要指导帮助煤矿企业加强防治水基础工作，落实防治水措施、落实矿井水害防治责任制，配齐、配强水害防治专业技术人员；及时掌握收集区域矿井周边水文地质资料和相邻矿井及废弃老窑分布情况，切实加强矿井水文地质基础工作，编制水害防治规划，提高矿井防治水技术管理水平。严格规范《作业规程》审批工作，完善煤矿《作业规程》报送、备案、监督工作机制。认真做好矿井工程图的定期交换工作，坚持制度化，规范化，加强区级煤炭测量队伍建设，有效防范超层越界非法盗采煤炭资源行为。

6. 矿产资源管理部门要严格规范资源管理相关工作，完善采矿许可证年检和动态储量监测工作机制，加强煤炭资源开采的管理，采取针对性措施，加大打击煤矿超层越界、盗采资源行为的执法和查处力度，有效杜绝盗采资源现象。

7. 进一步加强煤矿职工的安全培训教育工作，尤其要加强矿井从业人员的防治水专业知识培训教育，督促企业开展水害事故逃生应急演练，提高矿井从业人员安全素质。要督促煤矿建立健全安全培训档案，规范煤矿安全培训管理工作，加大对煤矿安全培训、从业人员持证上岗的执法检查力度。制定行之有效的办法，规范煤矿用人制度，杜绝和打击煤矿随意使用未经培训的主要管理人员，杜绝矿井从业人员“证岗”不符和专业人员配备不足现象的发生。

参考资料

1. 人民网，黑龙江七台河煤矿透水事故系矿主越界开采所致，见 http：//legal. people. com. cn/n/2012/1203/c42510 - 19769266. html。

2. 凤凰网：黑龙江省七台河市煤矿透水、爆炸等事故回顾，见 http：//news. ifeng. com/gundong/detail_2012_12/03/19783460_0. shtml。

3. 新京报电子报网：越界开采等致七台河煤矿透水，见 http：//epaper. bjnews. com. cn/html/2012 - 12/04/content_394480. htm？ div = - 1。

4. 黑龙江煤矿安全监察局网：国家煤矿安监局关于七台河市福瑞祥煤炭有限责任公司八井“12·1”重大透水事故调查处理意见的批复，见 http：//www. hljmkaj. gov. cn/a/shiguchachu/diaochachuli/2013/0925/7971. html。

云南富源“12·5”煤与瓦斯突出事故

一、事件简介

2012年12月5日14时15分，云南省曲靖市富源县上厂煤矿一号井发生一起重大煤与瓦斯突出事故，造成17人死亡、6人受伤，直接经济损失4119万元。

二、事件原因

2012补巷掘进工作面位于地质构造带，属瓦斯应力聚集区，煤矿未采取防范措施，擅自打开密闭，放炮作业，诱发了煤与瓦斯突出，导致事故发生。

三、事件处理

事故发生后，国家安监总局局长等领导作出重要批示，国家煤矿安监局有关领导及时赶到事故现场，指挥协助事故救援。云南省省委对事故做出批示，副省长带领省政府工作组迅速赶赴现场组织事故救援。曲靖市、富源县及时启动了应急救援预案，当地主要领导带领相关部门迅速赶赴事故现场，成立事故抢险救援指挥部，迅速开展各项工作。

四、责任追究

7名事故责任人被追究刑事责任，事故煤矿被处以2709万元罚款。移交司法机关追究刑事责任的7人中，上厂煤矿一号井安全副矿长姚某，上厂煤矿一号井总工车某，上厂煤矿一号井矿长张某，上厂煤矿矿长、投资人、实际控制人陈某4人被提起公诉；黄泥河煤炭分局派驻上厂煤矿一号井监督员张某、赵某及黄泥河煤炭分局党支部书记黄某3人经判决，被免予刑事处罚。负有监管责任和领导责任的12名责任人分别被给予了党纪政纪处分；上厂煤矿一号井带班副矿长、生产副矿长分别被处以1万元行政处罚罚款。

五、补救措施

曲靖市富源县上厂煤矿一号井“12·5”重大煤与瓦斯突出事故调查组提出以下补救措施：

1. 切实加强煤与瓦斯防治工作。一是全省各产煤地区要认真排查区域内煤与瓦斯突出矿井、按照煤与瓦斯突出管理的矿井、发生过瓦斯动力现象的“三类”矿井情况，要按照《防治煤与瓦斯突出规定》要求，加强对“三类”矿井监管力度，严格落实“两个四位一体”综合防突措施；二是重视突出危险性鉴定工作，认真督促“三类”矿井进行煤与瓦斯突出危险性鉴定。对已经鉴定并审查通过为煤与瓦斯突出的煤矿企业，必须严格落实“两个四位一体”综合防突措施，严防事故发生；三是建议富源县成立治理煤矿煤与瓦斯突出工作机构，聘请治理煤与瓦斯突出专家，研究制定符合区域内煤矿防治措施，切实提高治理水平和能力，有效防止事故再次发生。

2. 切实深入开展煤矿“打非治违”专项行动。全省各产煤地区要继续深入开展煤矿领域“打非治违”专项行动，将省政府明电68号文规定的四类停产煤矿作为“打非治违”重点，严厉打击煤矿证照不全、停工停产矿井擅自复工复产、隐蔽采掘工作面逃避检查、非法层层转包、以包代管等违法行为，严禁各类煤矿抢进度、赶任务和超能力、超定员、超强度组织生产，进一步落实煤矿安全生产企业主体、部门监管、属地管理“三个责任”，着力解决非法违法生产、违章作业、责任不落实、监管不力等突出问题，坚决遏制较大以上煤矿事故再次发生。同时要认真研究煤矿企业电煤供应中存在的问题，要根据煤矿企业核定能力、生产状况等实际情况下达供应任务。

3. 切实抓好煤矿复产验收工作。按照《国务院安委会办公室关于进一步加强对当前煤矿安全生产工作的紧急通知》（安委办明电［2012］25号）、《云南省安全生产委员会办公室关于认真抓好岁末年初煤矿安全生产工作的通知》（云安办发电［2012］30号）等文件要求，全省产煤地区要切实认真抓好当前煤矿复产验收工作，要完善复产复工验收工作方案和安全措施，进一步明确煤矿复产验收工作责任制，按照“谁验收、谁签字、谁负责”原则，认真做好煤矿复产验收工作，做到合格一个、验收一个、复产一个，切实保障工作质量，严防走过场。同时要加大对尚未复产复工验收矿井的监督检查，严厉打击未通过复产验收违法组织生产和建设行为。

4. 切实落实煤矿企业主体责任。全省产煤地区煤炭行业管理部门要督促煤矿企业严格落实安全生产主体责任，全面加强企业安全管理，健全规章制度，完善安全标准，提高企业技术水平，夯实安全生产基础。强化现场安全管理和技术管理，加强对生产现场的监督检查，严格查处违章指挥、违规作业、违反劳动纪律的“三违”行为。加大隐患排查治理力度，做到排查不留死角、整治不留后患。出现事故征兆时，要及时撤出井下作业人员。切实加强煤矿劳动组织管理，严格执行煤矿主要负责人和领导班子成员轮流带班下井制度。严禁层层转包、以包代管。加大安全培训教育力度，未经培训或培训考核不合格者，一律不得上岗作业。

5. 切实加强煤矿监管队伍建设。曲靖市、富源县要认真分析煤矿监管队伍存在的问题，切实加大对煤矿监管人员法制培训教育力度，进一步提高法制意识和行政执法能力。要进一步建立健全对各类安全监管人员的考评、奖惩及问责制度并加强管理和考核，促使其认真履行职责，真正落实对煤矿企业的日常监管及隐患排查等各项监管责任，发挥监督作用。

参考资料

1. 新华网：云南曲靖上厂煤矿一号井煤与瓦斯突出事故致死17人，见 http：//news. ifeng. com/mainland/detail_2012_12/05/19870040_0. shtml。

2. 中国新闻网：云南富源上厂煤矿矿难处理结果公布：7人被追刑责，见 http：//www. chinanews. com/fz/2013/09－01/5230542. shtml。

3. 云南煤矿安全监察局网：云南省曲靖市富源县上厂煤矿一号井“12·5”重大煤与瓦斯突出事故调查报告公布，见 http：//www. ynmj. gov. cn/Pages_7_790. aspx。

河南民权客车坠塘事故

一、事件简介

2012年12月9日11时2分，河南省商丘市民权县一辆客车与一辆电动车在南华大道路段发生交通事故，坠入池塘，多人被困。经确认，此次事故共造12人死亡。

二、事件原因

经调查，河南民权“12·9”重大道路交通事故主要原因是：客车超速行驶、遇紧急情况采取措施不当。

三、事件处理

事故发生后，国家安监总局、公安部、交通运输部等相关部委及时派出工作组赶赴民权，帮助指导事故的调查处理和善后。民权县县长、副县长及时赶赴现场指挥救援。该县200余名公安、消防、医护人员及相关部门人员迅速赶赴现场救援，并将落水人员及受伤的电动车驾驶人送到县人民医院、县中医院进行抢救。

四、责任追究

肇事客车驾驶人因涉嫌交通肇事罪被依法刑事拘留；肇事客车所属商丘交通运输集团有限公司7名相关责任人因涉嫌重大责任事故罪，被依法刑事拘留。

参考资料

1. 新华网：河南民权客车坠塘事故已致12人死亡，见http：//news. xinhuanet. com/2012－12/10/c_113971341. htm。

2. 网易新闻中心：河南民权客车坠塘事故已造成12人死亡，见http：//news. 163. com/12/1210/12/8IC5V4UD0001124J. html。

3. 新浪新闻中心：河南民权致12死客车坠塘事故原因系超速行驶，见http：//news. sina. com. cn/c/2012－12－18/215725841456. shtml。

上海闵行楼房坍塌事故

一、事件简介

2012年12月10日14时37分，上海市闵行区浦江镇陈行公路苏召路口处的一制衣厂的四层楼房在装修过程中突然发生部分坍塌，导致3人被埋废墟下。此次事故共造成3人死亡。

二、事件原因

经调查，上海市闵行区浦江镇塌楼的事故原因是：无证施工队野蛮施工，导致楼体坍塌。据调查，倒塌厂房房龄将近30年，期间曾多次违章改、扩建。

三、事件处理

事故发生后，上海市主要领导指示全力救援、彻查事故原因。上海市政府副秘书长及时赶到现场指挥救援。上海市和闵行区安监、公安、监察、总工会、建设交通等部门，邀请检察院组成事故联合调查组，开展调查工作，查明事故原因，认定事故责任。

四、责任追究

事故发生后，6名涉案人员被公安机关控制。

五、补救措施

为防止发生次生事故，上海市闵行区建交委请市房屋质量检测部门专家对未坍塌的同体建筑，进行了安全监测。事故发生后，闵行区在全区开展在建项目存在“违法建筑、违法用地、违法生产经营、违规施工”的全面大排查工作，并要求各相关职能部门、各街镇立即行动，开展深入细致的排查、治理，区安委办、建交委等部门组成若干督查组进行现场检查督办。

参考资料

1. 新华网：上海一改建中楼房坍塌致3人被埋，见http：//news. xinhuanet. com/yzyd/photo/20121211/c_113977328. htm。

2. 网易新闻中心：上海一改建中楼房坍塌致3人被埋，见http：//news. 163. com/12/1211/05/8IE1C3R700014JB5_all. html。

3. 腾讯新闻中心：上海致3死塌房事故原因：出租厂房违规改建，见http：//news. qq. com/a/20121212/002261. htm。

4. 新浪上海网：闵行塌楼事故6涉案人被控制，该楼曾违规加盖一层，见http：//sh. sina. com. cn/news/s/2012－12－12/081924978. html。

兰渝铁路桃树坪隧道坍塌事故

一、事件简介

2012年12月12日14时50分，甘肃省兰州市榆中县来紫堡乡的兰渝铁路桃树坪隧道3号斜井正洞正在紧张施工，右侧3号导坑突然发生流沙坍塌，塌方体距离掌子面约30米，5名工人被困导洞内。经过紧张救援，受困的5名人员被成功救出。

二、事件原因

事发的兰渝铁路桃树坪隧道起止里程为DK3＋430—DK6＋655，全长3225m。桃树坪隧道洞身段原设计为第三系砂岩，V级围岩，采用V级加强支护结构。开挖揭示为第三系粉细砂层，成岩性差，仰拱部位有钙质胶结夹层，掌子面普遍渗水，扰动后呈砂状，围岩稳定性差，掌子面及拱部易坍塌，为VI级围岩，极高风险隧道，被国内外专家誉为“国内罕见、世界难题”。

三、事件处理

事故发生后，甘肃省委书记、省人大常委会主任第一时间作出批示，要求抓紧进行救援，要整合省市专业力量，救人第一，事故原因要认真查明，依法依规处理。甘肃省委常委、副省长、兰州市委书记也作出批示。兰州市政府负责人第一时间在现场与省安监局，省卫生厅，兰州市政府及建设、施工单位负责人召开会议，决定成立现场指挥部，下设现场救援组、后勤保障组、医疗救护组、新闻宣传及对外联络组、事故原因调查组，负责现场救援组织工作，并要求加强领导，全力以赴按既定方案救人，防止发生次生事故，做好给被困人员输送营养及后续治疗等工作，有序、有力、有效开展救援。

四、补救措施

兰州市委副书记、市长要求：一要全力组织

搜救，抢救被困人员，最大限度减少人员伤亡；二是卫生部门尽快做好救治准备工作，一旦救出迅速救治；三是会同兰渝铁路项目部妥善处置，做好被困人员家属工作。

参考资料

1. 新华网：兰州市一施工隧道发生塌方 5 人被埋，见 http：//www. gs. xinhuanet. com/news/2012－12/17/c_114047532. htm。

2. 网易新闻中心：兰渝铁路桃树坪隧道发生坍塌事故，见 http：//news. 163. com/12/1213/05/8IJ3VHPJ00014AED. html。

3. 新浪新闻中心：兰渝铁路桃树坪隧道斜井塌方 5 人被困，王三运书记批示，见 http：//news. sina. com. cn/o/2012－12－13/083725801815. shtml。

4. 和讯网：兰渝铁路桃树坪隧道坍塌事故被困人员安全脱险，见 http：//news. hexun. com/2012－12－15/149087903. html。

山东济广高速多车追尾事故

一、事件简介

2012 年 12 月 14 日 8 时 45 分，济广高速孔村孝直交界处因雨雪大雾导致 28 辆汽车追尾相撞，造成一起重大交通事故。此次事故共造成 9 人死亡、69 人受伤。

二、事件原因

此次事故是由于雨雪大雾导致 28 辆汽车追尾相撞。

三、事件处理

事故发生后，山东省济南市委、市政府主要领导高度重视，济南市委书记赴现场指导抢救工作，要求全力抢救伤员，尽快疏散现场人员和车辆，妥善安置有关人员，查明原因，明确责任，做好后续处理。山东省及济南市公安、消防、武警、交警、警备区、医护人员，以及平阴县主要领导和相关部门赶赴现场，尽全力组织人员、车辆进行抢救，受伤人员全部被送往医院进行救治。

四、补救措施

因车辆撞击、大火焚烧等，事发路段的高速公路路面和部分桥梁的安全性受到影响，当地公安等部门进行了现场评估，事发路段暂时禁止通车。

参考资料

1. 新华网：山东济广高速因雨雪大雾多车追尾，已致 9 死 69 伤，见 http：//news. xinhuanet. com/photo/2012－12/14/c_124098848_2. htm。

2. 网易新闻中心：山东济广高速重大交通事故，路段禁止通行，见 http：//auto. 163. com/12/1217/09/8ITQR1OP00084IK9. html。

3. 凤凰网：山东济菏高速发生多车追尾事故，已致 9 死 69 伤，见 http：//news. ifeng. com/mainland/detail_2012_12/14/20189972_0. shtml。

4. 齐鲁网：山东济菏高速发生追尾事故，已造成 9 人死亡，见 http：//news. iqilu. com/shandong/yaowen/2012/1214/1395270. shtml。

湖北驰顺化工泄漏事故

一、事件简介

2012 年 12 月 15 日 18 时 10 分，湖北省黄石市阳新县木港镇坳头村的湖北驰顺化工有限公司乙基氯化物碱解岗位发生气体泄漏，导致 2 人死亡、1 人中毒。

二、事件原因

碱解过程中产生的气体，抽排不畅，气体冲开观察孔的橡皮塞，造成有毒气体扩散，致使现场岗位人员中毒。

三、事件处理

事故发生后，国家安监总局多次通过电话询问事故情况；湖北省安监局派人员到事故现场了解情况；阳新县政府在事故当天成立了事故调查组，对事故开展彻查。

四、责任追究

该事故暴露出湖北驰顺化工有限公司存在多种安全问题，操作规程作业指导不细、执行不严，安全培训不到位，安全意识不强，安全管理松懈等诸多问题。事故相关责任人被问责。

五、补救措施

为深刻吸取事故教训，坚决防止同类事故再次发生，湖北省安全生产监督管理局提出以下要求：

1. 切实加强涉及“两重点一重大”企业的安全监管。各级安全监管部门要将涉及重点监管危险化学品、重点监管危险化工工艺和危险化学品重大危险源的企业作为重点监管对象，进一步强化监管措施。要进一步全面完善化工企业危险工艺自动化控制系统，危险工艺上下配套工序也必须与主体装置同步实现自动化控制；尽快完成涉及重点监管危险化学品的生产、储存装置和危险化学品重大危险源自动化监控系统改造工作，提高装置的自动化控制水平，增强装置的安全可靠性，减少现场操作人员，提高本质安全水平。要督促危险化学品企业切实加强变更管理，严格执行变更审批制度，履行变更程序，进行风险辨识和控制，消除安全隐患，不断提高安全生产水平。

2. 进一步加强危险化学品建设项目“三同

时”管理。危险化学品建设项目必须由具备相应资质、相应能力的单位负责设计，工厂的布局要科学合理，选择成熟、可靠的生产工艺和设备，装备自动化控制系统；对涉及“两重点一重大”的装置，在设计阶段要按照《化工建设项目安全设计管理导则》（AQ/T3033－2010）的要求进行危险与可操作性分析（HAZOP），进一步消除设计缺陷，提高装置的本质安全水平。各级安全监管部门要严把安全生产条件审查关，对建设项目的工艺设备安全可靠性、周边安全距离以及企业总体布局等安全设计内容进行全面、系统的论证和审查，从源头上消除安全隐患；进一步加强对安全评价机构的监督、检查与指导，确保建设项目各个环节的评价质量，对在评价过程中不负责任、弄虚作假的评价机构要严肃处理，直至取消评价资质。危险化学品企业要避免边组织生产、边施工建设。

3. 严格从业人员的准入条件，提高从业人员素质。危险化学品企业要适度提高操作人员的准入门槛，涉及“两重点一重大”的装置，应配备具有高中以上文化程度的操作人员，大专以上的专业管理人员；要持续不断地加强员工培训教育，使其真正掌握作业场所和工作岗位存在的危险因素及防范措施、应急预案、安全管理制度和操作规程，切实提高安全操作技能。

4. 进一步强化从业单位隐患排查治理工作。各级安监部门要督促企业深刻吸取事故教训，举一反三，防微杜渐，针对易燃、易爆、有毒、有害危险化学品的特性，对生产工艺、设备、设施和装置进行全面排查，修订完善作业技术规程，及时发现安全隐患和问题，及时整改落实。切实加强监督检查，加大安全隐患排查治理力度，严肃查处隐患排查治理工作不认真、走过场的企业，依法严肃追究隐患排查治理不力而引发事故企业的主要负责人和有关人员的责任。

参考资料

1. 湖北省安全生产监督管理局网：黄石市湖北驰顺化工有限公司发生一起中毒事故致2人死亡1人受伤，见 http://www.hubeisafety.gov.cn/content/content_a.asp?id=6989。

2. 阳新县政府网：驰顺化工发生硫化氢泄漏事故，我县召开安全生产紧急会议，见 http://www.hbyxx.gov.cn/index.php?m=content&c=index&a=show&catid=397&id=2563。

3. 湖北省安全生产监督管理局：省安监局关于湖北驰顺化工有限公司“12·15”事故情况的通报，见 http://www.hubeisafety.gov.cn/content/content_a.asp?id=7004。

江西永胜铝型材“12·17”爆炸事故

一、事件简介

2012年12月17日3时30分，江西省南昌市桑海开发区江西永胜铝型材有限公司熔解车间，3名工人在把高温铝水注入结晶盘进行冷却时，高温铝水溢出，遇水发生爆炸。爆炸造成熔解车间3名工人当场死亡、附近车间及值班人员7人受伤。

二、事件原因

事故发生的原因是：3名工人在把高温铝水注入结晶盘进行冷却时，高温铝水溢出，遇水发生爆炸。

三、事件处理

事故发生后，江西省南昌市委、市政府高度重视，南昌市委相关领导赶赴现场指挥救治工作，南昌市应急办、市安监局、桑海开发区等相关部门负责人在现场紧急组织人员搜救、救治伤者、安抚家属。

四、补救措施

为深刻吸取事故教训，进一步加强企业熔融金属作业安全管理工作，有效防范和坚决遏制类似事故发生，江西省安全生产委员会提出以下要求：

1. 提高认识，努力防范和坚决遏制同类事故发生。熔融金属作业涉及不同的行业和企业，容易发生高温金属液体喷溅、爆炸等事故，造成群死群伤，危险性较大。各地、各部门和有关企业要举一反三，认真吸取事故教训，深入贯彻落实省人民政府《关于进一步加强企业安全生产工作的实施意见》（赣府发［2010］32号）、《关于坚持科学发展安全发展促进安全生产形势持续稳定好转的实施意见》（赣府发［2012］14号）精神，提高对熔融金属作业安全管理重要性的认识，切实加强组织领导，提高安全管理水平，认真分析查找存在的漏洞和薄弱环节，严格执行有关安全规程和操作程序，努力防范和坚决遏制同类事故的发生。

2. 认真开展熔融金属作业专项整治，狠抓隐患排查治理工作。各地要结合实际，迅速行动起来，认真组织开展一次熔融金属作业专项整治。各级安全监管部门要对本地区有熔融金属作业的企业进行一次摸底排查，督促各有关企业进一步完善熔融金属作业安全操作规程，突出重点环节、关键部位，强化作业现场管理。钢铁厂等冶炼企业要重点检查高温金属液体运输、吊运以及高温金属液体与水、油、气等物质隔离防爆措施的落实情况。铝熔铸企业要严格执行有关标准、规程规定，在铝液铸造前检查并确认保温炉（静置炉）、流槽、链带、铸模、传动机构、操纵按钮、液压系统、冷却水系统、安全装置等完好。钢铁铸造企业重点检测原砂含水量，确保达到工艺要求，要定期对熔融金属罐（包）进行检查、检测、维修和保养，并在确认烘干后方可使用。各相关企业要按照有关规定，切实抓好本单位熔融金属作业的隐患排查治理工作，对查出的隐患切实做到整改措施、责任、资金、时限和预案“五到位”。对存在重大隐患的企业，要立即责令停产整顿。对排查不认真、整改措施不落实、违法违规组织生产的企业及其主要负责人、相关责任人，要依法依规严肃查处。

3. 积极开展安全生产标准化工作，全面落实企业安全生产主体责任。各地、各部门和有关企业要依据《国务院安委会关于深入开展企业安全生产标准化建设的指导意见》（安委［2011］4号）、《国务院安委会办公室关于深入开展全国冶金等工贸企业安全生产标准化建设的实施意见》（安委办［2011］18号）和《关于印发江西省冶金等工贸行业安全生产标准化建设实施方案的通知》（赣安办字［2011］42号）等有关文件精神，按照有关评定标准的具体要求，积极开展安全生产标准化创建工作，持续改善安全生产条件，改进安全管理，全面提升企业安全生产水平。通过开展岗位达标和安全生产标准化创建工作，规范安全行为，杜绝违章指挥、违章作业、违反劳动纪律现象发生，有效防范事故，全面落实企业安全生产主体责任。

4. 严肃事故查处，切实用事故教训推动工作。各地要依据《生产安全事故报告和调查处理条例》（国务院令第493号）的规定，严格按照“四不放过”和“科学严谨、依法依规、实事求是、注重实效”的原则，认真组织开展事故调查，确保按时结案。要认真查清事故原因，查明事故性质，认定事故责任，对事故发生负有领导、监督和管理责任的单位和人员，依法依规严肃处理。要及时公布事故调查处理结果，自觉接受社会监督。同时，要举一反三，认真总结吸取事故教训，针对事故暴露出的突出问题，采取切实有效的防范措施，坚决遏制重特大事故的发生。

参考资料

1. 凤凰网：江西永胜铝型材公司发生爆炸，见 http：//finance. ifeng. com/roll/20121218/7444746. shtml。

2. 中国安全生产网：江西省通报永胜铝型材“12·17”事故，见 http：//www. aqsc. cn/101806/101960/266490. html。

3. 江西省人民政府网：江西省安委会办公室关于南昌市桑海开发区江西永胜铝型材有限公司“12·17”事故的通报，见 http：//xxgk. jiangxi. gov. cn/bmgkxx/aqscjgj/fgwj/qtygwj/201212/t20121231_836545. htm。

湖南怀化瓦斯爆炸事故

一、事件简介

2012年12月17日15时，湖南省怀化市境内中方县泸阳镇新店坪村牛栏处煤矿发生瓦斯泄漏爆炸事故。此次事故共造成8人死亡。

二、事件原因

湖南省怀化市中方县泸阳镇牛栏处煤矿生产人员在生产过程中违章使用非煤矿许用炸药和雷管以及违规作业，致使该煤矿发生瓦斯爆炸事故，造成8名下井作业人员死亡。

三、事件处理

事故发生后，湖南省怀化市委、市政府，中方县委、县政府高度重视，市县两级党政负责人迅速赶到现场指挥并成立专门班子，全面开展现场救援及善后处理工作。怀化市安监、煤炭、公安、消防等部门第一时间派出指导组和专业队伍赶赴现场组织救援。怀化市、县两级党政负责人还前往医院看望伤者，并对死伤者家属进行慰问。

四、责任追究

湖南省怀化市中方县检察院以涉嫌玩忽职守罪对中方县泸阳镇牛栏处煤矿“12·17”瓦斯爆炸事故责任人提起公诉。

五、补救措施

2012年12月19日，针对此次事故，国家安全生产监督管理总局在官方网站对此次事故发布警示通报，要求各煤矿企业要切实加强通风系统和瓦斯管理，确保安全生产。

参考资料

1. 新华网：湖南怀化市妥善处置中方县煤矿爆炸事故，见 http：//www. hn. xinhuanet. com/2012－12/19/c_114082524. htm。

2. 人民网：湖南煤矿瓦斯爆炸致8死，责任人玩忽职守被诉，见 http：//legal. people. com. cn/n/2013/0814/c188502－22564338. html。

3. 国家安全生产监督管理总局：煤矿事故警示通报，见 http：//www. chinasafety. gov. cn/newpage/Contents/Channel_ 20192/2012/1221/193702/content_193702. htm。

山西南吕梁隧道爆炸事故

一、事件简介

2012年12月25日15时，由中铁隧道集团有限公司经理部六分部在山西临汾蒲县负责施工的山西中南部铁路通道南吕梁隧道一号斜井正洞右线开挖掌子面，现场补炮作业时发生爆炸，造成8人死亡、5人受伤。

二、事件原因

直接原因

中铁隧道集团二处有限公司违法在隧道内销毁导爆索、导爆管，在距爆源点400m的范围内产生强烈的冲击波及大量的一氧化碳有害气体是导致本次事故的直接原因。国务院《民用爆炸物品管理条例》（第466号）第三十九条明确规定：爆破作业单位不再使用民用爆炸物品时，应当将剩余的民用爆炸物品登记造册，报所在地县级人民政府公安机关组织监督销毁。此次爆炸物品销毁事故既无销毁实施方案，又没有报告当地政府有关部门，属违法销毁爆炸物品作业。

间接原因

1. 企业法制观念不强、安全意识淡薄。国家对爆炸物品的领用、出库、使用、退库、销毁均有相关的法规条例和规范标准，但施工单位在进行剩余爆炸物品处理时，违法私自销毁。

2. 爆炸物品管理混乱。企业在对爆炸物品的管理中，没有严格执行《民用爆炸物品管理条例》和《铁路施工单位爆炸物品安全管理办法》的有关规定，爆炸物品管理混乱，不认真履行审批和签字手续，违规领取爆炸物品现象屡有发生。

3. 相关监管部门不认真履行职责，监管不到位。监理单位北京铁城建设监理有限责任公司违反《铁路工程建设监理规范》，对施工单位安全生产工作监理不到位，监理人员擅自离岗，现场监理形同虚设。建设单位晋豫鲁铁路通道股份有限公司吕梁指挥部对施工企业的安全生产监督管理不到位，协助管理施工安全工作中监督检查不认真，管理不严格，工作中存在薄弱环节。监督单位铁道部工程质量安全监督总站太原监督站未严格执行《铁路建设工程质量安全监督管理办法》的有关规定，虽对六分部的工程实体质量和现场施工安全进行每月不少于一次的抽查，但抽查侧重于工程实体方面，对施工方案中关于施工安全的内容审查把关不严格，对施工现场的监督检查不认真、不彻底，未按规定对炸药库进行例行检查。蒲县公安局民爆科及曹村派出所对六分部爆炸物品的管理使用虽然经常检查，但在检查中不认真、不细致，没有及时发现事故隐患。

三、事件处理

事故发生后，山西省委、省政府高度重视，责成有关部门迅速核查调查，相关部门连夜派人赶赴事发现场。山西省政府迅速启动应急机制，成立工作组，开展案件侦破和事故调查处理准备工作。

四、责任追究

40人因涉及该事故被问责，其中15人被建议移送司法机关，21人被建议给予党纪政纪处分，另外4人责成当地有关单位处理。中铁隧道集团有限公司、中铁隧道集团二处有限公司、北京铁城监理公司、晋豫鲁铁路通道公司等责任单位及其主要负责人被依法给予行政处罚。中铁隧道集团被责令向中国中铁股份公司作出深刻检查。

五、补救措施

中铁隧道集团二处有限公司南吕梁山隧道“12·25”爆炸事故给人民生命财产带来重大损失，教训十分深刻，事故发生后又蓄意瞒报，在社会上造成恶劣影响。为切实落实企业安全生产主体责任和相关部门的监管责任，有效防范类似事故再次发生，中铁隧道集团二处有限公司南吕梁山隧道“12·25”爆炸事故省政府调查组提出以下措施建议：

1. 进一步加强火工品安全管理。各类企业要严格按照《民用爆炸物品管理条例》，将火工品管理纳入日常安全管理的重要内容，加强领导，明确机构，落实责任，建立健全火工品使用管理制度并严格落实，对剩余和报废的火工品要严格按照有关规定登记造册，报所在地县级人民政府公安机关组织监督销毁。各级、各有关部门要加强火工品日常监督检查，对有制度不执行、有措施不落实的要依法严厉整治。

2. 从严查处瞒报、迟报事故的行为。各类企业要严格遵守国家法律法规，严肃认真对待每起事故，严格执行事故报告规范程序，严格履行事故上报、救援职责。各级、各有关部门要强化责任意识，及时掌握企业安全生产动态，督促企业按照国务院493号令的要求逐级上报事故情况，进一步加大对瞒报、迟报事故行为的查处、打击和惩治力度，从严追究相关单位和人员的责任。

3. 强化铁路等重点项目的安全监管。各级、各有关部门要全面加强铁路等重点项目建设、生产、运营等全过程的安全管理与监督检查，建立并严格落实行业监管，属地监管责任；中央企业、驻晋分支机构、省属重点企业要认真履行安全生产主体责任，主动接受当地政府有关部门的监督检查，全面提高安全管理水平；国家派驻机构要切实履行好安全监管职责，完善监管制度，形成安全监管合力。

4. 强化劳务用工安全管理和安全培训。各级、各有关部门要加大对企业劳务用工和安全培训的监督检查力度，特别是加强建筑施工单位的劳动用工管理，严禁使用未经培训或培训考试不合格人员。各企业要严格规范劳务用工行为，落实安全防护措施，要组织从业人员认真参加专项安全学习和岗位培训，提高从业人员的整体素质和职业技能。

5. 加强应急管理，落实应急救援措施。各类企业要进一步完善事故应急救援预案，明确应急反应机构各部门的职能和职责，完善安全生产应急救援工作机制，定期组织演练，储备应急救援物资，加强与消防、医疗、交通、矿山救护、抢险救灾等各公共救援部门的联系，确保事故发生时实施有效的救援。各级、各部门要加强对企业应急救援预案的监督管理，加强应急救援培训，提高企业管理人员和全体员工的应急意识和应急处置能力。

参考资料

1. 凤凰网：吕梁山隧道爆炸事故，见 http：//news. ifeng. com/gundong/detail_2013_01/01/20717798_0. shtml。

2. 中华人民共和国中央人民政府网：山西省安委会：吕梁山隧道爆炸事故为瞒报责任事故，见 http：//www. gov. cn/jrzg/2012 – 12/31/content_2303202. htm。

3. 和讯网：山西公布南吕梁山隧道“12 · 25”瞒报事故调查结果，见 http：//news. hexun. com/2013 – 02 – 06/150983681. html。

4. 山西省安全生产监督管理局网：中铁隧道集团二处有限公司南吕梁山隧道“12 · 25”爆炸事故调查报告，见 http：//www. sxaj. gov. cn/zhjg/201305/593914. html。

第二章　事件简讯

1. 湖南省中方县交通事故

2012 年 1 月 3 日 6 时 45 分，沪昆（上海—昆明）高速湖南中方县境内（1431km 处）路段，一辆自西往东行驶的重型挂车失控冲过中间护栏，致使从东往西行驶的一辆大客车撞上挂车，造成 13 人死亡、9 人重伤、32 人轻伤。

2. 安徽省肥西县交通事故

2012 年 1 月 3 日 8 时，安徽省肥西县上小路 X308 线 24km 处，一辆瑞鹰牌越野车与一辆重型货车迎面相撞，造成 5 人死亡、1 人重伤。

3. 云南省富源县煤堆滑落事故

2012 年 1 月 3 日 17 时 20 分，云南省富源县十八连山镇平庆堆煤场在清理存煤供应电煤时发生煤堆滑落事故，造成 9 人死亡、11 人受伤。

4. 贵州省贵定县交通事故

2012 年 1 月 4 日 18 时 40 分，贵州省贵定县境内的兰（州）海（口）高速公路贵新段一辆从安徽驶来的旅游客车翻下约 10m 深的山沟，造成 18 人死亡、40 人受伤。

5. 云南省曲靖市交通事故

2012 年 1 月 4 日 22 时，云南省嵩待高速公路 87km 处（此路段为二级汽车专用线）发生一起重大交通事故，一辆昆交集团的客车和一辆货车相撞，造成 8 人死亡、13 人受伤，其中 2 人伤势较重。

6. 河北省深州市地热站爆炸事故

2012 年 1 月 7 日 15 时，河北省深州市永平小区地热站发生爆炸事故，导致 6 人死亡、2 人受伤。

7. 贵州省大方县交通事故

2012 年 1 月 8 日 8 时 40 分，贵（阳）毕（节）高等级公路贵州省毕节市大方县境内一辆大客车冲出公路坠下约 8m 高的路基，事故造成 4 人死亡（包括 1 名儿童）、8 人受伤，其中 5 人重伤。

8. 河南省许昌市交通事故

2012 年 1 月 8 日 22 时 45 分，许（许昌）平（平顶山）南（南阳）高速公路 145km 处的许昌县境内，一辆大型客车与大型半挂货车相撞，事故造成 7 人死亡、32 人受伤。

9. 沪渝高速公路交通事故

2012 年 1 月 8 日 8 时，沪渝高速公路湖北省利川至恩施方向 1404km + 200m 处，发生三车相撞事故，当场造成 3 人死亡，多人受伤。

10. 安徽省阜阳市交通事故

2012 年 1 月 10 日 7 时 33 分，南洛高速公路上大雾天气导致安徽太和路段三角元服务区附近 12 辆车发生连环相撞，造成 10 余人受伤。8 时

56分，安徽界首路段再次发生一辆别克商务车与一辆半挂货车追尾事故，导致3人死亡。

11. 山东省乳山市安全生产事故

2012年1月11日晚间，山东省乳山市金华矿业有限公司唐家沟金矿5名工人，在抽水查看探矿区内废弃矿井时发生意外，被困井筒。到12日凌晨，3名工人先后升井，送往医院后抢救无效死亡。

12. 安徽省南陵县交通事故

2012年1月14日凌晨1时22分，安徽省芜湖市南陵县境内国道318线发生一起集装箱挂车和中型客车相撞的交通事故，造成7人死亡、2人重伤、3人轻伤。

13. 河北省行唐县雷管爆炸事件

2012年1月14日凌晨1时30分，河北省行唐县九口子乡范家庄村，发生一起因私存炸药、雷管引发爆炸事件的刑事案件，造成7人死亡、4人受伤。

14. 云南省禄劝县交通事故

2012年1月14日17时40分，云南省禄劝县境内撒（营盘）皎（平渡）线54km+50m（皎平渡镇辖区），一辆小型普通客车与前方同向行驶的新购未上牌小型普通客车相撞，致新购未上牌小型普通客车驶出道路坠下悬崖，造成7人死亡，车辆严重损坏。

15. 琼州海峡货轮渔船相撞事故

2012年1月15日12时，一艘从越南开往韩国的舟山籍货轮“成路28”在琼州海峡中部，距海南省铺前港西北约11海里处与一艘海南临高无船名小渔船相撞，渔船随即沉没，造成3人下落不明。

16. 福建省建瓯市火灾事故

2012年1月16日凌晨4时，福建省建瓯市迪口镇店村上店自然村发生一起火灾事故，事故中烧毁两栋房屋，造成9人死亡、1人失踪、1人受伤。

17. 山东省高青县交通事故

2012年1月19日8时11分，受大雾影响，滨（州）莱（芜）高速高青境内路段发生6车相撞交通事故，导致6人死亡。

18. 湖北省监利县交通事故

2012年1月19日15时45分，湖北省监利县龚场镇发生一起交通事故，一辆富康轿车正面与一辆大客车相撞，造成4人死亡、1人受伤。

19. 贵州省普安县交通事故

2012年1月23日晚上8时30分，贵州普安县境内一辆越野车翻下约100m高的山沟，导致6人死亡。

20. 海南省文昌市交通事故

2012年1月24日5时，海南海文高速文昌境内，一辆从文昌开往海口的小轿车经海文高速公路32km+700m处碰撞右侧护栏后打滑，致使车辆横在道路中间，紧随其后的一辆小轿车从后面冲撞，造成5人死亡、3人受伤。

21. 贵州省铜仁市交通事故

2012年1月31日9时，沪昆高速贵州铜仁玉屏境内，一辆中型客车因躲避超车车辆，冲破高速公路护栏，坠入20m深的金竹湾大桥下，造成4人死亡，28人不同程度受伤，其中3人伤势比较严重。

22. 湖南省运沙船倾覆事故

2012年2月2日凌晨4时左右，在湖南省益阳市与岳阳市交接水域，发生一起运沙船倾覆事故，造成10人死亡、1人失踪。

23. 四川省宜宾市瓦斯爆炸事故

2012年2月3日13时20分，四川省宜宾市筠连县维新镇钓鱼台煤矿发生一起瓦斯爆炸事故，造成13人死亡、4人受伤、1人失踪。

24. 福建省泉州市特大交通事故

2012年2月5日16时8分，泉（州）南（安）高速路上发生一起特大交通事故，造成5人死亡、1人受伤。

25. 重庆市交通事故

2012年2月7日15时，重庆市主城观音桥下穿道入口处，华新街至观音桥商圈方向发生一起4车相撞事故，造成3人死亡、10人受伤。

26. 甘肃省永靖县山体滑坡

2012年2月7日16时40分，甘肃省永靖县盐锅峡镇黑台台缘焦家崖根段发生山体滑坡，造成1人死亡、3人失踪。

27. 云南河口县交通事故

2012年2月8日12点30分，在云南河口县老范寨乡斑鸠河村委会路段，一辆农用车翻至路沿下山沟内100多米处，造成3人死亡、13人受伤。

28. 贵州省毕节市交通事故

2012年2月9日中午12时，一辆载有9人的面包车行驶至贵毕公路六广河大桥附近时，与一辆大货车相撞，造成7人死亡、2人受伤。

29. 湖北省咸丰县交通事故

2012年2月9日，湖北省恩施土家族苗族自治州咸丰县境内发生一起较大交通事故，造成6人死亡、3人受伤。

30. 河北省河间市交通事故

2012年2月10日14时30分，在河北省河间市沧保公路河间境内（89km+100m处）一辆大货车与一辆农用三轮车相撞，造成7人死亡、1人受伤。

31. 上海市交通事故

2012年2月11日15时50分，上海南六公路发生一起3辆轿车相撞事故，造成3人死亡。

32. 湖南省怀化市交通事故

2012年2月12日0时，湖南省怀化市鹤城区顺溪铺路段（G320线，1617km+300m）发生一起重型货车与小轿车相撞事故，造成6人死亡。

33. 河北省邢台市煤气中毒事故

2012年2月14日清晨，邢台市南和县北关小学的10名在校外租住房屋的学生发生煤气中毒事故，造成3人死亡。

34. 新疆玛纳斯县瓦斯爆炸事故

2012年2月14日15时30分，新疆玛纳斯县兴达煤矿发生瓦斯爆炸事故，造成6人死亡。

35. 湖南省耒阳市煤矿安全事故

2012年2月16日凌晨，湖南省耒阳市南阳镇一煤矿发生安全事故，造成15人死亡，3人受伤。

36. 陕西省旬阳县交通事故

2012年2月17日，陕西省旬阳县发生一起面包车坠河事故，造成5人死亡、3人受伤。

37. 福建省附近海域沉船事故

2012年2月18日凌晨3时，广西北海籍散货船“鑫源顺6”轮在福建省泉州崇武附近海域发生货物移位，船体严重右倾，机舱进水，随后沉没，造成8人死亡、2人失踪。

38. 广西壮族自治区交通事故

2012年2月18日6时50分，国道210线广西壮族自治区南丹段，一辆上行的大挂车和一辆从四川南充发往广州的大客车发生碰刷，造成6人死亡。

39. 山西省蒲县煤矿冒顶事故

2012年2月19日13时左右，山西省蒲县宏源集团北峪煤矿发生冒顶事故，造成7人死亡。

40. 鞍钢重型机械有限责任公司铸钢厂喷爆事故

2012年2月20日23时30分，鞍钢集团改制参股企业——鞍钢重型机械有限责任公司铸钢厂发生喷爆事故，造成10人死亡、3人失踪、17人受伤。

41. 贵州省都均市交通事故

2012年2月20日18时，厦蓉（厦门至成都）高速贵州省都匀市境内发生一起14辆汽车连环相撞的交通事故，造成7人死亡、20余人受伤。

42. 江苏省南京市煤气泄漏事故

2012年2月23日11时50分，位于江苏省南京市雨花台区的宝钢集团梅山钢铁厂发生煤气泄漏事故，造成6人死亡。

43. 山西省晋城市交通事故

2012年2月25日9时25分，河南三门峡市运输公司一辆旅游大巴，从山西晋城开往河南济源，在207国道高平段翻入山沟，造成15人死亡。

44. 河北省赵县爆炸事故

2012年2月28日9时10分，河北省赵县河北克尔化工有限公司一号车间发生爆炸事故，造成17人死亡、46人受伤。

45. 河北省邯郸市交通事故

2012年3月1日中午12时50分，位于河北省邯郸市境内的309国道涉县和武安市交界处（武安境内约600m处），一辆中型旅游客车发生侧翻事故，造成8人死亡、24人受伤。

46. 云南省贡山县泥石流

2012年3月3日7时30分，云南省怒江傈僳族自治州贡山独龙族怒族自治县县城明珠路洁丽洗车店后山发生小股泥石流灾害，造成3人死亡、2人受伤。

47. 皖赣铁路安徽省交通事故

2012年3月3日16时10分左右，皖赣铁路休宁至岩前区间259km+017m杨村铁道口处，一辆小轿车与通过的25033次货物列车相撞，造成4人死亡、3人受伤。

48. 湖北省建始县交通事故

2012年3月4日8时，湖北省恩施土家族苗族自治州建始县一辆载人面包车在行驶时，翻下约100m高的岩坎，造成6人死亡、9人受伤。

49. 辽宁省盘锦市燃气泄漏爆炸事故

2012年3月6日18时，辽宁省盘锦市一家烧烤店发生一起因燃气泄漏发生爆炸事故，造成4人死亡、22人受伤。

50. 福建省海域渔船沉没事故

2012年3月7日凌晨，福建省泉州湾海域附近有一艘渔船沉没，造成2人死亡、4人失踪。

51. 湖南省益阳市山体滑坡

2012年3月10日凌晨4时30分，湖南省益阳市赫山区龙光桥镇马头村李家坪组斗笠仑山发生山体滑坡自然灾害，造成2人死亡、3人失踪。

52. 广西壮族自治区客船相撞事故

2012年3月11日13时，在广西桂平市浔江桂平羊栏滩东塔对开河面发生一起渡客船（载客29人）与货船相撞事故，造成20人死亡。

53. 甘肃省交通事故

2012年3月14日，甘肃省发生一起交通事故，一辆双燃料家用轿车与一辆大货车发生尾随碰撞事故，造成5人死亡。

54. 湖南省洪江市交通事故

2012年3月14日14时30分，洪江市茅渡乡芒冬村村民驾驶红色面包车，搭载亲属从群峰乡木洒溪村返家途中，经茅渡乡茅渡村仙福桥时，因操作不当导致车辆驶离路面，翻入道路右侧的沅江，造成4人死亡、7人受伤。

55. 山东省苍山县安全事故

2012年3月15日凌晨1时，位于山东省临沂市苍山县鲁城镇境内的石门铁矿发生一起罐笼坠落事故，造成13人死亡。

56. 黑龙江省依兰县交通事故

2012年3月16日9时51分，由七台河发往哈尔滨的一辆金龙客车在同三公路佳木斯至哈尔滨方向241km处发生侧翻，造成4人死亡。

57. 京福高速山东宁阳段交通事故

2012年3月17日6时10分，京福高速公路山东泰安宁阳段发生一起多车追尾交通事故，造成4人死亡。

58. 京福高速江苏省徐州段重大交通事故

2012年3月17日7时40分至8时，京福高速苏鲁交界徐州贾汪境内因大雾分别发生4起交通追尾事故，共造成6人死亡、30多人受伤。

59. 云南省维西县山体垮塌

2012年3月17日17时，云南省维西县永春乡庆福村菜园子小组发生山体垮塌，造成8人死亡、1人受伤。

60. 云南省大理市建筑坍塌事故

2012年3月19日13时38分，云南省大理市下关镇小关邑村一钢构建筑工程发生坍塌，造成6人死亡、9人受伤。

61. 河南省洛阳市安全事故

2012年3月19日14时左右，在洛（阳）栾（川）高速洛嵩段第三项目部瓦西大桥（K15+623.002）施工现场，在起吊过程中发生塔吊吊篮脱落事故，4名工人当场死亡，1名工人送医院后经抢救无效死亡。3月20日凌晨1时左右，在洛栾高速二期三标东湾2号桥处，2名工人在浇灌桥墩过程中因模板倒塌从桥上坠落，后因抢救无效于死亡。

62. 甘肃省酒钢集团安全生产事故

2012年3月20日凌晨2时10分，甘肃省酒钢集团炼铁厂一高炉检修时发生事故，造成2人死亡、1人失踪。

63. 陕西省泾阳县山体坍塌事故

2012年3月21日10时55分，陕西省泾阳县口镇东曹村席继明石场发生山体坍塌事故，造成6人死亡。

64. 辽宁省辽阳市瓦斯爆炸事故

2012年3月22日，辽宁省辽阳市大黄二矿井下发生一起瓦斯爆炸事故，造成5人死亡、1人受伤、17人被困。

65. 贵州省台江县交通事故

2012年3月25日13时30分，贵州省凯（里）玉（屏）高速公路台江县境内一辆货车发生侧翻，导致后面10余辆车发生追尾，造成3人死亡、7人受伤。

66. 河北省秦皇岛市交通事故

2012年3月26日7点5分，河北省秦皇岛市青龙满族自治县一拉载学生的车辆，前往其所在学校上学，行驶到下弯子村附近，由于路滑，发生侧翻，造成3人死亡、2人受伤。

67. 陕西省神木县道路边坡垮塌事故

2012年3月27日6时40分，陕西省神木县麻家塔办事处铧山村境内，发生一起道路边坡垮塌事故，造成4人死亡、2人受伤。

68. 湖北省武汉市车间爆炸事故

2012年3月27日13时15分，位于湖北省武汉市江夏区谭鑫培路19号的湖北佳成生物食品有限公司一包装车间发生爆炸，造成1人死亡、2人失踪。

69. 安徽省庐江县交通事故

2012年3月27日17时23分，合界高速合肥至安庆方向68km处（陈埠服务站附近）一辆工程车与一辆装载烟花爆竹货车在安徽省庐江县境内发生相撞发生爆炸事故，造成4人死亡、21人受伤。

70. 湖北省鹤峰县煤与瓦斯突出事故

2012年3月28日9时40分，湖北恩施州鹤峰县金竹园煤矿发生一起煤与瓦斯突出事故，造成3人死亡。

71. 内蒙古自治区围墙坍塌事故

2012年3月28日18时，内蒙古自治区鄂尔多斯市东胜区杭锦北路东侧马路边上的一段临时围墙突然发生坍塌，造成5人死亡。

72. 沪昆高速湖南省潭邵段交通事故

2012年3月29日8时，沪昆高速湖南省潭邵段1181km处发生一起大巴车侧翻事故，造成5人死亡、20多人受伤。

73. 贵州省毕节市一氧化碳中毒事故

2012年3月29日19时，贵州省毕节市黔西县阳和煤矿一氧化碳中毒事故，造成6人死亡。

74. 新疆大风高空坠物事故

2012年3月30日，新疆乌鲁木齐刮起7级大风，瞬间风力达到9级，大风导致的高空坠物造成21人受伤、3人死亡。

75. 贵州省纳雍县煤矿事故

2012年4月2日23时50分，贵州省纳雍县的幺公营煤矿发生一起事故，事故发生时当班人数为23人，19人安全升井，4人死亡。

76. 浙江省长兴县大风吹倒茶棚

2012年4月2日夜至3日晨，浙中北地区和沿海海面分别出现了7级—9级和9级—11级偏北大风，横山群叶茶场因强对流天气发生房屋倒塌事故，造成多人受伤，7人死亡。

77. 浙江省渔船海上沉没

2012年4月3日15时左右，浙江舟山东极东福山岛东南约10海里左右水域，新加坡籍集装箱轮“KOTA NEBULA”涉嫌与“浙普渔75185”发生碰撞，造成渔船沉没，船上7人下落不明。

78. 江苏省太湖游艇相撞事故

2012年4月4日下午，在苏州太湖西山岛水域，一艘共搭载8人（6位大学生、1位导游、1位司机）的游艇与大船相撞，造成4人死亡。

79. 江苏省张家港市沉船事故

2012年4月5日11时40分，一艘载有19人的小型船舶在位于江苏省张家港市境内的长江七干河段沉没，事故造成5人丧生。

80. 安徽省泾县翻船事故

2012年4月6日6时10分，在安徽省泾县桃花潭东路延伸段，8名务工人员乘坐木船过河到对岸工作时，由于水流湍急，木船不慎侧翻，造成3人失踪。

81. 吉林省蛟河市煤矿透水事故

2012年4月6日10时50分，吉林省蛟河市丰兴煤矿发生透水事故，造成12人死亡。

82. 黑龙江省牡丹江市居民楼爆炸事故

2012年4月7日凌晨4时50分，黑龙江省牡丹江市爱民区天安小区一居民楼发生爆炸，造成6人死亡，单元内相邻房屋较严重破坏，同单元6层、7层房屋南侧局部坍塌。

83. 贵州省遵义市交通事故

2012年4月7日清晨，贵州省遵义市境内，西南出海大通道兰（州）海（口）高速公路发生的交通事故，造成4人死亡，70余人不同程度受伤。

84. 辽宁省大连市交通事故

2012年4月7日17时22分，辽宁省大连市保税区钟家村夏金线公路段，一辆中巴客车行驶至201国道钟家村夏金线公路段时翻入路边沟内，造成14人死亡、11人受伤。

85. 海南省三亚市交通事故

2012年4月9日22时，三亚市荔枝沟路金思达家私广场前发生一起交通事故，造成3人死亡、5人受伤。

86. 贵州省贵阳市连环交通事故

2012年4月10日7时，贵州省贵毕公路71km+200m（贵阳市修文县六广镇路段）发生3起连环交通事故，造成5人死亡，7人受伤，6辆车不同程度受损。

87. 江苏省沛县孔庄煤矿透水事故

2012年4月10日17时36分，江苏省沛县境内孔庄煤矿发生透水事故，被困井下的7名人员，造成4人死亡。

88. 江西省部分地区遭受风雹灾害

2012年4月10日以来，江西省风雹灾害已造成南昌、鹰潭、新余、宜春、吉安等9市41个县（区、市）41.4万人受灾，10人死亡，约5600人紧急转移安置；1900余间房屋倒塌，近3400间严重受损，1.6万间一般受损；农作物受灾面积30.1千公顷，其中绝收2.9千公顷；直接经济损失4.7亿元。

89. 安徽省宿州市萧县交通事故

2012年4月12日6时30分，安徽省宿州市萧县境内311国道王寨镇附近路段发生客货车相撞事故，导致23人死亡。

90. 山西省襄垣县煤矿透水事故

2012年4月13日凌晨1时，山西省长治市襄垣县的善福联营煤矿发生透水事故，造成11人死亡。

91. 重庆市岩石垮塌事故

2012年4月14日0时59分，重庆嘉华大桥南延伸段鹅公岩立交桥下发生岩石垮塌，造成中冶建工一公司和重庆富润成照明系统工程有限公司临时居住工棚倒塌，6人死亡。

92. 福建省龙岩市汽修厂爆炸事故

2012年4月15日上午，福建省龙岩市新罗区雁石镇苏邦村一汽修厂发生意外爆炸事故，共造成12人死亡，多人受伤。

93. 甘肃省兰州市山体滑坡

2012年4月20日21时25分，甘肃省兰州市榆中县银山乡高家湾村高下社砖瓦窑子突然发生山体滑坡，将居住在山脚下的一户农户全家掩埋，

4人遇难。

94. 山东省青岛市火灾事故

2012年4月21日凌晨3时，山东省青岛市市南区宁夏路一民居发生火灾事故，造成5人死亡。

95. 江苏省常熟市交通事故

2012年4月22日上午，沿江高速江苏常熟段，一辆上海旅游大巴与一辆苏州牌照的大货车发生猛烈碰撞，造成14人死亡、21人受伤，其中4人重伤。

96. 内蒙古瓦斯爆炸事故

2012年4月23日凌晨3时，内蒙古巴彦淖尔市乌拉特前旗兴亚煤炭开发有限责任公司技改井一掘进工作面发生瓦斯爆炸事故，造成9人死亡、16人受伤。

97. 河南省舞阳县交通事故

2012年4月23日14时30分，河南省舞阳县孟寨镇境内孟寨镇段，一辆由北向南行驶的载货车与一辆由南向北行驶的客车相撞，造成13人死亡、12人受伤。

98. 云南省楚雄州交通事故

2012年4月25日晚上11时30分，楚大高速公路楚雄至大理方向南华县天申堂路段，一辆卧铺大客车发生交通事故，造成9人死亡、36人受伤（其中8人重伤，28人轻伤）。

99. 河北省武安市煤气泄漏事故

2012年4月26日21时30分，河北省武安市普阳钢铁有限公司4号高炉在检修过程中发生煤气泄漏事故，致使8人中毒，其中3人死亡、5人受伤。

100. 云南省临沧市交通事故

2012年4月28日17时，一辆由云南省临沧市临翔区驶往耿马县的中巴客车，在行驶至羊耿线云县幸福镇甘龙潭路段时翻下山坡，造成11名车内人员死亡、重伤6人、轻伤3人。

101. 湖北省秭归县汽车坠江事故

2012年4月28日21时，湖北省秭归县境内S334杉木溪大桥路段，一辆载有8人的小型客车不慎坠入长江，造成7人死亡。

102. 云南省大理市交通事故

2012年4月28日18时30分，云南省大理市辖区宁风线307km+347m处，发生一起4车连续相撞的交通事故，造成3人死亡、5人受伤。

103. 宁夏同心县特大交通事故

2012年4月30日7时，宁夏回族自治区吴忠市同心县王团镇宁固路发生一起特大交通事故，一辆依维柯面包车与一辆东风天龙货车相撞，造成18人死亡、8人受伤。

104. 黑龙江省鹤岗市煤矿透水事故

2012年5月2日7时，黑龙江省鹤岗市兴安区峻源二煤矿发生透水事故，造成10人死亡、4人失踪。

105. 湖南省邵东县罐笼坠落事故

2012年5月2日20时45分，湖南省邵东县砂石镇的丛山煤矿发生罐笼坠落事故，造成6人失踪。

106. 福建省漳浦县重大交通事故

2012年5月3日凌晨2时25分，沈海高速公路福建漳浦县沙西镇境内发生一起重大交通事故，造成5人死亡、11人受伤。

107. 汕昆高速云南宜良段交通事故

2012年5月5日16时3分，汕昆高速云南宜良段2068km+365m处，一辆江西牌照的大货车与一辆微型车追尾，造成3人死亡2人受伤；同日16时17分，汕昆高速云南宜良段2068km+490m处，一辆广西牌照的大货车与前面10辆车相撞，造成9人死亡17人受伤。

108. 甘肃省永登县暴雨洪水灾害

2012年5月5日至6日甘肃永登普降暴雨，6日晚暴雨引发洪水，造成3人死亡、1人失踪。

109. 安徽省铜陵市群体性溺水事件

2012年5月6日10时50分，安徽省铜陵市铜陵县老洲乡太阳岛附近长江水域发生一起高校学生群体性溺水事件，造成5人死亡。

110. 内蒙古自治区煤矿安全事故

2012年5月6日16时，位于内蒙古自治区乌审旗境内、由中煤第一建设有限公司承建的中天合创葫芦素煤矿，发生制动绳坠落事故，造成4人死亡。

111. 湖南省遭遇龙卷风袭击

2012年5月8日下午开始湖南多个地区遭遇暴雨、冰雹等强对流极端天气袭击，涟源市因同时遭遇最大风速超过8级的龙卷风，造成4人死亡、30人受伤。

112. 新疆有害气体泄漏事故

2012年5月9日19时20分，新疆维吾尔自治区乌鲁木齐国际机场机库附近一家企业有害气体泄漏，造成5人死亡。

113. 甘肃省岷县雹洪灾害

2012年5月10日，甘肃省岷县遭受特大冰雹暴洪灾害，造成53人死亡、18人失踪。

114. 广西贺州市山洪暴发

2012年5月12日凌晨，广西壮族自治区贺州市平桂管理区发生山洪灾害，造成3人死亡、1人失踪。

115. 湖南省平江县桥梁垮塌事故

2012 年 5 月 13 日 8 时 50 分，湖南省平江县余坪乡和梅仙镇交界处的昌江河上，一座 120m 长的三孔石拱桥突然垮塌，造成 4 人死亡、2 人失踪。

116. 北京市怀柔区交通事故

2012 年 5 月 13 日 13 时，北京市怀柔区一辆大客车与一辆面包车相撞，造成 4 人死亡、5 人受伤。

117. 内蒙古自治区交通事故

2012 年 5 月 14 日凌晨 1 时，内蒙古自治区乌兰察布市化德县境内省际通道与国道 S208 线交汇处一辆由化德县开往镶黄旗（南北方向行驶）的半挂车与一辆从锡林浩特开往呼和浩特（东西方向行驶）的卧铺客车相撞，两车均发生侧翻，造成 4 人死亡、36 人受伤。

118. 湖北省仙桃市中毒事故

2012 年 5 月 14 日上午 9 时左右，湖北省仙桃市张沟镇盛大纸业有限公司发生一起中毒事故，造成 4 人死亡。

119. 江西省新干县爆炸事故

2012 年 5 月 16 日早上，江西省新干县海晨鸿华化工有限公司一车间发生爆炸事故，事故造成 2 人死亡、1 人失踪。

120. 湖南省新邵县瓦斯突出事故

2012 年 5 月 17 日凌晨，湖南省新邵县七四煤矿发生煤与瓦斯突出事故，造成 6 人死亡。

121. 贵州省黄平县交通事故

2012 年 5 月 18 日下午，一辆货车行至贵州省黄平县新州镇十里桥村一转弯处时发生侧翻，造成 4 人死亡、4 人受伤。

122. 湖南省在建高速爆炸事故

2012 年 5 月 19 日 8 时 30 分，湖南省株洲市炎陵县境内高速公路施工现场隧道内发生爆炸，造成 20 人死亡、2 人受伤。

123. 山东省潍坊市交通事故

2012 年 5 月 19 日凌晨 2 时许，山东省潍坊市潍城辖区发生一起重大交通事故，造成 10 人死亡、2 人受伤。

124. 甘肃省 5 个市（州）洪涝灾害

2012 年 5 月 20 日—21 日，甘肃省 5 个市（州）遭受洪涝灾害，690 多公顷农作物受灾，并造成 4 人死亡、4 人失踪。

125. 辽宁省煤矿冒顶事故

2012 年 5 月 20 日 11 时，辽宁省沈阳煤业集团下属的沈阳焦煤有限责任公司清水二井煤矿发生冒顶事故，造成 9 人死亡。

126. 贵州省发生洪涝灾害

2012 年 5 月 21 日夜间至 22 日上午 8 时，贵州大部分地区出现暴雨，暴雨引发局地洪涝灾害，房屋受损，全省有 18 万人受灾，6 人死亡。

127. 贵州省黔西县民房倒塌事故

2012 年 5 月 22 日凌晨，贵州省毕节市黔西县城关镇文化街的一处民房发生倒塌，造成 3 人死亡。

128. 湖南省泸西县沉船事故

2012 年 5 月 27 日 10 时，辰溪县客船，从泸溪县浦市镇客运码头起航后返回辰溪县孝坪镇中康家洲时，因发动机发生故障，客船自行向下流动，无法操控，与下游一货船相撞，导致客船整体翻转，造成 3 人死亡、8 人失踪。

129. 京港澳高速公路河南省信阳市路段交通事故

2012 年 5 月 28 日 6 时 37 分—7 时 20 分，京珠高速公路 953—951km 处（信阳段）因突然出现团雾引发多起交通事故，共造成 8 人死亡、13 人受伤。

130. 黑龙江省牡丹江市交通事故

2012 年 5 月 31 日 23 时 47 分，黑龙江省牡丹江市阳明区铁岭镇一立交桥附近一台货车和一台面包车相撞，造成 6 人死亡、4 人受伤。

131. 福建省厦门市交通事故

2012 年 6 月 1 日傍晚，福建省厦门市同安区莲花镇境内发生两车相撞事故，造成 8 人死亡。

132. 沈海高速公路交通事故

2012 年 6 月 3 日 5 时 20 分—5 时 40 分，沈海高速盐城段 1013—1017km 区间因突发团雾双向相继发生 7 起多辆机动车追尾事故，共造成 11 人死亡、19 人受伤，其中 5 人重伤。

133. 黑龙江省佳木斯市交通事故

2012 年 6 月 3 日 13 时 20 分，黑龙江省佳木斯市佳运集团一辆宇通客车，由佳木斯市发往桦川县横头山镇新立村途中，行至佳木斯市安庆街南段环路收费站以北 100m 左右，车辆向左 90 度侧翻至西侧非机动车道，造成 4 人死亡。

134. 云南省曲靖市煤与瓦斯突出事故

2012 年 6 月 3 日 18 时 30 分，云南省曲靖市麒麟区东山镇莲花冲岔沟煤矿 1876 水平 905 进风掘进迎头，发生一起煤与瓦斯突出事故，造成 5 人死亡。

135. 甘肃省肃北县锑矿探矿点雪崩

2012 年 6 月 6 日 24 时，甘肃省肃北县金泽矿业有限责任公司黑刺沟锑矿探矿点雪崩，此次雪崩事故导致 4 人死亡、6 人失踪。

136. 青海省货运列车撞人事故

2012年6月7日9时，青藏铁路青海省境内德令哈地区莲湖至欧龙山路段，发生一起货运列车撞人事故，致3人死亡。

137. 云南省威信县脚手架垮塌事故

2012年6月8日11时左右，云南省威信县麟凤镇煤电一体化项目湖南火电建设公司施工的一期电厂2号冷却塔发生脚手架垮塌事故，造成7人死亡、1人受伤。

138. 内蒙古自治区化德县交通事故

2012年6月9日7时18分，内蒙古自治区乌兰察布市化德县境内省际通道1029km处一辆大货车和小型拖拉机追尾相撞，造成3人死亡，伤情较重1人。

139. 黑龙江、山东省接连发生中学生溺水事故

2012年6月9日10时40分，黑龙江省哈尔滨市呼兰区方台镇高家村发生一起溺水事件，6名中学生在松花江边落入水中，最终造成4人死亡。14时左右，山东省莱芜市7名中学生在当地的汇河下游游泳时发生溺水事故，至19时50分，7名中学生已全部打捞上岸，但已全部死亡。

140. 浙江省东阳市中毒事故

2012年6月9日13时，浙江省东阳市金罗马实业发展有限公司在清理电镀污水处理池污泥时发生职工中毒事件，造成3人死亡。

141. 宁洛高速公路连环交通事故

2012年6月9日21时12分，安徽省亳州市宁洛高速公路蒙城段发生多起多点车辆追尾事故，共造成11人死亡、59人受伤，一些事故车辆发生火灾，造成事故路段交通严重堵塞。

142. 赣湘黔三省部分地区遭受洪涝灾害

2012年6月9日至10日，江西、湖南、贵州三省部分地区先后出现大范围强降雨过程，此次强降雨造成江西省29.6万人、37.5万亩农田受灾，转移群众0.28万人，没有人员伤亡，直接经济损失2.83亿元；湖南省36.6万人、32.6万亩农田受灾，转移群众0.18万人，滑坡、泥石流灾害造成2人死亡、2人失踪，直接经济损失2.34亿元；贵州省3.3万人、1.97万亩农田受灾，转移群众0.42万人，3人因山体滑坡死亡，直接经济损失0.2亿元。

143. 广西梧州市交通事故

2012年6月11日凌晨，广西梧州市万秀区紫竹大桥路段，一辆大货车因操作不当坠入河中，造成4人死亡。

144. 河南省濮阳市幼儿园校车燃烧事件

2012年6月11日18时1分，河南省濮阳市开发区开州路办事处张仪村村内街道上，一辆超载幼儿园校车发生燃烧事件，车辆核定乘坐8人，事发时车内共有13名幼儿园学生和1名司机。事故造成4名幼儿死亡，1名幼儿和司机重伤，两名幼儿轻伤，另有一名现场救援的群众轻伤。

145. 四川省阿坝州泥石流灾害

2012年6月12日6时10分，四川省阿坝州金川县集沐乡业隆村一个私人采石场工棚遭泥石流侵袭，六间单层砖瓦值班房全被掩埋，面积约200平方米左右，造成6人死亡。

146. 南方多个地区持续强降雨

2012年6月8日以来，强降雨在湖南、江西、广西、四川等地持续，数百万人受灾。6月8日开始，江西发生今年入汛以来最强降雨过程，部分地区遭受严重洪涝灾害，74万人受灾，17500多人被转移；广西累计有30.1万人受灾，紧急转移安置人口1.24万人。湖南省共有291个乡镇110万人受灾，因灾死亡9人，失踪3人，紧急转移5.4万人。四川省阿坝州金川县集沐乡业隆村可尔因组境内发生一起泥石流灾害，掩埋了可尔因电站，共造成2人死亡、4人失踪。

147. 浙江省海盐县交通事故

2012年6月12日9时，浙江省海盐县一辆重型自卸货车沿翁金线由西往东行驶，行驶至翁金线82km+560m（海盐县西塘桥街道八团村老车站处）与对向行驶的三轮摩托车发生碰撞，造成人员3死2伤。

148. 内蒙古化德县交通事故

2012年6月13日11时，内蒙古自治区乌兰察布市化德县境内省际通道（S105）1155km+450m处发生一起交通事故，造成4人死亡、1人重伤。

149. 浙江省金华市交通事故

2012年6月13日13时20分，山东省昌邑市一辆重型带挂大货车，从浙江东阳横店驶往杭州萧山区，途经省道东仙线城东街道祥兰村路段时，与一辆轿车迎面相撞，轿车司机及车内3名乘员全部死亡。

150. 云南省玉龙纳西族自治县突发山洪

2012年6月14日20时，云南省玉龙县鸣音乡东联村境内突降单点强暴雨，引发特大山洪，造成1人受伤、7人失踪。

151. 福建省宁德市交通事故

2012年6月20日2时，一辆从无锡开往厦门的大巴行经福建省宁德市霞浦县境内沈海高速公路牙城段陇头高架桥时侧翻坠入50余米的深谷，造成17人死亡、3人重伤。

152. 浙江省湖州市安全生产事故

2012年6月20日17时30分，浙江省湖州市吴兴区环诸乡发生一起事故，导致4人死亡、4人受伤。

153. 四川省松潘县交通事故

2012年6月22日11时，一辆捷达小汽车从四川省九寨沟县向马尔康方向行驶，途经松潘县境内G213线611km+110m处时，翻于约50m高的路坎下，导致车内5人全部死亡。

154. 福银高速湖北枣阳段货车爆炸

2012年6月22日8时，一辆红色东风厢式货车，行至福银高速公路银川方向枣阳服务区附近路段发生爆炸，造成3人死亡、4人受伤。

155. 山东省烟台市轿车撞向自行车队

2012年6月22日14时，山东省烟台市滨海中路烟台大学东门附近，一辆白色轿车撞向一个自行车队，事故造成5人死亡。

156. 甘肃省永靖县机动车坠河事故

2012年6月23日20时30分，甘肃省临夏回族自治州永靖县发生一起机动车掉入黄河的事故，致使5人失踪。

157. 川滇交界发生地震

2012年6月24日23时30分，川滇交界发生5.7级地震，造成云南省宁蒗县3人死亡，20人重伤、82人轻伤。

158. 暴雨洪水

2012年6月22日以来，暴雨洪水共造成江西、广东、云南、湖南、内蒙古、广西、福建、四川、甘肃等9省（区）69个县（市、区）452个乡（镇）71万人受灾，死亡11人，失踪8人，转移群众1.6万人，农作物受灾49千公顷，倒塌房屋7080间，直接经济损失约7.05亿元。

159. 内蒙古自治区乌兰察布市山洪灾害

2012年6月23日20时，内蒙古乌兰察布市卓资县大榆树乡稆蔴湾等村、凉城县岱洲夭等村先后突降大到暴雨，暴雨引发山洪灾害，造成8人死亡，卓资县和凉城县共3个乡镇、81个自然村不同程度受灾，毁坏农田3000余亩，死亡牲畜1300多头（只），同时还造成部分道路、电力、通信和水利设施被冲毁或损坏。

160. 广西壮族自治区持续暴雨

2012年6月21日以来，广西大部分地区遭受暴雨袭击。广西北海、贺州、玉林、南宁、柳州等10市36县（市、区）的84万余人受灾，转移安置超过2万人，8人因灾死亡。强降雨造成各地城市内涝、农田被淹、乡村道路中断，有35.53千公顷农作物受灾；倒塌农房925户2309间，严重损坏农房239户495间；直接经济损失3.1亿元。

161. 内蒙古自治区发生风雹洪涝灾害

2012年6月27日，全区受风雹、洪涝灾害影响人口达55.78万人，死亡19人，转移安置7727人；农作物受灾面积184063公顷、绝收31515公顷；倒塌房屋1103间、严重损坏2358间、一般损坏7265间。

162. 四川省凉山泥石流灾害

2012年6月27日20时至28日6时，四川省凉山彝族自治州宁南县白鹤滩镇矮子沟遭受局部特大暴雨，导致三峡公司白鹤滩水电站前期工程施工区矮子沟处发生特大山洪泥石流灾害，造成38人失踪、3人遇难。

163. 贵州省安顺市山体崩塌地质灾害

2012年6月29日13时40分，贵州安顺市西秀区蔡官镇可瓦村高坡组发生山体崩塌地质灾害，压垮2户民居5间房，造成3人死亡、1人受伤。

164. 天津市蓟县商厦火灾事故

2012年6月30日16时，天津市蓟县县城莱德商厦发生一起火灾，造成10人死亡、16人受轻伤。

165. 广西壮族自治区钦州市溺水事故

2012年6月30日中午12时，广西壮族自治区钦州市钦北区平吉镇京塘水库水坝发生一起溺水事故，3名小学生死亡。

166. 四川省达州市遭暴雨袭击

2012年6月30日开始，四川省达州市出现强降雨，造成全市62万多人不同程度受灾，紧急转移安置8541人，因灾死亡3人。

167. 陕西省旬阳县面包车坠河事故

2012年7月1日15时，陕西省旬阳县一面包车坠河，导致车上5人失踪、1人受伤。

168. 陕西省遭遇暴雨洪涝灾害

2012年7月2日以来，陕西省多地持续降雨引发暴雨洪涝灾害，受灾人口87.34万人，因灾死亡2人、失踪3人，紧急转移安置8.66万人。农作物受灾面积64.13千公顷，倒塌和严重损坏农房25301间。

169. 河北省平山县高热蒸汽意外事故

2012年7月3日上午，河北省平山县小觉镇的石家庄三环锰硅科技有限公司小觉分厂第四车间发生一起矿热炉渣水泄漏与雨水接触引发高热蒸汽意外事故，造成6人死亡。

170. 四川省部分地区发生洪涝灾害

2012年7月2日至4日，四川省出现区域性暴雨天气，造成多地发生洪涝灾害，全省249万人受灾，因灾转移3万余人，倒塌房屋1万余间，2人死亡、1人失踪。

171. 湖南省耒阳市煤矿透水事故

2012年7月4日18时，湖南省耒阳市三都镇茄莉冲新井煤矿发生透水事故，造成4人死亡。

172. 河北省邯郸市立交桥局部坍塌事故

2012年7月7日22时20分，河北省邯郸市众邦建筑有限公司北环立交桥施工现场发生坍塌事故，造成4人死亡。

173. 湖南省涟源市瓦斯突出事故

2012年7月8日6时45分，湖南省涟源市安平镇的湘中煤矿发生一起瓦斯突出事故，造成8人死亡。

174. 江西省九江市交通事故

2012年7月9日14时，江西省九江市环庐山公路威家路段发生一起4车相撞的恶性交通事故，导致4人死亡、6人受伤。

175. 四川省宜宾市翻船事故

2012年7月9日19时，四川省宜宾市宜宾县观音镇沙沟河段一渔船翻船，5人失踪。

176. 山西省朔州市民房坍塌事故

2012年7月10日上午，山西省朔州市民房坍塌事故造成8人死亡、4人受伤。

177. 江苏省镇江段海轮侧翻事故

2012年7月11日凌晨2时25分，长江在镇江港海轮锚地抛锚的“长庆16”号海轮发生侧翻自沉，造成4人死亡、5人失踪。

178. 贵州省新一轮持续强降雨

2012年7月11日以来，贵州省部分乡镇出现暴雨或大暴雨，引发山洪、山体滑坡、岩体崩塌等灾害，造成11人因灾死亡，超过98万人不同程度受灾。

179. 贵州省六盘水山体滑坡事故

2012年7月13日凌晨3时起，贵州省六盘水市先后发生3起山体滑坡事故，造成8人死亡。

180. 贵州省贞丰县交通事故

2012年7月14日13时，贵州省贞丰县境内关兴公路51km+350m处发生一起交通事故，一辆小轿车和一辆重型货车相撞，造成5人死亡、1人重伤。

181. 新疆奎赛交通事故

2012年7月14日凌晨5时55分，新疆维吾尔自治区奎赛高速精河县托托路段，发生了6车连环相撞，造成7人死亡、1人受伤。

182. 新疆吐鲁番市洪灾

2012年7月14日12时，新疆维吾尔自治区吐鲁番市煤窑沟突发洪水，造成7人死亡、2人失踪。

183. 陕西省榆林市洪涝灾害

2012年7月15日以来，陕西省榆林市受三次较大降水过程影响，发生严重洪涝灾害，造成11人死亡、15人失踪。

184. 贵州省毕节市洪涝和风雹灾害

2012年7月10日—17日18时，贵州省毕节市共有138个乡镇发生洪涝和风雹灾害，38.99万人受灾，1129人紧急转移安置，因灾死亡3人、受伤2人，17782.14公顷农作物受灾，房屋损坏和倒塌649间。

185. 安徽省繁昌县矿山坍塌事故

2012年7月19日18时30分，安徽省芜湖市繁昌县荻港镇芦南石灰石矿发生一起坍塌事故，造成3人死亡。

186. 陕西省府谷县暴雨灾害

2012年7月20日晚至21日14时，陕西省榆林市府谷县大部分地方普降暴雨，造成8人死亡、13人失踪。

187. 四川省威远县山体滑坡

2012年7月20日晚开始，四川省部分地方因新一轮强降雨发生洪涝灾情，其中威远县连界镇发生山体滑坡，造成62万余人受灾，因灾转移9000人，倒塌房屋6400间，死亡8人（其中因山地灾害死亡7人），农作物受灾面积31.95千公顷，公路中断29条次。

188. 山西省朔州市洪灾

2012年7月21日15时，山西省朔州市发生洪灾，造成4人死亡、1人失踪。

189. 河北省涞源县特大洪涝灾害

2012年7月21日，河北省涞源县发生特大洪涝灾害，疏散群众2.5万人，转移安置13365人，导致14人死亡、2人失踪，3个村庄被夷为平地。

190. 河北省洪涝风暴灾害

2012年7月21日—22日，河北省出现今年入汛以来最强降雨，并出现洪涝风暴灾害，造成145万余人受灾，因灾死亡33人、失踪23人，紧急转移安置22.66万人，农作物受灾面积170.71千公顷，倒塌房屋28539间，损坏房屋44339间，部分基础设施受损，直接经济损失122.87亿元。

191. 河北省保定市暴雨

2012年7月21日—22日，河北省保定市遭受特大暴雨，造成12人死亡。

192. 北京市“7·21”特大自然灾害

2012年7月21日，北京市发生暴雨洪涝灾害，造成77人死亡。

193. 福建省寿宁县三轮摩托坠桥事故

2012年7月24日7时50分，福建省寿宁县南阳镇山坑村一辆三轮摩托车从山坑村开往南阳镇方向，途经一石桥路段时，车辆翻坠桥下，当场死亡14人、2人重伤。

194. 山西省灵石县交通事故

2012年7月24日下午，京昆高速山西灵石仁义收费站以北路段发生多车相撞交通事故，造成8人死亡、5人受伤。

195. 甘肃省临洮县交通事故

2012年7月24日晚，甘肃省兰州至临洮高速公路发生一起交通事故，造成4人死亡。

195. 江西省婺源县翻船事故

2012年7月25日7时，江西省婺源县珍珠山乡共产主义水库发生一起翻船事故，造成7人死亡。

197. 内蒙古呼和浩特市强降雨

2012年7月26日晚，内蒙古自治区呼和浩特市遭遇罕见强降雨，造成5人死亡。

198. 山西省阳泉市瓦斯事故

2012年7月26日16时19分，山西省玉泉煤业有限公司发生瓦斯事故，造成5人死亡、32人受伤。

199. 山西省临县特大暴雨

2012年7月26日至27日，山西省吕梁市临县遭受特大暴雨灾害，造成8人死亡、2人失踪。

200. 河南省郑州市交通事故

2012年7月27日凌晨5时29分，河南省郑州市科学大道与金梭路交叉口附近，一辆水泥罐车与一台机动三轮车相撞，造成7人死亡、13人受伤（其中重伤10人）。

201. 云南省广南县翻船事故

2012年7月28日15时30分，云南省广南县板蚌乡西洋江发生一起翻船事故，造成6人失踪。

202. 福建省厦门市隧道塌方

2012年7月29日凌晨2时，福建省厦门市中铁电气化局集团在厦漳公路A4合同段（雷公山隧道右洞）施工中发生一起塌方事故，造成4人死亡。

203. 新疆泥石流灾害

2012年7月31日凌晨，新疆维吾尔自治区新源县阿热勒托别镇发生一起泥石流，造成21人死亡、7人失踪。

204. 云南省普洱市泥石流灾害

2012年7月31日凌晨5时，云南省普洱市景谷县因强降雨引发泥石流、洪涝灾害，造成4人死亡、10人失踪。

205. 山西省洪洞县煤矿透水事故

2012年8月1日凌晨4时17分，山西省洪洞县陆合集团基安达煤业有限公司发生透水事故，造成8人死亡。

206. 重庆市荣昌县中毒窒息事故

2012年8月1日7时，重庆市正在建设中的成渝客运专线重庆荣昌段发生一起中毒窒息事故，共造成4人死亡。

207. 内蒙古呼和浩特市楼房坍塌事故

2012年8月1日21时6分，内蒙古自治区呼和浩特市巴彦塔拉饭店后院附近餐厅二层房顶发生坍塌事故，造成3人死亡。

208. 甘肃省定西市围墙坍塌事故

2012年8月2日15时45分，甘肃省定西市一保障房建筑工地围墙坍塌，造成4人死亡、2人受伤。

209. 大秦铁路交通事故

2012年8月3日凌晨5时，大秦铁路河北省抚宁县段迷雾河铁路桥上发生一起重大交通事故，造成9人死亡、4人受伤。

210. 辽宁省大连市洪水灾害

2012年8月3日深夜，辽宁省大连瓦房店市驼山乡的万家河大桥被洪水冲垮，造成1人死亡、5人失踪。

211. 辽宁省暴雨灾害

2012年8月3日0时至4日12时，辽宁省出现暴雨，部分地区遭受洪涝灾害，导致10人死亡、4人失踪，259.4万人受灾，倒塌房屋31379间，转移人口52.06万人。

212. 广西渔船沉没事故

2012年8月4日凌晨5时，广西壮族自治区一艘北海籍近海作业渔船在北部湾涠洲海域沉没，造成3人失踪。

213. 湖北省十堰市暴雨灾害

2012年8月4日晚至6日，湖北省十堰东部地区出现暴雨，十堰部分地区通讯、电力、交通中断，造成14人死亡、5人失踪，转移安置和需紧急生活救助群众13.5万人。

214. 湖北省丹江口市暴雨灾害

2012年8月4日至6日，湖北省丹江口市遭受特大暴雨灾害，造成14人死亡、3人失踪。

215. 浙江省温州市爆炸事故

2012年8月5日23时，浙江省温州市瓯海区郭南村一无证加工厂发生爆炸，造成13人死亡、5人重伤、9人轻伤。

216. 陕西省南部地区洪涝灾害

2012年8月6日以来，陕西省南部地区普降大到暴雨，造成4.1万人受灾，2人死亡、3人失踪，1.1万人紧急转移安置或需紧急生活救助，1100余间房屋倒塌，直接经济损失3.2亿元。

217. 云南省水富县持续暴雨

2012年8月6日凌晨5时20分至11时，云南省水富县遭受持续特大暴雨袭击，造成3人死亡。

218. 广西河池市交通事故

2012年8月9日17时，广西壮族自治区都安县永安乡波烟村弄升队发生一起路外交通事故，一辆装载20吨水泥的大卡车翻下50多米深山崖，造成3人当场死亡、2人受伤。

219. 广西壮族自治区梧州市交通事故

2012年8月10日凌晨2时许，广西壮族自治区南梧高速公路苍梧县龙圩镇大恩村路段发生一起5车连环相撞，造成6人死亡、32人受伤。

220. 浙江省岱山县水库坍塌

2012年8月10日凌晨5时，浙江省舟山市岱山县长涂镇沈家坑水库发生坍塌事故，造成11人死亡、27人受伤。

221. 青海省洪涝灾害

2012年8月10日22时至11日凌晨3时，青海省大通回族自治县发生洪涝灾害，造成4人死亡、1人失踪。

222. 甘肃省临夏市安全生产事故

2012年8月11日10时45分，甘肃省临夏市明丰花园小区工地在拆卸塔吊时，吊车吊臂发生断裂，造成3人死亡。

223. 沪昆高速交通事故

2012年8月12日13时45分，江西鹰潭贵溪市境内沪昆高速梨温段，发生汽车追尾事故，造成8人死亡、8人受伤。

224. 甘肃省强降雨天气

2012年8月12日夜间以来，甘肃省部分地区出现强降雨天气，造成1人死亡、3人受伤。

225. 吉林省白山市煤矿瓦斯事故

2012年8月13日6时，吉林省白山市江源区吉盛矿业有限公司发生一起瓦斯事故，造成17人死亡、3人失踪。

226. 四川省山洪泥石流灾害

2012年8月13日23时20分，四川省雅安市荥经县泗平乡、石棉县草科乡，凉山州越西县大花乡发生山洪泥石流，造成3人死亡、9人失踪。

227. 安徽省马鞍山市沉船事故

2012年8月16日凌晨1时40分，安徽省马鞍山市长江段发生一起轮渡沉没事故，造成3人死亡、10人失踪。

228. 四川省部分地区强降雨

2012年8月17日至18日，四川省部分地区遭受强降雨天气，造成7.81万人受灾，因灾转移1.46万人，3人死亡、10人失踪。

229. 重庆市合川区交通事故

2012年8月20日12时33分，重庆市合川区清平镇一辆驶往北碚区方向的东风牌重型自卸货车，途经省道110线清平镇杨柳坝干河沟路段时，与对面行驶的一辆长安牌小型普通客车相撞，造成12人死亡，1人受伤。

230. 陕西省榆林市坍塌事故

2012年8月22日9时53分，陕西省榆林城区新建路原地毯厂建筑工地发生一起筏板坍塌事故，造成5人死亡。

231. 甘肃省景泰县翻车事故

2012年8月22日20时30分，甘肃省白银市景泰县一农用车翻入灌溉渠道，造成7人死亡。

232. 新疆发生山体滑坡

2012年8月24日凌晨1时57分，新疆伊犁哈萨克自治州昭苏县阿合牙孜河斯木塔斯水电站发生山体滑坡，造成4人死亡、1人重伤。

233. 黑龙江省哈尔滨市桥梁侧翻事故

2012年8月24日凌晨5时，黑龙江省哈尔滨市发生一起桥梁侧翻事故，造成3人死亡、5人受伤。

234. 甘肃省翻船事故

2012年8月24日13时20分，甘肃省临夏回族自治州永靖县境内的盐锅峡水电站坝内发生一起快艇翻船事故，造成5人失踪。

235. 山东省淄博市化工厂爆燃事故

2012年8月25日18时45分，山东省淄博市桓台县马桥镇的山东国金化工厂发生爆燃事故并引发火灾，造成3人死亡、7人受伤。

236. 陕西省延安市特大交通事故

2012年8月26日凌晨2时40分，陕西省延安市境内的包茂高速公路安塞县段化子坪服务区附近发生一起特大交通事故，造成36人死亡。

237. 胡蓉高速交通事故

2012年8月26日13时30分，四川省广安市岳池县境内的胡蓉高速南充往广安方向，一辆长安面包小客车追尾撞在一辆停靠在路边修理轮胎的重型大货车尾部，造成12人死亡。

238. 陕西省绥德县交通事故

2012年8月27日6时，陕西省绥德县境内的青（岛）银（川）高速公路发生一起商务车与大货车追尾事故，造成9人死亡。

239. 北京市昌平区交通事故

2012年8月27日凌晨4时30分，北京市昌平区京藏高速发生三车追撞事故，造成4人死亡、11人受伤。

240. 重庆市奉节县瓦斯事故

2012年8月27日上午11时30分，重庆市奉节县红合煤矿井下发生一起煤矿瓦斯事故，造成4人死亡、5人受伤。

241. 甘肃省成县交通事故

2012年8月27日16时40分，甘肃省成县境内省道205线，一辆客车与一辆货车相撞，造成5人死亡、9人受伤，其中重伤8人。

242. 四川省峨眉山市交通事故

2012年8月28日11时53分，四川省乐山市所辖的峨眉山市发生一起面包车与货车相撞的交通事故，造成5人死亡、3人受伤。

243. 新疆维吾尔自治区矿难

2012年8月28日18时20分，新疆维吾尔自治区昌吉市三屯河红星煤矿发生一起矿难，造成6人死亡、6人受伤。

244. 云南省宣威市山体滑坡

2012年8月29日凌晨5时，云南省宣威市双河乡新寨村委会突发山体滑坡，造成5人失踪。

245. 广西壮族自治区溺水事故

2012年8月29日17时，广西壮族自治区合浦县星岛湖乡总江村委徐屋队发生一起溺水事故，造成4名儿童死亡。

246. 四川省攀枝花市瓦斯事故

2012年8月29日18时，四川省攀枝花市正金工贸有限责任公司肖家湾煤矿发生瓦斯爆炸事故，造成44人死亡。

247. 四川省凉山州地质灾害

2012年8月29日22时38分，四川省凉山州发生群发性地质灾害，造成10人死亡、14人失踪。

248. 甘肃省天水市交通事故

2012年8月30日0时20分，甘肃省天水市麦积区高家湾路段发生一起交通事故，造成4人死亡。

249. 山东省临沂市交通事故

2012年8月30日6时30分，山东省临沂市平邑县境内发生一起道路交通事故，造成4人死亡、2人重伤。

250. 内蒙古自治区交通事故

2012年8月31日13时20分，内蒙古自治区锡林郭勒发生一起交通事故，造成4人死亡、30人受伤。

251. 江西省萍乡市瓦斯爆炸事故

2012年9月2日12时55分，江西省萍乡市高坑煤矿采二区408盘区3476工作面发生瓦斯爆炸，共造成15人死亡。

252. 云南省墨江县突发山洪

2012年9月2日15时，云南省墨江县坝溜乡出现短时强降水天气，降水量达到63.5mm，引发山洪，致3人确认遇难、5人失踪。

253. 山东省莱州市安全生产事故

2012年9月2日7时30分，山东省莱州市富业兴社工贸有限公司铁矿在进行放炮作业时发生事故，事发时6人被困井下，截至9月3日13时，6名员工先后升井并被送往医院抢救，其中4人经抢救无效死亡。

254. 广西柳江县交通事故

2012年9月4日0时，广西柳江县国道322线三都镇路段发生一起大型半挂货车与五菱车碰撞的交通事故，致3死1伤。

255. 包茂高速公路多车连撞事故

2012年9月4日15时30分，包茂（内蒙古包头至广东茂名）高速陕西延安洛川段发生一起多车连撞事故，致7人死亡，2人受伤。

256. 甘肃省山丹县工人坠井事故

2012年9月6日18时56分，甘肃省张掖市山丹县宏能煤业有限公司花草滩煤矿在建设过程中，吊桶提升时作业平台侧翻，平台上的10名工人坠落井下，全部遇难。

257. 云南省彝良县地震

2012年9月9日10时，云南省昭通市彝良县发生地震，造成81人死亡。

258. 四川省洪涝灾情

2012年9月9日晚，四川部分地方因新一轮持续强降雨导致洪涝灾害，截至10日18时，广元、遂宁等地因灾死亡6人、失踪4人。

259. 甘肃省环县交通事故

2012年9月12日9时30分，甘肃省环县境内，一辆大型普通客车沿国道211线由南向北行驶至183km+100m处（甜水堡白草滩段）时，与对向行驶的大型普通客车相撞，造成5人死亡、4人重伤、19人轻伤。

260. 湖北省武汉载人升降机坠落

2012年9月13日13时，湖北省武汉市东湖风景区“东湖景园”建筑工地，一台升降机在升至100m处时发生坠落，造成准备进场作业的施工人员随升降机高空坠落，致19人死亡。

261. 新疆乌鲁木齐市燃气管道爆裂事故

2012年9月14日11时30分，新疆维吾尔自治区乌奎高速与纬十五路交界处一施工中的燃气管道发生爆裂事故，造成3人死亡、4人受伤。

262. 河北省隆化县交通事故

2012年9月15日早晨，河北承德市隆化县境内承围（承德市至围场县）公路一大货车由南向北强行超车与相向行驶的一辆农用三轮车相撞，造成7人死亡、10人受伤。

263. 宁夏固原市交通事故

2012年9月15日20时，宁夏固原市隆德县城关镇杨家店一辆客车（核载41人，实载17人）在312国道六盘山西侧约500m处冲出围栏，翻下山沟，造成9人死亡、8人重伤。

264. 河北卢龙县烟花爆炸事故

2012年9月17日11时，河北省卢龙县木井乡剪庄子村村民李占在自家院内简易棚中用自制炸药非法制作爆竹引发爆炸，造成5人死亡。

265. 新疆库尔勒市缆车坠落事故

2012年9月22日5时，新疆维吾尔自治区库尔勒市塔什店库尉饮水工程工地某公司4名工人，在乘缆车下井过程中因钢丝断裂，缆车下坠，导致3人死亡、1人受伤。

266. 陕西府谷县煤矿缺氧窒息事故

2012年9月24日11时，陕西省榆林市府谷县新民镇的德丰煤矿发生井下缺氧窒息事故，导致在井下作业的7人中5人死亡。

267. 甘肃省白银市升井钢丝绳断裂事故

2012年9月25日0时25分，甘肃省白银市屈盛煤业有限公司发生一起钢丝绳断绳跑车事故，造成20人死亡。

268. 山西省交口县废渣山坍塌事故

2012年9月27日9时10分，山西省交口县回龙乡秦王岭村的一处废渣堆放处发生坍塌事故，导致5人死亡。

269. 陕西省潼关县坑口燃烧事故

2012年9月27日18时30分，陕西省潼关县兴隆公司大猢峪600坑口木支护燃烧事故，致5人死亡。

270. 湖南省辰溪县交通事故

2012年9月28日13时30分，湖南省怀化市辰溪县小龙门乡中伙铺村的公路上发生一起大客车撞人的交通事故，造成9人死亡、多人受伤。

271. 辽宁省阜新市交通事故

2012年9月29日12时30分，在省道S204公路46km处（阜蒙县伊吗图镇周家店村路段），一辆由西向东行驶的集装箱大货车与一辆迎面驶来的客车相撞，造成8人死亡、5人重伤、10人轻伤。

272. 香港两船相撞事故

2012年10月1日20时30分，香港南丫岛榕树湾对开海面发生两船相撞事故，造成36人死亡，9人重伤。

273. 云南省彝良县山体滑坡

2012年10月4日8时10分，云南省昭通市彝良县龙海乡镇河村油房村民小组发生山体滑坡，造成19人死亡。

274. 湖南省沅江市撞船事故

2012年10月5日15时59分，湖南省沅江市石矶湖大堤外河发生一起两艘钢制船相撞事故，造成12人死亡。

275. 湖南省沅陵县爆炸事故

2012年10月6日8时，湖南境内常吉高速官庄段1116km+17m处地穆庵隧道口前方，一辆湖北荆州籍液化气槽罐车发生侧翻，后发生泄漏爆炸，造成5人死亡、2人受伤。

276. 青银高速交通事故

2012年10月7日11时44分，青银高速山东淄博段发生一起车辆侧翻事故，造成14人死亡、9人受伤。

277. 河南省开封市交通事故

2012年10月8日7时至8时，河南省开封市发生多起交通事故，造成6人死亡、35人受伤。

278. 陕西省西安市脚手架坍塌事故

2012年10月9日16时10分，陕西省西安市昆明路一建筑工地发生脚手架坍塌事故，造成5人死亡。

279. 广西高速公路隧道塌方事故

2012年10月10日4时，广西德保县那甲乡境内，在建的百色至靖西高速公路10标多贤隧道发生坍塌事故，造成5人死亡、1人受伤。

280. 湖南省株洲市交通事故

2012年10月10日6时，京珠高速湖南株洲至衡阳段朱亭服务站附近发生21辆车连环相撞事故，造成3人死亡。

281. 陕西省周至县火灾事故

2012年10月10日5时30分，陕西省周至县境内的陕西“引（汉）济（渭）”工程工地发生火灾事故，造成12人死亡、24人受伤。

282. 云南省丘北县煤矿顶板事故

2012年10月10日13时30分，云南省丘北县煤炭资源开发有限责任公司水米冲煤矿发生一起顶板事故，造成4人死亡。

283. 山东省威海市液化气爆炸事故

2012年10月15日1时1分，山东省威海经济技术开发区发生一起管道液化气爆炸事故，造成1人死亡，4人下落不明。

284. 黑龙江省集贤县办公楼坍塌事故

2012年10月15日7时30分，黑龙江省双鸭山市集贤县自来水公司一栋4层办公楼部分发生坍塌事故，造成6人死亡、2人受伤。

285. 湖南省永州市矿井事故

2012年10月15日8时，湖南省永州市零陵区刚林矿业有限公司发生矿工因缺氧被困矿井事故，造成7人死亡。

286. 江西省宜春市爆燃事故

2012年10月17日14时，江西省宜春市圣达威电工材料有限公司漆包线车间突然发生爆燃，车间墙壁倒塌，造成4人死亡，3人受伤。

287. 湖南省永州市交通事故

2012年10月18日17时50分，湖南省永州市发生一起交通事故，造成4人死亡，多人受伤。

288. 北京市墙体坍塌事故

2012年10月22日14时17分，北京市东四环北路7号院内一私人别墅在进行地下室改建时，发生墙体倒塌，造成6人死亡、3人受伤。

289. 新疆维吾尔自治区交通事故

2012年10月22日19点左右，新疆维吾尔自治区阿图什市发生一起两车相撞事故，造成4人死亡，2人被困车内。

290. 贵州省贵阳市交通事故

2012年10月22日23时，贵州省贵阳市白云区环城高速公路尖坡路段往乌当方向上，一辆小轿车与一辆货车正面相撞，造成3人死亡、1人受伤。

291. 台湾台南市医院火灾事故

2012年10月23日凌晨3时29分，台湾台南市新营医院北门分院发生重大火灾，造成12人死亡，另有60人被送往医院进行救治。

292. 河南省水泥罐车侧翻

2012年10月24日2时30分，河南省郑州航空港区一辆水泥罐车意外侧翻，砸塌路边工棚，造成8人死亡、6人受伤。

293. 安徽省安庆市坍塌事故

2012年10月24日7时30分，安徽省安庆市柘山路2期工程地下通道及管涵工程工地发生一起钢筋骨架倒塌事故，造成3人死亡。

294. 云南省弥勒县塌方事故

2012年10月25日9时30分，云南省弥勒县由云桂铁路六标一分部施工的南盘江大桥6号拱座边坡上部发生塌方，造成4人死亡、5人受伤。

295. 安徽蒙城县交通事故

2012年10月26日8时40分，安徽蒙城县境内省道S305线40km+700m处，一辆五菱小型面包车与一辆重型油罐车发生迎面相撞，造成4人死亡、8人受伤。

296. 广西壮族自治区交通事故

2012年10月26日16时，广西壮族自治区东兰县长江乡文旺村拉圩路段一辆柳微车侧翻下约30m深沟，造成6人死亡、17人受伤。

297. 甘肃省陇南市交通事故

2012年10月26日17时10分，甘肃省陇南市武都区发生一起坠车事故，造成7人死亡、6人受伤。

298. 云南省普洱市交通事故

2012年10月26日15时40分，一辆双排座客货汽车由思茅区倚象镇向江城县方向行驶时，车辆驶出路面撞到路边山体，造成5人死亡，另有8人不同程度受伤。

299. 贵州省贵阳市交通事故

2012年11月1日8时，沪昆高速公路贵州省贵阳市金阳新区至清镇市路段发生一起货车与面包车相撞事故，造成5人死亡、1人重伤。

300. 新疆维吾尔自治区交通事故

2012年11月10日8时30分，新疆生产建设兵团农七师128团境内道路的一处十字路口，一辆大客车与一辆面包车相撞，导致10人死亡、多名乘客受伤。

301. 陕西省神木县坍塌事故

2012年11月15日上午，陕西省榆林市神木县一建筑工地发生坍塌事故，造成现场28名建筑工人被埋，截至当日下午，事故共造成8人死亡、20人受伤。

302. 贵州省安顺市多车相撞事故

2012年11月17日9时，沪昆高速贵州省安顺市境内发生多车连环相撞事故，沪昆高速安顺市云峰服务区附近路段浓雾弥漫，双向车道发生多辆汽车追尾相撞，造成6人死亡、7人重伤、11人轻伤。

303. 陕西省略阳县安全生产事故

2012年11月20日15时40分，陕西省略阳县大地矿业公司矿山开发施工过程中发生一起安全事故，有5名矿工被困封闭矿井巷内，因吸入有害气体死亡。

304. 陕西省兴平市锅炉爆炸事故

2012年11月21日日9时40分，陕西省兴平市蜢山路福瑞花园小区内一天然气锅炉发生爆炸事故，造成6人死亡、1人受伤。

305. 福建省宁德市交通事故

2012年11月22日上午，福建省宁德市福鼎境内的沈海高速A道1846km+700m路段发生5车追尾事故，造成5人死亡、2人轻伤。

306. 湖南省汉寿县交通事故

2012年11月23日下午，长（沙）常（德）高速公路汉寿县毛家滩地段附近发生一起交通事故，一辆大客车冲出高速公路撞到路边的田地里，造成3人死亡。

307. 山西省寿阳县爆炸燃烧事故

2012年11月24日5时，山西省寿阳县喜羊羊火锅店发生爆炸燃烧事故，造成14人死亡，47人受伤，其中重伤17人、轻伤30人。

308. 贵州盘江集团煤与瓦斯突出事故

2012年11月24日11时，贵州省六盘水市盘县境内的盘江集团下属响水煤矿发生煤与瓦斯突出事故，共造成23人死亡。

309. 四川省泸定县堡坎垮塌事故

2012年11月27日晚间，四川省泸定县新城一在建工地边坡治理工程施工过程中发生堡坎垮塌事故，造成3人死亡、4人受伤。

310. 辽宁省大连市渔船沉没事故

2012年11月28日晨，辽宁省大连金州新区附近海域一渔船翻船沉没，船上17人，只有1人获救，其他16人失踪。截至2012年11月29日，事故遇难者总数达到13人。

311. 贵州省普安县煤与瓦斯突出事故

2012年11月29日4时，贵州省黔西南州普安县楼下镇泥堡村能通煤矿11175运输巷道发生煤与瓦斯突出事故，导致5名矿工遇难，2人受伤。

312. 广西柳州市交通事故

2012年11月30日18时30分，广西壮族自治区柳州市融水与融安交界处（融安县境内），从209国道转入融水苗族自治县的省道309线上，一辆装载水泥的重型牵引半挂车在下坡过程中侧翻，把两辆小客车刮翻，造成6人死亡、4人不同程度受伤，3辆车严重损坏。

313. 福建省连江县出租车坠海事故

2012年11月30日20时，福建省福州市连江县筱呈镇码头，一辆出租车由于对当地不熟悉误将车开到海中，车内共6人，除驾驶员及副驾驶座上的乘客生还外，其余4名乘客全部遇难。

314. 黑龙江省七台河市煤矿透水事故

2012年12月1日23时40分，黑龙江省七台河市福瑞祥煤炭有限责任公司八井发生透水事故，造成8人死亡、2人失踪。

315. 河南渑池县有害气体泄漏事故

2012年12月3日0时，河南渑池县的河南仰韶水泥有限公司发生有害气体泄漏事故，造成4人死亡、4人失踪。

316. 云南省曲靖市煤与瓦斯突出事故

2012年12月5日14时15分，云南省曲靖市富源县上厂煤矿一号井发生煤与瓦斯突出事故，造成17人死亡。

317. 安徽省六安市交通事故

2012年12月5日下午，安徽省六安市境内105国道发生一起大货车与小型客车迎面相撞的交通事故，造成5人死亡、16人受伤。

318. 云南省交通事故

2012年12月7日21时，云南省楚雄州元谋县凉山公路大凉线发生一起三轮载货摩托车翻下山谷的道路交通事故，5人死亡、2人受伤。

319. 湖南省安化县船侧翻事故

2012年12月9日3时40分，湖南省安化县一艘从烟溪镇十八渡开往平口镇的平板船在资水平口镇平山村水域发生倾斜，造成9人死亡。

320. 台湾新竹客车翻落山谷事故

2012年12月9日下午，台湾新竹发生一起中型旅游巴士翻落山谷的意外，造成13人死亡、2人失踪、1人重伤、7人轻伤。

321. 河南省民权县交通事故

2012年12月9日11时2分，河南省商丘市民权县发生客车同电动车相撞后坠塘事故，造成12人死亡。

322. 湖北省鹤峰县交通事故

2012年12月9日9时，湖北省鹤峰县走马镇红土村发生一起交通事故，造成3人死亡，多人受伤。

323. 河南省安阳市交通事故

2012年12月9日16时38分，河南省安阳县安林公路许家沟乡李家店路段，两辆客车相撞，造成4人死亡、9人受伤。

324. 四川省广元市交通事故

2012年12月13日凌晨2时10分，四川省广元市内省道202线42km+400m旺苍县尚武镇万家坝村四社处，发生一起车祸，造成5人死亡、2人受伤。

325. 济菏高速公路交通事故

2012年12月14日8时45分，山东省济菏高速孔村孝直交界处因雨雪大雾导致28辆汽车追尾相撞，造成一起重大交通事故，造成9人死亡。

326. 湖北省咸宁市交通事故

2012 年 12 月 17 日 7 时 40 分，湖北省咸宁市咸安区 107 国道 1338km 至 1337km 路段，发生一辆超载越野车与货车相撞事故，造成 5 人死亡、4 人受伤。

327. 山东烟台渔船失事事故

2012 年 12 月 17 日 7 时，山东省烟台海域辽宁籍渔船“辽锦渔 15527”失事，造成 7 人失踪。

328. 湖南省中方县一煤矿爆炸

2012 年 12 月 17 日 15 时，湖南省怀化市中方县泸阳镇牛栏处煤矿发生爆炸，造成 7 人死亡、1 人重伤。

329. 四川省达州市交通事故

2012 年 12 月 20 日 9 时 30 分，四川省达州市达县境内一辆客车冲出公路翻于 50 米左右的斜坡下，造成 5 人死亡、27 人受伤。

330. 陕西省延安市国贸大厦火灾

2012 年 12 月 22 日 4 时 30 分，陕西省延安市宝塔区国贸大厦发生火灾，造成 3 人死亡、20 人受伤。

331. 河南省郑州市交通事故

2012 年 12 月 23 日 9 时 45 分，河南省郑州市经济技术开发区一交叉路口不远处一辆货车与客车相撞，造成 7 人死亡、19 人受伤。

332. 江西省贵溪市交通事故

2012 年 12 月 24 日 9 时，江西省贵溪市滨江镇洪塘村一载有 15 名幼儿园学生的面包车侧翻坠入水塘，造成 11 名儿童死亡。

333. 四川省仁寿县交通事故

2012 年 12 月 27 日 10 时 40 分，四川眉山市仁寿县境内国道 213 线 1070km 处，一辆客车（准载 30 人，实载 18 人）与一货车相撞，造成 7 人死亡、14 人受伤。

334. 江西省南昌市船沉没事故

2012 年 12 月 27 日 4 时，江西省抚河故道南昌县武阳段附近水域停靠的一艘抽沙船沉没，造成 3 人失踪。

335. 广西壮族自治区交通事故

2012 年 12 月 28 日 6 时，广西壮族自治区大化瑶族自治县七百弄乡古竹村，一辆从南宁开往大化的载有 20 人的面包车翻下山崖，造成 10 人死亡、10 人受伤。

336. 上海地铁坍塌事故

2012 年 12 月 31 日 21 时，上海市浦东新区金穗路，由上海建工二建集团承建的轨道交通 12 号线金桥停车场地面检修库房，在施工过程中浇筑平台发生坍塌，造成 5 人死亡、18 人受伤。

第五编　文　献

《城市与减灾》

第一期

1. 有效减少损失的地震预警系统/邹文卫

2. 建设具有抗灾能力的城市——让我们做好准备/杨秀萍

3. 灾后心理问题的辩证认识和应对/涂建华

4. 发达国家如何防范高铁事故/唐黎标

5. 明代国家的灾害救济机制及其当代意义/谢行焱

6. EDEN 年会看美国灾害教育组织概况/张英 李春梅 王民

7. 史前大灾难 封存四千年/高继宗

8. 军火造成环境灾难 联合国立法迫在眉睫/魏庆 孙龙海

9. 道路交通事故的防范/王国华

第二期

1. 防灾减灾文化在身边/郭心

2. 用法制推进防震减灾工作/许慧鹏 郭心

3. 核恐怖主义敲响核安全警钟/奇云

4. 地震志愿者队伍的建设/张玉川 李树建

5. 地震预警与应急系统的社会效益/李俏 莫可

6. 明代后期的治河思想/熊慧勇

7. 地震台站拓展职能服务一方/樊冬 鲍从民

8. 开启近代地震仪的金钥匙——张衡地动仪/武玉霞

第三期

1. 东日本 9.0 级大地震特点与启示/吴卫民

2. 我国城乡减灾局面期待官员安全责任建设/金磊

3. 学生防火减灾认知性别差异调查与对策/潘红梅 符妹 梁玲玲

4. 网络恐怖主义：没有硝烟的战争/奇云

5. 玉树，格桑花依旧不屈地绽放——写在玉树地震两周年之际/徐传捷

6. 地震来了，城市的灾害能预测吗/毛晨曦

7. 馆藏文物的防震问题亟需重视/高继宗

8. 确认人防工程为地震应急避难场所的重要性/曹金龙

第四期

1. 唐山地震灾情的快速上报/高继宗

2. 地质灾害应急救援中的自我防护/陆惠泉 李众 张云达

3. 汶川大地震 4 周年纪念活动——四川灾后重建与北川地震遗址区发展战略研讨会/龙海云 赵萍 顾林生

第五期

1. Emergency 史丹利公园现场救援/闻迅

2. 论中国灾害教育/邓美德

3. 近代湖北城市灾害类型及成因/王肇磊 王洪军

4. 反思灾害教训是城市进步的开始——由北京“7·21”暴雨之灾想到的/金磊

5. 有关城市社区防震减灾工作的思考/王斌

6. 危害世界的化学恐怖主义/奇云

7. 防震减灾工作的宣传新平台——官方微博/洪银屏

8. 我们需要防灾地图吗/张英

9. 当前应急安全演练存在的问题与对策/李兰芬 顾永强

10. 暴雨来袭如何自救/高峰

11. 美国暴雨管理之鉴/钱新

12. 发挥防灾减灾协会职能为社会经济建设服务/金紫薇 成业明 姜胜松

第六期

1. 城市建成区防灾减灾规划对策/张帆

2. 地震微博的现状分析与思考/谭阳

3. 有感地震后公众反应及其原因——天津宝坻 4.0 级地震社会调查/龚永俭 李颖楠 程立康 李越

4. 应急动员程序规范化的要素性思考/张志刚

5. 城市应急资源数据库的建设/徐朱连

6. 东汉时期的“疫”灾再探/吴方浪 吴方基

7. 地下空间与防灾减灾/王春华

8. 努力创建科研开放型综合台站——记北京市地震局延庆地震台/武晓东 朱石军 王志惠

《防灾减灾学报》

第一期

1. 底商多层砌体结构隔震设计方法与应用/

梁永朵 衣华伟 王金峰 毕明鹏 于浩

2. 地下结构工程抗震分析方法综述/白广斌 赵杰 汪宇

3. 绥化台地电阻率异常与震兆特征/刘长生 康健

4. 应力降在营海岫地区地震序列判定中的应用研究/郭晓燕 王岩 李彤霞

5. 基于 ArcEngine 的地震动影响场的设计与应用/宋一玲 王国新

6. 海城—岫岩地区较大地震前震源机制的比较/邹向荣 张萍

7. 震磁效应与地震预报相关性探索/赵连福

8. 鄂尔多斯块体北缘中强以上地震活动特征分析/戴勇 高立新 胡博 尹战军 赵星

9. 东北地区 2011 年第四季度 M_L≥3.0 地震目录/贾丽华

第二期

1. 不同土层地震反应计算程序对比分析/齐鑫 靳超宇

2. 沈阳市建筑物震害预测/董晓燕 李俏 王超 陈方颖

3. 基于 Oracle 的地震数据仓库系统的建立/盖殿广 刘希强 唐廷梅 葛孚刚

4. 东北地区 2012 年第一季度 M_L≥3.0 地震目录/梁灿

5. 省级地震数据容灾备份技术初探/张晨侠 丁广 温岩

6. 辽宁省丹东市新城区活动断裂探测及地震危险性评价/钟以章 李智 吴劲松

7. 2011 年 9 月 18 日印度锡金里氏 6.8 级地震热红外变化/张颖 张元生 魏从信 查楠

8. 辽宁地区 5 级以上地震复发间隔及地震概率预测模型研究/李俏 逯绍锋

9. 地质灾害易发性区划的系统概念模型研究/杨建成

10. 岫岩 5.4 级地震前震及广义前震的再研究/徐心同 谷光裕 黄海

11. 浅谈地震台站防雷设备检查技巧/童政 刘晓峰 黄迅 王世昌

12. 提升宁波市农村防震减灾能力的对策探讨/张蓓蕾

第三期

1. 土层地震反应中软弱夹层对加速度反应谱的影响/齐鑫 肖遥 赵晓辉

2. 重大自然灾害灾后重建可持续发展评价模型研究/刘强 滕渊

3. 浅谈城市防震减灾信息管理系统的应用现状及功能扩展/董晓燕 王超

4. 海城附近 4 个震群地震活动特征的对比研究/张萍 李芳 于笑非 邹向荣

5. MDCB 电磁辐射前兆仪对花莲 6.7 级地震异常特征初探/于洪波 潘震宇

6. 基于混编的地震前兆数据可视化系统/孙鸿雁 任雪 贾丽华 王承伟 殷铁娜

7. 利用 FOCMEC 方法反演 2011 年江西瑞昌与湖北阳新交界 Ms4.6 地震的震源机制解/包秀敏 梁一婧 顾强强

8. 五大连池地震火山监测站面波震级偏差研究/高亮 张守国 闫峰 邓阳

9. 日本 9 级地震前后五大连池流体异常分析/王刚

10. 牡丹江地震台与密山地震台供电系统故障分析/张东海 赵谊 马宝君

11. LED 显示屏在地震台网中的应用/杨威 姜军

第四期

1. 郯庐断裂（沈阳—渤海段）地震复发周期与危险性研究/曹凤娟 唐喆 尹德录 王亮 王岩 李彤霞

2. 营口市柳树镇 M4.0 级地震基于 AutoSmart 的震动图分析研究/毕明鹏 陈方颖 姜博 张欣然 金震

3. 辽宁前兆台网观测与日本“3·11”地震同震效应研究/包秀敏 冀林旺

4. “十五”地电场观测的震兆异常特征分析/关晓明 李哲 纪延辉 李京锦 吕强 王亮 杨森

5. 天津井水位同震效应分析/马君钊 宋军 薛娜 田山

6. WiMAX 技术及其在地震监测系统中的应用探讨/付琦 王希燕 陈聪 傅维洲

7. 地震台站管理效益研究/王伟 徐学恭 王宝锁 雷生学 李悦 高逊

8. 天津市地震前兆台网运行、产出与管理/王建国 王宝锁 马义山 王云泉 李悦

9. 完善我国地震应急预案体系的若干建议和设想/迟天峰 姜婷琪

10. 论社会恐震心理下地震谣言的形成与防范对策研究/荆涛 钟智东 孙艺 周琳 过建洪 关硕

11. 居安思危 积极推进应急避难场所建设——潍坊应急避难场所建设的几点启示/孟晓花 宋磊

《灾害学》

第一期

1. 基于复杂网络的台风灾害演化系统风险分

析与控制研究/陈长坤 纪道溪

2. 汶川县映秀镇红椿沟特大型泥石流形成机制及堵江机理研究/甘建军 孙海燕 黄润秋

3. 基于模糊综合评判的汶川8.0级地震重灾区滑坡泥石流气候风险评估/潘建华 彭贵芬 彭俊

4. 基于汶川8.0级强震记录的近场地震动特征分析/李英成 陈清军

5. 地质灾害可接受风险水平研究/陈伟 许强

6. 基于GIS的陕西省滑坡灾害空间分异特征探讨/段钊 赵法锁 李芳

7. 基于GIS的广西农业暴雨洪涝灾害风险评估/莫建飞 陆甲 李艳兰

8. 1980—2009年期间黑龙江省玉米低温冷害年判定/朱海霞 陈莉 王秋京

9. 广西春旱的时空分布特征及成因分析/张凌云 简茂球

10. 基于格网GIS的豫北地区干旱灾害风险区划/赵静 张继权 严登华

11. 基于灰色理论的黑龙江省暴雨洪涝特征分析及灾变预测/姚俊英 朱红蕊 南极月

12. 长白山火山泥石流分布影响因子权重分析/温智虹 万鲁河 盛俭

13. GIS在水稻"寒露风"冷害监测预警中的应用/何燕 李政 徐世宏

14. 武江大桥桥址区岩溶灾害综合勘察方法研究/脱军弟 武素琴 费郁

15. 基于信息熵的灰色模型在地质灾害评价中的应用——以四川青川县为例/朱吉祥 张礼中 周小元

16. 科技信任、管理信任及其对公众水灾风险认知的影响——基于长江中下游的社会调查/沈鸿 孙雪萍 苏筠

17. 中国自然灾害与粮食生产脱钩关系分析/王秀芬 李茂松

18. 自然灾害社会脆弱性评估研究——以上海市为例/陈磊 徐伟 周忻

19. 华北1743—1744年与1876—1878年旱灾中的政府粮食调度与社会后果对比/萧凌波 黄欢 魏柱灯

20. 年度地震重点监视防御区地震保险净费率的计算/孙振凯

21. 试论地震灾害对经济社会发展的影响/张弓强

22. 社区防灾减灾资源评价体系探讨/易亮 张亚美 黄维

23. 基于模糊聚类的应急物资分类储备研究/张永领

24. 基于可变模糊聚类的城镇综合承灾能力评价研究/张明媛 刘妍 袁永博

25. 抢险救灾物资保障模拟训练系统分析与设计/曹琦 何中市

第二期

1. 自然灾害风险分析的时空尺度初探/赵思健

2. 三峡水库上游流域大洪峰暴雨天气系统分析/李才媛 王海燕 郭英莲

3. 粘性泥石流扇状地发展过程实验研究/柳金峰 欧国强 游勇

4. 泥石流V型排导槽防淤设计方法及其应用研究/韩征 徐林荣 苏志满

5. 东北地区落叶松毛虫灾害气象风险区划初步研究/郭安红 王纯枝 李轩

6. 以应对自然灾害为核心的应急资源投入保障机制研究/熊康昊 孔昭君

7. 基于"3S"技术的村镇住宅洪灾脆弱性曲线研究/董姝娜 姜鎏鹏 张继权

8. 日本东北9.0级大地震与台风的成链关系/李鑫 郭安宁 赵泽贤

9. 基于问卷调查的四川民众地震灾害响应能力分区评价/李曼 邓砚 苏桂武

10. 大别山区山洪灾害预警模型的建立与应用/周后福 吴文玉 江双五

11. 新疆拟建铁路沿线雪风灾分区和致灾性分析/刘艳 阮慧华 何清

12. 两种干旱指标在干旱致灾因子危险性中的对比分析——以宁夏为例/李红英 张晓煜 曹宁

13. 台风等重大灾害性事件的风险认知及预警机制/祝雪花 姜丽萍 董超群

14. 一种基于最短路径的地震救援力量部署模型/魏昌盛 陈维锋 黄丁发

15. 高分辨率遥感图像在城市快速震害预测中的应用研究/赵琪 翟永梅 李铁铮

16. 陕西省自然灾害的社会易损性分析/文彦君

17. 山区公路强震灾害链影响与控制——以映卧公路为例/成良霞 苏生瑞 李松

18. 一种台风灾情综合评估模型及应用/陈仕鸿 隋广军 唐丹玲

19. 雷电灾害对储罐影响的定量风险评估方法研究/盖程程 翁文国 袁宏永

20. 黑龙江省水稻初霜冻灾害致灾因子危险性分析/朱红蕊 于宏敏 姚俊英

21. 我国部分省市初中生防灾素养调查研究/张英 王民 李斐

22. 基于交通的城市突发事件分级及响应措施研究/何雅琴 李杰

23. 美国地震风险评估中灾害模型的探讨/吴凡 汪明 刘宁

24. 灾害风险感知研究方法与应用综述/周忻 徐伟 袁艺

25. 区域地震应急能力优先建设矩阵构建方法的初步研究——以四川省为例/邓砚 聂高众 安基文

第三期

1. 再论自然灾害风险的定义/倪长健 王杰

2. 山区沿河公路地质风险形成机制/陈远川 陈洪凯

3. 珠江流域干旱事件的多变量区域分析及区域分布特征/肖名忠 张强 陈晓宏

4. 基于链式理论的单灾种向多灾种演绎/梅涛 肖盛燮

5. 城乡居民突发事件应对能力研究——以浙江省为例/杨宏飞 赵贞卿

6. 土石坝震损机理及震害影响因素研究/张桂荣 董正兴 郭永彬

7. 我国台风灾害救助应急响应的时空分布特征/马玉玲 袁艺 潘东华

8. 灾后物资供应系统风险预警可拓模型的初步设计/李智 林达龙 明亮

9. 河南省冬小麦晚霜冻害风险区划/顾万龙 姬兴杰 朱业玉

10. 一种面向灾害应急的 UAV 影像快速拼接方法/李明 刘欢 朱欣焰

11. 利用欧氏距离函数评估海河流域暴雨灾害/吴振玲 史得道 吕江津

12. 基于致洪暴雨预报的三峡水库洪水预估系统及试验评估/金琪 王继竹 高琦

13. 新时期科普期刊在防灾减灾工作中的作用——以《城市与减灾》期刊为例/郭心

14. 基于灰关联分析的时间序列改变点搜索研究——以华东地区农业受灾面积序列为例/张云 巩在武

15. 美国地震风险评估中建筑物易损性与损失组合的探讨/吴凡 汪明 刘宁

16. 遥感震害快速定量评估方法及其在玉树地震中的应用/窦爱霞 王晓青 丁香

17. 高家沟泥石流和深溪沟泥石流灾害特征/郭晓军 向灵芝 周小军

18. 基于地貌指数的汶川地震灾区单沟泥石流总量计算方法/张怀珍 范建容

19. 汶川特大地震"人的感觉"和"器物的反应"震害分析/夏坤 张令心 刘洁平

20. 集中排烟公路隧道入口段火灾下诱导风速研究/徐志胜 于年灏 张新

21. 林业生物灾害预警的内涵/景天忠 张海侠 董瀛谦

22. G2 京津塘高速公路万辆车流的交通事故灾害与气象综合指数的关系/丁德平 李迅 张德山

23. 古代经验对城市防涝的启示/吴庆洲

第四期

1. 基于贝叶斯网络的城市地震次生灾害演化机理分析/马祖军 谢自莉

2. 城市灾害易损性及其评价指标/唐波 刘希林 尚志海

3. 冻融条件下冰碛补给型泥石流物源汇集过程与灾变初探/铁永波

4. 基于主体分级的社会救援资源分类及结构框架/熊康昊 孔慧珍 肖甜

5. 地震灾害紧急救援队伍救援行动的规范/吴新燕 陈虹 顾建华

6. 地震救援行动的影响因素分析/韩炜 陈维锋 顾建华 吴新燕

7. 云南地震现场应急宣传模式探讨——以盈江 5.8 级地震和缅甸 7.2 级地震为例/周桂华 石静芳 杨子汉

8. 大型变电站在近断层地震动作用下的地震反应分析/文波 曹猛 牛获涛

9. 气候变暖背景下火干扰对森林生态系统碳循环的影响/胡海清 魏书精 魏书威

10. 青岛环胶州湾地区暴雨特征及暴雨灾害风险分析/马艳 黄容 于进付

11. 地质灾害防治绩效考核评价体系探讨/王雁林 郝俊卿

12. 基于直觉模糊距离法的堰塞湖减灾方案选优/王绍玉 黄星

13. 洪涝灾情评估标准关键技术问题的探讨/万金红 张葆蔚 谭徐明

14. 农村气象灾害防御体系理论模型初探/成秀虎 王卓妮

15. 东北玉米低温冷害时空分布与多时间尺度变化规律分析/高晓容 王春乙 张继权

16. 基于 GIS 的乡镇洪涝灾害风险评估与区划技术——以山东省淄博市临淄区为例/薛晓萍 马俊 李鸿怡

17. 湖南 2008/2011 年两次低温雨雪冰冻灾害成因与影响对比分析/姚蓉 许霖 张海

18. 1368—1948 年山西霜雪灾害的特征与周期规律研究/孟万忠 刘晓峰

19. 巢湖流域灾害链成因机制与减灾对策/吴立 王传辉 王心源

20. 竹林关大柴沟大型泥石流的形成机理与发展趋势/熊炜 范文 李喜安

21. 台风灾情评估及方法综述/魏章进 隋广军 唐丹玲

22. 我国气象灾害减灾救灾标准体系完备性研究/金宝森 吴吉东

《中国安全生产科学技术》

第一期

1. 基于BP神经网络算法的北京市地铁站应急疏散能力仿真评估模型/王以恒

2. 天然气管道泄漏火球事故后果模拟评价/王文和 徐志胜 易俊 沈士明

3. 美国减灾的应急及社会联动机制研究——以卡特里娜飓风为例/杨新红

4. 基于Matlab的火灾探测报警系统可靠度Monte Carlo仿真/邢志祥 陈露 诸德志

5. 高层学生公寓防火体系构建/赵江平 曾娟 刘冬华

6. 消防部队在应急救援中的安全管理研究/董宁

7. 油田班组安全文化建设评价指标体系研究/田水承 岑晓倩 王莉 田生 李国瑞 杨震

8. 船舶海上应急评价初探/江建华

9. 天然气管道泄漏火球事故后果模拟评价/王文和 徐志胜 易俊 沈士明

10. 电气火灾一次短路熔痕金相组织特征参数定量分析/莫善军 彭文敏 梁栋 龙宇涛

11. 化学事故中应急洗消方案的研究/张存位 王慧飞 陈远航 邵建章

第二期

1. 高校图书馆消防安全疏散数值分析/王伟 王静 柯琪材 张之瑞

2. 广东省重特大火灾事故统计分析及预防控制/陈国华 施文松 曾辉

3. 基于Pathfinder和FDS的火场下人员疏散研究/徐艳秋 王振东

4. 基于案例推理的城市典型灾害应急处置专家系统构建研究/孙殿阁 孙佳 曹婧华 孟燕华 张禹

5. 公安消防部队应急救援能力评价方法研究/吕显智 葛巍巍 王永西 陈松 杨文俊

6. 脚手架坍塌事故应急救援对策研究/张宏宇 马建云 周俊良 宋瑞明

7. 基于聚类分析的我国火灾空间分布研究/李杰 张靖岩 郭建中 姜亢

8. 粉尘爆炸特征和预防措施探讨/张二强 张礼敬 陶刚 李源

9. 有毒化学品泄漏事故应急防护行动决策探讨/辛晶 陈华 李向欣 王剑 武岱颖

10. 易燃易爆危险品道路运输火灾事故应急区域的确定方法/任常兴 张欣 张网 王婕 吕东 李晋

11. 硫酸储罐爆炸事故分析及预防/张启波 袁凤丽 王清

12. 外墙保温材料在火灾中的燃烧现象小尺寸实验研究/胡超 朱国庆 张磊

13. 光声光谱火灾气体探测系统/蒋亚龙 王进军 祝玉泉

14. 火灾环境中油罐罐壁冷却优化部署研究/杨素芳

第三期

1. 火灾试验分布式数据采集系统的开发与应用/伍彬彬 钟茂华 史聪灵 王阳阳 周显广

2. 突发事件应急推演系统平台分析与设计/李群

3. 道路交通事故发展趋势分析与预测/房曰荣 沈斐敏

4. 火灾探测报警系统及其可靠性研究/邢志祥 陈露 诸德志

5. 高层建筑火灾风险的二级可变模糊评价/刘云芬

6. 海洋钻井平台事故致因分析与评价指标研究/郭恒 陈国明

7. 瓦斯爆炸实验研究进展及展望/杨春丽 杨春燕 刘琦

8. 核电事故中核素气溶胶烟羽扩散的模拟研究/王孔森

9. 毒气泄漏事故应急用个体呼吸防护用品防护效果研究/郭再富 张明明

10. 高含硫气田应急疏散能力评估方法研究/李国平

11. 煤矿企业脆弱性评估的AHP－RS组合权重法/王汉斌 高翔

第四期

1. 体育馆出口疏散能力的实验研究/沈一洲 朱国庆 李欢欢

2. 应急演练计算机三维模拟系统研究/梅玉龙

3. 高层住宅消防车通道设置问题探讨/刘增青

4. 地铁不同人群疏散行为特征调查问卷研究/

郭雩 何理 石杰红 肖国清

5. 建筑应急照明的设计与施工探讨/常希伟

6. 三次指数平滑法在煤矿事故预测中的应用研究/朱庆明 张浩

7. 应急预案重大突发事件情景构建——基于“情景—任务—能力”应急预案编制技术研究之一/刘铁民

8. CFAST 在大空间火灾模拟中的应用研究/解志龙

9. 聚乙烯醇罐区火灾爆炸事故树分析/张晨姜杰 石宁 孟庭宇 谢传欣

10. 石化企业火灾危险性模式识别模型研究/李德顺 宫博 许开立

第五期

1. 基于地震动参数的大型储罐潜在危险性评估方法研究/左哲

2. 喷淋对宿舍火灾特性影响的数值模拟/杨培培 石必明 穆朝民 陆占金

3. 基于属性识别模型的建筑物火灾危险性评价/宫博 许开立 李德顺

4. 境外企业社会安全事件调查分析方法研究/潘红磊

5. 改进 GM（1，1）模型在我国危险化学品事故预测中的应用/张悦 李峰 石超 宋占兵 杨国梁

6. 基于激光引导的火灾人员疏散与应急救援系统/杨骏 石晓露

7. 基层公安消防部队应急救援能力评估——以某市消防支队为例/葛巍巍 吕显智 王永西 杨文俊 陈松

8. 应急预案建模方法及其在石油化工行业的应用研究/蒋白桦 刘海龙

9. 道化学火灾、爆炸危险指数法在 1，3 丁二烯聚合安全性评价中的应用/王丽敏 翟润培 孙友平 吕彩霞

10. 英国城市交通安全管理的调查与思考/田玉国

11. 浅析我国建筑安全管理存在的问题及对策/黄艳 何应伟

12. 民营中小企业安全文化建设探讨/崔永鸿易俊 李海霞

13. 化工厂雷击灾害风险评估/刘文军 李靖鞠红霞

14. 高含硫化氢井场公众疏散能力分析方法研究/邵理云

15. 基于层次—模糊评价法的山区油气管道地质灾害易发性研究/辜冬梅 姚安林 尹旭东 蒋宏业 李又绿

16. 海洋石油作业现场安全管理探讨/刘怀增熊亮 伍东

17. 普光高含硫气田企地三级应急联动模式研究和运用/刘怀增 熊亮 伍东

第六期

1. 高层住宅建筑火灾人员疏散仿真研究/邢志祥 唐永 高文莉

2. 应急准备文化现状调研与分析研究/邢娟娟

3. 石油企业中东突发公共事件应急管理三阶段模式设计/石昊栋 丁浩 霍国辉 张琪

4. 钻井井喷爆炸事故分析及对策/张兴全 李相方 李玉军 杜钢 徐大融 任美鹏

5. 火灾爆炸危险指数评价法在催化裂化装置中的安全运用/郑亮

6. 基于 WebGIS 的重大危险源实时监控系统的设计与实现/梁双华 韩成标 于殿宝

7. 石化企业的环境污染事故应急预案分析与建议/王晋刚 唐雪娇 付军凤 魏节

8. 基于层次分析方法的核电火灾风险评估研究/王孔森

9. 石油化工装置火灾灭火救援力量需求计算模型/夏登友

10. “8·29”充装台充装现场氧气瓶爆炸事故原因分析/李文炜 狄刚 王瑞欣 杜清 张亮 田丰

11. 我国污水处理厂事故统计分析与对策研究/刘宁

第七期

1. 国家化学事故应急咨询专线接警情况统计分析/赵永华

2. 建筑火灾坍塌危险性的评估/李俊华

3. KTV 娱乐场所火灾荷载调查与统计分析研究/吴立志 李莉 孙宽 郭子东

4. 火灾情况下小学生应急疏散量化分析研究/余青原 周丽秀 杨秸 戴丹妮 李佳

5. 油库火灾原因分析/张宏宇 周俊良

6. 一起网点房较大火灾事故认定与分析/操基连 王红兵

7. 重大毒气泄漏事故应急预警通知接收端优化与实现/盖文姝 邓云峰 蒋仲安 李竞

第八期

1. 模糊综合评价方法在高层建筑防火安全评价中的应用/上少军

2. 突发事件下某教室的人员疏散研究/王爱莎 彭伟

3. 宁夏消防应急救援工作形势、现状及应对

策略/陈立峰

4. 由江西“11·24”火灾分析棚户区消防安全对策/杨秸

5. 高层建筑火灾救援力量研究/邢志祥 高文莉 诸德志 唐永

6. 密闭空间燃气泄漏爆炸危险区域迁移规律/庞磊 吕良海 刘晨 马秋菊 程露

7. 煤炭自然发火事故树分析及预防/秦毅 杨胜强 严家程 杜振宇 马旭东

8. 基于激波理论的新兴煤矿煤与瓦斯突出事故研究/马冬娟 李增华 杨永良 唐一博 江梦梦

9. 危险化学品事故防控应急救援联动系统的开发与设计/曹国建 姚干兵

10. 大型油气（危化品）储罐区安全监控预警系统设计/邹碧海 张宝生

11. 地铁车站及隧道全尺寸火灾实验研究（2）——区间隧道火灾/史聪灵 钟茂华 汪良旗 何理 石杰红 胥旋

12. 基于X3D技术的化学灾害事故处置在线培训系统/袁狄平 王尽飞 靳学胜

第九期

1. 基于模糊积分综合评价法的我国应急物资对外采购能力评价/常志朋 程龙生

2. 云南省高校学生宿舍火灾荷载的调查与分析/黄颖 罗静 崔飞 陈百贤

3. 灰色系统理论在高校学生公寓火灾风险评价中的应用/徐晓萌 王玉华 王盟盟 杜江明 韦善阳 崔永国

4. 中美两国民航事故发展趋势对比分析/孙瑞山 刘露

5. 城市轨道交通火灾事故风险评估及对策措施/赵一姝 白建平 易俊

6. 超高层建筑防灭火对策探析/李开元

7. 基于AHP法的诱发露天矿作业现场碰撞事故危险点重要度排序/孟爱国 王池

8. 煤矿瓦斯事故危险源分类及其耦合作用分析/刘全龙 李新春

9. 天然气管道应急体系网络结构优化分析/吕奎 何华刚 王耀琪

10. 毒气泄漏事故避难场所避难效果分析/华敏 尹新 潘旭海

11. 电网基建施工企业事故统计分析及防范对策/范献新

第十期

1. 消防灭火系统中人的因素的定量研究/李振华 王延兵

2. 基于《施工企业安全生产评价标准》的水利水电施工工程项目重大危险源评价/姜秀慧 朱渊岳

3. EOC方法在煤矿安全生产事故中的应用研究/刘盼 何启林 彭伟

4. 应急准备任务设置与应急响应能力建设——基于情景—任务—能力应急预案编制技术研究之二/刘铁民

5. 煤气化装置泄漏爆炸事故伤害作用区域研究/袁纪武 赵祥迪 姜春明 王正 翟良云

6. 伊拉克中资企业员工面临的爆炸风险分析与规避/傅贵 陆宝军 王劲松 王社新

7. 石方爆破作业爆破冲击波事故分析/袁绍国 张霄 崔毛毛

第十一期

1. 886起危险品罐式车辆道路运输事故统计分析研究/沈小燕 李小楠 谢培 谢陈江

2. 航站楼旅客群体性事件预警监控系统架构及关键技术/邵荃 吴抗抗 周航 唐志星

3. 社会化管理下的高校学生公寓消防安全问题浅析/曲捷 于深源

4. 催化裂化装置的消防安全措施对安全性的作用分析与研究/任贵红 谢飞 李庆功 吴衍翠 李克荣 宋文华

5. 基于模糊综合评价的城市配气站场事故模式预测研究/姚安林 宋祎昕

6. Map API在应急救援联动系统中的应用/曹国建 姚干兵 刘培培

7. 核辐射区灭火救援对策研究/钟文立

8. 公众应急知识宣传与教育需求问卷调查研究/姜秀慧 邢娟娟

第十二期

1. 城市公共建筑物火灾防范能力综合评价/陆路 李霖 李萍

2. 基于开源技术的灭火救援计算机模拟训练系统研究/袁狄平 靳学胜 沈剑荧 张晓丽

3. 感烟火灾探测器的改进研究/金志成 王凤英

4. 余吾矿瓦斯灾害综合预警技术研究/徐晓波 高原 张庆华

5. 危险化学品企业重大危险源管理现状及对策研究/于洋

6. 尾矿库溃坝灾害脆弱性评估指标体系及方法研究/梅国栋

7. 环境风作用下室内火灾自然排烟研究/周云斐 易亮 杨洋

增刊1

1. 高校应急管理理念与运行机制探讨/张

俊燕

2. 我国危险化学品重大危险源风险评估技术探析/赵远飞 张建

3. 液化石油气钢瓶爆炸事故分析与思考/田长栓

4. 道路运输危险化学品泄漏事故应急救援系统研究/虞谦 蒋军成 虞汉华

5. 安全应急自救产品研发/张旭明

6. 浅谈如何提高海外突发事件应急能力/许东武

增刊2

1. 苏丹项目应急预案在实战中的检验/尹泽红

2. 浅谈炼化企业应急演练的组织与实施/吴东平

3. 伊朗MIS油田钻井过程中 H_2S 的监测与应急/张磊 崔涛 陈恩强 王卫东 樊建春

4. 重大危险源评价法在环氧乙烷罐区火灾爆炸危险性分析中的应用/沈国光

5. 浅议中资企业海外项目突发事件中的媒体应对策略/晁阳 董励思

6. 苏丹石油工程项目社会安全应急预案体系建设与探讨/汪桃义 耿红杰 周海彬 张奎敏 薛华

7. 海外石油工程项目社会安全应急资源管理实践与思考/耿红杰 周海彬 张奎敏 薛华

8. 国外危险化学品储存事故案例分析及危害防治/张莲芳

《中国公共安全（学术版）》

第一期

1. 灭火救援现场指挥通信浅析/崔乐考

2. 有毒气体泄漏处置演习设计方案/胡建峰

3. 社会管理视野下加强应急管理的思考/刘霞

4. 地方政府维护社会安全风险管理体系的构建/王娟

5. 危机管理对应急信息通报系统运行的影响/胡望洋

6. 消防部队溺水事故救援现状分析/史飞天 刘久康

7. 电梯应急救援机制的建立/屈名胜 高勇 井德强 贺拴民

8. 关于天津滨海新区消防监督管理体系的思考/陈亚锋

9. 甲醇储罐区火灾爆炸的危险性及消防设计探讨/黎春雷

10. 高校生物突发事件的防范研究/贾宁

11. 高校实验教学楼火灾预防要素与应对/刘淑萍 张锐 关路贵

12. 社区底商消防安全隐患及对策研究/云晓晴

第二期

1. 人员密集场所应急疏散的风险评估模型研究/赵宇宁 党会森

2. 核电厂火灾风险分析及事故应急救援对策/鲁磊 狄振功

3. 社会单位建筑消防设施管理系统建设/翁韬

4. 浅议火灾现场保护存在的问题及对策/张芳敏

5. 高速公路隧道消防安全事故分析及设计探讨/黎春雷 李艳峰

6. 跨区域灭火救援战勤保障能力评价指标体系构建/王艳红

7. 农村柴草堆垛火灾扑救探析/孟亚飞

8. 高层建筑消防系统设计及配置分析/梁晓琳

9. 公共突发事件中非友好人群行为研究/迟妍

10. 浅谈建筑倒塌事故处置过程中的关键环节/邹志涛 刘强

11. 儿童游乐场所人员疏散安全性评估/董海友

12. 建筑消防设计中存在的问题与对策研究/谢伟

13. 核电厂火灾风险分析及事故应急救援对策/鲁磊 狄振功

14. 解析大中型商场火灾中人员求生途径/刘志华

15. 大型体育场人员疏散消防设计研究/阮文

16. 高速公路隧道消防安全事故分析及设计探讨/黎春雷 李艳峰

17. 老城区学校建筑防火设计/王晶晶

18. 浅析城市老式居住建筑的消防安全管理工作/王达

19. 社会单位建筑消防设施管理系统建设/翁韬

20. 浅议火灾现场保护存在的问题及对策/张芳敏

第三期

1. 群体性暴力事件的仿真研究/党会森 广宽

2. 易燃易爆危险物品消防安全管理探讨/毛榕英

3. 危险化学品爆炸事故处置中消防员的安全

管理/康娜 黄飞

4. 危险化学品泄漏事故现场通信存在的问题及对策研究/韩佳

5. 液氯槽罐车泄漏事故的污染扩散及应急响应研究/刘钊 宋文华

6. 探析用定量与定性相结合方法精细化灭火和救援的“防爆”工作/丰国炳 丰嘉源

7. 城市内涝灾害的应急救援对策探析/程锦

8. 油罐火灾模拟训练设施效能评估/陈强

9. 近年国内网络舆论危机研究综述/刘晓亮 包烨怡

10. 物联网技术在跨区域应急救援中的应用/张路平 陈强

11. 轰燃对建筑室内火灾灭火救援的影响/陈强 张路平

12. 消防竖井救援危险性分析/王震 刘久康

13. 液化石油气槽车事故处置措施分析/巢核

14. 基层消防部队供灭火剂存在的问题及解决对策/付宁 王园园

15. 高速列车交通事故应急救援对策研究/陶鹏

第四期

1. 基于 BACC 事故致因理论对炎汝隧道爆炸事故机理的分析和对策探讨/朱玲 李旭 陈方足 沈胜男

2. 消防部队化学灾害事故侦检问题的探讨/史飞天 何杰

3. 浅谈电梯事故的原因及应急救援措施探讨/陈仕佺 肖锋

4. 依托公安消防部队完善高速公路应急救援体系的构想/付宁

5. 火灾应急照明系统设计研究/廖丽华

6. 论公安机关网络舆情应对能力的提升/欧阳梓华 周学农 钟广慧

7. 泉州市鲤城区中山路建筑防火对策研究/王晶晶

8. 某儿童玩火引发火灾的事故调查/董海友

《中国减灾》

第一期

1. 最大限度减少人民群众因灾生命财产损失——国家减灾委有关负责人解读《国家综合防灾减灾规划（2011—2015 年）》三大亮点/卫敏丽

2. 湖南防灾减灾的“十二五”开局之年/周萍

3. 湖南防汛抗旱减灾新思路/溪州子

4. 湖南汝城：积极做好受灾群众冬春生活救助工作/陈平 袁华明

5. 大气排放要避免“公地悲剧”/韩之江

6. “问责 + 反思”阻止不了石化大火/溪州子

7. 救灾参与的社会管理/王东明

8. 北京市居民防灾减灾能力调查/刘瑶

9. 加强应急物资储备建设 提高应急保障水平/周长生

10. 陕西：多措并举开展减灾示范社区创建活动/曹莉莉

11. 救灾技术装备应用系列之六 野外便携式光谱仪在减灾领域的应用/崔燕 张薇 汤童

12. 运用 IASC 模型编制基于情景的应急预案/马玉玲

第二期

1. 防灾减灾：个人不是孤岛/瞿方业

2. 央视著名主持人鲁健谈防灾减灾/周萍

3. 全球重大踩踏事件回顾/王春华

4. “普宁夺命烟花”：一场沉痛的社会性灾难/毕舸

5. 大灾之后必有大疫/周星

6. 盘点国外应对雪灾的做法/顾永强

第三期

1. 印度自然灾害救助项目和标准分析/马玉玲

2. 实施防灾应急“三小”工程 提高群众防灾减灾意识

3. 救灾技术装备应用系列之七 浅析应急通信指挥车在救灾领域的应用/林柯

4. 近十年来我国主要气象灾害特点及影响/高歌 赵珊珊 李莹

5. 管理气候灾害风险 推进气候变化适应/周波涛 於琍

6. 本土文化下的“心理救灾”/徐田丽

7. 国外开展灾后心理援助工作的一些做法/张侃

8. 完善灾后心理卫生服务法律体系的思考/黄宣银 姚静 向虎 杨昆

9. “天鹰”考验菲律宾防灾减灾/徐富海

10. 国家海洋局成立海洋减灾中心/罗沙

11. 推动甘肃防灾减灾事业又快又好发展/苑迪

12. 从建设薄弱到历史性跨越——管窥甘肃减灾示范社区发展/李有发 李剑

13. 让防灾减灾知识家喻户晓——甘肃省张掖市新乐社区创建“全国综合减灾示范社区”侧记/刘涛

14. 狠抓项目建设 推动科学发展——甘肃省防灾减灾基础设施项目建设纪实/陈晓东

15. 唐山大地震的历史查考与救灾启示/邓莎

16. 防灾减灾走基层系列之二 浴火重生，涅槃后的幸福——湖南省湘西州化灾害为力量纪实/范永欢 黄晶

17. 郑功成：从战略高度综合考虑国家防灾减灾/安清

18. 叶耀先谈地震应急救援的经验和教训/丹丹

第四期

1. 商场扶梯事故背后的制度隐喻/瞿方业

2. 杨丹：减灾宣传需要“祥林嫂”精神/王潇烨

3. 生活中的减灾之“食”/溪州子

4. 生活中的减灾之“住”/安清

5. 日本抗震建筑：灾害时刻救了很多人/微路平

6. 遇到高层建筑火灾如何逃生/佚名

7. 国外如何进行高层建筑火灾施救/张维

8. 生活中的减灾之“行”/十早人羽

9. 生活中的减灾之“娱”/萧野

10. 近年世界各地游乐场事故/谨卿

11. 游乐场事故拷问人群密集场所安全监管/任雪 杜晓

第五期

1. 严寒、暴雪和冷冻考验欧洲/徐富海

2. 云南构建防灾减灾战略体系/本刊编辑部

3. 夯实基础 提升能力 积极推进云南防灾减灾体系建设/田恬

4. 健全防灾减灾体系 增强灾害应对能力——关于加强云南省应急避难场所建设的建议/蔡葵 宋跃辉

5. “3·11”东日本地震灾后重建困局/萧野

6. 突发灾情中的民政本色——湖南省凤凰县民政局抗洪救灾纪实/吴全武

7. 凝心聚力危难时——一位民政干部的救灾日记/宋卫玲

8. 防灾减灾需要官员安全责任建设/金磊

9. 重庆：五措并举推进2012年自然灾害救助工作/阎掌峰

10. 加强防灾减灾能力建设 创新减灾救灾保障体系——湖北省襄阳市樊城区减灾救灾工作扎实开展/吴远鹏

11. 雪崩的防范与应对/刘少才

12. 我国古代救灾制度的现代启示/杭东

第六期

1. 天气预报助力防灾减灾——访中央气象台首席预报员何立富/周萍

2. 太阳从废墟上升起——见证四川气象部门灾后恢复重建三年历程/何孟洁 胡亚 姜永育

3. 防雹弹不会导致干旱/张帆 胡洪江 刘毅

4. 大干旱：水资源的秘密与动荡的未来/康曼

5. 美国气象防灾减灾/张庆阳

6. 常见气象灾害应急防范措施/孙丽娟 贾化川 杨学敏 冯慧慧 王晓立

第七期

1. 城市地面沉降灾害的防御对策/金磊

2. 国外“地沉”困局——世界各国地面沉降现象和应对策略/伊口田

3. 辉煌“十一五”拼搏“十二五”——陕西省实现防灾减灾工作跨越式发展/徐娜

4. 分析形势 立足实际 推动陕西减灾救灾工作深入发展/董亚明

5. 从赵县化工厂爆炸透视化工企业安全隐忧/瞿方业

6. 从“8·8”舟曲特大山洪泥石流管窥基层救灾工作/权保社

7. 防震减灾应对机制应走群体化之路/王秀辰

8. 社区减灾的社会参与——湖南省临澧县综合防灾减灾模式探讨（上）/李振炎 吉辉 翟凌云 欧华兰

9. 救灾技术装备应用系列之九 揭秘生命探测仪——抗灾救援最强有力的武器/汤童 杨思全 崔燕 和海霞

10. 破解“世界屋脊”的救灾难题/高继宗

第八期

1. 邱启明：防灾减灾始于生活/王潇烨

2. 美国水污染事件/卓然

3. 2012：城市综合减灾建设要在“难中”前行/金磊

第九期

1. 加强防灾减灾文化建设 构建和谐安全文化氛围/罗平飞

2. 代言防灾减灾彰显名人社会责任/韩之江

3. 弘扬减灾文化 倡导全民减灾——访国家减灾委员会办公室副主任、民政部救灾司副司长庞陈敏/徐娜

4. 从古至今对防灾减灾文化的理解和定位/潘启雯

5. 让防灾减灾文化变得更加实在/尔之东

6. 汶川：大爱无疆 减灾之路/高建国

7. 坚忍不拔："汶川精神"在玉树延续/青评

8. 舟曲：众志成城 风雨同舟/权保社 徐田丽

9. 弘扬防灾减灾文化 让世界更安全/瞿方业

10. 湖北省民政厅减灾救灾工作纪实（二）川鄂情深：驰援汶川的第一个专列

11. 中日灾害文化对比/伍国春

12. 培育防灾减灾文化 全面应对风险社会/唐钧 郑雯

13. 社会主义文化大发展背景下的减灾文化建设/王东明

14. 贴心服务受灾群众 全力推进社区重建——以四川省都江堰市灌口镇为例/郑孟英

15. 减灾始于文化——国外减灾文化发展和启示/徐富海 赵永

16. 自然灾害与中国古代社会的治乱/阎守诚

17. 我国古代减灾救灾文化初探/石磊

第十期

1. 秦大河：应对气候变化 提倡综合减灾/王潇烨

2. 坚持改革创新 狠抓业务建设 努力提高国家综合减灾科技支撑能力/张卫星

3. 新时期国家综合防灾减灾规划解析/范一大

4. 救灾专员的救灾之路/徐娜

5. 新世纪我国应急管理全面进步/唐钧 黄莹莹 郑雯

6. 善用外援 兼济天下——新世纪中国涉外救灾援助发展述评/詹奕嘉

7. 社会动员：应对自然灾害的一种内在需要/潘启雯

8. 高科技手段助力减灾救灾/林志强

9. 实现救灾工作全面转型的重要推手/韦保新

10. 十年减灾 开创未来/马旦珠

第十一期

1. 干旱灾害救助的特征分析/王东明

2. 构建中国特色灾害应急体系应建立灾害应急学/张东江

3. 用社会工作方法守护社区居民——社区工作方法在防灾减灾工作中的应用/李春杰

4. 湖北：努力打造防灾减灾文化软实力/吴玳 李伟

5. 探讨国家综合防灾减灾发展战略 加强国家综合防灾减灾能力建设/徐娜

6. 从应对巨灾看国家综合防灾减灾能力建设/史培军

7. 当前气象灾害对我国经济社会影响的严重性及对策建议/李泽椿

8. 我国巨灾风险管理应与时俱进/王和

9. 防灾减灾资源要优化配置/何文炯

10. 防灾减灾与社会管理及公共服务/童星

11. 加强农村防灾减灾科技创新/贾敬敦

12. 海洋气象防灾减灾能力建设/阎丽凤

13. 民政部国家减灾中心灾害遥感监测业务体系建设与发展/杨思全

14. 环境减灾卫星全球地表观测与灾害应急观测任务实施/王兴玲

15. 弘扬防灾应急文化 提高防灾减灾意识/陈荣

16. 为了不能忘却的纪念——北川地震遗址区与减灾文化建设/韩贵钧

17. 防灾减灾中的保险策略/申曙光

18. 巨灾保险：现有模式与中国路径/刘新立

19. 让保险业成为国家防灾减灾体系中的生力军/许飞琼

20. 陈颙：减轻西部山区公路灾害，加强隧道公路建设/金晓霞

21. 挑起新时期山东减灾救灾工作的重任/苑迪

22. 山东省滨州市灾后民房恢复重建的思考/李洪岩 牛希国 邓明恩

23. 孟加拉国灾害管理体系探析/张素娟

第十二期

1. 灾后中小学校园正确安全观的养成/李卫清

2. 灾后重建社会工作的转变与升级/谭祖雪

3. 联结社会：小鱼洞镇灾后社区重建研究/张昱

4. 小鱼洞镇社区减灾活动回顾/袁艺 王丹丹 周洪建 马玉玲

5. 汶川地震四周年之思/叶耀先

6. 彭州市小鱼洞镇九年制学校突发事件应急演练回顾与反思/张云霞

7. 李嘉诚基金会援建小鱼洞镇灾后重建之见/李振炎

8. 大楠村突发事件应急演练记事/李振炎

9. 四川灾后社区重建对中国灾害社会管理体制的创新/郭伟和

10. 以"熟悉社区"营造重建社区关系/刘洪江 张和清

第十三期

1. 闪淳昌：加强综合防灾减灾 建立全灾害应急管理模式/王潇烨

2. 福岛核电站事故对核的应急工作的某些启示/陈竹舟

3. 唐朝救灾轶事：马粪祛外患/李平

4. 锐意进取 持之以恒 续写吉林防灾减灾新华章/徐田丽

5. 抓住关键环节 加快推进灾害信息员队伍建设/于德君

6. 推进农村困难户泥草房改造工程 全面提高减灾抗灾能力/李伟先

7. 云南省推进综合减灾战略的构想/白涌 高绍堂 李体上

8. 完善减灾体系 健全宣传机制——吉林省延边州加强防灾减灾宣传教育工作/明善浩

9. 湖北省民政厅减灾救灾工作纪实（四）减灾机制：惠及民生的安全网

10. 谈“5·12”汶川特大地震抗震救灾中的十种慈善捐赠行为/李全茂

11. 中小学校园重大暴力事件原因分析及防治措施研究/陈鹏 陈建国

12. 灾后心理复愈的社区干预方式/李明

13. 山东省威海市举行台风灾害预警及应急救助综合演练/马玉玲

14. 山东省临邑县开展防汛抗洪抢险实战演练/高德刚 周文帅 蒋丽

15. 安徽：2012年“防灾减灾日”活动异彩纷呈/方耀明 李大春

16. 山东安丘：加强防灾减灾体系建设/殷德东

17. 基层减灾救灾办公室工作如何做到务实高效/徐敏

18. 云计算技术在减灾行业应用方面的思考/陶亮 王兴玲

19. 近代中国救灾史话/曾荣

20. 江西省南昌市青云谱区民政局 切实做好防汛抗涝救灾救助工作/杨瑜萍 胡国le

21. 遵守规则是最有效的减灾/吴弢

22. 一砖一木总关情——河南省洛阳市因灾倒房重建工作二三事/许高伟 齐长亮

23. 急灾区之急 湖北省备灾中心连夜向湖南调运救灾物资/王巍

第十四期

1. 变害为利 泽惠社会——《水经注》记载的治水与水利社会图卷/王元林

2. 用信仰书写湖北减灾救灾的青春之歌/俞远汉

3. 预防破纪录地震/高继宗

第十五期

1. 李德仁：发挥测绘遥感在防灾减灾中的“尖兵”作用/周萍

2. 专家解析我国暴雨致灾根源/肖湘

3. 旱涝夹击下的中国/徐田丽

4. 防汛重点仍在于江河/黎明

5. 山区暴雨灾害应对策略/姚秀萍 王丽娟 吕明辉

6. 暴雨灾害肆虐全球/徐富海

7. 全面推进湖北省减灾救灾工作科学发展/徐娜

8. 建立分级机制 提高救灾时效/俞远汉

9. 加强领导 强化措施 扎实推进综合减灾工作/吴斌祥 吴弢

10. 应急大提速 救灾保民生 湖北省加强救灾应急能力建设/崔鹏飞

11. 加强救灾储备能力建设 提高灾害应急保障水平/李伟 吴弢

12. 固本强基 提能增效 全面加强区域性减灾救灾保障体系建设/曹芳明

13. 浅议自然灾害生活救助资金管理机制创新——基于福建省实践的思考/肖帅

14. 大学生应对校园突发事件的问题与建议/王晨光 杨玉琴 张越

15. 未雨绸缪 防患未然——山东省威海市台风灾害预警及应急救助综合演练侧记/冯金社 马玉玲

16. 广西：强化“五种能力”开创减灾救灾工作新局面/黎伟 周俊杰

17. 山东省临邑县五项措施扎实做好防灾救灾工作/高德刚 蒋丽 王世勇

18. 河南省救灾中心采取五项措施做好汛期救灾工作/周红卫

第十六期

1. 李琛：推崇高调慈善 呼吁减灾意识/金晓霞 王潇烨

2. 中国灾后扶贫“六步曲”/李德峰 杜亚雄 胡焱萌

第十七期

1. 校园安全缘于系统防灾设计/金磊

2. 天灾中的校园/黎明

3. 以民为本 科学发展 福建扎实开展防灾减灾工作/徐田丽

4. 山东临邑：全力开展灾后自救/高德刚 张卫华 周国伟

5. 安徽砀山：出台意见进一步严肃救灾工作纪律/阚艳

6. 重庆大渡口：加强森林防火巡逻保安全/李德秋 何中银

7. 甘肃宕昌：成立重大灾害应急救援大队/朱五泉

8. 湖北房县："五到位"扎实做好抗灾救灾工作/代娟

9. 基于北京暴雨灾害的几点思考/刘传正

10. 灾难中儿童救护的常见风险与建议/张越 黄雪洋

11. 浅谈灾后重建中的对口援建机制——以山东省对口援建北川县为例/田培军

12. 三个角度看新传媒时代的防灾减灾宣传/杨婕 刘雯玲

13. 解读《湖北省综合防灾减灾"十二五"规划》/吴岆

14. 安徽省积极应对第11号台风"海葵"/李大春 方耀明

15. 山东临邑：党员干部奋战防汛抢险第一线/高德刚 贾强 张卫华

16. 甘肃青城：严阵以待防汛情/李雄鹰

17. 例谈新进公职人员如何应对突发事件/张保生

18. SVC卫星应急通信保障系统探析/余建国

19. 印度尼西亚防灾减灾能力建设及其启示/杨枫 陈宝胜

20. 灾民愁生存 催差失民心——旧西藏救灾史鉴一则/高继宗

第十八期

1. 认识"国际减灾日"/子荷

2. 全球环保减灾行动亟须纳入性别视角/子荷

3. 推动对社会性别敏感的社区减灾教育/潘谊

4. 灾害和紧急情况下针对儿童的社会—心理支持服务/杨海宇

5. 气候变化背景下减灾政策需更加关注妇女/丁文广

6. 灾后心理援助与重建中的女性力量/张静

7. 女性——抵御灾害的无形力量/尚远方 刘瞳

8. 把妇女儿童权益纳入减灾政策/袁艺 马玉玲 王曦

9. 唐山大地震：女性的生命极限为13天/钱钢

10. 女孩在地震灾难中成长/王海圣 王世宇

11. 气候变化加剧欠发达地区女孩生存压力/佚名

12. 地震中女性生存几率大于男性/文玉

第十九期

1. 总结经验 开拓创新 全面夺取青海玉树抗震重建新胜利/马旦珠

2. 郑功成：重视减灾方是人类永续发展之正途/徐田丽

3. 全面提升社区综合减灾能力/本刊编辑部

4. 交流减灾经验 共促社区发展/本刊编辑部

5. 社区减灾：从风险评估到减灾规划、宣传培训

6. 立足省情 开拓创新 显著提升综合减灾救灾能力/徐娜

7. 灾后重建中的乡镇政府绩效评估指标体系研究/曾春潮 苑迪

8. 河南省许昌市冰雹天气分布特征及人工消雹作业/王卫民 冯景 王跃民 郭歌

9. 创新救灾工作体系 提升救灾工作效率/夏维义

10. 超前部署早准备 构筑安全"避风港"——浙江、安徽、福建三省应对台风经验/祝明 徐富海

11. 世界八国的家庭应急救助包/周洪建 邓芳

12. 澳大利亚气象灾害防治/张庆阳 秦莲霞 郭家康

13. 建设救灾志愿服务体系 提高救灾应急工作能力——青海省西宁市民政局开展救灾志愿服务体系建设试点纪实/樊生梅

14. 加强管理 完善制度 增强社会防灾减灾能力/赵震宇

15. 夯实基础 增强能力 推动减灾救灾工作发展/卓玛端智

16. 以民为本 预防为主 努力做好防灾减灾工作/吴锡鹏

17. 云南彝良：小震级为何大伤害？/董子凡

18. 我国《防灾减灾法》立法基本问题研究/方印

第二十期

1. 突发事件中媒体桥梁作用不可或缺/佚名

2. 苏芒：让防灾减灾也成为一种时尚/周萍

3. 灾难性新闻报道的媒体责任/李建峰

4. 灾难报道与新闻媒体的人文关怀/刘亚姝

5. 灾难报道新闻伦理问题初探/刘文蓉

6. 突发事件新闻报道如何更有效动员社会减灾力量/徐娜

7. 传媒与灾难：中国传媒的海地地震表述/罗安平

8. 灾难报道的"实战手册"/杨瑞春

9. 灾难中的新媒体/闾丘露薇

10. 灾难中的新闻记者/闾丘露薇

11. 大学生心理危机事件与媒体报道的相关思考/徐田丽

12. 西方国家对媒体灾难报道的管理/赵山山

13. 灾难中的媒体救赎/张君昌

14. 媒体在灾害报道中的功能特征研究——以玉树地震报道为例/陈晓正

15. 试论灾害新闻报道中媒体链的“功能补偿”——从日本大地震媒体报道中寻找启示/王晓红 张进

16. 2011 年我国减灾救灾宣传分析/王东明

第二十一期

1. 滑坡之殇呼唤灾害预警机制/本刊编辑部

2. 李泽椿：气象减灾大有可为/王潇烨

3. 积极应对山体滑坡之害/本刊编辑部

4. 苦难为师，我们当继续前行——写在云南省彝良县龙海乡山体滑坡后/陈伟

5. 云南省滑坡灾害防治的经验与启示

6. 山体滑坡悲剧背后体现预警机制薄弱/瞿方业

7. 中国滑坡灾害灾情分析及减灾对策/马志飞

8. 国外应对滑坡灾害做法之鉴/钱程

9. 安徽着力创新创制创优 推动减灾救灾事业科学发展/本刊编辑部

10. 完善机制 注重实效 扎实开展安徽综合防灾减灾工作/王潇烨

11. 云南省继续深入推进防震减灾能力建设/丁艳琴

12. 立足现有 常抓不懈 积极构建防灾减灾和谐宜居社区/卜盛兰

13. 海南：灾害信息员队伍实现全覆盖/张造友

14. 健全机制 深化创新 推动减灾能力建设/赵志斌 郑涛 王俊华

15. 美国气象灾害防治理念/秦莲霞 张庆阳 郭家康

16. 清代救灾立法的特点及历史借鉴/赵晓华

17. 火灾防御应做到“四防六忌”/子荷

18. 湖北：2012 年度减灾救灾系统优秀调研成果出炉/刘球

19. 加强队伍建设 拓展信息渠道 有效提高自然灾害反应和处置能力/赵宏

20. 飓风“桑迪”来袭/子荷

21. 食品危机事件中网络舆情的应对/唐钧 蒋宇芝

22. 风险管理在公共事务管理中的应用/唐钧 杨玉琴

23. 救灾捐赠的情感逻辑探讨/王东明

24. 闽北防灾减灾人才队伍建设探析/董进军 占锋

25. 浅谈综合减灾示范社区创建中应把握的五个要素/肖宏彬

第二十二期

1. 面临灾难的蚂蚁/蒋光宇

2. 地震·能戏·日本人的生死观/徐健

3. 东汉中后期的自然灾害对文人心态的影响/高一农 张新科

4. 大地震带来的文化反思/叶匡政

第二十三期

1. 新解《农夫与蛇》的故事——趣谈地震科普和群测群防/周桂华 杨子汉

2. 面向公众的灾害预警信息发布手段比较分析/郭芳薇 孟耀斌

3. 多难磨炼兴邦路 巨灾砥砺民族魂——近十年我国减灾救灾工作回顾/詹奕嘉

4. 十六大以来我国防灾减灾工作的成功经验/高中华 刘雪

5. 十年铸剑科技出新 厉兵秣马再创辉煌——民政防灾减灾科技创新历程/王建华

6. 我国防灾减灾人才队伍：十年蓬勃发展/王东明

7. 中国减灾文化：跨越式发展的十年/加一

8. “美丽中国”——防灾减灾的战略新高度/詹奕嘉

9. 做好减灾救灾 促进“五个建设”——以河南省灾区群众倒房恢复重建工作为例/韦保新

10. 青海省减灾救灾工作十年成就/马旦珠

11. 社会性别与减灾——联系与挑战/Elise Skarsaune 李欣

12. 社会性别与社区减灾/蔡一平

13. 日本气象灾害防治/张庆阳 秦莲霞 郭家康

14. 自然灾害概念的新界定/李萍 王锡伟

15. 江苏地区地震灾害分析/王斌

第二十四期

1. “壹基金联合救灾”的行动经验/李弘 李健强

《中国应急管理》

第一期

1. 加强基层应急管理工作探析/杨晓和

2. 基于情景重建的非常规突发事件应急处置

方案的快速生成方法研究/姜卉 侯建盛

3. 构建国家应急广播体系的分析与思考/王彩平

4. 让城市更安全——上海市探索民生为本的消防之路/冯学泽 汪梅

5. 广东省加强突发事件信息报送工作的实践与探索/纪家琪

6. 陕西应急管理工作实践与体会/张小宁

7. 创新思路 打牢基础 切实加强防灾减灾体系建设——云南省曲靖市“十一五”应急管理工作回顾与总结/李建军

8. 以人为本 高效组织——江西抚州唱凯堤抗洪救灾应急过程回顾与总结/喻晓社 朱希文

9. 美国社会科学界对灾害的研究综述/梁茂春

第二期

1. 强化综合应急演练 提升应急处置能力——“强化2011”宿迁市综合应急演练的实践与启示/王益

2. 早准备 早预警——应对强台风“纳沙”的实践与启示/高琳 缪旭明 张凯

3. 美国应急教育的借鉴与启示/林涛 林毓铭

4. 我国安全（应急）产业基地发展模式研究——以中国西部安全（应急）产业基地为例/王建光

5. 风险评估模型在深圳市宝安区中德灾害风险管理试点项目中的应用研究/孙玉卫 韩喜双 谭耀同 刘向荣 时景新 余臻 陈剑峰

6. 城市公共场所应急能力的三维分析框架/陈涛 袁宏永 苏国锋

7. 以完成重大工程救援任务为牵引——武警水电部队应急救援实践与探索/岳曦

第三期

1. 浴火重生的“中国奇迹”——汶川地震灾区发展振兴纪实/陈健

2. 伦理领导在应急管理中的功能研究/高小平 王华荣

3. 发展壮大志愿消防队伍的对策研究/司戈

4. 推进基层灾害监测预警体系建设的路径探索/邹积亮 马彬

5. 江苏卫生应急体制建设回顾及问题对策的探讨/施平 江琳 卞琳琳 汪华

6. 广东省应急志愿者队伍建设情况/纪家琪 李宜倍

7. 突出应急管理 整合各方优势——威海经济技术开发区凤林学校全力打造校园应急管理新模式/鞠鹏飞 武少英

8. 福泉运送炸药货车爆炸事故应急处置工作及启示/唐德智

9. 如何组织有效的应急管理——危机与灾害管理研究中发现的经验与教训/Arjen Boin Paul't Hart，黄寅轩

10. 欧亚极端寒冷事件分析及灾害应对措施/王维国 缪宇鹏 孙瑾

第四期

1. 我国应急预案体系建设的实践与思考/闪淳昌

2. 重大突发事件情景规划与构建研究/刘铁民

3. 基于团队学习模式的应急预案制定机制研究/张欢

4. 日本地震对我国沿海城市应急管理工作的启示/刘文俭 李勇军

5. 全面风险管理——提升中央企业应急管理效率的有效途径/张德岁 周玲

6. 人行赣州中支应对特大水灾的实践与启示/谢敬

7. 新泰市平安互助系统对基层突发事件预警信息发布的启示/陈建国 陈鹏 杨邵晖

8. 把应急知识送进千家万户——河南开展“应急知识中原行”活动/冀学 谢趁意

9. 应急管理激励机制的新探索——以香港“危机/突发事件支持服务奖”为例/李永清

第五期

1. 日本大震巨灾应急措施分析/申文庄 侯建盛

2. 弘扬伟大抗灾救灾精神 扎实做好防灾减灾各项工作/回良玉

3. 国土资源部解读全国地质灾害防治“十二五”规划/刘维

4. 查找薄弱环节 解决突出问题 切实提高防灾减灾能力/刘伟平

5. 坚持以人为本理念 做好气象防灾减灾工作/许小峰

6. 应急预案体系建设的理论基础研究探讨及其启示/李湖生

7. 广东省应急预案体系建设实践与探索/纪家琪 朱泳中

8. 石家庄市加强应急预案体系建设的实践与探索/侯希平

9. 全力提高应急预案的实用性——黑龙江省桦南县编修应急预案的几点做法/王丹 潘洋 刘洪波

10. 英国郡级辖区应急预案的做法及启示

——以牛津郡为例/庞宇

11. 中国城市应急准备文化的现状及其发展路径分析/彭宗超 聂琳

12. 重大自然灾害心理援助的时空二维模型/刘正奎

13. 关于突发事件应急救助工作的思考/吴斌祥

14. 基层央行应急预案体系建设工作的实践与思考/郝安生

15. 宣传防灾应急文化 提升应急管理能力——读陈荣同志的《应急管理史鉴》和《应急管理诗鉴》有感/闪淳昌

第六期

1. 江西丰城推进县级应急管理新模式的实践与探索/李存德 欧阳鑫 甘霖

2. 日本"3·11"大地震对东亚应急管理国际合作的影响探析/游志斌 杨永斌

3. 居安思危 常备不懈——四川省"5·12"防灾减灾综合实战演练观感/闪淳昌

4. 对应急预案几个基本问题的思考/熊新光 顾铖祎

5. 加强应急预案管理和优化的实践与探索/张邦平

6. 完善应急预案体系建设的对策建议/张积军 王兴元 张文博

7. 基层应急预案建设必须强化"九大支撑"/侯耀升 贾又衡

8. 提高我国应急预案效力的路径选择/宋劲松 刘文婧

9. 我国学校应急管理机制规范化框架研究/高小平 彭涛

10. 耕云播雨润万物 防灾减灾保民生——人工影响天气服务气象应急工作/邵洋 孟旭 缪旭明

11. 南宁市全面推进基层应急管理规范化建设/梁业琛

第七期

1. 建设国家突发事件预警信息发布系统 提升应急管理服务能力/矫梅燕

2. 美国国家应急预案体系建构及其启示/李雪峰

3. 应急预案体系建设中面临的瓶颈及其解决对策/陈勇

4. 绥化市切实加强基层突发事件信息员队伍建设/吕建武

5. 浅析地方政府应急预案量化考核——以淄博市临淄区为例/王鹏 孙相冰

6. 社区应急预案评估标准研究与实践/徐朱连

7. 人民银行系统应急预案评估方法研究与应用/王亚洲 方咏 王祥君

8. 政府与媒体联手打造应急管理科普宣教新模式——湖北卫视《冲出危机》节目成为电视版"公共安全手册"/伍涛 高英波

第八期

1. 温家宝：全面做好防汛抗灾各项工作/赵承 张宗堂

2. 防抗结合御洪水——湖北战胜入梅后3场次暴雨洪水纪实/孙又欣

3. 威海市加强应急预案体系建设的调查与思考/鞠鹏飞

4. 我国洪涝灾害风险管理框架及运行机制研究/李芳 刘冰 沈华

5. 基于虚拟现实技术的大型石油罐区重大事故应急响应系统的实现/陶彬 王春 张卫华 张玉平 厉建祥

6. 我国政府应急管理制度建设与完善/王宝明

7. 国家突发事件预警信息发布系统设计/裴顺强 孙健 缪旭明 李欣

8. 军民融合式地震应急救援行动实践的总结与启示——国家地震灾害紧急救援队的做法与经验/尹光辉

9. 广东省应急平台体系建设实践与探索/纪家琪

10. 科学应对 妥善处置——景德镇市应对强台风"海葵"总结评估/万里雪

11. 对基层应急预案编制工作的反思及建议/游丽萍

12. 澳大利亚防范应对海洋生物入侵突发事件的主要做法与经验借鉴/张朝华

13. 切实提高市县两级综合应急救援水平的思考与建议/殳大文

第九期

1. 河南省栾川县防治山洪地质灾害工作综述/许新皎 杨栋梁 谢趁意

2. 众志成城 抗震救灾——云南省昭通彝良"9·7"地震抗震救灾工作纪实/陈建华

3. 企业环境应急预案管理问题研究/范娟 孟扬

4. 突发事件应对任务规划体系研究/孙钦莹 李向阳 张浩

5. 县（市）政府地震应急行为模式的初步研究/邓砚 聂高众

6. 台风"苏拉"湖北印痕的启示/孙又欣 李

嗣军

7. 以人为本 科学防御——河北省制定实施《河北省暴雨灾害防御办法》/那书晨 赵国旺

8. 强化群测群防 防治泥石流灾害——对山东省泥石流灾害防治工作的思考/常允新 王元波 冯在敏

9. 充分发挥政务微博在突发事件信息发布中的作用——以“上海发布”及上海政务微博群为例/邵祺翔

第十期

1. 大力推动应急管理科普宣教工作向纵深发展/本刊评论员

2. 以科技为导向提升应急管理能力/桂维民 杨屹

3. 公众应急培训的特征、现状与发展方向/董泽宇

4. 做好突发事件预警信息发布系统建设运行工作的体会与建议

5. 上海行政学院应急管理培训工作实践与展望/董幼鸿 容志

6. 重庆应急预案优化工作的探索与总结/张邦平 马彬 李论

7. 基层人民银行应急预案体系建设中存在的问题及建议——以人民银行西安分行为例/赵育宏

8. 黑河市基层应急培训工作的做法与成效/何兵

9. 自贡市组织开展防灾救灾大演练的实践和思考/王清源 邹舸

10. 多方联动 科学处置——淄博市成功处置鲁皖成品油管道淄博段泄漏事故

11. 美国高校应急管理教育培训现状及启示/庞宇

第十一期

1. 全面加强政府应急管理能力建设/洪毅

2. 飓风“桑迪”的致灾影响分析/张建忠 杨琨 缪旭明 连治华

3. 我国草原火灾防控的实践与探索/马有祥

4. 加强应急平台体系建设 实现信息资源共建共享

5. 河北省应对“7·21”特大暴雨灾害的经验与启示/石惠峰 计卫舸 赵国旺 杨金山

6. 黑龙江省运用1+X合作理念开创应急保障新格局/徐明

7. 青岛市应急管理社会化宣教培训体系构建研究/陈勇 李勇

8. 森林防火装备专业化建设问题的初步探讨/孙亚强

9. 常州市防御台风“海葵”工作总结评估/吴建坤

10. 湖北省鄂州市鼓励社会公众报送突发事件信息的探索与思考/许均章 王涛

11. 国外森林火灾应急管理系统研究与借鉴/田晓瑞 舒立福

第十二期

1. 全面推动应急管理创新发展 不断提升公共安全服务水平/本刊评论员

2. 加强应急救助能力建设 确保受灾群众基本生活/姜力

3. 加强应急管理能力建设 提高公共安全保障水平/陈建安

4. 飓风“桑迪”应对的经验教训与启示/刘铁民 王永明

5. 预防政府公信力危机：网络传播的机理分析与善治路径/郝继明

6. 建立应急预警体系 提升防灾减灾能力/张邦平

7. 辽、吉、黑、蒙四省（区）应急管理合作机制的建立、运行与展望/刘春林

8. 北京铁路局做好防汛抗洪应急处置工作的实践与思考/吴志强 申文军

9. 浅谈航班大面积延误事件的应急处置/李科

10. 甘肃省陇南市加强应急通信保障能力建设的实践探索/安富强

11. 快速应对 科学处置——陕西省商洛市处置“8·1”液化天然气罐车泄漏燃烧事故的做法和启示/李伯英 邹富军 程荣刚

12. 美国应急通信管理体系的建设与发展/姚国章 韩玲华 陈建明

《中国应急救援》

第一期

1. 防救并举为海上安全保驾护航/章荣军 赵姊涵

2. 海峡两岸防灾策略研讨会及香港消防处考察纪行/卢杰 李民

3. 国际救援队抗灾体适能的调查报告——及对初中生抗灾体适能培养的建议/冯海成 冯翰

4. 武警部队抢险救灾力量运用的思考/史胜林 李华成

5. 浅谈县级民防“融合发展”的特点和思路/刘杰

6. 道路交通事故应急救援体系建设的思考/武麟

7. 关于灾后心理干预和疏导工作的几点思考/刘允林

8. 地震灾害事故的消防救援/隋玉亮 梁洪涛

9. 在建高层建筑火灾特点及扑救对策/吴昊

10. 应急救援分队建设要突出“四化”要求/韩新庆 赵宏军 王占彪

11. 安庆4.8级地震应急的启示/夏浩明 胡诚 牛望 程彤 吴雯雯

12. 郑州市“6·12”乐达实业有限公司厂房火灾战例分析/周雪昂 代凤华

13. 基于微型应急指挥平台的内攻安全精细化管理系统的设计和实现/丰国炳

14. 中德政府“第一响应人”教官培训项目在大连成功举办/张俊

15. 新西兰地震对防震减灾工作的启示/姬丁义 范增节 张芝霞 谢慧明

16. 逐步推进天津市12322防震减灾公益服务热线实用化、规范化/刘瑞瑞 姚兰予 许可 宋军 薛娜 王大宏

第二期

1. 北京建设“世界城市”的人为灾害应对研究策略/金磊

2. 火灾与事故应急处置中的控制燃烧措施研究/吴家宝

3. 政府应对突发事件的信息报送机制研究/李喜童

4. 地震灾害中被困人员的心理分析与干预/李天义

5. 新世纪以来中国公共卫生应急管理研究中的若干理论问题/薛一静

6. “7·23”甬温线动车追尾事故救援纪实/叶明坚

7. 广西公安消防部队参与龙江河镉污染事件处置纪实/赵雪松

8. 加强综合应急救援队伍建设 全面提高部队实战能力/李建华 张旭

9. 现代城市气象灾害及其防御/朱军辉

10. 关于综合性应急救援队伍建设的几点思考/黄凯

11. 浅议地震演练方法/罗桂纯 李红光

12. 从“10·7”滨保高速车辆事故谈高速公路消防救援/李振

13. 德国救援行动保障中心建设工作的思考——访德国美茵茨区域救援行动保障中心/贾群林 张红 郑荔 张俊

14. 宁波全力构建石油化工应急救援工作新格局/张雪峰

第三期

1. 武警部队应急救援专业教练员培训圆满结束/田然

2. 电力应急救援理论和虚拟仿真研究/王抒祥

3. 德阳市“第一响应人”地震应急搜索救援演练/张俊

4. 论特大城市应急管理的社会动员/朱恪钧

5. 地震灾害应急管理培训体系开发初探/赖俊彦 王娟 尚红

6. 当前我国高层建筑消防安全管理现状及对策研究/王剑文 曹刚

7. 浅议基层政府在防灾减灾工作中的重要作用/程龙

8. 浅议地震灾害事件处置中信息公开与舆论引导的意义/孙保国

9. 分布式虚拟地震灾害场景中人物运动合成的研究/周柏贾 贾群林

10. 城中村火灾的特点和扑救对策/代凤华

11. 浅析地质灾害后疫病的预防/沈同强 苏毅

12. 高速公路隧道危险化学品事故处置对策/秘勇鹏

13. 青海玉树7.1级地震青海省级层面应急响应与分析/张小咏 谢霄峰 孙刚 张云昌

14. 微博时代地震相关突发信息传播特点分析及应对措施建议/王晓民

15. 欧盟联合研究中心的信息获取方法

16. 陕西省应急避难场所建设侧记/张芝霞 范增节 唐焕军 谢惠明

17. 云南山地地震灾害和应急救援初探/陈征山 邓树荣 余庆坤

第四期

1. 城乡综合减灾问题新见——写在“7·28”唐山大地震36周年的思考/金磊

2. 关于加强武警部队抗灾救灾力量建设的思考/刘志强

3. 夯实教学训练基础 锤炼应急救援精兵——武警部队应急救援专业教练员培训纪实/王亮 王淳

4. 徐州市开展防震减灾应急救援通信保障演练/王友亮 谢依杭

5. 强化应急救护演练 提高救死扶伤本领——山西省运城市直卫生系统地震医疗防疫应急演练小结/胡宗勇 樊文治

6. 红色劲旅 应急先锋——南京军区“朱德警卫团”加强应急专业力量建设剪影/毛岳庭 廉鑫 徐照亮

7. 积极创建应急救援警地联训新环境/韩新庆 赵宏军 王占彪

8. 关于加强突发公共事件应急救援宣传保障工作的思考/夏一雪 郭其云

9. 地震应急避难场所建设存在的问题及建议/陈江驰 刘仲达 丁俊芳

10. 公众聚集场所消防安全问题及对策/王广

11. 破坏性地震生命救援的思考/马林

12. 对高速铁路事故原因分析及救援的探讨/王旭

13. 化学危险品事故处置中的几个问题/宋斌

14. 清代自然灾害与救助措施评析/焦贺言 毕丽娜

15. 日本大地震应急救援启示录/张永春

16. 新加坡地铁安全管理的做法与经验/张吉平 潘跃明 赵华

17. 业余无线电爱好者作为地震应急通讯志愿者队伍的实践探索/李葷社

第五期

1. 地震应急避难场所规划编制标准研究/何斌 许丹 赵媛

2. 地震应急救援 责任重于泰山/刘博

3. 日本的自主防灾组织——静冈县的自主防灾组织/王娟 孙刚 李宁

4. 舟曲地质灾害监测预警体系建设概述/李喜童 李璐

5. 浅析如何加强综合性应急救援队伍建设/王振群

6. 忠诚闪耀在龙乡抗洪一线——房山消防"7·21"抗洪抢险纪实/周胜

7. 用生命托起希望 用忠诚守护花朵——"7·21"房山青龙湖少年军校营救纪实/马俊宇

8. 洪峰浪尖大营救——首都公安消防官兵抗击"7·21"特大暴雨纪实/成永超

9. 抗天壮歌——北京市民防系统"7·21"抗洪抢险纪实/王占明

10. 应急救援中如何做到防爆避险/丰国炳 丰嘉源

11. 浅谈居民住宅火灾原因及防火对策/王广

12. 广东省应急志愿者队伍建设探析/侯丹丹 欧阳文旭

13. 国际搜救协调机制发展的新趋势与启示——2012 年 INSARAG 亚太区地震灾害应急响应演练观察/赖俊彦

第六期

1. 海南省举行全省救援队伍技术大比武/欧超寿 陈建群

2. 地震现场废墟搜索与营救决策系统设计与优化/隋建波 谢霄峰 赵保宗

3. 我国消防应急救援指挥体系建设现状及存在问题/刘强 邹志涛

4. 地震应急救援网络组织模式研究/白鹏飞 段倩倩 贾群林

5. 广东地震科普宣传活动侧记/何寿清

6. 地震次衍生灾害及减灾措施/罗桂纯 李红光

7. 大跨度大空间结构建筑火灾的扑救战法/吕特宁

8. 城市内涝灾害的消防应急救援——北京"7·21"强降雨抢险救援工作的经验启示/苏奔

9. 基于 Swarm 平台的群体性事件仿真研究/路大为

10. 新加坡国际精英救援队员论坛见闻/李立步兵

11. 国外滑坡灾害的预防与减灾/钱程

12. 陕西省地震应急救援志愿者管理研究/谢慧明

13. 以宣传和演练为抓手推动运城市防震减灾大发展/胡宗勇 李振栋

《自然灾害学报》

第一期

1. 长三角地区台风危险性定量分析/陈文方 方建 徐伟 史培军 聂建亮

2. 情景驱动的区域自然灾害风险分析/赵思健 黄崇福 郭树军

3. 我国近年农业气象与农业生物灾害的特点/唐永金 潘剑扬

4. 风险评估在气候变化对农业影响评价中的应用——研究进展/秦鹏程 姚凤梅 曹秀霞 张佳华

5. 近 50 年北京地区主要灾害性天气事件变化趋势/郑祚芳 张秀丽 丁海燕

6. 基于区域管理的滑坡灾害信息系统研制/向先超 蒋国盛 张家铭

7. 应急避难场所的规划建设——基于玉树地震调查数据的研究/王东明 黄宝森 李永佳 张云昌 张海涛 王海鹰

8. 云南省 Palmer 旱度模式的建立——2010 年干旱灾害特征分析/王佳津 孟耀斌 张朝 史培军

9. 中国火灾的时空演变特征——基于 GIS 的统计分析/徐波 何宁 宫鹏 李艳

10. 混凝土结构火灾爆裂危险性评估研究/李荣涛

11. 面向突发灾害事件的应急效能评估方法/

黄炎焱

12. 政府应急物资保障能力评价研究/张永领

13. 日本地震实时监测系统中液化识别方法可行性研究/孙锐 唐福辉 袁晓铭

14. 地震灾情短信编码的初步研究/郑向向 帅向华

15. 基于博弈论的突发性水污染事件治污决策模型/姜仁贵 解建仓 王春燕 李建勋

16. 汶川地震次生山地灾害链成灾特点与防治对策/崔云 孔纪名 吴文平

17. 地震作用下滑坡永久位移预测/罗渝 何思明 吴永 何尽川

18. 混凝土重力坝的地震响应分析/傅玉勇

19. 汶川地震滑坡发育特征及其影响因素/樊晓一 张友谊 杨建荣

20. 城市燃气管道地震安全控制演示系统/匙庆磊 杨学山 程丽娜 何先龙 张涛 杨秋格

21. 鄱阳湖流域天然径流变化特征与水旱灾害/叶许春 张奇 刘健 徐力刚

22. 降雨主导型库岸滑坡变形时空分布特征/邓宏艳 孔纪名

23. 高压输电线路抗冰灾的研究现状与发展趋势/刘春城 李宏男 刘佼

24. 内蒙古雪灾保险费率的厘定——基于自然灾害系统理论的研究/解伟 李宁 张鹏 吴吉东 刘雪琴 温玉婷

第二期

1. 基于数值模拟的台风危险性分析综述(Ⅱ)——随机抽样模拟与极值风速预测/段忠东 肖玉凤 肖仪清 欧进萍

2. 云南省冰冻灾害气象条件及风险评估——基于模糊信息分配方法的研究/彭贵芬 余美兰 彭勃 陈美健

3. 洪水灾害间接经济损失评估研究进展/李春华 李宁 李建 吴吉东

4. 林火烈度评价及其空间异质性研究进展/常禹 陈宏伟 胡远满 冯玉婷 李悦

5. 基于 DEM 的山区旱灾风险评价模型——以西南地区为例/胡容海 李贤恩 魏海 张蕾 雷永登 王静爱

6. 基于气候变化的干旱脆弱性评价——以青海东部为例/侯光良 肖景义 李生梅

7. 区域滑坡风险评估中的风险区划与概率分析/乔建平 王萌 石莉莉

8. 区域性应急物资储备级库间的协同选址模型研究/李周清 马祖军

9. 天津市水资源足迹灾变预测/李健 张吉辉

10. 基于 ARIO 模型的汶川地震灾后恢复重建期模拟/李宁 吴吉东 崔维佳

11. 岩土震害影响因子权重研究——以砂土液化为例/盛俭 袁晓铭 王禹萌 刘红帅

12. 交错齿槛型泥石流排导槽研究初探/高全 陈晓清 黄凯

13. 汶川地震典型民居震害特征分析/刘培玄 周正华 赵纪生 王伟 刘必灯

14. 供水管网系统地震易损性风险评估/何双华 柳春光 赵顺波

15. 轻骨料混凝土组合楼板的火灾响应及火灾后性能研究/王新堂 周明 王万祯

16. 地震现场资料收集的标准化与快速传送/张涛 薄涛 杨学山

17. 基于气象灾害预报的作物种植类型决策方法/李中才 高琴 冯述虎 耿殿明

18. 北京市酸雨变化趋势及成因分析/侯青 赵艳霞

19. 一次雷暴天气发生发展的水汽图和红外云图特征分析/王寅钧 陈渭民 吴彬

20. 改进的物元可拓模型在台风灾害预评估中的应用/刘少军 张京红 何政伟 蔡大鑫 田光辉

21. 多年冻土区冻融灾害风险性评价/张中琼 吴青柏 周兆叶

第三期

1. 突发事件的不同演化模式研究/荣莉莉 张继永

2. 山区沿河公路水毁危险性评价方法的研究/马保成 田伟平 李家春

3. 浅析灾害间接经济损失评估的重要性/吴吉东 李宁

4. 灾时应急运输车辆调度模型及算法研究/邹亮 任爱珠 徐峰 罗元

5. 台风灾害气象指数保险相关技术方法初探/尹宜舟 Marco GEMMER 苏布达 罗勇 王岩 王润

6. 长三角地区台风灾害链特征分析/帅嘉冰 徐伟 史培军

7. 北京日光温室风灾风险分析及区划/黄川容 杨再强 刘洪 裴道好 朱凯 周志龙

8. 广东台风灾情预测系统研究/陈仕鸿 隋广军 阳爱民

9. 长江三角洲地区人类生命体多自然灾害综合风险度评估/刘宝印 徐伟

10. 基于灾度的亚洲巨灾划分标准研究/徐敬海 聂高众 李志强 朱德雯

11. 面向突发性水污染事件的三维可视化系统/解建仓 姜仁贵 李建勋 李维乾 杨明祥

12. 权利分析视角下的农户灾后恢复分析——以甘肃省TP村地震灾害为例/陈冲影

13. 陕南地区清代霜雪灾害及分形特征研究/邢闪 赵景波

14. 2008—2009年中国北方干旱遥感动态监测/江东 付晶莹 庄大方 徐新良

15. 上海大雾气候特征及风险区划研究/史军 穆海振 崔林丽

16. 中国电线积冰灾害危险性评估和区划/王颖 王晓云 江志红 曾宪宁 赵铁松

17. 新疆极端水文事件的时空分布特征/孙桂丽 陈亚宁 李卫红 杨余辉

18. 淮河流域一次梅雨锋暴雨的中尺度动力特征分析/王勇 丁治英 沈新勇 李勋

19. 重庆沙坪坝单位密集城区防灾绿地系统规划策略初探/阎波 瓮少彬 谭文勇

20. 地震滑坡地形剖面线多重分形特征及其在稳定性判别中的应用/樊晓一 张友谊 杨建荣

21. 地震灾区救援力量优化调配模型/李亦纲 张媛 李志伟

22. 城市地震次生灾害演化机理分析及仿真研究/谢自莉 马祖军

23. 汶川地震局部地形对地震动的影响/张建毅 薄景山 王振宇 林玮 卢滔

24. 钢管陶粒混凝土柱火灾后轴压性能试验研究/王新堂 周明 王万祯

25. 火灾后钢筋混凝土柱外包钢管加固性能——数值模拟/王文达 郭智峰 张鹏鹏

第四期

1. 中国自然灾害应急法律体系的数量差异分析/李宁 周扬 张鹏 范碧航 吉中会

2. 渤海和黄海北部地区海冰灾害风险评估/孙劭 史培军

3. 近50年宁夏极端气温事件的变化研究/张明军 汪宝龙 魏军林 王圣杰 马潜 李小飞

4. 基于理想点的已知部分属性权重信息中心避难场所选址方法研究/初建宇 马丹祥 苏幼坡

5. 考虑调洪的一维漫顶不溃与漫顶溃坝过程模拟/张社荣 张婷

6. 山西清代霜雪灾害的特点与周期规律研究/孟万忠 赵景波 王尚义

7. 华北一次暴雨过程的螺旋度分析/史小康 李耀东 刘健文 黄兵 刘向培 陈军庆

8. 基于遥感数据的区域洪涝风险评估改进模型/段光耀 赵文吉 宫辉力

9. 中国水旱灾害特点及水利减灾措施效果排序研究/谢永刚 周长生 党鹏

10. 吉林省夏季极端降水事件特征分析/董伟 刘海峰 朱玉祥

11. 基于DFA法的江苏省极端降水时空分布特征研究/郑腾飞 郭建茂 尹继福 王琦 吴玮

12. 基于标准化降水蒸散指数的华南干旱趋势研究/李伟光 侯美亭 陈汇林 陈小敏

13. 面向对象的公路地质灾害监测预报数据组织/徐磊 林剑 龙万学

14. 基于证据权重法的呼伦贝尔地区人为草原火险空间预测/张继权 沈玲玲 佟志军 刘兴朋 崔亮

15. 地震预警系统应用的社会影响调查与分析/郭凯 温瑞智 卢大伟

16. 农村家庭认知与响应地震灾害的特点及其家庭际差异——以2007年云南宁洱6.4级地震灾区为例/魏本勇 苏桂武 吴琼 齐文华 张文佳

17. 工业企业大震灾害下直接经济损失评估方法研究——基于财务会计资产项目/刘晓静 王慧彦 李志伟 王立卫 孟凡超

18. 长白山天池火山泥石流堆积物粒度分布及其结构维数/盛俭 吕晗 王禹萌

19. 城市地铁火灾与应急救援体制建设/李锦成

20. 江苏省风电场的气象灾害风险评估/郑有飞 林子涵 吴荣军 许遐祯 尹继福

第五期

1. 城市生命线运行风险评估方法研究现状与展望/索玮岚 陈锐

2. 洪灾风险分析的国内外研究现状及展望（Ⅲ）——研究展望/毛德华 谢石 刘晓群 刘卡波 刘东润 邱永红

3. 基于高性能GPU计算的城市建筑群震害模拟/韩博 陆新征 许镇 李易

4. 村镇应急避难场所规划技术指标的探讨/初建宇 苏幼坡

5. 高校校园防雷系统的安全评价/李夕兵 杜晶

6. 地质灾害风险评价研究/齐信 唐川 陈州丰 邵长生

7. 论极端性洪水灾害与全球气候变化——以汉江和渭河洪水灾害为例/殷淑燕 黄春长 查小春

8. 多变量洪水频率的计算/汪丽娜 李艳 陈晓宏 顾继光

9. 汉江上游郧西段全新世古洪水水文学研究/虎亚伟 庞奖励 黄春长 查小春 周亚利 乔晶

10. 江苏省近30年冰雹灾害的时空变化规律/包云轩 覃文娜 高苹 申双和 蒋义芳

11. 春旱对春玉米产量的影响试验研究/马树庆 王琪 于海 徐丽萍 张铁林

12. 2011年中国大陆地震灾害损失述评/郑通彦 郑毅

13. 中国地震仪器烈度滤波器的设计/康兰池 金星 励进

14. 机器人技术在地震废墟搜索救援中的应用/张涛 尚红 许建华 刘亢 张媛 王金萍

15. 基于震中烈度的地震人员伤亡评估方法研究/刘金龙 林均岐

16. 供水系统水池震害分析/高霖 郭恩栋 王祥建 刘智 洪广磊

17. 青藏高原冬、春季沙尘暴频次时空分布特征及其环流背景/苟诗薇 伍永秋 夏冬冬 潘婕

18. 承德市近50年沙尘灾害时空分布特征及成因分析/李云强 马凤莲 周士茹 宋喜军 吴裴裴

19. 台风灾害风险区划模型/胡波 严甲真 丁烨毅 黄鹤楼 赵伍杰

20. 庐山台风暴雨环境背景与云型特征分析/叶小峰 马中元 马晓琳 黄水林 肖云

21. 中国南方塑料大棚气象灾害风险区划/杨再强 朱凯 赵翔 张婷华 彭晓丹 周志龙

22. 安徽省小麦旱灾风险不同区划方法对比研究/李宁 温玉婷 解伟 周扬 刘雪琴

23. 我国城市暴雨内涝的成因及其应对策略/张炜 李思敏 时真男

24. 基于CGE模型的极端冰雪灾害经济损失评估/曹玮 肖皓

第六期

1. 都江堰龙池镇三神公泥石流灾害特征/耿慧辉 贾景超

2. 基于路径的网络流控制应急疏散模型与算法/李进 张江华

3. GIS系统中灾情信息动态可视化研究/刘浩 段莉琼 曹巍 赵文吉 宁方馨

4. 基于地震烈度速报信息的地震损失评估系统设计与实现/朱耿青 孙柏涛 黄宏生 张桂欣 林岩钊 王辉山

5. 中国地震灾害损失调查评估培训系统/王东明

6. 震害指数及有关问题的讨论/薄景山 张建毅 孙平善 李伟 李平

7. 我国地震综合减灾能力评价指标体系——以唐山市为例/刘晓静 薄涛 郭燕

8. 生命线系统地震灾害损失评估方法研究/刘金龙 林均岐 陈希

9. 陕北黄土高原区崩塌发育类型及影响因素分析——以吴起县为例/段钊 赵法锁 陈新建

10. 无人机遥感系统在云南盈江地震中的应用/温奇 陈世荣 和海霞 李珊珊 白瑞杰 赵星涛

11. 华北平原1960—2009年气象干旱的时空变化特征/卢洪健 莫兴国 胡实

12. 基于AHP-OWA方法的洪涝灾害风险区划研究——以秦淮河中下游地区为例/周峰 许有鹏 石怡

13. 环渤海地区低空急流的时空分布特征/赛瀚 苗峻峰

14. 强降雨致洪涝灾害下不同因素对水稻倒伏的影响/李小坤 李云春 鲁剑巍 鲁君明 徐正伟 邹俊

15. 海南省主要热带作物灾害脆弱性分析及对策研究——以天然橡胶种植业为例/刘晓光 张慧坚 李光辉 李玉萍 曹建华 方佳

16. 公路地质灾害面线点多层次综合预报体系结构/龙万学 何文勇 唐凡 曾毅

17. 基于堰流理论的泥石流堵河模型研究/陈春光 姚令侃 杨庆华 刘翠容

《中国防汛抗旱》

第一期

1. 我国山洪灾害防治非工程措施建设实践/邱瑞田 黄先龙 张大伟 左吉昌

2. 省级山洪灾害预警监测系统的开发/孙加龙

3. 宁夏隆德县山洪灾害防治试点建设管理做法与成效/孟醒

4. 江西景德镇市城市内涝成因及防治对策/汪郁渊

5. 辽宁省狗河流域猴山水库下游河道防洪方案选择/李智慧

6. 影响引黄济津潘庄线路应急输水工程供水效果的因素及工作建议/王传尧 高云清 王传志 刘海燕

7. 广东省三防指挥系统简述/王战友 宾爱华

8. 国家防汛抗旱指挥系统中的数据库分析/董依生

9. 在舟山群岛新区建设中提升防汛减灾能力的思考/周国平 姚月伟 叶勇

10. 抢抓新机遇 谋划新发展 适应新形势——河北省馆陶县规范抗旱服务站建设情况/王跃军

11. 特大干旱形势下加快云南临沧市水利建设的思考/叶吉萍

12. 吉林市防洪对策研究/尹子龙 张丽霞

13. 辽宁抚顺市防御“2010·7·30”暴雨过

程分析/王曙光 王立民 王国新

14. 科学实施洪水管理 从容应对洪水灾害——天津市防汛工作体系建设工作建议/程道君

15. 黄河防汛物资储备模式探讨/牟月云 牟秀川 刘绪忠

第二期

1. 防汛抗旱与水旱灾害风险管理/刘宁

2. 太湖流域洪水与水量调度方案的制定和认识/吴浩云 孙海涛

3. 2010年广州亚运会场馆洪涝风险应急管理关键技术研究/高龙华 周小清 龙晓飞 雷勇

4. 福建福州市屋顶绿化及雨水收集对雨洪的调节作用/李帅杰 程晓陶

5. 再论城市防洪与城市排水系统/冉星彦

6. 江西抚河唱凯堤溃堤调研及原因分析/姚秋玲 孙东亚 王新春

7. 湖北省"十一五"防洪保安能力建设调研/孙又欣 谭巍

8. 对山东泗河流域防汛工作的思考/田文书 张海涛 轩航

9. 湖北黄石市应对2011年水旱灾害的思考/王金如

10. 江苏连云港市2010年秋季干旱原因及治理对策/陈静 李巍 陈占才 董淳桓

11. 江西宜春市抗旱工作分析/刘子一 陈建荣

12. 云南漾濞县防旱抗旱对策分析/陈艳 胡建华

13. 山洪预警预报技术研究与应用/刘志雨

14. 辽宁凤城市山洪灾害防治试点项目建设经验/范远丽 孙丹 袁龙 姚利刚 屈晨晨

15. 吉林市水利防汛应急值班工作的"四预三定"/郑伟 李媛媛

16. 认识洪水——问题与解答之三 洪灾产生的后果/王建跃

17. 调频差转型山洪预警广播系统的应用/徐超 秦海鹏

18. 不同地理条件下山洪灾害无线预警广播建设的选型/韩锋 李萃瑜

19. 黄河下游出现横河险情原因及抢护方法探讨/范海林 李富中 吴银秀

20. 汛情会商系统在北京市防汛工作中的应用/王兆刚 税鹏勃 王海潮

21. 山东日照市推行基层抗旱新模式的实践与启示/文晓青 范彩英

22. 吉林市洪水资源化工作实践/张丽霞 敬明星 贺长发 左林

第三期

1. 我国中小型水库安全度汛工作思考/刘金梅 王为

2. 山西临汾市水库除险加固管理工作建议/范利斌

3. 云南省农村抗旱存在的问题及对策/崔江红

4. 安徽驷马山灌区大旱之年抗旱工作做法与启示/杨月明 施宏江

5. 辽宁阜新市防汛工作经验/陈成功 王宝琛

6. "十二五"期间广东博罗县防汛防旱防风能力建设思考/翟月娥

7. 湖北省部分山洪防治项目督办调查报告/孙又欣 叶涛

8. 河南内乡县山洪灾害防御非工程措施项目建设的做法与经验/江道宗 王书平 裴丹丹

9. 村级山洪灾害工作防治预案的编制/刘宝林 陈祥权 许贻然 刘建林

10. 黑龙江省防洪抗旱能力建设调研/张辉 张奥

11. 北京怀柔区防洪规划编制经验与实施建议/付大刚

12. 对抗旱工作中常用术语概念的分析理解/董依生

13. 水平定向钻穿越水域工程防洪问题浅析/李晓新

14. 杜家台分蓄洪区运用预案研究/张军 皮凌华 向德明 何永煜 杜佐道

15. 苏北灌溉总渠槽蓄曲线推算及其在防洪预报调度中的应用/吴立新

16. 上海市防汛物资储备基地布局规划研究/李世阳 贾卫红

17. 浙江"2011·6·20"区域水灾成灾机理及防洪减灾应急响应/谭徐明 张念强 马建明 万金红 李云鹏

18. 湖北省决胜2011年大旱案例评析/孙又欣 李凯

19. 2010年福建泰宁县城区受淹情况及成因分析/黄福星

20. 2011年黄河秋汛洪水防御工作回顾/魏军 任伟 张乐天

21. 河南安阳市城市防洪排涝规划运行实践/王忠贵 王宝丰

第四期

1. 贵州省山洪灾害防治县级非工程措施建设项目招投标实践/裘峰 黄红燕

2. 浙江桐庐县基于数字电视机顶盒方式的山

洪灾害预警系统建设/杨艳艳 朱家驹

3. 重庆市山洪灾害防治现状及工作对策/曾侃煜

4. 浙江舟山市定海区山洪灾害防御现状及对策/陈锡强 李哲

5. 四川泸州市2011年特大干旱的思考/赖自力 罗再潜

6. 山洪预警广播系统的信息化建设及应用/秦海鹏 徐超

7. 吉林省2010年洪水分析及防汛抗洪体会/王晓欣 吴博 费祥

8. 浅析无线预警广播设备的设计技术/陈淑武

9. 中央防汛抗旱物资储备管理工作经验简谈/张葆蔚 万金红

10. 辽宁省2011年防台风工作对策分析/刘卓也

11. 对洪湖分蓄洪区东分块蓄洪工程的思考/方民

12. 广西崇左市2009—2010年冬春大旱成因分析及工作对策/盘光能

13. 宁夏隆德县洪水资源化利用探析/刘巧玉

14. 福建省城镇防洪技术研究/陈斌

15. 基于洪水风险图的超标准洪水防御对策研究/郭燕波 许士国 孙朝余 熊敬东

16. 北京市防汛应急抢险队伍建设构想/龚应安 陈建刚 臧敏 张书函 孔刚

17. 台风灾害承灾体社会经济易损性研究——基于广东省的实证分析/陈和 刘贵政 蒲惠荧

18. 认识洪水——问题与解答之四 怎样预测洪水/王建跃

19. 海南万泉乐城区域总体规划对防洪影响的试验研究/刘达 黄本胜 邱静 刘中峰

20. 湖北省水库安全度汛的做法/孙又欣

21. 浅谈中小型水库的防洪保安/张文海

22. 提升防汛信息化水平的思考/张益 姚真凯 张柏林

23. 规范管理 强化应急 有效推进防汛抗旱新闻宣传工作/吴卿凤

24. 县级水旱灾害统计工作存在的问题及建议/徐海兵 刘汉高

25. 湖北咸宁市抗御两百年一遇特大暴雨洪水体会/程参平

26. 陕西渭南市应对渭河“2011·9”秋汛洪水经验浅析/冯全民 贾玉芳

27. 防汛抢险中应注意的重点问题/杨梦云 张根喜 王风华 刘明忠

28. 山西运城市应对2011年强降雨措施及思考/侯会玲

29. 浙江台州市基层防汛体系长效管理机制建设实践/李鹏春 王显勤 林扬

第五期

1. 江苏省防御台风“达维”工作实践与启示/王建

2. 江苏连云港市抗御“2012·7·8”特大暴雨经验及体会/陈静 杨政 李媛 孙可寅

3. 甘肃酒泉市抗击“2012·6·7”洪水纪实/赵焕蕊 范玉

4. 我国重特大干旱灾害频发原因探析/吴玉成

5. 基于AHP的我国重特大干旱灾害综合评判指标及其应用/高辉 苏志诚 屈艳萍

6. 我国防洪安全度评价方法探析/姜付仁

7. 我国山洪灾害防治路线与核心建设内容/何秉顺 黄先龙 郭良

8. 事件驱动的县级山洪灾害监测预警应用系统设计与实例研究/张红萍 刘舒 丁留谦 郭良

9. 福建漳州市山洪灾害防治监测预警站点防雷安全工作探讨/杨新建

10. 吉林安图县山洪灾害防治非工程措施建设工作实践/孙凤华

11. 河北邢台县山洪灾害防治非工程措施项目建设初期运行效益分析/郭红霞 孟宪彪

12. 湖北谷城县“2012·8·5”洪涝灾害反思/胡正选 孙又欣 郑治军 谭巍

13. 江苏扬州市城市防涝实践与思考/刘爱军

14. 无线广播预警报警系统对防洪减灾的作用——以大连碧流河水库无线广播预警报警系统为例/张春波 金英学 臧家义

15. 四川泸州市洪涝灾害成因及防治对策/童登辉 李明 杨先华

16. 涉水项目防洪安全思考/孙又欣

17. 河南省抗旱服务组织长效发展机制探讨/黄喜良 徐来阁

18. 宁夏隆德县干旱形势及防治对策/孟醒

19. 应急抢险车的开发与应用/马素坡

20. 湖北省荆江分洪工程建设60周年启示/孙又欣

21. 加强民生水利建设 构筑安全饮水保障——河北沧州市农村饮水工作实践/沈秀云 李雪琴

22. 黑龙江垦区防汛物资储备管理工作思考/李明 宫晓钧

23. 广东省水旱风灾害防治应急体系创新经

验/李荣利

24. 黄河防汛抢险应急处置机制/滕翔 张葆蔚

25. 广西龙江河镉污染事件应急调水方案分析/杨钢

26. 陕西渭南市水利防洪工程建设管理实践/刘伯栋

第六期

1. 北京“2012·7·21”暴雨洪灾调查与影响因素分析/胡晓静 吴敬东 叶芝菡 宿敏

2. 陕西汉中市城市防洪现状及对策/孟磊

3. 湖北咸宁市城市防洪排涝问题与防治对策/程参平

4. 湖南长沙市城市干旱预警研究/屈艳萍 吕娟 苏志诚 张海滨

5. 大型水库出库洪水频率计算方法探讨/宋全勇 李华书 朱晓梅 黄清涛 晏志伟

6. 沁河河口村水库防洪库容论证/李保国 宋伟华 盖永岗

7. 湖北应对台风“苏拉”的启示/孙又欣

8. 辽宁“2012·8·4”暴雨洪水特征分析/冯琳 梁凤国 王保泽

9. 湖北秭归县抗旱救灾工作措施探讨/周立俊

10. 黑龙江干旱预测分析及应对措施/张辉 张奥

11. 湖北武穴市山洪灾害防治非工程措施项目建设做法及问题思考/宋建桥 郭培盛

12. 浙江宁波市江北区山洪灾害非工程措施项目建设实践/汤海艇

13. 江西永丰县山洪灾害防御体系工作实践/夏小华 宁小华 黄春财 刘浩军

14. 甘肃庆阳市防汛抗旱应急体系建设实践/刘洋

15. 湖北孝感市跨流域调水抗旱工作实践/耿俊生

16. 湖北杜家台分蓄洪区洪水保险工作探讨/张军 蔡元芳 张官云 陈黎

17. 缺少水文资料的中小河流洪水风险计算模型与方法/丁志雄 叶梓川

18. 黄河禹潼河段防汛物资储备管理问题思考/冯全民 贾玉芳

19. 云南大姚县三年连旱成因及对策/杨林

20. 黄河水库水电站防汛调度管理问题分析/李旭东 娄书建 李力翔

21. 强化四项保障 确保度汛安全——江西赣州市小型水库安全度汛工作实践探讨/刘建平

22. 飓风“桑迪”袭击美国/王虹

23. 山洪预警广播系统建设中常见问题探讨/徐超 秦海鹏

24. 浮力坝式应急挡水子堤的应用研究/马峰 郭斌 张谦

25. 我国特种抢险救灾移动设备现状及存在问题/孔庆新 王伟

《震灾防御技术》

第一期

1. 红外热成像技术在震后房屋损坏快速鉴定中的应用研究/李志强 代博洋 李晓丽 何萍

2. 湖南省抗倒塌地震区划图预编试验的潜在震源区划分原则/肖和平 陈学良 高孟潭

3. 地震应急卫星通信系统的设计与应用/杨乐 曾薇 谭颖

4. 地震动强度及频谱特征对场地地震反应分析结果的影响/兰景岩 吕悦军 刘红帅

5. 汾渭地震带区域地震目录最小完整震级分析/郭秋娜 吕晓健 高战武

6. 农居地震安全技术网络服务系统的内容和原理/夏坤 袁中夏 蔡宗文 贾冠华

7. MPLS VPN 高速区域网络在天津地震监测系统中的应用/李刚 孙晶岩 卞真付 周利霞 王晓磊 齐士超

8. 水库大坝的震害调查评估方法研究/许亮华 郭永刚 苏克忠 许光

9. 印度锡金邦 6.8 级地震中国西藏地区民房震害分析/姚新强 陈宇坤 高武平 吴今生 冉华 曹忠权

第二期

1. 渤海海域海洋平台抗震设防标准研究/刘育丰 彭艳菊 王俊勤 沙海军 吕悦军

2. 工程场地地震安评中加速度反应谱标准化问题的讨论/楼梦麟 陈培德

3. 通信系统在援巴基斯坦地震监测台网建设中的应用/谭颖 杨乐 曾薇 李璐彬

4. 关于在基础设施抗震规范中规定最低设防要求的一点建议/王克海 李悦 颜文晖 李茜 韦韩

5. 储液罐地震安全问题研究综述/方浩 吴昊 王笃国 陈国星

6. 城市建筑物震害三维模拟在 GIS 中的应用/谷国梁 姜立新

7. 2011 年 10 月 16 日新疆精河县 5.0 级地震震害特征及原因/陈建波 谭明 吴国栋 胡伟华 孙甲宁 张振斌

8. 1057 年地震之研究/温超 杨家亮 金学申 范强 张合 孙丽娜 齐玉妍

9. 1911 年 2 月 1 日福建德化 4（3/4）级地震的考证及同年 2 月 6 日江西九江 5 级地震的质疑/林松建 郑剑华 陈为伟 张颖 郑潮辉

10. 甘肃省农村居民地震常识情况的调查分析/钟秀梅 袁中夏 贾冠华 侯景瑞

第三期

1. 龙陵—瑞丽断裂北段晚第四纪活动性特征及强震复发间隔/杜义 张效亮 黄学猛 杜宇本 谢富仁

2. 朱溪水库诱发地震可能性分析/马志江 赵冬 韩用兵 毛昌伟 姚立珣

3. 郑州市断裂最大潜在地震发震概率评价/王继 田勤俭 高占武

4. 考虑地震构造背景的地震活动性参数光滑方法在地震危险性概率评价中的应用/张力方 吕悦军 彭艳菊 马晓玲 宁亚灵

5. 面向防震减灾的人口数据空间化研究——以 2007 年宁洱地震灾区为例/陈振拓 李志强 丁文秀 韩贞辉

6. 河北廊坊地区的设定地震灾害评估/杨歧焱 杨家亮 王振明 盛艳蕊 范强

7. 地震应急指挥协同技术平台设计研究/姜立新 帅向华 聂高众 杨天青 席楠 李晓杰

8. 省域地震应急联动协同的工作平台研究/蒋小杰 方盛举

9. 虚拟技术在地震应急指挥技术系统中的应用/杨斌 马朝晖 郝志勇

10. Nagios 监控系统在天津地震应急系统中的综合应用/张晖 周利霞 姚会琴 孙晶岩

11. NagVis 等开源监控软件在天津地震前兆台网的应用研究/姚会琴 李悦 高逊 杨爽

第四期

1. 唐山丰南 M4. 1 级地震强震记录分析/冉志杰 杨歧焱 周月玲 孙丽娜 吕国军 孟立朋 范强 彭远黔

2. 脉冲型近断层地震动作用单自由度体系响应分析/郭靖 陈健云 何伟 徐强

3. 地震动空间效应对大跨度桥梁非线性地震响应的影响/黄信 黄兆纬 胡雪瀛 蔡浩良 齐麟 刘涛 王传奇

4. 框架结构中现浇楼梯的抗震性能分析/刘喜平

5. 保定市典型多层砖混结构震害预测分析/孟紫阳 郭明珠 赵慧乾

6. 1329 年福建闽江口 51/2 级地震与 1517 年福建福州 43/4 级地震考证/林松建 林琛 罗咏梅 张颖

7. 浅谈地震灾害符号体系构建的理论框架/李晓丽 李志强 代博洋 陈振拓

8. 网络地震灾情信息智能处理模型与地震烈度判定方法研究/胡素平 帅向华

9. 飞信服务在地震软件系统中的集成和应用/王小明

《国际地震动态》

第一期

1. 2011 年东日本大地震：位移延伸至海沟轴/Toshiya Fujiwara，Shuichi Kodaira，Tetsuo No，Yuka Kaiho，Narumi Takahashi，Yoshiyuki Kaneda，/左玉玲

2. 日本东北地区太平洋近海地震震级更改的理由/上野宽 八木勇治 彭岩

3. 日本东北地区太平洋近海地震概况/上野宽 彭岩

4. 岩石断裂释放的臭氧可用于地震预测/周小玲

5. 地震预报与地震预警/李启成

6. 向导式遥感震害评估系统研制/陈曦 张景发 赵福军 安立强

7.《中国地震》网络传播趋势分析/吴琼

8. 地震区划中 b 值统计的若干问题研究/任雪梅

9. 衰减、场地响应等地震波传播信息综合研究/朱新运

10. 场地地震波动模拟中透射边界稳定性问题研究/杨宇

11. 利用数字波形资料研究区域中小地震震源机制/郑建常

12. 梯级电站系统的地震危险性评价方法/雷建成

第三期

1. 关于东日本大地震成因的一种观点/Richard A Kerr，左玉玲

2. 美国核爆炸地震监测研究与发展路线图/薛涛 李学政

3. 中国地震科学台阵流动观测现状及进展/宋丽莉 杨微 葛洪魁 袁松湧 欧阳飚

4. 山东省地震群测群防体系建立及发展/刘敏

第四期

1. 日本东部内陆地区 2011 年大地震前后的应力状态与诱发地震/Keisuke Yoshida，Akira Hasegawa，Tomomi Okada，Takeshi Iinuma，Yoshihiro Ito，Youichi Asano，洪启宇

2. 水库诱发地震规律研究——以三峡地区为例/郭铁 万伟 张辉 唐新功

3. 地震系统档案库房建设的思考/朱少华

4. 土体弱化与地震动关联性理论及相互作用规律研究/陈龙伟

5. 汶川地震反应谱研究/郭晓云

6. 汶川地震地面运动场估计及地震烈度与地震动参数相关性分析/林淋

第五期

1. 地震波动数值模拟及稳定性研究/唐晖

2. 利用地震各向异性方法研究地幔底部的形变特征/Andy Nowacki, James Wookey, J-Michael Kendall, 吴萍萍

3. 科学家介绍日本大地震研究的最新成果/刘学

4. 日本2012年度地震调查研究项目计划/林捷 卢振恒 张格仙

5. 汶川地震与玉树地震自救互救调查情况比较研究/王东明 李永佳 陈洪富 黄宝森 张云昌 胡卫建

6. 安徽省地震应急三级响应指挥技术系统研究/丁娟 潘丹 何琳

7. 震后倒塌建筑物的处理：遇难人员搜寻与废墟清理/李亦纲

8. 汶川地震强震动记录分析及应用/彭小波

第六期

1. 2010年青海玉树地震震源过程/张勇 许力生 陈运泰

2. 玉树M_S7.1地震与速度结构的联系：余震层析成像的证据/裴顺平 陈永顺

3. 基于渤海地震环境的海洋平台抗震设防标准初步研究/彭艳菊 吕悦军 鄢家全 唐荣余 王俊勤 李家刚

4. 紫坪铺水库区地震重新定位与汶川地震震源区结构分析/汪碧澜 朱介寿 闻学泽 段云歌 吴朋

第七期

1. 地震数字处理系统的研制与应用/夏仕安 刘泽民 戚浩 赵楠 张炳 程鑫

2. 用随机方法模拟唐山7.1级余震地震动场/李启成 宋志勇

3. 麻城1932年6级地震孕震构造机制探讨/雷东宁 蔡永建 余松 乔岳强 吴建超

4. 军队参与国际重大自然灾害救援行动工作机制建设的思考/陈虹 冯海峰 王永昕 李蕊 宋富喜 闻明

5. 努力构筑地震系统科学/冈田义光 彭岩

6. 基于历史地震烈度资料的地震危险性评估方法研究/刘静伟

7. 县市政府地震应急行为模式和区域地震应急能力评估方法研究/邓砚

第八期

1. 2011年全球地震活动性和地震灾害概要/冯蔚 李卫平 赵荣国

2. 2004—2010年中国地震台网中心科研论文产出状况分析/吴琼

3. 调动基层科研优势，创建上下互动互补的地震科研体系/郭建芳 于小菊 董宇 周剑青 张晓曦

4. 对《转换函数与汶川大地震关系的初步研究》一文的分析/龚绍京 马骥 刘双庆 栗连弟

5. GPS地壳形变观测及其在中亚大三角地震构造域的应用/肖根如

第九期

1. 厦门市地震应急现场指挥所方案/卓群

2. 云南地方地震前兆监测资源的整合/杨玲英 杨配新 毛先进 崔庆谷

3. 云南地震学术论文的载文计量分析/周挚 杨昀 卜彤 钱春丽 周金莉 余庆坤 林芳美

第十期

1. 降雨触发地震研究进展/陆明勇 马牧军 李宁 彭立国

2. 从汶川和日本巨震浅论我国地震预测的可应用性问题/程万正 刁桂苓

3. 加强地方地震工作的重要性/王绍然 刘其寿 杨佩琴 李远兴 赖福霖 郑永通

第十一期

1. 东北地方太平洋近海地震引发的地震活动及对活断层的影响/远田晋次

2. 应急预案在地震应急响应中的作用——以唐山地震、汶川地震为例/王永昕 陈虹

第十二期

1. USGS 2013年地震灾害计划研究重点/李娜

2. 科学家发现预测地震应力的新数值模型/周小玲

3. 滇西实验场地震短临动态跟踪综合预测方案/杨芬 吴国华

4. 科氏力余震效应在地震救援中的意义/郭增建 郭安宁 张炜超 张津

5. 核电厂地震PSA方法研究探讨/付陟玮 陈妍 张东辉 张春明 左嘉旭 宋维

6. 浅谈地震监测台站建设项目档案管理/王超

《中国地质灾害与防治学报》

第一期

1. 河南卢氏县罗家沟泥石流灾害及其防治/车志强 韩国童 徐建红 王卓

2. 西安地铁四号线沿线地裂缝的灾害分析与对策研究/徐继山 卢全中 付恒阳

3. 浙江泰顺县地质灾害易发区划分方法探讨/吴涛 褚先尧 冯立新

4. 重大地质灾害防治理论与实践/刘传正

5. 广州花都区赤坭镇岩溶地面塌陷地质灾害现状及防治对策/骆荣 郑小战 易顺民

6. 大面积采动矿区水环境灾害特征及防治措施/李喜林 王来贵 苑辉 李建新

7. 贵州水城县地质灾害特征、成因及防治对策/司江福 尹海洋 黎富当 张波江 李敏艳

8. 贵州望谟县田坝沟泥石流灾害特征及防治建议/王涛 余斌 亓星 马煜

9. 四川青川县碾子崩塌风险性评价/张劲松 杨红

第二期

1. 基于空间信息技术的地震灾害监测评估/毕晓佳 汪宝存 徐华全 张宁

2. 金沙江鲁地拉电站水库区地质灾害易发性评价/何宝夫 张加桂

3. 甘肃天水市北山地质灾害类型及成因分析/辛存林 杨国林 赵志鹏 孙现辉 马维云 李鸿儒

4. 福建龙岩新罗区地质灾害形成条件及其机理探讨/吴超凡 邱占林 邹丹

5. 水利水电工程中地质灾害预防与地质环境保护对策探讨/王自高 何伟 王昆

6. 湖南省地形地貌与地质灾害分布关系分析/方琼 段中满

7. 基于 GIS 的江苏宜兴市地质灾害易发区评价/陈福春 刘洪

8. 基于 ArcGIS Server 的天津市突发性地质灾害信息网络发布平台建设设计与实现/张像源

9. 甘肃黄渚镇“8·12”暴洪泥石流灾害类型特征及成因分析/周斌 董抗甲 罗鸿东 胡莎莎

10. 重大地质灾害防治理论与实践/刘传正

11. 三峡库区地质灾害监测预警工程经济效益评估分析/侯俊东 侯甦予 吕军 朱冬元

12. 四川成都龙泉山区地质灾害发育特征与防治对策/杨彪山 郑志军 周伟

13. 甘肃舟曲特大泥石流灾害形成机制及减灾对策/唐兰 陈洪凯

第三期

1. 川气东送管道工程沿线地质灾害及防治对策分析/方浩

2. 津秦客运专线天津滨海北站地质灾害的现状与预测/张像源 王瑶 高俊杰 焦洋 张昕

3. 关于暴雨引发灾害的几点思考/刘传正

4. 四川白鹤滩镇“6·28”泥石流灾害/刘传正

5. 新疆哈密至罗布泊沿线盐渍土特征及其灾害探析/慈军 张远芳 刘亮 那姝姝 刘威

6. 断裂（带）对采空塌陷及地裂缝地质灾害的影响——以山东新泰市河山子村为例/常允新 王振涛 冯在敏

7. 四川广巴高速公路红层滑坡成因分析及防治措施/袁晓波 向波 赵丹 何云勇

8. 四川汶川县映秀镇红椿沟“8·14”特大泥石流形成条件与运动特征分析/李德华 许向宁 郝红兵

9. 河南省泥石流危险度分区/李建林 韩乐 张洪云

第四期

1. 天津市沿海涉海工程的自然灾害风险分析/乔吉果 詹华明 龙江平 谢永清 宫少军 赵卫

2. 重大地质灾害防治理论与实践/刘传正

3. 基于 GIS 的建设项目地质灾害危险性评估/谈树成 金艳珠 虎雄岗 蒋顺德 冯龙

4. 吉林敦化泥石流灾害区域预警系统研究/张熠斌 王延亮 刘传深 王立春 朱宝臣 齐斌 宋金红

5. 云南省彝良县龙海乡镇河村滑坡灾害/刘传正

6. 四川汉源万工集镇“7·27”灾后泥石流预测分析与综合防治/单诗涵 王旭红 李廷友

7. 沟口公路小流域山洪危险性评价——以四川省凉山州美姑河省道公路为例/陈远川 陈洪凯 唐红梅

8. 甘肃东乡县城滑坡综合治理中的排水工程设计思路/付东林 黎志恒 赵成 张永军 张川 高晖 胡莎莎

9. 陕西延安地区黄土滑坡特征及其活跃性分期/刘朋飞 李滨 陈志新

10. 四川绵竹走马岭特大泥石流动力特性的数值分析/阴可 苟印祥 李承泽 吴汉辉

《山东煤炭科技》

1. 煤矿超前钻孔防灾害保安全的应用/贾焕福

2. 浅谈矿井应急管理系统建设/马标 宋有福 宋建龙 宋修通

3. 浅谈煤矿企业应急管理/张兰 于文科

4. 采空区灾害监测及预警应用技术/郝迎格 王旭 董祥武

5. 岱庄煤矿采掘工作面灾害超前预警系统的建立/张牧 李庆超

6. 井下湿热灾害治理技术/刘杰 张开相

7. 中厚煤层区段煤柱灾害分析/范祖君 臧茂彬

8. 浅谈做好地质灾害危险性评估的方式方法/李迎鑫 唐福然

9. 冲击地压致灾因素及防控技术研究与探讨/陶勇

10. 火灾回风巷建防火密闭墙的启示/陈晓江

《环境保护与循环经济》

1. 浅析应急监测在突发性环境污染事故处理中的作用/陈建强

2. 新城镇建设中环境污染应急监测体系的建立及防控策略/邵华

《改革与开放》

1. 城市公共安全体系的构建与完善/马惠萍

2. 信息时代行政机关对网络突发事件的应对/魏莼

3. 分析大型自然灾害的救灾物资管理/秦麒瑞

4. 从重大灾害看政府职能转变与创新——以泸州市“7·23”特大洪灾为例/唐仕钧

《中国管理信息化》

1. 基于应急管理视角的政府应急专业处置能力建设的思考/于磊 徐凤姣

2. 突发事件车辆装备应急保障运行机制研究/邵玉平 陈少元 董坤 李耀琨

3. 非政府组织参与重大危机应对的影响因素研究/陈冬蕾

4. 灾害管理中供应链问题研究/姚惠琳 顾谦农 John K. Visich

5. 志愿者在汶川地震灾区图书馆中的作用/吴素娟 李勇 阮菊红 程孝良

6. 浅析人员密集场所消防安全现状及预防对策/苗树林

7. 改进长春公共消防服务的对策/张录文

8. 基于突变理论的煤矿企业事故预防管理/刘地生

《管理学刊》

1. 基于生命周期理论的河南省防洪减灾应急管理体系研究/刘德林

2. 我国基层应急预案建设的基本理念研究/吴晓涛

《河南理工大学学报（社会科学版）》

1. 中国地震应急管理典型案例分析——以玉树地震为例/程书波

2. 突发事件中人的脆弱性分析/杜文

《中国水利》

1. 江西山洪灾害防治实践及思考/李世勤 邱敵勇 王述强

2. 开展全国山洪灾害调查评价的工作设想/郭良 刘昌军 丁留谦 孙东亚

3. 甘肃岷县“5·10”特大山洪灾害调查/何秉顺 郭良 左吉昌

4. 欧美山洪灾害防治研究进展及实践/孙东亚 张红萍

5. 山洪灾害防治县级非工程措施项目建设进展及成效/邱瑞田

6. 北京“7·21”特大暴雨影响及其对策分析/姜付仁 姜斌

7. 福建省山洪灾害防治实践与思考/董国华 魏剑华 胡桂林

8. 淮河流域水旱灾害成因与减灾策略探讨/王飞 张婷

9. 山洪灾害防治县级非工程措施——为山区人民撑起“生命的保护伞”/杨轶

10. 平塘县山洪灾害防治非工程措施发挥防洪减灾作用的调查/刘志雄

11. 河北邯郸3年将完成7个县山洪灾害防治非工程措施建设/赵国华

12. 湖南山洪灾害防治县级非工程措施建设探索与实践/汤喜春 曾文刚

13. 铅山县山洪灾害预警系统应用与实践/潘小明

14. 河南山洪灾害防治县级非工程措施项目建设再掀高潮/高义蓉

15. 山洪灾害预警指标确定方法/李昌志 孙东亚

16. 浙江省山洪灾害防治非工程措施建设现状与对策研究/曹飞凤 何秉顺

17. 霍山县山洪灾害防治试点项目建设实践与启示/陈世宏

18. 太湖流域水灾害应急对策研究/吴浩云 金科

19. 山洪灾害防治群测群防体系建设探析/何秉顺 常清睿 褚明华

20. 山洪灾害防治雨水情自动监测站建设/张大伟 王明莹 左吉昌

21. 北京"7·21"特大暴雨自然灾害的启示与对策思考/杨进怀 丁跃元 刘大根

22. 冰碛湖溃决灾害评估及应急泄流技术/解家毕 丁留谦 张启义

23. 2009—2010年贵州旱情等级评估/杨静 郝志斌

24. 怀柔区大水峪水库防洪对策/付大刚

25. 局部暴雨洪水（泥石流）调查方法研究/陈学林 牛最荣 刘进琪 昝大为 王学良 任东 李俊仁 罗东宁

26. 新时期防洪减灾若干问题的探讨/程晓陶 韩松 王宏涛 廖井霞

27. 虎跳峡镇干沟箐泥石流成因分析与防治对策/王爱林

28. 国内外城市水灾若干案例与启示/程晓陶

29. 水利行业标准《洪涝灾情评估标准》（SL579—2012）出版发行/史研

《上海城市管理》

1. 东日本复合灾害的本土应对与中国借鉴/俞慰刚

2. 现代城市灾害管控的政府职能与市场机制/冯周卓

3. 我国城市应急管理体系的上下同构及其破解/李永清

4. 城市地下空间人员应急疏散的难点与破解对策——以上海为例/郑悦 高福桂 姚保华

5. 城市巨灾与《城市安全设计大纲》的编研思路——以北京市为例/金磊

6. 现代城市的地震易损性及其应对策略/姚保华

《江西社会科学》

1. 公众风险恐慌的社会法学分析——以"7·23"甬温线动车追尾事故为例/彭飞荣 杨梦

2. 论我国应急管理机制创新——从疫情应急角度分析/章先华 贾仁安 王翔

3. 应急预案中的风险及其治理/熊炎

《经营管理者》

1. 构建具有较强实效性的我国高校应急管理体制研究/秦逸 车彤

2. 应对突发危机的新型应急管理体制构建/黄明山

3. 医院应急管理体系建设与统筹管理/邝武良

4. 福建省环境应急能力建设现状及对策建议/胡龙晖

5. 基于AHP的应急物资供应商选择评价研究/郭秀英 李敬宇 李字全

6. 浅谈突发性环境污染事故应急监测要求/刘霞

7. 我国突发事件的应急管理研究/郑家宜

8. 基于遥感影像电子地图的高速公路应急指挥系统/毛继斌

9. 建筑工程施工项目危险源的应急控制问题研究/张志乐

10. 探讨人民银行应急突发事件管理/黄率纯

11. 大学生消防应急能力现状分析——以广东省大学生为例/辛斯 蔡思婷 杨婷 曾怡欣

12. 建筑工程施工现场危险源的辨识问题研究/唐凯

13. 浅谈业务外包模式下工程项目应对突发事件的商务管理/沈波 徐伟

14. 基于危机生命周期理论的校园突发事件风险沟通要素识别/张欣

15. 试谈地方煤矿瓦斯爆炸的原因及灾害防治对策/胡松林

16. 论日本灾害危机管理体系对我国的启示/谭映月

17. 灾害应对中的社会管理创新——四川省绵竹市灾后援助社会资源协调平台的探索/邓湘树 边慧敏 鲁航

18. 公共危机管理中须重视公共危机教育/庄雄俊

19. 浅谈我国政府危机管理能力的提升——基于唐山、汶川及玉树地震灾害的比较分析/唐亚

20. 五桂山A村雷击灾害事故分析/伍开新 罗志勇 丁晓雨

21. 滑坡地质灾害的TDR监测技术研究/张日鹏

22. 浅谈地质滑坡勘察及防治/王尚锟

23. 茶陵县烤烟自然风险减灾机制建立的思考/黄湘民

24. 浅论煤矿水害防治及措施/宋桂芳

《人民黄河》

1. 水灾害事件应急管理研究述评/刘高峰 王

慧敏 佟金萍

2. 新疆干旱灾害的特征及其影响因素分析/白云岗 木沙·如孜 雷晓云 张江辉

3. 东平湖流域洪涝灾害特点与成灾机理分析/路洪海 陈诗越 张重阳

4. 可公度法在嫩江流域旱涝灾害预测中的应用/耿新新 李鸿雁 姜珊 王傲 吴亚楠

5. 渭河下游“2011·9”洪水及河道治理措施分析/梁林江 袁峥 雷文青

6. 灌区水资源供需系统干旱风险机制分析/冯宝平 赵丽 宋茂斌

7. 城市暴雨内涝计算中降雨插值算法的选取/王宗敏 张杰 赵红领 杨海波

8. 空间数据挖掘技术在滑坡敏感性评价中的应用/夏添 唐川 常鸣

9. 城市暴雨内涝计算中降雨插值算法的选取/王宗敏 张杰 赵红领 杨海波

10. 中美饮用水源地突发事件应急管理研究/王薇 杜桂荣 张丹丹

11. 水资源突发事件应急管理研究现状与展望/程瑶

12. 三门峡库区高边坡护岸应急抢修方案分析/王学通

13. 河南省典型地市旱情分析研究/李虎星

《科技信息》

1. 关于突发事件新闻报道的思考/汝霞

2. 高校后勤突发事件应急管理体系研究/张俊燕

3. 浅谈电力通信系统突发事件应急处理/张国峰 王照玉

4. 论微博对处理高校学生突发事件的影响/邢华平

5. 加强城市应急系列装备建设的认识和思考/宛西原

6. 关于高校学生工作预警机制的几点思考——以广州民航职业技术学院为例/叶金松

7. 独立学院园区突发事件应急管理初探——以云南大学旅游文化学院为例/杨继娟 边景芝 谢海平

8. 基于3G视频无线传输技术的应急指挥系统改造/洪子宁

9. 剖析从众心理 健全应急机制——以抢盐风波为例/戴凤兰

10. 突发公共事件下的政府应急决策机制建设/赵建

11. 应急平台预案库建设中需要加强的环节/隋雷

12. 应急平台建设中的主要问题/隋雷

13. 应急物资需求预测研究的现状分析/李勇 陈强

14. 基于ArcGIS的供电客户服务应急管理信息系统设计及应用/冯磊

15. 高校图书馆应急管理预案现状分析及对策/赵玲

16. 计算机应用与高速公路应急管理/张谦 张丽娜

17. 大学生应急生存能力调查与分析/刘丹宁 董立红

18. 浅谈东阿黄河防汛抗旱应急管理能力建设/张维波 肖纯宝 魏传龙

19. 多中心治理视域下的高校应急管理体系构建/马华

《中国科技信息》

1. 可视化应急指挥调度系统研究/王波 张雪军

2. 远程控制LED屏播放应急信息的系统与设备/钱威森 徐红

3. 大伙房水库2010年汛期工程运行及应急措施研析/王秀红 程海英

4. 地震应急救援体系建设初探/景琦

5. 东莞市环境应急监测工作存在的问题和对策/黄伟峰 邓奕球

6. 基于地网传输网络的变电站移动式应急指挥系统/刘娟

7. 加强消防部队应急救援能力建设的思考/蒙彦成

8. 基于火灾模型的消防应急平台架构和功能分析/李炜

9. 公安消防部队灭火救援行动中的安全管理问题探析/张国栋

10. 如何提升少儿图书馆馆员应对突发事件能力/何琳

11. 隧道地质灾害救援预案制定方法研究/李万凤 李宁君 杨新锐

12. 地震危险性分析方法探讨/付陟玮 陈妍 张春明 左嘉旭

13. 山区地震勘探野外数据采集特点分析与实践/臧立勇

14. 煤田采区三维地震勘探技术及发展趋势/尚晓光

15. 低温降水对未来强震的指示意义/明亮

16. 预制板建筑防震加强措施构想/汪钢

17. 现代城市建筑物主要抗震结构技术及实例/刘邦禹

18. 石佛寺水库溃坝洪水计算/黄文勇 曹炜伦 姜子南

19. 消防管道系统抗震措施探讨/米婵娟

20. 小流域洪水流量计算方法探析/任玉东

21. 龙虎水文站“3·5”与“12·5”暴雨洪水特性分析对比/叶文生

22. 石佛寺水库溃坝洪水计算/黄文勇 曹炜伦 姜子南

23. 洪水与未来强震/明亮

24. 一起由于主变压器保护拒动引起的事故原因事故分析/马云

25. 变电运行事故分析及处理论析/曾紫仪

26. 矿井坑道钻探事故的处理技术简析/乔颖

27. 浅议煤矿井下预防瓦斯事故的关键措施/焦瑞科

28. 浅议如何做好特大火灾事故调查/王新建

29. 我国环境污染重大事故频发的对策分析/刘颖 崔丽

《陕西行政学院学报》

1. 陕西专项应急预案规范化科学化建设探析/陕西省行政学院课题组 王彩梅

2. 应急管理及其培训的性质、特征与培训主体刍议/欧阳克刚

3. 金融突发事件应急预案演练特征及方案设计/焦少飞

《东北水利水电》

1. 松辽流域水污染事故应急管理体系研究/魏民 李环 郑国臣 邵治国 张照韩 王硕 张继民 杨帆

2. 松花江“2010·7”暴雨洪水特性分析/许冬梅 李刚 赵晶东 陈锦岚 张弛

3. 招苏台河1986年决口洪水分析与推求/王荣昌 于洋

4. 第二松花江白山以上流域“2010·7”暴雨洪水分析/于得江 尤芳 王志强

5. 新疆某水利工程设计洪水计算与分析/郑军

6. 1977年黄河与孤山川河洪水遭遇分析/崔殿河 刘玉斗 赵梅

7. 金沙河民立水文站历年洪水特性分析/李鑫 王增学 张悦恺

8. 二道水库小流域设计洪水计算/赵云龙 张巍巍 刘鸿涛

9. 水库洪水调度中如何适度承担风险探析/张伟石

10. 浑河流域水利工程对洪水极值的影响/许晓艳 鄢信 崔玉乙 高世斌

11. 新疆某水库汛期来水及洪水调度分析/杨德丽

12. 松花江洪水对嫩江大赉站水位流量关系顶托影响分析/盛滨龙 盛长滨 兰金生 王海 闫法森

13. 浅谈磐石市黄河水库防汛调度/马庆春 吕世涛 金吉东

14. 清河水库除险加固后对下游地区防洪影响分析/狄旭东

15. 小型水库降雨—库容关系曲线在防洪调度中的应用/郑宝滨 孟祥秋

16. 水库汛限水位分期控制的风险效益分析/项丽媛

17. 阜蒙县山丘区防洪的重点及安全对策/万丹

18. 加快辽河三江口地区省界堤防工程建设的必要性/夏有军

19. 大雅河水利枢纽工程防洪目标的分析确定/那荣越

《安阳工学院学报》

1. 基于和谐管理理论的高校突发事件应急管理探析/林国建

2. 火灾应急照明设计若干问题探讨/王峰 程红磊 孙晓瑜

《电力安全技术》

1. 加强电力应急管理，保证电力安全生产 第1讲 应急管理概述和案例分析/黄幼茹

2. 加强电力应急管理，保证电力安全生产 第2讲 我国电力应急体系建设情况/黄幼茹

3.《电力安全事故应急处置和调查处理条例》释义 第3讲 事故应急处置/黄幼茹

4. 加强电力应急管理，保证电力安全生产 第4讲 基于流程控制的应急管理/黄幼茹

5. 加强电力应急管理，保证电力安全生产 第5讲 电网公司应急体系建设管理/黄幼茹

6. 加强电力应急管理，保证电力安全生产 第6讲 基层企业开展应急管理工作的方法/黄幼茹

7. 电力应急能力评估指标体系的构建/沈桂城

8. 论应急预案在应急管理工作中的作用/杨言

9. 突发事件应急管理体系建设和实践/种衍师 孙建华

10. 应急信息知识化管理在辅助决策中的应用/张文祥 陆文宇 王仕安

11. 层次分析法在电力应急管理评价中的应用/吕刚 魏嗣琴 孙波

12. 基于风险的应急管理/黄幼茹

13. 电力应急抢险作业中人身防护用品配置方案浅析/谭辉彦

《科技管理研究》

1. 国外突发事件应急管理体制的借鉴与思考/汪志红 王斌会 陈思玲

2. 基于协调优化的区域应急物资储备体系研究/王晶 黄钧

3. 基于博弈论的应急产品逆向物流机制探讨/廖灿 李剑敏 刘佩

4. 公共危机状态下军队应急管理体系与能力建设研究/吴勇 周芳

5. 山西新农村建设中突发事件应急能力评价/阎俊爱 荆树伟

6. 美日澳应急管理体系现状及特点/庞宇

7. 广东基层应急知识宣讲的实践与探索——基于肇庆市的分析/卢文刚

8. 地震灾区雷电灾害应急管理问题及对策建议——以汶川、玉树地震为例/左雄 何泽能 官昌贵

9. 逆向通行情形下的灾害应急疏散路线规划研究/周蕾

10. 应急物流实时救济需求管理模型研究/周海英

11. 优先发展城市公共交通战略下城市地铁突发事件类型及其特点研究/卢文刚

《政治学研究》

1. 中国式社区减灾中的政府角色/吕方

2. 应急管理中政府与媒体协调机制的完善与创新/张维平

《安全与环境工程》

1. 区域洪水灾害风险快速评估研究——以上海市为例/李文彬 覃东华 翟高鹏

2. 溃坝模型在尾矿库风险评估中的应用/王璐璐 蒋国胜 芦新建

3. 我国电网自然灾害预警系统研究/王兴发 曹怀予 肖军诗 张强 陆愈实

4. 南方极端冰雪气候与地质灾害的关系分析/李远耀 柴波 缪海波

5. 福建省突发性环境污染事故分析与防范对策/陈建利 曾悦 商婕

6. 液氨泄漏事故的定量风险评价研究/张杰 赵明

7. 浅谈环境应急监测质量管理体系的建设/贺晶

8. 天然气管道风险分析及应急管理/吕奎 孔益平 周宇 何华刚

9. 基于 Petri 网的消防应急救援指挥过程建模与性能优化/刘韦光 赵培 赵云胜

10. 长输气管线维护抢修应急预案研究与应用/李川川 温留东 郑赤登 程旬

11. 化工园区突发事件应急管理信息系统研究/贺延伟 刘鹏刚

12. 基于井下避难硐室系统的煤矿应急救援体系探讨/李隆庭

13. 新建和顺至邢台铁路地质灾害评价与防治研究/王凯

14. 昆明市地质灾害易损性模糊综合评价/陈新宇 卢新中 王琛

15. 中缅油气管道安顺—贵阳段地质灾害类型及其成因分析/李效萌 刘廷 黄志强

16. 关于城市防震避难空间体系规划的若干思考/廖炳英

《中国预防医学杂志》

1. 某市区县级疾病预防控制机构应急能力评价的实证研究/宁宁 吴群红 郝艳华 高力军 康正

2. 城市台风灾后开展应急卫生防疫工作的做法与体会/蒋长征

3. 农村学校饮用水水质风险评估与应急管理体系的建立及其应用研究/唐振柱 钟格梅 刘展华 黎勇 黄江平 李裕利

4. 2009—2010 年佛山市南海区手足口病聚集性疫情及应急处理分析/李俊勇 麦炳恩 曹晓鸥 梁子良 陈振明 张彦丽

5. 对巴基斯坦洪灾疾病预防控制措施及效果评价/付留杰 刘元东 刘勇 周光智 于斌 车吉泊

6. 2011 年福建省突发公共卫生事件流行病学特征及主成分综合评价/陈武 杨莹 吴生根 洪荣涛 欧剑鸣

7. 职业暴露人群人感染高致病性禽流感 H5N1 风险研究进展/朱军礼 张子根 王凤英 吴晓虹

8. 对传染病医院检验科医院感染的控制与管理/解满霞 王以梅

9. 广州市2010年手足口病聚集性疫情流行特征及报告标准探讨/康燕 李美霞 梁会营 王大虎 魏跃红 罗雷

10. 方低温雨雪冰冻灾害的疾病负担研究/张必科 高立冬 阮峰 张廷禄 施国庆 马会来 贺平 付敏 钟西园 段良松 曾光 李群

11. 重大自然灾害后对儿童和青少年心理干预措施及效果分析/陈茹 田文华

《中国安全科学学报》

第一期

1. 城市应急物流需求区域确定及等级划分方法/李国旗 张锦 刘思婧

2. 考虑供应中断的灾后安全救援血液优化调度研究/秦晓燕 刘晓 程勤侦

第二期

1. 考虑优先权的人群安全疏散动态模型/吴丹 杨赛霓

第三期

1. 矿井通风网络的社团结构及灾害控制研究/杨应迪 张国枢 秦汝祥

2. 地震灾害紧急救援可支配交通链路选择研究/朱茵 张鑫 隋晓庆 赵檑

3. 危险品事故泄漏模糊路网应急资源优化研究/陈钢铁 帅斌

4. 高原地震协同应急方法研究——以玉树地震为例/邓芳 刘吉夫

5. 非常规突发事件应急决策方法研究/李明磊 王红卫 祁超 刘丹 王剑 王喆 周超

第四期

1. 基于Vague集的城市地震灾害综合脆弱性度量及其应用/贾增科

2. 基于城市用地单元的自然灾害风险评估概念模型/辜智慧 徐伟 葛怡 史培军

3. 基于知识图谱的应急管理研究态势分析/王云才 牛聚粉

4. 基于事故发展与控制的隐患分级方法/赵东风 申玉琪 赵志强 张佑明 孟亦飞

5. 基于主成分投影法的洪水灾情评价研究/吴昌友 杨静红 许智慧

6. 社会应急资源监测系统及其应急响应能力研究/孟燕萍 黄有方

第五期

1. 企业火灾疏散人员行为及心理特征研究/杨立兵 王亮 陈建宏 熊立春

2. 办公楼疏散演练综合评估方法研究/姜传胜

第六期

1. 应急救援多目标时限指派模型/张雷 马璐 元昌安

第七期

1. 基于气象服务信息的应急物资配送路径选择/朱莉 桑丹秋

2. 地震应急救援标准体系及其关键标准研究/陈虹 宋富喜 闻明 彭碧波 谢霄锋 王建军 李蕊 曲旻皓

3. 危险化学品运输事故历史数据研究综述/辛春林 王金连

第八期

1. 基于FLO2D与3DMine耦合的尾矿库溃坝灾害模拟/阮德修 胡建华 周科平 陈宜楷 雷涛

2. 基于电荷监测技术预测矿山动力灾害试验研究/罗浩 潘一山 赵扬锋 肖晓春 李国臻

3. 基于范例推理的灾害性地震应急物资需求预测研究/赵小柠 马昌喜

4. 基于改进多准则妥协解排序（VIKOR）法的铁路应急预案评估研究/李磊 王富章

第九期

1. 物联网环境下的城市应急物流联合体信息平台/卢冰原 吴义生 黄传峰

2. 震后道路抢修和应急物资配送优化调度研究/陈钢铁 帅斌

3. 基于候选点集算法的应急设施网络布局优化/魏强 涂子学 周静生 周嘉男

4. 楼梯疏散中员工逃生能力分析/杨立兵 张自忠 郑海力 陈建宏

第十期

1. 浙江省突发事件应急预案评价指标体系研究/张素丽 康泉胜 方元

第十一期

1. 基于风险分析的城市防灾减灾规划编制——以地震规划为例/姜珊珊 杨杰 刘茂 宋从波

2. 基于ArcGIS Engine设计天然气管道泄漏事故后果评估系统/王超群 柴建设 牛伟伟

3. 基于皮电、心率和β波的指挥人员应急能力度量/邓丽红 孟恩弘 刘微微

第十二期

1. 灾害大规模混合应急疏散研究/李思寰 陈钢铁

2. 基于投影寻踪技术的洪水灾情综合评价/董四辉 宿博 赵宇库

3. 基于路网脆弱性的紧急情况下交通疏散诱导模型/王富 李杰 石永辉

4. 灾害大规模混合应急疏散研究/李思寰 陈

钢铁

5. 基于机会约束规划的航班应急调度问题研究/张英楠 牟德一 李辉

6. 动态条件下的高风险系统安全合作行为主观博弈研究——以“7·23”甬温线动车事故为例/张羽 周国华 冯天久

7. 基于FP-growth算法的高校群体性突发事件关联规则分析/姬浩 苏兵 吕美

《中国行政管理》

1. 突发公共事件应急资金保障机制研究/赵尚梅 杨雪美

2. 新媒体时代的应急响应模式变革/何晶

3. 省级突发事件应急平台体系建设实践与思考/赵琰 骆成凤 陈建国

4. 论行政诚信对城市基层政府应急管理的影响/卢汉桥 胡世慧

5. 征地群体性事件应急管理探讨——以广州市S镇为例/卢文刚

6. 地方政府与驻地中央机构的互动——以“央视大火”的应急处置过程为例/孔祥利

7. 社会群体性突发事件的应急管理机制研究——以北京市为例/王郅强 彭宗超 黄文义

8. 突发公共安全事件扩散动力学模型仿真研究/朱正威 赵欣欣 蔡李

9. 纽约市自然灾害风险评估的主要做法与经验/钟开斌

10. 突发事件中公共产品的需求与供给/赵军锋 金太军

11. “管理极端气候事件和灾害风险特别报告”对我国的启示/刘冰 薛澜

《知识经济》

1. 电力系统突发事件应急管理问题解析/张丽敏

2. 突发事件应急管理体系中应急物资储备问题浅析——基于自然灾害/倪海玲

3. 大学生群体性突发事件的预警机制建设思考/罗二鹏

4. 国内网络舆情研究综述/丁也

5. 完善我国海洋灾害应急法律制度的思考/吴静

《社会工作》

1. 建立我国农村群体性突发事件预防体系的行政反思/史琳燕

2. 应对地震灾害的社会工作的方法与开发——借鉴阪神淡路大地震、中越大地震、东日本大地震的经验教训/白泽政和

3. 地震灾区学校社会工作与教师精神健康服务探析/刘立祥 沈文伟

4. 大地震与社会福利政策建议/野口定久

5. 近代天津的瘟疫流行与慈善机构的医疗救济/任云兰

6. 城市突发公共事件应急管理体系的构建——以郑州市为例/王峥

《广东气象》

1. 番禺区雷灾事故与雷暴日数、闪电定位数据的对比分析/彭锦荣 曾庆硕 卢炳源

2. 2001—2010年韶关市雷电灾害特征及防雷减灾对策/舒建军 陈庚

3. 气象频道安全播出的应急处理措施/饶永健 郑志明 陈朝晖

4. 新形势下郁南县气象应急管理工作刍议/章鹰 彭自强 黄天 李船

5. 云浮市灾害性天气及其防御对策/梁域 胡端英 余家材

6. 深圳重大灾害性天气的概念模型系统介绍/胡娟 王明洁 张蕾 谢小敏

7. 层次分析法在忻州市气象灾害影响权重分析中的应用/杨勇 周显信 王正旺 武捷 刘丽英

8. 长江三角洲近51年极端气候事件变化及其原因分析/闫俊 江俊杰

9. 近几年揭阳市发生的强对流风暴天气分析/柯文华 管习权 黄天宋 张惠榕 谢雪君

10. 热带风暴“海高斯”诱发清远市暴雨过程分析/梁钟清

11. 一次热带气旋减弱远离后出现暴雨的成因分析/罗聪 贺佳佳 张羽

12. 热带风暴“天鹅”暴雨的中尺度特征及风廓线雷达资料分析/祁秀香 张振清

13. 广州前汛期暴雨气候特征分析/高亭亭 梁卫 罗聪 温晶

14. 福建2011年“5·2—3”大暴雨过程的诊断分析/官晓东 刘玉 王正廷 沈永生 章达华

《科技资讯》

1. 浅谈矿井应急供电设备选型设计/赵彦刚

2. 钻井设备应急管理及实践/罗军 白丙建

3. 突发气象灾害中应急物流的气象保障服务探析/陈曦 于大江

4. 突发通信工程的应急管理与监理/赵玉春

5. DeltaCue在快速应急监测中的应用/汪继伟

6. 浅谈应急通信保障系统的设计及实现/刘海涛

7. 采油厂应急管理工作浅谈/王雨

8. 浅谈基层环境应急监测体系的建立/钟娟

9. 消防应急疏散安全避难理论和应用研究/高红勇

10. 电梯的事故种类及应急救援方式/刘键 王吉成

11. 电力系统应急处理预案构建的建议/孙晓英/张克强

12. 浅议突发性环境污染事故的应急监测/胡安

13. 完善突发环境事件应急管理机制的探索/宋宏 王鹏 孙月振

14. 武警部队应急救灾信息化建设初探/庞琨

15. 浅谈突发性环境污染事故及应急监测系统/吕庆华

16. 事故应急预案对电网正常运行的重要性/吴怀瑜

17. 大孤山半岛建立联动应急体制之思考/刘迪

18. 医院信息自动化系统故障分级主应急管理预案分析/陈轶

19. 浅谈冬季供暖施工的应急措施/张克林 胡宏亮 马敏杰

20. 试论偏远地区灭火救援力量的建设——以阿拉善为例/武宏博

《电子科技大学学报（社科版）》

第一期

1. 灾后恢复的特征与可恢复性评价的研究/迟菲

2. 应急实时决策中的情景表达及情景间关系研究/姜卉

3. “应急管理”述评/黄钧

4. 非传统安全视角下我国高校突发事件应急管理研究/刘德海 屈丰安 常成德

第二期

1. “应急管理”述评/李仕明

2. 煤矿事故应急救援案例推理系统研究/冯珍

3. 军地一体化应急物流及其物资采购研究/李玉兰 李波 刘永军

第三期

1. 突发事件情景概率估计的主客观信息集成方法/于超 刘洋 樊治平

2. 我国应急决策脆弱性的治理：优化决策“连续统”/吴长剑

3. “应急管理”述评/余乐安

4. 基于损毁情景的可靠连通应急设施选址问题/朱建明

5. 我国灾害应急管理信息沟通的现实困境及其应对/曹海林 陈玉清

6. 自然灾害社会易损性评价指标体系与空间格局分析/唐玲 刘怡君

第四期

1. 突发事件应急启动机制的设计研究/王光辉 陈安

2. “应急管理”述评/焦建彬

3. 成品油应急救援资源配置研究/陈进军 吴跃庆 冯术坤

第五期

1. “应急管理”述评/寇纲

2. 校园恶性突发事件发生和防控机制的博弈分析/刘德海 孙粟

3. 基于经验模式的非常规突发事件应急决策研究/姜卉 李婷

4. 应急响应中的救援物资需求研究/王国庆 詹伟

第六期

1. 公共财政应急机制探究/盛婷婷

2. 非常规突发事件演化机理研究——以化工事故引发的群体性事件为例/孙康 程泽军 刘德海

3. 河北省应急管理体系建设研究/朱晓霞

4. 应急决策专家管理系统的设计与实现/靖鲲鹏 宋之杰 王金艳

5. “应急管理”述评/宋之杰

6. 突发公共事件对个体、群体及公众心理影响的作用和传播机制研究/逯野 杨春江

《物流工程与管理》

1. 自然灾害应急物流问题及对策研究/李靖

2. 应急物资调运模型研究/林兰刚 曾传华 吴宇

3. 浅析如何通过技术构建应急物流供应链/刘大龙

4. 长株潭应急物流网络关键节点布局规划研究/杨萍

5. 电力企业应急物资管理的研究/王之发

6. 基于 MapInfo 的城市快递应急配送最优路径分析功能的实现/周云薇

7. 层级应急物流系统及其运行的研究/黄运夏 秦华

8. 浅议杭州市水上突发性事件应急管理体系/

张慧明

9. 食品应急物流配送成本模型及算法分析/谢建光 方惠 谢如鹤

10. 国外应急物流研究综述/孙静霞 张诤

11. 地方政府应急管理能力建设的激励机制设计——基于委托代理理论/阎俊爱 李晓

12. 完善军民融合的应急物流体系/严平

13. 基于项目管理的高校校园突发事件应急管理/王群

《中国环境监测》

1. 不同层级环境应急救援资源储备体系建设探索——以安庆市粗苯泄漏事件为例/沃飞 李浩 徐亦钢 缪旭波

2. 突发性环境污染事故应急监测研究进展/傅晓钦 胡迪峰 翁燕波 徐能斌 陈奕扬 许丹丹

3. 机场使用除冰液的应急监测/胡雄星 韩中豪

4. 完善突发环境事件应急管理体系的几点建议/陈丹青 赵淑莉 肖文 傅德黔

5. "4·14"淮河石油污染事件浅析/浙峰 戴浩 林树生 邱陆军 丁长春

《理论导报》

1. 荷兰突发事件应急管理机制/邹积亮

2. 江西省城市应急管理体制研究/顾化龙

3. 正确认识我国网络舆情发展中存在的问题及对策/沈子君 黄立群

《中国公共卫生管理》

1. 县乡级医疗卫生机构卫生应急能力建设思考/易绍海 罗良德 徐成银

2. 虹口区二级及以上医疗机构突发公共卫生事件应急能力现状/于晓楠 汤显 杨芸

3. 社区卫生服务中心卫生基本应急物资储备几点思考/陶莉 黄玲麟 乔国良

4. 黑龙江省市（地）级疾病预防控制中心卫生应急能力调查/王晓平 尹冀源 苏华 高飞 吴群红

5. 美国疾控中心卫生应急体系探究/刘波 姚建义

6. 计划管理在重大卫生应急决策中的应用研究/周志忠 让蔚清

7. 健康教育在突发公共卫生事件应急处置中的作用/易绍海 罗良德 徐成银

8. 我国突发公共卫生事件应急管理存在的问题和对策/凌玉 陈发钦

9. 计算机网络技术在卫生应急处置中的应用与探讨/金志强 唐建华 周越峰 钱均琪

10. 夷陵区乡镇（社区）医疗机构传染病疫情应急演练效果评价/黄卫东 张新华

11. 湖北省卫生应急目标责任制管理情况的探讨/朱建如 魏泽义

12. 突发公共卫生事件应急管理研究中的若干问题/薛一静

13. 基层疾病预防控制机构卫生应急体系建设/李世杰 付韬 郑雯

14. 综合性医院突发公共卫生事件应急管理的探讨/袁晓路 王长秀 田彩丽 董丽

15. 关于疾控绩效考核中应急预案指标的探讨/吴晓芳 刘茹 刘晓楠 秦怡 郭凯 郭军巧

16. 有效应对突发公共卫生事件的探讨/章光斌 张应林

《世界环境》

1. 突发环境事故与应急管理——访环境保护部应急办主任田为勇/祝玉敏

2. 美欧环境事故应急法律及政策/吴宇 李静云

3. 中国环境污染应急的法制建设/翟勇

4. 应对突发环境事件背后的"功夫"/李旸

《北京规划建设》

1. 北京"7·21"暴雨的反思——测绘地理信息应急服务"7·21"暴雨调查实录/温宗勇 李伟 董明 甄一男

2. 大伦敦应急管理体系建设及启示/万鹏飞

3. 巨灾下的国际经验/秋原

4. 中国城市巨灾综合应对的安全规划策略研究——《城市安全设计大纲》编制思路与建议/金磊

5. 对汶川县灾后重建规划评估的思考/谢盈盈

《陕西水利》

1. 关于对美国应急管理体制的考察与思考/许灏

2. 浅谈竹坝水库应急水源的综合整治措施/魏玉梅

3. 德安县城应急供水水源工程建设方案探讨/黄成清 黄金平

4. 陕西省防汛机动抢险专业队建设现状与发展思考/李满良

5. 新形势下对耀州区防汛工作的思考/张鹏

6. 渭河防汛抢险漫谈/杨祎慧 张根荣

7. 罗夫河洪水灾害成因及对策/肖军

8. 交口灌区内涝灾害成因分析及防治对策/姜渭玲 唐立波

9. 关于陕西省水利工程抗震防震及地质灾害防治的建议/史鉴 汤宝澍

10. 关于千阳县实施山洪灾害防治体系建设的几点思考/倪伟 张耀锋 权赛江

11. 交口抽渭灌区渍涝灾害的思考/苏曦

12. 蓝田山洪地质灾害调查与对策/程龙仓

13. 南京市消纳城市洪涝灾害的多元化途径/蔡开玺

14. 城市暴雨灾害与强化城市水文研究/程文利

15. 关于对新疆喀什地区抗旱形势的思考/唐新霞

16. 渭河流域南山支流洪水成因及预警预报方法研究/张艳玲 巨兴顺 李军社

17. 基于 REST Web Service 的 Web GIS 洪灾信息查询系统设计与开发/陈先念 杨军明

18. 浅议咸阳市抗旱减灾工作现状及对策/张扬

《中国水运（下半月)》

1. 大瓦龙水电站建设项目地质灾害危险性评估/徐树峰 王志红

2. 绵竹市清平乡城镇规划区地质灾害危险性研究/刘晓钦 李娟 陈楠

3. 基于 GIS 的矿山地质灾害风险评估研究/刘曙光 任超

4. 隧道岩溶灾害处置技术研究/丁建荣

5. 金沙江乌东德水电站河门口特大桥工程诱发地质灾害预测/卫俊杰 张熊 白伟

6. 浅谈地质滑坡治理工程中的几点认识/周艳松 李海兵

7. 白石沟泥石流形成条件特征及发展趋势分析/张莉莉 邓辉

8. 浅谈都坝小学滑坡成因机制及稳定性评价/梁永闪 陈亮峰 李娟

9. 浅谈气候变化对尾矿库工程防洪安全的影响/张继伟

10. 震后灾区饮水安全保障对策研究/伏小弟 刘生宝

11. 在建映（秀）汶（川）高速公路主要泥石流沟发育特征分析/肖维 龚睿

12. 睢宁二站进场交通桥支座抗震设计探讨/陈亚军 姜成启 王爽 耿亮 侯中元 郑孝军 张亚

13. 三峡库区应急救助打捞队伍建设分析/樊华

14. 港口客运站旅客大巴的应急调度路网优化问题的研究/崔迪 谢天生

15.《防治船舶污染海洋环境管理条例》对我国船舶污染事故应急系统和污染赔偿体系的影响/蔡生龙

16. 水上交通应急指挥管理平台设计研究/张卫中 杨樱

17. 浅议水上交通应急管理/方朝良

18. 船舶触礁、搁浅事故的预防及应急处置/郭滨

19. 浅议江苏沿江船舶溢油应急反应能力/吴志刚 张祥 张新星

20. 海峡两岸救捞队伍应急处置交流合作的探索/杜海鹏

21. 科学发展海上救助志愿者队伍的分析与思考/杜海鹏

22. 浅析治理海域环境污染的对策/于淑文

23. 唐津高速公路天津段环境风险事故影响分析及措施建议/郑建峰

《中华疾病控制杂志》

1. 2005—2010 年广西突发公共卫生事件流行特征分析/李永红 龚健 吴秀玲

2. 北京市朝阳区居民应对突发公共卫生事件知识与技能干预效果评估/肖琴 徐晓莉 孔浩南 张睿 孙艳 祖伟 杨茗

3. 卫生应急管理模块化培训效果定量评价/袁逸文 李星明 李香蕊 刘温文 孔奕翼 王亚东

4. 卫生应急管理人员现场培训方案设计/周志衡 刘温文 王亚东 袁逸文 李香蕊

5. 卫生应急管理人员现场培训模式效果评价/刘温文 周志衡 王亚东 袁逸文 李香蕊

6. 卫生应急管理模块化培训效果定性评价/袁逸文 关丽征 李星明 郭蕊 李香蕊 王亚东

7. 卫生应急管理模块化培训远期效果评价/袁逸文 王亚东 李星明 李香蕊 梁万年

8. 卫生应急管理模块化培训方案设计/李香蕊 袁逸文 关丽征 郭蕊 孔奕翼 王亚东

《领导科学》

1. “十二五”时期我国地方政府应急管理工作的方向和重点/刘文俭

2. 非常规突发事件情景中社会应急管理能力构建/赵宇

3. 自然灾害应急管理中政府决策质量的提升/

张希琳

4. 群体性事件的监测与预警研究/王二平

5. 新媒体时代突发事件舆情引导方略/曹英

《环境保护》

1. 英国消防与环保应急联动机制对我国的启示/何宁 魏捍东

2. 新时期加强企业环境应急预案管理对策/孟扬 范娟

3. 省会城市如何树立环境应急典范/刘军 杨超 孙运林

4. 及时行动 果断应对 最大限度减少事故灾害损失——以中储粮建昌直属库药品库进水事故为例/张建国

5. 墨西哥湾溢油污染事件对我国环境污染损害评估工作的启示/齐霁 张红振

《地质灾害与环境保护》

1. 突发地质灾害应急监测探讨/江鸿彬 谭爱平 夏春梅 陈忠奎

2. 贵州省望谟县山洪泥石流灾害特征及应急处治措施/吴志强 罗阳乔 刘洋 陈川

3. 堰塞湖溃坝控制和人工排险技术/解家毕 丁留谦 张启义

4. “5·12” 地震灾区某固体废弃物填埋场岩体渗透特性评价/陈革 魏云杰 冯希尧 陈松

5. 地质灾害云平台开发方案探讨/卓万生

《能源环境保护》

1. 环境污染事故应急监测的现场组织/刘展飞

2. 水体污染事故调查采样的应用方法探讨/潘晓忠 阮丽芳

《环境保护科学》

1. 城市突发环境事件的三维矩阵管理模式研究/南楠 吴长年 孙澄 吴金莲

2. 事故树法在煤气发生炉环境风险评价中的应用/李栋源 赵素

3. 基于环境风险后果评价的危险化学品码头选址/周薇 钱瑜 李林子 张玉超

4. 原油储罐火灾事故环境风险评价分析/李冬梅

《消防科学与技术》

1. 高层民用建筑应急干式消防给水系统设计/王伟

2. 基于物元模型的高速公路应急救援系统评价/徐世田 张阳 浦立娜 黄美灵 陈明哲

3. 基于偏好序的煤矿突发事故应急资源调配模型/高翔 王汉斌

4. 泥石流灾害应急救援的指挥要点/张益民 郭斌

5. 增强应急车辆可视性的最佳做法/李艳艳

6. 2012 应急照明研讨会/毛星

7. 考虑实际路况的应急救援路径优化算法/袁博 杨杨 赵建辉

8. 长大公路隧道火灾事故专项应急预案编制/王少飞 刘桂强 曾磊 卢辉

9. 基于 FDS + EVAC 的应急演练过程人员疏散数值模拟/莫善军 李金汇 袁灼新

10. 公共危机应急救援力量预案体系建设/夏一雪 郭其云

11. 大型建筑物火灾应急疏散避险系统设计/夏之彬 牟福元 郑李明 陈小虎

12. 高层建筑应急逃生装置研究综述/张清林

13. 灭火及应急救援远程战略投送体系建设/宋培刚

14. 基于 OGRE 的应急火灾仿真研究及实现/张纯金 纪淑娟 刘伟科

15. 脱网基站技术在灭火救援现场的应用研究/范玉峰 马青波 隋虎林

16. 消防部队遂行政府危机管理职能思考/吴晏平

17. 地铁火灾人员心理分析与疏散措施/商红松 李经明

18. 大型石油储罐区火灾风险预测预警技术研究/刘晅亚 张清林 秘义行 许晓元

19. 高校的火灾隐患及防火对策/杨继仓 姜明理

20. 地铁隧道中列车最不利点火灾的疏散和救援/张益民 张镥

21. 海底隧道火灾危害及防范对策/王忠

22. 超高层建筑高速穿梭电梯辅助疏散的可行性/朱惠军

23. 大型油罐区火灾风险严重度指数评价/任常兴 李晋 王婕 毛星 张欣 王璐

24. 物联网技术应用于社会消防安全管理/王蔚 南江林 薄建伟

《系统工程理论与实践》

1. 基于“情景—应对”的国家应急平台体系基础科学问题与集成平台/张辉 刘奕

2. 多疫区多周期应急物资协同优化调度/王

新平 王海燕

3. 序言——突发事件应急管理/寇纲 李仕明 汪寿阳 杨列勋

4. 非常规突发事件应急管理研究进展/钟永光 毛中根 翁文国 杨列勋

5. 基于前景理论的突发事件应急响应的风险决策方法/樊治平 刘洋 沈荣鉴

6. 平行应急管理系统中人工社会的语义建模/段伟 曹志冬 邱晓刚 王飞跃 曾大军

7. 面向突发事件的模糊多目标应急决策方法/邬文帅 寇纲 彭怡 石勇

8. 群体性突发事件中非一致信任水平舆论传播建模与分析/赵奕奕 寇纲 彭怡 李仕明

9. 非常规突发事件中面向目标能力的路网调整及车流组织模型/王永明 刘铁民

10. 基于GERTS网络的非常规突发事件情景推演共力耦合模型/杨保华 方志耕 刘思峰 胡明礼

《计算机工程与应用》

1. 灾难救援应急物资敏捷配送模型/陈刚 张锦 严熹

2. 自适应混沌蚁群算法的粮食应急路径优化研究/肖乐 吴相林 甄彤

3. 溢油应急决策中的设备优化调度方法研究/栾翠菊 王晓峰

4. 带时限的多出救点应急物资调度模型及算法/邬开俊 王铁君

5. 带有时限的多点应急系统库存策略优化研究/刘学恒 汪传旭 许长延

6. 基于资源—时延转换的应急资源配送模型/陈森 李孟军 李本先 王鹏

7. 基于K均值聚类和LK算法的应急物资调度/汪亮 解建仓 罗军刚

8. 基于敏感特征向量的SAR图像灾害变化检测技术/李坤 杨然 王雷光 林立宇 秦前清

9. 大型公共场所突发事件下人员疏散仿真研究/胡晓辉 郑峰 陈永 何晓庆

《计算机应用研究》

1. 基于突发事件热度的站点地图构建算法/陈翰 韩永峰 李弼程

2. 价格折扣契约下应对突发事件下的闭环供应链协调策略/王旭 张男 王银河

3. 分级响应的应急资源布局模型和算法/王晶 朱建明

4. 基于应急报警事件的先重构后建模预测法的探索研究/薛京生 李瑞卿

5. 基于灰色多层次评价方法的应急预案实施效果评价模型研究/张英菊

6. 应急配送车辆调度优化研究综述与展望/谈晓勇 刘秋菊

7. 社会应急资源监测系统及筹募机制设计/孟燕萍 黄有方

8. 应急物流组织本体模型研究及应用/杜磊 赵锐 郑贵省 高珊 张贤坤

9. 面向应急监控的无线传感器网络跨层通信设计/曾园园 项慨

10. 基于GIS的动态应急资源调度系统设计与实现/胡继华 钟广鹏 严国灿

11. 应急通信系统中基于集群智能的动态信道分配/蒋富 彭军 姜明阳 马建江

12. 基于复杂网络的应急物流网络抗毁性研究/陈春霞

13. 时间约束下的应急物流车辆调配模型及算法研究/邬开俊 鲁怀伟

14. 基于促销投资的供应链应急协调研究/冯花平 黄俊莲 李光杰

《科技导报》

1. 成县赵河沟泥石流特征及其工程防治措施/刘兴荣 张连科 王得楷 杨军 董耀刚 马伊明

2. 气候变化背景下中国重大农业气象灾害预测预警技术研究/陈德亮

3. 基于Multi-agent协同模式的城市应急联动系统/熊立春 陈建宏 石东平 杨立兵 杨珊

4. 基于模糊综合评判的绵阳市地质灾害易发性评价/王哲 易发成 陈廷方

5. 鲁中山区地质灾害的气候特征分析/高晓梅 秦增良 王令军 陈林祥 马守强 杨可栋

6. 国产HJ小卫星遥感影像多特征融合用于日本海啸灾情快速监测/杜培军 柳思聪 谭琨

7. 完善航空应急救援体系/李志男 王新新

8. 气候变化背景下中国西北地区作物干旱灾损评估技术——以甘肃省春玉米为例/白月明 刘玲 王瑜莎

9. 面向省级应急平台的突发事件知识库系统设计/郑远攀 苏晓珂 钱慎一

《清华大学学报（自然科学版）》

1. 台风灾害应急物资需求预测模型/张斌 陈建国 吴金生 文仁强

2. 基于蚁群优化算法的多级应急响应下灾后应急资源空间优化配置/文仁强 陈建国 袁宏永 黄全义

3. 基于物联网的建筑火灾动态监测方法/马鑫 黄全义 刘全义 疏学明 赵全来

4. 城市高层建筑火灾人员伤害实时定量评估/韩朱旸 翁文国 黄全义

5. 缺资料地区河流突发性水污染多尺度风险评价/刘家宏 胡剑 褚俊英 高学睿

6. 洪水诱发储罐失效的定量风险评估方法/盖程程 翁文国 袁宏永

7. 基于概率情景的多场点系统地震风险分析方法/韩叶良 苏国锋 袁宏永 Rachel A. DAVIDSON

8. 核电站结构地震动态响应并行计算研究/薛志成 王振清 王立涛 裴强

《情报杂志》

1. 官员舆情危机事件应对方式研究/梁洁 方付建 王国华 岑家峰

2. 基于电子政务平台的应急信息协同机制研究/曾宇航 许晓东

3. 基于"三预"视角的区域气象灾害应急防御能力评价体系研究/曹玮 肖皓 罗珍

4. 国内应急物流研究特征分析/商丽媛 谭清美

5. 应急领域的通用元数据标准研究/裘江南 刘丽丽 许晶 王延章

6. 信息治理的使能器效应——应急管理中基于信息承载力的使能模型构建/徐晓锋 岳东霞

7. 基于网格的应急物流信息网络平台研究/商丽媛 谭清美

8. 基于知识元的突发事件衍生网络仿真平台的设计与实现/王宁 黄红雨 仲秋雁 王延章

9. 基于情境的突发事件演化网络约简研究/于海峰 王延章 王宁 仲秋雁

10. 基于SWRL的突发事件知识表达与链式演化推理/李从东 谢天 李珺 洪宇翔

11. 突发事件网络舆情的管控机制及效率测评/潘芳 仲伟俊 胡彬 徐敬海

12. BMI模型在突发事件网络信息管理中的改进与应用/武澎 王恒山 刘奇

13. 基于知识元的突发事件情景建模/张承伟 李建伟 陈雪龙

14. 微博中突发事件信息发布者被"加关注"的阈值模型研究/武澎 王恒山 刘奇 石恒

15. 突发事件网络舆情的生成原因与导控策略——基于网络舆情主体心理的分析视阈/张玉亮

16. 基于文献计量学的国内突发事件研究分析/韩普 朱光 谢靖 钱爱兵

17. 基于熵理论的高校突发事件网络舆情五力模型构建/张义庭 谢威

18. 网络突发事件蔓延机理研究/叶金珠 佘廉

19. 非常规突发事件的危机间学习研究综述——基于认知视角与文化视角的比较/卢小君

20. 应急领域的通用元数据标准研究/裘江南 刘丽丽 许晶 王延章

21. 舆情热度的最优监控问题研究/王慧军 石岩 胡明礼 胡振鹏

《预防医学情报杂志》

1. 1950—2009年乐山市传染病疾病谱变迁趋势分析/陈昆 江正斌 徐蓉芳 黄林 郭志洪

2. 新形势下突发公共卫生事件中的信息服务/程蔼隽

3. 四川省鼠疫防控能力建设调查/周兴余 李帆 汪立茂 祁腾 吴朝学 袁萍

4. 地震后绵阳市艾滋病防治主要措施落实的质量评估/赵西和 苏俊 何静 周硕 廖克坤 王毅

《人民长江》

1. 兰州市滑坡灾害预警模型研究/梁润娥 余志山 王延江 宋晓玲

2. 重庆市自然灾害与社会经济活动耦合分析/郭跃 赵振江 王建华 高凯

3. 湖北省地质灾害与地质构造耦合关系研究/涂美义 李德果

4. 涉水地质灾害多源数据管理与应用探讨/陈蓓青 黄俊

5. 三峡库区灾害地质立体图数据库的设计与实现/张军强 吴冲龙 刘军旗

6. 水库浸没灾害调查与评价方法研究——以大顶子山水库上游浸没区为例/孙思森 戴长雷 刘春丽 刘春艳

7. Google Earth在线性工程地质灾害调查中的应用/管振德 庞贻鸿

8. 云南丽江城市洪涝灾害成因特点及对策浅析/和菊芳

9. 南方极端冰雪灾害条件下边坡崩塌机理初步研究/杨艳霞 祝艳波 李才 余宏明

10. 清江流域滑坡灾害地形因子敏感性分析/陈柏林

11. 某小水电站暴雨诱发地质灾害机理分析/巴仁基 王丽 刘宇杰 倪化勇 徐如阁

12. 基于熵权的可拓理论在地灾危险性评价中的应用/王夏林 严宝文

13. 田头水流域暴雨洪水预报的流溪河模型研究/廖征红 陈洋波 徐会军 何锦翔

14. 陕西省府谷县大石板沟泥石流人为影响因素分析/许田柱 张乐中

15. 基于GIS的干旱评估和效益分析系统设计/刘代勇 梁忠民 陈永钢

16. 低频泥石流特征及其危险性的模糊综合评判/王春山 巴仁基 刘宇杰 宋志

17. 基于云参数法的2010年西南旱情遥感分析/李喆 向大享 谭德宝 刘良明

18. 南京市应急备用水源地规划探讨/王献辉 李萍 金明宇 奚肖亚

19. 基于降水量波动性的抗旱应急预留水量确定方法/周晔 吴凤平 陈艳萍

20. 空间信息技术在堰塞湖应急处置中的应用/黄俊 陈蓓青 陈鹏霄 李喆

21. 突发性水污染事件应急监测浅析/方航 胡玮 胡琳

22. "7·21"涪江突发水污染事件应急监测分析/王云 吴树宝 王春雷 刘跃晨

23. 涉水地质灾害多源数据管理与应用探讨/陈蓓青 黄俊

24. 突发性水污染监测预警系统设计研究/胡承芳 肖潇

25. 河道溢油污染事故二维数值模型研究/赵琰鑫 王永桂 张万顺 鞠美琴

《人民论坛》

1. 网络舆情的分级响应与处置/王娟

2. 公安机关之执法地位探究——针对其在铁道交通事故处置中的角色分析/崔向前

3. 试论灾害新闻报道中媒体链的"功能补偿"——从日本大地震媒体报道中寻找启示/王晓红 张进

4. 北京暴雨灾害的管理反思/王建民

5. 地震灾区农村移民集中安置比较研究——基于四川彭州及北川地区的经验调查/刘文清

6. 四川震后灾区小学生应激反应追踪调查/曾莉 吴玉婷

7. 突发事件情景下政府信息传播机制建设/任晓刚

8. 2011突发事件应对机制反思/赵丰

9. 上海高校突发事件处置系统化研究/邓丽昕

10. 高职院校突发事件的网络管理研究/陆锦冲 陈婷

11. 突发事件中监狱"失语"的原因与对策分析/孙延庆 徐为霞

12. 农业突发事件公关管理机制构建：从概念到设想——以海南省为例/陈小桃 徐艳晴

13. 党报如何做好突发事件的舆论引导/王灿发

14. 浅论高校突发事件预警机制的构建/陈芝

15. 《突发事件应对法》存在的问题与建议/马怀德 周慧

16. 网络舆情对大学生思想政治教育的影响及对策/胡波

17. 警惕官员在网络舆情中的"失语"/姜胜洪

《甘肃水利水电技术》

1. 山区高速公路某高填方路基地质灾害监测预警研究/严骏 周君波 凌瑶 杨词光

2. 泾川县山洪灾害成因分析与防治对策/魏志宏

3. 马莲河流域灾害性洪水类型及成因分析/王筱萍

4. 张家川县山洪灾害特点及非工程措施防御对策/马新兰

5. 舟曲"8·7"特大山洪泥石流灾害暴雨洪水分析/陈凯 雒东宁

6. 综合超前地质灾害预报方法在牟尼沟隧道中的应用/郭振 吴钟腾 高利建

7. 甘肃省长江流域暴雨洪水特性及灾害防治措施分析/陈凯

8. 国家防总西北检查组来甘肃检查防汛抗旱工作/宋振峰

9. 玉龙喀什河洪水成因分析/施文红 时京林 施文军

10. 新疆克孜尔水库特大洪水成因特点及其调度/倪明 木合塔尔·坎吉

11. 大通河甘肃境内洪水预报模型研究/沙作菊 黄维东 任东 王毓森 李小荣

《水利水电技术》

1. 淮河中游易涝洼地涝灾特性及成因研究/李燕 夏广义

2. 区域洪灾风险评价方法初探——以浙江省为例/李帅杰 李昌志 程晓陶

3. 基于雷达和光学遥感数据地震堰塞湖监测方法研究/熊金国 王世新 周艺 王丽涛 阎福礼

4. "5·12"汶川地震堰塞湖应急处置工程除险实践/赵秀玲 马学强

5. 基于DEM的应急水文事件流域特征自动提取/李蓉

6. 河道应急工程施工导流探讨/李宇锋 麦荣

军 张勇 林鲁生

7. 应急救援中堆积体防渗堵漏快速施工技术探索/郭锋 刘钊

8. 单元工程质量评定监理实践——山东省山洪灾害防治县级非工程措施建设项目监测预警系统/刘彭江 董温荣 吕跃 许衡

《武汉理工大学学报（社会科学版）》

1. 灾害中互助自救的伦理原则/黄璐 薛恒

2. 浙江省水路交通系统台风灾害脆弱性分析/戴建锋 吴力川 胡适军 季永青 文元桥

3. 浙江省水路台风灾害时空分布特征分析/胡适军 季永清 吴力川 文元桥

4. 基于危机周期理论的应急管理技术创新体系/冯艳飞 黄宏纯

5. 城市应急平台地名查询方法研究/张郁 王叙泉

6. 基于元胞自动机的邮轮码头应急疏散策略研究/汪军 周强 杨开宇

《现代预防医学》

1. 江西省洪涝灾害后1149名受灾居民心理健康状况调查/郭明 喻芳 钞雪林 袁也丰 胡国良 毛向群 黄国明 万爱兰 陈建云 李梦倩 黄佳

2. 玉树灾区地震住院伤员特征分析/田伟

3. 震灾伤员救治医务人员再次应对大地震的心理应激反应研究/杨慧 宁宁 朱红 廖灯彬 陈佳丽

4. 浅谈医院应急志愿者的培养—“4·14”青海玉树大地震为例/次松 兰亚佳 央宗 张勤

5. 江苏省2006—2009年突发公共卫生事件流行特征分析/刘文东 吴莹 梁祁 艾静 李媛

6. 突发公共卫生事件处理中公共关系应对策略初探/唐伟

7. 四川省农村饮水水质卫生监测能力现状分析/金立坚 胡彬 朱鸿斌 刘睿聪

8. 内蒙古自治区2004—2010年突发公共卫生事件分析/宋壮志 吕亚丽 王艳芳 苏军 初迪 王丹

9. 新形势下高校突发公共卫生事件防控管理的探讨/刘生明

10. 柳州市2004—2010年传染病突发事件流行病学分析/沈潘燕 钟柳青 余东远

11. 金山区2004—2010年突发公共卫生事件分析/莫平华

12. 南宁市传染病突发公共卫生事件流行病学特征分析/林健燕 郭泽强 甘文烨 黄世美 曾毅

《运筹与管理》

1. 供应链突发事件非完全信息动态博弈研究/刘家国

2. 突发事件下需求信息不对称时的供应链协调应对/覃艳华 曹细玉 宋璐君

3. 目标回扣契约下供应链对突发事件的协调应对/姜丽宁 崔文田

4. 突发事件应急救援人员的分组方法研究/樊治平 刘洋 袁媛 朱少华

5. 突发事件应急救援动态调度优化——以KX井喷事故为例/任世科 袁治平/徐渝

6. 非常规突发事件及其社会影响分析——基于引致因素耦合协调度模型/张一文 齐佳音 方滨兴 李欲晓

7. 双目标突发事件应急救援前摄性调度优化/何正文 贾涛 徐渝

8. 基于情景分析的应急路径选择研究/王旭坪 李小龙 郭武斌

9. 基于模糊决策模型的高速公路环境风险评价/朱佳翔 谭清美

10. 基于集对分析的军地一体化应急物流供应商评价研究/王帮俊 杨东涛

11. 生命线网络系统多节点失效的应急抢修队伍派遣模型研究/袁媛 樊治平 刘洋

12. 模糊随机需求下应急救援中心选址优化模型/陈鑫 汪传旭

13. 应急资源调度问题的改进进化规划算法研究/汪勇 金菲

《新闻爱好者》

1. 灾害主题公益广告的发展现状及问题/彭麦福 刘韬

2. 灾害信息传播概念及应注意的问题/徐占品

3. 论灾害信息传播的背景、维度与价值/徐占品

4. 原始传播时代的灾害信息传播/徐占品 樊帆

5. 灾害信息传播概念及应注意的问题/徐占品

6. 论公共危机事件中电视新闻报道的舆论导向——以“7·23”甬温线特大铁路安全事故为例/于晚梦

7. 突发事件的微博传播——以玉树地震和甬温线特大事故为例/刘伟 赵雪梅

8. 电视直播如何应对突发事件/程昆 王媛媛

9. 新媒体时代突发事件的网络传播分析——以西安“11·14”餐饮店铺爆炸事件为例/方亭

10. 国企应对网络突发事件的思考/李江浩

11. 突发事件中谣言传播的群体极化现象/钟厉

12. 重大突发事件网络舆论的导向问题/刘申辉

13. 政府部门应对重大突发事件的舆论策略/闻兵

14. 重大突发事件报道中的电视传媒优势/姚伟民

15. 重大突发事件谣言传播中群体极化的社会危害及控制/钟厉

《国家行政学院学报》

1. 乌鲁木齐社区应急管理机制路线图——从操作预案谈起/石彪 祁明亮 邵雪焱 赵琰 池宏

2. 北京市社会安全应急能力建设中的问题与改进/熊炎

3. 应急救援队伍建设：德国模式及借鉴/张磊

4. 政府城市重大危机应急管理中的问题与对策——以北京“7·21”大暴雨为案例视角/吕景胜 郭晓来

5. 我国社会预警体系建设的纠结及其破解/阎耀军

6. 提升基层政府应对突发事件能力的对策建议/李岗

7. 基于社会资本构建灾害防救多元参与机制/邹积亮

《防灾科技学院学报》

1. 铁路突发事件应急决策体系研究/李磊 王富章

2. 鞍山市地震应急避难场所建设现状调查与分析/李莹 刘晓枫 裴振 张树博

3. 日本9.0级特大地震应急救援与灾后重建对我国的启示/夏坤 吴志坚 董林

4. 网络环境下图书馆防灾减灾问题的探讨/李玥

5. 构建地震安全社区的建议和思考/王建英 杨红梅 王秀辰

6. 中国火山地区预警政策研究/杨柳 于文江 曹丽 王筠 陈波

7. 基于灾害系统理论的地震灾害链研究——中国汶川“5·12”地震和日本福岛“3·11”地震灾害链对比/尹卫霞 王静爱 余瀚 史秦青

8. 少数民族地区常态灾害危害度评价/李航 夏建新 吴燕红

9. 地震灾害下工业的行业分类研究/刘晓静 王慧彦 李志伟

10. 自然灾害脆弱性研究进展/江培龙 方凤满

11. 山东省海洋灾害特征分析及防御对策探讨/袁本坤 江崇波 李兆新 李培顺 王相玉 郭可彩 商杰 黎舸 吕富良

12. 大学生地震灾害风险认知调查/邓晓军 邹静

13. 雷电灾害风险评估系统开发与实现/丁旻 甘文强 刘波 吴安坤 张淑霞

14. 论灾害风险研究中的空间尺度耦合/刘耀龙 牛冲槐 康颖卿 王军 胡蓓蓓

15. 大学生减灾教育对策研究/李明 田昌福 邓渊文

16. 中国火山地区预警政策研究/杨柳 于文江 曹丽 王筠 陈波

17. 论国际救灾法中的效率原则/姜世波

18. 1691—1692年陕西瘟疫发生原因初探/徐素娟 费杰 霍霏 何洪鸣

19. 白赤交角的周期在川滇地区 $M \geqslant 6.7$ 级地震预测中的应用/孙宗强

20. 构建地震安全社区的建议和思考/王建英 杨红梅 王秀辰

21. 抗旱气象服务分析探讨/王莉萍 王维国 薛建军

22. 异方差线性EV模型T-型估计在确定面波震级与地震矩关系式中的应用/靳志同 任晴晴 赵玲玲